U0923096

江宁非物质文化遗产资源集萃

中国人民政治协商会议南京市江宁区委员会　编

（上）

南京出版社

图书在版编目（CIP）数据

江宁非物质文化遗产资源集萃 / 中国人民政治协商会议南京市江宁区委员会编 . -- 南京 : 南京出版社，2022.5

ISBN 978-7-5533-3595-7

Ⅰ . ①江… Ⅱ . ①中… Ⅲ . ①非物质文化遗产—介绍—江宁区 Ⅳ . ① G127.534

中国版本图书馆 CIP 数据核字（2021）第 275314 号

书　　名　江宁非物质文化遗产资源集萃
编　　者　中国人民政治协商会议南京市江宁区委员会
主　　编　王志高　吴德厚
出版发行　南京出版传媒集团
　　　　　　南 京 出 版 社

社址：南京市太平门街53号　　邮编：210016
网址：http://www.njcbs.cn　　电子信箱：njcbs1988@163.com
联系电话：025-83283893、83283864（营销）　025-83112257（编务）

出 版 人　项晓宁
出 品 人　卢海鸣
责任编辑　刘　娟　汪　枫
装帧设计　赵海玥
责任印制　杨福彬

印　　刷　南京爱德印刷有限公司
开　　本　889毫米 × 1194毫米　1/16
印　　张　115
字　　数　2760千字
版　　次　2022年5月第1版
印　　次　2022年5月第1次印刷
书　　号　ISBN 978-7-5533-3595-7
定　　价　1080.00元（全三册）

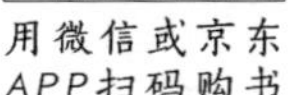
用微信或京东
APP扫码购书

用淘宝APP
扫码购书

《江宁非物质文化遗产资源集萃》

编纂委员会及专家组

初审专家

刘谨胜　江苏省文物局原局长、研究员
贺云翱　全国政协委员，南京大学文化与自然遗产研究所所长、教授、博导
李金芳　江苏省文旅厅非遗处二级调研员
陆建芳　南京博物院研究员
李为民　南京市文旅局原副巡视员、国家公共文化专家库成员、南京市群艺学会会长
吴　涓　南京市文旅局非遗处处长
许长生　南京市江宁区文旅局副局长
张为农　南京市江宁区文化馆原馆长、副研究馆员
陈宜娟　南京市江宁区群艺馆馆长

阶段性成果审稿专家

陶思炎　东南大学教授、博导
白　莉　南京师范大学文博系副教授
李金芳　江苏省文旅厅非遗处二级调研员
李为民　南京市文旅局原副巡视员、国家公共文化专家库成员、南京市群艺学会会长
许长生　南京市江宁区文旅局副局长
张为农　南京市江宁区文化馆原馆长、副研究馆员
陈宜娟　南京市江宁区群艺馆馆长
周维林　南京市江宁区博物馆原馆长、副研究馆员、江宁非遗知情人代表
陈家邦　江宁民俗专家、江宁非遗知情人代表
朱庆舜　江宁非遗知情人代表
茅巧网　南京市江宁区湖熟街道文体中心原主任、江宁非遗知情人代表
邵天武　南京市江宁区淳化街道文体中心原主任、江宁非遗知情人代表

终审专家

刘谨胜　江苏省文物局原局长、研究员
李金芳　江苏省文旅厅非遗处二级调研员
李为民　南京市文旅局原副巡视员、国家公共文化专家库成员、南京市群艺学会会长
施　咏　南京师范大学音乐学院教授（负责审读《传统音乐》《传统舞蹈》《传统戏剧和曲艺》）
马世平　中国药科大学中医学校教授（负责审读《传统医药》）

卢海鸣　南京出版社社长、编审（负责审读《江宁老地名》）
吴桂兵　南京大学教授（负责审读《江宁方言》《附录》）
何剑明　江苏第二师范学院教授（负责审读《传统美术》《传统体育和游艺》《传统技艺》）
陆建芳　南京博物院研究员（负责审读《传统技艺》）
白　莉　南京师范大学文博系副教授（负责审读《传统信俗》）
谭志云　南京市社科联研究员（负责审读《民间文学》）
张为农　南京市江宁区文化馆原馆长、副研究馆员（负责审读《传统信俗》）

参加编纂单位

南京市江宁区文化和旅游局
南京市江宁区档案馆

资料图片提供单位

南京市江宁区文化和旅游局
南京市江宁区档案馆
镇江市档案馆

编纂人员

王志高　张智峰　张　伟　程　明　苏　润　宋震昊　邓　攀
王　滨　马健涛　徐　良　吕业民　王宁邦　陈家邦　傅在发
赵慕明　张新泽　欧　萌　王怡菲　王　业　马陈城　陈一华
樊　博　朱明娥　刘文庆　郭辉毅　康传祎　熊伟庆　王嘉菁
李　娴　方　芳　方可心　蒋凯文　龙东冉　王　珊　周小玲
高　洁　宋珂欣　陈　文　张炅晨

非遗资源知情人员

朱庆舜　茅巧网　周维林　俞正根　周守信　邵天武　孙大和　程　明
陈家邦　林清河　宋震昊　吕业民　张惠明　曙光法师　潘维墀　方长顺
汤在群　汪立祥　王如刚　栾富权　俞春荣　刘跃进　卞仕发　陈荣宝
薛马宁　魏洪涛　张　伟　薛建龙　陶六顺　施德荣　张才荣　夏存兰
李明顺　马仕斌　李明顺　曹家银　于行阳　刘维保　赵阳春　魏庭兔
孔祥荣　王　涛　王惟宝　葛家荣　葛金鹏　许冠华　曹瑞华　邵贞生

李耀龙　王朱蕊　颜光强　魏巧珍　王乐喜　邱安来　许顺祥　张卫星
邱安来　朱永婯　朱治龙　陈　斌　张广源　许国生　业衍忠　朱庆财
马翠华　刘金荣　王从坤　李昌顺　朱治龙　王　飞　查桂英　赵洪军
陈松根　程学宝　汪令平　王允华　胡茂俊　孙隆珠　程文林　袁本宽
刘　青　业德禄　李芝凤　王恭丽　杨　波　周善林　周永春　曾翠英
陈西民　陈一华　张礼泉　戴本英　朱明娥　王　涛　葛迎春　桂凤志
余益海　徐永富　桂凤美　马陈城　傅在发　郑富陈

田野调查及资料整理人员

虞金永　马陈城　王　滨　樊　博　康传祎　马健涛　曹泽乙　王耀文
左凯文　徐　良　汪明月　裴世东　赵五正　王存金　熊伟庆　蒋娅兰
张新泽　欧　萌　王怡菲　韩世龙　李　睿　宋珂欣　陈　文　张炅晨
王嘉菁　李　娴　方　芳　方可心　蒋凯文　林　欣

资料图片提供人员

王世清　马陈城　吕业民　王　滨　王宁邦　茅巧网　陈西民　朱庆舜
邵天武　陈家邦　刘跃进　薛马宁　施德荣　刘维保　赵阳春　葛家荣
晓　庄　戴典金　张为农　赵庭华　张宝珍　杨厚亮　徐元平　黄德海
陈雁峰　陈　庆　曹明和　宋震昊　王志高　陈一华　陈宜娟　朱明娥
陈永峰　葛迎春　桂凤志　傅在发　郑富陈　张洁华　胡玉梅　赵　杰
房宇龙　王孝忠

编务人员

孟庆仁　王振超　戴国燕　张　鑫　张明龙　陆　强　昝庭宇　康建伟
黄吉义　高正卿　曹承禄　万建军　何　浩　刘启华

序一

王文章

中国5000年文明发展史创造了灿烂辉煌、丰富深厚的文化遗产，这些文化遗产既包括物质文化遗产，也包括非物质文化遗产。非物质文化遗产作为人类创造力、想象力、智慧和劳动的结晶，以其独特性成为中华民族身份的象征，是培育中华民族文化认同感的宝贵资源，是促进民族团结、维护国家统一的坚实基础。保护好、利用好中国的非物质文化遗产，对于民族精神的凝聚和延续，对于当代文化创新，对于实现中华民族的伟大复兴，对于构建人类命运共同体，都有重要的意义。

自古以来，我国就有保护非物质文化遗产的传统。可以说这是中华文明世代绵延、薪火相传的一个重要原因。中国古代对非物质文化遗产的保护，除了劳动群众在生活和劳动过程中的创造活动这一主体性传承之外，还有来自两个方面的努力：一是古代官方采取的文化保护措施和主持的文化典籍整理，二是文人、学者进行的搜集和保护工作。前者如早在西周时期官方即建立了采诗观风的制度。《汉书·艺文志》记载："古有采诗之官，王者所以观风俗，知得失，自考正也。"我国文学史上最早的诗歌总集《诗经》中《国风》《小雅》的一部分就记录、整理了不少民间歌谣。《诗经》在收集、整理和保护传承民族民间文化方面所形成的传统，世代相传，一直延续到今天。这种传统下积累的非物质文化遗产保护成果与民众活态传承的各类非物质文化遗产形态相辅相成、相映生辉。

新中国成立以后，特别是改革开放以来，我国非物质文化遗产抢救保护工作取得了十分重要的成绩。而现代意义上的非物质文化遗产保护工作的开展，则是以 2001 年 5 月 18 日我国昆曲艺术被联合国教科文组织公布为“人类口头和非物质文化遗产代表作”为标志，人们开始思考非物质文化遗产保护的现代意义，即在世界范围内维护文化多样性的背景下，我国的保护工作如何与社会的现代化进程相适应，并在新的社会发展阶段创建我国非物质文化遗产保护的长效机制，以期建立起比较完备的、有中国特色的非物质文化遗产保护体系，实现我国非物质文化遗产保护工作的科学化、规范化和法制化。

从这一思路出发，2003 年 11 月，全国人大教科文卫委员会即协同国家文化部等部门着手起草我国的非物质文化遗产保护法草案，推动立法进程。2004 年 8 月，第十届全国人大常委会第十一次会议批准我国加入联合国教科文组织《保护非物质文化遗产公约》。2005 年 3 月，国务院办公厅印发了《关于加强我国非物质文化遗产保护工作的意见》。2005 年 12 月，国务院又颁发了《关于加强文化遗产保护的通知》。正是在这样的基础上，2006 年 5 月 20 日，国务院批准向社会公布了我国首批国家级非物质文化遗产项目名录 518 项。2007 年 6 月 5 日，国家文化部发布通知，公布第一批国家级非物质文化遗产项目代表性传承人 226 名。2011 年 2 月 25 日，第十一届全国人大常委会第十九次会议审议通过了《中华人民共和国非物质文化遗产法》，标志着我国的非物质文化遗产保护工作正式走上全面依法保护的阶段，它为我国非物质文化遗产的全面保护提供了根本保障。此后，国家级非物质文化遗产项目名录制度和代表性传承人制度确立，并一直延续下来。同时，我国也积极参与联合国教科文组织世界非物质文化遗产名录申报，成为入选名录项目最多的国家。我国非物质文化遗产保护的项目普查、科学认定、整体性保护，及以传承人为核心的传承体系建设等保护实践，已证明为符合中国实际的有效保护方式。

党的十八大以来，以习近平同志为核心的党中央强调加强文化自信，进一步重视传承和弘扬中华优秀传统文化。习近平同志在近年来的考察、调研和参观中，多次与全国各地的非物质文化遗产传承人亲切交谈，热情肯定赫哲族伊玛堪、惠安石雕、徐州香包、唐昌布鞋、格萨（斯）尔等非物质文化遗产项目的传承。他在敦煌与有关专家、学者和文化单位代表座谈时，还曾指出：“要加强对国粹传承和非物质文化遗产保护的支持和扶持。”这对我们从理论上和实践上更明确地理解非物质文化遗产保护的深刻意义，以更明确的指导思想和科学有效的方式做好非物质文化遗产保护具有重要意义。

21世纪以来，短短20余年，我国的非物质文化遗产保护意识深入人心，保护理念、保护实践、保护成果为国际社会普遍肯定。这些成绩的取得，首先是党和国家重视、支持，各级地方党委和政府推动、扶持，各级相关部门、非物质文化遗产保护机构和广大非物质文化遗产保护工作者积极努力，特别是作为传承主体的传承人着力传承，及社会各界广泛参与保护的结果。其次，就时代发展的趋势而言，非物质文化遗产保护在国际范围内日益得到重视，在我国，得益于近些年来对文化的认知，特别是对历史文化遗产的认知，更具有了文化自信，更具有了包容性的眼光。同时，人类文化的深厚性，是与人的整体发展的要求相适应的。我国致力于构建以人为本的可持续发展的社会，必然尊重文化的丰富性和多样性。而对非物质文化遗产的保护，正是适应了这样一种必然的要求。

在我国非物质文化遗产保护工作持续发展的过程中，我们必须清醒地看到，现代工业的迅速发展、现代交通的拓展和延伸、人工智能的快速演进、人们生产生活方式的不断改变，以及西方文化霸权主义的扩张，都是非物质文化遗产传承、发展的挑战。人类社会的现代化进程与非物质文化遗产保护永远处在矛盾之中，人们在创造新的文化的同时，也在消解着珍贵的传统文化遗产。但也要看到，处于科技发展和社会现代化演进进程中的人们，也比以往任何时候都更迫切地寻求精神家园的寄托，更迫切地希望从传统生活方式的回归和传统资源的开发中，寻求更具丰富性、本真性的生活方式，人们也期待从文化的多样性并存中，实现国家、民族、社区、群体和人与人之间“美人之美，美美与共”的人类社会和谐、可持续发展。因此，处于当代社会进程中的非物质文化遗产，更需要我们的热爱、守望与坚持，更需要我们的珍视、保护与传承。这应是我们中华民族子孙勇于积极承担的责任。

正是基于这样的责任感，多年以来，南京市江宁区委、区政府站在加强文化自信的高度，对非物质文化遗产保护、传承高度重视，按照国家要求的“政府主导、社会参与；明确职责、形成合力；长远规划、分步实施；点面结合、讲求实效”的非物质文化遗产保护原则，从普查、名录体系建设、创造保护环境和条件等多方面推进非物质文化遗产保护，取得了令人瞩目的成绩。2009 年即在普查获得的 580 项非物质文化遗产资源项目的基础上，整理出版了《南京市江宁区非物质文化遗产荟萃》（江宁区文化局编，南京出版社出版）、《江苏省非物质文化遗产普查：南京市江宁区资料汇编》（上下册，内部资料）。自 2020 年初开始，江宁区政协协调各方面力量，进一步组织开展江宁区域范围的非物质文化遗产资源的全面调查和挖掘，并委托以南京师范大学王志高教授为首的专家团队主持其事。以近两年的努力，通过这一工程的实施，使江宁区范围的非物质文化遗产项目谱系更加清晰，其产生、演变历史和现实生存状况尽在眼前。人们可以从这些资源中总结各种形态项目传承的规律，寻查项目核心技艺的精妙，体味不同项目蕴含的精神品格和文化意味，更可以从其传承发展的现状，有针对性地采取不同方式的有效扶持措施。这些由调查取得的丰厚资源，首先会助益于非物质文化遗产的自身保护，同时，它对于当代文化创新和作为可以产生经济效益的文化资源而开发利用的价值，也必然会在文艺创作、文化创意、旅游等方面显现出来。

现在，这一调查的可见成果，首先以图文出版的形式——《江宁非物质文化遗产资源集萃》（下称《集萃》）呈现给读者。该书以近 150 万字、3000 余幅插图，从民间文学、传统美术、传统音乐、传统舞蹈、传统戏剧和曲艺、传统体育和游艺、传统技艺、传统信俗、传统医药和其他（江宁老地名、江宁方言）10 个门类阐述“江宁非遗”的过往与今天。静态的文字，描述的是动态的历史，使读者可以循着非物质文化遗产项目的线索，跟随编著者的笔触，去考察历代正史、方志、明清实录、晚清民国以来的旧档案及期刊、碑刻资料，并兼览历代笔记小说、诗文集、图录、历年考古发现、境内大族宗谱、近人研究成果、田野调查资料等。可以说，在非物质文化遗产项目的寻源溯流、探微烛隐方面的丰富详备，很少见有出其右者。编著者这么做当然不是为了搜异猎奇，而是着意探求非物质文化遗产项目产生的社会历史因素，探求非物质文化遗产作为人们的生产生活方式，其影响社会生活的深度和广度，其与社会可持续发展的相关性，其影响人的行为方式、思维方式及思想、精神、情感的深刻性，项目与人的生存、发展的密切联系，特别是作为项目传承人在延续非物质文化遗产中的主体作用、传承规律等。我尤其欣赏书中对非物质文化遗产项目核心技艺的精细描述的文字，如“铜井挂面制作技艺”“窦村石刻技艺”

等大量项目的制作技艺描述，就是制作的教科书。传承、保存、研究的价值尽在其中。该书向人们提供的这些认知的可能性，应该说是它的价值之一。

书中的大量插图既配合文字，也以自身的影像价值形象地呈现相关历史人物和传承人样貌、项目操作技艺程序、文献档案及宗谱、古地图、绘画版画、文物碑刻、拓片及田野调查工作者考察活动等，本书可谓图文并茂、形象直观，全面立体地描绘了江宁地域的非物质文化遗产项目，这种纵深性和整体性更可让我们从历史文化的动态演进中了解把握文化元素交织、内涵深厚的“江宁非遗”的传承延续历史与现状。

江宁是古都南京独具特色的一个辖区，历史源远流长，文化积淀深厚，有鲜明的地域文化的特性。《集萃》首次从非物质文化遗产资源这一角度，系统深入挖掘整理与之相关的文献及前人相关研究成果，集“江宁非遗”资源调查与研究之大成，反映了江宁活态文化的生态环境和项目形态个性。《集萃》追求图文内容与体例的完整性、学术性、规范性、知识性和通俗性，对历史资料的挖掘利用、非物质文化遗产资源的甄别与筛选、田野调查的广度与深度等方面都有新的进展。《集萃》可以称作是一部全面系统深入展示、研究“江宁非遗”资源的百科全书。

该书的出版对增强江宁民众爱国爱乡的自豪感，扩展江宁地域文化的影响力，促进江宁地域非物质文化遗产保护及社会、经济和文化的可持续发展，无疑都具有重要的价值。而广大读者也会从该书得到阅读的意趣和非物质文化遗产有效保护的启示。今天，在我们国家强调坚定文化自信之时，非物质文化遗产保护更有了深厚的思想基础。相信南京市江宁区在对区域非物质文化遗产资源深入梳理的基础上，会绵绵用力，久久为功，以持续的努力，开创生态良好、生机盎然的非物质文化遗产整体性保护的生动局面，为我国的非物质文化遗产保护提供示范性经验。

鉴于此，我祝贺《集萃》一书的出版，并欣然为之作序。

2021 年 12 月 28 日

作者为原文化部副部长，兼中国艺术研究院院长、中国非物质文化遗产保护中心主任

序二

·贺云翱·

文化遗产是每个民族创造并保存下来的重要传统文化资源和发展基础。中华优秀传统文化中的核心部分就是各类文化遗产。关于中华优秀传统文化的保护与传承，习近平总书记早在2013年8月就提出“四个讲清楚”,即“要讲清楚每个国家和民族的历史传统、文化积淀、基本国情不同，其发展道路必然有着自己的特色；讲清楚中华文化积淀着中华民族最深沉的精神追求，是中华民族生生不息、发展壮大的丰厚滋养；讲清楚中华优秀传统文化是中华民族的突出优势，是我们最深厚的文化软实力；讲清楚中国特色社会主义植根于中华文化沃土、反映中国人民意愿、适应中国和时代发展进步要求，有着深厚历史渊源和广泛现实基础”。如果脱离作为中华传统文化重要载体和现实反映的各类物质文化遗产、非物质文化遗产、文献遗产等，这“四个讲清楚”是无从表达和获得实证的。

非物质文化遗产是人类在现代化进程中发现和认知的重要传统文化内涵。它是以非物质形态存在的与人民生活密切相关、世代相承的传统文化表现形式及相关的文化空间。非物质文化遗产深植民间，根植生活，内蕴着各民族特有的思维方式、精神价值、想象力和文化意识，是民族优秀传统文化的重要载体，提供了文化认同、社会活力和文化进步资源，对促进所属社区、社群乃至我们整个社会可持续发展具有重要意义。保护和传承包括非物质文化遗产在内的各类文化遗产，对于我们保护文化多样性、维系人类良心和道德、承担代际责任、促进可持续发展、增进知识经济、维护文化安全等多个方面都有着无可比拟的重要作用。同时我们应该看到，在快速的工业化、市场化、城市化、全球化进程中，非物质文化遗产受到巨大冲击，对其展开保护和传承显得尤为迫切。

毫无疑问，做好非物质文化遗产的保护和传承工作的前提是进行全面调查和科学研究。以笔者20余年的文化遗产保护研究的实践体会，我认为从事文化遗产方面的调查和研究，关键是把握好十大要素，即时间、空间、结构、功能、动力、生态资源、传承现状、价值体系、保护、活化利用及发展问题。前六大要素所构成的不同门类文化遗产作为文化生命体或文化事象会存在显著差异，从而呈现出“文化多样性”或“文化丛”形态，支撑着人类社会及人的生活世界的丰富性和多种可能性。当然，不论是物质文化遗产，还是非物质文化遗产，其实大致都应当包含这六大要素。其中“时间”要素是指某种文化从萌芽、发展、成熟、衰落到蜕变历程所形成的时间尺度；“空间”要素是指某种文化遗产事象在地理空间上的位置、分布以及所处空间的发展演变；“结构”要素是指一个文化生命体符合功能需求和内在逻辑的各个部分的有机构成；“功能”要素是指某种文化的作用或多方面用途；“动力”要素是指某种文化遗产从萌芽、发展、成熟、衰落到演化历程的内在力量；“生态资源”要素是指作为文化创造、文化面貌塑造参与力量的环境资源，从理解文化的人地关系视角看，它甚至成为文化动力的重要构成。

在文化遗产特别是非物质文化遗产研究领域，除了以上六大要素之外，首先需要重点关注的是“传承现状”，要通过科学而深入细致的田野调查来完成此项任务，这是其他工作的前提。其次，“价值体系”实际关涉文化的价值外显和他人的价值评判，评判的价值内容则大致可以细化为历史、科学、文化、艺术、教育、社会、经济、情感等不同方面的价值。再次，“保护”是文化遗产事业的核心，即我们首先要确保遗产本体的安全存在，这是发挥文化遗产价值的前提。最后，非物质文化遗产的“活化利用”及“发展”是由其本质所决定的，因为保存至今的各种非物质文化遗产，在历史上之所以产生，是因为它本身就是为满足人的各种需求而得以产生和流传的，它与人类的物质文明与精神文明发展趋势有关，也是非物质文化遗产研究和实践探索中最具有挑战性的领域。

关于文化遗产的研究方法，除了上面所论之外，还涉及若干专门知识及方法，如历史文献学、比较方法、鉴定学、民间文学、语言、文字、篆刻、戏曲、音乐、舞蹈、美术、手工艺、中医药、古籍版本、乡土建筑、历史城市及乡村、传统农业、手工业、传统商业、水利史、专门技术、古代术数等，还需要运用考古学、历史学、文化人类学、民俗学、文化学、经济学、法学等成熟学科知识和方法，构建为文化遗产研究服务的方法论体系，形成可称之为文化遗产学的独立的学科方法论、学术概念体系、学术知识体系及学科应用体系。

例如，文化学的方法和理论可直接运用于文化遗产的田野调查、统计、空间表达、活态遗产的访谈口述记录、价值评估等。考古学方法中可供文化遗产研究借鉴的有探索其时代演变中的"地层学"分析、类型学及区系类型学或谱系学分析方法，以及解构性研究的文化因素分析法等。历史学的常规方法，如考证、文献检索、文献的辨析与正确使用、编年史的研究、文献与遗产本身的比勘研究等，都是文化遗产研究中不可或缺的方法。每一种文化遗产都是一种文化空间的存在，因此也离不开历史地理学或地理学的空间分析方法。文化遗产作为人的创造成就，涉及物质和精神的多个层面，因此民俗学、民族学、文化人类学、生态学的方法也是必要工具。文化遗产研究的重要目标之一是保护问题，保护必须要有规划，这就涉及规划学的方法。文化遗产研究、保护、修复、利用中都会涉及科学技术问题，所以还要掌握一般的科技方法。

文化遗产不是摆设，也不仅是学者的分析对象，不能使其僵化、固化、博物馆化、小众化，它是人类现代化建设中重要参与者和核心文化资源，必须进行科学的、合理的、有效的、可持续的利用，这就需要运用经济学、传播学等工具。文化遗产的保护及权益维护则要熟练地运用相关的文化遗产法学知识和法律体系。总之，文化遗产研究把历史延伸到当代，它不仅要揭示历史，更要建设当代，对未来负责，没有广博的知识储备、学术方法的掌握、学术胸怀和目标，就很难成为一个真正意义上的文化遗产学者。

过去，笔者在为《南京市非物质文化遗产集萃》一书所题的序言中，曾经总结过南京地区非物质文化遗产的五个特点：一、包含着丰厚的地域历史内涵，几乎每一个非物质文化遗产项目就是有关地方发展的一段经历，而且是一部活着的历史，代表着文化生命的坚强；二、体现了强烈的地域文化特色；三、从不同方面证明了南京曾经拥有的都城文化地位，这方面尤以老地名和传统工艺最为典型；四、反映了南京传统文化与全国其他地区的文化关联性，是南京文化具有多元共生特点的重要见证；五、许多非物质文化遗产项目具有鲜明的民间性、生活性和广泛的群众参与性，展现了南京先民乐观向上的生活态度和苦中有乐的生活情趣。上述五个方面大体上也反映了江宁非物质文化遗产的主要特点。

江宁的“非遗”是南京“非遗”的有机组成部分，而且是种类相对全面、保护相对较好的部分。由南京师范大学文博系王志高教授团队主持完成的《江宁非物质文化遗产资源集萃》收录了民间文学、传统美术、传统音乐、传统舞蹈、传统戏剧和曲艺、传统体育和游艺、传统技艺、传统信俗、传统医药、其他等十大门类的“非遗”资源，总近500多项。民间文学有古老的太伯奔吴传说、秦皇断垄传说等；传统美术有周岗红木雕刻、象牙雕刻等；传统音乐有江宁民歌、打麦歌等；传统舞蹈有上坊龙灯、麻雀蹦等；传统戏剧和曲艺有禄口白局、六色班等；传统体育和游艺有殷巷石锁、秣陵太极拳等；传统技艺有南京金箔锻制技艺、雨花茶制作工艺等；传统信俗有牛首山踏青习俗、湖熟回民生活习俗等；传统医药有民间蛇伤治疗及蛇药、傅式接骨术等；其他门类的江宁老地名、江宁方言等，既有列为国家和省市非物质文化遗产名录的著名项目，更多的是新近调查挖掘整理的新型项目。它们代表了江宁丰厚的非物质文化遗产资源和鲜明的地域文化特色。

纵观全书，可以认为这是江宁非物质文化遗产资源调查分析的集大成之作，是丰富南京非物质文化遗产研究的重要成果。编著者运用文化遗产学的研究方法，特别是最新的非物质文化遗产研究理论，针对一个行政区域进行的全面系统的非物质文化遗产资源调查和梳理，是拓展和深化非物质文化遗产研究的重要实践。本书也是江宁区开展非物质文化遗产保护和传承工作的重要工具性文献，应该是21世纪以来由学者主导、以田野调查和文献梳理相结合的方式所开展的南京特定地区首次大规模非物质文化遗产资源摸底排查，必将为今后非物质文化遗产的全面规划保护和传承利用打下坚实基础。本书还是江宁区文化改革发展的重要成果，有利于彰显江宁的文化底蕴，擦亮江宁的文化名片，增强文化自信，有利于把江宁以非物质文化遗产为代表的区域优秀传统文化发扬光大，激发区域文化的创新创造活力，促进有江宁区域特色的社会主义现代文化建设的进程，也为南京文化遗产事业繁荣发展，为南京建设社会主义现代化典范城市做出积极贡献。其成绩可喜可贺，故乐而为之序！

2021 年 12 月 18 日

作者为南京大学历史学院教授、博士生导师，南京大学文化与自然遗产研究所所长

序三

·刘　玲·

江宁有数十万年的人类活动史，1700多年的建县史。江宁是今日南京简称“宁”的来源。在历史上，南京在唐朝、南唐、北宋和清朝一度用名江宁。作为南京的主城区之一，江宁与南京主城山水相连，风物无差，命运与共，荣辱相依，是为南京贡献深厚文化底蕴的重要区域。

江宁历史悠久，辖域1561平方千米，划分为10个街道、201个社区，有丰富的地理单元、复杂的历史变迁，为非物质文化遗产的保护和传承提供了极为便利的条件。经统计，全区现有各级别“非遗”项目75个，其中国家级2个、省级6个、市级13个、区级54个，散落在民间、未经系统收集整理的“非遗”项目还有不少。根据2011年颁布的《中华人民共和国非物质文化遗产法》所列传统口头文学及语言，传统美术、书法、音乐、舞蹈、戏剧、曲艺和杂技，传统技艺、医药和历法，传统礼仪、节庆等民俗，传统体育和游艺等“非遗”门类，江宁都有对应的资源。其中，麻雀蹦（方山大鼓）、牛首山踏春习俗、铜山高台狮子舞、周岗红木雕刻、殷巷石锁赛力等，都声名远播，无论走到哪里，都承载着一代代江宁人的共同记忆。

众所周知，非物质文化遗产资源的挖掘与保护，对于传承中华优秀传统文化、坚定文化自信、满足美好生活需要，都具有极大的促进作用。习近平总书记高度重视非物质文化遗产的保护与传承工作。2020 年 10 月 12 日至 13 日，他在广东潮州考察时指出，非物质文化遗产是中华文化的瑰宝，要加强非物质文化遗产保护和传承，积极培养传承人，让非物质文化遗产绽放出更加迷人的光彩。2021 年 9 月 13 日至 14 日，在陕西省榆林市绥德县非物质文化遗产陈列馆考察时，他再次强调，民间艺术是中华民族的宝贵财富，保护好、传承好、利用好老祖宗留下来的这些宝贝，对延续历史文脉、建设社会主义文化强国具有重要意义。要坚持以社会主义核心价值观为引领，坚持创造性转化、创新性发展，找到传统文化和现代生活的连接点，不断满足人民日益增长的美好生活需要。这些精辟论述是我们开展相关工作的重要指导思想。

自 2000 年 12 月江宁撤县建区，20 多年来全区城市建成区面积从 23 平方千米增长到 236 平方千米，常住人口从 74 万增长到 193 万，经济总量从 113 亿元增长到 2500 亿元，古老的土地上诞生了一个现代化的新城区。极为快速的城市化、工业化进程彻底改变了江宁面貌，非物资文化遗产赖于存续的传统环境也发生了前所未有的剧烈变迁。毫无疑问，“非遗”资源的抢救性发掘已经刻不容缓，“非遗”的保护更亟须与时间赛跑。我们发起编纂《江宁非物质文化遗产资源集萃》一书，是为了尽最大可能摸清江宁“非遗”资源的家底，是贯彻联合国《保护非物质文化遗产公约》和《中华人民共和国非物质文化遗产法》等法律要求的具体实践，也是践行习近平总书记关于“非遗”保护传承重要指导思想的新时代需求。

我在江宁区政府担任副区（县）长期间，曾经分管文化工作，就此与江宁“非遗”结缘。后来在区委宣传部任部长，指导过全区首次“非遗”田野调查，并形成了初步成果。由于行政工作的繁杂及其他条件的限制，当时没有深度推动相关工作的开展，留下了一些遗憾。到政协工作后，了解到历史文化领域的探索是政协文史工作的要务之一。因此，从服务江宁文化发展和完成个人夙愿两方面出发，我们慎重选择了“非遗”资源挖掘整理这一项目，来为江宁文化气质的提升、文化自信的增强做一些基础性工作，以留住江宁人的乡愁，培厚江宁的文化土壤。

政协文史资料工作，是 1959 年周恩来同志亲自倡导和培育的一项富有统一战线特点的重要工作，是人民政协的一项经常性、基础性工作。它开辟了史料积累、研究的新途径，可以匡史书之误、补档案之缺、辅史学之证；反映了各界代表人士从不同角度对某一事件、某一遗存、某一人物的认识和看法，蕴含了许多值得借鉴的宝贵经验和深刻教训;体现了政协广泛的代表性和包容性,是统一战线中合作共事、发扬民主的有效形式,是进行爱国主义和社会主义教育的生动教材。

江宁区政协文史工作既有好的传统，也取得了可圈可点的成绩。1984 年江宁县政协四届一次会议设立文史资料征集委员会，当年 10 月《江宁春秋》第一辑编印出版，由此翻开了江宁政协文史工作的篇章,在服务江宁经济社会发展中发挥了积极的推动作用。2008 年又编纂出版了《江宁历史文化大观》，成为研究江宁历史文化的一部重要工具书，广受文化人士、文史爱好者赞誉。2016 年编纂出版《江宁历代碑刻精选》，收集整理江宁出土的上自三国、下到明清的碑刻精品，梳理展示了江宁书法传承脉络。2019 年是新中国暨人民政协成立 70 周年，我们拍摄了一部从政协委员视角反映江宁发展历程的纪录片《讲述·江宁政协故事》，举办了“书写新时代、丹青绘初心”省市区政协委员书画联展,召开庆祝人民政协成立 70 周年暨《江宁春秋》创刊 35 周年座谈会,编纂了《江宁春秋》纪念刊，通过我们的努力为江宁保存历史画面，为将来的发展留下历史依据。

为贯彻习近平总书记加强和改进人民政协工作，以及推动中华优秀传统文化创造性转化、创新性发展等重要思想，为江宁“非遗”保护、文化发展、文旅融合等方面工作提供有价值的线索和依据，为“强富美高”新江宁建设发挥作用，我们把江宁非物质文化遗产资料的整理作为文史工作的重要选题，确定了《江宁非物质文化遗产资源集萃》的编纂项目，按照民间文学、传统美术、传统音乐、传统舞蹈、传统戏剧和曲艺、传统体育和游艺、传统技艺、传统信俗、传统医药、其他（包括江宁老地名和江宁方言）十个方面系统整理江宁的“非遗”资源，希望能取得以下三方面的成效：

一是存史，通过系统梳理“非遗”传承脉络，讲好江宁故事。习总书记在考察云冈石窟谈到文化遗产保护时指出，要坚持保护第一，在保护的基础上研究利用好。我们系统整理江宁“非遗”资源，就是最基础、最重要的保护。全区首次“非遗”资源普查工作开展以来，先后成功申报 75 项，包括南京金箔锻制技艺、麻雀蹦、般巷石锁赛力等重要的江宁文化标识，应该说成就初显。但同时，还有近 600 条“非遗”线索等待我们重新发现、挖掘、整理、申报。随着年代的久远、传承人的老龄化，这项工作越往后越难开展。我想，我们这一代人不能眼睁睁看着属于自己的文化记忆消失，包括政协文史在内的方方面面，都应该有所行动、有所作为。为此，我们在广泛征求省市政协文史委领导、“非遗”专家、有关部门同志意见建议的基础上，在区委、区政府的大力支持下，依靠各部门和专家团队，深耕江宁“非遗”这片沃土，用扎实、科学、有效的工作记录江宁“非遗”全貌，展现江宁历史文化新魅力。

二是资政，通过挖掘“非遗”的价值，以推动区域经济社会的发展。非物质文化遗产这一概念，最早出自日本，叫“文化财”，十分形象，说明老祖宗留下的这些遗产，不仅是文化，还是财富。在“非遗”学界有一个观念，保护是手段，传承是目的。在江宁“非遗”的传承实践中，一部分项目发展壮大为产业，如金箔加工、红木制作、书画装裱等；一部分项目发展为群众性文体活动，如殷巷石锁赛力、麻雀蹦等。这些“非遗”项目，在全区经济社会发展过程中日益发挥积极作用。我们全面挖掘整理“非遗”资源，就是要为全区文旅融合、乡村振兴等贡献政协的才智，为江宁“强富美高”再出发提供政协智慧。

三是育人，通过“非遗”留住乡愁，并凝聚江宁各界共识。习总书记说，要让城市留住记忆，让人们记住乡愁。“非遗”发端于乡土，在城市文明发展过程中，一部分“非遗”项目继续发展，一部分失去生存的土壤，成为文化记忆。当前，我区正加快推进城乡融合发展，赓续城市文化脉络，传承乡村文化基因，提高江宁发展之品质，拓展江宁美丽之内涵。挖掘、整理“非遗”资源，就是要用最乡土的文化底色，来引发江宁人的“乡愁”共鸣。希望通过我们的努力，可以让数以百万计的新江宁人认识和接受江宁地域文化之传统，酝酿新乡愁，打下新印记；同时让生于斯长于斯的老江宁人重新发现江宁“非遗”之美，凝心聚力，共同为新时代江宁的高质量发展奉献力量。

这次我们发起江宁“非遗”资源的整理与编纂，既是政协文史工作优良传统的延续，也是对区政协服务发展、凝聚共识能力的检验。参加本书编纂工作的各位同志多有强烈的历史感、责任感、紧迫感，展现了不做出精品不罢休的坚韧，希望可以实现其思想性、史料性、可读性、艺术性的有机统一，成为追寻江宁共同记忆的家书，成为发展江宁文化休旅的家谱。

非物质文化遗产的保护与传承，重在融入现代生活、展现当代价值，涵养文明乡风、凝聚民族精神。本书出版后，我们要高度重视其成果的转化利用，不能让耗费大量人力、物力、财力的专著束之高阁。为此，我们一方面要加强宣传，扩大这一成果的社会知晓度和影响力，为江宁的非物质文化遗产保护和传承创造条件；另一方面要有效利用好区内外媒体网络平台、教育平台，推送相关章节，同步播放音视频资料，真正讲好江宁“非遗”故事，更好地奉献社会，并留传后世。

2021 年 12 月 16 日

作者为政协南京市江宁区第十二届、十三届委员会主席

总目录

贰 传统美术

叁 传统音乐

肆 传统舞蹈

伍 传统戏剧和曲艺

陆 传统体育和游艺

柒 传统技艺

捌 传统信俗

玖 传统医药

拾 其他

江宁方言

江宁老地名

民间文学

概述

太伯奔吴，秦皇断垄。上古的历史人物，在江宁民间的口口流传中，在酒酣耳热的街谈巷议中，逸兴遄飞，声色俱足，活了一回又一回。

民间文学，在日积月累之中传下的故事集，是广大人民群众在日常生活中讲述的“活态”文化，从先秦时期的伍子胥、六朝粉黛的周郎与二乔、谢安与王导、直渎与孙皓、唐代的武则天、牛头祖师法融、变法者王安石等，到留下抗金故垒传说的岳飞与他的死对头大奸臣秦桧，在江宁同时留下了段子——真是你方唱罢我登场，生旦净末齐斗法。其中既有民间智慧、民俗心理，又有地方性知识、地方掌故，在古代社会可以教育百姓，明辨是非善恶；现如今或说或唱，或记载于家谱、志书，成了人们的备览资料，用以考察国故。

当然，有的学者很不信任民间文学，对其是否“真实”总持怀疑态度。它有集体性、口头性和变异性等特质，光是所谓变异性，就有很大的弹性和张力。仅以后羿射日传说的江宁翻版《射乌山的传说》来看，羿射九日的英雄事迹为我所用，被江宁人民拿来解释汤山温泉的成因了，说："九个太阳中，有一个被射偏了点儿，没有冷透就落到汤山肚里去了，把地底下的泉水烧得滚热滚热的。"上古口传系统《山海经》说的"羿射九日，落为沃焦"，在江宁得到了可爱的发挥，虽然离"真实"的距离越来越遥远，却更接地气地宣传了家乡的风土，带有强烈的草根气质。

日本学者柳田国男曾说："传说的核心，必有纪念物。无论是楼台庙宇、寺社庵观……"似乎民间文学，都是一种现身说法，后羿射下的太阳成了汤山温泉的加热器，人们对家乡的情感附着在具体的地方风物与历史名人身上，上古神话也与家乡零距离了，民间文学也变得更富地方文化色彩了。这与"白蛇传传说"一样（最早被列入国家级非遗名录的民间传说），在其漫长的历史变异中始终离不开杭州的雷峰塔、镇江的金山寺。

在本门类中，很多都是这样具有当下性与地域感的条目。曹雪芹家族成了曹村人，明初靖难的方孝孺与方家湾田庄，乾隆皇帝到禄口吃上了玉带糕，不管是大神还是帝王将相，都被民间说故事的人拿来所用，点铁成金。一方水土，它东边的这座山、西边的那条河，都可能衍生出动人的传说文本，让民众产生真实亲切的感受。反过来，也因为有具体的风物存在，才在历史演进中不断推动着传说情节的发展与传承的延续。

作为学者视野下的本书，相当重视保存有价值的史料。在过去大量汗漫无边的民间故事中，编者进行了较为审慎地筛选。周作人说，民间文学中"世说者其历史，而童话则为文学"。这和现在将有其人不一定有其事的称为民间传说、不一定有其人有其事的称为民间故事的分野差不多。如上所云王导、谢安、法融、岳飞与秦桧等，都是历史上实有其人且在江宁留下过痕迹的，基本属于戏说历史，只不过戏说的程度不同而已。容肇祖先生在探讨"民间的故事"时，分为充满幻想性的给人幼年时期予以熏陶的"童话"、茶余饭后的"笑话"和"其他俗传的史事及神话（民间的掌故）"等。历史虽然是俗传，也有其文化价值，甚至可为日后的文旅开发提供佐证。如《景定建康志》提到江宁慈姥山"山上出竹，堪为箫管"，与汉代王褒《洞箫赋》描述箫乐的悠扬婉转——"风鸿洞而不绝兮，优娆娆以婆娑。翩绵连以牢落兮，漂乍弃而为他"若合一契，其致如一，便是极富诗意且具文化传播价值的优质资源。其他如金陵最早碑刻所竖立的牛迹山、"一步九龙桥”的汤山多佛寺、带奇妙声学现象的响井、为明清文人所追捧的牛首山塔影，也是如此。

细心的读者还会发现，本门之中还有不少“八景的传说”。这是怎么一回事呢？宋代以来流行对当地的风景名胜进行评选，如湖熟八景、青山八景、龙都八景、石塘八景等。因为专属于江宁一隅，所以不少风景，连江宁本地人也知者寥寥。编者从此次征询的家谱文献中采集出来，其中的绝大多数都是初次面世，堪称本书一大特色。就拿江宁淳化的青山八景来说吧，就采自道光十八年（1838）的《杨氏宗谱》，其中的“虎洞明曦”属于著名的金陵四十八景之一，但已遭到严重破坏；“云居烟雨”就是曾作阀门厂的云居古寺；像秋崖晚唱、庄严胜迹、珍珠奇泉、常脉松涛等，基本上属于消失的风景，历史的尘烟。如果把《杨氏宗谱》的记载当成研究资源，再继续深入探访，对当地老人进行口述访问，则仍然可以将不可再生的历史文化资源挽救回来，也具备旅游开发和文化宣传的价值，有利于本地经济的发展，再稍事恢复，江宁便可再现笙歌画舫之天、金碧楼台之界，使东南佳丽、人物雍熙的金陵胜景再现光华。推而广之，湖熟八景、龙都八景、石塘八景……可以制造多少个朋友圈的高能热点！

如今高速发展的中国经济，给我们带来了新的历史机遇，而作为口头文学的“非遗”也在现代文明的冲击下渐渐退出历史舞台。作为“非遗”资源的工具书，编者既有将文化遗产进行科学记录传之后世的目的，也有镜鉴资治、回馈社会的用意。同样是“非遗”资源，如果用好，它将是地方政府的一方金字招牌；如果弃之不用，它也将安静地沉潜书中，等待有缘人的打捞。

秦始皇断长垄泄王气的传说

基本概况

秦始皇断长垄泄王气的传说在江宁流传甚广，至今已经形成两个版本。

版本一：相传统一六国后，秦始皇时常担心江山易主，其大臣子淮为解上忧，向始皇帝引荐了一个方士，方士日夜为秦始皇观风水、望凶吉。有一天，他望见金陵之地有一座方山，像是上天所赐的玉玺，故称天印山，山上隐隐有紫气氤氲，预测五百年后会出天子。方士立马禀告秦始皇，始皇帝闻言大惊，连忙传召徐福觐见。徐福也是方士出身，擅长望气，并用于诠释山河形胜和社稷人事的关联，故深受秦始皇的信赖。徐福赶忙入宫回奏：这山上金光闪烁，紫气升腾，像是王气征兆。秦始皇听后龙颜大怒，如此岂不是动摇了大秦帝国的万世不拔之基？于是，他传旨徐福、子淮及一众方士研究对策。子淮、徐福等人再三推演，一致认为只有挖断金陵的龙脉，开凿一条

秦淮河、方山与今日江宁东山主城区鸟瞰

大河引水入江，才可以泄去王气，这样方能避免江山易主。秦始皇遂命令子淮带着数万民夫赶赴金陵，掘断竹山、方山一带的山垄，掘开一条河道，让源自东边句容及源自南边溧水的两条秦淮支流在此汇合，并流向长江，以便冲走王气，不让它回环在金陵的山川之间。相传今天的竹山与方山本为一体，便是当年子淮挖断了。不过，虽然长垄已断，淮水已疏，但秦二世而亡的命运还是无法更改。

版本二：相传秦始皇统一六国后，心中时常有不安之感。大臣徐福惯于察言观色，建议秦始皇东巡。秦始皇东巡路过秣陵，看见此地紫气蒸腾，气势不凡，便询问身边的大臣。善于观星望气的随行方士忙下跪禀告说："此地独居宝地，金光紫雾环绕，帝王之气直冲斗牛，久后必出贵人天子。只有凿石垄断山根、鞭方山碎天印，并且埋下黄金，施展厌胜之术，才能镇压地脉，泄去王气，永保大秦帝国千秋功业。"秦始皇听后大惊，怒发冲冠，下旨凿山埋金，疏导龙藏浦之水，并召集方士施展厌胜之术，以泄金陵王气。到了宋代，有人误信这个古老传说，在今天的方山、东山及竹山一带大肆"寻宝"，结果当然是无功而返。

秦始皇断长垄泄王气的传说中提及的"长垄"，一般认为就是江宁的方山与石硊山。方山，位于今江宁科学园内，海拔高 209 米，面积 3.3 平方千米。它是平地突起的一座孤立小山，远远望去好像一颗印鉴，覆盖在辽阔的秦淮河盆地之上，故又名"天印山"。实际上，根据地质学家研究，方山是远古时期几次大火山爆发的结果，火山喷发的熔岩填平了高下山势，冷却凝固后形成了大片玄武岩，多少年后，火山口逐渐平复，又经过长期风化，这才形成了现在的方方正正的形状。

"泄王气"传说中的淮水即秦淮河。此河又名小江、淮水、龙藏浦。作为江宁乃至南京古代

秦淮河江宁段春景

文明的摇篮，秦淮河其实是一条自然河流，它发源于苏南低山丘陵地区，流域范围在宁镇山脉之南，横山之北，茅山之西，云台山、牛首山之东，属于一个比较完整的盆地，其下游穿越南京附近的低山丘陵而入江。秦淮河有两个源头，其东源起于句容市的宝华山，称句容河；其南源起于溧水区东庐山，称溧水河。二流在江宁区方山南面的西北村附近汇合，称为干流。干流绕过方山的南、西两侧，向北蜿蜒至南京城后入江。

历史传承

秦始皇断长垄泄王气的传说可以从地质学、历史文献及考古发现三个角度加以分析。

先看地质学的研究成果。研究认为，在距今大约 7000 万年前的晚白垩世后期，今秦淮河流域所在的盆地由一个巨大的湖泊逐渐转变为陆地，大气降水沿着原来的湖底洼地流动，形成了最早的秦淮河。到了白垩纪的末期，由于地壳运动的影响，秦淮河流域所在岩层形成波浪状的褶皱，原先沉积的水平岩层，变为 10—20 度的缓缓倾斜，同时整个区域又微微上升，原先的湖泊逐渐缩小，最后终于完全消失，转变为陆地。而其时的大气降水，仍沿着原来的湖底洼地流动，最早的秦淮河可能就在此时孕育形成。由于当初秦淮河盆地在地壳运动的影响下形成北偏西 30 度的断裂，刚刚诞生的秦淮河在湖底流动时，就沿着岩层这个最易遭受风化侵蚀的断裂方向前进，故今天秦淮河的干流方向，即从南源溧水河到秦淮河的下游，就大致沿着这个方向流动。在相当长的一段时间内，河水不断地流动侵蚀，把原来比较平坦的湖底，又切割成高高低低。今日秦淮河盆地中一部分波状起伏的地面，可能就是当时秦淮河及其支流侵蚀形成。河流侵蚀形成的碎屑物质，大部分被流水带走，只有较粗的颗粒，才在低凹的地方堆积下来。方山的洞玄观沙砾层，可能就是在距今 1000 万—2500 万年的中新世，由秦淮河搬运堆积起来。后来因为方山发生火山喷发，玄武岩覆盖在它上面，这些沙砾层由于得到了坚硬的玄武岩岩层的保护，才被保存下来。也有人认为到距今 300 万年左右的第四纪时，秦淮河仍然是以侵蚀作用为主。只是到了第四纪的晚更新世和全新世，秦淮河下游才由侵蚀作用转变为以沉积作用为主。根据地质勘探资料，在东山到方山一带的秦淮河两岸，全新世沉积物的厚度有 30—40 米。这些沉积物的下部一般有几米到十几米的沙砾层，上部有二三十米的粉砂、亚黏土的沉积。沉积物的这种结构，正是河流沉积物所具有的特征，所以秦淮河下游的富庶平原，是在近代地质历史时期内由秦淮河的沉积作用形成的。

总而言之，秦淮河是一条自然河流，早在2500万年前就已成形，而方山则源自1200万年前的火山爆发，火山喷出的熔岩冷却后，形成一条如同巨柜一样的长垄阻断了附近的秦淮河水。每至春夏雨季，上游之水难以畅泄，故这一带常常水患成灾，成了一片水乡泽国。

在文献记载中，秦始皇断长垄泄王气的传说最早见于西晋虞溥《江表传》，谋臣张纮在建议孙权定都金陵时说："秣陵，楚武王（应为楚威王）所置，名为金陵。地势冈阜连石头，访问故老，云昔秦始皇东巡会稽经此县，望气者云金陵地形有王者都邑之气，故掘断连冈，改名秣陵。今处所具存，地有其气，天之所命，宜为都邑。"此后东晋孙盛的《晋春秋》则称："未至方山，有直渎行三十许里，以地形论之，淮发源结屈，不类人功，则始皇所掘宜此渎也。"又称："东至方山，有直渎，自渎至此山（石硊山，一名竹山），或云是秦所掘山。今方山西九里，有大垄枕淮，合垄悉是石。京师沟塘累石，悉凿此垄取之。"南朝顾野王《舆地志》亦载："秦始皇时望气者云'江东有天子气'，乃东游以厌之，又凿金陵，以断其势。今方山、石硊是其所断之处也。"南朝梁沈约《郊居赋》云："聊迁情而徙睇，识方阜于归津。带修汀于桂渚，肇举锸于强秦。"虽然沈约并未直接提及秦凿淮水的传说，但是赋中"识方阜于归津""肇举锸于强秦"两语，似乎意指秦曾于秦淮流域的方山一带有过水利工程。唐许嵩《建康实录》一书认为秦始皇"凿钟阜，断金陵长陇以通流，至今呼为秦淮"。唐徐坚《初学记》卷六引孙盛《晋阳秋》（即《晋春秋》）云："秦始皇东游，望气者云：'五百年后，金陵有天子气。'于是，秦始皇于方山掘流，西入江，亦曰淮。"其后云："今在润州江宁县，土俗亦号曰秦淮。"

又如《建康实录》卷一《吴上》："（秦淮）其上有二源：一发自华山，经句容西南流；一发自东庐山，经溧水西北流。入江宁界二源合，自方山埭西注大江。其二源分派屈曲，不类人功，疑非秦始皇所开。古老相传，方山西渎江土山三十里，是秦始皇开。又凿石硊山西，而疏决此浦，后人因名秦淮也。"元张铉《至正金陵新志》卷一："（秦始皇）三十七年，东游，还过吴，从江乘渡。望气者言：'五百年后，金陵有天子气。'因凿钟阜、断金陵长陇以通流，至今呼为秦淮……今考

青龙山远景

故迹，左则方山、石硊山之间，右则卢龙山、马鞍山之间，耆老相传以为始皇凿断长陇之所。其秦淮经流三百余里，地势高下，屈曲自然，必非人工所为。”这两部文献均认为秦淮河河道主体“不类人工”“必非人工所为”，但又根据民间传说，不否定秦始皇在方山、石硊山之间疏通秦淮的可能性。据《至正金陵新志》记载，石硊山在上元县崇礼乡，一名竹山，在（金陵）城东南四十里，山周围一十五里，高二十七丈。其文引《祥符图经》曰：“（石硊山）有大垄，悉是石，故名石硊。硊一作柜。每春夏，水溢众流，汇北山，横据秦淮之上，以柜遏水势。”直到六朝时期，方山之西九里仍有大砻枕淮，故京师之沟塘垒石，皆凿取此石。

关于秦始皇断长垄之处，若《晋春秋》《舆地志》《建康实录》《至正金陵新志》等文献记载属实，则除了南京的卢龙山、马鞍山之间外，在江宁则有两处，一处在方山以西至秦淮河边石硊山之间，还有一处在方山东南的直渎。今秦淮河北源句容河东段所在的湖熟段，呈自然弯曲之形状，当是文献记载的长溪。《景定建康志》卷十七《山川志一·山阜》引《丹阳记》云：“湖熟前有长溪，受句容赤山湖水，入秦淮”可以为证。而此段句容河西段龙都至方山东南麓的东北村一段，则为罕见的直形。2016 年 8 月，南京师范大学文博系研究团队受江宁区文旅局之邀，对秦淮河沿岸水利文化遗产开展系统调查，曾在这一段河岸边多处山石上依稀辨认出古代人工开凿的痕迹，初步判断此段秦淮河很可能就是秦代开凿的直渎。

秦始皇像

总之，根据文献记载及相关学者研究，春秋战国时期国力有限，难以对方山附近的秦淮河道进行疏通。至秦始皇统一六国，才得以集中人力、物力对今江宁方山东南的直渎、方山西侧的龙藏浦及其他相关地区河道、湖泊进行疏通，使得这一带的秦淮河由原先的屯水湖泊变成了固定的主干河道，不仅水患得到了有效根治，而且秦淮河东源句容河上游的湖熟周边的古赤山湖（古丹阳湖一部分）水也得以通过秦淮河畅泄长江，古赤

1960 年代从东山鸟瞰竹山与方山

山湖水位降低后，大量湖滩露出水面，为大规模围湖造田提供了条件，进而为此后湖熟、龙都地区的经济发展及汉初增置湖熟县奠定了基础。后世民间不明就里，以讹传讹，遂产生秦凿淮水泄王气的传说。六朝孙吴江东政权立国金陵后，出于政治需要，对这个传说再加以附会利用，遂对后世产生深远的影响。

史载秦代工程技术十分发达，在全国各地有不少重大水利工程。当时秦改金陵邑为秣陵县，并迁治于今秣陵关。秣陵关与方山仅隔河相望，秦淮河上游的两源正在方山脚下的西北村汇合，水势更加浩荡汹涌。为确保县治安全，如果秦始皇下令疏通整治了近旁的龙藏浦，并开凿直渎，则是理所当然的事。所以，有关学者认为秦始皇泄金陵王气是传说，而秦始皇时代断金陵长垄则是历史。

除了这个传说外，还有一个楚威王埋金镇金陵王气的相关传说。这个传说在史料中出现较晚，不见于六朝文献，也不见于《建康实录》《元和郡县图志》等唐代典籍。就目前资料所知，这个传说首见于北宋乐史《太平寰宇记》，其书卷九十《江南东道二·昇州》引“《金陵图经》云：昔楚威王见此有王气，因埋金以镇之，故曰金陵”。南宋绍兴年间（1131—1162）成书的张敦颐《六朝事迹编类》所记大体相同：“初，楚威王因山立号，置金陵邑。或云以此有王气，因埋金以镇之。”其内容都还比较简略，皆未涉及埋金地点等细节问题。到了南宋景定年间，周应合的《景定建康志》卷五《建康图·辨金陵》一文在这个传说外，又增加秦始皇在靖安道间埋金宝于山以厌天子之气等内容，足见这个传说在当时流传之盛。

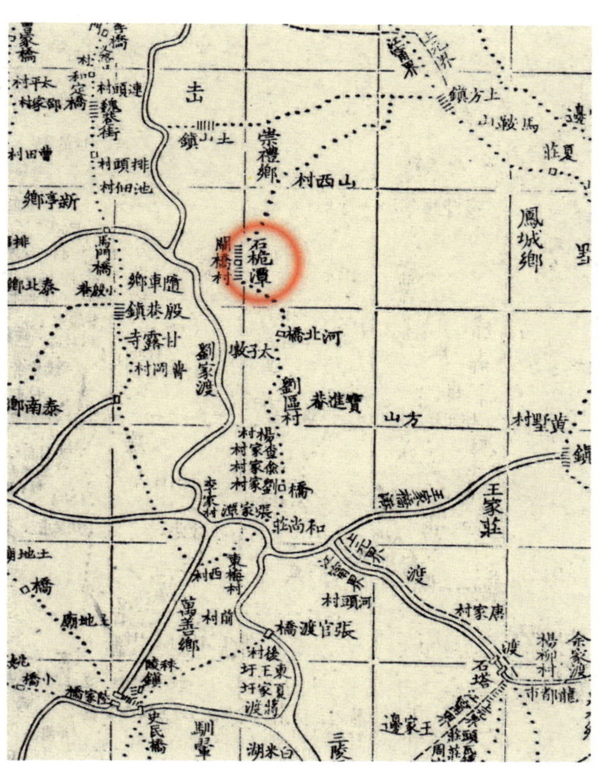

《同治上江两县志》之二县乡镇图局部

当代影响与价值

秦始皇断长垄泄王气的传说虽然不是信史，但流传有序，早见于汉末孙吴时期，又为后代地方史志、文人笔记及今人所津津乐道，且经过千百年的流传，其传说已经成为今日江宁乃至南京历史文化和非物质文化遗产的重要组成部分，可为当下江宁地方文化旅游资源的开发利用发挥积极作用。自 2014 年起，微信公众号“秦淮发布”“佛韵金陵”“考古”“扬子文旅”等官方、民间新媒体平台，先后发布与秦始皇断长垄泄王气传说相关的文章，采用短视频、文字、图片等方式，介绍这一传说，为南京母亲河秦淮河增添了神秘的色彩。

秦始皇鞭方山的传说

基本概况

秦始皇鞭方山的传说，在江宁地区流传甚广，今则有三个版本。

版本一：相传秦始皇三十七年（前 210）的一天，秦始皇东巡江南经过秣陵时，只见前方金光闪闪、紫气蒸腾，便询问身边的大臣。善于望气的随行大臣徐市（徐福）禀告说："此山独居宝地，金光紫雾环绕，王者之气直冲斗牛，久后必出贵人天子。只有凿石垄、断山根、鞭方山以碎天印，才能永保大秦千秋功业。"

秦始皇听后大惊，怒发冲冠。他带着一根神鞭，单骑独马驰到方山脚下，抽出神鞭对山腰猛击，只听轰隆一声巨响，把方山上半截打出去

《金陵八景图》之"天印樵歌"（明人绘）

30 多里，落在东南方的大湖中心，因山通体赤色，后人叫作"赤山"；秦始皇收回神鞭时，又带回一小截，落在方山西北 10 多里外的龙藏浦边，成为今东山街道的"土山"；鞭梢上还带着一点土落下来，就是距东山不远的"竹山"了。而鞭后的方山顶上平平整整、四四方方，故称为"方山"。更神奇的是，那赤山脚与方山顶正好一样大小，就是鞭飞出去的上半截方山以及顶上的龟形印纽。

版本二：秦始皇筑长城，调用了几十万民夫。民夫日日夜夜挑土，抬石头，不少人活活累死了。观音娘娘知道了这件事，为了搭救生活在水深火热中的民夫，就变成了一个卖针线的老奶奶，拎着篮子到工地上给每人一根红线。还关照民夫，晚上把红线系在扁担头上。第二天，民夫就感觉很奇怪，担子挑在肩上，轻飘飘的，几百斤的大石头，两个人抬着一点也不累。秦始皇上工地视察，感觉非常奇怪。随后盘问才知道，前几天有个老奶奶来过，给每人送了一根红线。秦始皇心想，这个红线肯定是宝贝，就下令叫民夫把红线全部交出来。秦始皇把搜罗来的全部红线编成了一根鞭子，鞭子朝松树轻轻一挥舞，就把松树打断了。秦始皇非常开心，于是就照着山头打了一鞭，像打了一个炸雷一样，山连影子都没有了，秦始皇得了鞭子就开始搬山填海，扩大地盘。

方山国家地质公园

有一天，他来到南京城的南门外，看见东边的海水滚滚连天。他抓住鞭子，朝方山的山腰处打了一鞭子。上半座山被打得直飞起来，真是无巧不成书，正好飞向了东海龙宫。老龙王正在闭目养神，突然一座大山砸来，老龙王赶快逃了出去，来不及逃命的虾兵蟹将全被活活砸死了。

现在的赤山就是方山的山顶，山顶上的红土，全是虾兵蟹将的血染红的。老龙王逃了性命，每天都提心吊胆。因为秦始皇还在把一座座山朝海里赶。他生怕有一天，突然飞来一座山把他砸死了。老龙王又急又怕，吃不下饭，睡不好觉，坐立不安，于是派兵将去偷神鞭，却没有如愿。海龙王的三公主看龙王天天唉声叹气，就说她愿把鞭子偷来。老龙王没有办法，就让三公主去了。离开了龙宫后的三公主来到秦始皇必经之路上，画了两座房子，自己变成了一个开饭店的。秦始皇只顾赶山填海，忘记吃饭，他路过这个饭

方山今貌

竹山及外港河远景

秦淮河湖熟段与赤山

店就进来了，一进门看到三公主长得很标致，立马要娶她做妃子，三公主假意答应了。进了宫之后，三公主把鞭子偷走了，留了一根假鞭子给秦始皇。于是，秦始皇就没有办法搬山填海了。

版本二原题名《秦始皇的赶山鞭》，知情者刘庆发。《江宁县民间文学集成》收录，讲述人为汤春元，采录人是吴守恒。

第三个版本是《江宁区文化志》收录的《小秦王鞭山开河》，知情者笪振祥。

据说，禹王爷有个叫秦的孙子，继承祖业，成天提根神鞭赶山塞海，拿妖捉怪，治理洪水。一天，小秦王来到湖熟一看，只见青龙山、方山像两条龙一样，一个自东往南，一个从西到北，咬头衔尾，把湖熟箍成个大铁盆，鸟飞不进，鱼游不出，真是天上一滴雨，地上一碗水，淌走半桶水，流回一水缸。湖熟成了龙王爷的水晶宫。乌龟打滚水起旋，王八沉底冒泡泡，虾子走路蹦三蹦，螃蟹四处横着行。水族戏耍胡闹，湖面上无风三尺浪。男人力大猴到树上哭爹，女人力小趴在房顶上叫妈，真凄惨。

小秦王看不惯，举起神鞭要抽，小青龙吓得要逃，方山依仗着自己膀大腰粗，爱理不理地说：“老子爱在哪里就在哪里，你不是狗咬老鼠——多管闲事嘛？”话还未说完，小秦王五脏冒火，七窍生烟，照定方山甩手一鞭打去，只听轰隆一声，方山被拦腰打成两截，上半截哗的一声跌到赤山湖里，成了现在的赤山；留在原地没头没脑像个蛤蟆的叫方山。沿路还撒了几点土，就是现在的梁台、坡岗头、鞍头山、神墩子。还是小青龙生得乖巧，一看不妙，扭头就跑，一头窜进十里长山的山窝里，再也不敢出来了。小秦王也不敢追赶，他神鞭一举，从东向西一划，哗啦一声，地上便出现了一条河，滔滔的洪水便沿着河道向长江流去。

山赶跑了，水流走了，老百姓笑着从山上跑下来，从树上跳下来，从房顶爬下来，大家牵牛耕地，栽桑种地，一片忙碌的景象。小秦王低头一看，怪事，发现秦淮河两岸还站着蹲着一些男男女女隔河相望，对水发愁。他明白了，原来，开了新河，一水隔开亲骨肉。于是，小秦王找来一些树木、石块准备搭座桥。就在这时，手下兵丁跑来禀告，说是被禹王爷锁在金山下的那条蛟龙，挣断了铁链，溜到江中兴风作浪，一连掀翻十几条大船，淹了镇江，死人无数，请小王爷出马拿妖。小秦王一听，连连大叫："那还了得！"顾不得搭桥，他提鞭就走。

小秦王这一走就是几千年，居住在秦淮河两岸的老百姓由南岸到北岸，只凭几条小船摆渡。一直到明朝末年，才造起了一座桥，就是后来的湖熟灵顺石桥。

传说里的赤山，一名赭山，在方山之东的江宁区、镇江句容市交界处。旧志载，此山周回二十四里，高一百六十五丈，山上有龙坑祠坛。山色丹赤，故以为名。唐代天宝年间，改名绛岩山，一名丹山。此山山势险峻，山巅则颇平坦，只有一条道路可以通达山巅。山下有湖，名绛岩湖，一名赤山湖，距金陵城六十里。其水源出绛岩山，周回一百二十里，下通秦淮河。相传，唐末五代乱世，江宁、句容两县居民在山上避难，往往获免。

传说里的竹山在东山之南600余米，海拔29米。其名始见于南宋《景定建康志》，但旧方志中多将竹山与石硊山相混，或认为石硊山后讹称"竹山"。但实际上，竹山与石硊山是相近的二山，石硊山在江宁大学城的桥头社区一带。《景定建康志》《至正金陵新志》两志记载的"周回一十五里，高二十七丈"的石硊山实则为竹山。方山、赤山、土山（东山）及竹山在江宁区地理位置重要，历来文人墨客尤爱游历，故而许多民间传说与之有关。

历史传承

赶山鞭，据《江苏药材志》的记载：又名小金丝桃，乌腺金丝桃，小旱莲，小茶叶，是一种中草药。而《现代汉语新词新语新义词典》则解释为：威力巨大的神鞭。传说秦始皇筑石桥，欲渡海观日出，有神人鞭赶巨石赴役。

赤山远景

秦始皇鞭方山的传说，源于何时，不详。一般认为，秦始皇鞭方山这个传说不像秦始皇凿长垄通流以泄金陵王气那样悠久，在宋元时期的地方文献中仍没有记载，可能是较晚流行于民间的传说。

秦始皇鞭方山的传说尽管荒诞不经，但仍为今人所津津乐道。该传说在江宁地区的流传，需要结合地质学研究成果与历史文献记载来分析。

先看地质学研究成果，地质学家根据今天方山的岩石、地貌以及周围的地质情况分析认为，方山顶上大量分布的玄武岩是由炽热的岩浆从地下深处经过一条通道，上升喷出地面成为熔岩流以后冷却凝固而成。由于形成玄武岩的熔岩流在炽热时黏性很小，流动性大，所以当它喷出地表以后，不容易堆成锥状火山，而只能平铺在火山口的周围。随着热量的散失，熔岩流逐渐冷却凝固而形成坚硬的玄武岩，平平整整地覆盖在山的顶部。等到火山逐渐平息，大地经过了上升和风化剥蚀，这才形成了现在的方方正正的形状，一座孤立的平顶方山也就从此诞生了。故此，可以认识到方山的今貌与火山的活动有关，其山貌的形成与秦始皇无关。

再看文献，秦始皇鞭方山的传说，在史料中出现较晚，不见于六朝文献，也不见于《建康实录》《元和郡县图志》等唐代典籍。就目前资料所知，该传说背后的史影首见于周应合《景定建康志》卷五《建康图 · 辨金陵》一文，文中记载楚威王、秦始皇的确在南京方山等地施展“驱人凿山”“泄山气”等诈术，这一类诈术与秦始皇鞭方山的传说大同小异。元张铉《至正金陵新志》又进一步指出泄王气的相关传说乃“隋唐以后好事者为之”，也不认同“厌王气”之说，而认为“凿山（鞭山）”与古代“帝王以金璧之属礼祀山川”相关。明清以降，这个传说在南京的市场逐渐扩大，并主要以口口相传的形式流传于民间。

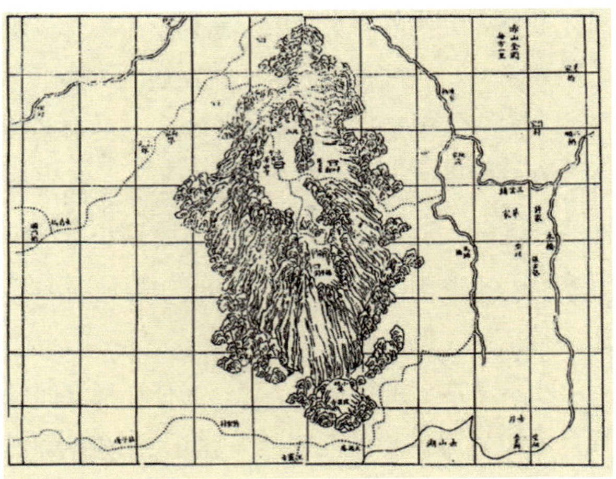

赤山全图（清人绘）

当代影响与价值

秦始皇赶山鞭的传说，除了江宁外，全国多地都有此传说，如《中国故事：华夏民族的传说与神话（上）》所载的《庐山的传说·秦始皇赶山》，王相雨的《月下清风》也收录了秦始皇“赶山鞭”的故事，谢珍珠、李承荫著《湖北民间故事》记载了秦始皇“赶山鞭”。尽管这个传说极可能为好事者所编，但诚如前引元《至正金陵新志》所论，“以金璧之属礼祀山川”在我国古代确实比较常见。在山水形胜之地礼祀山川，这一现象全国各地皆有发现，江宁地区也不例外。

秦始皇鞭方山的传说在江宁影响甚大，《江宁历史文化大观》《江宁区文化志》《南京市江宁区非物质文化遗产荟萃》《江宁县民间文学集成》诸书皆有收录。它对打造深具内涵与魅力的“秦淮河历史文化之旅”、发挥非物质文化遗产的独特推动作用、助力江宁经济社会发展都具有一定的价值和意义。

方山红土的传说

基本概况

方山红土的传说，主要流布于江宁区方山一带。

方山位于淳化街道境内北纬 31° 54'、东经 113° 52'，海拔 208.60 米，紧靠大学城和高新开发区。属新生代地貌，顶平似削，火山口相对集中，被联合国教科文组织列为世界 30 个典型火山地貌之一。

方山是如何来的呢？传说是当年秦始皇东巡江南经过秣陵时，只见前方金光闪闪、紫气蒸腾，便询问身边的大臣。善于望气的随行大臣徐市建议秦始皇“凿石垄、断山根、鞭方山以碎天印，才能永保大秦千秋功业”。

秦始皇听后带着一根神鞭，单骑独马驰到方山脚下，抽出神鞭对山腰猛击，把方山上半截打出去 30 多里，落在东南方的大湖中心，因山通体赤色，后人叫作“赤山”；秦始皇收回神鞭时，落下的土，分别形成了“土山”和“竹山”。而鞭后的方山顶上平平整整、四四方方，故称为“方山”。由于天印通体红色，不仅飞出去的赤山和剩下的方山有红土，甚至连方山与赤山这两个红色山体之间，黑肥田土中还有一条若断若续的红土带，这正是当时顺鞭洒落下来的。方山及方山的红土，也因此闻名于世。

1930 年代方山全景

到了明代初年，经过若干年的实践，人们发现烧窑时添加少许方山红土，可使琉璃构件光泽鲜艳，质量上乘，遂纷纷在烧窑时取方山红土均匀搅拌，方山红土也就成为烧制琉璃构件不可或缺的原料之一。相传明永乐至宣德年间南京大报恩寺琉璃塔建筑构件的部分坯料就是来自方山，是添加方山红土作为密制配方烧制。

又有传说称用方山红土腌制出来的鸡蛋、鸭蛋非常好吃，这是因为红土含铁较高。甚至还有传说，方山红土有止血作用，身上若有创伤，用在砂岩上剔下来的石粉敷在伤口上，立刻就能消痛止血，过几天就好了。

红土通常指具有特殊工程技术性质的红色重黏土，是亚热带湿热气候条件下，碳酸盐或硅酸盐类岩石风化的产物。一般黏粒含量较高，可分成钙质红土和铁铝红土，前者又称“石灰质红黏

《金陵四十景图》之“天印山”（清版画）

土”，由碳酸盐类岩石风化后形成；后者又称“砖红土”，为含硅铝酸盐类岩石的风化壳，因含氧化铁，土呈赭红色。红土在地理学上也叫红壤，这种土壤具有深厚的红色黏土层，养分含量比较少，具有黏性大、酸性强、缺磷等特点。

历史传承

方山红土的传说，源自明代。据明代方以智《物理小识》卷八云：“南京报恩寺琉璃塔中具五色，则方山冈琉璃门泥土所作也。”今方山周围虽未见琉璃门地名，但其地表覆盖有一层由火山灰发育的暗红色黏土，可用作陶瓷胎土原料。又方山与窑岗村相距咫尺，又有水路相连，方山的胎土原料可以通过秦淮河源源不断地送到窑址之旁。

位于今南京中华门外的明代大报恩寺琉璃塔，被誉为“中国之大古董，永乐之大窑器”，又有中世纪世界七大建筑奇观之一的美誉。据载，大报恩寺琉璃塔的外观全部用白瓷和五色琉璃构件砌筑，其色彩绚丽，图案丰富，工艺精湛，令人叹为观止。文献记载和考古发现都可证实，烧造报恩寺琉璃构件的窑址就在今雨花台以西的窑岗村一带。根据《大明会典》和《康熙太平府志》的记载，烧造琉璃砖瓦所用的白土来自太平府当涂县姑熟白土山。然1958年，南京博物院在对窑岗村一带的琉璃窑址进行的考古发掘过程中，发现出土的琉璃建筑构件制坯所用的陶土，虽以白泥为大宗，但亦见少量用红泥做坯的深红色琉璃砖。发掘者不知这种坯料来自何处，留下一个遗憾。今检索有关文献记载发现，这种红泥胎料很可能就来自南郊的方山。

方山周围出产适用的陶瓷胎土，还可以从另一则史料得到印证。《清世宗宪皇帝石朱批谕旨》卷一百七十四之八载：当时“江南句容县（应为上元县）秣陵关地方有积贼奚桂卿，别号滋（即磁、瓷）泥大王。”秣陵关正在方山之麓，奚桂卿既号“滋泥大王”，则附近当出产瓷泥。

南京窑岗村发现的明代琉璃窑遗址

眼香庙出土的明代大报恩寺塔拱门琉璃构件

窑岗村出土的明代红胎土建筑构件

除方山周围以外，根据早年地质调查的情况，江宁区谷里王府山、祖堂山及云台山等地还分布有高岭土，均可作陶瓷原料。今谷里箭塘行政村皮库山曾有谷里瓷土材料厂，开采过瓷土。又据地质学家研究，在距今大约 7000 万年前的晚白垩纪后期，今秦淮河流域所在的盆地，仍是一个很大的湖泊。由于当时气候炎热干燥，所以湖底沉积了红色的泥沙，经过胶结以后成为红色的砂岩，地质学上把它称为“红层”。直到今天，南京许多工厂翻砂用的型砂，就是采自中华门外秦淮河流域方山附近的这个红层。

1934 年冬，毕业于中央大学地质系并在中央大学任教的孙鼐与中央大学地质系主任李学清结伴赴方山进行地质调查，在方山工作两天时间，获得了大量岩石标本。孙鼐在《方山地质调查略记》中写道：“山之顶部甚为平坦，其四围则破谷深壑甚多，且蜿蜒甚长，极尽其曲折之能事，壑谷之中，溪流湍激，且两旁红岩壁立……”在分析方山地层后，孙鼐发现：“此山地层甚为简单……下部为白垩纪上期之赤山红砂岩层……此层多出露于山之底部，色鲜红，数里外即可见之，厚约八十公尺，此岩为块状砂岩。”这里所说的赤山红砂岩层，即通常所说的方山红土。这次地质调查，为方山红土的形成提供了科学的参考依据。

当代影响与价值

秦始皇鞭方山，虽然是个传说，但如果利用好方山红土资源，充分发挥其作用，便是一举多得的事情。

其一，利用江苏江宁汤山方山国家地质公园资源优势，广泛开展科普活动，让地质学走进人们的日常生活之中，使得秦淮河与方山和谐相伴，让“绿水青山就是金山银山”的理念深入人心，从而造福未来。

其二，通过大力宣传方山地区的文化遗产，深入挖掘方山红土的社会价值和经济价值，促进方山乃至江宁地区文旅事业的发展。

其三，继续深入开展方山紫雾茶的研究推广工作。特殊的地理环境，特别的红壤，对茶树生长起到了积极的作用。茶树是红土地上的一种重要作物。与大多数农作物不同，茶树喜欢酸性土壤，而方山的红壤正好满足了这个需求。再加上适合的地形和气候条件，使得方山红壤分布的区域成为重要的产茶区，方山紫雾茶就是在这样的环境里生长的。

射乌山的传说

基本概况

射乌山在汤山街道的北面，地跨镇江句容市境，南与孔山相对，为第三纪以前火山喷发堆积形成的死火山。山势呈东西方向延伸，长约 5 千米，有八峰，主峰海拔 233.2 米。射乌山的传说主要流布于江宁区汤山及桦墅一带。

当地世代相传射乌山之名与后羿射日有关。传说内容大体如下：盘古开天辟地之后，大地上风调雨顺。人呀，兽呀，都住在一块堆，你不碍我，我不碍你，相当和谐。哪晓得好日子不长，没有多久，天上陡然冒出来十个太阳，把地面烤得火烧火燎，草木不生，禾苗死光。人跟兽都躲到洞里，没法出来行走。老缩在洞里也不是个事儿，出来又找不到吃的喝的。日子一久，死的死，散的散，到处一派凄惨相。有个部落住在汤山地区，首领叫后羿，射箭的本事很大，是条英雄好汉。他看不下去了，可哪个凡人敢跟太阳斗呢？他听老人说：太阳是三只脚的金乌变的，心想：“我射箭能百发百中，就不能把几只该死的金乌射下

射乌山远景

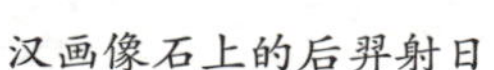

汉画像石上的后羿射日

汉画像石上的尧舜禅让

来吗？”有一天，后羿就带了神箭、神弓，跑到一座高山顶上，瞄准一个太阳，“嗖——”一箭，不歪不斜正好射中太阳心。这太阳连晃四晃，就像只大黑鸟一样，歪头夹颈地掉下来了。后羿来劲了，又瞄准一个，又射中一个。连射九箭，连中九个太阳。眨眼工夫，地面就阴凉起来，跟着雨水也调和了，草木返青，庄稼生长，人与兽从此又过上了好日子。后来，后羿射中太阳的这座山，人们就叫它“射乌山”，至今还在离汤山不远的北面。后羿射中的九个太阳中，有一个被射偏了点儿，没有冷透就落到汤山肚里去了，把地底下的泉水烧得滚热滚热的。直到现在，流出来的水都是热乎乎的，就成了有名的汤山温泉。

历史传承

相传，在唐尧时代，天上十个太阳并出，晒枯了禾稼草木，民无所食。尧派遣后羿射落九个太阳，为民除害。此后，大地恢复了勃勃生机，人间又充满了欢乐。射乌山之名早见于宋代，《景定建康志》卷十七载：“射乌山在句容县西北五十里，周回一十五里，高一十七丈。”至少从元代开始，就有地方文献将射乌山、射乌庙与后羿联系起来，《至正金陵新志》卷五即载：“射乌山在（句容）县西北五十里，周回一十五里，高一十七丈。”同书卷十一又载：“射乌庙在射乌山下，去句容县北五十里，或传为羿。”明正德《句容县志》亦载：“射乌山在县西北五十里琅琊乡，周回一十五里，高一十七丈，汤水二泉，其源皆出于此。”清代几部《句容县志》里所记载的内容，与此基本相同。射乌庙原在射乌山北麓汤龙公路旁，今庙毁，遗址犹存。传说太阳之中有三足乌，亦称踆乌、金乌，而当地相传射乌山就是后羿射太阳的地方。明末，殉难于甲申之难的慈溪县令汪伟葬于射乌山石佛庵。

当代影响与价值

需要说明的是，“后羿射日”这个古老传说的发生地争议不一。除江宁外，河南巩义、北京昌平、山西屯留、山东德州等地都认为本地是后羿射日的发生地。这个传说，是当地久远历

射乌山麓

1960 年代末射乌山地区卫星图

史的象征，是人们爱憎分明、扬善嫉恶及对和谐安宁美好生活向往的体现。江宁地区如何最大限度地发挥射乌山传说的价值，为当地文化旅游事业的发展提供助力，是值得思考的问题。

汤山温泉传说

基本概况

汤山温泉传说与射乌山传说相近，流布于汤山街道及周边地区。相传在后羿射中的九个太阳当中，有一个被射偏了点儿，没有冷透就落到汤山肚里去了，把地底下的泉水烧得滚热滚热的。直到现在，流出来的水都是热乎乎的，就成了有名的汤山温泉。

历史传承

汤山以及汤山温泉的得名至少可追溯至西晋。宋《景定建康志》卷十七转引西晋张勃《吴录》曰："丹阳江乘县有汤山，出温泉三所。"张勃是三国时期孙吴大鸿胪张严之子，《吴录》成书于西晋平吴之后，由此可见，在西晋时期，汤山温泉就已经著称于世，这也是文献中最早有关汤山温泉的记载。"秦都壮温谷，汉京丽汤泉。英德资远液，暄波起斯源。"这是南朝宋刘义恭的《汤泉铭》。身为宗室王子、勋戚重臣的刘义恭，所作《汤泉铭》在当时必然有人为之捧场，以致传播四方。这对于宣传江宁汤山温泉、扩大其在历史上的知名度，毋庸置疑曾起过重要的作用。千古名篇，开门见山，让我们感受到扑面而来的汤山一千多年来积淀的厚重历史和独特温泉文化。

汤山温泉能治病养身，这是古人的发现。唐代的时候，汤山地区称为"圣汤村"，宋周应合《景定建康志·拾遗》之《圣汤延祥温汤元序》中有这样两句话："值滉小女有恶疾，浴于镇之温汤即愈""镇之大族夏氏，世传其法，药以温汤为名，志其所自也"。文中"滉"，即韩滉（723—787），唐代画家、宰相。汤山温泉能治病养身，不仅《景定建康志》有记载，《六朝事迹编类》卷十一还有更加详细的记录："圣汤延祥寺，隶汤山下，旧有汤泉十所，今所存者六。唐德宗时，韩晋公滉为浙西观察使。滉小女有恶疾，浴于汤，应时而愈。乃以女妆奁建精舍于汤山之右，且求僧以主寺事。时得竹林寺一市蛊毒药僧，远近赖之，多获全济。故其药至今以温汤为名。"

《太平寰宇记》还提到其地"旧有汤泉馆，今废"。而《方舆汇编》则称"有温泉馆久废"。"汤泉馆""温泉馆"，名称虽然不同，但皆系南唐时期徐锴所建筑的一处古迹，《舆地志》记"饮之能治冷疾"，石迈《古迹编》称"用以洗浴治疮"。这些都是记载汤泉治病养身的典籍。宋代名相王安石于熙宁二年（1069）罢相后，退居南京的半山园，曾三次到句容，路经汤山，游览其地山林泉寺，沐浴温泉后题《汤泉》诗一首，并题《龙泉寺石井》二首。清代著名文学家、曾任江宁县令的袁枚，曾多次游历汤山，考察汤山的山水风貌，不但写有《浴汤山五绝句》，还为阳山碑材写了《洪武大石碑歌》，更于乾隆年间将其妹袁素文安葬于此，并写下了著名的《祭妹文》。

汤山温泉罕见的奇特疗效，使慕名者络绎不绝。民国时期的《南汤山志》载，清中叶有河南黄学干"闻南京有温汤极佳，乃独携仆役十余人，买大舟，沿淮南行十余日，抵宁一浴即返"。费万金而赴汤山一浴即返，这成了汤山民众津津乐道的故事。

民国时期的南汤山，以温泉和陶庐驰名，两地成了文人笔下的常客，留下了众多的游记和诗作。如笔名遯庵的《南汤山温泉游记》、笔名琴章的《游汤山温泉》、笔名忆秋的《汤山漫记》、徐澹庐的《汤山滴墨》、姜超岳的《汤山试浴记》、蒋梅笙的《汤山游记》、赵君豪的《京杭国道游观记》之《汤泉休沐》等。诗歌有柳弃疾的《十九年四月七日游汤山归途车坏偕庚白无垢步行二十里始抵中山门》、海涛的《登汤山感赋》、公展的《游南汤山归途杂诗》、胡汉民的《在汤山养病口占二律》、萧义田的《服务汤山俱乐部》等。透过这些题咏汤山及汤泉的作品，美丽的南汤山跃然纸上，令人神往。民国时期来汤山的人物可分为政要人物，如林森、岑春煊、戴季陶、熊希龄、邵元冲、韩国钧等，报界人物史量才，军界人物黄郛、熊式辉，文学界人物靳志、陈匪石，金融界人物陈其采，教育界人物蒋维乔、仇继恒、江恒源，实业界人物张謇，地质界人物张更、孙云铸。他们慕名而至汤山，为汤山留下了大量的作

汤山温泉

汤山矿坑公园今貌

品，也是汤山温泉的宣传者和传播者。

为了更好地推广利用温泉，《南汤山志》以数据说话，辑录了20世纪初期科学界对汤山地理、地质和温泉的研究成果。专业人士从专业角度出发，是汤山温泉提档升级开发的基础。《南汤山志》收录了农商部工业化验所的《分析南京汤山温泉成绩表》，医学士王若俨的《鉴定书》，日本地质学家山崎百治及尾崎金右卫门的《化验表》，1932年古栻、任翊提供的《中央卫生试验所化验报告书》等。新中国成立后，董必武同志于1963年视察过汤山温泉，刘伯承元帅、叶剑英元帅、陈赓大将、张云逸大将、许世友上将以及近百位解放军高级将领等，都曾来到汤山温泉疗养治病。许世友上将经常出入汤山，是家喻户晓人人皆知的事。

当代影响与价值

千百年来，汤山温泉所创造出的温泉文化，涵盖了丰富的历史价值、文化价值和精神价值，它的科学价值，已经被事实所证明。如今，汤山街道正依托独特的区位优势、厚重的人文积淀和富集的旅游资源，以“泉”为核心，充分发挥其经济价值，深度挖掘其“休闲、乐居、体验、度假”功能，加快推动汤山地区创建国家级旅游度假区、国家级生态经济示范基地区、国家级文化遗产保护利用示范区，成为美丽江宁典范区、乐居新城典范区、园街联动典范区。1998年，汤山温泉被国家旅游局评为全国“八大温泉”之首。2014年7月，汤山温泉传说被南京市人民政府列入南京市非物质文化遗产名录。

太伯奔吴至横山的传说

基本概况

太伯奔吴至横山的传说，流布于江宁区境，特别是在横溪、禄口、江宁街道一带影响甚广。

相传在商朝末年，周太王有三子，长子太伯、次子仲雍及三子季历。周太王尤其喜爱季历的儿子姬昌，太伯和仲雍明白自己父王的心意，为了避位让贤，兄弟二人借口去南方的横山采药，顺势举家迁徙到了今天的江宁区横山一带。迁居横山以后，太伯、仲雍及其家人从衣着打扮到生活习惯上都模仿当地的土著居民，他们打算彻底融入当地百姓的社会，同时也是向周太王表示自己让贤的决心。后来周国传来消息，周太王病逝，太伯与仲雍前往故国服丧，丧礼结束，他们立即回到吴地。季历三次派人来吴，邀请太伯回去继承王位，都被太伯拒绝了。太伯让贤重孝的大度风采深受当地百姓的尊重，吴地百姓一致推举他为吴地之主。太伯虽受吴地百姓拥戴为君，但不久病逝。其弟仲雍感念自己与兄长当年奔吴之初落脚扎根的地方乃是横山，遂葬太伯于横山（又名皋乡），并名葬地曰“梅里”。季历死后，文王姬昌即位，文王有百子，次子姬发即位，是为武王。武王姬发顺应天命，讨伐商纣王，得到了天下。他把吴地封赏给太伯、仲雍的后人，并且打算让太伯、仲雍的后人世世代代生活在吴地，作为周朝稳固南方的藩属。太伯、仲雍的后裔在吴

横山

地不断繁衍，有的部族走出了横山，不断向今日南京市区、无锡、苏州、常州一带发展。

传说中涉及的太伯、仲雍举家奔赴的横山，位于今日南京市江宁区与马鞍山市博望区交界处，属苏皖界山，又名衡山、横望山、后头山、四径山、鸡冠山、陡山。其山势险峻，易守难攻，历来为兵家必争之地，也造就了这里深厚的人文底蕴。

历史传承

太伯奔吴及建国之事件见载于《史记》《左传》《国语》《穆天子传》《吴越春秋》《汉书》等早期典籍，详略互有不同。

《史记·吴太伯世家》："吴太伯、太伯弟仲雍，皆周太王之子，而王季历之兄也。季历贤，而有圣子昌，太王欲立季历以及昌，于是太伯、仲雍二人乃奔荆蛮，文身断发，示不可用，以避季历。季历果立，是为王季，而昌为文王。太伯之奔荆蛮，自号句吴。荆蛮义之，从而归之千余家，立为吴太伯。太伯卒，无子，弟仲雍立，是为吴仲雍。仲雍卒，子季简立。季简卒，子叔达立。叔达卒，子周章立。是时周武王克殷，求太伯、仲雍之后，得周章。周章已君吴，因而封之。乃封周章弟虞仲于周之北故夏虚，是为虞仲，列为诸侯。"

《史记·周本纪》："古公有长子曰太伯，次曰虞仲。太姜生少子季历，季历娶太任，皆贤妇人，生昌，有圣瑞。古公曰：'我世当有兴者，其在昌乎？'长子太伯、虞仲知古公欲立季历以传昌，乃二人亡如荆蛮，文身断发，以让季历。"

《吴越春秋·吴太伯传》："古公三子，长曰太伯，次曰仲雍，雍一名吴仲，少曰季历。季历娶妻大任氏，生子昌，昌有圣瑞。古公知昌圣，欲传国以及昌，曰：'兴王业者，其在昌乎？'因更名曰季历。太伯、仲雍望风知指，曰：'历者，适也。'知古公欲以国及昌。古公病，二人托名采药于衡山，遂之荆蛮，断发文身，为夷狄之服，示不可用。古公卒，太伯、仲雍归。赴丧毕，还荆蛮，国民君而事之，自号为勾吴。吴人或问：'何像而为勾吴？'太伯曰：'吾以伯长居国，绝嗣者也。其当有封者，吴仲也。故自号勾吴，非其方乎？'荆蛮义之，从而归之者千有余家，共立以为勾吴。数年之间，民人殷富。遭殷之末世衰，中国侯王数用兵，恐及于荆蛮，故太伯起城，周三里二百步，外郭三百余里，在西北隅，名曰故吴，人民皆耕田其中。"

吴太伯（明版画）

太伯奔吴事古时多被奉为信史，近代以来则颇多争议。主要集中在以下三个方面：其一，怀疑太伯奔吴事件的真实性，认为周人所在陕西岐山与江南的吴地相距遥远，在交通条件原始落后的商末，太伯、仲雍不大可能跑到江南立国，进而否认吴为姬周后裔。其二，关于太伯奔吴的原因，在传统看法"让国说"之外，又有学者认为是因周太王有翦商之志，而太伯不从，故被逼逃亡。或认为周太王之世，周为小国，必不能与国力强大的殷商正面冲突，故太伯奔吴乃选择抵抗力最小，又与殷商无甚关系的南土经营，以培养其国力。其三，关于太伯奔吴路线、地望的讨论。太伯、仲雍南奔荆蛮所建之句吴（或称勾吴），古代文献多认为在今苏南无锡梅里一带，近世学者曾提出多种看法，如陕西陇县西之吴山、山西

陶吴甘西村土墩墓

南部之虞国、湖南南岳之衡山、江西之临江府（治今江西樟树市），等等。或认为太伯、仲雍所率族人迁徙路线是从渭河流域出发，先到达汉江流域，沿途大概说服了一些异姓小邦，后来他们在克商时成为周人的同盟军。由于商人势力在长江中游的存在，太伯、仲雍在此无法长期驻足，遂沿江而下至宁镇、皖南地区立国。

早期典籍中以上关于太伯奔吴的记载应该是可信的，太伯之吴为姬周后裔因有众多先秦文献可证，也应该没有问题。而探讨商末太伯立国之地，就文献资料而言，前引《吴越春秋》所载的太伯、仲雍托名采药的“衡山”是一条关键线索。古衡山之地望，历史上亦争议颇多，主要有吴兴乌程县南、湖南衡山、安徽霍山（即天柱山）、丹阳横山诸说。按“衡”通“横”，此“衡山”见载于春秋时期的吴楚之战，《左传》襄公三年（前570）载：其年春，“楚子重伐吴，为简之师。克鸠兹，至于衡山”。鸠兹在今安徽芜湖东南，则衡山当在其东不远。《后汉书·郡国志四》梁刘昭注云：“丹阳县之横山，去鸠兹不远，子重所至也。”《太平御览》卷四十六引山谦之《丹阳记》亦曰：“丹阳县东十八里有横山，连亘数十里。或云楚子重至于横山是也。”而丹阳县系秦汉六朝古县，治所就在今南京江宁区与安徽当涂县交界的小丹阳集镇，其辖域大约包括今江宁区西南境的陶吴、横溪、小丹阳、江宁、铜山、铜井等地以及安徽当涂县、马鞍山市的部分地区，故太伯所奔之衡山确有可能即指今江宁、当涂交界的横山。

南京地方文献中也有与吴太伯相关的记载，所知有宋《景定建康志》卷三十一：“至德逊王吴太伯初逃句曲山（即句容之茅山）中。”元《至正金陵新志·修志本末》：“上古帝王有建国朝会于斯，若云阳氏之居云阳（建康、丹徒接界有云阳岭，详见《通纪》），夏禹之会群神茅山（详见《山川志》）。周初，太伯之国勾吴。茅山古名勾曲，形如勾己，勾转为句，句容以是得名。”皆指太伯奔吴之地望在句容之茅山。清《同治上江两县志》卷二上：“周武王有天下，封周章于其地，国号吴。”意指周章时的吴国在上元、江宁两县（今南京市）。

又太伯所奔之“荆蛮”，《史记正义》云：“太伯奔吴，所居城在苏州北五十里常州无锡县界梅里村，其城及冢见存。而云‘亡荆蛮’者，楚灭越，其地属楚，秦灭楚，其地属秦，秦讳‘楚’，改曰‘荆’，故通号吴越之地为荆。及北人书史加云‘蛮’，势之然也。”意指南方楚地皆可通称“荆蛮”，南京江宁与安徽当涂战国属楚，故亦荆蛮之地。

总之，从文献记载的种种线索分析，太伯立国之地很有可能就在南京江宁与安徽当涂交界的横山一带。当然，进一步的确认还需要更多关键考古资料的检验。通过比较宁镇地区、太湖地区相当于中原西周时期考古遗存的发现、分布情况，及其与中原西周文化的关系，无疑有助于从考古学角度对“太伯奔吴”之地望的判断，其中最具代表性的是土墩墓和青铜器这两个方面的材料。

宁镇地区的土墩墓开始于西周早期，盛行于西周中后期和春秋时期，至战国早期逐渐消失，为楚系竖穴土坑木椁墓所取代。由于商人无起坟的传统，而周人在墓上起坟则比较普遍，平地起坟的土墩墓在江南的突然出现可能与周人存在关联，应是当地土著文化与周文化相结合的产物。简言之，宁镇地区土墩墓存在的时间和空间分布，与吴国的崛起、强盛及其疆域大致相符，故考古学界公认土墩墓是吴文化的重要遗存。

值得关注的是其中的大型土墩墓，其封土直径在 20—30 米，大者可达 60 米，高 3—5 米，个别高达 8 米以上，墩底有墓坑或“石床”。其形制结构复杂，早晚变化较多，许多方面深受中原礼制文化的强烈影响，无疑是吴国上层统治者甚或就是南下周人的墓葬。以往学者们已经注意到，镇江大港至谏壁的长江沿岸是江南地区大型土墩墓分布最密集的区域，这一带已经发掘的烟墩山、母子墩、磨盘墩、北山顶等大型土墩墓内出土有大量青铜器，有关铜器铭文证实其墓主就是吴国高等级贵族。而根据南京文物部门近年的考古调查，今江宁区西南境的铜山、小丹阳、横溪、陶吴等地也是宁镇地区大型土墩墓分布最为密集的地区之一，一些土墩高达 10 米。尽管已经发掘的陶吴竹连山土墩墓时代较晚，为春秋中晚期，但不排除尚未发掘的其他大型土墩墓中有西周乃至与太伯奔吴时代相当的商末周初墓葬的可能性。

新中国成立以来，宁镇地区不少地点发现成组或零散的西周青铜器，其中以镇江丹徒大港至谏壁沿江一线的吴国贵族土墩墓所出数量最多。就南京地区而言，出土西周青铜器的地点，除高淳、溧水的土墩墓及江宁秣陵、雨花台区西善桥、板桥等地外，以今江宁区西南境横山附近的陶吴最为集中。所知有：1957 年，陶吴西阳街胭脂村出土 1 件西周青铜鼎；1958 年，陶吴红旗水库出土多件西周青铜鼎、鬲，其中 1 件弦纹鼎时代被推定为西周早期；1960 年，又在陶吴附近一次出土鼎、鬲、卣、匜、斧、锄、戈、矛等西周时期青铜器 13 件。宁镇地区出土的这些西周青铜器中有不少造型、纹饰、铭文等都与中原习见的西周青铜器特征完全相同，且时代越早此类青铜器所占比例越高，其中一部分应该就是中原制造的青铜器，后因各种原因辗转到江南，也有一部分为当地所造的仿中原器。

以上是宁镇地区西周时期吴文化遗存的发现与分布情况。再看太湖流域，与中原商代相当的湖熟文化时期，太湖、钱塘江流域普遍分布着马桥文化遗存，马

陶吴、横溪一带出土的商代晚期三羊铜罍

横溪塘东村出土的商代晚期青铜大铙

桥文化应为越文化的前驱。太湖地区迄今发现的相当于中原西周时期的文化遗存数量少，面貌不清，与本地区更早的马桥文化存在着承继关系，某些方面还曾受宁镇地区西周时期吴文化的影响，与关中、中原地区的西周文化也没有直接联系。到目前为止，太湖地区尚未发现早于春秋的青铜容器，有铭文的青铜器皆为越器。不仅如此，太湖地区发现的土墩墓时代也要比宁镇地区晚，且数量要少得多，其形制则是与宁镇地区有所区别的石室土墩墓。因此可以确认，周人始抵江南建国的地点及吴国的早期疆域在宁镇地区，其时太湖地区属越而不属吴。事实上，大约从春秋开始，随着吴国实力的不断壮大，其势力才逐渐向东扩张，统治中心也由宁镇地区迁徙至今无锡、苏州一带。

另一个关键问题是“太伯奔吴”之地到底在镇江地区还是南京地区？先看1954年丹徒大港烟墩山西周墓出土的宜侯夨簋。这件青铜簋上有铭文120余字，其主要内容为周王改封虞侯夨为宜侯，并赐以山川、土地和人民。此器是目前所知镇江地区最早的西周青铜器，关于其时代及宜、虞地望等，学界还有不少争议。因铭文中见“武王”“成王”字样,唐兰考定此器为康王时代。而“宜”，据张敏考证即“俎”，乃勾吴之音转，其地应该就在丹徒。其“虞”,据李学勤研究,“簋铭的虞侯徙封于宜，可能和申伯改封到谢一样，移动未必很远”。综合这些成果，康王时代吴君夨封于宜（镇江丹徒），之前则在不远的“虞”。有学者认为，“虞”可能就在江宁西南境的陶吴一带。陶吴之地名早见于北宋之前,古称陶吴铺，“吴”“虞”相通。又如前所述，其地有集中分布的大型土墩墓，曾经出土较多的西周青铜器。不仅如此,1973年发现的1件商代晚期青铜三羊罍，及1974年发现的1件商代晚期青铜大铙也都出自此地及附近的横溪，此二器是宁镇地区迄今所见最早的商周青铜重器。此外，与江宁区西南境陶吴相邻的安徽当涂和马鞍山亦屡有商周青铜礼乐器发现，举其要者有1977年当涂县新市乡发

陶吴竹连山土墩墓

江宁地区土墩墓分布图

陶吴竹连山春秋时期土墩墓中心主墓及周边

现1件西周青铜甬钟，2002年马鞍山市经济技术开发区出土1件商代青铜铙，近年当涂县丹阳镇发现1件西周青铜鼎等。这些考古发现恐怕不是偶然，应该都与这里曾是勾吴立国之初的政治中心有关。

综上文献记载及考古资料，我们可以推知，“太伯奔吴”之地望可能就在南京江宁区西南境与安徽当涂交界的横山周围，其中心即国都则在江宁区的陶吴、横溪一带，时称“虞”。直到康王时代，吴君虞侯夨被周王改封至“宜”，其中心才迁往镇江丹徒。换言之，至少从商代晚期开始，这里或许已经成为南京地区江南北境的区域性中心，这里也应该成为今后探寻南京乃至长江下游青铜时代文明的重点地区之一。

当代价值与影响

太伯奔吴至横山的传说流传有序，亦为今人所广泛关注。近年有学者从历史文献及考古发现多角度对这个传说做了深度分析，认为“太伯奔吴”很有可能发生在江宁横山地区，“太伯奔吴”作为载于史册的商末周初重大历史事件，对南京，对江南，乃至对整个东南地区都具有重大影响。由于周人的到来以及中原地区先进文化的传入，包括南京在内的江南地区社会文明进程被提速，并建立了最初的国家——吴国，南京地区始真正进入有文字记载的历史阶段，从而具有划时代的意义。总之，太伯奔吴至横山这一传说对于江宁悠久历史的宣传，对于横山当地文旅资源的开发利用，乃至南京地域文明探源的研究都具有比较重要的价值。

伍子胥与西河沿的传说

基本概况

伍子胥与西河沿的传说，主要流布于横溪街道丹阳社区。

相传周景王二十三年（前522），伍子胥出昭关（今安徽和县境内）投奔吴国，于乌江口渡江抵达南岸后一度经过小丹阳集镇的西河沿。伍子胥，名员，其父为楚太子太傅伍奢，兄为楚棠邑（今六合）大夫伍尚。当时，太子少傅费无忌诬陷太子建与伍奢叛乱，楚平王遂杀伍奢及伍尚，又诱捕伍子胥。伍子胥发誓灭楚报父兄之仇，经宋、郑等国，出昭关奔吴。他刚摆脱关吏，又困阻于今浦口之乌江口，遇江上渔父溯流而上。渔父知其有难，但因有人窥视，故唱："日月昭昭乎寝已驰，与子期乎芦之漪。"伍子胥听了，赶紧藏身芦苇湾。渔夫又唱："日已夕兮，予心忧悲！月已驰兮，何不渡力？事寝急兮，当奈何？"伍子胥遂登船过江。到岸后，渔父为他取食充饥。伍子胥心疑，藏身于芦苇中，见渔父确实前往取食，才出来相见。伍子胥吃完饭，解所佩价值百金的七星剑相谢。渔父又说："楚国有令，得伍子胥者赐粟五万石，另封显爵，我何必图你的剑？"伍子胥问其姓名，渔父答："你是芦中人，我是渔丈人。富贵后不要忘记我。"伍子胥才走，渔父已自沉江中。渡江后，伍子胥虽有疾在身，但仍夜行昼伏，沿途乞讨，经七日方由中道到达溧水。

伍子胥（清版画）

据《丹阳镇志》，当地则传说伍子胥路经西河沿村时迷失了方向，曾向一位在河边洗衣服的妇女问路，并恳求不要告诉后面的追兵。那妇女为伍子胥指明道路后，见其不久折回，知道自己不能取信于人，竟投河自杀。伍子胥发达后为让世人永远记住他的这位救命恩人，派人在西河里撒下三斗六升瓜子大的碎金，并告示众人，凡拣到金子的人必须买纸钱回来焚化，以祭奠那位妇女。

历史传承

伍子胥渡江后所抵之长江南岸在今何处？渡江后匍匐而行的中道路线又经何处？有关专家经过考证认为，伍子胥奔吴时的江北属楚，江南下游属吴，而小丹阳所在的横山西南又为强楚之控制范围。故他在乌江口渡江后，不可能转向西南之采石等强楚势力范围内，而只可能就近在乌江

陶吴湖头村土墩墓

西溪

对岸的吴国领土烈山津一带之古津渡附近上岸，再绕道陆郎、横溪、小丹阳、横山东南而至溧水，沿今秦淮、溧水东南侧、茅山西侧大川之间的途径到达吴都。从今小丹阳集镇流传的若干与伍子胥有关的传说看，这条伍子胥江南逃亡路线的推测是有一定道理的。

而早期南京地方文献则传说春秋时期伍子胥的祖母及族人坟墓在今小丹阳集镇的西溪岸边。

陶吴竹连山春秋时期土墩墓出土的原始瓷盖碗、原始瓷双耳罐、原始瓷罐

陶吴出土的西周铜鬲

汉镜中的伍子胥故事

陶吴出土的春秋时期青铜戈

1960年代末小丹阳地区卫星图

据元《至正金陵新志》卷十二载：江宁县有伍婆冢，里人相传乃伍子胥祖母墓，其族人及子孙坟墓亦在附近。同书又引《戚氏志》云，古丹阳镇西溪之旁，有一突起的圆形土墩，直径丈许，高倍之。此墩面山背水，墩上林木森郁，为乡人岁时游观之所。有史氏世代居住墩下，其先人有诗云："伍媪孤坟瞰水隈，千年遗址尚崔嵬。旧载竹木四时有，新剪蒿莱一径开。横阜送青高萃崔，龙溪分水曲纾回。子胥无复思丘垄，唯有云仍拜归来。"当然，丹阳西溪的这座土墩为伍子胥祖母墓的可能性似乎不大。但据史料记载，周景王二十三年（前522），伍子胥经宋、郑等国出昭关奔吴，由今浦口乌江渡江，到达今高淳境内的濑水（即溧水）。古丹阳镇正在伍子胥奔吴路线上，故其路过此地的可能性确实存在。清《嘉庆新修江宁府志》卷四也认为，伍子胥出昭关夜行昼伏，"固当包江宁、溧水地"。

又据考古发现，今丹阳、横溪、陶吴一带分布有许多西周、春秋时期的大型土墩墓。这些土墩墓墓主虽不太可能与伍子胥有关，但其中必有世居其地的与伍子胥同时期的重要贵族。需要说明的是，与伍子胥相关的类似传说亦流传于高淳等地，故不可尽信，但作为伍子胥流亡途中经过小丹阳的旁证则应无疑问。

当代影响与价值

这个传说涉及的人、事、地，或有据可查，或有迹可循，具有一定的地域特色，在当地至少流传了数百年之久，至今还有相当的影响，其历史文化价值具有不可替代性。作为历史人物的伍子胥，其传奇经历为南京各地群众喜闻乐见，其恩仇必报的侠义形象早已深入人心，这是其精神价值的具体体现。相关传说传播广泛，经久不衰，已成为不少文艺作品的素材，因而具有较大的文学价值。当然，今天我们还可以通过深度挖掘利用其历史文化资源，以获取更多的经济价值，来为当地的旅游事业发展服务。

牛迹山茅君别院碑的传说

基本概况

牛迹山，一名牛脊山，旧志载距江宁县南六塘桥（即陆郎桥）五里，西南与当涂为界，今在陆郎社区界内，其南与安徽马鞍山市卜塘交界。明周诗《万历江宁县志》卷一记载："牛迹山，在朱门乡，其半为太平府界。"清吕燕昭《新修江宁府志》卷六也有记载："牛迹山，在江宁县南，去陆郎桥五里。县志，山界于太平。"牛迹山的得名，与谷里境内金牛洞山的金牛洞有关。传说某一日，从金牛洞跑出一头神牛，来到此山留下足迹，故名牛迹山。据说早年还有当地居民指点所谓的"牛迹"在山西坡一块巨石之上，石上牛脚和牛索链的印痕清晰可见。

牛迹山的名气之大，除了这个传说外，还与山上的茅君别院有关。茅君别院前身是始建于南宋后期的白云观。此观原有瓦屋6间，民国时期尚有道士修道，后毁于日寇战火。文献记载茅君别院内旧藏一块西汉碑，其纪年为永光五年（前39），是南京地区最古老的碑刻。此碑最早经明代顾起元记载，至清康熙初年才由金石学家郑簠访得，言其"石如墨玉，晶光照人"，尚有数十字云云。郑簠以后的严观、甘熙等学者皆未曾亲见，仅严氏提到其书体为"八分书"。据说是因为此碑名声太大，前来赏观者不绝于途，茅君别院的守院道人不胜其烦，遂毁碑而埋之。

三茅真君像

历史传承

因人迹罕至，牛迹山茅君别院西汉碑，宋欧阳修《集古录》、赵明诚《金石录》等知名的金石学文献都没有著录。直到明代顾起元、陈沂等"金陵前辈"始有题识。陈沂诗有："绝巘金牛迹，

江宁牛迹山

元宫玉版书。”前者即指此碑。《康熙江宁府志》载，至康熙初年，金石学大家郑簠再次登山搜考，终于访得其迹。所见碑石系麻石碑，虽已损折，但可磨拓者，尚有数十字。其“石如墨玉，晶光照人”，山中道士“惧人摹拓，藏之密室，必大索乃得”。关于该碑残存字数等细节，叶奕苞《金石录补》转载郑簠之语，言其顺治初年曾见该碑拓本，“残缺存数字”。而道人“拒人搜索，埋之败垣下”。二书记载有出入，特别是残存字数上，一为数十字，一为数字，相去甚遥。

郑簠（1622—1693），字汝器，号谷口，上元人。其父为名医郑之彦，他深得家传，以行医为业，终生不仕。工书。少时即立志习隶，后径学汉碑30余年，并为此倾尽家资，搜寻河北、山东等地汉碑。由于他的提倡，推动了后世碑学的复兴。其隶书飘逸洒脱，融行草笔意，包世臣《艺舟双楫》将其列为“逸品上”，后人称誉郑簠为“清代隶书第一人”。

由于江南汉碑极为罕见，故郑簠对此碑评价极高。他在《天发碑释后跋》中云：“两汉碑版东南绝少，南省唯牛迹山永光五年《磨石碑》、溧水学宫光和四年《校官碑》、阳羡离墨山天玺元年《天纪碑》，留此数碑以待博雅君子，自有定评，略存古学一线耳。”

但此碑在清嘉庆九年（1804）刊印的《江宁金石记》和嘉庆十六年（1811）刊印的《新修江宁府志》两书中均已失载。著名金石学者严观在数十年搜访基础上编著《江宁金石记》，同时将未能得见的金石编为《江宁金石待访目》，茅君别院碑就在待访目中，其云“茅君别院碑：八分书，牛迹山，去陆郎桥五里，为茅君别院，有西汉永光五年碑，系麻石，久损折，可摩挲者不过数十字。顾邻初（起元）、陈横崖（沂）皆有题识，羽士惧人拓，藏之密室，近唯郑汝器（簠）好古访求，登山搜考，乃得其迹。目见刘思敬《存征续录》。按汝器名簠，康熙闲人。”到晚清时期，甘熙在《白下琐言》卷一中提及该碑“距先祖妣墓仅十里，尝搜访而终不可得”。1933年，胡祥翰《金陵胜迹志》载：“牛脊山，在铜山后，有茅君别院，旧有西汉永光五年碑，金陵金石此为最古矣。”只是记载牛迹山旧有西汉永光五年碑之事，亦未见实物真身。

郑簠隶书剑南诗轴

当代影响与价值

众所周知，目前南京博物院收藏了一块东汉灵帝光和四年（181）汉溧阳长潘乾校官碑，被誉为南京乃至江苏发现的最早碑刻。牛迹山西汉茅君别院碑纪年为西汉永光五年（前39），比溧水东汉校官碑历史更早，是旧志记载的南京地区最为古老的碑刻，可以填补多项空白，其意义不言而喻。关于这块碑的传说，历代文献记载得十分清晰，可以据此分析顾起元、陈沂、郑簠等金石家的相关活动，因而具有较高的历史价值与文化价值。我们相信在对相关资料进一步挖掘的基础上，通过考古调查及勘探的技术手段，对牛迹山地区开展田野工作，或许能够发现此碑的踪迹，这对陆郎地区文化旅游资源的开发利用必将起到积极的推动作用。

插花娘娘的传说

基本概况

插花娘娘的传说，主要流布在汤山街道上峰社区插花村一带。

相传西汉末年，王莽篡位，南阳刘秀起来造反。有一次两军交战，刘秀兵败，被王莽的追兵一直追到上峰乡插花村桥头，前不巴村，后不巴店，喘息未定，身后杀声四起。在这紧急关头，只见桥底下有一年轻妇女在洗衣裳，刘秀没了主意，喊了一声："大嫂救救我刘秀。"年轻妇女抬头一瞧，刘秀气度不凡，再看他那身打扮，猜测是反当朝皇帝王莽的义军，就朝桥洞一指。刘秀见那桥洞之下满是蜘蛛网，但也顾不了那么多了，就一头钻进桥洞中。说来也奇怪，他刚钻进去，蜘蛛就把刘秀钻入的洞口给补好了，看不出一点破绽。此时，追兵赶到桥头，不见人影，再看桥底下有桥洞，有个追兵就指着桥洞说："说不定会躲到桥洞下——搜！"刚要进桥洞，旁边一个兵头拉住他说："没青头的，要是有人钻进那桥底下，那蜘蛛网怎么会封得严严实实、里三层外三层呢！"说完，掉头就问河边洗衣的妇女："喂！看见有个人从这儿逃走吗？"那年轻妇女不慌不忙地指指东边说："往前面去了，跑得累堆快呢！"一伙追兵连忙向东追去。追兵走后，年轻妇女知

以插花庙改建的藏龙寺

道追赶不到人，追兵会回来找她算账，遂投河自尽。

刘秀在桥下看得非常清楚，很是感动，当下许愿：日后我若能得到江山，我一定要为你塑造金身。数年后，刘秀打败王莽取得江山，为感谢她的救命之恩，封她为插花娘娘，还建造了一座99间半的插花庙，塑造金身，并安排插花娘娘坐大边，为上首。

又有一个稍异的传说版本：新朝末年，刘秀为反抗王莽统治，到江东一带招兵买马，遭到王莽大军的追杀。刘秀战败，单人匹马逃到今江宁插花村的山涧边，向从桥上经过的山村姑娘求救。姑娘让其钻进桥洞躲藏，自己骑上战马，引诱追兵往天宝山而去。后刘秀建立东汉王朝，想报答姑娘的救命之恩，却遍寻不着。

因记得她头插野花，于是敕封为插花娘娘。刘秀藏身之桥，后来被命名为藏龙桥。又传说刘秀找到插花女子，给她家披红挂彩，封为插花娘娘。后在桥畔建起插花庙，庙旁的山村遂名插花村。庙中供奉有插花娘娘和大王（刘秀）塑像，插花娘娘坐左边，为上首。因此，当地妇女与男人起争执时，往往就以“插花娘娘还坐大边呢”来回敬。

此后每年农历三月十九日定为插花娘娘庙会的会期，每逢这一天，附近卅六社四十八村的人都来参加庙会。新中国成立后，上峰的庙会会期就确定在农历三月十九日，每年这天赶会的是人山人海，热闹非凡。

历史传承

需要说明的是，正史中并无刘秀到江宁的记载。刘秀根基在南阳，活动范围主要在黄河流域，不太可能到江东募兵。此传说虽不可信，但插花娘娘信仰却很广泛，安徽、浙江、河北、河南、四川、甘肃等省均有插花庙。安徽阜阳插花镇也由搭救刘秀的传说得名，当地庙中奉祀的女神头插金花。据清《江南通志》载，安徽和县阴陵山的插花庙，所祀却是鲁妃，即项王之虞姬。浙江云和有至迟建于清代的插花殿，所祀插花娘娘名蓝春姑，相传因将宋代落难皇帝藏入闺房，招致闲言，遂吊死樟树坪。皇帝回京后，命在瓯江边造庙祭祀，并御书“敕封护国插花圣母娘娘”匾额。闽浙一带的畲族同样盛行插花娘娘信仰，畲族居住的地方都建有插花娘娘庙。畲家的插花娘娘，又称蓝姑姑（兰春花、蓝春姑），因不愿屈从财主跳崖自尽，后成为掌管婚姻和家庭的女神。分布区域的广泛和传说内容的相异，说明插花娘娘这一信仰由来已久，其源头已难以确考。据《康熙江宁府志》记载，江宁的插花庙在上元县东清化乡，建于元末，明崇祯年间重修，黄居中（藏书家黄虞稷之父）为之作记。元末明初是南

藏龙寺全景

藏龙寺千佛塔

京人口变动较大的时期，故插花娘娘信仰很可能随移民传入江宁。黄居中是福建晋江人，其闽人背景似乎显示该庙最初与南方汉民有关。但刘秀的传说，又似乎表明清末大量进入江宁的北方淮河一带移民可能对该庙产生了更大影响。

今江宁区汤山街道西南天宝山东麓的藏龙寺仍存，相传始建于东汉建武三年（27），又名插花庙。其庙址临近山涧，原占地10余亩，建筑有5进99间半。庙门前有一对1.5米高的石狮，庙内除供奉插花娘娘和大王像外，还有四大金刚等，曾为县级文物保护单位。2000年12月，该庙改建成藏龙寺。寺址占地4亩，有观音殿、地藏殿、僧房等，寺内天井中有11

光武帝刘秀像

藏龙桥今貌

级浮屠（宝塔）1 座。寺旁的藏龙桥后被列入江宁区文物保护单位。

当代影响与价值

插花娘娘的传说，在汤山街道上峰一带可谓家喻户晓,很多当地老人都能完整口述这个传说。与这个传说相关的谚语“插花娘娘还坐大边”是尊重、保障妇女权益的体现。通过这个传说的口口相传，至少在当地，男女平等的思想得到普遍认同。其中蕴含的教育价值、和谐价值，对当下弘扬社会主义核心价值观也有一定的借鉴意义。当然，传说涉及的历史文化内涵，更可为当地旅游资源的开发利用提供助力。

董永传说

基本概况

董永和七仙女的美丽爱情故事流传甚广，相传最早源于江宁地区的丹阳集镇。传说中的董永家住今当涂县丹阳镇董塘村，其家境贫寒，自幼丧母，父子相依为命，以种菜为生。董父积劳成疾，不幸病亡，董永无钱葬父，只得卖身前往江宁丹阳镇大傅村傅员外家为奴三年，贷钱殡葬亡父。其孝道感动天宫七仙女，遂下凡乔扮民女，在老槐树下与董永相遇。两人以老槐树为媒，结为夫妻。七仙女为董永赎身，吃尽千辛万苦，傅员外万般刁难，天宫众仙女帮助，董永才获得自由，从此夫妻二人过着“你浇园来我织布”的幸福生活。后人遂将织女下凡之山称为“七仙山”，并在此建了一座“七仙庙”。

七仙女、董永汉白玉雕塑

传说中董永的故里（今当涂县丹阳镇董塘村）

又传说，七仙女将其与董永所生儿子送回凡间时，曾赠七粒米，并嘱子饥饿时可持米粒在水中荡一下，即可有饭吃。其子幼稚不更事，竟将七粒米全洒入锅中。顷刻之间，七粒米便变成了满满一锅米饭，且越涨越大，形成了一座小山，此即镇北二里“七仙山”北面的“饭山”，而山南的董山里村是当年董永的家乡，山北五里有传说中的董永卖身葬父之地，有传说中七仙女母子团聚的团子桥，还有傅员外家所在的大傅村等。

据当地成远乐、杨先智等回忆，小时候常听家人谈起董永和七仙女的传说，并亲眼见过老槐树树桩，还见过七仙女下凡坐过的石靠椅的脚印。旧时乡民们相信，如果有脚病，只要到七仙女脚印上踩踩，就会祛病消灾。

历史传承

处于江宁和当涂之间的丹阳（即今小丹阳），

传说中董永卖身地丹阳大傅村

正是处于吴头楚尾的丹阳。它原是秦朝时所置。从秦时建县后，历沿至隋时被废。唐武德三年（620）重置丹阳县，至贞观元年（627）而废，降为镇。其地名至今仍称“丹阳”。

董永与织女的传说，见载于刘向《孝子图》《搜神记》《孝子传》等许多早期文献记载，至少在三国、魏晋时期已广为流传。故事梗概大略是：董永是西汉（或说东汉）千乘人，性至孝，而家贫。少丧母，独养其父。父亡无以葬，乃自卖为奴，以备棺殓，供丧事。主人知其贤，与钱一万。董永对钱主说：“后若无钱还君，当以身作奴。”主甚悯之。董永得钱葬父，三年丧毕，将还为奴。于路忽遇一妇人，云能织，求为永妻。永曰：“今贫若是，身复为奴，何敢屈夫人为妻？”妇人曰：“愿为君妇，不耻贫贱。”永不得已，遂与之俱至主人。主人谓永曰：“钱系送君也。”永曰：“蒙君之惠，父丧已尽。永虽小人，必欲服勤致力，以报厚德。”主人问：“妇人何能？”永答：“能织。”主人曰：“若此，但令君妇为我织缣百匹。”于是永妻为主人家织，十日而毕。主人大惊，即遣还董永夫妻。永妻出门，行至相逢处，谓永曰：“我，天之织女也。缘君至孝，天帝令我助君偿债耳。”语毕，凌空而去，不知所在。魏曹植《灵芝篇》

传说中七仙女下凡的七仙山

传说中七仙女母子团聚的团子桥

传说中的饭山

丹阳七仙街

咏其事："董永遭家贫，父老财无遗。举假以供养，佣作致甘肥。责（债）家填门至，不知何用归。天灵感至德，神女为秉机。"

这个传说在民间影响极广，明传奇《织锦记》即源于此。明宣德八年（1433），丹阳境内开始流传七仙女和董永美丽动人的爱情故事。至清代，丹阳人在七仙山修了一座七仙庙，正殿中间是七仙女塑像，董永的塑像放在北边。在离七仙庙不远的大傅村外，还建了两个牌坊"孝子坊"和"贞节坊"。

检索各地方志记载可知，除南京江宁外，湖北孝感、扬州如皋、山西万泉、河北河间、河南汝阳、山东博兴、长山、鱼台、淄川及江苏泰州等十数地都有与此传说相关的董永墓、董永庙、孝子祠、缫丝井等遗迹。而据《至顺镇江志》《景定建康志》记载，南京近旁的溧阳县西四十里亦有董永读书堂，丹阳县延陵镇南有望仙桥，附近董陂还有董永墓，有碑记其事，地名董碑、董墓，亦名董坟。新中国成立以来，经过黄梅戏《天仙配》等地方戏的广泛传播，董永在民间家喻户晓，知名度很高，因而不少地方都争着要做董永的故乡，以借此扩大其家乡的影响。

当代影响与价值

近年，有关部门在丹阳集镇居民休闲广场上竖立一座织女送子给董永的汉白玉雕塑，上题"人

小丹阳七仙文化园

小丹阳大福村七仙女表演（一）

小丹阳大福村七仙女表演（二）

间天堂”四个大字，旁边还有一棵大槐树，以志这一民间传说与丹阳集镇的渊源关系。该传说表达的爱情观念及传统道德，对研究当地民俗民风具有历史和现实的意义。作为一种民俗文化，可与地方旅游结合，产生巨大的经济效益。江宁区横溪街道已对董永和七仙女传说的资料进行搜集整理，建立资料库，对董永家族宗谱予以重点保护，对七仙山及周围的一些公共设施加以冠名，以求扩大其社会影响力。

2008 年 1 月，董永传说被江宁区人民政府列入第一批江宁区非物质文化遗产名录，同时被南京市人民政府列入首批南京市非物质文化遗产名录。

孙皓凿直渎泄王气的传说

基本概况

孙皓凿直渎泄王气的传说，主要流布于江宁方山一带。

相传三国孙吴天纪二年（278），吴主孙皓为泄甘宁墓王气，开凿直渎。直渎源自方山，经直渎山北流入江。按：孙皓（242—284），字符宗，幼名彭祖，又字皓宗，孙吴末代皇帝，公元264—280年在位。据《景定建康志》等旧志引伏滔《北征记》载，孙吴大将甘宁（字兴霸，巴郡临江人）墓在直渎山，山在城北三十五里（今栖霞区境内），周回二十五里，高一十七丈，旁有直渎洞。有人说甘宁墓有王气，孙皓听后乃凿山后为直渎，以厌其王气。同书又引杨修诗注载，直渎初凿之时，白天开通，夜晚又自己闭塞，历年不能完工。某夜，一名受伤的役夫躺在工地上，看见有鬼物来填直渎，并听见他们说："何不以布囊盛土，弃之江中，可使我们免除辛劳。"那名伤者非常奇怪，第二天早上就把此事告诉了有关官员，后依其言以布囊盛土，直渎终于完工。而甘宁戎马一生，战功赫赫，一直为后人所敬重。至北宋，甘宁被封为神祇，南宋时更加封"昭毅武惠遗爱灵显王"，得以建庙享祭。

宋人马之纯有诗咏此传说："直渎如何计得工，长江虽远欲相通。比尝开凿不胜苦，已复淤填还似空。闻鬼夜中皆有语，弃泥江里解成功。有司号令才依此，衮衮波流渐向东。"这虽然是个传说，但可以说明开凿直渎过程的艰辛。

历史传承

关于直渎的位置和规模，各志记载略有出入。

《金陵古今图考》之"孙吴都建业图"

王濬伐吴（明版画）

孙吴《天发神谶碑》（宋拓本）

旧志引孙盛《晋春秋》载：直渎在方山，又云“未至方山有直渎，行三十许里”，自直渎至石硊山是秦所凿。《资治通鉴》胡注则认为：“建康城东北有方山埭，直渎所经也。”《景定建康志》载，直渎在城北，隶上元县钟山乡，去城三十五里，阔五丈，深二丈。西至霸埂，东北接竹筱港，流入大江，旁有直渎山、直渎洞。吴后主所开，渎道直，故名曰直渎。而前引杨修诗注云，直渎在幕府山东北，长十四里。顾祖禹《读史方舆纪要》则记：“直渎在府东三十二里，源出方山，东北流接竹筱河，又经直渎山北达于江。”王安石诗“山蟠直渎输淮口”，亦可证直渎连接方山下秦淮河。

直渎因其位置重要，战争中往往派有重兵把守。东晋咸和三年（328）正月，苏峻之乱中，温峤率军赴救建康，曾遣督护王愆期、西阳太守邓岳、鄱阳太守纪睦为前锋进屯直渎，即此地。梁代还设有直渎戍。承圣元年（552），王僧辩等讨伐侯景，入建康，侯景之将侯子鉴、王伟等将奔朱方（今江苏省丹徒县东南）。王伟迷失了道路，为直渎戍主黄公喜擒获，押送建康。

当代影响与价值

孙皓凿直渎泄王气的传说，产生于三国孙吴时期，距今1000多年的历史，《晋春秋》《舆地志》《建康实录》《资治通鉴》《读史方舆纪要》等文献均有相应记载，可谓影响深远。除了所具有的较高的历史价值、文化价值和社会价值外，这个传说还从侧面反映了孙吴时期的水利建设，因而也具有一定的科学价值。我们相信，在对直渎位置开展科学考证的基础上，它或将会成为江宁地方文化建设的一个亮点，成为群众喜闻乐见的文化产品。

秦淮河历史故事

基本概况

根据文献梳理,历史上秦淮河曾前后有小江、淮水(简称“淮”)、龙藏浦、秦淮等不同名称。在文献之中,今日秦淮河最早的名称是“小江”,但这个名称不正式,六朝时期虽在沿用,但流传不广。至迟到东晋早期,秦淮河已有“淮水”之名,或简称“淮”。其后至南朝,仍以“淮水”“淮”之名为常见,但因秦始皇凿淮水传说的流行,开始有了“秦淮”一名。唐宋时期,虽然文献仍有以“淮水”指称今日秦淮河,但“秦淮”一名得到更广泛的使用。明清以降,小江、淮水之名退出历史舞台,仅有“秦淮”一名沿用至今。而“龙藏浦”一名出现较晚,始见于唐代,或特指方山至石硊山之间的一段秦淮河。

早在距今大约7000万年前的晚白垩世后期,今秦淮河流域所在的盆地由一个巨大的湖泊逐渐转变为陆地,大气降水沿着原来的湖底洼地流动,形成了最早的秦淮河。秦淮河由南向北纵贯江宁区境,主河道100多千米,是江宁区境内最大最主要的水系,沿河两岸圩区历来是鱼米之乡,丘陵地区依山傍水风景如画。秦淮河不但促进了江宁沿河古城镇的发育,而且养育了世世代代的江宁人民,所谓“屈曲秦淮济万家”是也。一条秦

今日秦淮河俯瞰

《金陵胜迹图册》之“秦淮”（清人绘）

淮河，可以说串联了整个江宁历史。吴大帝孙权筑淮立埭，凿通云阳中道，这是秦淮河历史的辉煌。明初溧水天生桥工程开建，秦淮河成为通往皖南、浙北的关键水运航道之一，这是秦淮河历史地位的再次提升。特别是经过文人骚客的吟咏，使得秦淮河流域的历史故事更加多姿多彩。

关于秦淮河的历史故事很多，如小秦王鞭山开河的传说，主要讲禹王爷的孙子秦，继承祖业，在赶山塞海、治理洪水的过程中用神鞭开辟了秦淮河，并使两岸百姓过上太平日子；秦始皇赶山塞海的传说，主要讲秦始皇做了皇帝，想传位给万子万孙，就调集几十万民夫，到北方修筑城墙，观音为解救百姓苦难，给民夫每人一根红线系在扁担上，以减轻负担，秦始皇得知后将红线搜来，结成神鞭，然后开始赶山塞海，治理秦淮河；葛仙翁秦淮河显灵的传说，主要讲葛仙翁显灵指引江宁人认识金箔、打金箔、捻金线的故事。此外，相关的历史故事还有秦淮河与湖熟板鸭、林（灵）顺兴建湖熟桥、河定桥的来历等。

总之，秦淮河历史故事以人为主线，山水结合，天人合一。这些故事穿越时空隧道从远古走来，既神奇夸张，又涉及江宁人民的生产、生活、经济、文化等方方面面，具有鲜明的地域特色。

历史传承

发源于句容宝华山及溧水东庐山的秦淮河二源，在江宁区方山南面的西北村附近汇合而成干流后，向北蜿蜒至南京城，最终沿石头城下至三汊河口而入长江。资料显示，秦淮河流域集水面积 2631 平方千米，江宁约占 41%，秦淮河干流及其二源句容河、溧水河总长 110 千米，江宁约占 44%，江宁段秦淮河之地位由此可见一斑。秦淮河是江宁境内最长最重要的河流，其干流及支流流经之区域，涉及今日江宁大多集镇，是传统时代维系江宁水运交通的大动脉。江宁境内秦淮河流域还分布有包括湖熟文化台形遗址在内的众多重要的史前及商周时期古文化遗址，故被誉为江宁乃至南京的“母亲河”及古代文明的摇篮。

根据文献记载，早在秦代，秦始皇曾“断长垄”，已对方山段秦淮河进行了疏通整治，后世对秦淮河的治理更是不绝于史。其著名者如三国孙吴赤乌八年（245）八月，为方便吴都建业（今南京）与三吴地区的物资运输，吴大帝孙权派遣校尉陈勋开凿破岗渎，又在其上、下修建 14 座水埭（拦河水坝），下 7 埭即在江宁境内，其中方山埭位于方山之南，是 14 埭中最大最重要的一座。方山埭所在的秦淮河滨，在此后的 300 多年中一直是都城建康与吴地人员、物资往来的必经之地，故这一地区一度人烟稠密，热闹非凡，乃至成为都城南郊最繁忙的交通要冲以及时人东下的最著名送别之所。

秦淮河沿岸的古镇湖熟、龙都、秣陵、东山（土山）皆属江宁境内最具影响力的区域中心。其中湖熟集镇以考古学上湖熟文化遗址的首发地而名闻全国。在两汉及六朝的 700 余年间，它还是湖熟县治（两汉一度设为湖熟侯国）所在。自民国初年以来，因商业贸易的繁荣，它又享有“小南京”之美誉。“秣陵”一名乃系秦始皇由“金陵”所改，一般认为，秦汉乃至两晋时期的秣陵县治（西汉一度设为秣陵侯国）一直设于秦淮河岸的秣陵集镇，直到东晋末之义熙九年（413）才迁到都城建康东南的斗场。这里还是新军第九镇在江苏全省打响辛亥革命反清起义第一枪之地，在近代史上具有特殊的纪念意义。东山（土山）集镇则自 1935 年 5 月江宁自治实验县政府由南京城内正式迁来后，首次成为江宁全县的政治、经济与文化中心，至今皆然。

除了这些古镇外，秦淮河沿岸可圈可点的文化遗产点甚多。如龙都杨柳村古建筑群规模宏大，

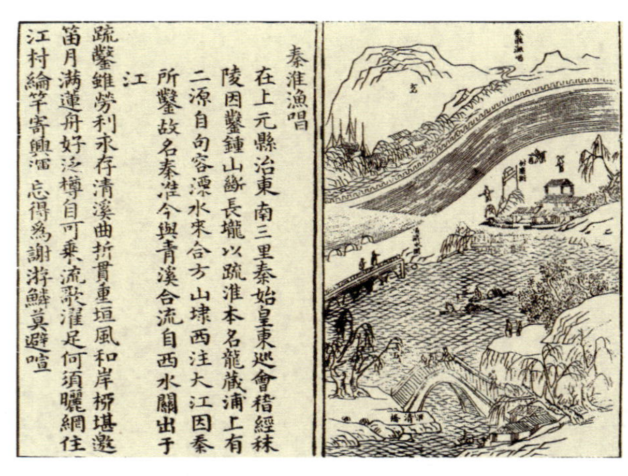
秦淮漁唱
在上元縣治東南三里秦始皇東巡會稽經秣陵因鑿鍾山斷長壠以疏淮本名龍藏浦上有二源自句容溧水來合方山埭西注大江因秦所鑿故名秦淮今與青溪合流自西水關出于江

疏鑿雖勞利永存清溪曲折貫重垣風和岸柳堪邀笛月滿蓮舟好泛樽自可乘流歌濯足何須驪網住江村綸竿寄興酒忘得為謝游鱗莫避喧

《金陵四十景图像诗咏》之“秦淮渔唱”（明版画）

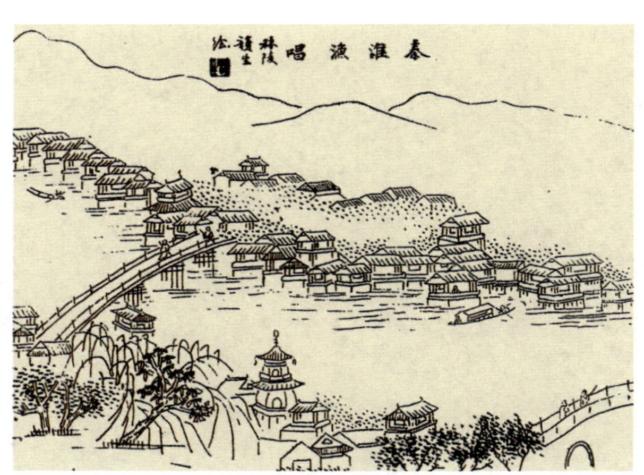

《金陵四十八景全图》之“秦淮渔唱”（民国版画）

建筑精巧，是南京地区现存最好的一组明清村落建筑。方山南麓的洞玄观是历代典籍记载的江东最早道观，在唐代还被列为道教洞天福地七十二福地之一。方山北麓的定林寺乃南宋由钟山上定林寺移额所建，至明代已成为一方巨刹，今存之寺塔倾斜度为5.3度，堪称世界第一斜塔。

不仅如此，江宁境内秦淮河沿岸冈峦起伏，山水相依，风景秀丽。在明清至民国时期历次所评之金陵四十景、四十八景中，都收录有与今江宁区境秦淮河沿岸山水相关的景观。如明朱之蕃《金陵四十景图考诗咏》中列有"东山棋墅""天印樵歌""秦淮渔唱"三景。清康熙初年高岑所绘金陵四十景图中列有"天印山""东山""秦淮"三景。光绪年间（1875—1908）所印长干里客金陵四十八景绘本中有"东山秋月""天印樵歌""台想昭明""秦淮渔唱"四景。1920年上海书局出版的徐寿卿编、韵生绘图的《金陵四十八景全图》中列有"东山棋局""天印樵歌""台想昭明""秦淮渔唱"四景。这种品赏胜景之风进而影响到沿岸乡镇，如清代及民国时期，湖熟、龙都两地都先后评定了当地八景，诸景皆为秦淮河沿岸人文胜迹与秀丽风光。

当代影响与价值

江宁区境秦淮河沿线历史悠久，文化积淀深厚，各类文化资源及遗产极为丰富。因此，讲好秦淮河的历史故事，是江宁区文化建设的需要，是人民日益增长的物质和精神文化生活的需要，是建设"强富美高"新南京的需要。其历史价值、精神价值、文化价值、教育价值的挖掘利用，无疑将会不断推动江宁区的文化建设和经济建设。

2008年11月，在南京举行的第四届世界城市论坛开幕式上，联合国人居署把"联合国人居奖特别荣誉奖"授予南京。这是联合国人居领域的"钻石奖"，摘取这一桂冠的最大功臣是秦淮河整治项目的成功实施，水利遗产与水利建设为这座城市的可持续发展做出了重要贡献。联合国人居奖评估组长、人居署监测研究司司长唐·奥克帕拉说："秦淮河整治效应已在南京'放大''提升'，历史文化保护、城市绿化、安居建设尤其出色。"如今的秦淮河已经成为江宁及南京历代文化的载体和象征，见证了江宁乃至南京的久远历史及厚重文化。

2016年7月，中共江宁区第十三次党代会报告提出，要积极"深入推进'两山两河（东山、竹山和秦淮河、外港河）'生态提升工程，力争三年实现19.4千米秦淮河沿线公共空间全面贯通，未来五年要让这条城市中轴成为江宁现代服务业走廊、高科技产业标志轴和绿色生态的宜居空间"。随着这一工程的推进，未来秦淮河的核心功能必将有一个较大的调整提升，以往未能彰显的秦淮河在生态景观、传承历史文化记忆、旅游休闲等方面的价值意义，必将在新时代秦淮河的功能体系中占据越来越显赫的位置。

2008年3月，秦淮河历史故事被江宁区人民政府列入第一批江宁区非物质文化遗产名录。

周郎桥传说

基本概况

江宁区有两座周郎桥，一座位于淳化街道，一座位于江宁街道，两座周郎桥传说都是三国时期周瑜所造。淳化街道的周郎桥传说，主要流布于淳化街道周郎社区。江宁街道的周郎桥传说，则主要流布于江宁街道及其周边地区。

江宁周郎桥

土桥周郎桥

淳化街道的周郎桥在今土桥境内。土桥集镇早在东汉时期就已有村落，汤水河上游沿镇北向东南 2 千米处有座石桥，桥面设板覆土尺余为通道，是贯通土桥至句容的驿道要塞。周瑜是东吴名将，年纪轻轻，学识渊博。相传某年五月，周瑜带着人马，沿江东下攻打建邺（今南京），转向湖熟。到了土桥，一条河横在前头挡住去路，前哨赶紧向周瑜报告。周瑜马不停蹄地赶到河边，一看，河又深，水又急，连一座小桥都没有，人马全都堵在河这边过不去。周瑜急了，就叫来地方官问："怎么没有桥？"地方官结结巴巴地回答不上来，周瑜眼一瞪："这里是江防要地，怎能没有桥？"周瑜鞭梢一指："马上就造！"随即下令地方官和部下："一天之内把桥造起来！"地方官和部下一听，都吓呆了，心想："你说的比唱的好听，这一天功夫，怎么能造起一座桥来呢？"其实周瑜心里有底，当日他亲自指挥，拆掉周边一座没有用场的大石桥，把材料运到这边来造新桥。拆的拆，造的造，不到一天工夫，桥果真造好了。后人就把周瑜造的这座桥叫作"周郎桥"。

桥造好以后，周郎举目四望，河西万顷平地荒滩，河东数里山峦连绵，遂大喜道："此乃养军练兵之地也。"于是号令三军安营扎寨，筑台演兵半月有余。今周郎桥向南 2 千米处有一土筑

土桥周郎桥秋景

高台叫吴帅登，传说是周瑜的点将台；向东3千米里处山峦起伏的小山丘为周瑜军队牧场，取名马长山。民间还传说周郎的坐骑在桥面留有余尺深的马蹄印，数年不泯。

江宁街道的周郎桥横跨江宁河上，其传说与淳化地区流传的周郎桥传说相差无几。相传三国时期，有一天，东吴名将周瑜率领数万人马，沿长江东下攻打建邺（今南京）。有一天，周瑜率部到了江宁浦，发现前面有一条河挡住了去路。前哨立即向周瑜报告。周瑜听罢策马来到河边，一看，河水又深，水流又急，人马既不能涉水，又无法泅渡，全被堵在河边，人嘶马叫，乱成一团。周瑜察看地形后，已是成竹在胸，他把帅府从水桥村（这个村名现在仍有）迁到一个紧靠造桥地点的小村，亲自指挥造桥。他首先派人拆掉用场不大的东水桥，再把材料运过来，在江宁浦的河上造桥。数千名工匠和士卒，拆的拆，造的造，不到一天工夫，果真在江宁浦的河上造起了一座坚固的石拱桥，让数万人马呼呼啦啦地开过了河。周瑜策马之间看见路旁有个水塘，就顺便给他的战马洗了个澡，然后又领着人马向建邺进发。后人就把周瑜造的这座桥叫作“周郎桥”，把周瑜二迁帅府的今官山行政村属的那个村庄叫“二府庄”。他给战马洗过澡的永乐行政村旁的水塘，至今都叫“浴马塘”。

历史传承

据史料记载，周瑜（175—210），字公瑾，庐江舒（今安徽舒城）人。周瑜仪表英俊，从小就志向高远，才华出众，多谋略，又精通音乐，当时就有“曲有误,周郎顾”的民谣,人称“周郎”。早年，孙坚曾徙家于舒，周瑜与孙策同年，曾把自己的道南大宅送给孙策，两人关系极为亲密。兴平二年（195），周瑜随孙策进攻横江、当利，皆拔之。又渡江击秣陵，破笮融、薛礼，拔湖熟、江乘，进入曲阿，扬州刺史刘繇败逃。孙策平定江东，周瑜可谓立下了汗马功劳。当时乔公有两国色之女，孙策纳大乔，周瑜纳小乔，一时传为美谈。孙策死后，周瑜与张昭共同辅佐孙权，任前部大都督。建安十三年（208）九月，曹操率几十万大军南征。周瑜根据敌我双方的具体情况，联合蜀国，抓住战机，妙用火攻，在赤壁打败了不可一世的曹操，由此名传华夏。后拜偏将军，领南郡太守。不久，周瑜在准备巧取四川的途中，病逝于巴丘，年仅36岁。孙权素服举哀，流涕曰："公瑾有王佐之资，今忽短命，孤何赖哉！"孙权称帝后，又对朝中大臣说："孤非周公瑾，不帝矣。"可见周瑜在孙权心目中的地位。

据《景定建康志》《至正金陵新志》记载，今江宁区境有两座周郎桥，均相传与周瑜有关。一在上元县土桥，旧属句容县，在句容县西二十里，旧时以此桥为上元、句容两县分界，桥旁设周郎桥铺；一在金陵城东八十里上元县丹阳乡湖熟镇，下临横塘。二志又引石迈《古迹编》云："旧传周瑜尝至此。按《吴书》，瑜渡秣陵，破笮融、薛礼，转下湖熟。此桥正通秣陵，必瑜当时经历之地。"马之纯诗《周郎桥》云："周郎可是世英豪，谈笑功成乃不劳。尔大阿瞒犹似此，兹时小笮定应逃。双鞬锦领纷相逐，白羽青丝各自操。料得军行争看此，霜天健鹘已辞绦。"

土桥周郎桥原为石桥。宋庆元年间，一场山洪冲毁了已经风蚀多年的石桥。土桥镇富户周仁贵领头捐资招募能工巧匠在原址重建石桥，桥面呈拱状，跨度30余米，两侧桥墩石壁固垒，并有"八字"墙护之，桥头立碑一通，刻有"周郎桥"字样。自此以后，周郎桥虽经风吹日晒，雨打水冲，但一直固若金汤。

全面抗战爆发后，国民党军队由上海方向退回南京，为阻断侵华日军追路，炸毁石桥。日军至此搭木桥继续向南京城方向进攻。1959年，土桥镇人民政府为纪念周瑜，还原历史面貌，撤除木桥，在原址按原样建造钢筋混凝土拱桥一座，贯通了宁句两地的公交线。1975年，汤水河水

周郎社区周郎村

利会战，此桥段截弯取直，周郎桥河段成了内河，周郎桥由此成为村民出入的通道。后来，在周郎村东 200 米处宁句公路（104 国道）架设了新桥。

此外，与周瑜相关的江宁街道周郎桥及其他一些地名传说，主要见于《江宁镇志》《江宁县地名录》等书记载。

当代影响与价值

江宁的这两座周郎桥都地当要冲，是历代兵家必争之地，历史上曾经发挥过沟通当地经济贸易往来的枢纽作用。其造桥艺术还折射出古代江宁人民的聪明才智，因而具有一定的科学价值。周郎桥的传说在江宁地区流传甚为广泛，并且由周郎桥的传说又引申出多种传奇故事，反映出当地民众崇尚英雄、爱憎分明的历史观，具有较高的历史价值。此外，这个传说还体现了一定的精神价值与和谐价值，若加以教育引导，对宣传贯彻社会主义核心价值观，提升人民群众明辨是非的能力，具有积极的意义。所流传下来的相关民间轶事、传说、警言、俗语，反映了江宁地区深厚的文化底蕴。时至今日，淳化街道周郎村民仍以拥有周郎桥而自豪，每日早晨或傍晚总有村民游步于桥上扶栏遥望，吮吸田野古老的醇味。

2008 年 3 月，周郎桥传说被江宁区人民政府列入第一批江宁区非物质文化遗产名录。

姊妹桥的传说

基本概况

姊妹桥的传说，主要流布于淳化街道索墅、土桥及上峰地区。

淳化街道东面十来里路，有座小桥，叫姊妹桥。桥东有个小村，叫姊妹村。这桥名和村名，相传都是三国时候传下来的。

老早，这一方是孙权坐江山。孙权的大将周瑜经常在淳化集镇一带打土匪。当中有个土匪头子最凶，叫祖融，是从徐州跑来的。他带一伙人走到哪块，就杀到哪块、抢到哪块。老百姓吃尽苦头，恨死他了。

有一回，祖融的探子发现周瑜的老婆小乔和她姐姐大乔住在淳化，离土桥的营地还有一截路哩。祖融得到消息，就连忙派一伙强盗来包围。深更半夜，淳化镇被祖融烧成一片火海，杀声不断。大乔小乔两姐妹吓醒了。听说这些强盗是来抓她两个的，她们也顾不得带人了，趁乱就往东边的土桥方向逃奔。姐妹俩不敢走大路，在田冲里跌跌撞撞向东摸。摸呀摸呀，已是鸡叫三遍，天麻麻亮了。一看，前头一条小河挡住了去路。回头望望，土匪还在追呐。两个人急得冷汗直冒。想摸水过去，又不晓得河水深浅；不摸吧，又怕祖融的追兵赶来。正急得六神无主，忽然看见不远的地方，有个白胡子老头，裤腿一卷“哗啦哗啦”摸水过了河。她两个心里一阵欢喜，连忙跑到老人那里，也摸水上了岸，继续向东跑。到了土桥附近，找到孙权军队的营地，才保住了性命。周瑜得到消息，马上带兵打到淳化，把祖融的人马一家伙收拾光了。

为了纪念那次过河脱险，大乔和小乔就在过河的地方修了一座桥，叫它姊妹桥。后来，桥附近有了人家和村庄，这个村庄就叫姊妹桥村（今淳化街道索墅社区姊妹桥村）。

历史传承

姊妹桥初见于清道光年间成书的《金陵待征录》卷一，名为索墅小桥，“因是以为二乔遗迹，名曰姊妹”。但作者金鳌显然对此并不认可，认为此说“不值一噱”。

姊妹桥位于索墅东、姊妹桥村西，在今姊妹桥（公路桥）北之两道汊河起点上。此两源上溯，西河源于青龙山之大城山，东河源于青龙山之小江山。据《江宁县交通志》，姊妹桥为古代同型双桥，相距百步，均为石拱桥。古姊妹桥东桥尚存，但桥面已损坏；西桥已于1958年拆除。姊妹二桥上游又有两座桥型相同、大小相近的石拱桥，索墅东北冈家边的叫小人桥，土桥花墟村的叫老人桥（老安桥）。小人桥长9米、宽3.5米，

姊妹桥标牌

姊妹桥桥面

1孔，跨径4米。

大乔、小乔是三国时桥公的两个女儿，均极美，号称国色天香。长女大乔嫁孙策，次女小乔嫁周瑜，合称“二乔”。二乔系孙策、周瑜攻皖时所得。孙策曾从容戏谓周瑜说：“桥公二女虽流离，得吾二人作婿，亦足为欢。”杜牧《赤壁》诗曰：“东风不与周郎便，铜雀春深锁二乔。”这里又涉及铜雀台双桥的传说。历史小说《三国演义》称，曹操消灭袁氏兄弟后，夜宿邺城，半夜见到金光由地而起，醒来后命人在金光处掘地，得到铜雀一只。帐下谋士荀攸说，昔日舜的母亲梦见玉雀入怀，后来生下了舜，今主公梦见金光，又得此铜雀，也是吉祥的兆头。曹操听了极其高兴，决意建铜雀台于漳水之上，以彰显其平定四海之功。《三国演义》第四十四回写道，诸葛亮过江联合孙权，为了坚定周瑜抗曹的决心，故意编造曹操有所谓两大心愿：“一愿扫平四海，以成帝业；一愿得江东二乔，置之铜雀台上，以乐晚年，虽死无恨矣。”还假意劝周瑜向曹操献上“二乔”，以换取他的退兵。为了证明自己所言不虚，诸葛亮还装模作样地背诵了曹操之子曹植写的《铜雀台赋》，赋中有“揽二乔于江南兮，乐朝夕之与共”的句子。诸葛亮的这一番做作，果然激得少年气盛的周瑜勃然大怒，发誓与“曹贼”不共戴天。联合抗曹的孙刘统一战线终于大功告成。

历史上的曹操确实修筑了一座铜雀台，然而它的动工却是赤壁之战后两年，即建安十五年（210）的事。又过了两年，铜雀台方才完工，此时距赤壁之战已近四年了。曹操虽然好色，但素尚简朴，后宫姬妾穿着也十分朴素。他不惜劳民伤财修筑这样宏伟壮丽的高台，与其说为了“藏娇”，不如说为了显示自己崇高的地位与权力。在铜雀台落成之后，曹操又下令在其两侧修建了

河北临漳邺城博物馆的铜雀三台建筑模型

1987 年的土桥水利工程

同样宏伟壮丽的金虎台和冰井台，与铜雀台合称“邺城三台”。

古代礼制规定，只有天子才能建“三台”。曹操这样做，无疑是为了向天下表示自己“威加四海”的丰功伟绩和实际上的天子地位。至于曹植的《铜雀台赋》，是写于赤壁之战五年之后的建安十七年（212）春天。高台落成之后，踌躇满志的曹操带着儿子们登台赏玩，命儿子当场作赋以记其事。曹丕和曹植都完成了“作业”，但曹植的赋辞藻更为华丽，对乃父歌功颂德也更为高明，因此受到曹操的格外称赞。不过，这篇流传至今的《铜雀台赋》之中并没有什么“揽二乔于东南兮，乐朝夕之与共”的句子。这是《三国演义》作者的杜撰，再借诸葛亮之口说出来。

此外，铜雀台双桥传说的流行，可能还与大乔小乔的“乔”字有关。“乔”作为姓，现在没有木字偏旁，但旧时“乔”“桥”二字常常混用，大小乔的父亲乔玄，古书有些版本就作“桥玄”。曹操做铜雀台，因为在城基上修建，居高临下，所以要有大桥小桥连接其间。据潘眉《三国志考证》卷五《邺中记》:“铜雀台因城为基，地高一十丈，有屋一百二十间，周围弥覆其上。”曹植赋中的大桥、小桥，指的是真的桥，不是江东美女的二乔。小说家把这一切巧妙地编织在一起，以增加幽默趣味。

江宁作为六朝都城建康的郊畿之地，与三国历史有着密不可分的关系，今江宁地区就流传着不少与三国有关的传说，淳化街道索墅的姊妹桥，大概因为附近有周瑜周郎桥的传说，再加上“乔”“桥”同音混用，姊妹桥附会上大乔、小乔就不值得奇怪了。

当代影响与价值

姊妹桥的传说，虽然是附会，但与历史事件及历史名人相关，故地方文献乐于记载，当地的老百姓也乐于传播。传说中的大乔小乔是正义的化身，反映了人民群众爱憎分明的情感。除了本身所具有的历史文化价值外，这个传说还借古人之名，展示了其独特的精神价值和审美价值。今姊妹桥已经不太完整，作为“非遗”资源的价值还没有挖掘利用，这方面的工作应该得到重视。

河定桥的故事

基本概况

河定桥的故事，流布在江宁区的湖熟、秣陵、龙都、东山、方山和禄口等地。

故事内容如下：江宁岔路口，有座大桥架在秦淮河上。古时候，这河没有现在这么宽，桥也不大，是座小石桥，叫“和事桥”，是秦淮河边两兄弟造成的。这两兄弟住在秣陵关附近的村子里，老大秦文，老二秦武。哥哥小气，弟弟仁义。有一年，天旱无雨，塘底朝天，水稻眼看要干死了，村上人心惶惶，唯独秦家稻苗滴青。什么讲究呢？原来两兄弟的稻田地势低，又有一口池塘紧靠河边，只怕淹，不怕干。村上人要引水救苗，非经过秦家池塘不可。大家就来找两兄弟商量。晓得老大不好说话，就先求老二。老二一听，满口答应，对大家说：“我去跟哥哥商议，你们回去准备好家伙，在村头等我。”

哪晓得老大一听，头连摇是摇，说：“不行！不行！这口塘是祖传的宝塘，风水好，过塘引水，会把财气冲跑的！”老二就劝他了：“大哥，什么风水不风水，去年发大水，要不是众人帮忙，我们还不是喝西北风？现在大家有难，我们也该帮帮人嘛！”老大眼一翻：“去年是去年，今年是今年，田鸡要命蛇要饱。万一破了风水，塘干了，你我两家不也完了？”老二听了一肚子气：“大哥，你这是见死不救啊！”老大来火了，骂兄弟：“吃里爬外的家伙，现在是保命的时候，嘴说破了我也不答应。”“你不答应我答应。”老二转身回家拖把锹，就出去找乡邻们了。“你敢！”老大拿了根扁担紧追出来。村头上，许多人带着钉耙、锄头、锹，正在等着秦武哩。一见秦武来了，以为兄弟俩商量好了，就一齐跟着秦武到秦家塘边，挖的挖，开的开，特别高兴。

哪晓得一刻儿老大就追来了，望见老二带人破土，急得他指着秦武鼻子大喊：“不许动！你眼里还有没有我这个哥哥？”老二哩，头也不抬，照挖。老大气得浑身发抖：“好啊，今天我俩拼了！”边说边举起扁担打秦武。幸亏秦武躲得快，没有打着。两兄弟正要大干一场，村上人赶紧拉架，打招呼说：“既然你两个意见不合，我们就另想办法，不要伤了你们兄弟的和气。”老二不依：“这沟非挖不可。再说，塘也不是你一家的！”老大说：“既然这塘有我一半，我不准挖，你非挖，这不明明想独霸这塘吗？走，到江宁府评理去！”“走就走，有理走遍天下！”兄弟俩一人拉一头驴子，驮着银子，上江宁府打官司去了。兄弟两个一前一后，来到秦淮河边。过了摆渡，弟弟秦武走前，看见岸边烂泥里有一团东西在晃。秦武眼尖，看见是一团火赤练（蛇）盘在那里，心里一惊：不能让它害人！要打它吧，手上又没带家伙，就急急忙忙上岸找石头去。

随后秦文也上岸了，一看烂泥里有个团团的东西，头伸尾巴动，他看花了眼，还以为是个大甲鱼哩，连忙伸手去逮。幸亏秦武回头快，大叫一声："不能动！"吓得秦文手一缩，抬头望望秦武，还以为弟弟要抢他的"甲鱼"哩，又连忙弯腰去捉。急得秦武飞跳过来，一手推开秦文，一手拿块大石头砸那火赤练，送它归了西天。秦文一把抓住弟弟，要他赔"甲鱼"。秦武叹叹气说："你要就拿吧！"一掀石块，把哥哥吓呆了，底下压得扁扁的是一条火赤练！弟弟拉着哥哥说："命捡回来了，走，进城打官司吧！"秦文哩，一把抱住秦武："好兄弟，亏你救了我，还打什么官司！"秦武有意激他："官司还是要打的，村里多少人家等水救命呐！"秦文拽着老二的手，不好意思地说："唉！怪我一时糊涂，只顾自家忘了大家。走！马上回去就开沟过水。"秦武不放心，问哥哥："你不怕破了风水？""风水再好，不如人好。""官司不打了？""不打了！把打官司的银子省下来在这块修座桥吧！免得行人受罪。""好，还是大哥主意好！"

两人驴子一牵，有说有笑回家了。当晚，两兄弟跟全村人齐心合力，挖沟的挖沟，车水的车水，把秦淮河水引进了村上的稻田。附近的人一听说兄弟俩要修桥，争先恐后来帮忙，有钱的出钱，有力的出力，于是就在秦淮河上造起了一座石拱桥。因为这桥是秦家两兄弟和好了才建成的，大家就把桥取名"和事桥"。天长日久，后代人叫白了，就成了现在的"河定桥"。

历史传承

河定桥在今双龙大道上，原跨牛首山东涧水入秦淮处，今跨秦淮新河。宋称河亭桥，因桥在新亭乡沙河上，近有河亭里、河亭桥铺，故名。明代取安定之意，又名河定桥，桥名沿用至今。宋《景定建康志》："河亭桥在城东南一十五里。"元张铉《至正金陵新志》："河亭桥在城东南一十五里。"明《正德江宁县志》："河亭桥在县东南二十五里，一名河定桥。"附近有河定桥铺，该县志又载："河定桥铺，在县南一十七里。"由此可见，河定桥原名河亭桥，至少建于宋代，到了明代别称河定桥。

据江宁《陶氏家谱》介绍，河定桥地属通衢，久为车骑碾压，又因地当秦淮支流之冲要，夏秋季节，河水上涨，浪涛冲蚀两岸，河堤因之溃溢，

河定桥旧影

河定桥今貌远景

田庐漂没，行路者困于往来交通。南宋端平二年（1235），禄口咎巷陶氏始捐资创建石桥。桥下开桥洞 5 券，作为水道，又立巨石 12 垛，顶端尖锐，用以分水。桥面凿石铺底，上植栏杆。桥旁两岸加固堤防，远用木料，近则砌石。石岸砌筑精致，接缝处填以铁锭、秫糜，略无孔隙。桥成，如龙卧波，若虹饮水，为居者、行者称赞，河澜由此安定，故名河定桥。

至清乾隆初年，因历 500 多年之久，河定桥逐渐废圮，桥石剥泐殆尽，无可适之材填塞，河水泛滥，浪涛奔涌，往来者难以涉足，交通由此阻隔。咎巷陶五聚、五齐兄弟二人过而叹息，议加修复。二人先欲募捐修桥，但考虑到募捐修桥必时日长久，不利于尽快恢复交通，故决定倾己资独家重建此桥。工程始于乾隆九年（1744）二月初九日，告成于是年九月十四日。重建后的河定桥比旧桥更加雄伟壮观。于是，往来车辆、舟船络绎不绝，人皆称便。有人提议应刻勒二人之名于碑石上，以示褒扬纪念，但遭兄弟二人反对："我们修桥只是担心我们陶氏先人遗迹湮没，担心百姓困于交通，以求心灵的安慰，哪能沽名勒石呢？如果一定要刻勒其名，那就记上我们陶氏先人之功吧！再加上宋端平二年咎巷陶氏建桥，清乾隆九年咎巷陶氏重修。如此而已！"

当代影响与价值

河定桥不论是由秦氏兄弟所修，还是如《陶氏家谱》所记载的由陶氏所建，其故事已经流传了数百年，至今仍被人们津津乐道，这是其历史价值的集中体现。故事反映的主人翁乐善好施、助人为乐的精神，可以引导人们做好事，做善事，进而激发其教育价值。河定桥至今还在发挥其基础性的交通作用，造福着地方百姓，这是当初建桥者的初衷。这种精神层面的传承，会一直影响着人们的人生观、世界观与价值观。

河定桥今貌近景

葛玄与方山洞玄观的传说

基本概况

葛玄与方山洞玄观的传说，主要流布于江宁方山地区。

相传三国赤乌二年（239），吴大帝孙权在方山为葛玄立洞玄观。后来葛玄于此白日升天，得道成仙。葛玄，字孝先，琅琊人，是早期南方道教传承中的关键人物之一。其远祖本姓诸葛，后征江汉，停丹阳郡句容县而止，叹曰："独身在此，何诸之有。"遂改为单姓"葛"，迁居于丹阳句容。葛玄之父名葛焉，字德儒，历山阴令、散骑常待、大尚书。葛玄自幼好学，博览五经，性喜老庄之学。后入天台赤城山修炼，师从著名方士左慈学道，得受太清、九鼎、金液等丹经，道术大进，遂遨游名山大川。其道术传于郑隐，郑隐又传葛玄从孙葛洪。至宋代，先后敕封为"冲应真人""冲应孚佑真君"。据道书记载，葛玄有仙术，能辟谷，颇多神异与传奇，故崇道者多尊称葛玄为"葛仙公""葛仙翁""仙公""太极仙公"等。

据《建康实录》卷二记载，葛玄有仙术，吴大帝孙权初好道术，曾与葛玄交游。他们或同游石头山、四望山，或同游于烈洲。一天，忽遇暴风，百官之船皆沉没江中，葛玄所乘小船亦沉。孙权派人入江寻找葛玄。过了许久，方见葛玄拖着鞋从江面走来，衣不潮湿而面带酒色，对众人说："我到伍子胥那里喝酒去了。"葛玄极好饮酒，常常整日醉卧门前陂水之中，至醒方止。

孙权对葛玄颇为赏识器重，故于赤乌二年

1930年代的方山洞玄观

葛玄（清代版画）

新建洞玄观

（239）在方山为之立洞玄观。相传赤乌七年（244）八月十五日，葛玄在方山白日升天，飞升处称为葛仙台。葛玄升天之时，弟子乡朋思念不已。于是，葛玄停在空中赋五言诗三首，交付乡朋，让众弟子日夜歌诵，称开悟此诗后自己方能回观。

至唐代，方山洞玄观仍存葛玄煮药铛及药臼。后来，葛玄从孙、东晋著名道教理论家、炼丹家葛洪亦来方山修炼，并留下一首描写洗药池的诗：“洞阴泠泠，风佩清清。仙居永劫，花木长荣。”据《景定建康志》等旧志记载，葛玄墓在句容西南一里。此外，金陵城东南七十二里有葛塘湖，周回七里，可灌溉田地 40 顷。相传葛玄曾在此炼丹，故以为名。

历史传承

方山南麓的洞玄观，历代地方文献及部分道教典籍多载由吴大帝孙权为葛玄所立。然而孙权为葛玄方山立观的传说却不见于三国两晋南北朝时期的一般史籍，乃至其从孙东晋葛洪的《抱朴子》、梁代陶弘景所撰《吴太极左宫葛仙公之碑》皆只字未提，后者仅云：“孙权虽爱赏仙异，而内怀猜害。翻琰之徒，皆被挫斥。敬惮仙公，动相谘禀。”

根据相关学者研究，洞玄观可能即梁代天印山之崇虚馆，始创于南朝。六朝时期的道教有上清、灵宝、三皇三派，各派与道教三洞经对应。《太平御览》卷六百七十三《道部十五》引《太上仓元经》云：“三洞经者：《洞真》，上清也；《洞玄》，灵宝也；《洞神》，三皇也。”换言之，《洞玄经》是灵宝派研习奉行之大法。“洞玄”之意，“洞言通也”“生天立地，功用不滞，故得名玄”。三洞经之名出现虽早，但总其成者乃南朝刘宋高道陆修静。其中的灵宝派虽由东晋晚期的葛巢甫创立，但发扬

1933 年洞玄观及周边地形图

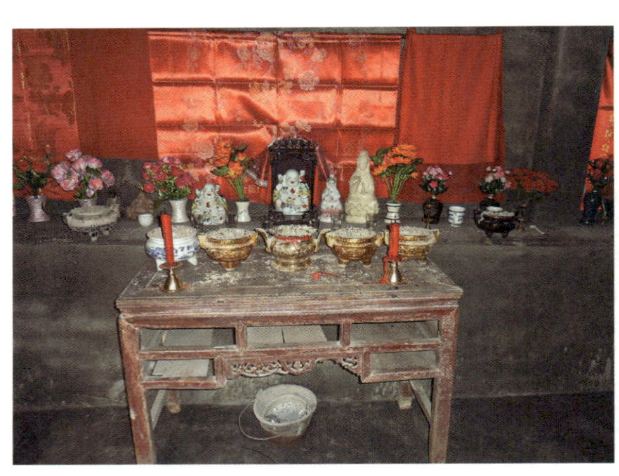

今方山洞玄观内景

光大者亦是陆修静。此派道士主要信奉洞玄部经典，以元始天尊为最高神，奉葛玄为祖师，以济世度人为立教宗旨。方山洞玄观以“洞玄”为名，历代供奉葛玄，当属道教灵宝派，甚至可能即南朝此派之祖庭。

总之，洞玄观由吴大帝孙权为葛玄所立只是一个传说，这个传说可能是南朝道教灵宝派道士或葛氏后人杜撰；该观实际上始创于南朝，可能即梁代天印山之崇虚馆，并成为道教灵宝派之祖庭，其改名洞玄观或为唐代之事。

考古发现亦证实以上推测。2012年及2013年，南京大学文化与自然遗产研究所两次对方山南麓的洞玄观遗址进行考古发掘。考古所获未见孙吴时期的任何遗物，其最早遗存为南朝时期的挡土石墙遗迹及莲花纹瓦当。

至唐代，洞玄观在南朝基础上有所发展。据《建康实录》卷十七记载，贞观六年（632），距此不远的岩栖观被并入洞玄观。到了唐末，大概因为吴大帝孙权为葛玄创立洞玄观的传说影响日广，方山洞玄观还被列入道教洞天福地的“七十二福地”之一，杜光庭《洞天福地岳渎名山记》第六十八福地即云：“天印山，在升州上元县洞玄观，仙公行化处。”洞玄观从此名扬海内。

南唐保大初年，中主李璟为其母宋太后在方山敕建的宝华宫实乃就洞玄观旧址扩建。宝华宫规模宏大，是洞玄观历史上最辉煌的时期。北宋大中祥符年间，因避宋代国讳，洞玄观改名崇真观，或称洞元观。明代，洞玄观再次重建，并恢复了洞玄观的旧名。明代后期的洞玄观规模不是很大，列为中观。《金陵玄观志》卷八记：其“地群峰回合，万木萧疏，钟山秀其前，淮水流其下，真仙都福地。惜石房山殿、秘箓神书，煨尽之余，无复存者。惟仙公洗药池、炼丹井宛然，古藤残碛间，千载犹有灵气”。其主要建筑有山门一座、三清殿三楹、仙公殿三楹、道院四房。其基址十亩，

洞玄观遗址远景

洞玄观遗址洗药池

洞玄观遗址出土的大型柱础石、道教神像头部残件、道教神像手部残件、南朝莲花纹瓦当

考古发现的洞玄观唐代砖砌建筑遗迹

东至民山，南至王家山，西至李家山，北至本观山。其古迹炼丹井在殿左，洗药池在殿右，而药臼、煮药铛已不存。

清代以降，洞玄观日渐衰落，但至抗战之前仍有完整院落，并有专人守护。1930年代初，著名学者朱偰往方山考察洞玄观等古迹。当时，他所看到的洞玄观，“观祀葛玄，后为三清殿，释道并陈”。又有洗药池、炼丹井等旧迹。观东有小园，“饶奇卉异草，海棠含苞，嫣红欲滴，黄杨牡丹，错落庭除，惟观宇残破，令人不胜苍凉之感”。

需要说明的是，今有不少资料介绍洞玄观“民国时始废”，或称“民国时期，无道士看守，已废”，均不实。实际上，朱偰以上考察记录虽未说明道人守护情况，但从三清殿“释道并陈”，观东小园种植“奇卉异草”的描述，特别是他拍摄留存的一张洞玄观清晰图片看，至少抗战之前的洞玄观并没有彻底毁废，还有一所比较完整的院落，也应该有人守护。陈国符《道藏源流考》即称，洞玄观“新中国成立前殿宇狭小，规模去古为远。有茹素者守护之”。在近年的第三次全国文物普查中，洞玄观遗址仍存三间“民国时建造的青砖小屋”。

此外，1948年，当时的中央地质调查所研究室主任程裕淇等调查方山地质后，在《中国地质学会志》发表《江苏江宁方山之第三纪火山岩》一文，创名“洞玄观层”。1956年及1974年，有关专家先后在方山洞玄观发现“安琪马”和“南京稀古仓鼠”两种珍贵化石，这使方山洞玄观在地质学界的影响更加广泛。

当代影响与价值

方山南麓的洞玄观，不仅是典籍记载的最早的江东道观，而且还被列入道教“七十二福地”

之一，在南京乃至全国道教史上都占有特殊的地位。葛玄与方山洞玄观的传说，文献记载翔实，在当地亦流传甚广。通过整合发现，它所具有的历史价值、文化价值尤为突出，能够为方山景区的开发提供文化智力支持，对于江宁区有关部门、江苏省道教协会已经启动的新洞玄观的重建及方山道教文化的阐释利用都具有无可替代的重要价值。

方山玉虚观的传说

基本概况

这个传说主要流传于方山东南麓的郭村一带。

作为一座道教名山，历史上方山周围道馆林立，除了有被认为是江东最早的道观洞玄观外，还有宝华宫、岩栖观、玉虚观等诸多道观。其中方山东南麓的玉虚观历史悠久，相传始建于孙吴，清代以降，其规模宏大，供奉三清玉虚大帝及诸佛菩萨等，远近信崇，香火盛著，是当地民众信仰参拜的中心，在近代江宁道教史上具有较大的影响。

关于玉虚观的创建，至少自民国时期起，在当地村民中就流传了这样的传说：很久很久以前，方山东麓的郭村风景秀丽，时有凤凰翔集，被视为祥瑞之地。后来有一位高道在此修炼成功，并驾凤凰腾空升仙。因为村中不断有“汉钟离太祖师威灵显应”的传说，故都相信这位高道是道教传说中八仙之一的汉钟离。汉钟离，姓钟离，名权，字云房，一字寂道，号正阳子，又号和谷子，东汉咸阳人。他的原型为一位东汉大将，少工文学，尤喜草圣，身长八尺，官至大将军，后因兵败隐于晋州羊角山。相传他受铁拐李点化学道，道成下山飞剑斩虎，点金济众。后与其兄钟离简同日升天，并渡吕洞宾成仙。全真道尊他为“正阳祖师”，并列为全真北宗第二祖。钟离权在八仙之中成仙较早，名气较大，还传授“点石成金”之道法，故受到民间崇奉，认为有护佑财运的功能。

又相传玉虚观为赤乌二年（239）“后汉吴国太所建”。按：赤乌是三国吴大帝孙权年号，故此“后汉吴国太”当指孙权之母。但史载孙权之

1940 年代的方山远景

母吴氏早在东汉建安七年（202）已亡，故这个传说不足为信。

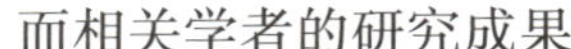

历史传承

1930 年代方山东南麓郭村及周边地图

据明人葛寅亮《金陵玄观志》记载：“（玉虚观）在郭城上方门外，东城方山。去所统朝天宫五十五里、洪武门五十里。东吴时建，茅屋。唐保大间始构殿宇。万历十三年重修。所领小庙曰东岳庙。”此言玉虚观为孙吴始建，但奇怪的是，它却不见于明代以前的文献。

而相关学者的研究成果表明，方山玉虚观与玉清观是同一座道观在不同时期的名称，玉清观见于明代之前史籍，玉虚观见于明代以后的史籍，玉虚观系由玉清观于明代改名而来。旧说认为玉虚观建于东汉或孙吴并无依据，当是由后来的道教徒或好事者杜撰。玉虚观始建于南朝梁大同三年（537）四月，由南康令殿哲所造，并在南唐保大年间（943—957）重建。唐玄宗开元年间，玉虚观到了辉煌时期，至宋元两代，玉虚观逐渐衰落。

明万历十三年（1585）重修玉虚观。此时的玉虚观为中观，规模较大，由大观冶城山朝天宫统领，其殿堂有山门三楹，星主殿三楹，道院四房。道观基址十亩，东至民田，南至圩埂，西至西湖圩，北至民田。

清代的玉虚观，史籍记载仅寥寥数语。据民国时期王莲友所辑《重建金陵玉虚古观纪事征信录》，清代的玉虚观有殿堂、寝室九十九间，有御题“玉虚宝观”观额，观内供奉三清玉虚大帝，香火盛著，规模颇大。后毁于太平天国时期的战火，光绪年间乡人一度修复殿宇十余间，但未达到原先的规模。

民国时期，方山周围“连年水寒灾荒，民生凋敝，生计萧条”。1935 年，上海集云轩弟子、中国济生会常委、郭村人朱弃尘发起募捐重建玉虚观，先后获一百二十九户捐款，共募得七千零

玉虚观全景

玉虚观大殿

玉虚观内神像

九十九元三角七分八厘及楠木对料一副。重建工程自当年7月起，至次年7月止，修建了山门、宝殿、屋宇、廊房等，计花费七千零九十九元三角七分八厘，并得到江宁县县长梅思平及各乡乡长的热心支持。重建后的玉虚观面貌焕然一新，其殿宇前后三进，塑像三十余尊。

1936年12月30日，玉虚观举行落成祭天大典暨开光典礼，邱问清被公推为主祭，分祭者为张贤清、马远生、李文德。此次大典“官绅士庶，不期而集者，逾三千人”，在当地有较大影响，江宁县公安局受请求派遣警士维持现场秩序。

玉虚观重建告成后，据说此后当地“农产丰收，乡民获佑，安居乐业，神人以和”，观内事务由正乙法师、朱寿山道长，受业门人傅春生以及四位小道徒负责。集云轩还计划在玉虚观左侧空地筹建济公佛院，包括济佛祖殿及统慈、修真二院等建筑，惜因不久抗战爆发不果，而新建成的玉虚观则又毁于战火之中。

当代影响与价值

在清代以前，方山南麓的洞玄观无论是在规模上还是名声上，都远超东麓的玉虚观。清代以降，洞玄观逐渐衰落，玉虚观则香火鼎盛，参拜民众络绎不绝。玉虚观、洞玄观的兴衰历史，折射了方山地区道教的发展变迁，见证了这一地区的民间道教信仰中心，自清代起由洞玄观转移到玉虚观的历史事实。玉虚观遗址所在的郭村，近年因城市建设需要也已被征迁，了解它的历史及传说的知情者越来越少了。这虽然是难以避免的遗憾，但通过诸多人士的努力，或许有改观的那一天。

方山埭白马庙的传说

基本概况

方山埭位于方山西南麓西北村旁的秦淮河三流交汇处，白马庙则位于方山埭北不远的秦淮河东岸。方山埭所在的秦淮河滨，在六朝 300 多年中一直是都城建康（今南京）与吴地人员物资往来的必经之地，故这一地区一直人烟稠密，热闹非凡，乃至成为建康都城南郊最繁忙的交通要冲。正因为此，其旁的白马庙历史上有不少神奇的传说，其中最有影响的就是南朝刘宋时期骑白马人预言顾琛升官的传说。

据文献记载，顾琛，字弘玮，吴郡吴县（今苏州）人。历官尚书库部郎、司徒录事参军、义兴太守、东阳太守、会稽太守、吴兴太守、吴郡太守等，封永新县五等侯。这个传说最早见载于《南史》卷三十五，大意是：南朝刘宋景平年间（423—424），官为奉朝请的顾琛放假还乡。一日傍晚，他来到方山脚下，当时秦淮河岸东侧停泊了商旅之船数十艘。有一人穿着黑衣（一说红衣），戴着介帻，骑着白马，手拿鞭子喝令诸船退后，说：“吴郡太守顾某的人马马上就到，他要停泊此岸。”于是众船各奔东西。不久，来了一艘简易小船，

1930 年代地图上的白马庙

方山西北村埭堰类遗址

仍停在原先的地方。有人问他："吴郡太守顾某什么时候来？"船人答："没有什么吴郡太守顾某。"又问："哪究竟是什么船要来？"答曰："奉朝请顾某。"众人无不奇怪。顾琛暗中知道这是一个吉兆，于是发誓说："如果将来果得吴郡太守之职，当于此处立庙报答。"永光元年（465），宋废帝即位，顾琛果然升为吴郡太守，于是他就在其处立庙，号称"白马庙"。

白马庙今已不存，但在民国时期的地图上，在方山西麓、秦淮河东岸的方前村旁赫然标注有"白马庙"。据当地的知情长者介绍，旧时白马庙曾有多间庙宇，庙内供奉着一匹石雕的白马，其旁还有其他若干不知名的神像。

历史传承

史载孙吴立国之初，军国所需皆仰仗三吴地区（吴郡、吴兴、会稽）供给，而吴都建业（今南京）与三吴地区间隔着汤山、茅山等丘陵山地，交通不便。三吴地区尤其是会稽的物资都要经运河运抵京口，然后进入长江，逆流数百里运至建业。这样，不仅常常船毁人亡，而且路途遥远，增加运输成本。赤乌八年（245）八月，为方便都城建业与三吴地区的物资运输，吴大帝孙权派遣校尉陈勋开凿破岗渎。由于破岗渎穿越茅山丘陵，中间为高岗地带，东、西两头地势低下，因此在运河上下修建了十四座水埭（即拦河水坝），下七埭即在今日江宁境内，形成梯级航道，使船舶能够翻山越岭，其中方山埭位于方山西南，截方山下秦淮河立埭，是破岗渎的起点，也是规模最大、最重要的一埭。

这条人工水道从方山经过龙都、湖熟、杜桂、赤山湖东达句容、丹阳，穿越太湖直达浙江绍兴，直接沟通了建业与三吴之间的水路交通，使三吴地区的物资不需经过京口而直接运到建业，避免了因长江风浪造成的损失，确保了都城的物资供给。终六朝之世，破岗渎一直发挥着十分重要的作用。为加强管理，东晋、南朝时期，朝廷还在此专设渡口方山津，并收取过往商税。《隋书》卷二十四载：当时建康城西有石头津，东有方山津，各置津主一人、贼曹一人、直水五人，以检察禁物及亡叛者。其中荻炭鱼薪之类过津者，皆抽十分税一以入官。有趣的是，南朝宋少帝刘义符荒怠政事，在台城华林园内开挖沟渎、堆聚泥土以模仿破岗埭，并与左右亲信引船唱呼，以为乐事。由此可见破岗埭在时人心目中的地位。

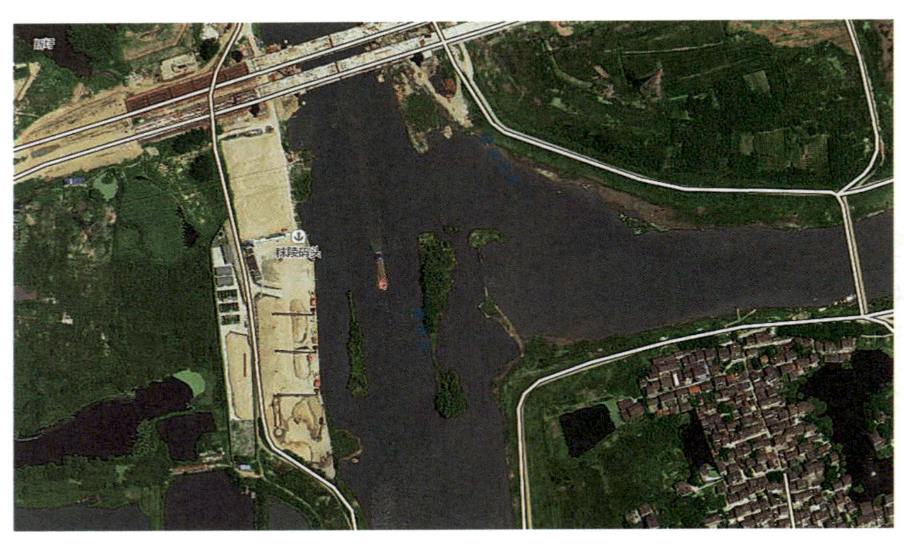

方山西北村埭堰类遗址卫星图

六朝时期，方山埭不仅设有津渡收取过往商税，而且是当时重要的送别之地。当时官民相送，关系近、感情好的都要送到方山南麓的秦淮河岸。由于方山距城有四十里，大多还要住一晚才依依惜别。刘宋永初三年（422）七月，大诗人谢灵运离京出任永嘉太守，其邻里一直把他送到方山。谢灵运《邻里相送至方山》一诗写的就是他与邻里之间在方山渡口的依依惜别之情，诗云："祗役出皇邑，相期憩瓯越。解缆及流潮，怀旧不能发。析析就衰林，皎皎明秋月。含情易为盈，遇物难可歇。积疴谢生虑，寡欲罕所阙。资此永幽栖，岂伊年岁别。各勉日新志，音尘慰寂蔑。"甚至南朝齐武帝一度计划着要在这儿大起离宫方山苑。明初洪武二十五年（1392），晚年的明太祖朱元璋也曾命户部在正阳门外择地修建上林苑，所选之地即在方山之西的秦淮河近岸。尽管后来朱元璋废止了这项规划，但由此可见这一地区的重要性。

据《至正金陵新志》记载，至元代，方山西麓的白马庙尚在。庙有二座，一在上元县崇礼乡秦淮河东岸，与史书所载方山下东岸的位置相吻合；一在江宁县随车乡殷巷秦淮河南岸，去城三十里。二庙隔秦淮河相望，乡人皆各祀之。

当代影响与价值

2016年8月，受江宁区文化广电局委托，南京师范大学文博系师生团队对江宁区境秦淮河沿线文化遗产特别是两岸的水利遗产进行了翔实的勘察。他们在方山南麓秦淮河干流、句容河及溧水河三水交汇之地发现两处埭堰类遗址，有关专家推测与方山埭相关。

与方山埭、白马庙相关的以上历史记载及传说，是江宁区境秦淮河沿线深厚文化资源及遗产的重要组成部分，对于彰显秦淮河两岸生态文化景观，传承历史文化记忆，发展旅游休闲产业等都有比较重要的价值意义。此前，有关专家曾经建议以秦始皇断长陇疏淮水传说、方山埭、方山津、谢灵运与邻里相送至方山等为核心文化资源依据，复建白马庙、方山埭、方山津、方山亭、征虏亭、方山苑等具有纪念意义的历史建筑，以情景再现、主题雕塑等形式，再现秦始皇断长陇疏淮水、陈勋方山截河立埭、谢灵运与邻里相送至方山，及六朝船舶过埭等著名历史场景，进而在方山南麓、秦淮河北岸的葛桥至南埠一带规划建设包括传统送别礼仪文化、江南水利文化等在内的展示体验区或主题公园。

耿先生与方山宝华宫的传说

基本概况

这个传说主要流传于江宁的方山地区。

南唐时期的方山有座道观名宝华宫。相传南唐保大年间（943—957），宝华宫曾发生一起惊天大案，那就是南唐中主李璟之母宋太后被女道士耿先生劫往宝华宫。

耿先生，南唐女道士，自称天自在山人，军大校耿谦之女，少而明慧，颇有姿色，喜文学，能赋诗，书画也有相当成就。保大年间，宋齐丘闻其名，荐入宫廷。元宗李璟处之别院，号曰“先生”。据说耿先生玉貌鸟爪，常穿碧霞帔，题诗墙壁，自称北大先生。

她神通广大，晓黄白之术、变怪之事，能拘制鬼魅，曾见宫中婢女手持粪扫，便对元宗说：“此物可惜，勿令弃之。”乃取之置铛中，烹炼良久，

1930 年代的方山全景

方山仙人棋盘

皆成白金。又遇雪拥炉御寒，耿先生索金盆贮雪，令宫人握雪成铤，投之火中，再徐徐从火中取出，皆成白金，指痕犹在。时大食国进贡龙脑油，元宗特别喜爱。耿先生见了，说：“此未为佳者。”乃以夹缣囊装白龙脑数斤，悬挂了一会儿，囊中沥液如注，香味果然浓于大食国所进贡者。

后耿先生得幸于元宗，有孕，将产之夕，雷雨震电。及晴，腹孕已消失。不久，宫中遍寻元宗母宋太后不得，耿先生亦不知去向。如此月余，朝野大惊。有知者云她们在都城外二十里方山宝华宫。元宗急命齐王李景去方山迎太后还宫，看见太后正与几名道士畅饮，乃迎还宫中。结果宝华宫道士皆被杀，道观被焚，耿先生则不得再入宫中，然犹往来于江淮之间，后不知所终。

历史传承

女道士耿先生劫持南唐宋太后至方山宝华宫的怪异之事，多种文献都有记载，以宋陆游《南唐书》卷十四记载最为详细。关于耿先生神异之具体细节，宋吴淑《江淮异人录》、清吴任臣《十国春秋》虽与陆游《南唐书》所载有所不同，但皆载裹挟宋太后至宝华宫事。唯《十国春秋》称往迎太后的是齐王景达，而非景遂，且记："自是太后若中疾然，不数年而殂。"《江淮异人录》又记：方山宝华宫在"城东南三十里外，吴葛仙翁所居，有丹井，一名天印山，有宝华宫碑。宫基经火，正当井处。故老云当时即焚之也"。

这个传说中"炼雪"类事固属荒诞无稽，但南唐中主李璟迷信神仙方术无疑是事实，耿先生据考也确有其人。而据《景定建康志》卷四十五，宝华宫旧在方山，南唐昇元年间，李昪为其母后所建，后废。南宋淳熙七年（1180），道士吕志淳移其额于城南门外重建。宝华宫遗物有宝华宫碑，宋陈思《宝刻丛编》引《复斋碑录》云，其"撰人碑缺，肃行书，王文秉篆额并镌，保大四年六月立日建"。据宋张敦颐《六朝事迹编类》，此碑"在方山崇真观"。而元张铉《至正金陵新志》卷十二又云：碑在井阴，"南唐奉敕立，行书入品，但人名漫灭"。其井即"葛仙公炼丹井"，《景定建康志》卷三十三和《至正金陵新志》卷十二皆云此井铭为"景通作"，清严观《江宁金石待访目》云井铭就"在方山宝华宫"。按：为葛仙公炼丹井栏撰写铭文的"景通"之姓氏，各书付之阙如，我们颇疑即南唐中主。中主初名李景通，继位后先改名为"瑶"，又改名为"璟"。如此推测不误，则此井铭当撰于保大元年（943）之前。除宝华宫碑外，又有《宝华宫功德什物记》碑，亦在崇真观。

方山的南唐宝华宫与洞玄观是什么关系？南唐的宝华宫在方山崇真观，而崇真观乃北宋大中祥符年间（1008—1016）为避宋国讳所改洞玄观之名，显然宝华宫与洞玄观实在同一地点。那么，最大的可能便是宝华宫乃洞玄观旧址扩建改名。何时所改？文献记载简略，没有直接告诉我们答案，但有一些线索。据《至正金陵新志》卷十二记载，方山有南唐《洞玄观敕还钟记》碑，又有《洞玄观请钟记》碑。《六朝事迹编类》卷十四云"南唐《洞玄观请钟记》在崇真观"。宋陈思《宝刻丛编》引《复斋碑录》更明确记载："南唐方山《洞玄观敕还旧钟记》，道士刘日新撰，道士李希曜正书并篆额，保大元年十月七日立。"如此，保大元年尚名洞玄观，而宝华宫碑立于保大四年六月，宋太后卒于保大三年十月，则宝

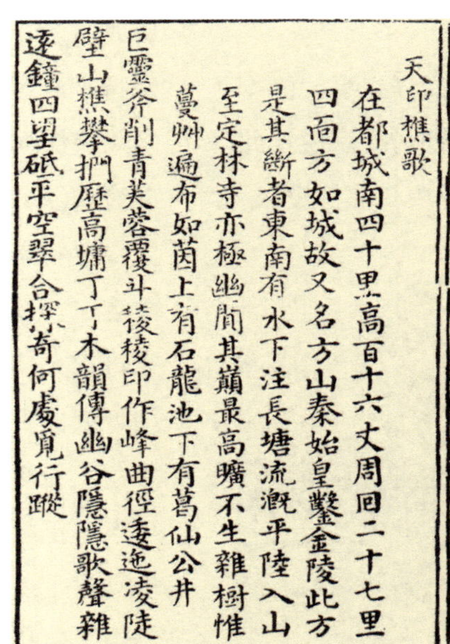

天印樵歌

在都城南四十里高百十六丈周回二十七里四面方如城故又名方山秦始皇鑿金陵此方是其斷者東南有水下注長塘流漑平陸入山至定林寺亦極幽閒其巔最高曠不生雜樹惟蔓艸遍布如茵上有石龍池下有葛仙公井

巨靈斧削青芙蓉覆斗稜稜印作峰曲徑逶迤凌陡壁山樵攀捫歷高墉丁丁木韻傳幽谷隱隱歌聲雜遠鐘四望砥平空翠合探奇何處覓行蹤

《金陵四十景图像诗咏》之"天印樵歌"（明版画）

方山今貌

华宫之由洞玄观旧址扩建改名当在保大元年至三年之间。

又，女道士耿先生劫持宋太后到方山宝华宫虽然有些蹊跷神秘，迷雾重重，但宋太后与宝华宫关系密切则无疑问。其背景推测是中主李璟之母宋太后溺信道教，李璟就洞玄观旧址为其母敕建了宝华宫。后来宋太后受耿先生蛊惑，出宫至宝华宫修道，由此引发李璟震怒，遂致宝华宫被焚。不仅如此，李璟在继位之前还曾为方山洞玄观葛仙公炼丹井撰写井铭，可知李璟与洞玄观早有联系。故前引《景定建康志》卷四十五所云宝华宫乃“南唐昇元中，为母后所建”应该有误，“昇

今日的方山景区

元中”在烈祖李昪时期，其时宋太后是皇后，不是“母后”，宝华宫实则是南唐保大初年中主李璟“为母后所建”。

为《洞玄观敕还旧钟记》碑撰文的刘日新乃南唐高道大德，字继平，福建侯官人，道德文章被评价甚高。李中有诗《赠上都紫极宫刘日新先生》赞云：“道德吾君重，含贞本去华。因知炼神骨，何必在烟霞。棋散庭花落，诗成海月斜。瀛洲旧仙侣，应许寄丹砂。”关于刘日新解脱后具体葬地，《全唐文》卷八百七十五收录的《唐故金华大师正和先生刘君碑铭并序》云：“金陵之乡，方山之阳。葛仙泽薮，宝华宫房。解节何往，归形斯藏。”可知即在方山宝华宫。除刘日新外，据 2019 年春方山南麓新发现的一件墓志铭解读，南唐高道范可保羽化后藏形于“上元县建康乡方山前”，也应该是在宝华宫。

自唐代以来，道教宫观，大者称“宫”，小者称“观”。南唐敕建方山宝华宫，既称“宫”，又与南唐皇室渊源有自，其规模应该不小，成为洞玄观历史上最辉煌的时期。今洞玄观遗址地表所遗石柱础甚多，按其形制及大小划分，大约可分为两类，其中一类体量较大，上无凸起的圆形鼓镜，其时代可能即属南唐。

当代影响与价值

耿先生与方山宝华宫的传说，为多种典籍记载，传说涉及的人物及宝华宫均有据可查，并非虚构，因此具有比较重要的历史文化价值。方山自古是一座道教名山，宝华宫与古洞玄观实为先后延续的关系，是道教洞天福地“七十二福地”之一。目前，方山地区正积极开发旅游资源，打造“地质方山”与“人文方山”，其重点之一就是在古洞玄观遗址毗邻地新建洞玄观。这个传说蕴含的文化资源信息非常丰富，若能融入相关元素，无疑可以进一步提升方山地区的道教文化底蕴，最终打造成为一处别具特色的道教养生文化体验区。

牛头宗传说

基本概况

牛头宗传说源远流长，主要分布范围以牛首山、祖堂山、茅山为中心辐射到南京栖霞寺、鸡鸣寺和镇江金山寺、苏州寒山寺及浙江杭州、安徽等地。

牛首山幽雅宁静，环境优美，是佛教徒修身养性的理想场所。早自南朝开始，许多帝王贵族崇信佛教，在这里大兴寺院，使得牛首山成为佛教名山。唐贞观年间，法融禅师在牛首山南面的祖堂山修行，创立“牛头宗”，佛书称为“江表牛头”，牛首山也就成为佛教禅宗“牛头宗”的发祥地。

法融，俗姓韦，润州延陵(江苏丹阳市延陵镇)人。隋开皇十四年（594）出生于一个望族家庭。19岁便“学通经史”，后因逃避婚姻从家中出走，入句容茅山从三论宗僧炅法师剃度，钻研般若三论和“华严”“大品”“大集”“维摩”和“法华”等经数年。贞观十七年（643），法融离开茅山，来到南京牛头山幽栖寺北岩下(今祖堂山下)，构筑一所茅茨禅室，日夕参究，潜心修行。

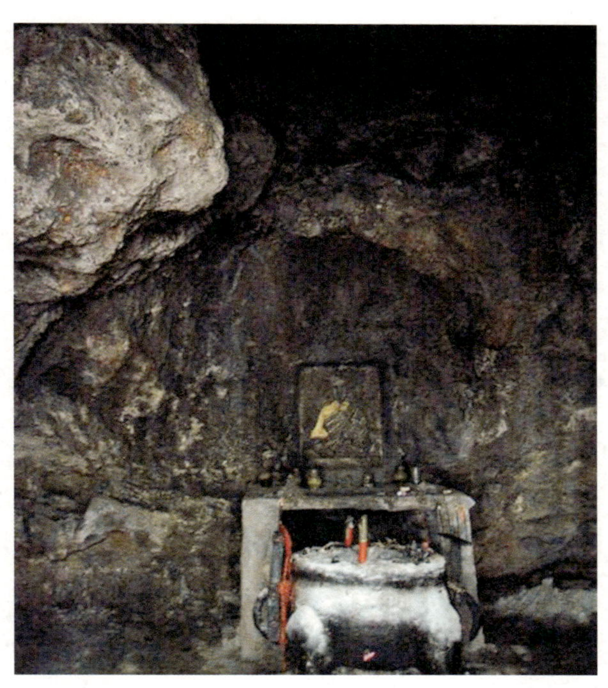

法融祖师洞

传说山有石室深约十步，法融坐于其中。忽有神蛇长丈余，目如星火，在石室门口举头扬威，如此一夜，见法融不为所动遂离去。山素多虎，樵人绝径。法融居此百日后，猛虎绝迹，人往还无阻。又有群鹿依室听法，毫无惧容，其中二大鹿直入室内，与诸僧一起听法，三年乃去。

数年之间，跟随法融修行的僧侣就有100余人，法门渐兴。当时牛头山的佛窟寺藏有佛经、道书、佛经史、俗经史和医方图符等七藏，是刘宋初年造寺时藏在寺里的著名经藏。法融得到佛窟寺管理藏经的显法师允许，在那里日夜摘阅，文思大进。然后回到幽栖寺，闭门从事研究。相传贞观二十一年(647)，法融在幽栖寺中开讲《法华经》《大集经》。相传其时大雪纷飞，忽然从皑皑白雪中绽出奇花2支，状似芙蓉，灿如金色，7日花谢。又传说其时有百鸟翔集，纷纷衔花来献。因此，后人便把法融讲经之地称为“献花岩”。清“金陵四十八景”中“献花清兴”一景即指此。

永徽三年（652），江宁县令萧元善请法融至建初寺开讲《大般若经》，听讲僧众千人。讲至《灭净品》时，忽遇地震，“寺外道俗，安然不觉”。次年，睦州陈硕真举兵反唐，后被镇压。许多僧尼惧受牵连，逃亡江宁，诸寺皆不容纳，独法融冒险收留约300人，亲往城镇乞米，以解僧众口粮之难。禅宗四祖道信对法融的志行和佛学成就十分赏识，认为法融可以师承流派，但已将法衣传给弟子弘忍（五祖），故特地允许他自立一宗，此即“牛头宗”，其禅学称为“牛头禅”。

法融为牛头初祖，以后又延续五代，即智岩、慧方、法持、智威、慧忠，合称牛头六祖。其中牛头二祖智岩，武德四年（621）从宝月禅师出家，一直在山中修道。贞观十七年（643），始到金陵，依山结草庵，为僧众百余人随机说法。后来，又往石头城疠人坊，为病人说法。仪凤二年（677）正月去世。

三祖惠方早年即“洞明经论”，后入牛头山，谒智岩禅师，“咨询秘要”，在山中习法不到10年，就受四方学众的参礼。晚年，他立法持为传人后遂归茅山。天册二年（696）去世，寿67。

四祖法持，俗姓张，润州江宁人。幼年出家，拜禅宗五祖弘忍为师，蒙受其法要。后到牛头山参礼惠方禅师，被收为入室弟子，立为传人。弘忍去世之前，对弟子玄赜说：“后传吾法者，可十人耳，金陵法持即其一也。”故法持被认为是“两处禅宗，重代相袭”。等到法持将正法传给弟子智威后，自己便出山住江宁延祚寺。长安二年（702）九月去世，年68岁，遗令死后不得火化，“露骸松下，饲诸禽兽，令得饮血肉者发菩提心”。

五祖智威，俗姓陈，江宁牛头山附近人。20岁出家，属幽岩寺。后从法持学习禅法，得其正法。晚年，将护持法门的责任，嘱咐给弟子慧忠后，自己出山，亦住延祚寺。开元十年（722）二月去世，遗嘱也以遗体饲林中的鸟兽，欲使禽兽通佛性，弟子依言奉行。

六祖慧忠，润州上元人，神龙元年（705），23岁时出家。后到牛头山参见智威，智威一见，就说“山主来矣”，为之说顿悟无上法门。慧忠在山40年，到天宝（742—756）初年，应请出山，住庄严寺。大历四年（769）去世，年87岁，其得法弟子34人，各化一方。

慧忠之后则为高僧玄素，俗姓马，字道清，俗称马素，人称鹤林素禅师，润州延陵人。唐

法融驯兽图（明版画）

牛头宗历代祖师：二祖智岩、三祖慧方、四祖法持、五祖智威

如意元年（692），玄素在江宁的长寿寺出家，受具足戒后，潜心钻研佛学，颇受世人尊崇。晚年入幽栖寺，谒牛头宗智威禅师，叩求禅法，终成一代大师，并大振牛头宗风。天宝十一年（752）十一月坐化，年 85 岁，谥“大律禅师”。相传，鹤林素禅师初次游历牛头山时，慧眼独具，以为山水胜地，乃就地讲经说法，因“有泉出石窦间”，泉水从岩石中渗出汇成小潭，故曰龙泉。后在此建寺庙，称龙泉寺（位于今雨花台区铁心桥街道高家库村将军山与韩府山交会的山谷之中）。龙泉寺前，还有一株相传是玄素亲手栽种的蜡梅。传说此树颇为神奇，寺兴则枝繁叶茂，花香浓郁；寺衰则落叶飘零，枝枯花残。

历史传承

佛教禅宗分“顿悟”和“渐悟”两派。牛头禅宗主张“顿悟”。法融在他所著的《心铭》中写道“烦恼本无，不须用除”“目前无物，无物宛然”，认为佛并不存在于尘世，而在心里，众生本有佛性，只要自我顿悟，心明心诚，即可成佛，不必非经长时期修行（即渐悟）不可。

20 世纪 30 年代的祖堂山幽栖寺

唐显庆二年（657）闰正月二十三日，法融圆寂于金陵建初寺，年 64 岁。后世为纪念他开创牛头宗的功德，便将他修习禅定所在的幽栖山改称为祖堂山。牛头宗所持的顿悟观仍为以后的佛教南宗所倡导。唐宋以后 1000 多年来，牛首山的弘觉寺和祖堂山

祖堂山今貌

的幽栖寺，作为牛头禅宗的开教处与发祥地，一直是国内外佛教徒心目中的圣地。

传说中的牛头宗，虽六代相承，但据研究真正有师承关系的，最早也只能从慧方传法持开始。从法持到智威，才逐渐兴起。到了智威以下，出了牛头慧忠、鹤林玄素，法门才大大兴盛起来，成为与南宗、北宗并立的牛头宗。牛头宗自法融在贞观年间创宗开始，到大历中不见记载为止，在中国佛教史上存在130余年，前期只在牛头山附近地区传播，后期向皖南、浙江等地发展，并由天台传入日本。

当代影响与价值

牛头宗的产生无疑是佛教转向中国化成熟阶段的重要标志，也是大乘中观佛学（主要是般若空宗三论）在汉传佛教领域的又一新的理论突破与创新，为禅宗顿悟派的产生铺平了理论上的道路。毫无疑问，没有法融牛头宗学说，就不可能有禅宗的慧能法系。牛头宗的卓越历史贡献就在于此。这就是说，中国禅宗学说理论之水是从金陵牛首山牛头宗思想之源泉中流淌出来的。确切地说，牛首山牛头宗无疑是中国禅宗理论的思想源头。所以，人们将法融誉为“华夏之达摩”恰如其分。法融创立的牛头宗使金陵牛首山佛法恢宏隆盛，不仅对江宁、对南京影响深远，同时对唐代以后中国佛教的走向产生了潜移默化的影响。

广义的牛首山，包括祖堂山、花岩山在内。牛头初祖法融就活动在包括祖堂山、花岩山在内的广义牛首山之中。清代著名文学家王士祯在《游献花岩祖堂记》中说得非常清楚：“牛首、献花岩、幽栖祖堂寺，枝峰蔓壑，实为一山。牛首为祖融开教道场，献花岩则百鸟衔花之所，幽栖祖堂则遇四祖付嘱顿教处也。”牛首山地区佛教遗迹及文化资源众多，牛头宗传说是其中最重要者之一。通过习得传承这些非遗资源，进而保护相关的珍贵文化遗产，就可以大力发展区域文化旅游事业，最终将牛首山建设成为在全国乃至世界具有重要影响的佛教文化圣地。

2014 年 7 月，牛头宗传说被南京市人民政府列入南京市非物质文化遗产。

牛首山辟支佛的传说

基本概况

这个传说主要流传于牛首山及周边地区。

辟支佛，即辟支迦佛陀之略称，属小乘佛教，有“缘觉”和“独觉”两层含义，前者义为观十二因缘而悟道，后者义为无师友之教，自己修行觉悟而得道，综合起来便是无师友教、通过自身宿世慧根、观察因缘而悟道之人。传说从南朝刘宋元嘉三十年（453）开始，内臣篡国，外丧土地，皇室自相残杀。到了大明五年（461），宋孝武帝刘骏夺取帝位后，敕令移南郊坛到牛首山东峰那里，企图依靠祭拜天地以护持国运。圣旨

1935 年地图中的牛首山

1930年代牛首山辟支佛塔近景

颁布以后，次日拂晓，负责郊坛事务的朝廷官员带着百余人，浩浩荡荡地来到了牛首山。

到了山脚下，远远望那牛首山，隐隐约约发现西峰下面有一个很深的坑洞。由于天气太热，这路官员打算前去休息。等到坑洞边，发现这里深浅难测。一位首领下马走进洞内，突然看见一位高僧瞑目趺坐在石窟里。刚要开口，眨眼间那僧人便不见了踪影。阳光透过石窟的缝隙射进来，只能看见一杆锡杖、一个香炉、一只瓶盂还留在原地。

后来，那官员出了石窟，连忙问围在石窟外的随从："有没有看见一个和尚出来？"那些随从面面相觑。此时刚好有位打柴的樵夫经过，那官员再问樵夫，才知道这石窟的主人是沙门道庆和尚，他经常在这里趺坐入定，这石窟就是他的禅房。后来，他修成正果成了辟支佛，上天入地，来去自如。官员们听后惊诧不已，回京就将此事禀报孝武帝。于是人们便把辟支佛趺坐入定的石窟叫作"辟支佛洞"或"佛窟洞"。

转眼到了梁武帝时期，由于梁武帝笃信佛教，经常前往牛首山拜祭。一次，他偶然到了佛窟洞，发现那窟内仍留有一石钵盂，形状非常古老，不知道是从哪里来的，便向钟山宝志公（济公）讨教。宝志公告诉梁武帝："这是辟支佛入定留下的遗物。"梁武帝听了以后，下旨在窟穴下辟支佛修道的石窟旁置建了一寺，命名为佛窟寺。寺内有一石佛，形制古朴，每当佛窟寺钟声响起，整个牛首山有如蓬莱仙境，更显宁静幽深。后来，那石窟内的钵盂被一个名叫郑克俊的人带去了长安城，从此佛窟洞里再也没有辟支佛留下的遗物了。

唐安史之乱后朝廷元气大伤，国力大衰，到了大历九年（774），经过连年征战，代宗李豫已深感疲惫，常常躲到京外散心。在一次旅行中，他偶然来到了牛首山，到了山顶以后，见群山万壑、绿野葱葱，一时间忘却了羁旅劳顿，当夜便住在了牛首山上。李豫刚刚入睡不久，便梦到牛首山辟支佛出现于眼前，只见辟支佛身长八尺，额头很高，见到代宗后，也不多言，

牛首山辟支佛塔远景

《金陵四十八景》之“牛首山”（清版画）

手抓一部《大佛顶首楞严经》示意代宗，并称家国有难，需要速速建造七级浮屠，设灌顶道场，供养此经，并命 27 名高僧昼夜诵读，以此护世保国，否则家园不保。代宗惊醒后，出了一身冷汗，于是命令太子詹事古优在牛首山顶佛窟寺内建造七级砖塔，并按照梦中辟支佛的指点供养诵念《楞严经》。

至宋仁宗皇祐二年（1050），高僧德铨同郡人高怀义在佛窟洞前建了一座五级四面的砖塔，高 15 米，名辟支佛塔，然后将辟支佛舍利子供养其中。当时牛首、祖堂两山共有大小寺庙 20 多座，牛首山文殊洞在东峰，辟支佛洞在西峰，两洞之间距离不远。辟支佛洞有缝透亮，比文殊洞大。旁边的石台上还有棵银杏树，大约三个人才能合抱过来。

当地的百姓还传说，牛首山顶的两座宝塔，一座是唐代的，一座是宋代的，一高一低，相映成趣，因有仙人护持，均相当灵验。只要绕塔的时候，确保顺时针方向，就能灭一切烦恼，并拥有平安、威势、富贵，男子财宝广进，女子相貌姣好等。

历史传承

据《六朝事迹编类》《景定建康志》等史籍记载，旧传刘宋大明年间，孝武帝移南郊坛于牛首山东峰，负责其事的官员带着百余人往游牛首山西峰石窟，看见一名高僧趺坐于此。这名官员上前询问，但转眼间高僧却踪迹全无，仅留下锡杖、香炉、瓶盂而已。梁天监二年（503），司空徐度在牛首山造寺，因名佛窟。寺成之后，徐度又以余资汇集佛经道书、内外诸史、医方图箓，总数千卷，并以“七藏奉之”。从此，佛窟寺建筑堂皇，典籍众多，名声大震。不过，《建康实录》卷十七却云：天监二年，“置佛窟寺，北去县三十里，僧明庆造。其寺拓山岩，殊称形胜，遂因佛窟为名”。据《梁书》《南史》记载，徐度事迹始见于梁代末年，进位司空更在陈废帝时期，故颇疑《建康实录》所载是否准确，徐度可能仅在陈废帝时期增修寺宇而已。

牛首山西峰又有仙窟寺的记载。《建康实录》卷七云：“（牛头）山西峰中有石窟，不测深浅。古老相传云辟支佛出所。梁武帝于窟穴下置寺，名曰仙窟寺。窟有一石钵盂，莫知所由来，形状甚古。唐神龙初，郑克俊取将入长安，及开善寺志公履也。”此仙窟寺，《南朝佛寺志》认为与佛窟寺为二寺，有山上山下之异。实际上，这两座佛寺均为梁代起建，又都在牛首山西峰石窟下，寺名仅有一字之差，故很可能是一寺，佛窟寺是南朝之名，仙窟寺乃唐天宝初年牛首山改名仙窟山后所改。

旧时，江宁有民谣说：“方山顶上一冲田，小小吉山五个尖，祖堂有座无梁殿，牛首山上出

牛首山远景

神仙。”其中“牛首山上出神仙”所言即指辟支升天成仙事。宋人杨备有《佛窟寺》一诗云:“曩事何人为证明,白云深锁翠微坑。已闻过去辟支佛,未见如来弥勒生。”南宋马之纯诗:“牛头山上有深限,佛窟何人向此开。过去辟支还示见,分明弥勒又生来。刀如敝尽锋何在,形若销亡气莫回。死复受形明不灭,有无真妄使人猜。”

北宋太平兴国二年(977),此寺改名为崇教寺。据《金陵梵刹志》录普庄所撰《牛首山崇教寺辟支佛塔纪略》,北宋天圣年间(1023—1032),崇教寺僧德铨欲在牛首山顶建造砖塔未果。后高怀义等信众共襄是举,在辟支洞前按图定址,下葬舍利,上建砖塔,总高四丈五尺,塔中安置辟支佛夹苎像一躯,“粹容俨若,宝塔高妙,瞻者罔不发菩提心”。工程始于皇祐二年(1050)三月,讫于八月。辟支塔位于牛首山弘觉寺塔西南麓双峰间、毗卢殿后辟支岩上,旧传塔为“藏辟支佛舍利处也,颇现光怪”。此说明代已为人怀疑,王世贞即认塔中所藏“殆是菩萨或高僧舍利耳”。淳祐四年(1244),重修僧德铨所建辟支塔。明嘉靖三十二年(1553)七月,辟支塔年久将倒,三际禅师得常侍何公等人金钱布施,再修此塔,历三旬完工。

此塔至民国时期尚存,五级,除第一层南面开门外,其他各级均无门窗。1934年、1935年,朱偰两次游览牛首山,所作《游牛首山记》云:“塔作方形,高凡五层,门左右嵌以壁碑,左题‘圣宋江宁府江宁县牛首山崇教寺辟支佛塔记’,系宋皇祐二年长干(寺)圆照大师普庄所记。右嵌二碑,一为淳祐年号,一系明嘉靖时碑。塔后为辟支洞,石龛天成,古树掩映,幽寂绝俗。”又据明周晖《金陵琐事》卷三记载:“牛首山辟支佛洞前方塔上,有宋如愚居士《满庭芳》词一小碣。又一碣,乃皇祐二年记,不著撰人。”1958年,因开采牛首山铁矿,为防止塔被爆破采掘时震倒,遂将其拆除。本来计划移建他处,后因故未能实现。在拆塔时,曾发现一石函,内藏檀香木盒、晶体小葫芦、金丝、宋人墨迹等文物。

当代影响与价值

牛首山辟支佛的传说,在南朝时就已经盛传,其后各代均有记载,在佛教史上具有比较重要的地位。牛首山西峰的辟支佛窟及砖塔虽均不存,但辟支佛的传说仍为信徒及普通民众传播,成为一种特殊的文化现象。今日牛首山景区已建成为南京地区有重要影响的佛教文化旅游区,其中牛头禅宗的历史与传说已得到充分展示,新建的佛顶宫还长期供奉报恩寺遗址出土的佛顶骨舍利,但与辟支佛传说相关的文化资源似乎还没有加以系统整理利用,这应该是今后开展工作的一个方向。

献花岩传说

基本概况

献花岩传说，主要流布于江宁区的谷里、东善桥及雨花台区的板桥、西善桥等地。

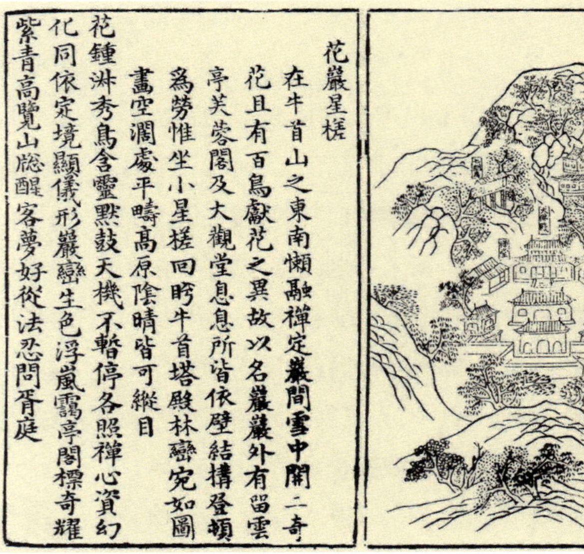

《金陵四十景》之“花岩星槎”（明版画）

相传唐贞观十七年（643），法融离开茅山来到花岩山构筑茅茨禅室，在此苦苦修行了 21 年。他以“慈善慧力感通众生”，并驯服兽鸟，使兽鸟与人和谐相处。此前的花岩山，花草遍及山岩，时有村民遭到猛兽伤害。自法融来后，山高林密、藤牵萝绕的花岩山周围，人来人往，畅通无阻。法融在入定或讲经说法时，常有鸟兽闯入茅庵，法融总是饲以食物。若有鸟兽受伤或生病，法融在精心护理后均予以放生。有一次，法融在禅室入定，一条从“神蛇洞”钻出的巨蟒来到禅室，举头扬威于洞口，见法融毫无加害之意，天亮时便自行离去。贞观二十年（646）十一月，法融在岩下讲《法华经》。当时素雪满阶，冰天雪地中，天上竟然百鸟翔集，地面突然出现二茎状似芙蓉、灿若金色的鲜花，从此人们把此山叫成了献花岩。

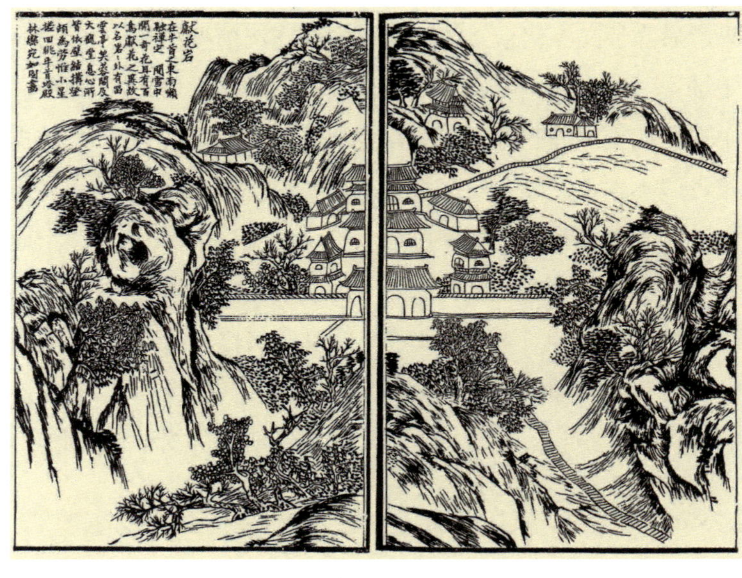
《金陵四十景》之“献花岩”（清版画）

在法融圆寂八百年后的明朝，献花岩寺庙林立，香火旺盛，又流传有刘基妙计除巨蟒的传奇故事。传说献花岩有个神蛇洞，洞中的巨蟒又长又粗，常出没于献花岩周围。不仅如此，巨蟒还经常下山偷吃村民的鸡、鹅、猪、羊等。有一次，一村民天亮时到献花岩砍柴，见到这条巨蟒身子盘在无梁殿房上，头伸到殿后月牙池喝水，一会儿就把一池水喝得所剩无几。当时还有两个农民上街卖柴，在献花岩路旁歇息，坐在一根一人合抱的“树段”上抽旱烟。吸完烟后，把烟锅在“树段”上磕了几下，那“树段”忽然一拱，把两个农民摔出数丈远。当他们缓过神来时，看到“树段”原来是那一条巨蟒，“刺啦”一声钻进密林中。过了几天，有人在山峰上看到献花岩上开了一簇鲜花，这花娇滴滴、嫩艳艳，越开越大，始终不败，引得许多善男信女天天向这花烧香叩头，求福求寿。

说来也怪，谁烧香叩头，花就向谁开去。有人认为这是佛祖显灵，可是许多上了山的人都一去不回，迷信的人说是有福升天了。这事被明朝军师刘基知道了，他特地上山查访，断定这簇“鲜花”就是那条巨蟒对着山峰张开的血盆大口。巨蟒伸出来的舌头，就如同招展的花枝。那些“有福升天”的人都是被巨蟒吃掉了。刘基非常气愤，就命士兵挑来一百担刚出窑的石灰，放在山顶，巨蟒以为又有人来给它做美餐，连忙张开血口，士兵们立即将百担石灰倒入蛇口。没过多久，这条恶蟒身子遁入“神蛇洞”，头露在洞口，不能动弹了。刘基拔出宝剑把巨蟒肚子剖开，从蛇肚里掏出的金、银、铜、铁就有几箩筐，这都是香客们的装饰品和衣服纽扣，以及未被巨蟒消化的余渣。从此，献花岩的“神蛇洞”就再也没有巨蟒出没了。

《金陵四十八景》之“献花清兴”（清版画）

是崖也在牛首山東南懶融禅師卓錫此崖雪中開奇花二枝且有百鳥献花之異故名崖建留雲閣芙蓉亭在其上夹道濃陰塵氛不到遥观殿塔参差真一幅天然畵畫也

《金陵四十八景》之“花崖清兴”（民国版画）

张宝《泛槎图》中的献花斗弈图

20 世纪 30 年代的献花岩

历史传承

献花岩在牛首山南祖堂山的北岩下、弘觉寺的北面，附近有伏虎洞、神蛇洞、飞来石、象鼻泉等名胜古迹，自古以来是旅游胜地，历代名人雅士到此游览曾留下许多佳句名篇。

献花岩的传说自唐朝以来，世代相传，各地僧侣及南来北往的善男信女是主要传承者。经他们口头创作、口头演讲，故事情节越来越传奇，内容越来越丰富精彩，传播范围越来越广。据明陈沂《献花岩志》记载，法融禅师在献花岩的事迹就有多处。如焦竑序云“距都城南三十里，有崇丘茂林，曰献花岩者，唐融法师观心处也”。又云，“唐释师法融居此，雪中有奇花，又有鸟衔花之异”“唐贞观十七年，法融来修戒定二十一年”“(伏虎洞在)岩之东，上芙蓉峰，下

献花岩

曙光法师口述献花岩的传说

有石窟，比岩差小，亦云法融谈经处，尝有二虎伺于门”“（神蛇洞在）岩之西，自径而降，草莽蒙翳，中一石穴，深不可测。常有蛇出，长丈余，目如星火，相传亦法融时之训蛇也”。清《嘉庆新修江宁府志》卷六云：“有献花岩，《太平寰宇记》：法融禅师入定于此，百鸟献花，故名。”清《同治上江两县志》卷三：“南有石窟若堂，《太平寰宇记》：法融禅师入定于此，百鸟献花之异，故名献花岩。”1933 年胡祥翰《金陵胜迹志》亦称：“献花岩在祖堂山南，法融禅师入定于此，有百鸟献花之异，故名。”

当代影响与价值

献花岩传说，自唐以降，流传甚广，具有一定的影响力。在其历史价值和文化价值之外，还体现了和谐价值。巨蟒事件，增强了人们的心理承受能力，提高了人们的心理素质，使人们能正确对待挫折和失误，经受得起失败的打击和考验，承受得起生活的重压和磨难。当然，这个传说的核心内容，如果可以与相关古迹的恢复结合起来并加以利用，则可以推动祖堂山地区旅游事业的发展。2008 年 3 月，献花岩传说被江宁区人民政府公布为第一批江宁区非物质文化遗产名录。

翼善寺与神僧宝志的传说

基本概况

这个传说主要流传于南京城区及江宁东山地区。

翼善寺位于东山之侧，它的历史至少可以追溯至南朝。相传南朝齐、梁之际，有神僧宝志遍游名山，以寻求能够安身修养的栖息之所。当他目睹土山优美的胜景时，遂讲经说法于其寺。

神僧宝志，本姓朱氏，江乘金城人，世称宝公或志公。少于钟山道林寺出家，修习禅业。相传刘宋泰始年间，人见之出入钟山，往来都邑，居止无定，饮食无时。齐、宋之交，他即显灵迹，或散发赤脚，或身被锦袍，或徵索酒肴，或累日不食，总把铜镜、剪刀、镊类法物挂在杖头，负之而行。又好为谶记，预言凶吉，颇为灵验，被称作志公符。一日之中，他常分身数处，故远近惊愕不已。齐武帝忿其惑众，将之收押于建康县狱。第二天，又看见他游行于市里之中。再入狱检查，却发现他仍在狱中。其夜，他告诉狱吏："门外有两车美食，以金钵盛饭，汝可取之。"狱吏出外一看，果然是文惠太子及竟陵王萧子良所供养之食。建康县令吕文显告之齐武帝，武帝乃迎入华林园。因此之故，当时建康官民都将他视为神僧而信奉礼敬。齐梁诸帝多笃信佛教，也惊叹于宝志神异的言行，认为是菩萨化身，故待以师父之礼，并准其随意出入宫禁。天监十三年（514），宝志口念"菩萨当去"，无疾而终。梁武帝罢朝三日，厚葬宝志于钟山独龙阜。

神僧宝志像

历史传承

史载南朝萧梁时期佛教盛行，京畿地区大肆修建佛院，土山之麓建有资福院，其地相传即东晋谢安别墅所在地，梁武帝改为净名院，宋、元时期则称净名寺。至明代，赐名为翼善寺。因寺在东山，故典籍亦称此寺为土山寺、东山寺。据《梁京师释宝志传》《金陵梵刹志》记载，宝志曾往来于兴皇、净名两寺之间，为众生说法。

到了明正统年间，翼善寺殿宇僧舍因年久失修大部分已毁坏，仅剩一所佛殿保存较好。正统十年（1445），袁智海等募缘集资，重建东山古刹。工毕，礼部尚书胡濙奉旨题额"翼善禅寺"，礼部侍郎陈琏撰《翼善寺碑记略》。自此，翼善

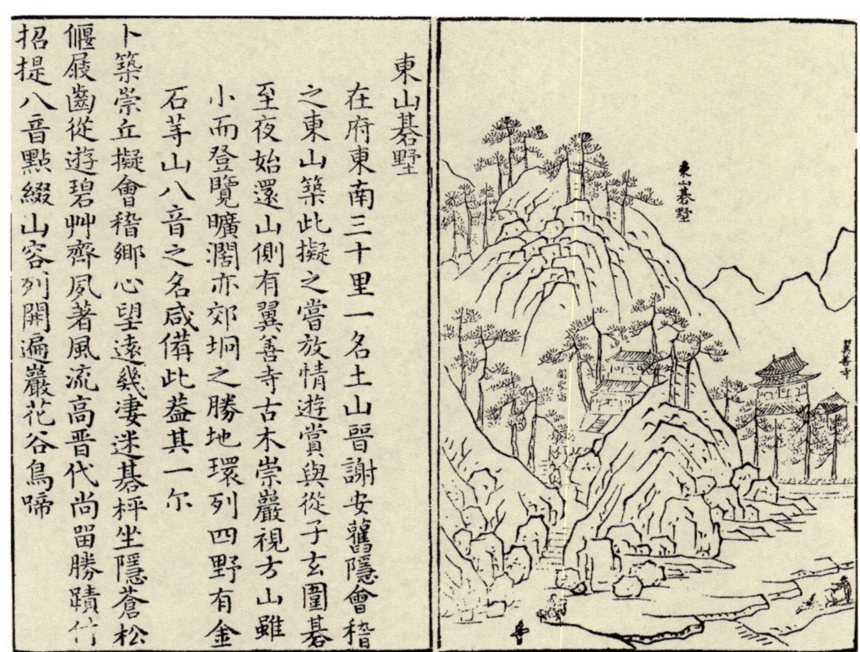
東山碁墅

在府東南三十里一名土山晉謝安舊隱會稽之東山築此擬之嘗放情遊賞與從子玄圍碁至夜始還山側有翼善寺古木崇巖視方山雖小而登覽曠濶亦郊坰之勝地環列四野有金石革山八音之名咸備此蓋其一尒

卜築崇丘擬會稽鄉心望遠幾淒迷碁枰坐隱蒼松偃屐齒從遊碧艸齊夙著風流高晉代尚留勝蹟竹招提八音點綴山容列開遍巖花谷鳥啼

朱之蕃《金陵图咏》中的东山棋墅图

寺香火日益鼎盛，僧侣也逐渐增多。重修后的东山翼善寺，据《金陵梵刹志》记载为中刹，距所统大刹灵谷寺三十里，在正阳门外十七里东城地，领有广惠寺、祈泽寺、天宁寺、云居寺、庄严寺5小刹。寺院占地10亩，东至骆子美民山，南至官路，西至孙民山，北至杨家山。寺内主要建筑有山门3楹、天王殿3楹、正佛殿5楹、左观音殿3楹、右地藏殿3楹、诸天殿5楹、左伽蓝殿1楹、右祖师殿3楹、宝公殿3楹、灵官堂1楹、方丈3楹、僧院18房。寺院还有公产地、山共64.92亩，有东山、布塞亭等古迹名胜。

东山和翼善寺之胜景相得益彰，为后代文人骚客所称赞。如明朱之蕃《金陵图咏》“东山棋墅”一景小序云：“山侧有翼善寺，古木崇岩，视方山虽小，而登览旷阔，亦郊坰之胜地。环列四野，有金、石等山，八音之名咸备。”清周宝偀《翼善寺》诗咏：“山寺客初到，松林鹤未归。白云侵古塌，寒磬度斜晖。高卧客难再，谈经人亦稀。留连论往事，欲别更依依。”

除佛教名刹翼善寺外，明代东山之上还先后建有玉帝庙、三茅宫（或称三圣行宫）、关圣庙等道教宫观。据近年江宁区博物馆在东山南麓江宁宾馆内征集的一通《三圣行宫碑记》记载：明嘉靖三十三年（1554），倭寇在我国东南沿海一带骚扰，严重危及人民的生命财产安全。朝廷为了抗击倭寇，曾组织兵民在东山上建造工事，设置营盘，以阻击和防御倭寇来犯。嘉靖三十四年（1555）七月，果然有一股倭寇侵犯南京，以致东山之上历史名迹惨遭毁坏。后来，这股倭寇虽在浒墅和张家港一带被官兵围歼，但东山胜景不再，山上一片凋敝荒凉。山成秃岭荒丘，楼台亭榭均已湮没无存。这种状况持续达40年之久，当地居民易文彩等看到东山如此荒凉，决心绿化东山，重建东山，兴造祠宇，使之再度成为一方名胜，他的建议得到大家的赞同。于是首事者计十二人，他们带头捐钱、捐物、捐田地，附近居民也各自量力捐资，纷纷采购砖瓦木料，在东山上先后重建三庙，即玉帝庙、三茅宫、关圣庙。又考虑到东山上树木无存，大家又集资买来“松秧遍植于山”。七年之后，东山林木郁葱，“山为改色，而复为一方胜矣”。看到这些劳动成果，大家又担心后人无端砍伐山上树木，牛羊随意啃食草木，故相约立下乡规民约，刻勒于“功德碑”之上，以告诫百姓，保护山中树木，并防止“人不知理，毁前人之以成，废一方之重镇”。万历三十四年（1606）夏，

1960 年代末东山地区卫星图

易文彩等在东山立《三圣行宫碑记》，碑文由文林郎、河南新野知县李登撰。

当代影响与价值

南朝齐、梁时代高僧宝志禅师一生灵异颇多，因其种种神迹及慈悲善行，被尊称为宝志公、宝公、志公或宝志大士，在民间及佛学界具有重要影响，神僧宝志与翼善寺的传说也因此具有相当的历史文化价值。东山地区的核心文化资源，除了与东晋名相谢安相关的“东山棋墅（东山秋月）”等文化遗产外，还应包括神僧宝志、翼善寺、三圣行宫等宗教文化资源。这些文化资源也应该得到开发利用，以全面恢复东山地区的历史景观，以大力推动东山地区的文化旅游事业发展。

弘觉寺的传说

基本概况

弘觉寺的传说甚多，大多在历史上影响较广，主要有朱高炽夜宿兜率岩、牛首山吼、怪僧铁汉独居兜率岩、牛首山塔影等，流布于牛首山及其周边地区。

朱高炽夜宿兜率岩：朱高炽即明仁宗，明成祖朱棣长子。他从永乐二年（1404）被立为太子，至十八年召到北京，长期生活于南京，数次监国，勤于政事。永乐二十二年（1424），即皇帝位，年号洪熙。即位后，他支持还都南京，恢复南京为京师。相传永乐年间，太子朱高炽猎游牛首山，遇弘觉寺僧永杰，与之同宿兜率岩一夜。永杰，字斗南，青城人。据《金陵梵刹志》和《牛首山志》记载，明初，永杰住牛首山，每天唯见默坐修行。一日，太子朱高炽出猎牛首山，见而问之。永杰起身相迎，与朱高炽长谈甚欢。有人对永杰说："见到太子，不提愿望，更待何时？"朱高炽允诺来日为之造寺，其夜与之同宿兜率岩。此后不久，永杰归西，其事遂不果。盛时泰曾在弘觉寺僧房见有二诗，颇疑与永杰有关。一云："月在水中捞不上，几回戳碎水中天。水深山寺开心坐，月自飞来到面前。"一云："扫尽空阶雨后苔，月明遥忆独徘徊。已知明日非今日，转使情怀拨不开。"二诗书法亦佳。兜率崖在牛首山东峰之阳，又名舍身台。而从朱高炽的以上经历看，他猎游牛首山的时间大约在永乐二年至十八年之间。

牛首山吼：这是许多明代笔记和志书记载在案的一件异闻，大意是说正德十四年（1519）六月，宁王朱宸濠据南昌反叛，次月即兵败被擒。八月，明武宗以亲征叛乱为名南巡。十二月，武宗一行至南京。在南京，他整日沉溺嬉游，不思朝政。次年七月初三日，武宗朱厚照往游驻跸牛首山，太监江彬总领其责。其夜，弘觉寺僧梦呼，惊动三军，传为牛首山山神怒吼。或说江彬有异谋，其夜欲对武宗图谋不轨。牛首山山神乃吼叫，以惊动三军，加强戒备，卒使江彬事泄不成。这是当时比较普遍的说法，但其事怪异神秘，实在令人难以置信。据《金陵琐事》记载，周晖每游牛首山，都专门向牛首山老僧打听此事，终于从

1990年代末牛首山弘觉寺塔

1920年代牛首山弘觉寺塔

1933年牛首山弘觉寺塔

1930年代牛首山兜率岩

1930年代牛首山弘觉寺法师塔

一位亲见其事、已在弘觉寺出家60余年、法号万延的老僧明寿处了解到事件的真相。据此僧回忆：当年七月初三，武宗驻跸牛首山西峰祠堂中。当时从驾护卫的官兵有数千人。由于人数众多，寺中僧人将僧房腾出让给护卫的官员、士兵们住，寺僧明智等人只得露宿于塔殿台基上。入夜，明智在梦中翻身，不慎坠落于地上，受了惊吓，不自觉地大声呼叫起来，惊动了侍卫皇帝的官军，一夜传呼不息。江彬于是将住持僧及明智捉拿进城，欲以惊驾罪论处，幸赖大司马乔宇等人出面以牛首山吼相辩解，江彬遂放住持僧和明智回山归寺。故所谓江彬有异谋，山灵夜吼，实乃以讹传讹之事。

怪僧铁汉独居兜率岩：相传明代末年，牛首山有一怪僧名铁汉者独居兜率岩数十年，养二猕猴自侍左右。铁汉为怪僧自名，又名铁屎，京山人，人莫知其来历。他曾自刻印章两枚，一曰“混账行子”，一曰“老实泼皮”。怪僧曾作诗四十首，读之无不令人捧腹倾倒。秀水王司直曾出资刊印其诗，书名为“牛山四十屁”，题款为“混账行子、老实泼皮放”，更让人叹绝。铁汉和尚居牛首山东峰之下，一说为东峰寺僧，独坐兜率岩数十年，身旁仅有二猴自随。和尚有所需求，猕猴总能明白其意。他与学士方拱干相友善，方拱干在岩旁筑一小屋，名“坦轩”。轩名得于方拱干之字“坦庵”，方拱干来山则居此轩。后来铁汉和尚示寂而逝，二只猕猴悲鸣不食，死葬于塔侧。方拱干题其画像曰：“两个猕猴杖一根，献花石山独称尊。怪公事事能超脱，留此赃私误子孙。”方拱

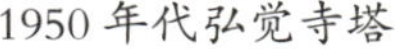
1950 年代弘觉寺塔

弘觉寺塔地宫出土的贯耳玉瓶

干，桐城人，为崇祯元年（1628）进士，主要活动于明末清初，曾先后在崇祯、弘光、顺治三朝为官，任詹事府少詹事、内翰林秘书院侍讲学士等职。从铁汉和尚与方拱干交往的记载看，此传说当发生在崇祯末年或南明弘光时期。

牛首山塔影：明清时期，牛首山塔影被记为神奇的人文景观。《客座赘语》《金陵琐事》《万历野获编》《白下琐言》等不少明清时期文人笔记对此都有记载，但各书所记塔影所在位置略有差异。一种说法是塔影在禅室，如明人邓伯羔《艺彀》称“金陵牛首山有精舍对塔隙，其扉如弹丸许，塔影入隙，倒见室中帷幕上”。李诩《戒庵老人漫笔》载“牛首山塔影在僧室中，闭门暗映桌前，悬纸或以白衣承之，影小而倒，黪黪可见，室与塔甚近，非相值之地，不知何故”。顾起元《客座赘语》则称：“塔影无不倒者。牛首山之塔影，在禅堂西夹室，阖双扉观之，影于缝中倒现，玲珑可睹。”《金陵琐事》记：“牛首山禅堂右傍门隙内，塔影倒射纸上，阴晴俱有。”一种说法是塔影在伽蓝殿供桌上。《万历野获编》载：“南京牛首山寺塔，其影独照伽蓝殿上供桌，倒立甚分明。”还有一种说法在关帝殿神龛上。《白下琐言》云：“牛首山之西，关帝殿门有罅。日初出，阖其门，日光从罅入，塔影倒悬神龛上，人以为异。”

明清时期，时人游览牛首山，塔影是必游的景点。据《金陵梵刹志》所录几篇明代牛首山游记，罗洪先、都穆等人均曾专门前往观赏塔影。旧时牛首山建筑颇多，而塔影仅现于少数几处建筑之中，古人多难得其解，故记为奇观。据《金陵琐事》卷三记载，早在明代，一个叫吕泾野的人认为塔影形成是因为“其塔尖自门孔中透入，故有影”。按牛首山塔影形成原因，以今日光学知识解释，大约是因为小孔成像之原理。只要具备小孔成像之条件，均可再现塔影，故前述笔记中塔影位置多不相同即与此有关。今因牛首山弘觉寺塔周围建筑多已毁荡无存，这一奇特景观早已不再。除塔影外，据《客座赘语》卷九记载，牛首山弘觉寺禅堂内还有丹灶，“投以薪，火风自内生，甚炽烈，须臾炊熟。如去薪，火即止”，此亦被视为寺院奇物。

历史传承

牛首山在南京名闻遐迩，因双峰兀立，成掎角之势，又形似天阙，东晋丞相王导在陪同晋元帝出巡时，手指牛首山对晋元帝说：“此乃天阙也！”故又称天阙山。名山藏古寺。史载梁武帝天监二年（503）始建牛首山佛窟寺。唐初，法融和尚在此谈禅，后创立牛头宗。唐代宗大历九年（774），在此修建牛头第一祖法融大师塔。北宋太平兴国二年（977），改名为崇教寺。

弘觉寺是金陵名刹，明初仍名佛窟寺，正统年间（1436—1449）改名弘觉寺。它与灵谷寺、天界寺、天禧寺（大报恩寺）、能仁寺、鸡鸣寺、

弘觉寺塔地宫出土的鎏金铜塔

栖霞寺、静海寺一起并称为明代南京八大寺。据《金陵梵刹志》等文献记载，明代弘觉寺属次大刹，在南城建业乡牛首山，距所统报恩寺三十三里，距聚宝门三十五里。所领小刹有慈相寺、外承恩寺、通善寺、广缘寺、三山寺、圆通寺、佑圣寺、资福寺、静明寺九座。其规模宏敞，寺址周围二十一里三十步，东至本寺白石坑，南至赵库村，西至文殊岭顶，北至太子岭脚。寺有公产莲花等圩田、地、山、塘计六百六十六余亩，其禅堂又有公产东圩及信众施舍田、地、山、塘计二百一十三余亩。有明一代，弘觉寺经过多次重修。比较重要的除永乐十年住持楚冈宝师创建大殿外，还有宣德七年（1432）夏，佛窟寺住持宗谦募资扩建毗卢阁、大雄殿等建筑。宣德十年春，工程完工。弘觉寺内建筑宏丽，布局整齐。寺内殿阁参差，墙外茂林修竹，景致极佳。入寺，有大山门一座，缘坡而上，至金刚殿。殿五楹，殿前左、右各有碑亭一座，一为宣德年间立，一为正统年间立。金刚殿后历石磴百级，名白云梯，梯尽为天王殿，殿三楹，殿左有白龟池，池右稍后有虎跑泉（或称虎爬泉）。虎跑泉泉水清冽，寺众于此汲水。后因其险，寺僧乃就池、泉改甃为井。据井铭，白龟池为成化七年（1471）修，虎跑泉井铭为至正十一年（1351）立。天王殿后石磴如前，但数量减半，梯尽为正佛殿（大雄宝殿）。殿七楹，前有石栏，栏下有银杏一株，高数十仞，树围二丈多（或云三四尺），树荫覆庭，左为观音殿，三楹，右为轮藏殿，亦三楹。正佛殿后为后佛殿（毗卢殿），三楹，左为伽蓝殿三楹、方丈十四楹、公塾（学）二大楹、斋堂五大楹，右为祖师殿三楹，又有卧佛殿三楹、藏经殿五楹。从方丈左折，有七级砖塔。沿石级而上，为观音阁。又上为兜率崖，即舍身台，为东峰之阳最高处。崖壁立万仞，由石磴盘旋而上，垒石为浮图。台下有殿。在兜率崖石壁下，又有太虚泉。峰北有石如卧鼓，中空，可坐十人，旧称石鼓。相传天欲雨，则石鼓自鸣。在东峰之巅还有锡杖泉，大不盈尺。又下数百步有地涌泉，又名龙王泉、罗汉泉、感应泉，泉水清澈，自石坎中出，深两尺许，色味俱绝。折而向西，有文殊洞，可容一二人，其间有重楼，名文殊阁（殿），三楹。阁外有一巨树，凭栏坐眺，则清影蔚荟。山脊两峰间，有昭明饮马池，池径丈余，冬夏不涸。相传梁昭明太子游山时，曾饮马于此。从西峰下，有辟支洞，高、广均超过文殊洞，洞前有辟支殿，三楹，殿内有石佛，形制甚古，殿左有小方塔。又有弥勒殿三楹，旧为三茅殿。辟支洞右有安初洞，俗名野猪洞，路险而僻，知至者少。安初洞右又有煤洞，上耸巨壁，旁有一石，远望高隆，近视则如龛状，可容一人。西下为禅堂，有大门一楹、禅堂五楹、左右十方堂六楹、接引阁三楹、华严楼五楹，楼下即斋堂，弥勒阁三楹，阁下即净业堂，藏经阁三楹、养老堂三楹、厨库茶寮十二楹。此外，

《金陵梵刹志》中的弘觉寺图

弘觉寺内还有僧院五十四房，计食粮牒僧七十名，食粮学僧三十名。至清代，因避乾隆帝弘历名讳改称宏觉寺。明清时期，弘觉寺塔影被记为奇特的人文景观。只要进入禅室或佛殿，人们便可看到倒塔之影，令人惊叹不已。

遗憾的是，晚清以来，特别是抗日战争时期，弘觉寺历代建筑及牛首山满山古树被侵华日军破坏殆尽，仅余一塔，其塔影景观早已不再，其他传说一般群众亦知之甚少。近年来，牛首山文化旅游区被列为南京市“十二五”期间重大文化项目，以“长期安奉世界佛教最高圣物——佛顶骨舍利”为主题，以“世界佛教文化新遗产、当代建筑艺术新景观”为建设定位，整个景区在挖掘生态资源、文化资源和旅游资源的基础上，着力打造“生态、文化、休闲”三大胜境。2015 年 10 月 27 日，牛首山文化旅游区正式开园。

当代影响与价值

今日的牛首山文化旅游区集文化、旅游、生态、佛教、建筑等元素于一体，充分体现了建筑与文化、旅游、生态、佛教的和谐，是南京文化战略工程和标志性工程，对推进江宁乃至南京历史文化整体脉络的系统保护，全面彰显南京历史文化风采，意义重大、影响深远，具有

牛首山新建佛顶宫内景

巨大的发展潜力和美好的发展前景。而弘觉寺的诸多传说，多产生于明代，数百年来，广为流传，它们作为牛首山文化的内容之一，具有重要的历史价值、文化价值和精神价值，理应受到有效的保护。

南京在中国佛教史上的地位举足轻重，而弘觉寺又是南京历史上的重要佛寺之一。有关部门正着力将牛首山打造成世界级的南京城市文化名片，除了有效整合各类资料，重视“春牛首”等文化品牌外，对弘觉寺传说之类的非物质文化遗产也应该有效收集整理，并使之发挥最大作用。如牛首山塔影的传说，载之典籍，并能流传至今，不仅反映出古代劳动人民的智慧，作为赋予了传奇色彩的人文景观，也体现出其深厚的历史、文化、科学及审美价值。如果能够恢复这一人文奇观，则无疑是南京文化史上的一件幸事。

牛首山六宗宝的故事

基本概况

“牛首山六宗宝，三泉两籽加一草”，这是旧时牛首山及周边地区非常流行的民谣谚语，也是牛首山人夸耀家乡最多的一句话。这六宗宝，许多老牛首山人是很熟悉的，而现在的青年人往往不大了解。民谣中讲的六宗宝，就是“牛眼水、锡杖泉水、罗汉泉水、牵牛子、银杏和鬼草”。牛首山的这六宗宝，件件都有来历，个个都有故事。

牛首山的第一宗宝是牛眼水。在牛首山东峰山顶处，左右各有一泉，远远望去，就像牛的眼睛一样清澈透明。传说在很久以前，这里本是一片穷山恶水之地。后来，玉帝派神牛来牛首山负责治理山水。神牛不辞劳苦，日耕千顷，夜犁百亩，把牛首山打造得绿野葱葱、山清水秀。后来有一年，牛首山忽遭大旱，连续七八个月滴雨不下，神牛见状，血泪横流，悲痛欲绝，多年的辛苦耕耘化为乌有，顿时放声大哭，神牛的哭声感动了玉帝，玉帝便恩准雷神公公、雨神婆婆耕云播雨，以挽救下界众生免遭涂炭。大雨过后，牛首山很快就恢复了生气。百姓虽然得救了，但是神牛却一病不起，两眼持续红肿，泪如热汤，长流不止。就在这时，偏巧赶上李时珍来牛首山采药。一见神牛，心里已经明白了八九分，把脉之后，李时珍告诉神牛：“你久郁伤肝，已经很严重，但照我的方法治疗，不出七天就会痊愈。”李时珍一边说着，一边配了两副药方，把它们分别浸泡在东峰顶的两眼泉水里，白天用东面的泉水药汤擦洗神牛的眼睛，晚上用西边的泉水药汤擦洗。果然不到三天，神牛的眼睛便红肿全消，又变得明亮清澈了。李时珍走后，东峰配药的那两眼泉水至今都在，无论冬

牛首山新建佛顶寺

夏都溢满清泉。用这里的泉水擦眼，可以使人眼清目明，而且还可以治疗眼疾，人们就把这两眼泉水称为“牛眼水”。后来，眼香娘娘也用这里的泉水医好了很多人的眼病，为牛首山人造了很多的福祉。从此，牛眼水的故事就流传得更久远了。

牛首山的第二宗宝是锡杖泉：传说法融祖师当年在牛首山日夜苦修,跟随他的弟子多达百人。法融所住禅室的厨房，在山崖大壑之上，山泉水上不来。一天法融漫步徐走，他用锡杖指着牛首山东峰说：“过去远公和尚用手中锡杖拄地，地下就流出泉水来，刚整了整衣冠，破瓮中的水就自然溢满。这全是诚心所感。如果牛首山东峰可居，这里也一定会清泉日溢。”没想到仅仅过了一夜，东峰的山顶果然喷出了一股清泉，从山顶飞流而下。就这样，法融的弟子们在山顶上用饭锅接水，用它煮出来的饭，香气扑鼻。这是锡杖泉的传说之一。还有人说，牛首山石中含窍，地下藏机，由于山顶缺水，当年是法融禅师拿着九环锡杖往崖壁上一戳,泉水便顺着锡杖飞涌而出，池底冒出串串水泡，水面破裂，咝咝作响，如同漱玉般错落有致，又似露珠般甘美清冽，在崖壁上汇成一条小溪，一直滑下山涧。后人便把这眼泉水称为“锡杖泉”。锡杖泉非常神奇，每当天气发生变化，山雨欲来之前，泉水都会泛起浑浊，呈白浆色，而等天气将要转好，泉水又重新变得清澈。只要看看泉水的变化，就可预知山中的天气。后来，每逢游人和香客上山，都会来锡杖泉净净手，据说这样可以去除罪孽，得到平安和快乐。

牛头六祖慧忠扩建江宁庄严寺（明版画）

牛首山的第三宗宝是罗汉泉：牛首山的寺僧煮饭用锡杖泉，泡茶用的是罗汉泉，两泉距离不远，但是水味却各有不同。据说饮用罗汉泉水可以解闷，还可以“涤尽古今愁”，甚至可以感受到罗汉般寂定无我的旷达境界。罗汉泉最早是专供寺僧饮用的，由于寺中常住僧众多，诵经百遍，喉舌如焚，无从解渴。有一天，牛首山东峰山寺的后院处，从地下自行涌出一股清泉，泉水从石涧中冒出，后来为了便于汲取，寺僧们就把这个石窦扩而为井，泉眼虽然不大，但终年喷涌不息。大旱不涸，大雨不溢，闻之如醇，品之如怡，清澈甘美，冬暖夏凉。当时罗汉泉的泉水可供一寺僧人饮用，至今依然取之不竭。由于罗汉泉是汲水煮茶的上品水，古往今来，牛首山寺内僧人说法论经后，常常煮开泉水，冲泡牛首特产云雾茶，据说有助于开悟得道，这成为牛首山著名的第三宗宝贝。如今，罗汉泉遗址就在摩崖石刻之下，已经用青石围筑成井台，走近井口，倒影如镜，清气袭人，牛首山人现在把这眼泉水叫作“罗汉泉”。

牛首山的第四宗宝是银杏：李时珍《本草纲目》云：银杏“原生江南，叶似鸭掌，因名鸭脚”。宋初入贡，改称银杏，“因其形似小杏而核色白也”，元明时始称白果。牛首山的银杏可治哮喘病。

法融（清版画）

据说大宋皇帝曾经派人来砍牛首山寺门前的银杏树，那银杏树古木参天、多人合抱，无论那伐木人斧子砍得多快，那古银杏树却是砍开了口子又长起来。一连几天，木匠们连块树皮也没有砍掉。有人把此事奏报了皇帝，皇帝勃然大怒，传令三日内把树砍倒，否则统统杀头。木匠们一听，全都吓哭了。听到哭声，银杏树突然说起话来："可怜的孩子，你们都有妻儿老小，这样吧，你们先把我们的树枝一根根砍断，这样就能把我们砍倒了。"一位木匠壮着胆子问："神树啊，为什么一定要这样砍呢！"银杏树回答道："你们看吧，在我们周围不是长着许多小树吗？如果一下子被你们砍倒，肯定会压死他们，所以，只要能救得我们的子孙，我们纵然一死也心甘情愿。"消息传到行宫，皇帝大惊，当即收回砍树的圣旨，并下了一道禁令：牛首山的银杏树乃是天下宝树，任何人不准砍伐，违者处以死刑。就这样，银杏树被保了下来。后来，那银杏树每逢春秋时分，都会落下很多的籽仁，老百姓都称它为白果，谁家有哮喘之类的疾病，吃了银杏后准好。还有的人说，牛首山的银杏能治疗妇科病，甚至还有美容的功效。

牛首山的第五宗宝是牵牛子：牛首山的牵牛子又叫黑白丑，据说可以治疗水肿痰瘀和除臌胀作用。它的药名由来，还有个有趣的传说。很久以前，牛首山下有位后生得了臌胀病，虽多次请郎中诊治，但总是不见好转。他夫人十分着急，刚好碰到一位从北方云游来的老郎中，于是开了个药方，并叮嘱她用野喇叭花籽煎汤服用。这后生的夫人从来没听过这味药，只好再次前来询问。老郎中听后说："你们牛首山上就有这种野花，它的花籽就是良药。"这位后生的夫人赶忙按照老郎中的指点，去了牛首山上采摘了不少野喇叭花籽，然后煎汤给丈夫吃了几剂，半个月后果然痊愈了。为了感谢老郎中的救命之恩，后生痊愈后牵来了一头牛，千恩万谢地来到了老郎中这里，要把牛送给老郎中，并问："老先生，您给我治病吃的是什么药呀？"老郎中想：这种花籽虽然没有名字，但能治好不治之症，力能牵牛，今日病人又牵牛上门，不如就叫它"牵牛花"吧！想到这里，就对后生说："它的花叫牵牛花，给你吃的是牵牛花籽。"从此，野喇叭花就有了"牵牛花"这个民间的俗称了，它的花籽就被叫成了"牵牛子"了。

牛首山的第六宗宝是鬼草：南京是一个孤独伤感的城市，自古以来充满了悲情决裂的色彩，很多人也把老南京称为一个"丢了魂儿"的城市。因此，南京不仅有莫愁湖、莫愁女来劝解城市的顾虑，还有无忧草来化解人们的忧愁。这种传说中的无忧草就生长在牛首山，别名鬼草。鬼草的叶子像葵菜叶，红色的茎干，开的花像禾苗吐穗时的花絮，在成熟时会有阴风阵阵拂过，是一种比较奇怪的野草，服食后能使人无忧无虑。后来，牛首山的这种鬼草被人记录在《山海经》里。据说在西晋时期，牛首山有位罗老汉，他的儿子充军去了京城，不料刚好赶上了"八王之乱"，不到一个月的短短时间里，这位老汉就死了唯一的儿子。白发人送黑发人当然令人忧伤，罗老汉痛不欲生，就在牛首山脚下埋葬儿子的时候，一阵大风吹过，罗老汉儿子的坟茔旁边，有一丛丛红茎的草被吹得东倒西歪，罗老汉连打了几个喷嚏，咂咂嘴，有股酸酸的味道，原来是草叶上很多绒毛吹进了老汉的鼻孔。连续一串喷嚏过后，罗老汉突然不哭了，把嘴里吸进去的那些绒毛嚼嚼后吐在了地上。左顾右盼之后，他拄着拐杖一个人下山了，那些陪着他挖坟的人都觉得很奇怪。直到后来有采药人路过，那里的人才明白，坟茔旁边的那些草，就是牛首山的鬼草，原来是它们调整了罗老汉的情绪。再到后来，有人把牛首山的鬼草作为治疗忧郁和焦虑病症的药物原料之一了。

如今，牛首山的六宗宝有的能找到，有的已经不见了踪影。它们的功能个个都很神奇，它们的传说故事一直在民间为人津津乐道。

历史传承

牛首山六宗宝的故事，因其内容的不同，形成时间也不一致。如“第二宗宝锡杖泉”源于唐法融祖师，距今有千年历史。明盛时泰《牛首山志》即有描述:“锡杖泉在东峰颠,大不盈尺。”1930年出版的《新都胜迹考》也有记载：“此外尚有锡杖地涌二泉，在东峰之巅。源源涓涓，四季靡竭，均名胜也。”

“第一宗宝牛眼水”，因与明代医学家李时珍相关,故此传说也有400余年的历史。此“牛眼水”又称“牛鼻泉”,亦见于民国时期游记。《宪兵杂志》1935年第1期刊傅剑南《游牛首山》即载牛首山东峰三茅宫后“巨石峥嵘，宛若牛首，谛视之，下有三孔，泉色碧如，清于明镜。中央者大如拳，是曰牛鼻泉，左右三泉倍之，像形牛目，泉在山巅，源小而不涸，奇矣”。又《艺风》1934年第7期周曙山《登牛首山记》载：“在宏觉寺后之山岭有牛鼻泉，上去却真是不易。因为该泉是在那山岭有一片突出如牛头的巨石上，原称为锡杖，地涌二泉，后人因其形状如牛鼻，遂名之为牛鼻泉。至于锡杖泉，传为达摩祖师禅杖所筑成。而二泉皆源流涓涓，四季不竭，并有人说此泉之水可医眼，一洗即愈云。”此云“此泉之水可医眼，一洗即愈”，可与当地之传说相印证。此又称牛鼻泉原称锡杖泉，可备一说。

“第四宗宝银杏”，明清文献多有记载。《金陵梵刹志》卷三十三载弘觉寺“文杏在大雄殿前，围可三四尺，曾经火，毁痕犹在”。《牛首山志》卷上记之更详：“文杏在大雄殿前石栏下，围可三四人。轮根高干，丛枝密叶。寺僧说曾经劫火而不烁，故今毁痕犹在。百余年来，老于树傍者，都未见其实。嘉靖戊申，陡结六株，人咸异之，谓有征应，后乡人赵文达果造三茅行宫于山椒。”其树荫覆庭,栏壁上有僧人刻“秀荫古今”四字。弘治年间，“乐王”陈铎有《秋日游天阙山咏银杏树》诗：“此树何人种，重阴覆古台。日高蝉噪满，月黑鸟飞回。盘错欺松柏，斑斓蚀藓苔。终为廊庙器，争说是奇才。”至迟在清代乾隆年间，牛首山银杏已成为江宁特产。嘉庆《重刊江宁府志》以之记入“风俗物产”卷。稍早的乾隆《江南通志》不仅视银杏为江宁特产，更注称“出江宁之天阙山”。晚清陈作霖《金陵物产风土志》载：“摄山、天阙俱产银杏，所谓鸭脚子也，俗呼白果。”银杏从栽种到结果至少需要二三十年，其寿可达千余年。农谚曰“卅年而生，三百年而败”，故又名公孙树，“以其公种而孙始得食也”。正因为银杏的这一特性，故为佛教徒尊为圣树，敬其果为佛果。牛首山自古佛寺云集,银杏树自然也多。《江南通志》载，牛首山弘觉寺“入门有白云梯，石磴百级，银杏一株，荫蔽天日”。寓居金陵的诗人袁枚还作有《牛首庙门外古银杏歌》:“老树高不休，雷怒焚其首。树死心不甘，孙枝从旁走。一枝入地复出地，三伏三升重起势。远看屹立有千层，近察孤根只一气。渴狻赶海尚回头，乖龙絮云忽掉臂。不知此树生何年，劫灰阵阵飞眼前。大椿春秋何足算，疑与盘古同天开。我游名山大川遍，似此奇观竟未见。明知老矣才无多，为汝奇赏还作歌。”黄文涵《登牛首山》诗云：“携酒出南郊，山行何屈折。登高一以眺，牛首更奇绝。旷野树若荠，山气半明灭。茅茨居绝顶，高卧枕天阙。银杏千百年，雷火僵复活。白云巢其巅，望疑隔岁雪。坐看霞西生，天风吹寂寂。樵人下山歌，牛背一声笛。我亦倦忘归，心与境俱适。一笑入城来，举头遇明月。”《金陵物产风土志》还载有“烧白果”，为中元节盂兰会夜市上的小吃。其做法是，“取鲜银杏，铁勺烙之，实青碧若琉璃，色味双绝”。

“第三宗宝罗汉泉”，又名地涌泉、龙王泉、感应泉，其泉水清澈，自石坎中出，深两尺许，色味俱绝，其旁的摩崖石壁上有景泰元年(1450)题刻《题感应泉诗》。

“第五宗宝牵牛子”即牵牛花结的籽。牵牛花，茎呈缠绕性，叶为互生，通常三裂，花生于叶腋，花冠常作漏斗状。盛时泰盛赞牛首山“万木森列”，“灵草嘉树，高山凭依”。这从另一方面说明牛首山是一座灵秀之山，一座文化宝库，就连牛首山的草，都有着神奇的力量。

当代影响与价值

牛首山六宗宝的故事在当地流传甚广，其主要原因是它们多具有深厚的历史价值与文化价值，并被历代文人所欣赏，因而留下了不少文学作品。有些传说还具有一定的和谐价值，反映出人们对美好生活的向往与追求。作为中国佛教禅宗派系之一的牛头宗极富传奇色彩，在中国佛教界影响深远。与此相关联的牛首山六宗宝的故事，也就被赋予了新的文化内涵，这对当下牛首山历史文化的传承发展和发扬光大必将起到积极的推动作用。

土桥昭明禅寺的传说

基本概况

这个传说主要流传于淳化街道土桥集镇一带。

土桥老街南面有个“桂花园”，为古昭明院遗址所在，当年园内广种桂花，故称为“桂花园”。传说南朝梁武帝长子萧统好文勤读，文才超人，立为太子后，曾先后在土桥、湖熟及镇江读书，土桥的“昭明院”，湖熟的“梁台”都是他的读书之所。当年的“昭明院”就设于土桥桂花园东边，今为淳化街道土桥服务中心所在地。昭明院庭院幽雅，花木扶疏，空气清新，景色宜人。据当地八九十岁的老人回忆，他们幼年曾在昭明院周围见过不少金桂、银桂。每至秋日，金风送爽，云桂飘香，其浓郁香气能顺风飘散数里。后人为纪念这位文学家，在院内为他立像敬香，昭明院也因此改称“昭明禅寺”。

今土桥服务中心食堂处旧有拗月池和无痕井，相传即为昭明太子在昭明院读书时遗留。拗月池位于昭明院东侧，池水清澈如镜，水中月影，常现奇景。每当农历十五、十六月高风清之夜，天上一轮圆月，反射影落池中，水面上却仅映出一弯月牙来；而每逢天上弦月之际，映在池中的月影却又呈现出圆圆的玉盘了。月影拗生奇妙之像，故称“拗月池”。相传不仅昭明太子常于月夜来池赏景，后世还有不少文人墨客曾为此奇景作诗抒情呢。

今日土桥集镇

土桥旧影

1987 年土桥挑圩堤

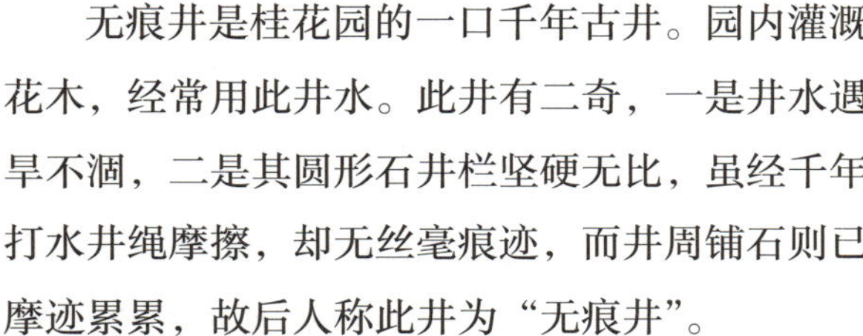

无痕井是桂花园的一口千年古井。园内灌溉花木，经常用此井水。此井有二奇，一是井水遇旱不涸，二是其圆形石井栏坚硬无比，虽经千年打水井绳摩擦，却无丝毫痕迹，而井周铺石则已摩迹累累，故后人称此井为“无痕井”。

历史传承

昭明太子名萧统，字德施，小字维摩，系梁武帝萧衍的长子。昭明太子名垂青史，流芳百世，是因为他在文学史上的重要地位。他自幼表现出对文学的挚爱，身边聚集了许多学识渊博的学者文人，史称他“闲则继以文章著述，率以为常。于时东宫有书几三万卷，名才并集，文学之盛，晋、宋以来未之有也”。他才华横溢，文学成就斐然，除著文集二十卷外，还编撰古今典诰文言为《正序》十卷，五言诗之善者为《文章英华》二十卷，特别是召天下才俊共相撰辑的《文选》三十卷，

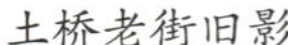
土桥老街旧影

1980 年的土桥集镇

又称《昭明文选》，是我国现存最早的诗文总集。对《文选》的注释、辞章、评论、广续、校雠等，自唐代以来就形成了一种绵延不绝、极富特色的专门学问——“选学”，而昭明太子也被誉为“我国总集之祖”。

大概因为昭明太子的好学精神给后人留下了深刻的印象，今江苏、安徽、江西、浙江、湖北等省多达十余地都有昭明太子读书处（台、堂）、祠庙、文选楼（阁）、分经台等同名遗迹，仅南京地区就有 5 处，除湖熟、土桥外，还有紫金山北峰、浦口老山汤泉院、六合方山仙人洞。根据学者研究，昭明太子性爱山水，崇信佛教，遍览众经是实，而赴各地读书却无实据，故多属虚构。这种虚构恐与各地借重名人宣传地方名胜的心理和传统有关。正如明代张燮所析：“盖地以人重，故每借之以为名，后人亦相沿不忍削去者。”

历史上最著名的昭明禅寺，当属浙江省东天目的昭明禅寺。据载，该寺上下两院，规模宏伟。上院有山门三楹，上悬敕赐“昭明禅寺”额，有大雄宝殿、韦驮殿、弥勒殿、千佛阁等殿堂。下院建筑亦自有特色，有山门、前殿、大殿、月亮塘等。

1926 年 8 月，因创办小学，将土桥的昭明禅寺建筑改为校舍，自此遗迹渐泯，无复旧貌。而在原土桥小学旧址食堂前，曾有一块弃之于地的残碑，碑上刻有“昭明禅寺”字样。此碑，有土桥老人过去见过。

土桥集镇新发现的佑圣道院残碑

当代影响与价值

与土桥昭明禅寺相关的桂花园已毁于1930年代侵华日军的战火之中。无痕井于“文化大革命”期间被填没，据土桥老街理发师孙氏老人回忆，当初要填井之时，有人用香烟向红卫兵说情后才将无痕井井栏保留下来，现则去向不明。拗月池于1980年代初扩建土桥幼儿园时被填平。

湖熟梁台与昭明太子的传说，早为江宁及南京普通民众熟知，甚至还被列为江宁八景及金陵四十八景之一。土桥桂花园及昭明禅寺的传说，在江宁地区及南京市区流传不是很广，但对土桥人来说，却承载着一份无比珍贵的记忆，是当地悠久历史文化的重要组成部分，如果加以开发利用，则对彰显地方名迹、扩大地方影响具有重要的意义。

花岩寺佛齿骨的传说

基本概况

花岩寺佛齿骨的传说，源于明人陈沂的《献花岩志》，主要流播于牛首山、祖堂山及周边地区。

花岩寺位于祖堂山献花岩附近。自唐至元，这一带均为僧舍。成化年间，有山东僧名古道者来到献花岩下，禅坐数年不动。黔国公家臣何礼、何问等人见而异之，遂捐资建寺。寺内金函中珍藏有作为释迦牟尼象征的佛齿与佛骨，相传来自云南西域之僧，花岩寺由此兴盛一时。

其佛齿，据《献花岩志》云："有齿长三寸，径寸之七，方而棱，色微碧。齿端有纹如梵书，复有窍含子如粟，颇异。僧以金刻龙首函之，云佛齿。内翰吴石楼有诗。"其佛骨，《献花岩志》云："如拇指大，数片，色白质坚，类寒水石。僧云此佛骨，然不可辨。闻与齿皆自滇南受诸西域之僧，已百年。贮之金函，观者颇有兴傅奕、赵凤之心者。"佛齿、佛骨皆属佛祖火化后所遗身骨，即佛舍利。佛教在中国地位的消长，对佛舍利在中国社会受重视程度有决定性影响。或者说，社会对佛舍利的态度也反映了佛教地位的变化。明清时期，皇权对宗教已经实现绝对控制，佛舍利不再像南北朝乃至隋唐时期那样受到高度关注，但仍然具有较大社会影响。因此，明代南京，又多次出现新的佛舍利，花岩寺佛齿骨就是其中之一。

《献花岩志》附辑的诸诗中收录了观佛齿骨的两首诗作。其一为长洲吴一鹏的《观佛骨》："久矣金仙寺，遗骸尚俨然。珍藏堪骇俗，蝉蜕不知年。江表夸希见，滇南想秘传。傅韩嗟莫作，俯首对炉烟。"其一为长洲吴子孝的《观佛齿骨》："齿骨存余数，开函意怆然。空门长寂寂，留镇已年年。谛玩惊希得，深藏问所传。夕阳回马首，浩叹下苍烟。"据考，两位作者为父子关系，两诗不仅是同韵之作，而且应该是同一次游献花岩之作，观佛骨则是此次游览的一个重要环节。其游览年代，被推断在正德十年（1515）四月至十一年八月。此次山游，乃因南京尚宝司卿刘乾要侍

花岩寺外景

花岩寺大雄宝殿

奉年已八十的老父登山庆寿，并邀约南京官员、名士同行，其行程前后有三天，可谓一次隆重之旅。正是在这样的特殊时刻，花岩寺僧才可能专门开启金函，向众人展示镇寺之宝、佛家圣物——佛齿骨。

明朝诸帝中，武宗以崇佛佞佛著称。而世宗即位之初，出于拨乱反正之需，在朝臣大力支持下推动大规模排佛禁佛，史载新任南京礼部尚书的反佛大臣霍韬三个月内在南京拆毁寺庙数百座。嘉靖皇帝一方面对佛教高压控制，一方面逐渐显示崇道的一面，成为历史上著名的道君皇帝。因此，花岩寺僧在正德年间可以公然展示佛舍利。

历史传承

《献花岩志》载，花岩寺佛齿骨“皆自滇南，受诸西域之僧，已百年”，即该齿骨受之于《献花岩志》成书前百年。据作者陈沂自序，他曾住宿献花岩，“陟历甚遍，考索弥详”，遂编撰此书。焦竑为该志作序称，“嘉靖中，内翰石亭陈公，游而乐之，揽笔为志”，其成书当在嘉靖年间。有学者据序中“四年，与诸大夫五宿山房”推断其住宿山房年代在嘉靖四年（1525）。但检索《明世宗实录》，有如下数条记载：嘉靖四年六月，《武宗实录》成，作为纂修官之一的翰林院编修陈沂受赏，并升为侍讲；嘉靖六年十一月，升翰林院侍讲陈沂为浙江布政使司左参议；嘉靖九年四月，升江西布政司右参议陈沂为山东布政使司左参政。另，文徵明《游西山诗》题识称：“嘉靖乙酉春，同官陈侍讲鲁南、马修撰仲房、王编修绳武偕余为西苑之游……是岁四月既望识。”嘉靖乙酉即嘉靖四年，西山、西苑皆在北京。可见，是年陈沂尚在京任职翰林院，不可能回南京游宿献花岩。又据陈沂之孙陈弘世《献花岩志》跋称：“自乞归来，家居者十三，山居者十七。至天阙、献花诸胜，尤所染神。曾作《献花岩志》，寻散去。”

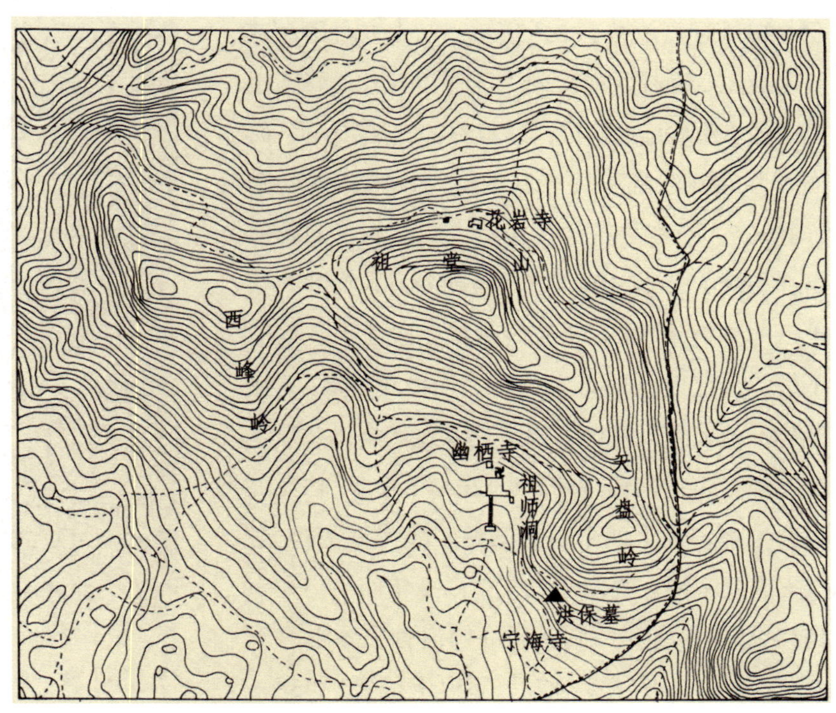

花岩寺位置图

花岩寺内的铜钟

即陈沂致仕归家后，大部分时间都在山中居住。因此自序中的“四年，与诸大夫五宿山房”当重新断句为“四年与诸大夫五宿山房”，四年不是年号纪年而是年数统计，此句意为在长达四年时间里，他与诸大夫五次入宿山房。

陈沂于嘉靖九年任山东左参政后，因忤执政之意，“吏部举河南、福建布政司，皆不迁，遂改山西行太仆卿”，他于是上疏请老归家 。其具体致仕时间未见文献记载。广东省中山图书馆藏《南畿志》的“辑志名氏”中有“倡之者应天府尹江晓，继成之者府尹孙懋”。再检《明世宗实录》，江晓于嘉靖十三年（1534）九月服阕（明制，在家丁忧时限为 27 个月）后复除府尹原职，继任府尹孙懋于十六年（1537）九月因乡试问题被逮。而提学御史闻人诠在贡院开局修《南畿志》，聘陈沂为编辑，其叙称“三越岁年”而成。考虑到江晓丁忧守制的时间，则陈沂编纂《南畿志》当在嘉靖十三年至十六年间，其致仕当在嘉靖十三年以前。查《本朝分省人物考》卷十三《陈沂传》，言其在山东左参政任上“累岁不迁，久之改山西行太仆卿，遂再疏请老”，从“累岁”“久之”等语可框定具体致仕年代在嘉靖十二年（1533）左右。陈沂卒于嘉靖十七年（1538），以此推算，加上四年山居酝酿，故《献花岩志》成书时间范围在嘉靖十六年至十七年间（1537—1538）。前推百年，则花岩寺佛齿骨大致受取于明宣德（1426—1435）前后，不迟于正统（1436—1449）初年，比郑和求取佛牙的时代略晚。

书中未言佛齿骨是何人所得，从行文逻辑看，似为花岩寺僧所为。花岩寺为明代南京敕赐寺额的中刹，成化年间（1465—1487）由山东僧古道建寺。陈沂自序又言，花岩寺为“黔国之宰何公”捐金所建，现存花岩寺铜钟的铭文称“太子太傅黔国公家臣何礼进学、何闪仲辉发心重新建造梵刹一所”。据相关学者考证，何礼、何闪仅是经手人，该寺实为黔国世家捐建的私寺，具体创制年代在成化十八年（1482）十二月至二十二年（1486）间，并推测“有明一朝，黔国沐氏权倾滇土，且世代信奉佛教，因而由沐氏直接或间接地接收西域僧人馈赠的佛齿、佛骨，理固宜然”。

从正统初年到成化十八年，二者相差四十五六年，显然佛齿骨不可能是寺僧云游滇南所得。永乐、正统初年，镇守云南者为沐英次子——首任黔国公沐晟，自建文元年（1399）嗣西平侯爵，就镇云南，至正统四年（1439）卒于军，

花岩寺大雄宝殿内的佛像

1960年代末祖堂山、献花岩地区卫星图

很有可能是《献花岩志》不得不隐迹长达半个多世纪的原因所在。

此外，《金陵梵刹志》卷十六“凤山天界寺”篇中，不仅在该寺“古迹”目下专门介绍“佛牙”情况，还在文献部分收入万历二十年（1592）秣陵姚汝循所撰《天界寺佛牙碑略》。该碑略中记载了当时佛牙被迎请至天界寺的盛况——“士庶观者填溢衢路”。但其卷四十三“献花岩花岩寺”篇对佛齿骨无一字着墨，其文献部分录有陈沂《献花岩序》及《登芙蓉阁》等三篇诗作，但吴一鹏父子两首关于佛齿骨的诗作也付之阙如，而陈沂《献花岩志》在《金陵梵刹志》编撰前数年刚刚刊行于世。或许花岩寺佛齿骨，与同样在该部佛教专志中毫无笔墨踪影的郑和佛牙一样，都在曾经大批销毁佛牙骨的嘉靖时期彻底消失了。

在镇长达40年。任上，他曾与张辅多次征讨交趾，明仁宗即位时封太傅，加镇南将军。《明史·沐晟传》称，当时“滇人慑晟父子威信，庄事如朝廷”。沐晟夫妇对佛教相当崇信，二人合葬墓中随葬有1枚内饰阳文“佛”字的金发插，还有17枚压印“世世闻经”“生生见佛”字样的金冥钱 。因此，西域僧人向沐晟进献佛齿、佛骨非常合理，特别是“生生见佛”四字更显玄机。再联系《大般涅槃经》“若见如来舍利，即是见佛”之句，不就是沐晟夫妇已获佛齿、佛骨后希望世世代代都能见佛的心愿告白吗？

值得注意的是，《献花岩志》成书后，焦竑读书其地时，仅“去之二十载”，该志已经佚失，“问之岩僧，已无知者”。直至万历三十年（1602）陈沂手稿才重新现世，次年刊行。由于花岩寺为黔国家臣，也即沐氏家族的大管家施建，当时岩以寺名，寺以岩兴，岩、寺一体共生，故嘉靖时期禁佛以及嘉靖、隆庆年间两任黔国公沐朝辅一度被劾、沐朝弼被囚至死的大背景，

当代影响与价值

花岩寺佛齿骨的传说，距今已有600多年的历史。通过考察《献花岩志》发现，寺藏佛齿骨曾是佛教文化盛事，其文化价值十分突出。尽管花岩寺佛齿骨今已不知踪迹，但近年新修的花岩寺见证了牛首山佛教文化之兴衰，是牛首山佛教文化的重要组成部分。如果可以进一步详细搜集整理有关资料，挖掘利用这个传说中的有益宗教文化资源，不仅能够推动牛首山地区旅游业的发展，也有利于牛首山佛教文化的弘扬。

祈泽寺龙女池的传说

基本概况

祈泽寺龙女池的传说，主要流布于东山街道上坊社区及周边一带。

祈泽寺位于上坊社区北祈泽山(亦名鲤鱼山)山脚，是始建于刘宋景平元年（423）的一座六朝名刹。当年，此寺建筑宏伟，风景幽美，除桧径、桐林、待月亭、仙人岭诸胜外，还有断石、白野碑等众多的古迹，历代都有诗人、画家咏之入诗，绘之入图。在清代画家长干客的画卷中，此寺依山傍水，古木环护，其中殿堂重重，回廊曲曲，红槛黄瓦，飞檐插空，气势相当雄伟，特别是后面的祈泽池，环境尤为优美。当然，祈泽寺历史上著名者则以寺后龙女池的传说为最。

传说梁代有位高僧初法禅师在祈泽山下结茅而居。他虔诚修行，日诵《法华经》不辍，感动了东海龙女时来听经。一日，鉴于当地干旱缺水，初法禅师便对龙女说：“可为此处添一泉乎？”数日之后的一夜，忽然雷雨交加，待得雨止，果然有“清泉涌于庵南”，这便是祈泽池，又称龙王泉、龙王池、龙女池。从此，祈泽寺便名远近，成了江南一处丛林胜地。清《金陵四十八景》之一的“祈泽池深”，所指即古祈泽寺后边的一泓清池。

历史传承

史载祈泽寺在南宋建康府城东南三十五里祈

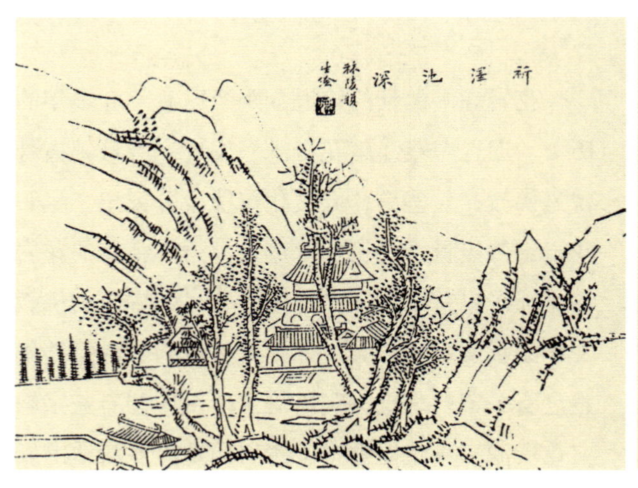

《金陵四十八景》之“祈泽池深”(民国版画)

是池也在府治東南三十五里山高五十丈周四十里宋時有法師結庵於此講法華經龍女聽講法師曰可開一泉乎後數日清泉湧於庵南其味甚甘村人焚香祈禱無不應驗人咸謂之曰靈泉

泽山麓，山周回十里，高五十丈，东连彭城山，北连青龙山。寺始建于南朝刘宋少帝景平元年（423），名祈泽寺。梁代置龙堂方池，“甃以石级。泉自龙口出，云日下射，阴苔细藻，迴文伏泡，致极幽逸”。唐会昌年间，寺废。南唐昇元年间，因祈雨有验，复修。宋代治平年间，改名祈泽治平寺。政和年间，上元知县沈该祷雨灵应，刻诗于寺。元至正二年（1342）重修。

《金陵四十景》之“祈泽池”（清版画）

关于此寺建寺因缘，《景定建康志》引旧经载，相传有初法师结茅庐于此，有龙女来听讲。不久，神泉涌现于法师讲座之下。后此地为祈祷水旱之所，因以为名。《六朝事迹编类》卷十二“梁祈泽夫人庙”详载其事：祈泽夫人庙为梁置，在祈泽寺之侧。又引旧经云：“有初法师者，尝讲《法华经》于山中。有女郎来听，初问之，答曰：‘儿东海龙王女也。’师告以山中乏水。后数日，忽闻风雨暴作，向晓有泉出于座下。后遂为水旱祈祷之所，因号祈泽夫人。”至南宋绍兴元年（1131），建康府上奏朝廷此寺祈雨灵验事，并称寺已有“祈泽夫人”之号，故赐庙额为“嘉惠”。明嘉靖十二年（1533）修葺为祈祷雨泽之所。清道光年间，再立石碑。

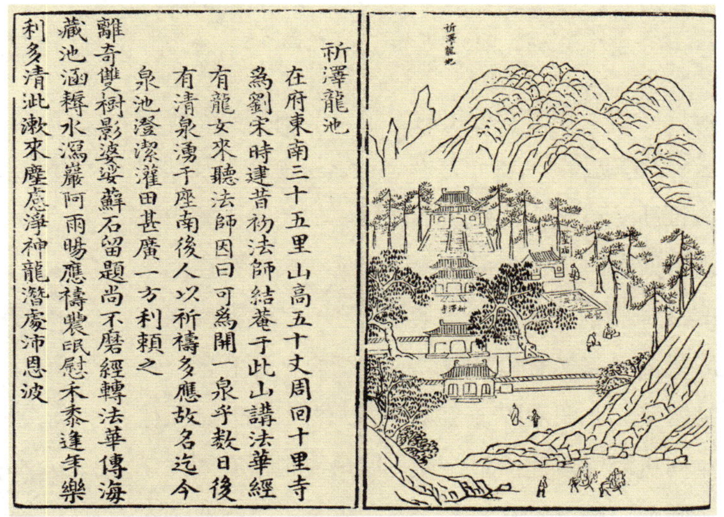

《金陵四十景》之“祈泽龙池”（明版画）

据《金陵梵刹志》记载，明代的祈泽寺是一座小刹，南距所领东山翼善寺十里。寺院占地二十一亩，东至本寺山顶，南至官路，西至官水沟，北至青龙山，寺有公产田、地、山计三十六亩有余。寺内主要建筑有金刚殿三楹、天王殿三楹、正佛殿五楹、左观音殿三楹、钟楼一座、右地藏殿三楹、龙王殿二层共六楹、僧院三房。寺左山上，有堕云峰，“乱石山含（合为一字）岈，若飞云而堕”。寺墙外，有仙人岩（或称仙人岭），岩起伏如仙人座。寺后山上，还有翻经坪，“广可盈亩，平若掌。上有流水痕，环曲如凿。登则四山入望，山最佳处”。寺左还有祈泽泉，亦称龙王泉。此外，还有桧径、桐林、栗盖、待月亭诸胜。至明代，寺内仍保留一些古迹，如在殿墀内有双文杏，相传为六朝初法师手植，树周三四围，繁阴覆地，后遭雷火之劈。《客座赘语》卷一称这两株银杏又称“鸭脚子”。又有南唐断碑，

《金陵四十八景》之“祈泽池深”（清版画）

旧埋殿角，盛时泰掘出后发现碑文中有“晋水齐云，山释无名”“秦正之月，元年与德谦”及“保大惟新”诸字，余残缺不可读。他还在佛龛中发现一残纸，上书一律诗，诗末云“友人褚崖呈雪庭法师座前，洪武辛亥暮春书”。有南宋绍兴年间祈雨碑，又有白野碑，碑文尚全。还有宋仁寿县君墓志。明周晖《金陵琐事》卷三记载，正德年间祈泽寺修建佛堂，在一墙角发现嵌有刘次庄真书的仁寿县君墓志。寺僧欲碎墓志以铺路，“东桥顾公见而止之。遂传于世”。《金陵待征录》卷四“宋仁寿县君墓”条则详记：“祈泽寺有墓志嵌壁上，旁列云叟诗碣，赵孟远书，即其长子岫也，仲藏为次子，山蒙（合为一字）季西为少子。研其墓，与寺近。元修时夷为平地矣。”

1946 年，祈泽寺部分房屋改建为粮食仓库。1948 年，陆军装甲兵学校曾将校舍设于寺内。1949 年后沿用为上坊地方粮库。1953 年，祈泽寺大部分殿堂被拆除，寺毁。1983 年，祈泽池遗址被列为江宁县重点文物保护单位。今寺院仅残存数间光绪年间所建旧房，以及已涸竭的“祈泽龙池”，为南京为数不多的、有迹可循的南朝古刹之一。民国文人张通之游祈泽寺，留有《祈泽池深》诗一首，描绘了这一美好的民间传说：

龙女听经喜有知，清泉涌出报禅师。

后人祈泽优多应，菩萨心肠一味慈。

当代影响与价值

始建于南朝的祈泽寺，距今已有 1500 多年的历史。据文献记载，祈泽寺、泉、山名闻遐迩，千载之下，梵音不绝，其“龙泉古木之胜”吸引了大量的文人墨客来此登临赏玩，为祈泽寺留下了众多碑刻，其中以北

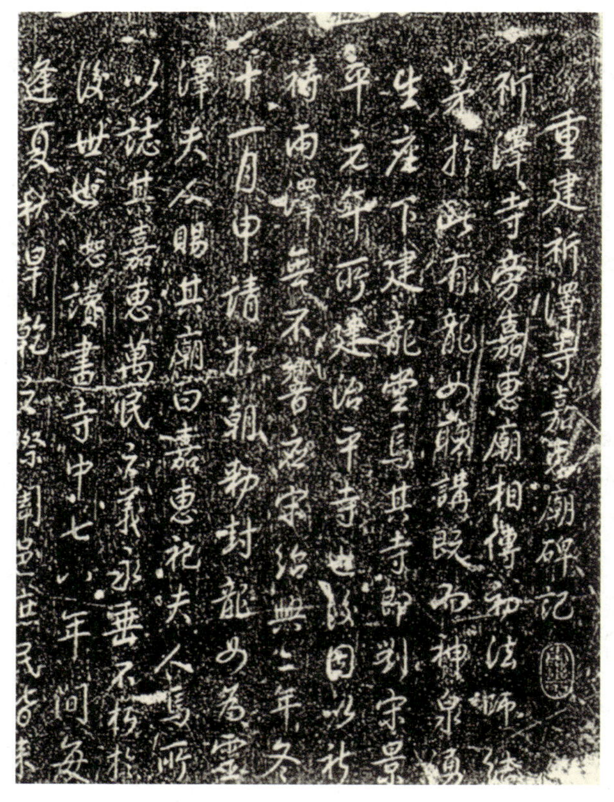

北宋《重建祈泽寺嘉惠庙碑记》拓片

宋“祈泽治平寺残碑”“高逸上人诗碣”及元代“祈泽治平寺舍田记碑”等较为著名，具有极高的历史文化价值。作为祈祷雨泽之地，每当天下大旱之时，当地信众就会来到祈泽池，期盼用祈祷的方式，获得甘霖。因此，它又是旧时官民精神寄托的地方，具有一定的精神价值。今祈泽寺及龙女池虽然无复旧观，但其历史地位及影响还是得到了广泛的认可，是一处有待深入挖掘的文化宝库，若与旅游资源相结合，将会带来更大的社会及经济效益。

武则天夜游广严寺的传说

基本概况

武则天夜游广严寺的传说，主要流播于湖熟街道周岗社区一带。

传说唐代女皇帝武则天登基后不久南下赏观风景、察访民情。她带着几个随从，打扮成民间妇女模样，从杭州出发到南京。六月十五晚上，她出门步行赏月，顺带看看乡下的景致。走到江宁县周岗乡广严寺，抬头一望，这座九十九间半的庙宇造得有棱有角，很有气派。这时候已是上半夜，庙里的和尚还在念经，庙门外有个池塘，塘边四周栽着杨柳，月影格外好看。耳听琅琅经声，眼观池塘夜色，过惯了皇宫生活的女皇帝大发感慨："皇宫里哪里没有稀奇宝贝？就没有这样一块清静的地方？我身为皇帝，也享不到这等清福！"女皇帝舍不得离开，就带着随从坐在杨柳树下一口井沿上"歇盼（乏）"。武则天貌如一尊观音，引来一群仙鹤，落到池边空地上，围着她跳舞。从未见过这种奇景的女皇帝，高兴得眉开眼笑。有条躲在井旁地洞里睡觉的大蟒，被外

今日湖熟街道钱家渡村

面的响动惊醒了，伸出头向洞外观望，一时被女皇帝的美貌吸引，竟然缩不回去了。

等武则天走后，得知这一消息的地方官吓得要死，而当地老百姓则兴高采烈。因为这个传说的流传，当地至今还留存“仙鹤桥”“蛇伸头”“观音庙”等地名。女皇帝坐过的那口井，据说此后一直没有蚊子来扰。

历史传承

广严寺址在今湖熟街道周岗社区长干行政村广严寺自然村，旧属溧水县崇贤乡。据溧水旧志记载，寺在县治北四十里（或记四十五里）。唐末王室衰微，中原战乱频仍。唐昭宗天复二年（902）三月，朝廷拜杨行密为东面行营都统、中书令、吴王，以讨伐朱温。六月，杨行密收服冯宏铎，始获昇州（今南京）之地。他在江南招集流亡，劝课农业，境内称为殷富。次年，僧师玘在溧水北境创刹，名曰“仪成”。北宋统一后，天下僧刹多易新名，治平三年（1066）改赐新额为广严寺。南宋建炎年间（1127—1130），李成寇掠江左，其部曾屯于寺南二十里，寺毁于战火之中。绍定元年（1228），寺僧会迪重建寺宇，并邀县丞祖大武撰记立石纪事。此后，寺宇代有修葺、毁废。明万历三十五年（1607），僧海秀、真宝以重修寺庙为己任，两越寒暑，工乃告竣，并延请焦竑撰写《重修广严寺记》，以勒之碑石。民国时期，周岗的民间庙会即源于清初广寺严大庙的“香火会”。每年农历三月二十六，周岗地区各社“社火”成群结队，来大庙祭神拜佛，城乡私商便利用庙会大做经商买卖，这一民俗活动一直沿袭到1950年代。

明《三才图绘》中的武则天像

20世纪90年代初的周岗广严寺旧址

今广严寺村即因寺得名。此村历来街户、店铺密集，商贸繁荣。清光绪年间（1875—1908），这里曾是溧水县崇贤乡名镇之一。抗日战争、解放战争时期，这里亦是中共地下党宣传抗日、开展对敌斗争的重要地区之一。

如上所述，广严寺始建于唐昭宗时期。据历史记载，武则天也从未南巡到杭州、南京，更不可能来到江宁境内，那么有关武则天的民间传说又该如何解释呢？有专家推测，武则天在位时期大力扶持佛教，如迎奉佛指舍利、翻译佛经、兴建佛寺、雕塑佛像等，加之作为历史上第一位女皇帝，她当国长久，政令落实严格，因此，民间传说攀附这位女皇帝也就不奇怪了。不仅如此，和周岗社区毗邻的溧水兴贤乡等地历史上也有与武则天相关的传说。而据南宋《景定建康志》卷十七引旧志载："武冈山在城东二十五里，里俗呼为石佛子庙。"又引石迈《古迹编》云："山有石佛十余躯。旧传唐武后造。未详。乡民岁时祈祷。一名墓山。"《同治上江两县志》记武岗山在上元城东兴贤乡。朱偰曾怀疑武冈山石佛即今桦墅村石佛庵。如此推测不误，那么石佛庵的历史至少可以向前追溯到唐代武则天时期。陈文述《武冈山石佛》诗云："如此峨嵋一代才，金轮奇气自天开。明堂对禅亲行后，又向青山造像来。"这样看来，武则天时期在江宁、溧水地区佛寺的兴建，可能就是此类传说产生的背景。

当代影响与价值

虽然广严寺今已毁废，仅留下一座古井，但衍生的广严寺村地名仍存，这个传说在当地一直流传较广，影响颇大。除了其历史价值外，我们还可以通过演绎与武则天相关的故事情节，进一步挖掘其中的文化内涵，为当地美丽乡村建设及旅游资源的开发利用提供学术支撑。

多福寺的传说

基本概况

这个传说主要流布于汤山街道上峰社区李岗头村。

汤山街道上峰社区寺后村西南处，曾有一座寺庙，叫多佛寺，又称多福寺。传说寺院建成后，大殿的十八罗汉要开光显灵。受华山寺委托，其当家师父来汤山开光，数来数去都是十九个罗汉，多一个，故叫“多佛寺”，并将每年农历四月初三定为庙会日。又传说多福寺膳食堂中有一口水井，井上有一块八角形石板，石板上刻有九个孔洞，竖起来非常像一座拱形小桥，刚好一步就能跨过去，当地人便美其名曰“一步九龙桥”。

旧时，在江宁，在南京，乃至武汉、上海等沿江大小城市的商界不少人都知道汤山有个多福寺，乃是因为“一步九龙桥，招揽天下客”这样一句谚语。这句谚语颇有些来历。相传有一年，各地的商贵聚集在一起，吹嘘本地的特殊名胜古迹，以招揽客户。四川的商贵说：峨眉山，万丈高，站在山顶离天只有一尺三寸高，值得一游。湖北的商贵说：黄鹤楼，江中立，一半在水中，一半在天空。因为黄鹤楼建在龟山、蛇山之间，山高雾浓，看不到黄鹤楼顶点。登黄鹤楼，江水滔滔，无边无际，气象万千，值得一游。南京的商贵说：南京东郊多佛寺，十八罗汉十九像，一步九龙桥，招揽天下客，值得一游。此后，汤山多福寺的名气越传越响，到多福寺游览的远近商客络绎不绝，

今日汤山街道矿坑公园夜景

1930年代汤山道上

1930年代汤王庙

他们到寺庙来烧香祈福，在大殿寻找那个多出来的罗汉像，还要跨一跨这个“一步九龙桥”，据说每跨一次就可以免灾一次，跨九次就可以商运亨通了。这个传说仅见于当地的口碑资料，至于它的历史背景、流传成因，现在还没有发现相关文献线索。

历史传承

据地方志记载，多福寺在上元县神泉乡，距都城朝阳门七十里。寺庙于唐代天宝初年由僧人玉镜圆师创立，元末毁于战火。明代洪武初年，有牧童在多福寺基址旁戏掘二窟，以避风雨，偶然在土层中发现元代翰林学士、著名书法家赵孟頫所书“多福寺”三字匾额。附近乡民看后，欣然相谓“寺之当兴也”。于是延请僧人永定就寺庙废址重建多福寺，并重悬赵孟頫所书旧额于寺门之上。永乐年间，又有僧人惠果出资，并募请檀信谷玉等人一起备材重修寺宇。重修工程始于天顺六年（1462）冬，于成化二年（1466）秋完工，并由翰林学士倪谦撰《多福寺重兴记》刻石纪事。据葛寅亮《金陵梵刹志》卷十四记载，多福寺为小刹，寺院旧有天王殿三楹、佛殿五楹、僧院二处，有公产田地、水塘共48.58亩。

晚清太平天国战乱期间，多佛寺被毁，只留下前后进一些残垣断壁。又经过数十年的沧桑巨变，多佛寺早已荡然无存。改革开放后，当地乡民又自发地在寺庙旧址千年银杏树旁建造了一座小庙，还在附近找到了那件神奇的八角形石板，不过只剩下半块了，他们仍然虔诚地将残板重新竖立起来，以表达某种心愿。

当代影响与价值

多福寺的传说在当地代代相传，至今仍有一定的影响。这个传说之所以流传较广，除因寺名“多福”寓意吉祥外，更多的原因恐怕是“一步九龙桥，招揽天下客”这一句响亮的谚语，及其包含的跨桥免灾的民俗。在挖掘分析这个传说民俗文化内涵的基础上，若能恢复多福寺这一昔日胜迹或移植相关的元素，规范引导相关的信俗活动，将会产生更大的经济与社会效益。

禅居寺的传说

基本概况

这个传说主要流传于江宁街道六郎社区一带。

相传禅居寺始建于明朝弘治年间，寺庙规模颇大，有房屋 99 间半，占地 20 余亩，寺内有大小僧人近百名，寺里供奉的是胸腹袒露、满面笑容的弥勒菩萨。那时，信仰佛教的人很多，周边四邻八社的善男信女常来烧香拜佛。富人来敬香，求财运亨通；有难的人来敬香，求菩萨消灾避难；贫苦人来敬香，求菩萨保佑全家平安。一年到头，香客络绎不绝，供奉菩萨的大殿里香烟缭绕，钟声、木鱼声、诵经声不绝于耳。

寺院里的那口水井，还有一段古老而神奇的故事。传说修建这座寺庙的时候，砖瓦已经备齐，只是没有木材。这时有一位高僧自告奋勇说："我有办法解决，明天早晨你们就到井边来运木头吧！"当时，在场的僧人都纷纷摇头，谁也不相信能有这种好事。

到了夜深人静，那位高僧不急不忙地走到井边，只听他口中不停地念着咒语。过了片刻，就听到井里传出咕嘟咕嘟的声音，就像井水沸腾了似的。又过了一会儿，井里就冒出了一根大木头。于是高僧喊醒住持，调集全体僧人前来搬运木头。僧人们揉着惺忪的睡眼，半信半疑地来到井边，只见井里果真冒出一根根大木头，于是七手八脚地搬运起来，一个个累得汗流浃背。高僧站在旁边过数。大约过了一个时辰，高僧说："够了。"话音刚落，井里就不再冒出木头了，在场的人都情不自禁地说："真是太神奇了！"工匠们就用井里冒出的木头，为这座寺院建造了大小九十九间半房子，一根不多，一根不少。

禅居寺遗址今貌

历史传承

位于六郎社区韩家自然村的禅居寺的始建年

代，史无明文记载，一说明弘治年间，一说清光绪初。实际上，禅居寺的以上传说与济公运木的故事颇为类似。关于济公运木的故事，一个广为流传的版本是：济慈寺因重修需大量木头，济公遂到富春山一处庄园化缘，这户人家的当家人是个吃素念佛的老太太，听到来意，老太太问："不知师父要化多少木头？"济公指着身上的袈裟说："包一袈裟够了！"老太太心想，这件破袈裟能兜住多少木头？就说："师父请便，再多些也无妨。"济公双手合十，念声"阿弥陀佛"，从身上脱下袈裟，朝对面山头抛去，袈裟越来越大，随风飞到对面山头上，把一座大山全盖住了。老太太见到如此光景，连忙跪地叩头："活佛开恩，老婆子还有三个儿子要盖房造屋，成家立业，请师父给我留些后路。"济公连忙将老太太扶起，口称："善哉！善哉！"

禅居寺遗址今存石柱础

禅居寺遗址今存古井

第二天，济公命人将山上的树木全部砍倒，把树梢统统削下。然后将这些树梢插在树篼头，拿起破蒲扇扇了一阵。过了一夜工夫，这些树梢头竟又长成了大树。老太太又惊又喜，从此吃素念佛更加诚心了。

济公叫人将砍下的木头扎成木排，放入江中，顺流而下，直往杭州而来。一到杭州水城门口，被守门官卡住了，他要济公交纳关税方能过关进城。济公念一声"阿弥陀佛"，双脚用力一蹬，连人带木头沉到水底。回到寺院，济公命人从井里拉木头，不多不少刚刚好。由此可见，与禅居寺传说相比，济公运木的故事细节更为生动丰富，更突出济公个人性格，推测这两个传说之间存在一定的关联性。

到了 18 世纪中叶，禅居寺毁于太平天国战火。1949 年以前，禅居寺的残垣断壁尚在，因为当时人们信奉神灵，不敢搬走寺庙里的砖瓦和石块。"文化大革命"期间，禅居寺被彻底破坏，庙基上的砖瓦、石料被挖掘一空。今禅居寺遗址尚存一口古井，井深约 12 米，直径 1.5 米，井水清澈，石质井栏破损严重。从井的大小可以推断当年禅居寺颇具规模。此外，在遗址上还发现一件直径 0.9 米的石柱础，上刻莲花纹饰。

当代影响与价值

禅居寺虽已不存，但尚遗的那口水井见证了寺庙的历史与传说，其遗址已被列为江宁区不可移动文物。考虑到此传说的完整性与可读性，相关部门可考虑对禅居寺遗址进行保护性开发，以这个传说为背景打造新的旅游景点，继续发挥它的历史文化价值。

火烧红莲寺的故事

基本概况

火烧红莲寺的故事，主要流布于横溪街道横山地区。其版本有两个。

其一：今横溪街道有村名上庄，在横山北麓驻驾山水库之滨。此地相传有个红莲寺，又叫红门寺，地址位于小丹阳西侧西岗高台。这红莲寺，到了大清乾隆年间，屡屡发生奇事。附近卅六社四十八村的女信众，带着虔诚礼佛之心，入庙敬香，却常弄个有去无回。所以一般的良家妇女，不敢独自入庙，都要寻个老街坊同去。有一位美貌的女施主，冒冒失失只身入寺，两天两夜没音讯，急得家人像热锅上的蚂蚁。女孩不见了，家人只得上红莲寺要人。谁知红莲寺的住持净空和尚一问三不知。家人只好告到江宁知府那里，把前情一五一十全都说明。

这位知府不是别人，正是乾隆年间一位能臣，祖上系山东青州府诸城县人氏，刘老大人刘统勋之子，姓刘名墉，外号刘罗锅，天南海北极为有名。可江宁土话，不讲刘罗锅，讲什么呢？讲“刘驼子”。横溪当地，一直流传着刘驼子私访的故事。刘大人本是荫生出身，今蒙乾隆爷御笔亲点金陵江宁府的知府。

刘驼子要保横溪一方百姓，决心带着长年的跟班仆人张禄，还有保镖陈大勇一起上红莲寺微服私访一番。“当官不为民做主，枉受皇王爵禄封”。刘驼子立即就动身。上庄这里有个歇后语，叫乌龟爬杨树——上桩（庄），而此时却叫驼子登红莲——绝配。刘大人问张禄：“这红莲寺是何来历？”张禄道：“回大人话：自大明朝洪武爷整顿佛寺以来，这横山一带向属三禅寺管辖，三禅寺属中等古刹，又归南都灵谷寺管辖。横山地属吴头楚尾，向为先秦时期吴楚交界，虽多沦为山林聚啸之所，亦有大隐栖之于鼎革之时，故寺庙林立，香火甚旺。周边三十六社村民尊奉的诸如无垢寺、紫草寺、华严庵、安平寺、慈光寺，尽为三禅寺所辖。而这红莲寺因前任方丈德高望重，贵胄盈门，一尺来高的门槛都快被踏平了，所以连横山首寺也管不了这里。”

刘大人道：“竟有这等事。”说着，三人雇的小毛驴已经来到了溧水桑园蒲，也就是张禄提到的华严庵，是红墙黄瓦的一座小刹。一行人即将攀山，便在桑园蒲换驴。他们兼程到达鸡冠岭下，此即所谓无垢寺了。刘大人知道这寺历史悠久，南朝时就已创院，寺名天禧。过了横山巅，下了燕子口，就来到红莲寺山门前。

张禄把驴拴好，投喂了槽料。刘驼子小声吩咐大勇，让他在周围暗探，搜寻失踪女子的下落，如有情况，立即回来复命。今儿正好是十五，刘驼子自知其貌不扬，遂混迹于香客之中，打探虚

刘墉像

实。别看红莲寺仅有三层——金刚殿、大雄宝殿和观音殿。但抬着高香的大汉，求签的老婆子进进出出，故人影密布，香烟缭绕。其偏殿有一帮僧侣正念《地藏经》，是为花钱的主顾超度呢，其中三五个年轻和尚不好好看佛经，单看着如花少女的俊脸和十指尖。刘驼子不禁心生暗恨，这哪里是什么清修的佛士，根本是一座秽庙里的淫僧。眉目如此，焉有不乱之理？

刘驼子问小沙弥，方丈在哪里。小沙弥回复，老方丈年前刚刚过世，如今这里的住持是其大弟子净空。刘驼子让他通报江宁知府刘墉求见。没过一会儿，沙弥便将刘驼子引到方丈室中喝茶。新任住持看上去仅四十上下，看到刘驼子来了满脸堆笑，赶忙命人端来牛首山绿茶，奉上一盘茶食，搁有数片陆郎茶干。刘驼子没拂这净空的意，啜茶解渴，和他聊了聊横山的民风民俗。其间有一二名僧人入室贴耳禀事，净空面露喜色，吩咐他们去办。眉目间，僧人都显得鬼鬼祟祟。

又过去半个时辰，有人在方丈门外高声大喝：“净空贼秃，你个花和尚，挖地道藏匿妇女，淫辱取乐，污秽佛门，还不束手就擒？”净空和尚面露凶色，夺门而出。刘驼子刚才听出是大勇的声音，只见大勇和净空过了几招，净空见对方武艺高强，便往观音殿方向奔去。大勇拱手禀报，原来他暗探了一圈，忽听到大雄宝殿后有急促而重浊的脚步声，他在暗中仔细看时，原来是一个虎背熊腰的僧人抱起一名女子往观音殿上走。女子已被捂昏过去，武僧把她放在一旁，把观音像手中的柳枝净瓶一转，在巨大的南海紫竹林背景中，就露出一个小门。武僧把女子送入其中，没过一会儿就出来了。大勇也转了一下净瓶，进去转了一圈，真是大惊失色。这里是和尚们一起挖出来的暗室，用来囚系美女。除了刚才那位，大勇还发现了向刘大人报案者的女儿。暗室后有密道，可通巨镇桑园蒲。

刘驼子听完就急了，那净空往观音殿方向

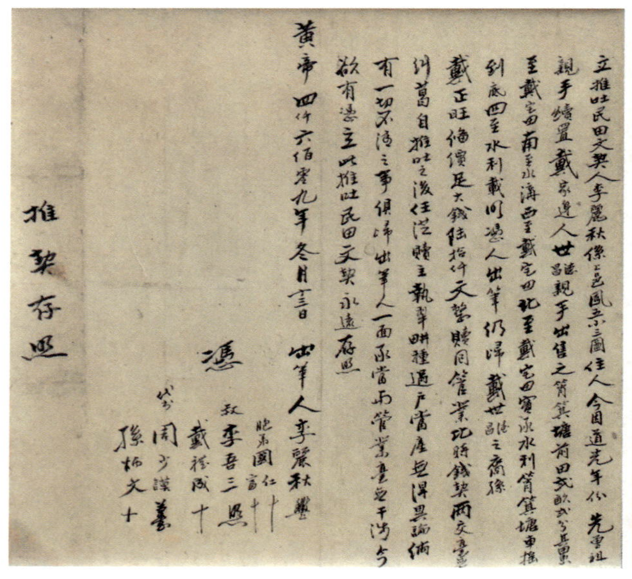
1912年江宁县地契

去，岂不要逃掉了？大勇微微一笑，说他已将二女救出，交给了张禄，并让张禄用砖石将密道出口封死，守在那里等我们。我现在就在殿上等着净空，等除了首恶，再把其他淫僧押回去审。刘大人这才放心。

净空见密道已堵，从观音殿钻出后，与大勇进行决斗。没料想决斗中打翻了万年灯，燃到了金色的幡帛之上，转瞬间红莲寺便陷入熊熊火海之中。此所谓“六丁昔日狰狞恶，回禄舞风助纣凶。可怜六朝名刹宇，灰飞烟灭已如空”。

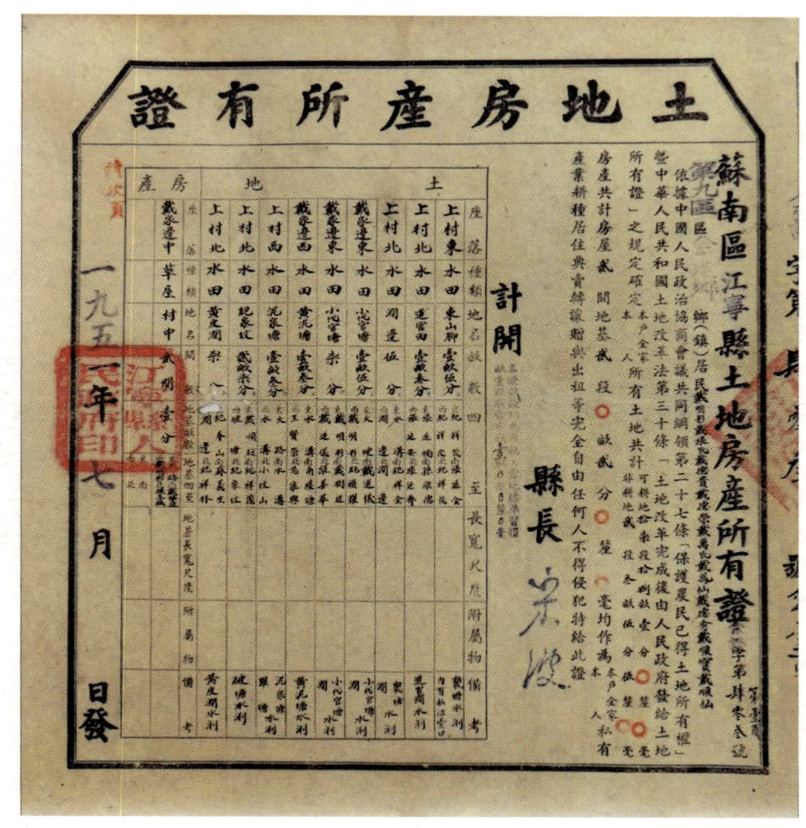

土地房產所有證

蘇南區江寧縣土地房產所有證

第九區 鄉(鎮)居民 ……依據中國人民政治協商會議共同綱領第二十七條「保護農民已得土地所有權」暨中華人民共和國土地改革法第三十條「土地改革完成後由人民政府發給土地所有證」之規定確定本戶全家 人所有土地共計……房產共計房屋貳間地基貳段〇畝貳分〇釐〇毫均作為本戶全家人私有產業耕種居住典賣轉讓贈與出租等完全自由任何人不得侵犯特給此證

計開

座落	種類	地名	畝數	備考
上村東	水田	東山腳	壹畝伍分	
上村北	水田	進官田	壹畝叁分	進官田水利
上村北	水田	凋邊	伍分	水利
戴家邊東	水田	小汜官塘	壹畝伍分	小汜官塘水利
戴家邊東	水田	小汜官塘	柒分	小汜官塘水利
戴家邊西	水田	黃汜塘	壹畝叁分	黃汜塘水利
上村西	水田	汜家塘	壹畝叁分	汜家塘水利
上村北	水田	紀家坟	貳畝柒分	破塘水利
上村北	水田	黃皮凹	柒	黃皮凹水利
戴家邊中	草屋	村中	貳間 壹分	

縣長

江寧縣人民政府印

一九五一年七月　日發

1951 年江宁县地契

后来刘驼子终于查清，红莲寺这些淫僧丧了良心，百般糟蹋妇女后，通过秦淮河上的老鸨秀兰卖出去，又发了一笔财。可怜这些女子，才出了虎穴，又入了狼窝。刘驼子为民除害，更加受到百姓的爱戴了。

其二：在横山地区口口相传的另外一个火烧红云寺的故事，不在小丹阳，而在横山的青阶岘。

相传太平天国失败后，很多被打散的兵勇四散窜逃，不少人躲进横山深山老林之中，做起了打家劫舍的买卖。南京地区受兵灾祸害最深，城镇道路、桥梁几乎被毁尽，清政府要尽快恢复经济建设，加捐加赋，受够兵灾之苦的老百姓又要受捐赋之罪，故很多人家抗税抗捐。这些人家被江宁、上元二县衙门抓去打板子，交钱才能放人。老百姓被逼无奈之下只有找山上的土匪入伙。这时横山陶村出了一个陶千金，邓村出了一个邓八百，千金、八百都是夸他们力大神勇，民谣有谓“陶千金，两眼如铜铃，手拿铜棍八百斤”。他们有一个帮长工的好农友叫王家祥，这人有勇有谋，从小喜欢偷盗，大了帮人做长工，有时也干些无本买卖。平时他和陶千金这些苦人处得很好，老百姓结伙抗捐时他们也在其中。后来，他们与山里的强人联系上了，就开展了半公开的竞争。

官逼民反，王家祥率领一批当地抗捐抗税的平民百姓，联合太平天国散兵游勇拉杆子、树大旗，在红云寺安营扎寨，一时间倒也轰轰烈烈。可是日子久了，粮饷不够，自然要干些打家劫舍的买卖。不过他们兔子不吃窝边草，经常出没在溧水、高淳、当涂一带。一开始是劫富济贫，对老百姓倒也无害，官府也不敢兴兵讨伐。他们不在江宁、上元县境内作案，县府衙门只好睁一只眼闭一只眼。但是他们对邻县的连连骚扰，激起了附近各府县动议，决定由江宁府组织各县兵马

横山竹塘坝

面，母亲来到刑场，王家祥提出要喝一口母乳，其母捧乳让其吮，结果王家祥一口咬下其母的乳头。意思是怪其母从小不教育他做好人，让其“从小偷人家针，长大偷人家金”。

历史传承

据文献记载，清乾隆三十四年（1769），刘墉因父亲的缘故被重新起用，授予江宁知府。刘墉十分珍视这次机会，为政公正清廉，声名远播。百姓叹服刘墉的品行，将其比为宋朝的包拯。后来嘉庆初年的弹词《刘公案》，就是以刘墉在江宁知府任上决断疑案、为民做主的故事为蓝本改编而成。

乾隆四十六年（1781），刘墉升任为都察院左都御史。次年三月任职南书房，不久又充任三通馆总裁。此时，御史钱沣弹劾山东巡抚国泰结党营私，刘墉奉旨偕同和珅审理山东巡抚舞弊案。刘墉至山东假扮成道人，步行私访，查明山东连续三年受灾，而国泰邀功请赏，以荒报丰，征税中对无力缴纳者一律究办，并残杀进省为民请命的进士、举人九人。刘墉如实报奏朝廷，奉旨开仓赈济百姓，捉拿国泰回京。晚清储仁逊抄本中的《刘公案》对此故事添油加醋，刘驼子被定格为善于化装、为民做主的形象，与火烧红莲寺故事有近似之处。

版本一火烧红莲寺的故事在横溪地区的广泛传播，是源于民国初年外号“小马”的白局艺人将此案始末编成长篇评书在南京演出，被称为《刘驼子私访》。小马是白局艺人史永余艺名，擅长

成立江当溧三县剿匪总会。

三县兵马开赴横山，王家祥带队跳出包围圈，躲到上庄三禅寺。清兵放火烧了红云寺，九十九间半禅房火炬一空。接着又放火烧掉青阶岘上的三元殿和清水庵。烧庙的大火引发了山林火灾，从陶村山头顺西风一直往拖舟豁、大山坳几个方向烧去，火越烧面积越大，几天几夜烧遍了横山所有的山头，山里的树木、大小庙宇统统烧光。王家祥的最后一个落脚点“三禅寺”大庙也在一片火海中化为灰烬。

王家祥率部向溧水方向突围，在四径山下的大燕子口山谷里遭到溧水、上元、当涂几路兵马的堵截追杀，大部分造反的兵丁战死在山谷里，除少数突围外，其余均被活捉。陶千金、邓八百这二位好汉杀死多名敌兵后，均身中数枪，先后战死。王家祥被砍伤后生擒活捉，被捕捉的一千人犯押往江宁府，后来在水西门外问斩。行刑当天，王家祥被清兵用铁丝锁住颈骨，被推进石灰窑里活活烧死，同时受刑的还有十几个被捕的造反兄弟。

民间传说王家祥临刑前提出要见他母亲一

讲述横山一带的革命故事,也包括更早期的故事。至于版本二，即王家祥火烧红云寺的故事主要在横山、横溪地区流传,目前暂无资料说明其来源,也无法证实是否出于史永余之手。

需要说明的是，刘驼子火烧红莲寺，与王家祥火烧红云寺，发生在两个地点，完全是两个故事。这里并置于此，供读者取阅。王家祥与陶千金、邓八百这几人,都是当地著姓,可能实有其人。横山历代土匪甚多，在新四军成立江当溧抗日根据地后，仍然没有偃旗息鼓，甚至变本加厉，当时的横山大刀会还残杀新四军战士。新中国成立后，横山才渐渐揭开神秘的面纱，可以登眺，可以植林。

旧时横山北麓寺庵较多，其中上庄村东三禅寺建于南朝梁武帝时代，原名天宁寺，南唐时有三位高官出家为僧重修此寺，改名三禅寺至今，明代为中寺,管辖本地六寺。太平天国兵败横山,此寺在战火中被烧。无垢寺在鸡冠岭下东侧，是本地最大寺，南朝时寺名天禧，后改名无垢，受三禅寺管辖。紫草寺在铜山南侧,受三禅寺管辖。登台寺在铜山西侧，经清末火灾，1958 年全部拆毁，受三禅寺管理。安民寺原名安平寺，在横溪街道安民社区境内，“文化大革命”后拆毁，受三禅寺管辖。

横山上庙宇毁尽，这是事实。横山大小几十座山峰、沟谷中,现在尚有许多被毁的庙宇遗址。从晚清直到新中国成立，横山全境没有一棵像样的树木生长，只有荒山秃岭。初冬开始，山民们谁都可以放一把野火，让其自由燃烧，然后上山挖小树桩，在寒冬季节作烤火之用。20 世纪 50 年代，横山才开始封山造林。

当代影响与价值

火烧红莲寺的故事，传承有序，具有广泛的影响力。故事的内容表达了时人对正义伸张的决心和信心，其中蕴含了较深远的精神价值及教育价值，这是需要大力宣传的。近年，当地文史研究者、年近九十的刘维保先生对王家祥火烧红云寺的故事进行了整理,并著录于《横山文化遗存》一书中，这对这个故事的未来传播将发挥积极的作用。

马场山的传说

基本概况

这个传说主要流传于今淳化街道土桥社区及周边一带。

相传三国时期，土桥社区马场山方圆有十里，山峦云雾缭绕，树木藤架如伞，碧水环拥，是一片没有世俗尘埃的净土。孙吴大将周瑜发现此地人烟稀少，适合训练牧马。于是他屯兵山峦，战马满山遍野，马场山因此得名。周瑜喂马的马厩房，后来变成一个村子。为了纪念周瑜，这村子就叫马场山村。据说早年马场山村民盖房所用的砖，就是周瑜烧的用来盖马厩房的汉砖。村南边有个马塘湖，湖水清澈见底，是当年周瑜牧马饮水洗浴的地方。传说周瑜战马受伤后，饮此湖水清肺益气，浴此湖水能祛病健体，恢复得就会比较快。周瑜经常骑着一匹白马，带着小乔到这边来。后来，夜深人静的时候，马场山上经常传来古乐铁马啼鸣的声音，音调弱中渐强，如一串金石之音，似春雷过空。

马场山风光

历史传承

六朝定都建康，不仅成为南京城市发展的重要契机，使南京迅速成为宫室壮丽、人烟繁密、手工业和商业高度繁荣的闻名于世的东方国际性大都市，也大大带动、刺激了作为京畿之地的今江宁地区社会、经济和文化的全面发展。这一时期诸如朱据领兵屯湖熟、孙权开凿破岗渎立方山埭等事件，无不显示出江宁的地位日趋重要。在此种背景下，民间衍生出与六朝人物相关的传说自然不奇怪。不过，现有的史料似乎并不能证明周瑜曾于此地牧马。

比较大的可能是，土桥马场山的得名可能与明代牧马场有关。史载明洪武二十三年（1390），朝廷规定江宁、上元、句容、溧水四县

马场山秋景

马场山村发现的汉砖

养马 6651 匹，其中江宁、上元两县 5000 匹，境内广设马场。据《正德江宁县志》《万历江宁县志》，江宁县有 39 处牧马草场，分别是：何家塘场，在凤西乡。黄泥冈大场和小场，均在安德乡。社公中场、东场和西场，均在新亭乡。薛家场，在凤东乡。马头山场、华冈大场、华冈小场、南冈场，均在建业乡。红花大场和小场，均在光泽乡。钟家冈场、杨家冈场，均在惠化乡。贫子冈场、鼓楼冈场，均在处真乡。龙山大场和小场，均在朱门乡。山羊场、团林场、走马场，均在山北乡。

整治前的马场山村

整治后的马场山村

淳化街道汉马鼓队在马场山戏台演出

龙窟场、李家冈场，均在山南乡。陶村场、侯山场、潘家场、广塘冈大场、广塘冈小场，均在太南乡。上芳场，在铜山乡。焦村场、太山场、焦家场，均在永丰乡。太应山薛家场、千柏塘小场，均在万善乡。颜墟场，在太北乡。若（一云箬）蒲场、麻田场、千柏塘大场，均在随车乡。这些马场的面积从不足一顷到近十二顷不等。此外，据《金陵世纪》，江宁县江东门外还有六畜场。上元县有 19 处牧马草场，分别是：毛田场，在兴贤乡。殷家场，在崇礼乡。崇胜场，在道德乡。湖孰东场、湖孰西场、淡荡场，均在清化乡。湖孰二场、焦田上场、焦田下场，均在丹阳乡。社子场、寨山场，均在宣义乡。杨柳场，在泉水乡。平坝场，在凤城乡。白土大场、白土小场，均在尽节乡。黄家场、欢培大场、欢培小场，均在神泉乡。

当代影响与价值

马场山的传说，取材于三国孙吴周瑜的故事，当地流传久远。由于历史上周瑜足智多谋，因此他在民间有着很大的知名度和影响力。而马场山的实际得名，应该与文献记载上元县牧马草场有关，是一处有文化内涵的历史地名。将这些传说、文献记载与马场山的旅游开发结合起来，即可充分发挥其价值，推动当地文旅事业的发展。

如今的马场山面貌已焕然一新，随处可见名胜古迹、小桥流水、田园风光。2013 年 3 月，马场山生态旅游示范村正式启动建设，是淳化街道致力打造的江宁区新一批“金花村”。马场山景区的建设主题是“乡村休闲旅游”，已借园林山水打造以东吴文化为主线，以生态休闲、农事体验为主要发展方向，集原生态放养区、有机种植区、生态园区、中小学生实践基地为一体的生态旅游村。其范围是以滨周线为中心线，东面打造马场山农家乐旅游村，西面开发建设山田旅游区，建造跑马场。主要景点有景天生态园、放马场、周瑜大营、古戏台、墩水滩、九莲湖、亲子乐园、旅游服务中心等。

东山再起的历史故事

基本概况

东山再起的历史故事在江宁周边地区流传已久。

江宁的东山，传说是当年小秦王用赶山塞海神鞭鞭方山时掉下的一撮土，原名土山。东晋谢安，才学过人，但在朝廷遭到一帮小人的嫉妒，皇上一刻用他，一刻贬他。谢安一气之下就辞官来到土山隐居，邀人下棋，落个耳根清净。他人在外，心念家，就在土山上大兴土木搞建筑，并改土山为东山。

东晋太元八年（383）八月，前秦苻坚率百万大军南下伐晋。此时的皇帝想起了谢安，决定重新起用他，就派员到东山，封他为征讨大都督。宰相肚里能撑船，救国要紧，谢安没有推托，他回到朝廷调兵遣将，上下整顿，赏罚分明，官兵一心，要与苻坚决一死战。不多久，苻坚的人马打到了淮河、淝水，只要一过江，东晋难保。谢安心中有数，仅凭东晋的数万官兵跟苻坚硬拼犹如鸡蛋碰石头。他坐镇东山，临危不乱，精心排兵布阵，并把自己的侄儿谢玄、谢石也派到前线去打仗。他侄儿临走前想探听这个仗怎么个打

今日东山全景

今日江宁主城东山鸟瞰

法，谢安只说了一句话“朝廷自有安排”。谢玄心里没底，第二天又派人来听口风。谢安呢，就拖来人下棋，一直下到天黑，打仗的事一字未提。到了当天半夜时分，才掏出将帅名单，摆出了他的“八卦阵”。

淝水那里战事拉开，谢安仍稳坐东山跟人下棋。后来敌人果真中计，大败而逃。喜报传来，谢安接过一看，一句话没说，还下他的棋。客人等不及了，都围过来听消息，才知道前方打了胜仗，谢玄立了大功，在场的人无不佩服谢安沉得住气。这就是历史上著名的以少胜多的战役“淝水之战”。淝水一仗，救了东晋，谢安被封为三公。因为谢安东山闲居以后，又出来干了一番大事业，后来人们都称他“东山再起”。

历史传承

东山原名“土山”，或称“小东山”，地处秦淮河东岸，海拔 62.1 米，南麓即为今日江宁区政府所在地。旧志称在金陵城东南二十里，周回四里，高二十丈，因山无岩石得名。

东山因东晋名相谢安而知名。谢安，字安石，陈郡阳夏（今河南太康）人，东晋著名政治家、军事家。早年长期隐居会稽东山，与王羲之等名士盘桓于山水之间，终日以吟诗谈文为乐。及其弟谢万被废黜，谢安始有出仕之志，决意“东山再起”，时已 40 余岁。

东山布塞亭

1988 年东山、竹山旧影

到建康后，他先后出任桓温征西大将军司马、侍中、吏部尚书、扬州刺史、中书监、骠骑将军、录尚书事、司徒等职。史称谢安为相主持朝政期间，其“德政既行，文武用命，不存小察，弘以大纲，威怀外著，人皆比之王导，谓文雅过之”。为官同时，他仍不忘闲情山水，偶然发现土山（今江宁东山）的地形与会稽东山有许多相似之处，便模拟东山，在土山之上营立楼馆，广植林竹，常携子侄亲朋往来游乐，每日消费的肴馔竟达百金。时人虽颇多以此讥讽谢安，但他却不屑于意。久之，人们便把建康的土山改称为东山了。

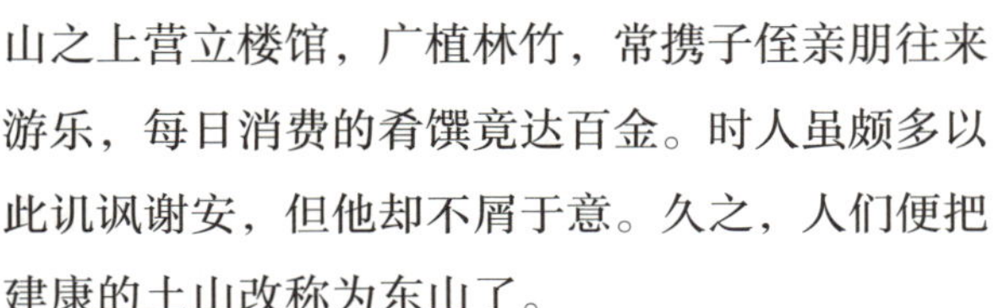

太元八年（383）七月，前秦王苻坚亲率 87 万大军（号称百万）挥戈南下，水陆并进，想一举消灭东晋。消息传到建康，京师震惧。朝廷任命谢安为征讨大都督，总揽对秦战争。当时，谢安手中只有 8 万北府军。谢玄来向谢安问计，谢安毫无惧色，只淡淡回答：“已别有安排。”便沉默不语。谢玄不敢多说，又令张玄重新请示。为安定民心，谢安故意命车驾出城到土山别墅，还邀请亲朋好友相聚，拿别墅作赌注与张玄比赛围棋。

平日，谢安棋技比张玄差。这天，张玄因为心中担心战局，以一平一负的结果败于谢安。谢安回头对其外甥羊昙说：“把别墅送给你吧。”接着继续外出游玩，直至深夜方回府内，回来后他才“指授将帅，各当其任”，对战术一一做了安排。

不久，谢玄等人依谢安之计大败苻坚。当胜利的捷报传到建康时，谢安正在土山别墅与客人下棋。他看完战报，随手放在坐床上，面无喜色，照旧下棋。客人问他，他才慢慢回答：“小儿辈已经破贼。”下完了棋，谢安回到内房，因为心中大喜，过门槛时连木屐的脚齿折断了也浑然不觉。

谢安在东山决策的淝水之战，是我国历史上著名的以少胜多的战例。在战争中，谢安临危不乱，举重若轻，充分显示出他特有的儒将之风和过人的胆略才识，被后人引为典范。淝水之战中谢安指挥作战的棋墅，后世称“东山棋墅”，或称“谢安棋墅”，早见于唐宋诗词中。在明人朱之蕃《金陵图咏》中，“东山棋墅”已列为“金陵四十景”之一。清代以及民国时期，“东山棋墅”之景继续声名远播，或称“东山”，或改称为“东山秋月”“东山棋局”，仍名列“金陵四十八景”之一。后人为纪念谢安，还在东山设祠祭祀，称为谢公祠。又有纪念谢安或谢玄的谢公井、谢公泉、谢公墩。

淝水之战在江宁地名中留下痕迹的还有苻坚山。据《景定建康志》等记载：相传谢玄大败前秦归来，谢安在东山墅城问其作战方略。谢玄在

東山碁墅

在府東南三十里一名土山晉謝安舊隱會稽之東山築此擬之嘗放情遊賞與從子玄圍碁至夜始還山側有翼善寺古木崇巖視方山雖小而登覽曠濶亦郊坰之勝地環列四野有金石莑山八音之名咸備此蓋其一尔

卜築崇丘擬會稽鄉心望遠幾淒迷碁枰坐隱蒼松偃屐齒從遊碧艸齊夙著風流高晉代尚留勝蹟竹招提八音點綴山容列開遍巖花谷鳥啼

《金陵四十景图像诗咏》之“东山棋墅”（明版画）

《金陵四十景图》之“东山”（清版画）

《金陵四十八景全图》之“东山棋局”（民国版画）

原野展陈淝水之战中双方营垒、阵场的次序，并远远地指着一山说：“此若苻坚驻军之山也。”后即把谢玄所指之山命名为苻坚山。苻坚山具体位置今已难知其详，宋元旧志载此山在城东六十里，周回一十五里，高六十丈，北连大城山。而大城山又西连雁门山，雁门山一般认为就是阳山，则苻坚山大约在今上坊、淳化、上峰境内。

东山之上楼馆林竹甚盛，风景幽雅，历史古迹众多。除谢安棋墅、谢公祠、谢公井、谢公泉外，这里还是东晋名相王导之后、太保王弘之弟、名士王昙首的放歌之地。这里还有与三国吴景帝孙休相关的布塞亭，有与名相谢安之侄谢玄相关的谢玄别墅及谢玄走马路、跑马埂，又有南朝刘宋散骑常侍陈郡谢氏谢涛与其夫人王氏合葬墓。其重要者如下。

布塞亭：史载孙休字子烈，吴大帝孙权第六子，其母为王夫人。孙吴太平二年（257）正月，孙休封为琅琊王，居虎林。四月，孙权病亡，孙休弟孙亮入继帝统。当时大将军诸葛恪掌控朝权，他不想让宗室诸王居留滨江军事要地，乃徙孙休于丹阳郡。丹阳太守李衡屡次因事侵扰孙休，孙休不胜其扰，乃上书求徙他地，故得徙于会稽郡（今浙江绍兴）。过了几年，有一天，孙休梦见自己乘龙升天，回头却不见龙尾，梦醒后感到特别奇怪。太平三年九月，孙綝废少帝孙亮，派宗正孙楷、中书郎董朝前往会稽，准备奉迎孙休回都承继帝位。孙休听后不信此事，孙楷等详细禀告事情原委。停留一日二夜后，孙休便出发赴都。孙休还未至建业，孙綝就开始

谢安

谢玄

后悔迎立孙休，打算自己入宫继承帝位。于是，他召集百官于相府讨论此事，百官皆惶惧失色。常侍虞汜委婉劝止，孙綝颇不高兴。十月，孙休到了曲阿县（今镇江丹阳市），有位老者劝说："事久生变，天下人对您景仰已久，愿大王速行到京。"孙休认为有理，立即加快行程，当日便到了布塞亭。时武卫将军孙恩代行丞相之职，率领百官备乘舆法驾于永昌亭恭迎孙休，并于亭旁修建行宫，以武帐为便殿，在殿内设御座。第二天，孙休来到永昌亭，远远看见行宫、便殿便停下，派孙楷先行叩见孙恩。孙楷回来后，孙休才乘辇进殿，群臣再拜称臣，但孙休谦让不肯入即御座，停在东厢房。户曹尚书和丞相先后劝请，孙休三让，群臣又三请，孙休才同意受玺绶，即帝位，并就乘舆，群臣陪列前行。在建业（今南京）到土山的半道上，孙綝又派兵千人迎接孙休，并拜于道左。孙休下车答拜，即日入宫，御正殿，大赦天下，改元为永安元年，是为吴景帝。

《三国志 · 吴书》记录此事时，虽未载布塞亭具体位置，但据《舆地志》记载，土山下有湖，自方山至京师，至此恰为半道，故土山下道路又称为"半道"。《建康实录》亦云："孙綝迎于土山之半野，拜于道左。"故后代地方文献多认为布塞亭就在土山（东山）之麓。1988 年，有关部门依此记载在东山东南山腰复建了布塞亭，成为今日东山一处胜景。

谢玄走马路：谢玄，字幼度，陈郡阳夏（今河南太康）人，东晋名相谢安之侄。谢玄天资聪明，勤奋好学。青年时期，其才能就逐渐显露出来，特别是在军事谋略方面，常有独到之见解。太元二年（377），为抵御前秦袭扰，谢玄经谢安举荐为建武将军、兖州刺史，领广陵相，监江北诸军事。他招募北来民众中的骁勇之士，组建训练了一支精锐部队，号为"北府兵"。太元四年，他率军在盱眙、淮阴等地击败前秦军的进攻，进号冠军将军，加领徐州刺史。太元八年，在著名的淝水之战中，他任前锋都督，先遣部队刘牢之率部夜袭洛涧，首战告捷。继而，他抓住战机，用计使前秦苻坚大军后撤致乱，乘势猛攻，一举大获全胜。战后，谢玄因功封为康乐县公，赐钱百万，彩千匹。次年，他又率军为前锋，乘胜开拓中原，先后收复了今河南、山东、陕西南部等地区。太元十二年，谢玄因病改任左将军、会稽内史。翌年逝世，时年 46 岁，追赠车骑将军，谥曰献武。

据旧志记载，谢玄之别墅亦在土山，因他曾封康乐县公，故其地名康乐坊，其旁还有谢玄走马路。此路在上元县崇礼乡土山之下，大概因为路面长期为车马碾压，土质坚硬，草木不生。清人周宝偀有诗咏此："稳坐金鞍趁美姿，谢公走马任争驰。至今大道平如坦，想见扬鞭得意时。"史载陈郡阳夏谢氏族人谢朏 10 岁即能作文，曾随其父谢庄游土山。谢庄命谢朏为文，谢朏揽笔便就。可见至刘宋时期，土山仍为谢氏所有。此外，据《东山镇志》介绍，土山周围还有跑马埂、谢公井、谢公泉等地名，亦当与谢安或谢玄有关。

王郎放歌东山：这个典故大约发生在东晋太

明沈周《谢安东山携妓图》

谢安下围棋赌别墅图

元年间（376—396）。王郎，名王昙首，一名宋昌，琅琊临沂人，东晋名相王导之后，太保王弘之弟。史载其兄弟分财，王昙首唯取图书。王昙首曾为镇西长史，宋武帝刘裕非常赏识他，对其子刘义隆说："王昙首沉稳有器度，宰相之才也，你遇事可向他咨询。"刘义隆即位后，以王昙首为侍中，不久，加领右卫将军、骁骑将军。元嘉四年（427），迁太子詹事。元嘉七年（430）卒，追赠左光禄大夫，加散骑常侍。元嘉九年（432），又因诛徐羡之之功，追封豫宁县侯，邑千户，谥"文侯"。

据《世说新语》记载：王昙首十四五岁便善歌，其歌唱水平轰动朝野。东晋名相谢安常听身边的歌妓们提起，非常想一听为快，但王郎是名门之后，找不到什么理由来请他为自己歌唱一曲，深深地感到遗憾。歌妓们将谢安的一番心意向王郎转达。这年秋天，谢安带着一帮子侄和歌妓们又到土山的别墅中游玩。王郎得知此事，经过精心打扮，来到东山脚下，只见他头上扎作"两丸髻"，身上穿着"袴褶"，骑着马站在山下的蔷薇林中，迎着秋风，向着山上的谢安别墅放歌一曲，歌罢便离去。歌妓们对谢安说："刚才那美丽动人的歌声就是王郎所唱。"

东山寺蔷薇：据周晖《金陵琐事》卷一记载，明代著名学者盛时泰曾在大城山中作金陵十景诗，分别是祈泽寺龙泉、天宁寺流水、玉皇观松林、龙泉庵石壁、云居寺古松、朝真观桧径、宫氏泉大竹、虎洞庵奇石、天印山龙池、东山寺蔷薇。此十景，皆属山水竹林，与当时金陵一般文人墨客看重的人文景观颇不相同。故周晖认为此"皆众人之所忽，仲交所独取者"，对他独具之慧眼大加赞赏。这些自然景观多位于今江宁区域范围内，也说明盛时泰对他卜居的江宁田园风光情有独钟。其中东山寺蔷薇在东山之麓，相传为东晋谢安始植。蔷薇是旧时东山一道亮丽的风景线，广见于历代名人诗作，如唐李白《忆东山》诗云："不向东山久，蔷薇几度花。白云还自散，明月落谁家。"明顾璘《东野》诗云："东山茅屋野人家，谢傅蔷薇春著花。"明姚汝循《东山怀古》诗云："我来访遗迹，蔷薇花正芬。斯人不可见，惆怅下斜曛。"

谢涛墓：据宋张敦颐《六朝事迹编类》卷十三记载，土山净名寺新得一古碑（应为墓志），从碑文可知墓主为刘宋散骑常侍谢涛，元嘉十七年（440）葬于扬州丹阳郡建康县东乡土山里。同书又记载，谢涛夫人为六朝豪门贵族琅琊王氏的

谢安会棋报捷图粉彩瓷盘

东山秋月

的其他重要价值在于，谢涛碑志载明墓葬所在的宋代土山净名寺在刘宋元嘉年间属“扬州丹阳郡建康县南东乡土山里”，这是迄今为止发现的关于今东山的最早一份地理档案资料。

族人，祖父为大书法家王献之，父为王静之。大明七年（463），王氏合祔于土山里谢涛之墓，有古碑可考。按：散骑常侍是魏晋南北朝时期皇帝身边的高级侍臣，与侍中一样同属第三品的显官，其主要职责是备皇帝切问近对，拾遗补阙。皇帝御殿或出行，散骑常侍与侍中对扶，侍中居左，常侍居右。六朝时期门阀联姻普遍，门第等级观念极强，次等世家大族不能与高等世家大族联姻。谢涛，虽正史不载其生平事迹，墓碑（志）亦未说明其里籍，但能与六朝时期一等门第的琅琊王氏结亲，非陈郡谢氏族人莫属，甚至有可能就是谢安之后，这就为谢安与东山的记载提供了有价值的依据。江宁东山是陈郡谢氏除了南郊的戚家山、司家山之外的又一处家族墓地。《六朝事迹编类》记载的这条信息

当代影响与价值

东山再起的历史故事，在江宁地区广泛流传，甚至成为许多失意人士的座右铭，激励着他们重新振作、发愤图强，干出一番新的事业。

东山地区山林环境幽雅，历史古迹众多，文化资源丰富，是一座有待深度挖掘的文化宝库。我们可以在深入调查研究的基础上，以文化景观遗产“东山棋墅（东山秋月）”为核心资源依据，打造东山休闲文化度假区。其重点是展示传统棋弈文化及以谢安为代表的六朝名士文化，可据需要重建谢安棋墅、谢公祠、谢玄走马路、谢公井、布塞亭等著名人文历史建筑，以情景再现、主题雕塑的形式再现“王郎放歌东山”“谢安赌墅”等著名历史场景，甚至可以恢复东山蔷薇、谢公泉等自然景观，并着意营造“东山秋月”等景观氛围。

2014 年 7 月，东山再起的历史故事被南京市人民政府列入南京市非物质文化遗产名录。

十里长山“后母墩”的传说

基本概况

这个传说主要流布于江宁土桥一带。知情者傅在发。

土桥的十里长山是从土桥到汤山方向的一条山垅，在当地十分有名，因山势蜿蜒曲折，本地老辈人常称此山是一条青龙。“后母墩”则是位于十里长山脚下的一座大土墩，它靠山临水，前面有一条弯弯曲曲的小河，河水清澈，潺流不断。

据传，后母墩实际上是一座巨大的坟茔，下面埋葬着梁武帝的淑仪，也就是第四子萧绩的母亲——董娴。传说的内容大致如下：南北朝时期，38 岁的萧衍在建康城（今南京）做了皇帝，建立了梁朝。南方的美女董娴被迫强征入宫，封为“淑仪”。两年后，董淑仪为梁武帝生下了第四个儿子萧绩。自古宫中是非多，梁武帝共有七子，原配夫人郗徽皇后病逝后，皇后大位一直空着，虽然梁武帝再没有册封过皇后，但嫔妃们私下里都让皇子们称呼自己“皇后”。嫔妃们明争暗斗，携子争宠，抢夺皇后和太子大位。一时间后宫杀机四伏、险象环生。董淑仪因生了四皇子，多次惨遭妒忌和迫害。所幸儿子萧绩天资聪慧，7 岁便能断案，13 岁领兵打仗，长期为国征战在沙场。眼见儿子渐渐长大成人，被封王拜将。俗话说“伴君如伴虎，陪王似陪狼”。董娴对富贵荣华及宫廷生活早已心灰意冷，无意觊觎皇后尊位，更厌恶宫斗不断。为避免留在宫中遭杀身之祸，一日，董娴伺机携一贴身侍女逃出皇宫，从此杳无音讯……

再说萧绩从小对母亲敬爱有加，多方寻母无望，积思成疾。直到普通五年（524），萧绩 21 岁，忽有出逃侍女传来母亲讯息，遂急匆匆带人赶赴皇城东郊十里长山下，见一土垒新坟，方知母亲已撒手人寰、命归西天，当即悲痛欲绝，哭倒在地，山呼“母后！皇儿来晚了！”

原来董娴主仆二人乔装打扮逃出皇城，为防追杀，忍痛割爱，隐姓埋名，定居在十里长山脚下十分偏僻的北庄村，乡民们非常淳朴善良，接纳并照顾主仆二人。董娴也经常拿出从宫中带来

当地专家赵慕明（左二）、傅在发（左一）在后母墩考察

萧绩墓神道石刻全景

萧绩墓神道石刻石辟邪

的金银钱币接济乡民，大家和睦相处多年，相安无事。梁普通五年（524），那年董娴37岁，突然病魔缠身，不幸离世。乡民们按照董娴生前嘱咐和当地的习俗，以薄板为棺，以青砖作椁，简单地将董娴安葬在十里长山山脚，并用黄土堆了大概一人高的坟茔。葬礼结束没几天，同来的女仆也不知去向，只留下水塘边主仆二人居住多年、空荡荡的两间草屋。至此，乡民们也不知道董娴的真实身份。

萧绩的哭诉，让乡民们如梦方醒，董娴居然是皇后娘娘！大家轰然跪地一片："皇后娘娘恕罪！请太子恕罪！"人死不能复生。稍后，萧绩命人堆筑阔十余丈、高七丈的大方墩，并以大礼祭奠母亲。皇帝萧衍得知皇儿萧绩如此孝道，也亲书手诏封赏儿子，加官晋爵，以示表彰。

为纪念董娴，乡民们不能直呼其名，作为儿子的萧绩可以称董娴"母后"，但皇后母仪天下，百姓只能叫"后母"了，所以称董娴墓为"后母墩"，将她在北庄村居住的草屋前的池塘唤作"后母塘"。

大通三年（529），时年24岁的南康简王萧绩，因长期思母，愧疚成疾，病死在任上，按照萧绩生前遗言，安葬在母亲墓旁。此墓现在江宁区汤山街道雷岗头村前，神道石刻则在墓前的句容市石狮沟村东，离"后母墩"大约只有2千米。1000多年以来，萧绩墓前神道一对巨大的石狮神兽和一对望柱依然挺立在石狮沟村旁。

现在，"后母墩"方墩遗迹尚存，只是高度没有以前那么高了，但依然绿树葱葱，神秘地屹立在北庄水库风景区岸边，诉说着千年以前的传说故事，引发后人无尽的遐思。

历史传承

“后母墩”的传说在土桥当地代代口耳相传，但未见于史料文献的记载。近年来，有专家学者在当地调查，发现“后母墩”前的三个水塘，分别被称为南陵塘、中陵塘和北陵塘，这为“后母墩”是一座大墓这一传说增添了一定的可信度。当地的文史研究者甚至推测，后母墩可能是一座方形大墓，呈双层塔形，与萧绩墓有着一样的建筑设计。

尽管“后母墩”的性质尚未经过考古实证，但在南京地区的考古工作中，萧绩墓的位置已经得到了确定：其墓在今江宁上峰雷岗头村，而其墓前神道石刻则在今句容石狮村。

萧绩，字世谨，梁武帝萧衍第四子，生母为董淑仪。天监八年（509），封南康郡王，邑二千户。后出为轻车将军,领石头戍军事。天监十年，升使持节、都督南徐州诸军事、南徐州刺史，进

萧绩墓神道石柱柱额

号仁威将军。天监十六年，徵为宣毅将军、领石头戍军事。十七年，出为使持节、都督南北兖徐青冀五州诸军事、南兖州刺史。不久，有诏徵还都城，邑民曹嘉乐等三百七十人诣阙上表，称赞萧绩政绩一十五条，请求继续留任。梁武帝诏许之，进号北中郎将。普通四年，徵为侍中、云麾将军，领石头戍军事。五年，出为使持节、都督江州诸军事、江州刺史。后守母丧，徵授安右将军、领石头戍军事，寻加护军将军。大通三年（529），

疑为萧绩墓封土的上峰雷岗头远景

因病薨于任上，时年二十五。赠侍中、中军将军、开府仪同三司，给鼓吹一部，谥曰简。史载萧绩少嗜欲，寡玩好，居无仆妾，躬事俭约，所受租秩，悉存府库。及薨，府库中有南康国无名钱数千万。

萧绩墓神道石刻位于句容市西北 9 千米的石狮乡石狮沟村。其中一对石辟邪东西相向而立，相距 16.8 米，头顶皆无角，东为雌兽，西为雄兽。石兽北面 21 米处有一对神道石柱，柱顶横额上有阴刻楷书“梁故侍中中军将军开府仪同三司南康简王之神道”。其墓过去一直不知位置。2007 年夏，经南京市博物馆考古专家实地勘查发现，在正对萧绩墓神道石刻以北约 800 米处的江宁上峰雷岗头村（今属汤山街道）有一地势隆起的土墩，有明显人工堆筑的痕迹，土墩旁边仍可见散落的古砖和瓦砾。根据南朝陵墓神道石刻和墓葬分布的一般规律，此土墩可能即为萧绩陵墓的墓葬封土。萧绩墓神道石刻，1982 年 3 月公布为江苏省重点文物保护单位，1996 年 11 月公布为第四批全国重点文物保护单位。

考古发现的萧绩墓地理位置距“后母墩”很近，与以上传说暗合。就此而言，十里长山“后母墩”的传说很可能并非空穴来风。

当代影响与价值

十里长山“后母墩”的传说在当地流传已久，具有一定的可信度，对于今天的考古工作和古代史研究而言颇具参考价值。如能针对“后母墩”及周边地区开展系统考古调查与勘探，或可得到意外收获，进而加深对江宁十里长山地区历史文化的认识，为当地文旅资源的开发利用提供坚实的基础。

此外，“后母墩”的传说之所以能传承至今，与其内涵符合中国传统文化中对忠孝美德的追求有关，保护和传承这一类传说，有利于发挥其作为非物质文化遗产的精神教育价值，可为当代社会主义精神文明建设提供推力，促进优秀传统文化内核的传承。

慈姥山的传说

基本概况

慈姥山，亦名鼓吹山，其传说主要有两则：一是慈姥山产慈姥竹，此竹可制作竹箫；二是鼓吹山的得名，来源于南朝宋孝武帝在江宁县南登山时大奏鼓吹。传说主要流布于江宁区与安徽省马鞍山交界的慈姥山周边地区。

先介绍第一个传说。慈姥山亦名慈母山，位于金陵城西南一百一十里二百步（《丹阳记》则载山在六朝江宁县城南二十里），周回二里，高三十丈，山下有慈姥浦。因山南有慈姥神庙，故名之。据旧志记载，在唐代，慈姥山为上元、当涂两县分界处，山崖险要处立有一块3米多高的界石，上刻“界碑”二字，自注云“北润州上元界，南宣州当涂界”。此碑今已不存。慈姥山积石临江，崖壁峻绝，为舟楫避风之所。山前有溪水接当涂，慈湖水由此入江，溪、江交汇处，即为慈姥港。此山与颜料山、麻山相连，从当涂蜿蜒而来，长达数百里。《首都志》引旧志记载：“慈姥山上产竹，堪为箫管，属乐府，名为鼓吹山。”相传梁昭明太子萧统曾在此苦读，累岁不还，其母劝其返宫，太子执意不从，信手将一双竹筷插入土中，答应竹筷如能长成竹子，即随母归宫。因母爱真挚，感动了天皇玉帝，片刻之间，筷子果真长成竹子，后人便将此山所产竹子叫作慈姥竹或慈母竹，鼓吹山也因此改名为慈姥山或慈母山。慈姥山所产的慈姥竹，体圆节疏，用此竹制作的竹箫异于他处，是专供宫廷作箫管之用的一种贡品。西汉辞赋家王褒在《洞箫赋》中把这种竹箫的音韵效果描写得有声有色：听其巨音，若慈父之畜子；其妙声，若孝子之事父；其仁声，若凯风纷披。

再介绍第二个传说。据《景定建康志》《至正金陵新志》记载，鼓吹山在城南八十里，周回一十七里，高八十丈，东北有水，四望孤绝。此

慈姥山（清版画）

山得名，一种观点认为是因为南朝刘宋大明七年（463）宋孝武帝在江宁县南登山奏鼓吹，还有一种观点认为是因为景和元年（465）九月刘宋前废帝刘子业幸湖熟县，始奏鼓吹。不过，前废帝刘子业所幸是在湖熟县，而宋孝武帝除登江宁县南鼓吹山外，还登上了今安徽当涂的陵歊台，设行宫于南豫州城。从宋孝武帝游幸的路线看，似以前说为是。鼓吹山前还有朱年垄。旧志引《金陵故事》载，朱年垄在江宁县南六十七里鼓吹山之前。朱年生于南朝齐末兵乱年间，其母死后，朱年在墓旁盖草庐，以负薪为生，有白兔、紫芝生于墓垄，故名其居为孝感里。

慈姥竹

梁昭明太子像

南朝宋废帝刘子业像

历史传承

千百年来，慈姥竹一直为文人名士所景慕吟颂，梁吴均、宋沈括、明周忱等都有题咏慈姥竹的诗作。唐天宝十三年（754），李白在著名的《姑孰十咏》中曾写下《慈姥竹》一诗：“野竹攒石生，含烟映江岛。翠色落波深，虚声带寒早。龙吟曾未听，凤曲吹应好。不学蒲柳凋，贞心尝自保。”据《初学记》卷二十八记载，因以此竹制作的筲竿非常珍贵，历代均采伐供给乐府。到唐代，山上已难见良竹，故采取保护措施，令慈湖戍禁采鼓吹山的筲竹。

需要分析的是，一般认为慈姥山亦名鼓吹山，但文献记载中的两山位置及规模并不相同。如宋《景定建康志》卷十七云：“鼓吹山，在城南八十里，周回一十七里，高八十丈，东北有水，四望孤绝。宋孝武大明七年，自江宁县南登山及陵歊台、甲子馆，盖登山奏鼓吹，因以为名。”该志又云：“慈姥山，在城西南一百一十里二百步，周回二里，高三十丈。《舆地志》云：积石临江，岸壁峻绝，山上出竹，堪为箫管。山南有慈姥神庙，因名焉。”元张铉《至正金陵新志》卷五记载：“鼓吹山，旧志在城南八十里，周回一十七丈，高八十丈，东北有水，四望孤绝。宋孝武大明七年，自江宁县南登山及陵歊台、甲子馆，盖登山奏鼓吹，因名。戚氏志云，甲子乃记日，非馆名。《实录》：少帝景和元年九月，幸湖熟县，始奏鼓吹。与此志异。”其中原因有待进一步讨论。

当代影响与价值

慈姥山的传说，虽一直流传至今，但知者甚少，需要通过文献梳理，深入研究其内涵，提炼核心内容，扩大其影响。这个传说历千年之积淀，它的历史价值和文化价值有目共睹。在文旅事业大发展的当下，有关部门还可以利用传说中的慈姥竹、箫管、宋孝武奏鼓吹、昭明太子、慈母等关键要素，深度整合挖掘其旅游经济价值，为当地乃至整个江宁地区的经济社会发展发挥积极的推动作用。

朱元璋祖籍上峰朱家山的传说

基本概况

这个传说集中流布于江宁汤山街道的朱家山村及其周边。知情者傅在发。

朱家山村位于汤山街道的最东面，东距句容县城 10 千米。明朝以前朱家山村不叫朱家山，叫朱家巷，隶属句容县通德乡。在朱家山村中，明太祖朱元璋祖籍地在此的传说世代相传。

据朱家山 80 多岁的朱长林和朱德生等老人介绍，旧时朱家巷村几乎通村朱姓，少有外来他姓。村中有南北大巷贯穿东西，有十八条支巷分布两侧，支巷巷口共立十八座券门。整个村落北高南低，呈圈椅形，当地俗称“撮簸地”，也就是聚财宝地。巷内地面满铺青条石，街巷两边建有排水暗渠，直通村外。南面村口大券门外，有一大池塘名“吃水塘”，系历代村民饮用水之源，塘边有一棵几人合抱的皂角树，土语“daogeshu”，音“道各树”。村内众多的走马楼青砖黛瓦，四合院雕梁画栋，店铺云集，十分繁华。在巷西头的村口立着一座雄伟华丽的清代御赐牌坊，名“节孝坊”。现在村民朱世善家的院内仍保留有古井一口，相传即是昔日鼎盛之时修筑。

古东林禅寺寺额

在村西有一小山岗，相传历世朱姓先辈皆归葬于此，其中便包括朱元璋的高祖朱佰六和曾祖朱五四、朱四九。朱元璋当上皇帝后，当地乡民遂称此山岗为皇陵，取名“皇陵山”，该称谓一直流传至今。皇陵山是一条南北走向的龙地，其最大的特异之处是山体全由红土组成，颜色红黄，近似黄龙。明朝皇家祖陵有多座，因皇陵山位于金陵城东，称为“东陵”，陵南边原来有一座小庙，名“东陵庙”，是皇陵祖庙，供奉有朱元璋高祖、曾祖灵位，在清初被毁。1923 年，水西村大董、桥东村财主时呈连募集善款，将“东陵庙”移址百米改建成“东林禅寺”。

又相传，至清初，朱家巷的朱氏皇族已拥有十八分支。其时，全国多地兴起反清复明的运动，朱家巷皇族遭到牵连，清廷欲以反叛罪株连其九族。朱氏总祠得到消息后，召集十八分支族长商议，决定率全族逃往皇城凤阳避难。由于路途遥远，贵重物品不便携带，总祠决定用祠堂里各分支祭祀做饭的大锅，深埋金银珠宝，连夜率族人出逃。可惜消息走漏，朱氏族人刚逃至今南京浦口一带，便被追兵杀绝，十八支锅珍宝从此下落不明。至今朱家山村还流传着一首歌谣记述此事："皂角树，月亮弯，十八支锅金银山。哪个能把财宝找，全村五代吃不完。"

历史传承

这个传说虽未见载于文献，但有一些记载可以印证。据朱元璋亲撰《朱氏世德碑记》："本宗朱氏，出自金陵之句容，地名朱家巷，在通德乡……但朱氏世次，自仲八之上，不可复考。今自仲八公为高、曾而下，皆起江左，历世墓在朱巷，唯先祖葬泗州，先考葬钟离，此我朱氏之源流也。"此一史料，明确将朱元璋祖籍定在了句容通德乡的朱家巷。

明人李鹗翀《洹词记事抄》曾记嘉靖时组织勘察朱皇帝祖陵事："（句容）西门出行十一里，过二小山，地名通德乡。有一土穴，树根在内，原系栎木，四枝屈曲，向上枝头各有五指，乡人异之，呼为龙爪，今枯朽八年。穴西田一段，各众称即朱巷故址……自巷基西行一百五丈，斜坡土脊一段，株木一科，木下一穽，故老相传朱皇帝家坟，弓量丈尺，得地三亩，遍生荆棘，并无丘陇石碑，西北古庙一所，壁画神像，并书句容朱安八字样，石香炉上刻朱庆社二十八户置，凡七十六字……"此则记载，足可见朱元璋祖籍朱家巷的相关传说由来已久。

至于清代，《乾隆句容县志》中则有"通德乡，《乾道志》云旧名同德，在县西二十里，即明高祖祖乡也，内有十三里、二十村……按《明世德碑记》先系出自句容……今考朱家巷故地，及相传有龙爪树一株尚存，旁有井，西去有古冢，相传为卧龙岗朱家冢，百姓至今不敢樵牧，皆呼为皇陵"的记载，亦可反映传说流传的久远。

遗落在阜东社区水溪村一户村民院中的东林禅寺碑

而当地文史研究者傅在发在对朱家山村的多年调查中亦获知，朱家山村建于元代以前，原为句容县地。明代朱元璋上祖（孟祖）一支居此，名朱家巷。明亡后，朱氏族人逃至今浦口一带，以所谓反叛罪被杀绝。后村重建，以近朱家山更称现名。或称朱氏最早居此小山边，故名。后村无朱氏，但仍沿用原名。

不仅如此，通过对江宁、句容两地行政区划沿革的研究发现，元末以前，以汤水河为界，河西属上元县神泉乡，河东属句容县通德乡。两乡背靠胄王山，山藏金矿（即现在的硫黄矿），后朱家巷改名朱家山，划归上元县。民国时期属阜东乡。新中国成立后，划归江宁，后改为阜东社区，沿袭至今，朱家山村仍属汤山街道阜东社区管辖。如以上认识不误，则朱家山村即是朱元璋祖籍所在的通德乡朱家巷应具有较高的可信度。

此外，被认为与朱氏皇陵有关的“东陵庙”，其兴废历史也颇具参考价值。相传在清初反清复明运动中，东陵庙被毁。不久，地方百姓又念东陵庙香火灵验，遂募资前移数百米，复建古庙，其规模大前几倍，供奉十殿阎罗、东岳大帝等。因惧朝廷淫威，不敢用旧名，故改名“东岳庙”，但有不习惯称“东岳庙”的百姓，仍然以“东陵庙”称之。此后多年，寺庙失修破败，虽有住持，但修葺无人，风雨摧残，满目荒凉。直至清嘉庆十四年（1809），有僧人披星戴月，备历艰辛，勤苦十年，携同郭玗村五社人等募集香火金银，增建两廊，塑十殿神像，创建大悲禅林观音殿阁及客堂等，又以余金购田地十余亩作为庙田，供僧侣及庙堂之用。其事见载《大悲禅林碑记》。其时当地百姓仍习惯称“东陵庙”。

清亡后，东岳庙又毁于战火。到了民国时期，由当时的阜东乡（辖三十二村）任大董的水溪村的张兴曜、桥东村时呈连募集香火巨资，由原址再度前移200米兴建“东林禅寺”，将原来的“陵”改为“林”。其寺院前后三进，总计数十间殿宇，供奉大悲观音、东岳大帝、阎罗等众多神位，并置庙田数十亩。另于寺院外西侧建大戏台一座。其庙宇规模宏大，气势雄伟，一时间香客如云，相传连著名的栖霞古寺和茅山道院的僧侣、道士出行前都要到东林禅寺来上香启行。而当地百姓仍然称此寺为“东陵庙”，不改初衷。

到了“文化大革命”时期，东林禅寺中的佛像及其他佛事用品全部被拆除，留下来的房屋改作学校。再之后，大殿因年久失修倒塌，原址建供销社，只留下一块由清末土秀才朱怀秉老先生亲自书写的寺匾“古东林禅寺”镶嵌在南墙之上。另有一通刻有“禅林碑记”的石碑遗落在阜东社区水溪村一户村民的院中，经风吹雨打，字迹已多有漫漶。

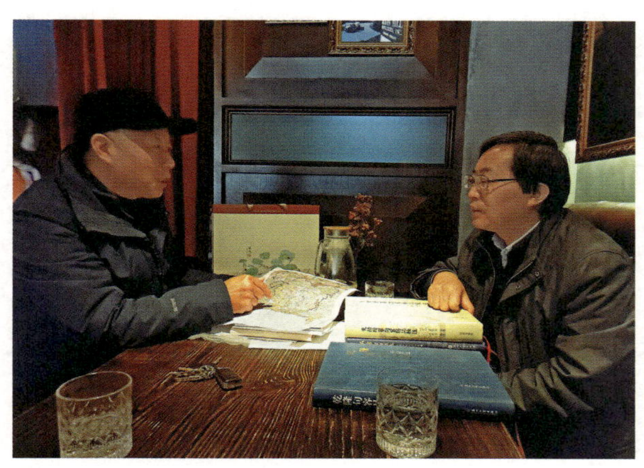

知情者傅在发（左一）接受采访

当代影响与价值

朱元璋祖籍上峰朱家山的传说，为相关的历史研究提供了重要的参考资料。对之加以深入挖掘考证，可以极大地丰富我们对于朱家山村及周边地区历史文化底蕴的认识，因而具有较高的历史价值。与此同时，这一传说和朱家山村的自然生态、历史文化遗存息息相关，反映了该地区丰富的特殊的历史文化资源。保护和传承这一传说，对于开发当地文化旅游资源、促进社会经济发展都极具经济价值。希望有关部门尽快落实保护传承措施，做好当地文旅开发利用的大文章。

范坵村的传说

基本概况

范坵村，在今湖熟集镇东北约 2.5 千米句容河北岸，村旁旧有范墟渡，村以渡名。范坵村历史久远，有两个在当地有影响的传说。一个传说与村里的王高氏祠堂有关。范坵村村民大多姓王，据王氏族人介绍，其家族到第 5 代的时候一度没有男丁，多处寻方问药、求神拜佛都没有结果。为了延续家族香火，他们招来一个名叫高满的男子作为“上门女婿”。高满和王家一个名为“胖姑”的女子成婚后，改名王宇。从此王家人丁兴旺起来，在明代曾先后出过三个在国子监求学的国学生，后来为官造福一方百姓，其家族祠堂遂称为“王高氏祠堂”。王家人害怕没有男丁的情况在后世再次出现，经商量之后在祠堂前雕刻了一对石凤凰。“凤”意为男子，指代王宇，“凰”意为女子，指代胖姑，希望他们能够保佑整个家族世代发达，这对石凤凰也就成了王氏家族的“护身符”。

另外一个传说与村旁的范墟渡有关。当地代代相传范墟渡原来曾有一件长达数尺的圆筒形大

范坵村远景

石块，人称“浮来石”，其颜色、质地明显与一般的石头不同。这块石头看起来很大，但实际上很轻，可以漂浮在水面之上，它不是当地所产，而是通过秦淮河（句容河）从很遥远的地方漂浮到范坂村的。

1936 年地图中的范坂村

历史传承

以上介绍的前一个传说不仅有当地王氏族人的口碑资料，也见于其族谱。王氏族谱有新旧两本，旧的族谱纸张有些残破发黄，是王高氏第 10 代后人修订的，距今已有数百年历史，新的族谱系前若干年重新修订。

后一个传说早见于南朝沈约《宋书》及曹宪《扬州记》等文献记载，大意是说西晋太安元年（302），有异石从水上漂浮到孙吴旧都建业（今南京）境内，后从秦淮河旁的湖熟县夏驾湖登岸

200余步。围观的百姓十分惊奇，大呼："石来！石来！"第二年，果然有起兵荆州的流民起义首领张昌的部将石冰东下攻占扬州（今南京）。"夏驾湖浮石登岸"的奇闻在此后的1700多年间，历代南京地方志书均有记载。如《景定建康志》卷十八记载，夏驾湖在城（指建康城，即今南京）东南五十里，属上元县丹阳乡。至宋代，夏驾湖虽已围垦为农田，但乡境范墟渡仍有旧石，长数尺，"形如碌碡，父老云即夏驾湖浮来石"。

元代张铉《至正金陵新志》所记与《景定建康志》相差无几："夏驾湖，在城东南五十里，属上元县丹阳乡，今为田。《宋书》：晋惠帝太安元年，丹阳湖熟县夏驾湖，有大石浮二百步而登岸，民惊噪曰'石来，石来！'明年，石冰入建业。今丹阳乡范墟渡，有旧石，长数尺，形如碌碡，父老云即夏驾湖浮来石。"到了明代，《万历上元县志》仍有简洁记载："夏驾湖，在丹阳乡，即晋惠帝时石浮来处。"

关于古夏驾湖的地理位置，清代文人刘著在其所撰《赤山湖水利说》中有所提及。雍正六年（1728）十一月时，刘著游南京，馆于学者程廷祚家。次年十二月，刘著为人诬告下狱。乾隆元年（1736），始得释，遂更名湘煃。后教授客居南京的吴敬梓长子吴烺历算之学。《赤山湖水利说》大约撰于馆程廷祚家之时，即雍正六年至七年。精通地理的刘著详细分析了赤山湖地理特点、历史变迁。他指出赤山湖即古之绛岩湖，地势较高，四面皆山，唯北面"独缺数里如门"，连通秦淮河。正当湖水下冲之处的是上元县丹阳乡所属的戴阳围、周子围、泥围、北山围、白米围等，"平洋万顷，方广亦将百里"。诸围不仅东南受赤山湖水之冲，而且东北有崙山、华山等山，北有汤山、青龙山等山，诸山之水汇聚丹阳诸围，以致沟渠交错。刘著依据旧志，认为其地当是古之夏驾湖、白米湖所在。刘著的判断，为后世寻觅夏驾湖的大约位置，指明了方向。清代《新修江宁府志》卷七记载："夏架湖，《宋书·符瑞志》：晋惠帝太安元年，丹阳湖孰县夏架湖有大石浮二百步而登岸，民惊噪曰'石来，石来！'明年，石冰入建业。《金陵志》：今丹阳乡范墟渡，有旧石，长数尺，形如碌碡，父老

王高氏谱系图

王高氏宗祠

范坜村古寺

云即夏驾湖浮来石。又云：湖今为田。”据《江苏省江宁县地名录》，范坜村“清时称范墓。民国初，村人嫌‘墓’字不好，改为范墟”。其实范墟一名，早在南宋《景定建康志》中就已经出现，并非民国时期更改。

当代影响与价值

以今人眼光观之，后一个传说中的“浮石登岸”，当然与石冰攻占建邺风马牛不相及。其真实原因如果不是人为因素，那就是风浪所致了，大约是因此“浮来石”比重较小，在较强外力推动下飘浮于水面之上，并被涛浪裹胁上秦淮河岸。但古人不具备这些科学知识，又因次年五月，恰有一支农民起义军领袖石冰趁乱攻占孙吴旧都建邺，并修建邺旧宫而居之，故史书多将这两件不相干的事联系起来，认为夏驾湖浮石上岸是石冰攻拔建邺的一种凶兆，乃记之《五行志》之中。这也间接说明，夏驾湖在历史上可能不是一个小的湖泊。宋代杨备有诗《夏驾湖》云：“湖面波光鉴影开，绿荷红芰绕楼台。可怜风物还依旧，曾见吴王六马来。”通过杨备的诗，不难看出，波光潋滟的夏驾湖水中有绿荷、红芰、楼台。由此可见六朝时期的夏驾湖应该是湖熟县城东郊的一处风景胜地。不仅如此，诗云“曾见吴王六马来”，吴王车驾还曾到夏驾湖来，不论是来考察，还是巡游，都可以想象此湖的重要。杨备是北宋人，到了南宋，《景定建康志》对夏驾湖的最后记载是“今为田”，也就是说，杨备吟诵百年之后的夏驾湖逐渐消失了。今天，我们只能从历史文献及以上的传说中，感受夏驾湖及范墟渡的传奇与神秘色彩。

周岗长干村的传说

基本概况

周岗长干村的传说，主要流布于湖熟街道周岗社区一带。

南京中华门外有座著名的“长干桥”，而湖熟街道周岗社区有个自然村叫“长干村”，这不是巧合，其背后有个十分优美而壮烈的传说。

相传明初朱皇帝造好了南京城，要在南门外秦淮河上造一座桥。但是石料填了一车又一车，就是填不上来桥墩。这时他的阴阳先生、有仙风道骨美誉的宰相刘伯温向皇上献计，号召天下名士捐献宝物送给水中的龙王。于是，皇帝下了旨，时有江南周庄巨富沈万山献上聚宝盆。皇上夸奖他一片忠心，将城门命名为聚宝门。又选吉日良辰，派监工捧着聚宝盆于河水中。监工心想，一个小小的盆儿，能把桥墩填满？想罢便将聚宝盆随手抛了下去。刹那间，水中翻泡，原先抛下的石料迅速上升，高出水面三尺便停住了。皇上命人赶紧再抛石料，可是任你抛多少，就是填不满，朱皇帝十分着急。刘伯温先是心中一惊，掐指一算，获知是监工在执行过程中心有异端妄想，破了自己的法术，遂汇报皇上，命人把监工推下去斩首。

接下来，刘伯温再用第二道法术。他速派人去民间私查暗访，查一查有没有一个人名叫“填得满”。如有，立即招捕进京，用其人身来祭桥神。朱皇帝忙派公差下去打听，果然查到湖熟镇西南周岗圩内长干村有个人姓田，名叫得满。皇上发下圣旨，急召田得满立即进京，不得有误。再说田得满已年近半百，家中儿孙满堂，这一夜做了一个噩梦，梦见自己魂不附体，并有杀身之祸，惊醒后坐床上苦思不得其解。到天亮便有村官来报，命田得满快接圣旨。田某心想，自己一介布衣平民，无功无德，无官无禄，与圣旨何干，便对进门的公差说：“召我去何干？”公差先是凶声恶气地说：“少啰唆，叫去就去！”可那田得满是个直性子的人，说一不二，心想此事恐怕与噩梦有关联。去与不去都是一命难逃，就高声说道：“不把缘由讲清楚，我就撞死在这里，你们抬尸体去见皇上吧！”公差一听傻了眼，圣旨召活人进京，抬个尸体回去，有违旨意，这该当何罪！他没敢再说，收起圣旨回京上报去了。

刘伯温知道原委后，第二天亲自带了几个随从及几车金银财宝来到田家，开门见山与田得满就造桥之事诉起苦来，说皇上着急，自己为难，京城百姓早就盼望人桥通行，希望他忠心朝廷，顾全大局，舍生取义，名垂青史。说罢，刘伯温用手指着几车金银财宝，“这全是送给你家的”。田某是个明白之人，事到如今，领旨是死，抗旨也是死，不如造福京城百姓吧，还可以流芳百世，

朱元璋（明人绘）

便对刘伯温说："几车金银财宝，我家分文不取，捐给村上做善事吧。自己死而无憾，只有一个要求，桥造好后，桥名要用我家乡的村名'长干'来命名为'长干桥'，否则以死相抗！"刘伯温听后略一思考，答道："可以，这个不难，待老臣回京奏过皇上便行。"于是田得满更衣上车，随刘伯温一同到了南京。

朱皇帝选好吉日良辰，替田得满精心打扮一番，对天焚香祈祷一阵后，田得满自己纵身从容跳进河中。秦淮河波浪激起，众工匠赶紧抛填石料，果然神奇，不到片刻工夫，四座桥墩凌水而起。半月之后，大桥完工，顺利通行。刘伯温不失其诺言，请示皇上同意后，将大桥命名为"长干桥"，一直沿用至今。

长干村众乡亲为家乡出了个义士造福京城百姓而感到骄傲。在妥善安慰田家后代后，众乡亲用田家捐出的金银财宝在村口造了一座庙宇，称"长干寺"，殿内设了一个神位，常年供奉田某神灵。从此，长干寺香火不断，长干村五谷丰登，四方平安。

历史传承

中华门外长干桥，南北方向横架外秦淮河上，是进出南门的重要桥梁，曾名聚宝桥，位于南京城墙南门聚宝门外，故名。史载五代十国吴杨溥执政时创筑金陵城，在城外开掘城壕，引秦淮河水绕城南，形成后来的外秦淮河，并在城壕上始建长干桥。南宋咸淳年间（1265—1274），马光祖重建长干桥，更名长安桥，为五拱石桥。元至正二年（1342），再次重建，为砖石拱桥。明初复建，更名聚宝桥，民间则一直称长干桥。清康熙三年（1664）重修。乾隆六十年（1795），江宁人孔毓文等募捐重建。清咸丰三年至同治三年（1853—1864），此桥毁于湘军与太平军之战中。光绪二年（1876）修复。古长干桥是南京城南水陆交会要冲，它前临长干里、雨花台，后倚南门、镇淮桥，百雉纡遇，万户栉比。

众所周知，长干桥之名出于周边长干里的地名。南京古语中的"干"，为山岗环抱的平地。《景定建康志》卷四十六云："江东谓山垄之间曰干，建康南五里有山冈，其间平地，庶民杂居，有大长干、小长干、东长干，并是地名。小长干在瓦

民国时期南京中华门外长干桥

官寺南巷，西头出大江。梁初起长干寺，按《塔记》在秣陵县东。今天禧寺，乃大长干也。”或称大长干在越城东，小长干在越城西，地当战伐要道，六朝交兵在南者，每先据此。

总之，南京长干里北临秦淮，西控长江，雄踞秦淮河入江通道，地理位置相当重要，历来为兵家必争之地。由长干桥进聚宝门（今中华门）至镇淮桥，可直达内桥，自南唐以来，这里是南京人口密集处及商业中心，城外则有金陵第一寺大报恩寺，其琉璃宝塔举世闻名。需要说明的是，中华门外长干桥得名于周岗长干村，这当然仅是一个传说，目前还没有发现确凿的依据。

当代影响与价值

周岗长干村的传说与南京中华门外长干桥相关，因此具有比较深厚的历史文化价值。这个传说还包含崇尚公平正义、祈盼五谷丰登等内容，故体现了一定的精神价值与和谐价值。今后可以考虑对这个传说进一步加工整理，并与相关旅游资源结合，就可最大限度发挥其经济效益，为建设美丽乡村增添光彩。

1991 年 8 月 25 日，周岗乡外贸裘皮厂生产场景

方孝孺与方家湾的传说

基本概况

方孝孺与方家湾的传说，主要流布于禄口街道成功社区方家湾一带。

据知情人张庆祥介绍，禄口成功社区的方家湾村虽以“方”为村名，但全村却没有一户姓方的。原来方家湾村本是明初著名学者方孝孺的田庄所在地，自然以方氏族人居多，因紧靠外秦淮河的河湾，故名方家湾。

相传篡位后的明代永乐皇帝朱棣大肆屠杀誓死不肯为其代拟继位诏书的方孝孺十族。所谓十族包括父族四、母族三、妻族二。父族四是指姑之子（姑姑的子女）、姊妹之子（外甥）、女儿之子（外孙）、己之同族（父母、兄弟、姐妹、儿女）；母族三是指母之父（外祖父）、母之母（外祖母）、从母子（娘舅）；妻族二是指岳父、岳母。这九族再加上学生合称为十族。屠杀令下达后，方孝孺的两个儿子被逼在家自缢，两个还未婚嫁的女儿被捆绑到船上押送进城时，乘人不备双双跳进了秦淮河自尽。在这桩历史血案中，死者达870余人。方家湾因是方孝孺的田庄，亦惨遭屠戮。在腥风血雨中，姓方的全被斩尽杀绝。方家湾村从此无人姓方，也不敢姓方。

长期以来，方家湾村沿秦淮河的大圩堤内侧坟茔遍布，难以计数，冷森孤荒。每逢天阴雨湿，异声四起，仿佛是那些无辜的冤魂在不停哭诉，向世人解开方家湾村名的历史疑团。

方孝孺忠心报国，成为封建皇权尔虞我诈、互相杀戮的牺牲品。他面对屠刀表现出来的视死如归、抗节不屈的英雄气概，受到后人的景仰和赞颂。而朱棣夺取皇位后虽有恢恢业绩，但那桩骇人听闻、令人发指的“株连十族”屠戮血案，却将他永远钉在了历史的耻辱柱上。

历史传承

方孝孺（1357—1402），字希直，又字希古，人称正学先生，浙江宁海人。父亲方克勤，明初当过官。方孝孺从小机敏好学，在家庭严格而正统的教育下，每天要读很多书，写得一手好文章，闻名遐迩，乡邻们都称他是“小韩子”。明洪武

民国时期雨花台旁的方孝孺墓

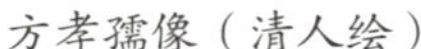
方孝孺像（清人绘）

1980年代江宁农村

年间（1368—1398），他授为汉中府教授，蜀献王聘他为“世子师”。建文时期，当上了朝廷侍讲学士。著作有《逊志斋集》。建文元年（1399），惠帝朱允炆为了巩固政权，采取措施镇压地方割据势力，强化中央集权。而那些被朱元璋分封在各地的藩王多为其大小叔父，最厉害的要数北平的燕王朱棣。朱棣兵多将广，地域广阔险峻，自恃势大力强，对帝位早怀野心，于建文四年（1402）借口“清君侧”“靖难”，发兵南下，攻破京都南京。惠帝朱允炆吓破了胆，孤立无援，自焚而死。

朱棣夺取了皇位，改年号为永乐。他久闻方孝孺是建文帝的红人，文才过人，想利用他的影响为篡位造势，就下命令强迫方孝孺起草登基的诏书。方孝孺正气凛然，不事二主，坚决不从，他将笔摔在地下，边哭边骂，说：“死即死耳，诏不可草！”朱棣听了愤然大怒，当场让手下用刀把方孝孺嘴割开到耳根，方即昏死过去。不久，朱棣又下令用撕裂肢体的酷刑将方孝孺处死。方孝孺毫不畏惧，慷慨就义，死前还写了《绝命词》一首：“天降乱离兮孰知其由，奸臣得计兮谋国用忧。忠臣发愤兮血泪交流，以此殉君兮抑有何求，呜呼哀哉兮庶不我尤。”这首诗的意思是，老天降下特大离乱灾难给朝廷，谁知道这是为什么！奸臣篡位夺权用心良久，终于阴谋得逞，

今日方家湾村

方家湾村旁秦淮河

忠臣义士悲愤交加，宁死不屈，血泪流成了河。我用一片忠心报答君王，还有什么别的追求呢？多么可悲啊，这不是我的错误啊！明朝有株连九族的残酷刑典，朱棣恨死了方孝孺，就罪加一等，变成了株连十族，不仅虐杀了方孝孺，还杀了方孝孺一家老小、祖宗八代、亲戚朋友，连家中仆人及教过的学生统统杀光斩绝。方孝孺死后葬雨花台。

除了口碑资料外，1984 年的《江苏省江宁县地名录》一书也记载：“（方家湾在）秦淮河河湾处，相传明代方孝孺的田庄在此，故称。”当地的老人们说，在他们儿时的记忆中，方家湾村中从来没有出现过任何一个姓方的人家；不光他们，他们的父辈也没听说过。几百年来，这里似乎成了方姓人的“禁区”。

当代影响与价值

方孝孺与方家湾的传说，自明代流传至今。这个传说塑造了方孝孺忠贞不屈的形象，体现了深层次的精神价值。通过这个传说，可以教育后人瞻仰方孝孺的才识和人格，进而在潜移默化中提升整个社会的道德水平。

阳山碑材与坟头村的传说

基本概况

阳山碑材与坟头村的传说，主要流布于汤山街道及周边一带。

汤山附近有座阳山，阳山上有块巨大无比的碑材，碑帽、碑身、碑座加起来足有 24 层楼那么高，但凿得半半拉拉，躺在地上风吹日晒已经有 600 多年了。这块碑材跟南京城里四方城那块神功圣德碑还有不小的联系。

传说自从明成祖朱棣得了皇位，他就处处想显示自己，凡事好讲个排场，做东西越大越好。他要替父亲朱元璋立碑，不用说，那碑材必须是大大的啦。承办这件事的官儿，光晓得皇上要大的，不晓得多大的尺寸。头回去问，皇上说了：“捡顶大的料做。”尺寸没有讲。二回，他壮壮胆子又问了，皇上把眼一翻：“跟你讲要大的，要

阳山明文化村

1967 年阳山地区卫星图

大的，越大越好！”还是没有讲尺寸。

那官儿不敢再问了，就一山一山地跑，找皇上称心的大碑材。这天，他跑到汤山附近的阳山，抬眼一看，尽是刮刮叫的大麻石，用它做碑，真是帽子没边——顶好啊！皇上不是要大么？干脆叫石匠顺着山凿，这么大的碑材，管保天下第一。皇帝一高兴，他这辈子还愁什么前程？这官儿高兴得连晚进宫禀报。果真，皇上听了眉开眼笑，限他九九八十一天完工。

圣旨一下，全国各地的能工巧匠都上阳山来了。一望这浩大的工程，一个个吓呆了。北方来的人成天在这荒山野岭上，更是没命地想家。每回大雁飞过头顶，都恨不得托它带个信，向妻子儿女倒倒苦水。后来，这阳山就又叫雁门山啦。

一开工，皇上派来的心腹太监就规定：每个石匠一天要凿三斗三升石屑子，交不足数的杀头。乖乖隆的冬，三斗三升石屑子，看看简单，凿起来万难。这阳山笔陡笔陡的，人在高头做活，一不当心栽下来，尸首都没法收。初开工，大石片多，拼死拼活，一天还勉强能交个足数。往后越做越细，石屑子就少了，可上头定的分量不减，害得一些年纪大、身子瓤的人活活累死；有的熬不过这活罪，索性跳崖。限期一天一天接近，监工也接二连三地换，一个比一个毒刮。石匠们完不成数被打死的、想溜被抓回来杀头的、摔在崖下的尸首堆成了山包包，这埋骨之地就叫“坟头”。后来附近有人住在这里，就叫作“坟头村”。

阳山上有冤气，被峨眉山上一位仙道算出来了，他装成一个老石匠特地赶到阳山来搭救。石匠们眼看干不下去了，一天半夜里聚起来商议。这个说：“我们是乡里人挑粪担子——前后都是死（屎），不如奔吧。”那个讲：“奔哪块？不看见被抓回来的人，一个个都被杀了？”商议来商议去，没得头绪。这时，新来的老石匠开口了：“依

阳山采石场

阳山碑材

我啊，硬拼不如软抗，叫他收不了摊，歇火。”“怎格软抗呐？”老石匠回了：“你们天天做活，可望见太监是怎么监工的？”

“躲在树荫底下呗，怕晒呐。”

“二爷怎么验收石屑子的？”

“站在高墩上捂住鼻子看，怕灰哩。”

老石匠哈哈一笑：“他们站得远看不清，我们不会来个斗朝天，浅浅装一层石屑子……”

“生姜到底老的辣！”石匠们个个夸好。

从这天起，阳山上的石匠，天天如数交出三斗三升石屑子啦。太监好不得意，以为是他的鞭子打出来的呐。

有一回，老石匠看见有一处河沟难跨，便轻轻举起一块大石头，朝两岸一搭，就成了桥。那块石头歹沉，几十个小伙子也抬不动它，石工们这才晓得老石匠是个仙人，就把这座小桥取名“仙人桥”啦。

再说，太监们高兴不了几天，就犯死相了：工程越做越慢，又不晓得什么原因。眼看限期要到，那承办工程的官儿，只好抖抖活活去向皇帝请罪。皇帝一来气，把他斩了。皇上打定主意：一块碑材就这么难凿？干脆把它运进宫来，放到我眼皮底下来做，倒看是驴子不走，还是磨子不转。

皇帝当天派了兵马去运，哪

民国时期的阳山碑材

晓得斗大的馒头——无处下口，只好灰溜溜回来了。皇帝不信，派了三个信得过的大学士上阳山探探究竟。三个大学士费了好大劲爬上阳山，一抬头，乖乖隆的冬，这么大的碑材，出娘胎没见过！有个胆儿大的，想爬到碑身上量量尺寸，回去好交代，人还没爬上去头就晕了。耳边还听见一群娃娃在唱："东也留（流），西也留（流），锁石锁坟头……"这大学士心里更寒嗖嗖的，揣摩是天意要留它，只好跟那两个大学士歪歪嘴溜回宫了。

皇上听了回报，也哈住了嘴，脸煞白煞白。哪个叫他要"越大越好"的呐？只好另打主意：派人重做一块小得多的碑，放进四方城，就是现在那块"神功圣德碑"。

阳山上的石匠，后来不少人就地安了家。因为是四路八方挤在一块儿住的，就叫挤村，后首才叫了窦村。能工巧匠手艺一代传一代，窦村的手艺还是全国闻名的哩。南京一带用的斗，也跟外地不一样，底大口小，这是阳山石工们传下来的样式。

那块运不走的大碑材呢？如今还原封不动躺在阳山的石场上。据说这么大的碑材，全世界也找不出第二块呐。

又传说阳山碑材所在地原来叫龙头镇，因开凿石材，大批民工枉死，被拖到石块下面大场子就地掩埋，于是龙头镇叫成了坟头村。数百年来，当地村民流传着一句民谣："东流到西流，锁石到坟头；东也流（留），西也流（留），中间锁石

阳山碑材碑额与碑身

锁坟头。”民谣中的“东流”“西流”“锁石”“坟头”等均为地名，至今犹存。这些传说和民谣，都和“锁”在坟头村的三座巨石碑材有关。

历史传承

阳山碑材，位于阳山西南麓，这里是一处明代大型采石场。采石场呈东北至西南走向，长500余米，宽200多米，前部低洼如谷地，后部随山势隆起，其出口处至坟头村一带，一条宽广的古道至今仍依稀可辨。当地群众俗称阳山碑材为“大石碑”，分碑座、碑首、碑身三块，皆未雕凿完工。碑座呈长方体，约长26米、宽16米、高12米，以一般石灰岩比重2.7计算，重约13000余吨。除北面与山体相连及底部留有几个支撑点外，已经基本上凿空;碑首，又称碑额，椭圆形，在距碑座300余米处的山坡上，约长20米、宽8米、高10米，重4000余吨。碑首上留有拟雕蟠龙的14个石牙，除底部留有3排支撑的条石外，余皆与山体脱离。碑身酷似一道巨墙屏障，约长50米、宽4.4米、高12米，重7000余吨，除东面和底部的两处支撑点尚与山崖相连外，其余均与山体凿离。若将碑座、碑身、碑首一一垒起，通高72米余，相当于24层楼高，其重量则达24000余吨。难怪清代著名诗人袁枚在他的《洪武大石碑》一诗中惊叹：“碑如长剑青天倚，十万骆驼拉不起！”

关于阳山碑材的来历，《万历上元县志》载：“雁门山，在县东六十里……一名阳山，孝陵碑材取之此。”《同治上江两县志》载：“明永乐三年（1405），成祖朱棣为其父太祖朱元璋记功而命凿。”明永乐年间翰林院编修胡广的《游阳山记》具有很高的史料价值，该记详云：“永乐三年秋八月，皇帝因建碑孝陵，斫石于都城东北之阳山，得良材焉。其长十四丈有奇，阔不及长者三分之一，厚丈二尺，色黝泽如漆，无疵纹……越九月戊午，特命翰林臣往观。”根据以上记载可知，阳山碑材为明成祖朱棣为其父明太祖朱元璋修建孝陵而凿，拟雕造“大明孝陵神功圣德碑”。

一般认为，朱棣在夺取皇位之后，为缓和民众对其夺取政权的不满，宣扬其继承皇位之正统，他推动了一系列昭示“致孝皇考”的重大工程，如修葺凤阳皇陵、修葺并拜谒泗州祖陵、重建南京天禧寺并改名大报恩寺等，阳山碑材亦是其中之一。永乐三年（1405）秋八月，朱棣想要在孝陵修建碑刻，于是派遣工匠到阳山寻觅石材，遂“得良才焉”，并让群臣前往参观，“相其制度之宜”。所谓良才即阳山碑材，可知阳山在永乐三年八月之前就已经有开采活动，至八月碑材正式开采。在孝陵所建之碑即“孝陵神功圣德碑”，胡广在《游阳山记》文中即称：“圣天子致孝皇考，树石园林，昭功德于万世。”后世文献资料也往往认为阳山碑材是为修建孝陵神功圣德碑而开凿。朱棣将建碑计划公之于众后，又特地命令“翰林臣”往观，于是解缙、金幼孜、胡广三人前往阳山。再派“翰林臣”前往观碑无疑是想让胡广再对如此规模宏大的工程献上颂词，然颂词未做而《游阳山记》传世。胡广一行三人前往阳山的时间是“九月戊午”，当时碑材已经开凿一月有余，而胡广等对于碑材规格已经知晓：“其长十四丈有奇，阔不及长者三之一，厚丈二尺，色黝泽如湅，无疵璺。”按，明代营造尺一尺约为31.1厘米，明代十四丈大约为43.54米，这个数字与碑身的尺寸相近。

据胡广所撰《游阳山记》云，胡广等三人早朝后，由朝阳门出城，过十里铺抵沧波门，再由“拒马墙”（疑即外郭城）折北而行至麒麟门，由麒麟门折向东至一“长坂”，在路旁农人的指点下向南行“遵田畔折入小村市东山麓，度坳入谷行长稜十余里始至阳山”。“稜”通稜，意为物体上的条状突起，胡广等疑似由今湖山村附近谷口沿着山脊向南至今阳山碑材处。

在阳山之下，胡广见到凿山的民工们住宿的“草茇”数百间，又见山之周围设樊墙，开二门以供人上山下山。门外百步有一井，井为旧泉改制。井外有深坑，以山上土石填之。入门百步亦有一井、二小水池，池水甚清。可见当时阳山碑材的开凿队伍已经十分庞大，且屋舍、围墙、水井一应俱全，显示了朱棣长期开凿碑材的决心。今阳山脚下明文化村推测为阳山碑材开凿营地所在地，村中保留有古井一口。参照胡广的记述，可对整个碑材开凿及营地进行复原研究。胡广三人至碑材之下向上仰观，可见碑石“穹然城立”，至碑材下相视，惊愕不已，皆认为前所未见，感叹“天生此石，以有所待也”。后胡广等冒险登上碑材，在经历一人在前手拉、一人在身后推挤的艰辛攀登后，至碑材顶部，远望长江及都城。据胡广已预先得知的碑材尺寸来看，他所攀登者当是碑身。自阳山下山后，胡广回到小村市寻访本业寺并过夜，至庚申日早晨沿着来时的道路至灵谷寺观览书画，至晚上回到都城。至此胡广前后二日的阳山之行结束。

胡广在笔下生动记述了阳山碑材开凿的时间、碑材尺寸、碑材开凿营地、碑材开凿者的工作状态，成为研究阳山碑材最为珍贵也是最为关键的史料。但奇怪的是，自此之后阳山碑材开凿计划从此不见于永乐朝官方史料中，甚至连碑材何时停止开凿亦不明确。今日有观点认为阳山碑材的开凿时间为永乐三年至四年，即阳山碑材很可能仅仅开凿一年时间，如季世家就认为阳山碑材完工的时间为永乐四年（1406）五月初四之前，理由是胡广文中的“越九月戊午”为过了九个月的意思。仅就碑材巨大的尺寸及所费人工看，这种观点不可信，且无文献依据。检索史料，与阳山碑材停止开凿相关的信息，有一条见于《明太宗实录》：“（永乐七年九月）工部营缮清吏司典史汪如海言：‘近者有司采石于青龙山，锤凿之声闻于远迩，掘地或深一丈。窃惟山迩孝陵，利于安静，山川灵气不宜泄之。请改取于他山，皇太子嘉其言，亟命工部禁止。”据前所述，阳山亦可能包含于青龙山之中，青龙山采石之禁当包含阳山在内。阳山采石场之庞大规模，亦不能不引起朝廷的重视。工部营缮清吏司典吏汪如海身份卑微，却上书直言皇家陵寝不安，灵气泄露的大事，不得不引人遐思，故有学者引用此条史料提出朱棣在头脑发热，启动阳山碑材计划后逐渐冷静下来，于是低调停止碑材开凿事宜。这种说法虽有可商榷之处，但承认阳山碑材开凿的彻底结束当在永乐七年（1409）九月汪如海上书前后。

之所以停止阳山碑材的开凿，一般认为有两个层面的原因：一是碑材工程浩繁，工程进度太慢。传说朱棣残酷压榨开凿碑材的工匠，这些由囚犯临时充任的工匠每日需交石屑三斗三升，因工死伤不计其数。今阳山之坟头村，相传是因开凿碑材而死的工匠的乱葬岗。清人袁枚在他的《洪武大石碑歌》中亦慨叹：“诏书切责下欧刀，工匠虞衡井中死。芟刘群雄笞八荒，一拳顽石敢如此！”朱棣面对一拳顽石竟无能为力，只能苦役工匠与小吏。明代黄汝亨在寻访阳山碑材时得到一则传说，“土人言是高皇所伐，念劳苦千人，悔而止”，虽与传统的朱棣残暴形象不同，亦反映出碑材开凿之难。二是碑材体量太过庞大，难以运输，所谓“碑如长剑青天倚，十万骆驼拉不起”。明代巨型石材多采用多轮车或旱船拖运。明中都营建时曾采用特制的32轮大车、200人拉拽、200人肩扛铁圈随时维修。但即便如此，也最多只能承受95吨的重量，阳山碑材仅碑额就有近900吨的重量，难以利用大车运输。旱船是在冬天大路边掘井泼水成冰，使得旱船在冰面滑行前进，但南京为亚热带气候，冬季并不如北方寒冷，难以泼水成冰供旱船行进。近人朱偰在考察阳山碑材后亦在《金陵古迹图考》中认为：“碑材以过于庞大，无法运输，遂弃置不用。”

此外，我们还可以考虑另外一种原因。若碑材真是在永乐七年前后停止开凿的话，那或许如汪如海所言，碑材废弃多少与采石惊扰孝陵、泄露孝陵灵气有关。值得注意的是，据顾炎武《肇域志》卷五《皇陵》，晚明崇祯十一年（1638）时还曾禁止于孔山附近凿石烧窑，理由为：“孔山之石门及黄楝树，武岐山之燕冈，俱系真正来脉，不许骑脊穿窑，凿石煅炼。”将孔山一带视之为龙脉所在的禁地，这或许是“山川灵气，不宜泄之”的真正含义，并使得阳山碑材最终被废弃。

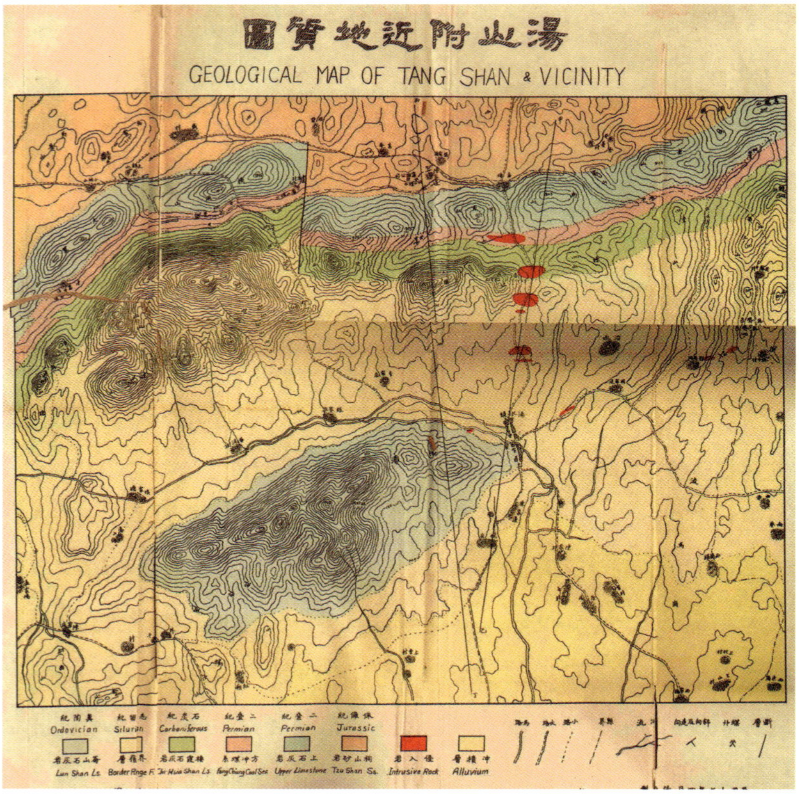

1928年汤山附近地质图

永乐年间的大规模开采结束之后，僻处山谷之中的阳山碑材偶尔有文人学者来此探访，留下若干咏怀，如明中期诗人、曾遍游吴越山水的薛章宪曾有《阳山大石》诗：

郎星自天着山巅，与天作石知何年。
谽呀赑屃断后裂，欲随不随相钩连。
硗然踦股躩且跧，霜饕雪虐成顽坚。
夸娥负山跂一足，罔象拔河耸两肩。
嵌空窒罅鬼手刓，蜂房联络僧庐悬。
崚层石磴蛇倒退，决往未省愁攀援。
还从青衣驾赤犊，更觅小有穷兜玄。

其中一句“谽呀赑屃断后裂，欲随不随相钩连”，与今日阳山碑座的保存状态相一致。据《寓林集》卷十，明末黄汝亨在寻访雪浪庵的归途中亦参观阳山碑材，并称：“自雪浪归可八九里有大碑卧山麓，远望如孤城横峙，长不减二十丈。今卧未起，须仰面乃见其脊。如负以赑屃，当直入云汉矣。傍赑屃高亦四丈许，从秦汉典籍来所未见，工已八九，独一面未断。”描述了当时碑材之碑身与碑座的形态。清代诗人袁枚的《洪武大石碑歌》叙述了碑材的保存状态、开凿始末，成为吟咏阳山碑材的不朽名篇：

青龙山前石一方，弓尺量之十丈长，两头未截空中央。旁有赑屃形更大，直斩奇峰为一座，欲负不负身尚卧。相传高皇开创气概雄，欲移此碑陵寝中。大书功德告祖宗，压倒汉唐惊羲农。

碑如长剑青天倚，十万骆驼拉不起。诏书切责下欧刀，工匠虞衡井中死。芟刘群雄笞八荒，一拳顽石敢如此！周颠仙人大笑来，天威到此几穷哉！但赦青山留太朴，胜扶赤子上春台。丁丁从此停开凿，夜深无复山灵哭。牧竖宵眠五十牛，村民尽晒三千谷。材大由来世莫收，此碑千载空悠悠。昭陵石马无能战，汉代铜仙泪不流。吁嗟乎！君不见项王拔、始皇鞭，山石何偿不可迁！威风一过轻如烟。惟有茅茨土阶三五尺，至今神功圣德高于天。

其中一句“惟有茅茨土阶三五尺，至今神功圣德高于天”，亦认为碑材是为建神功圣德碑而开凿。

近代以来，随着汤山温泉的开发利用，游人可以方便地前往阳山碑材探访，如1933年出版的《京沪旅行指南》中就将阳山碑材列入去往汤山温泉途中之名胜加以介绍，称之为“寰宇内的奇观”。严伟《南汤山志》收录了张更对汤山的调查报告，内容包括对阳山碑材的考证，其云：“碑料长十六丈，阔六丈，厚一丈五尺，为宇内第一大碑，本欲移植明陵，因难于运送，且燕王迁都北京，遂停工未凿离，当时役匠千百，有投井自杀以求免役者，袁简斋（即袁枚）有诗讥之。”钱贯之在1947年10月的《锡声》杂志上称：“日前应友人之宴赴汤，宴毕遍游诸名胜……坟头村，珠山北边有大石碑一座，长有十余丈，宽二丈，高三丈，建于明朝。以人工凿成，工程浩大。据云为堵塞后宰门之用。”到访碑材的清末至民国时人还留下了一系列珍贵影像。早年为国民党元老后成为汪伪要人的储民谊亦曾于1931年参观阳山碑材并留影，在1931年3月的《图画时报》上称碑材为“南京汤山未完成之大石碑及石龟，为明代古迹”。著名画家徐悲鸿曾游历阳山碑材，据蒋梅笙于1931年1月25日发布于《申报》“自由谈”栏目的《汤山记游》，徐悲鸿在游历之后向作者描述了碑材具体形态：“云有巨碑之材，凿自石崖，而一端未殊，侧立地上。修（亦可云广）约六十公尺，广（亦可云高）约十四公尺，厚四公尺，实宇内之奇观。以史考之，盖明永乐朝尝规取以勒圣德神功之碑，既而弗果，遂弃之荒野云。”可见徐悲鸿曾观察碑身的保存状态，可惜作者蒋梅笙由于“田塍既泞滑，山径又多荆棘”，并没有亲身前往碑材参观。

当代影响与价值

阳山碑材巍峨雄伟，堪称“世界之最”，1957年被公布为江苏省重点文物保护单位。1983年，在“金陵新姿揽胜评点征联”活动中，阳山碑材以“绝世碑材”的赫赫声名入选“新金陵四十景”之一，同时入选的楹联为：“石上有痕，已为前朝记功过；碑中无字，留与后人论是非。”2013年，被列为第七批全国重点文物保护单位。

今日之阳山碑材已成为南京的一张重要文化名片，它所具有的巨大历史价值和文化价值早已为地方政府重视。他们在阳山碑材保护区范围之外所建的明文化村，已成为南京东郊特色旅游景区之一。此外，根据以上文献的梳理可知，阳山碑材与坟头村的传说绝非空穴来风。建议有关部门在进一步挖掘这个传说资料的基础上，科学编制包括明文化村在内的阳山地区的整体宏观规划，将相关传说与实物遗存相结合，从而更大地发挥这项“非遗”资源的综合价值。

周官梓村的传说

基本概况

周官梓村的传说，流布于禄口街道铜山地区周官梓村。

周官梓自然村，隶属于禄口街道溧塘村，位于原铜山镇的南部，与溧水区石湫镇的解塘村、独山寨、庙岗口等村相邻。一直以来，在江宁地区铜山一带，关于周官梓村的来历，有两种说法。

一说，据《江苏省江宁县地名录》“铜山乡概况”记载：“周官梓，清光绪间，附近一做官的曾将浪子禁闭于此，村因名周关子。新中国成立前，村人嫌此名不雅，则改‘关子’为‘官梓’。梓，梓里，家乡。”2014年出版的《江宁区志》、1987年出版的《铜山乡志》、2011年出版的《禄口街道志》，都从其说。

第二种说法来自周氏族人的口碑资料。2021年，本书编辑部安排专人赴周官梓村采访调查。关于周官梓村名的来历，周氏族人有自己的说法：周家从山东枣庄逃荒于此，对后辈教育非常严格。周氏后人勤勉于学，十分遵从儒家的“学而优则仕”的教导，同时十分怀念枣庄老家。加之在此落脚后不久，不仅有周氏子弟当上了县令与县主簿，且后辈读书人才辈出，所以取名“周官梓”。

有意思的是，文献中的“周官梓”，还有另外一说。宋邓名世《古今姓氏书辨证》卷二十二中，

江宁艺人表演绝技

关于“梓”姓是这样介绍的：“其先，周官梓人之后，以世官为氏。春秋时，鲁大夫梓慎。”意思是，梓姓人的先祖，在周朝时做官，其身份是“梓人”，故以世代官名的“梓”为姓。春秋时期，有鲁国大夫叫梓慎。而据《考工记》载，木工有七，其一为梓人，专造饮器、箭靶和钟磬的架子。后世亦称建筑工人为“梓人”。照此解释，“周官梓”村名的由来可能与村民的职业性质有关。姑存其说。

历史传承

据《江苏省江宁县地名录》，民国时期“周官梓村”的村名就已经存在。据1928年出版的《江宁村制初编》之“各村概况”，溧塘村所属的村

庄中就有“周广梓屯”，也就是现在的“周官梓村”。

周官梓村周姓是开村之姓。溧塘社区周姓很多，周官梓村的周姓与溧唐阁自然村的周姓，不是同宗。据周官梓村村民周永春介绍，该村周氏族人是清朝初年从山东枣庄逃荒而来。迄今为止，有 8—10 代周姓族人在此开枝散叶。历史上，周氏也曾数度修谱，只是旧时所修的家谱，毁于“文化大革命”时期。虽然族谱不存，但周氏族人还是延续着周氏宗谱中所记载的周氏派语。因此，周氏后代的名字，基本是按行辈起名，传承下来的行辈为“正大广明，宜善永昌”8 个字。“广”字辈结束在 20 世纪 70 年代，现在村里最大的辈分为“宜”字辈。村中 90 余户人家，周姓约占 70%。新中国成立后，村边的几个大姓，如解、洪、蒋等姓陆续入村。20 世纪 60 年代，因溧塘水库建设，周边一些 20 多人的小村，也并入周官梓村。

通过实地采访发现，旧时周官梓村的布局规划非常合理。村中地势南北走向，前低后高，村后有一山坡，称为压山。族中有规定，任何人不得动山上一锹土、一棵树。第二代周氏有四子，按长幼顺序，由东向西，分列建造屋舍。村的最东边是周氏宗祠，宗祠格局为三楹、两进、东西两厢房，大门向西南，面对横山。宗祠内还可以停放各家为老人准备的寿材。每年春节前，各家派一个代表去祠堂祭祖吃饭。周氏宗祠拆毁于 20 世纪 60 年代。紧邻祠堂的是长房屋，以此类推向西。形成四列三巷格局。村中人称三条巷为“本村三条巷”。所有门向朝横山方向。第三条巷子口被村中定为出殡时的停材地。目前村中保存最好的是第三条巷子，还能看出当时的格局。现在村中人家的房前屋后，还留着许多大小不一的柱础（村民称为磉鼓）、青条石等老建筑构件。

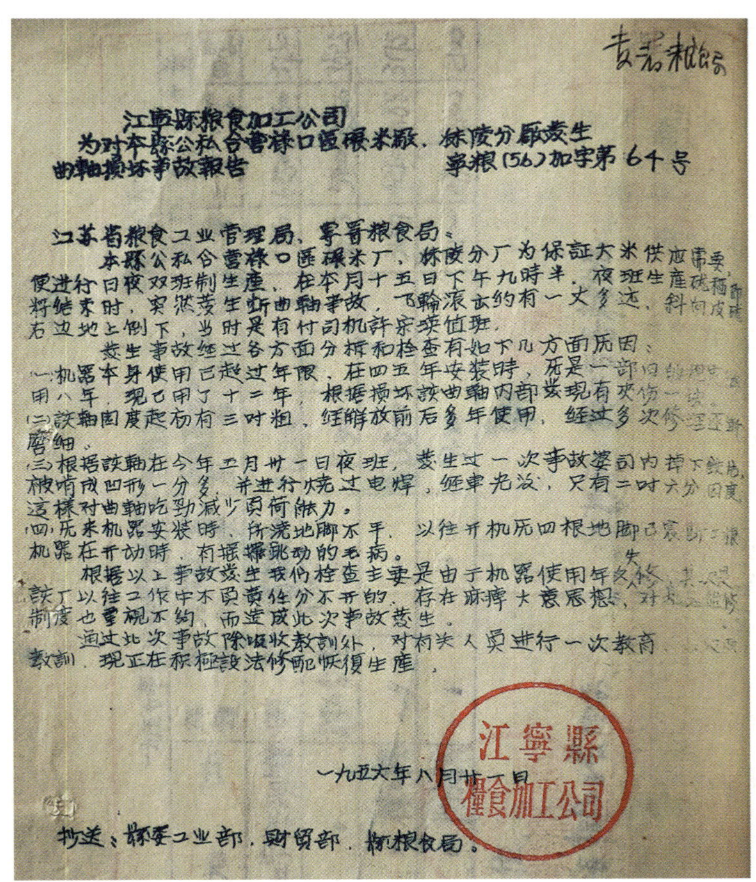
[illegible]

江寧縣粮食加工公司
为对本縣公私合营祿口區碾米廠、秣陵分廠发生
曲軸損坏事故報告　　　　寧粮（56）加字第 64 号

江苏省粮食工业管理局、寧晋粮食局：

本縣公私合营祿口區碾米厂、秣陵分厂为保証大米供应需要，便进行日夜双班制生產，在本月十五日下午九時半，夜班生產[illegible]将結束时，突然发生断曲軸事故，飞輪滚去约有一丈多远，斜向皮[illegible]右边地上倒下，当时是有付司机許[illegible]值班。

发生事故经过各方面分析和检查有如下几方面原因：

（一）机器本身使用已超过年限，在四五年安装時，原是一部旧的[illegible]用八年，现已用了十二年，根据损坏該曲軸内部发现有[illegible]一块。

（二）該軸圆度起初有三吋粗，经解放前后多年使用，经过多次修[illegible]磨细。

（三）根据該軸在今年五月廿一日夜班，发生过一次事故[illegible]掉下铁片，被啃成凹形一分多，并进行烧过电焊，經車光后，只有二吋六分圆度，這樣对曲軸吃劲减少負荷能力。

（四）原来机器安装時，所浇地脚不平，以往开机后四根地脚已[illegible]，机器在开动時，有振[illegible]跳动的毛病。

根据以上事故发生我们检查主要是由于机器使用年久失修，[illegible]缺乏以往工作中不負责任分不开的，存在麻痹大意思想，对[illegible]制度也重视不够，而造成此次事故发生。

通过此次事故除吸收教訓外，对有关人員进行一次教育[illegible]教訓，現正在积極設法修配恢復生產。

江寧縣粮食加工公司（印）
一九五六年八月廿一日

抄送：縣委工业部、財貿部、縣粮食局。

1956 年禄口碾米厂秣陵分厂曲轴损坏事故报告

铜山镇小学阅书报处

采访的两位周氏族人，一位是善字辈，一位是永字辈，都是老四房的后辈，住家位置就在西边的第三条巷子。其中周善林已从领导岗位退休，他介绍祖父是学医的，父亲读了 20 多年私塾，太爷曾任溧水县主簿，家里是书香门第，祖辈对晚辈的教育就是读书明理。

当代影响与价值

“周关子”“周广梓”“周官梓”，看起来其字面意思相差甚远，但却有着内在的关联，就是教子严格、勤勉于学、不忘故土。作为禄口街道的一个自然村，周官梓村得名的真正含义可能已经很难破解。不管是哪一种解读，都具有一定的历史价值。周氏族人利用这样的传说，以彰显本族的家族文化，并希望通过这样的传承，教育感昭下一代，激励族人勤勉于学，以光宗耀祖，为国家做出自己的一份贡献。正是千千万万个这样的家族史村史，构成了我们的江宁史、南京史和国史。

汤山马墟葛氏的故事

基本概况

汤山马墟葛氏的故事，流布于汤山街道阜东社区马墟头村。知情人葛家荣。

相传明正德年间（1506—1521），葛氏族人在光原公的带领下，正式由句容迁住今阜东社区马墟头村。据葛元清主修的抱朴堂《葛氏族谱》之“葛氏五房支序”载：“但我葛姓系由颛顼之后，乃鸿胪公之苗裔，稚川公之嫡。”颛项是传说中的五帝之一。鸿胪是古代掌管礼宾事务之官，位列九卿。鸿胪公当指三国孙吴著名高道、道教灵宝派祖师葛玄之父葛焉（字德儒），他曾历大鸿胪，故有是称。稚川公即葛洪，东晋著名道教学者，晋丹阳郡句容县人。相传句容葛氏系魏晋南北朝时由北方迁入，而葛元清这支族人则是从句容迁到马墟头村，谱载为葛焉、葛洪之后裔。

购买葛世根宅基地“官契纸”

《抱朴堂》马墟葛氏族谱

据《葛氏族谱》记载，马墟葛氏排辈有“宏开宗本序，继述孝为先，遗履相传永，同升大有年，桂林怀远发，嘉定保密延，光显尚之祚，启士文武全，世德修原道，家声振举贤，兴祥长兆庆，昌盛克承宣”60字。那么，其排辈最早的“宏”字辈对应的时代，大约在公元500年前后的北魏宣武帝景明年间（500—503），这与句容葛氏先人从北方迁往南方的年代吻合，此则进一步印证了葛氏族人极有可能是葛洪之后。葛氏家训即“乾坤节泰，复临恒丰，萃渐苔履，谦益咸同，豫随颐解，师巽升蒙，元亨利贞，仁义礼智，孝悌忠信，定安平治，纲常伦理，正直端方，清廉和惠，恭俭温良”等56字。“豫随颐解，师巽

葛洪像（清道教画）

升蒙”之前几句罗列了一些吉祥之语，而此后数句是儒家经典礼仪，则显然是为了规范族人的道德行为。

历史传承

据《葛氏族谱》记载，马墟葛氏首次修谱于清嘉庆十年（1805），共编成16册，详细记录了葛氏迁徙情况及葛氏源流。二修于道光十七年（1837），也是16册。迄后，在晚清太平天国战乱期间，“人民流离，少者逃散他乡，老者死于荒郊，宗谱之根，难以记明”。到了同治三年（1864），“省垣克复，族渐归里，人丁户口十存其二也。会族检阅家乘，有失于播迁，有失于草野，幸有渭熊叔壁藏全册”。葛渭熊将族谱藏于墙壁之中，才得以保全。到了光绪十年（1884），族中伯叔兄弟再次提议修谱之事，遂于次年修谱。1918年，葛氏第四次修谱。此后，因种种原因，族谱未能续修。直到1986年，作为一族之长者的葛元清，在此倡修族谱。

除了修谱活动外，马墟葛氏还建有祠堂，有大祠堂、小祠堂之分，大祠堂为正宗葛氏所建，小祠堂则是侧室后代所建。据口碑资料，当年葛氏祖先迁居的汤山马墟头村地理形势并不十分理想，村庄紧邻一条小河，四周高，中间低，接近盆地底部，极易遭洪涝灾害。1976年的一场特大洪水就曾淹没了整个村子，之后逐步向四周地势高处搬迁，遂形成目前一村居于五处不同地点的格局。

马墟葛氏至今收藏的两份“官契纸”档案，可以见证其家族的发展。案：清光绪及以前的民间买卖田地房产，一般由买卖双方签订契约，请中人见证。宣统皇帝登基后，出台新政，规定凡民间买卖、典当不动产，必须使用官方提供的契纸登记，名曰“官契纸”。“官契纸”起两个作用：一是作为不动产登记证明，确认持有人不动产所有权；二是登记不动产交易价格，作为征税依据，类似当今发票。“官契纸”有两份：一份是“正契”，记载不动产交易情况，同时刊发税收规定，告知纳税人税率、税收用途、纳税期限、处罚规定等；

《葛稚川移居图》（元人绘）

另一份是尾契，业主完税后填写契价税银数目，在骑缝处加盖官府大印，沿骑缝截为两半，一半交业主收执，一半留布政司查核，即完税凭证。

葛氏收藏的是宣统元年（1909）购买葛德纯和葛世根房基地登记的“官契纸”，两次交易分别发生在光绪二十六年（1900）和光绪三十四年（1908）。据此资料，葛家荣太爷爷购买葛德纯房基实际交易价是鹰洋十五元，宣统元年登记“官契纸”按 70% 换算成银，登记计税价是银十两五钱。购买葛世根房基地实际交易价龙洋五元五角，宣统元年登记“官契纸”计税价是银三两八钱五分，换算比例均为 70%。也许宣统元年物价飞涨，钱不如光绪年间值钱了，须换算成现价征税；或者清政府为了扩大税基，按政府规定的价格征税，类似今天的“完税价”。

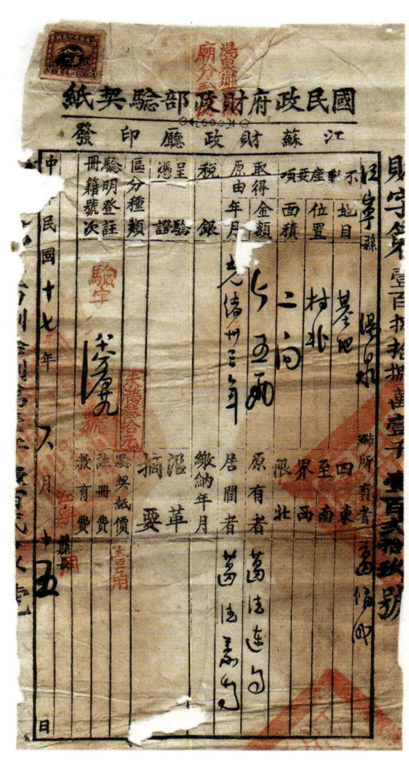
國民政府財政部驗契紙
江蘇財政廳印發

1928 年购葛德连兄弟房基地国民政府验契纸

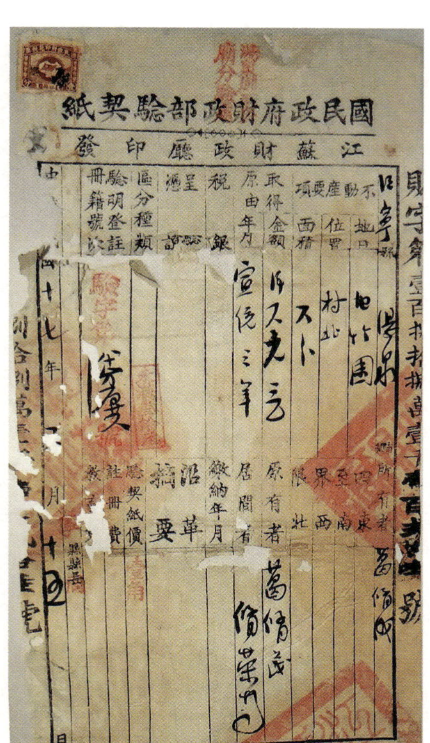
國民政府財政部驗契紙
江蘇財政廳印發

1928 年购葛修茂河湾地国民政府验契纸

当代影响与价值

汤山马墟葛氏的故事，是江宁诸多家族人口迁徙繁衍的一个缩影。葛氏在历次迁徙中，家族绵延发展，形成了内涵丰富的家族文化。葛氏收藏的“官契纸”资料，从一个侧面反映了晚清汤山乃至江宁地区家族传承、土地流转、税制、社会状况等诸多情形，是第一手珍贵的历史资料。这对研究当时的社会发展、人口变迁都有比较重要的意义。通过这样的家族故事，我们可以挖掘其中蕴含的优秀传统文化的现代价值，以为当下“强富美高”新江宁建设发挥作用。

汤山百合村的故事

基本概况

这个故事主要流布于今汤山街道鹤龄社区百合村。

相传百合村在清代叫白鹤村，更早之前叫北堠村，屡次更名背后有着传奇的故事。

传说在东汉三国时期，吴王孙权授命东吴大都督周瑜在土桥周郎桥边练兵。军队在集训期间，经常遭到青龙山地区的流寇骚扰，直接影响到训练的正常进行。后来吴王孙权命令周瑜在北堠和南堠建立两个烽火台，驻兵把守，发现流寇可以随时清剿。南堠在北堠村南3500米处。因为北堠位于青龙山水系之北，南堠地处青龙山水系之南，故名。历经唐、宋、元、明各朝，南、北堠的烽火台已不复存在。

到清代乾隆皇帝第4次下江南时，他在拜访明孝陵后，决定去镇江巡游。他从北堠村经过时，成群的白鹤在村庄附近飞翔，有的在天上翩翩起舞。当时北堠村汤氏、庞氏两大家族族长认为这是个大喜事，决定把北堠村改成白鹤村。新中国成立初期，因当时乡村文盲较多，为了便于大家识别书写，白鹤村又改名为百合村，直至今日。

《汤氏族谱》中的汤濂像

历史传承

百合村是一座依山傍水、风光秀丽的古老村庄，其西临汤山，东毗索墅，南近土桥。视野之内，远山苍翠如屏，烟霭葱茏，近水潜鱼跃波，飞禽翔集，委实是岚影波馨，淡人尘虑。

关于百合村的历史，至少可以追溯到元明。据《汤氏族谱》记载，宋靖康二年（1127）金兵俘徽、钦二帝北去后，徽宗第九子赵构于南京应天府（今河南商丘）即位，史称宋高宗，为南宋开国皇帝。不久，高宗放弃中原，从商丘逃到扬州，随行的户部尚书南山公弃职渡江来到金陵，隐居于句容，其第五代孙成乙迁居白鹤村，为白鹤村汤氏始迁祖，在此繁衍后代。至汤濂，已是成乙第十七代孙。倘按25年为一代计算，汤氏子孙在白鹤村已生活了400多年。

百合村一直流传一句民谣“先有江王，后有汤庞”。村有几百户人家，汤、庞二姓为大姓，杂以他姓。既然汤、庞之前已有江、王二姓，那么可以说，白鹤村在南宋之前早已存在了。不过，那时叫北堠村，到汤濂出生前后，已易名白鹤村。

在汤濂记忆中的白鹤村是什么样子呢？请看他的《跋自作消夏词》：

十围古树正当门，北堠今名白鹤村。欲问主人先问鹤，鹤能引客到桃源。校雠万卷眼昏花，暮地逢源又失源。伐尽性灵书误我，但将园圃课儿孙。盈盈池沼好芙蕖，惜少千霄玉竹粗。他日后湖亲选去，三年成就纳凉图。筑堤围住水村孤，十柳三桃种百株。垂钓即从家中坐，放舟好似入西湖。茅亭竹径水边开，亭外波光竹外梅。梅竹梢头楼四面，卷帘随意放山来。胸中丘壑如云起，眼底山村笔底波。人弗黄金予弗墨，不知是贝是多才。

此诗清晰地呈现了烟水苍茫、恬淡祥和的田园风光，从中可窥彼时的白鹤村，四围池沼环绕，修竹筑径，果树成林，绿荫笼罩，楼房耸立。卷帘倚窗眺望，青山绿水，美不胜收，确实是一派诗情画意。

那么，北堠村为什么会更名为白鹤村呢？乾隆下江南说当然不足凭信，较为可信的说法是，历史上的白鹤村西边桥一带，水草繁茂，鱼虾丰盛，每当入秋，便有成群的白鹤自远方迁徙到这里，那高亢的鸣叫和优美的舞姿，引得村民争相观赏。白鹤村易名大概与此有关！

与江南其他一些古村落相仿，白鹤村的建筑近似徽派风格，整体布局分为村前、村中、村后三部分，有民居、宗祠、孝节坊、庙宇、塾馆、戏台、店铺。此外还有磨坊（加工稻麦）、槽坊（酿酒）、宰坊（屠宰牲畜）等，全村有纵横四条巷子相连。民居大都是青砖灰瓦风火墙，高低参差、错落有致，登上村西的连家山俯瞰整个村子，令人赏心悦目。

村中最重要的建筑是汤濂三兄弟的宅第，那是白鹤村的精华所在。据《小隐园全集》和汤氏子孙回忆，当年汤濂、汤治、汤澄同胞兄弟各有自己的别业，号称东、中、西三座大宅门，其中以汤濂属下的东大宅门为大，传说有99间走马楼，另有小匡庐、望野亭、半瓢居、涵光池等景点，弥漫着浓浓的文化气息，在金陵南乡并不多见。

汤山街景旧貌

三大门相距各约百米，一律的青石板路面，有宽敞的过街楼相通，风雨无阻。东、西两头建有拱形券门，气势不凡。小隐园亭台楼阁，雕梁画栋。中、西大宅较小隐园稍次，却也是萧墙粉壁、髹漆雕绘，厅堂摆设也都是红木家具，书画悬壁。

岁月递嬗，沧海桑田，历经太平天国战乱、日寇侵华，三座大宅破坏严重，墙倒屋塌。时间推延到20世纪50年代初，残垣断壁已处处可见，

白鹤村知情人汤在群接受采访

较为完整的房屋只剩数间，但从所剩屋基及建筑框架上仍能想象当年宏敞、堂皇的盛况。

以东大宅门为例，头进左侧尚存厢房两间，客室、厨房、天井各一，楼板尽失。右侧，除“影仙楼”尚存一楼一底半间，余皆不见楼面。二进左侧为瓦砾堆，旁有半间平房，右侧成了牛舍。三进大门较为完整，门楣上嵌长方形青石，镌刻着“忠厚贻谋”四字，笔力浑厚挺拔，开阔雄劲，非一般人所为。门楣下方的门檐正反两面是通体镂空的砖雕，内容为诸葛设坛、草船借箭、岳母刺字、西厢待月，另有飞禽走兽、奇花嘉木，看上去工艺精巧、栩栩如生，于此可以得窥书香门第的艺术品位和追求。四进左侧是翻建之平房，右侧有一楼一底。五进左侧楼上下各有两间房，楼下为居家卧室。楼上两间乃是书房，一间藏有书画、信札、文稿和线装古籍，另一间则堆满了大小不一的雕版（即在木板上雕刻图文，作为印刷之底版）。五进右侧一间楼房，里面设神龛，有底座，上置龛，汤氏列祖列宗分台阶依辈序自上而下设牌位，供后辈四时八节祭拜。楼下屋前还有一方形天井，植有枇杷一株，依然是青枝绿叶，正在挂果。第五进西边是后院，面积有两亩左右，入内一片荒芜，杂草丛中，生长着冬青、菊花、芭蕉之类的花木，无人打理，自生自灭。令人瞩目的是一棵耸入云天、虬枝坚挺的银杏树，树干高达数十米，树身 4 个大人合臂都抱不过来。老辈人说，这是明代传下来的。每当秋天，满树果实累累，金黄可掬，给以峻峭雄奇、华贵高雅之感，让人情不自禁地想起王维的诗句：“文杏裁为梁，香茅结为宇。不知栋里云，当作人间雨。”从这棵“银杏王”身上，自可以想象白鹤村悠久的历史。

相较东大宅门，中、西大宅门所遭破坏更为惨重。前者“土改”时只剩两进，其中二进敞厅设有条案和八仙桌，正面墙上挂有中堂、楹联，也已老旧。二进、四进已破败不堪。后花园有水池一方，半枯状态。可喜的是每年秋风乍起，满园桂花飘香，左邻右舍的姑娘们便携床单平铺地上，轻摇枝叶，金灿灿的桂花如雨洒落，伴着姑娘们清脆的笑声，满载而归。之后，以糖浸泡，做酒馕圆子，食之回味无穷。后者仅剩两进，给人以寥落之感，但后面有一庭院，修竹摇曳，青翠可人，四季皆有鸟雀昆虫在此筑巢安窝、翔集嬉戏。

白鹤村地处城市远郊，但并不蔽塞，清末民初有两条路径通往南京：北边，经王陵岗、小前村、上峰、坟头翻紫金山入中山门进城；南边，经土桥，骑驴或坐土车入通济门进城。加之，村上有人在南京、汉口经商，城市文明的信息也不时传递过来。

当代影响与价值

汤山百合村历史悠久，民风淳朴，历代先民日出而作，日落而息。关于它的故事，除了当地老人外，知道的人已经不多。近年，庞瑞垠先生《汤山白鹤村散记》一文，重新唤起人们关于白鹤村的历史记忆。

汤山百合村既有以汤濂、汤裕昭为代表的深厚的历史文化积淀，又有庞声虎等一众抗战英雄。这不仅在江宁，放眼南京也不多见，有关部门应该采取必要举措，保护所剩无几的历史遗存，发掘利用其深厚的文化资源，在当前的乡村振兴建设中发挥引领的作用。为此，有关学者呼吁：应确立白鹤树“历史文化名村”和“红色文化遗产”的地位，设立“白鹤村历史文化陈列馆”；白鹤村易名“百合村”，不仅背弃了自己的文化传统，而且名不符实。建议通过相应程序，尽快恢复白鹤村原名，以延续历史传承。

花塘村曹雪芹家族的传说

基本概况

在江宁区流传着不少关于《红楼梦》作者曹雪芹的传说，主要流布于江宁街道花塘社区，并辐射到周边的陶吴街道、横溪街道、东善桥地区和安徽的马鞍山等地。主要有曹上村祖先是曹雪芹的传说、曹雪芹长辈曹光智骑竹变飞马上朝的故事、妙玉与公子变白果树的故事。

关于曹上村祖先是曹雪芹的传说，《江宁陆郎乡〈红楼梦〉采风记》一文介绍：我们来到陆郎花塘村，发现这里有个小村叫曹上村，访问了一位曹姓老人。他非常明确地告诉我们，他的祖先是曹雪芹，曹上村的曹氏家族正是曹雪芹的后裔。该村的村长说，《红楼梦》中的四大家族是贾、王、史、薛，而花塘村一带也有过四大家族，分别是曹、王、史、薛。因此，他们认为所谓“贾”姓是假，曹姓才是真。后来曹家因“竹龙”误了上朝，被皇上怪罪下来，抄了家，从此家道败落。

关于曹雪芹长辈曹光智骑竹变飞马上朝的故事，《“大观园”遗址纪行》一文介绍：曹雪芹的长辈曹光智在朝做官，他从一个道士那里得到一匹宝马。这匹宝马平时是一根竹竿，飞起来就化成一匹神马。他每天骑着它上朝，五更天便到了北京，从不误事。然而，有一天，他母亲碰到了这根竹竿，便生气地将它扔进了柴房。哪知这下可闯出了大祸。原来这“竹马”每夜必须在屋外喝足露水才能飞动，柴房里没有露水，第二天它自然无力飞动，曹光智因此误了上朝。皇上一怒之下定了他一个怠忽职守之罪，还派人查他的账。这一查不得了，曹光智亏空白银30万两，落了个砍头和抄家罪。

又据《黑狗的故事》一文介绍：旧时曹家屋顶上有一瓦制黑狗，可镇妖驱邪，曹家靠此物方保平安。不想曹光智得罪了一位道士，道士遂施

花塘村一角

法术将黑狗击碎，曹宅上空顿时祥云尽失，乌云笼罩。此景被派到紫金山上观察天象的官员发现，认为这是谋反之象，曹家遂遭大劫。在这次劫难中，曹家一个小男孩和他的姑妈仓皇间从阴沟爬出。当年，曹宅外的花塘边有曹家开凿的一条小河，姑侄俩便坐上一只大木盆，漂至长江，踏上了流落天涯之路，那小男孩便是曹雪芹。

关于妙玉与公子变白果树的故事，相传花塘村原来有两棵高大的白果树，紧挨着，一公一母，村民们把它们叫作情人树。关于这两棵树，还有一个动人的故事。清朝初年，花塘村有一座道观，名叫花塘观，观内住有几个道姑，供奉的是送子娘娘，每年二月十九、六月十九、九月十九，以及每月初一、十五，附近的农村妇女都要来这里祭拜。如果有人得子，还会杀猪祭祀，所以这里是曹家大院旁边最热闹的地方之一。

花塘观的住持妙玉，是一个十分清秀的姑娘。她原是曹家大院的小姐，不知什么原因，成天哭泣。曹家的老太太只好成全她的心愿，允她出家。因为花塘观就在曹家大院旁边，为方便照应，就让她在花塘观做了道姑。自从她进入花塘观之后，道观的香火更盛了。传说经过她的手拿过香的妇女，都能夫妇和睦，早得贵子。她一进道观，就在院子里种了两棵白果树，天天给它浇水。由于她的照应，两棵白果树长得枝叶茂盛，青翠可爱。寒冬腊月一到，树叶落尽、大雪纷飞时，她就把树枝上的雪块储存到一个小口的瓦罐里。雪化成水，装了满满一罐，她就用雪水泡茶喝。

有一天，曹家的小公子来看她。她用雪烹茶款待他，自己喝的却是一般的水。凡是公子坐过的椅子，就是她专属的椅子了；公子拿过的芭蕉扇，就是她的心头爱，收藏在她的匣子里；公子喝过的茶杯，就是她的茶杯了。公子来了，就是她的节日；公子走了，她就没有了笑容。公子喜欢听她吹箫，他一来，妙玉就专门为他吹箫。公子听得泪流满面，吹一次，两人就不说话地流一次泪，不知他们心里想的是什么。就这样，年复一年、日复一日地过去了。后来曹家闯了大祸，要满门抄斩。曹家人死的死，逃的逃，只有小公子没有逃掉。在一个下着鹅毛大雪的晚上，公子悄悄地跑到道观里来，和妙玉抱头痛哭，直到深更半夜。之后，人们再也听不到他们的声音，也不知道他们到哪里去了。有人说他们化作了道观里的两棵白果树，直到如今。

历史传承

花塘村曹雪芹家族的传说，早年仅在民间流传，并无明确的文字记载。1982 年，这个传说被红学家悉知。1990 年代初，有红学家到花塘采风，并访问了许多当地的老人。2001 年以后，又有多位学者来花塘村考察，相关传说引起红学界人士的更广泛关注。2008 年 12 月 21 日，江

知情人施德荣接受采访

苏省红学会在花塘社区举行了规模盛大的学术会议，把对相关传说的研讨推上了一个新的高度。童力群在《大观园与花塘》一书中认为："花塘村的有关民间传说，与民间文学的四个特征相比较，除了第四特征传统性外，符合口头性、集体性、流传变异性等三个特征，是典型的原汁原汤的民间文学。"尽管花塘村曹雪芹家族的传说仍无定论，但有专家认为，这个传说是花塘村一笔宝贵的文化遗产。

当代影响与价值

《红楼梦》是中国四大古典名著之一，自问世以来，就引发了各方面的关注，并由此形成了"红学"。自 20 世纪 90 年代以来，多位专家学者前来花塘村采访，整理了大量的文字资料，并著书立说。2008 年 3 月 28 日，江苏省城市发展研究院曾向当地政府递交《中国红楼梦文化艺术城南京宝黛爱情文化公园项目合作开发建议书》，希望得到各界人士的支持。此外，有红学家肯定花塘村与曹雪芹家族及《红楼梦》的联系。近年，花塘村曹雪芹家族的传说已引起当地政府及文化主管部门的关注。目前花塘村仍保留一定的原生态环境，有专家希望等到将来条件具备的情况下，可以建起一座江宁"大观园"，以推动当地的旅游事业的发展。2018 年 12 月，曹雪芹与《红楼梦》遗址传说被江宁区人民政府列入第二批江宁区非物质文化遗产名录。

老虎洞与宫氏泉的传说

基本概况

老虎洞与宫氏泉的传说，主要流布于淳化街道一带。

老虎洞位于今淳化街道新庄村附近，距青山社区约 3 千米。传说很久以前，这里久旱不雨，颗粒无收，人们纷纷乞神求雨。一日，附近张山的一个石洞里突现一只猛虎。猛虎在洞旁用四爪刨土，一会儿便成一口清泉。那泉水晶莹剔透，日夜涌流，救活了庄稼和村民。后来，人们便把这神虎出没的山洞叫作虎洞，而所刨之泉便是“宫氏泉”。

宫氏泉破坏已久，今已无遗迹可寻。但老虎洞，据说其洞口还在，洞外旧有一道山涧，泉水从山涧里面往下流。有人据此推测，泉眼应该距此不会太远。二十世纪八九十年代，当地的青龙山林场曾在附近的蘼芜涧里打了一口井取水，后来对外声称此泉即宫氏泉。经有关部门化验分析，此泉水中含有多种对人体有益的微量元素，林场遂加以开发利用制成饮料及低度酒。

历史传承

至少从明代中期开始，老虎洞与宫氏泉已成

淳化“虎洞明曦”旧址

为金陵名闻遐迩的二景。明朱之蕃《金陵图咏》所录金陵四十景的第三十二景即“虎洞”，其景题款云：“虎洞幽寻在府东南四十里，出高桥门外，行田野间，沿袤而入。因离城僻远，游踪罕至。樵垧牧竪，大有古朴风。洞不甚宽奥，而群山篸戟环立，云光吞吐，顷刻异状，尽可延伫。近洞有宫氏泉，相传为汉时故物。洞外有庵，竹树参郁可憩。”据明人周晖所撰《金陵琐事》记载，在盛时泰所列的南郊十景中就有“虎洞庵奇石”和“宫氏泉大竹”二景，可见其影响之大。

《康熙上元县志》中的“虎洞云光”图

至清初，高岑所绘金陵四十八景中仍有“虎洞明曦”，后被列入江宁八景之一。同治年间“长干客”所绘此景之题款云：“虎洞明曦在府治东南四十里，出高桥门田野。洞不甚宽奥，而群山环立，云光吞吐。近洞有宫氏泉，相传汉时已著，洞外一庵，竹树掩映，土地平旷。游人至是憩焉。”宣统二年（1910）《金陵杂志》亦载：“虎洞，在上元城东清化乡，群石竦起……又有宫氏泉，相传为汉时有焉。”1933年胡祥翰《金陵胜迹志》云：“虎洞，在张山，群石竦起，劖灵嵌奇，极怪伟之致。”又云：“宫氏泉，在张山上庄，见盛时泰赞。”显然，高桥门外的虎洞和宫氏泉是否“汉时已著”，尚无早期文献可证，但自清代至民国时期，二景似乎一直著称于世。

《金陵四十八景》之“虎洞明曦”（清版画）

《金陵待征录》还记载了清康熙年间（1662—1722）与张山虎洞相关的一则故事。大意是说

《金陵四十景图像诗咏》之“虎洞幽寻”（明版画）

宋墅人张玉建因为其妻将要分娩，夜晚取药经过耿岗，被猛虎所食。张氏五子正铭、正锷、正禄、正金宏、正金夫发誓要杀虎为父报仇。但这只猛虎躲在附近张山的石洞中负隅顽抗。如此三年，张氏五子才得邀猎户射杀猛虎，在方山之下剖虎心以祭父墓。这个故事据作者金鳌介绍是他从王延长处所听，故其真实性不容怀疑。淳化张山的“虎洞明曦”一景在明代已声名远著，说明当时有猛虎出没，而《金陵待征录》中的这则故事，可证在清康熙年间张山仍有猛虎为害生灵。

当代影响与价值

老虎洞和宫氏泉有着悠久的历史，是淳化街道及江宁地区不可多得的重要文化资源。如今，二景虽已不存，但登览张山之巅，依然“竹树繁茂，云光吞吐”，环顾周围青龙、黄龙诸山，环翠相拥，林谷烟岚之间，云绕雾弥，朝阳一出，霞蔚云蒸。只要稍事经营，就可完全恢复这两处昔时胜景，为今日江宁人民造福。我们相信，在“绿水青山就是金山银山”的思想指引下，创造性地将二景的恢复融入青龙山地区整体规划之中，合理开发，推出精品，这个传说的经济价值将会不断显现。

陶吴响井的传说

基本概况

陶吴响井的传说，主要流布于横溪街道陶吴境内。

陶吴集镇位于南京西南，本名云台市，因靠近云台山而得名。相传春秋时，陶朱公到此来住过，后人为纪念陶朱公，将云台市更名为陶吴镇。

响井最早见载于《景定建康志》，位于江宁县陶吴镇西北二百余步，其石井栏上见存“元祐五年”四字。元祐为北宋哲宗赵煦年号，五年即公元1090年。据载：或以纱帛蒙石井栏上，以物击之，则作鼓声；或以瓦石投井中，则作钟磬之声，故名之为“响井”。

历史传承

响井在南宋时期仍存于世,《景定建康志》记之“今属陈主簿家园中”。元张铉《至正金陵新志》对“响井”也有与《景定建康志》类似的记载。大约元代以后“响井”或许已废，但作为著名古迹仍记于各代方志之中，为人津津乐道。明《正德江宁县志》卷二：“响井在县陶吴镇西北，石井栏上有‘元祐五年’四字，盖赵宋时所凿。”得知陶吴响井的传奇，清代江宁著名金石家严观将考察响井列入计划，并收录在《江宁金石待访目》中。清宣统元年（1909）始修的《江苏省通志稿》之“古迹志”卷一亦记：“响井在江宁县西南陶吴镇，以纱帛蒙其上，击之，作鼓声；以瓦砾，则作钟磬声。”可见，即使到了清末，“响井”作为经历近千年的遗存,在江宁府的古迹中，仍然占有一席之地。

这种响井不独江宁有之，据《大清一统志》

陶吴集镇旧貌

1990年代江宁春耕

记载，湖北荆门亦有响井，井在州北街，旁有石岩，人汲水井中，则井响如鼓。响井发声或如鼓，或如钟磬。在古人看来，这种响井十分神秘，不明究竟。今人虽未见有专题研究，但推想与声学原理有关。

当代影响与价值

历经930余年的陶吴响井及相关传说，其史料在得到系统挖掘后，有幸重新进入了人们的视野之中。因其神奇特异，它的历史价值和文化效应必将为更多的有识之士重视。近年，古镇陶吴社区的各项建设正以日新月异的速度进行，乡人若留心于此，则尚湮没于地下的这处胜迹或将有重见天日的那一天。

湖熟八景的传说

基本概况

湖熟八景的传说，主要流布于湖熟街道及周边地区。

湖熟集镇位于江宁东南境秦淮河边，早在先秦时期，这里就已经有了频繁的人类活动，分布有众多的从新石器时代至商周时期的古文化遗址。西汉初，以江乘县析置胡孰县（或称湖孰、湖熟），治所就在今湖熟集镇。隋开皇九年（589）平陈后湖熟县并入江宁县，长达700多年的建县史至此终结，县城废弃。至宋代，在秦淮河北“古城犹在”。湖熟历史悠久，物华人杰，是南京的重要产粮区，又控扼通往苏南的要道，经济贸易发达，素有“小南京”之誉，明代以来多有评景之举。

目前所知，湖熟八景主要有3个版本：一是湖熟《张氏宗谱》收录的八景，分别是“香林晓钟”“板桥红树”“秦淮古渡”“平湖秋雁”“官沟渔唱”“芦荡樵歌”“绛岩晴雪”“梁台夜月”；一是《题湖熟镇梁昭明太子读书台八景》，八景分别是“古城春色”“野渡横舟”“秦淮渔笛”“太湖秋雁”“香林晚钟”“书台夜月”“赤峰晴雪”“天印斜阳”；一是沈柏鑫（1886—1941）所题的湖熟八景诗，分别是“梁台映月”“太湖秋雁”“香林晚钟”“赤峰晴雪”“秦淮渔笛”“秦淮古渡”“古城春色”“孤灯夜照”。3个版本的“湖熟八景”

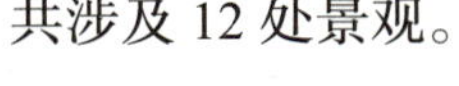

共涉及12处景观。

《古韵湖熟胜境图》中的“古城春色”

1. 书台夜月

或称“梁台映月”“梁台夜月”。书台即梁昭明太子读书台，一般称梁台。位于今湖熟街道秦淮河北岸的梁台街与灵汉东街交汇处，东临汉河，南滨秦淮，台高3.3米。《张氏宗谱》称台在张氏宅“西北五里许，山不在高，层台耸秀，昭明尝读书于此处，遗址犹存，而皓魄当空，碧天如洗，怀古之思，又曷能已乎？”南宋《景定建康志》“上元县图”中已出现梁台之名。元《至正金陵新志》称，该处亦名太子台，“在湖熟镇北，有台高十余丈，下临秦淮……旧传梁昭明太子宴游之所……台上有昭明像”。又明《金陵梵刹志》载，梁天监间建法清院，昭明太子读书其中，有东湖读书台。南宋咸淳间名昭文精舍，元至元时改昭文书院，后废。明正德间，上元令重葺法清院，为中刹，院内有昭明祠。抗战前，台上仍有宫殿式建筑群，松柏掩映，庭院宽敞，院内两边为披厦走廊，主体建筑为传说清嘉庆年间修建的“太子楼”。楼下正中装屏门、隔扇，四周花窗雕刻精美，两边半腰墙内有楼梯上下。每当月夜登楼，仰观明月，俯瞰秦淮，景致绝佳。梁台东侧又有池水可映双月，故后称“梁台映月”。1938 年，日军在此设据点，拆毁台上原有建筑物，该景观从此消失。《张氏宗谱》收录的张毓《梁台夜月》诗云：“清露滴梁台，碧天秋如洗。一镜万丈悬，偶把禅关启。溶溶漾轻波，秦淮澄澈底。相对几徘徊，吊古人流涕。”毛舒同名诗云：“昭明方夜坐层台，月照栏干妆镜开。尝药素娥同结契，飘香丹桂共徘徊。金波激射九州满，碧彩参差千里回。闲剔青灯歌白苎，猛然天半动风雷。”“金陵湖熟镇鉴人氏”之《书台夜月》诗云：“萧梁故馆近河干，倒影楼台水一阑。巨眼千秋谁抗敌，前身咫尺仰高寒。当年月旦争名少，到此文人下笔难。不是吴刚修桂斧，秦坑久堕劫灰残。”

2. 太湖秋雁

或称“平湖秋雁”。太湖位于梁台东北，宋元时称太子东湖（或太子湖）。据元《至正金陵新志》载，“太子台下东桥之东有太子东湖，昭明尝植莲其中”。故后世又称植莲湖。该景名始见于明初史谨《梁台六咏》，故知时称太湖。太湖湖域广大，为秋雁南飞途中觅食留宿的必经之地。《张氏宗谱》称景“在（张氏）宅西北二里，四围沙堤莹洁，野草萧森，横空排字而南来者，飞鸣食息，各适其性，顾而乐之，想见鸟兽咸若

《古韵湖熟胜境图》中的“书台夜月”

时也”。自孙吴划湖熟县为屯田区，改置典农都尉，并筑赤山塘（即在赤山湖区修筑堤防，控制水患，同时便于灌溉和航运）后，该湖不断被围垦，加上气候变化，面积逐渐缩小。民国武同举《江苏水利全书》载，赤山湖周长“唐有一百二十里，元初八十里，明代六十里，清末四十四里，民国时期三十三里”，故太湖当属古赤山湖的孑遗，后也因围垦，湖区渐变圩区，不复旧观，以致清《道光上元县志》称“此湖今无迹”。民国时残存水面称为小太湖，广植莲藕。抗战期间，湖水干涸。今仅存200余亩的碗儿荡，其余皆属太圩等圩区。《张氏宗谱》收录的张毓《平湖秋雁》诗云：“八月秋气清，平湖水一顷。沙际老蒹葭，雁飞白露冷。几行西风间，烟笼人字影。此地隔楚天，写出潇湘景。”俞世珩同名诗云：“曾传平固石浮湖，阳鸟知时信不诬。萧瑟凉风悲塞远，凄清高吭乐群呼。乍寻云水联翩集，宁止稻粱沙屿芜。振羽冥冥留倒影，排空先后达天衢。”“金陵湖熟镇鉴人氏”之《太湖秋雁》诗云：“绿绕平畴长萩芦，雁行断续杂鸥凫。归来客梦人千里，叫破秋霜月满湖。云路几曾摩太华，烟波何必让姑苏。楼头一阵惊寒起，幸有同声调不孤。”

《古韵湖熟胜境图》中的“香林晚钟”

3. 香林晚钟

或称“香林晓钟”。香林寺位于湖熟东4千米的丹桂村旁，初名杜桂院。元代始称香林寺（又名香林院）。明《金陵梵刹志》载，明时为小刹，属湖熟法清院所领。因晚清该寺尚存南唐古钟，周边百姓又习以晚课钟声结束一日劳作，故得列名八景。抗战时庙宇损毁严重，1966年拆除，仅余土墩。2005年，该遗址列为江宁区文物控制保护单位。《张氏宗谱》称此景“在（张氏）宅东北五里，树林蓊郁，院宇幽深，寻芳选胜者，踵相接焉。当夫晨光欲散，逸音徐来，一片清灵之气，不觉勃然而兴”。《张氏宗谱》收录的张毓《香林晓钟》诗云：“一枕梦初回，匆然人未起。晨钟何处来，递递香林里。噌吰远幽径，铿锵穿茅里。人听春风间，敲破梅花蕊。”俞世珩同名诗云：“令人清夜豁胸襟，何处蒲牢用意深。九乳齐鸣开曙色，两栾皆动出香林。非关明月僧裁句，却怪震雷鸟弄音。野寺庄严宣梵呗，朝朝待叩拂浮金。”毛舒同名诗云：“堂开湖畔接香林，每日晨钟送好音。带露发扬疑虎啸，随风断续讶龙吟。闺中顿破阳台梦，天上相催夜月沉。逸韵莫盈王播耳，恐教错认木兰寻。”“金陵湖熟镇鉴人氏”之《香林晚钟》诗云：“疏钟远送韵迢迢，僧在楼头月在霄。几见残烟扬古寺，难忘半夜泊枫桥。无声秋雨宵何寂，侧耳霜林漏正遥。摩诘年来心似水，南安虽近不能摇。”

《古韵湖熟胜境图》中的“野渡横舟”

4. 赤峰晴雪

或称“绛岩晴雪”。赤峰、绛岩均指赤山，是江宁、句容的界山，一名赭山、丹山，位于湖熟镇东 9 千米，主峰在句容，海拔 288.9 米。属死火山，北部山体出露大片红色砂岩，为典型的丹霞地貌。唐天宝初年改名绛岩山，然赤山一名未废，清末以来复称赤山。赤山东侧有赤山湖，一名绛岩湖，下通秦淮，可浇灌湖熟等周边九乡，宋时山上有祭祀湖神的龙坑祠、坛。赤山为古湖熟和古秦淮的重要地标，雪后山景尤美，红白相映。《张氏宗谱》称此景“在（张氏）宅东八里，挺然高峙，丹翠迎眸，及夫六出飘霙，丰年呈瑞，而日光照耀，其景色曾倍，异乎寻常否耶”。《张氏宗谱》收录的张毓《绛岩晴雪》诗云：“绛岩雪初晴，光芒射双目。空山扫无人，寒风飞孤鹜。古径寂樵歌，梅花冷幽谷。人比孟襄阳，诗思驴背熟。”俞世珩同名诗云：“琼瑶斜照日西衔，阴气坚凝隐绛岩。曹国麻衣输缟素，王恭鹤氅逊空嵌。华光激射神逾爽，皓质含辉影不凡。呈瑞偏宜悬象久，山头自是紫泥函。”毛舒同名诗云：“飞雪纷纷点绛岩，晴光相映景非凡。丛林不夜浮明月，石洞无心表素缄。破腊梅花堆峭壁，非春柳絮压岩巉。所凭风日阳和暖，脱去缟衣换紫衫。”“金陵湖熟镇鉴人氏”之《赤峰晴雪》诗云：“家山迤逦雪花残，烘透晴霞日一竿。素粉不匀鸟彩薄，红颜到底白描难。天回阳煦岚光暖，我夺胭脂画里看。谷口泉香鸣戛玉，近来滋味倍清寒。”

5. 秦淮渔笛

湖熟在秦淮河北源句容河畔。《景定建康志》引《丹阳记》云：“湖熟前有长溪，东承句容县赤山湖水，入于秦淮。”由此可知，六朝时该河段称长溪。宋时，长溪阔达五丈。由于河湖纵横，湖熟自古渔业发达，故渔人泛舟、短笛惊鸿成为鱼米之乡的经典景致。“金陵湖熟镇鉴人氏”之《秦淮渔笛》诗云：“秦淮烟水问蒹葭，蓼溆渔汀住几家。百里惊涛争虎踞，一枝横竹卖鱼斜。楼阑谁倚珠帘月，芦火宵迷玉树花。桃叶桃根人未醒，肯倾俗耳洗筝琶。”

6. 野渡横舟

或称“秦淮古渡”。湖熟为跨河古镇，为联

系南北交通，沿河自然形成众多渡口。明清时在古镇最为繁华的主渡口修建灵顺桥，桥南石门题额“秦淮古渡”。此处杨柳夹岸，人声鼎沸，形成繁华的市口。与桥相比，野渡更显孤寂苍凉之意境。近世则以古渡闹市为景观。《张氏宗谱》称此景“在（张氏）宅北一里，源出良常、北固诸山，相传为秦时所凿，西流以达金陵。夏秋常满，冬春不涸，往来者多由此渡也。渡口有亭，遥望城郭，已在五云深处。”《张氏宗谱》收录的张毓《秦淮古渡》诗云：“一曲碧迢迢，艇放晴波上。四顾澹人烟，春风酒旗飏。亭畔绿杨多，游丝蘸新涨。桃叶复桃根，青溪何处访。”俞世珩同名诗云:“一带平林隔翠崖，祖龙去矣亦秦淮。东西欸欸芳兰櫂，南北粼粼雁齿阶。牵恨堤边垂柳舞，赏心亭畔野花排。喧阗竞渡临流者，目送晴波写壮怀。”毛舒同名诗云:“方隅北面介秦淮，信步闲游兴满怀。万里波涛光漠漠，几番燕雀语喈喈。草亭倒影摇纹浪，野渡横行泛绣鞋。更有潺湲声不断，逢逢鼍鼓奏津涯。”“金陵湖熟镇鉴人氏”之《野渡横舟》诗云：“秦淮渡口草如茵，昔日楼船化作尘。处处芳塍空野烧，依依杨柳断行人。河梁愁煞重来客，画舫沉埋六代春。惆怅故园锋镝后，谁从榛莽指迷津。”

7. 古城春色

湖熟古县城故址在秦淮河北。今传古城门位于水北街，门外为高 10 余米的城岗头，与梁台同属湖熟文化台形遗址。“城岗头”之名，本身也说明其与城址相关。据说其台上原有六角亭，在此近可俯瞰南面整个古城，远望则青山绿水，美景如画。抗战时期，古城门和六角亭均被毁。“金陵湖熟镇鉴人氏”之《古城春色》诗云：“纵横雉堞没芳尘，残垒依然故国滨。名胜无征前代史，往来有素百年春。长河淼淼开雄镇，万家青青尽古人。汉碣唐碑销劫火，铜驼难觅旧荆榛。”

8. 孤灯夜照

位于湖熟街道秦淮河南岸的西竹排巷尽头河堤边的龙王庙，传说始建于六朝，毁于清末太平天国战争，同治年间又重建。有东西两进，庙门正对东面的灵顺桥中拱，庙内所点长明灯正可引导夜行船过桥，实际上承担了导航灯标的任务。新中国成立后，该庙被拆。

9. 天印斜阳

天印山即方山，南朝刘宋山谦之在《丹阳记》中称其形如方印，故又名天印山。位于湖熟西北，

夕阳中的湖熟

海拔约 208 米，与赤山同为死火山。古属湖熟县。孙吴时开凿连通三吴腹地的重要运河破岗渎，终点设在山南的方山埭。可以想见当年湖熟县城到县境西北的方山埭，长约 10 千米的河道全是进出京城的船只。在万众仰望下，方山美景很早就广受关注，谢灵运等名家都有吟诵方山的诗作。山阳有道教名观洞玄观，山阴佛教名刹定林寺，并留下世界倾斜度第一的斜塔。作为南京地区人文历史悠久的一方名山，方山是“湖熟八景”中长期跻身金陵名胜的重要景观。“金陵湖熟镇鉴人氏”之《天印斜阳》诗云：“淮流萦绕水凄凄，屏障高搴夕照低。几叠山腰随舵转，一方草色与天齐。于今佛国销烽火，昔日仙人有雪泥。指点风帆沙鸟处，江声犹在白云西。”

10. 板桥红树

《张氏宗谱》称此景“在（张氏）宅西北半里许，津梁斜架，夹岸成林，而老树经霜，繁华夺目，殊觉点染之工，有令人坐爱忘归者矣”。《张氏宗谱》收录的张毓《板桥红树》诗云：“霜叶何处佳，好是板桥口。横亚夕阳间，秋树如酣酒。桃杏总无花，杨柳嫌老丑。人在画中行，无声诗一首。”俞世珩同名诗云：“谁把工夫仔细描，梁边着意逞芳标。晨光远映疑金谷，返照轻笼对彩桥。霜透枝头深浅染，叶移水面往来飘。于今识得停车处，莫谓山行路转遥。”毛舒同名诗云：“一幅清溪卧野桥，霜林木叶类花娇。雨来梢际丹砂润，风过枝头赤玉飘。天地未春烟景召，江山不夏火云烧。回瞻四面红光满，怎亚胭脂透笔描。”杨凤翔同名诗云：“江干秋老，西风黄叶无人扫；枫村萧萧，疑是桃源隔水遥。香残粉褪，多少离愁与别恨；散彩飞红，欲写秋山画未工。”

11. 官沟渔唱

《张氏宗谱》称此景“在（张氏）宅西南一里，浅深靡定，荇藻缤纷，或鼓鬣，或吹沫，或依蒲，或潜渊，取之而不禁。是以此唱彼和，良多盈耳之声云”。《张氏宗谱》收录的张毓《官沟渔唱》诗云：“日落收纶竿，闲歌隔野树。风里送声来，一曲官沟暮。明月韵悠悠，人归秋草路。何处是渔村，家伴芦花住。”他的另一首同名诗云：“水送山迎柳絮飞，一沟如画掩斜晖。烟低野渡渔人去，花落平堤钓客归。叠叠歌依芳草细，迢迢声隔碧云稀。卖鱼沽酒前村醉，莫问浮沉与是非。”俞世珩同名诗云：“终日取携休未休，轻蓑小笠聚官沟。数声嘹亮行云遏，十里参差画舫浮。乐意相关堪伯仲，有怀欲诉自春秋。余音和月

《金陵八景图》之“秦淮渔笛”（明人绘）

船中满，爱尔忘机善唱酬。”毛舒同名诗云：“清风嫋嫋泛官沟，渔父高歌一叶舟。仿佛富春山下客，依稀盛世渭滨叟。橹摇明月随波动，笛弄梅花逐水流。趣发所须惟咏叹，鱼虾侣外复何求。”

12. 芦荡樵歌

《张氏宗谱》称此景“在（张氏）宅南半里许，蒹葭苍苍，落实取材，虽无丝竹之悦耳，而歌声四起，亦若信口随腔，所以自鸣其得意者”。《张氏宗谱》收录的张毓《芦荡樵歌》诗云：“生自野村间，业樵老芦荡。不采深山中，此地长来往。步带山词歌，声逐西风响。日暮担薪归，雁飞秋月朗。”他的另一首同名诗云：“南望萧萧芦荻丛，凭皋淡淡思无穷。花摇瘦影沾秋雨，樵送清歌度晚风。一曲人归荒径外，几声客听夕阳中。看他多少幽闲趣，不独官沟有钓翁。”俞世珩同名诗云：“蒹葭满眼竟如何，冲破陇头共啸歌。黯然乱云轻冉冉，铿锵拾穗笑哈哈。不求甚解知音少，聊以自娱取数多。试问江村惊岁晚，迷离芦荡趁肩摩。”毛舒同名诗云：“凡物经秋盛已过，蒹葭深处动樵歌。就荒径上梅花落，成路蹊间词赋多。困逐沙洲眠白日，渴临沟壑酌清波。是任是负归来晚，饱饭操刀带月磨。”

历史传承

今所传湖熟八景之名，最早见载于清乾隆五十年（1785）所修《张氏宗谱》卷二，后以题景诗的形式见载于光绪七年（1881）五月十三日的《申报》。据其篇名《题湖熟镇梁昭明太子读书台八景》及落款“金陵湖熟镇鉴人氏稿”，当是镇上文人将题写于梁台上的八景诗全文寄《申报》发表。抗战前，湖熟人沈柏鑫亦作有湖熟八景诗。沈柏鑫是清光绪二十六年的秀才，后毕业于镇江师范学堂。民国初年，曾创办私立小学。1915年起长期主持湖熟清真义学、县办湖熟小学校务，常在江宁县办的《宁报》上发表杂记、诗文。

后两者对照，相同之景有五，相异之景有三。不同之处如下：一是“书台夜月”变为“梁台映月”；二是“野渡横舟”变为“秦淮古渡”；三是“天印斜阳”变为“孤灯夜照”。其中，第一、二是同景不同名，第三则是换景，即由方山（天印山）改为龙王庙。其原因当是民国时期方山已长期与湖熟分属不同乡（区），已不能成为湖熟景观的代表，故作了符合实际的调整。而《张氏宗谱》所录的“板桥红树”“官沟渔唱”“芦荡樵歌”三景不见于后两者。

清代、民国时期“湖熟八景”内容的变迁，反映了湖熟评景有一个历史变化的过程。其实，湖熟评景之源头相当久远，可以追溯至明初史谨创作的组诗《梁台六咏》。他以湖熟梁台为中心视角，历数周边环绕之六大胜景，分别是“赤峰晴雪”“太湖落雁”“天印夕阳”“古城晓景”“野渡横舟”“秦淮渔笛”。

史谨，字公谨，号吴门野樵，太仓人。善画，工诗。洪武初年，以事谪居云南。后因学士王景荐授应天府推官，降补湘阴县丞。寻罢归，侨居金陵以终。他也是最早题咏《金陵八景》之人，所定八景成为后世品评金陵胜景的核心景观。限于文献阙如，史谨创作《梁台六咏》的缘由，他与湖熟的渊源，都未见明文记载。其六景之名为清末《申报》所载“湖熟八景”基本照单收录，仅将“古城晓景”改为“古城春色”，“天印夕阳”改为“天印斜阳”。湖熟在元末曾为战场，梁台原有书院可能毁于此时，故“书台夜月”或“梁台映月”之景，至明中期重建寺院和昭明祠后才形成。“孤灯夜照”一景则与灵顺桥相关，而此桥至明末始建。故“湖熟八景”的形成当在明末之后。其演变过程虽难以清晰梳理，但仍有端倪可寻。

值得一提的是，史谨《梁台六咏》中的“天印夕阳”和“秦淮渔笛”二景，又同时被他收入“金陵八景”组诗中，只是“天印夕阳”改为“天印樵歌”，以避免与“乌衣夕照”冲突。明末的黄克晦“金陵八景图”、郭存仁“金陵八景图”、朱之蕃“金陵四十景”继续沿用此二景，仅将“秦淮渔笛”改为“秦淮渔唱”。清末光绪十四年长干里客的“金陵四十八景”在此二景之外还收入了“台想昭明”（即湖熟的昭明太子读书台）。至此，“湖熟八景”中有三景入选南京的代表性景观，虽然不及明代金陵八景中的四分之一高比例，也相当值得骄傲了，反映了湖熟地区人文景观非同一般的历史地位。

当代影响与价值

湖熟八景中有三景入选南京的代表性景观，可见湖熟在南京历史文化中的地位。其资料被重新挖掘整理后，已为湖熟集镇增添了新的亮点，对当地历史文化的传承将起到积极的推动作用。湖熟八景虽在历史上具有一定的影响力，但对今人的影响还仅限于有限的范围。要充分发挥其历史价值、文化价值、精神价值和审美价值，必须通过广泛的宣传。在此基础上，如果可以在未来湖熟城镇的大规模更新改造中巧妙地将八景中的若干景观镶嵌其中，则借助生态游、乡村游就可以更大地发挥它的作用。

青山八景的传说

基本概况

青山八景，或称松窠村外八景，其传说流布于淳化街道青山社区。

这八景分别是：虎洞晴岚（或称虎洞明曦）、松岗晨钟、云居烟雨、常脉松涛、庄严胜迹（或称庄严古迹、庄严古寺）、秋崖晚唱、珍珠奇泉、赤壁水雷。

1. 虎洞晴岚

或称虎洞明曦，列入金陵四十八景及江宁八景，当地人称为老虎洞。它紧靠青山社区的钓鱼台峰，其地巉岩峭立，树木繁茂，石洞幽绝，霞光映照，景色甚佳，《杨氏宗谱》称此地“虎洞有怪石，陡崖高数丈，三月游人不绝”。据说老虎洞很深，洞口不大，要侧着身体进去，洞里有一些石笋和钟乳石。洞口的外面有一个石壁，石壁有数丈高，上面镌刻着一个很大的“佛”字，约有两米见方，苍劲有力，颇有气势。清人张其琏《虎洞晴岚》诗云：“晴岚都献媚，此处独森然。古穴深无地，悬崖陡插天。石排疑鹄立，松偃看龙眠。虎洞传遗胜，谁逢伏虎仙。”松林草堂国毓同名题诗云：“散步游来百尺岚，石头虎踞冠江南。峥嵘遥接钟山峙，突兀近偕天印参。日暖晓开峰六六，风清斜拂径三三。攀藤曳杖登高处，窥破云霄万丈涵。”

2. 松岗晨钟

在松岗庙，位于青山社区南边，现在隶属田园社区，所谓晨钟即松岗庙之梵钟。新中国成立之前，这里每年都要举办庙会。庙会的规模很大，方圆几十里都来参加，附近很多村庄都要组织社

《虎洞》图（清施葆生绘）

团到庙会展示。《杨氏宗谱》称松岗庙曾有“辟尘珠”“辟尘炉”两件神物，有避除灰尘之奇效，所以这个地方没有灰尘。张其琏《松岗晨钟》诗云：“松岗原不惹红尘，更把珠炉问宝珍。香篆横斜云影重，夜光璀璨月华新。奔波世路终何益，清净禅关孰与邻。一击梵钟山寺晓，惊回多少梦中人。”松林草堂国毓同名题诗云：“古刹藏珠不染尘，洪钟鲸吼彻清晨。坐蒲唤起心中佛，伏榻惊回梦里人。天际残辉敲月落，檐前余响逐风频。此中丘壑情如现，百八蒲牢自有因。”

3. 云居烟雨

云居寺旧在钟山之麓，明太祖朱元璋在钟山规划营建孝陵时，曾移徙一些寺庙，云居寺或属其中之一。清金鳌《金陵待征录》卷四云：“云居寺，本在钟山。刘宋时（实为梁北周时人）王褒诗：‘中峰云已合，绝顶日犹晴。’唐时白居易诗：‘乱山深处云居路，共踏山行兽惜春。’明时移旧额，建于淳化镇北之许墕。”据《金陵梵刹志》卷九记载，高桥门外云居寺，属小刹，西南去所领翼善寺三十里。寺院规模不大，基址占地 3 亩，东至官沟，南至官沟，西至八甲民田，北至太子山。寺内主要建筑有山门 3 楹、观音殿 3 楹、右伽蓝殿 3 楹、僧院 1 房，另有公产田、地、塘 12.3 亩。明代周晖《金陵琐事》称“云居寺古松”曾被盛时泰列为金陵南郊十景之一。旧时云居寺四周松林茂密，每当雨季来临，这里云雾袅绕，故有云居烟雨奇观。此外，据《杨氏宗谱》，云居寺其地幽雅，又有“雌雄栢”“笔架榆”。新中国成立后，这里成为青龙山林场的一部分，后又在此地办起了南京华宁阀门厂，现存十八罗汉殿、观音殿等建筑，南面大殿屋脊上有藏传佛教六字真言“唵、嘛、呢、叭、咪、吽”，其建筑虽为晚清、民国时期重修，但依稀可辨当年寺庙格局及规模。2006 年，被公布为南京市文物保护单位。张其琏《云居烟雨》诗云：“不识云居寺，山僧早见呼。过阶花雨落，入座翠烟铺。香绕雌雄栢，风撑笔架榆。禅深留客处，俗念尽消除。”松林草堂国毓同名题诗云：“云到云居住莫行，细雨濛濛翠烟横。榆形笔架看无影，柏号雌雄听有声。隔岸村墟都隐见，对峰山石不分明。禅关瞬息当新霁，耳畔时闻好鸟鸣。”

青龙山麓黄龙埝晚霞

4. 常脉松涛

景在松窠村，现在改称松山村。其地多高大松林，其中最大的一棵叫“王里香树”，从很远的地方就能看见。这里成片的松林，被风一吹，松涛如海浪般，沙沙作响，故称“常脉松涛”。张其琏《常脉松涛》诗云：“松陈常脉盛，涛声透九霄。大

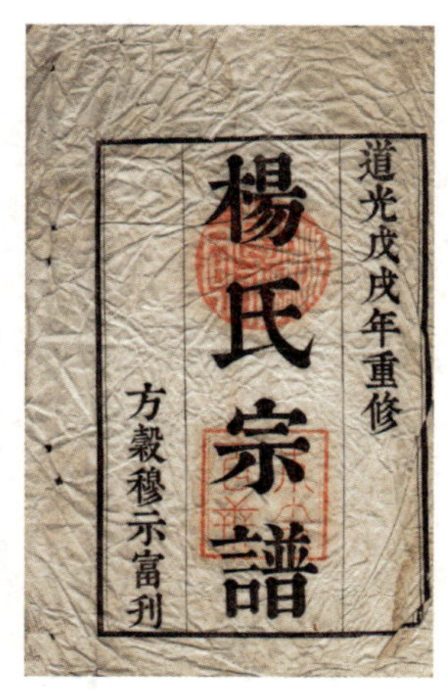

道光戊戌年重修
楊氏宗譜
方穀穆示富刊

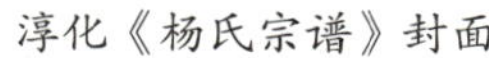

淳化《杨氏宗谱》封面

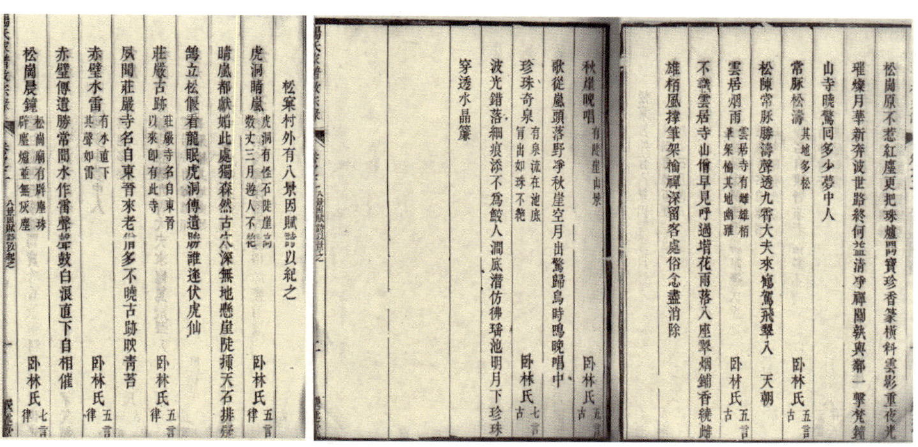

松窠村外有八景因賦詩以紀之

虎洞晴嵐 虎洞有怪石陡崖高数丈三月遊人不絶 卧林氏 五言律
晴嵐都獻媚此處獨森然古穴深無地懸崖陡插天石排
鷂立松假看龍眼虎洞傳遺跡誰逢伏虎仙

莊嚴古跡 莊嚴寺名自東晉以來即有此寺 卧林氏 五言律
夙聞莊嚴寺名自東晉來老僧多不曉古跡映青苔

赤壁水雷 有水直下其聲如雷 卧林氏 五言律
赤壁傳遺勝常聞水作雷聲聲鼓白浪直下自相催

松崗晨鐘 松崗廟有辟塵珠辟塵爐並無灰塵 卧林氏 七言律

秋崖晚唱 有陡崖山景 卧林氏 五言古
歌從嵐頭落野淨秋崖空月出驚歸鳥時鳴晚唱中

珍珠奇泉 有泉流在池底冒出如珠不絶 卧林氏 七言古
波光錯落細痕添不爲鮫人淵底潛彷彿瑤池明月下珍珠
穿透水晶簾

松崗原不惹紅塵更把珠爐罔寶珍香篆橫斜雲影重夜光
璀燦月華新奔波世路終何益清淨禪關孰與鄰一擊梵鐘
山寺曉驚同多少夢中人

常豚松濤 其地多松 卧林氏 五言古
松陣常豚勝濤聲透九霄大夫來鶴駕飛翠入 天朝

雲居烟雨 雲居寺有雌雄栢其地幽雅 卧材氏 五言古
不識雲居寺山僧早見呼過堦花雨落入座翠烟鋪香繞雌
雄栢風撐筆架榆禪深留客處俗念盡消除

淳化《杨氏宗谱》中的《松窠村外有八景因赋诗以纪之》

夫来鹤驾，飞翠入天朝。”松林草堂国毓同名题诗云：“遥望长松一簇林，迎风听得响沉沉。翻成碧浪浮深色，现出银涛送远音。树底声声惊宿鹿，枝头隐隐动栖禽。羲皇有客山中卧，但觉云封不易寻。”

5. 庄严胜迹

或称庄严古迹、庄严古寺，指的是庄严寺，始建于东晋时期，位于青山社区西侧徐墶村周林岗。寺庙屡毁屡建，后来在原址重建一座小庙，当地人称为“小庙”。相传云居寺原住持明远，将住持让给其弟子后，曾到此小庙修行。张其琏《庄严古迹》诗云：“夙闻庄严寺，名自东晋来。老僧多不晓，古迹映青苔。”松林草堂国毓《庄严古寺》诗云：“庄严竞说历多年，数百年来与数千。院址肇于两晋日，山僧居自六朝前。疏林挂衲松都老，密竹依墙壁尚坚。缓步庭阶参佛座，香烟直上贯清天。”

6. 秋崖晚唱

位于青龙山南面俗称陡百米的地方，地属青山社区。这里山崖陡峭，景色相当优美。特别是夕阳西下时，美不胜收。张其琏《秋崖晚唱》诗云：“歌从岚头落，野净秋崖空。月出惊归鸟，时鸣晚唱中。”松林草堂国毓同名题诗云：“秋崖第一号名山，最爱斜阳返照间。俯仰怡情天暮霭，宫商叶律韵幽闲。坡前唤起风三径，岚下歌来月一弯。酣酒酩酊归卧榻，余音犹是达篷关。”

7. 珍珠奇泉

位于青山社区西侧新庄村的北边，新庄村历史上称为上庄。这里原有一口泉眼，其水面不大，但不停有泉水涌出，非常奇特，在附近还形成了一个小水潭。《杨氏宗谱》称“有泉流在池底，

知情人吕业明接受采访

青山小赤壁

冒出如珠不绝”。20 世纪 60 年代，由于开山采石，泉眼被毁。张其琏《珍珠奇泉》诗云：“波光错落细痕添，不为鲛人涧底潜。仿佛瑶池明月下，珍珠穿透水晶帘。”松林草堂国毓同名题诗云：“泉源泛出水徐徐，仿佛明珠十斛储。错落本宜穿荇藻，轻圆更足映芙蕖。应非得自探骊后，何乃同于剖蚌初。献媚长州谁可混，似真似假不须鱼。”

8. 赤壁水雷

清人金鳌《金陵待征录》卷一云：“云居寺前水，即石子涧之上流，其源从青龙山出，伏流至赤壁乃见。小山土红，俗名赤壁，多白山茶花。至寺前始有居人，故清而甘，过徐墙味即改矣。”文中所说的小赤壁，在青龙山石子涧河的上游，是一处悬崖绝壁，由于出露的赤砂岩是红色，故名。其绝壁高约两三丈，壁下是一块水面，当地叫作抗旱坝。水雷的意思，就是说到了每年发春水的时候，这里的水势很大，水流经过时，水声震天，传得很远，故称之赤壁水雷。1958 年，这里兴修了黄龙埝水库，从此流水被截断，但如果春水发得很大，这里仍然水声轰鸣，相当壮观。张其琏《赤壁水雷》诗云：“赤壁传遗胜，常闻水作雷。声声鼓白浪，直下自相催。”松林草堂国毓同名题诗云：“水声浩浩出溪头，俨似雷鸣震九州。鲛客机前波欲泻，阿香车下响常流。笼烟仿佛催来雨，鼓棹疑似荡过舟。百里惊时源可溯，星槎到处一天秋。”

历史传承

至少从明代中期开始，位于今淳化街道新庄村附近的“虎洞明曦”一景已名声大噪。明人盛时泰还将“云居寺古松”列为金陵南郊十景之一。清道光十八年（1838）重修的《杨氏宗谱》卷二，收录了时人张其琏及松林草堂国毓题写的松窠村外八景诗 16 首，部分诗题前

《金陵四十景图》之“虎洞”（清版画）

还有小序，这是关于青山八景最集中的介绍，具有比较重要的价值。此外，道光二十五年刊刻的《金陵待征录》中，亦有相当篇幅介绍云居寺和赤壁水雷之景观。现在青山八景中的部分景观还能找到一些遗迹，如虎洞明曦尚在，但是和传说中的景观相比，有一些已经遭到了破坏。云居烟雨就在云居寺，松岗晨钟则在松岗庙，赤壁水雷也有遗址存在。其他如秋崖晚唱、庄严胜迹、珍珠奇泉、常脉松涛等，或难觅其踪，或仅能推定大概位置。

当代影响与价值

青山八景是江宁历史上著名的胜迹，是人文景观与自然生态和谐共存的杰作，具有重要的历史价值与文化价值。由于早年发展经济、解决民生之需要，对生态环境的保护没有引起足够的重视，其中大部分景观已经面貌不再，相关的传说仅仅留存在文献记载及当地一些老人的记忆之中，至于松岗庙的“辟尘珠”“辟尘炉”、云居寺的“雌雄栢”“笔架榆”等，就更不为人知了。2021 年 12 月，习近平总书记在中央经济工作会议上指出要敬畏历史、敬畏文化、敬畏生态。他强调要坚持正确的政绩观，慎重决策、慎重用权。如果政府管理部门痛下决心，对这样特殊的文化资源加以合理开发，科学规划，并融入当地的社会经济发展中，就可以再造青山八景，实现青龙山地区自然生态与人文景观的完美统一。

龙都八景的传说

基本概况

龙都八景的传说，主要流播于湖熟街道龙都社区及周边一带。

龙都古镇亦称“泉都”，位于今江宁区东南部，东邻湖熟，南、西、北三面为秦淮河环抱，隔河南对周岗、禄口，西界秣陵，北望淳化、方山。龙都是秦淮河沿岸一座著名古镇，今属湖熟街道。其历史悠久，山水清幽，风景秀丽。

至迟在清代，江宁已出现“龙都八景”之说。这八景分别被命名为：秦淮春涨、后墩晚眺、回龙晓钟、对翠雪霁、东林古柏、半塔斜阳、种莲夜梵、石秋桥月等。

第一景是“秦淮春涨”。指每逢春潮水涨，秦淮河湍急河水自东而下，站在古镇北万安桥上，可观浪花四溅，水流咆哮之景。又据记载，万安桥横跨秦淮河南北两岸，南端桥尾还有清同治八年（1869）所建万安亭。亭高约两丈，门楼上方有“泉都利涉”4个砖刻大字。亭内两壁共镶18方功德碑，碑刻造桥捐款者姓名与数额。两侧各置长凳一条，专供行人休息避雨之用。

第二景是“后墩晚眺”。旧时龙都大庙后有一土墩，墩上有一四方八角小亭，名“歇凉亭”，可供行人驻足小憩。亭柱上有对联一副：“不设藩篱，恐风月被它拒住；大开门户，任溪山入我襟怀。”傍晚，若立亭上，近水远山，夕照晚霞，尽收眼底。

龙都埭

第三景是“回龙晓钟”。旧时龙都大庙前原有一道石拱桥，名“旻桥”。拂晓之际，立于桥上，能听西庵（亦称旻龙庵）清幽钟声，催人梦醒。

第四景是“对翠雪霁”。“对翠”是龙都镇南街南北两端设置的圈门之名。冬雪初霁，站于门内，远眺皑皑白雪覆盖下的远山村野，银

龙都杨柳村

装素裹，美景如画。

第五景是“东林古柏”。旧时龙都街东圩堤上东庵前原有一片茂密的古柏树林，树木葱郁挺拔。步入林中，苍劲翠绿，如临仙境。

第六景是“半塔斜阳”。旧时龙都镇西北小新圩后有一座古塔，塔为七层，乃砖砌实心结构，高耸入云。日落西山时，斜阳照射塔身，投影于河对岸，恰似一道桥梁沟通南北。

第七景是“种莲夜梵”。“种莲”是龙都镇北秦淮河畔一座小庵之名，庵前有一莲塘，故以为名。入夜，庵中僧尼口念梵经，手敲梵钟，给静谧的夜晚，增添了几分神秘。

第八景是“石秋桥月”。龙都镇西北宝塔弯处旧有一座石拱桥，每当皓月当空，桥身倒映在水面上，月色溶溶，波光粼粼，星空桥影，交相辉映，景色格外迷人。

历史传承

据《景定建康志》等文献记载，早在宋代，今龙都社区所在集镇已设泉都市，成为当地乡村经济中心。泉都市在上元县泉水乡，离城五十五里，因其地多泉井，故称“泉都”。又因其地曾有九龙聚会之神话传说，故又有“龙都”之别称。按：古代之市，分在城之市和乡村集市两类。乡村集市虽比集镇小一级，但亦是一地商业贸易中心，且有相当人口集聚。泉都既然在宋代已设市，说明当时已经人口汇聚，经济繁荣。

元代，泉都市亦名龙都市。元贞元年（1295），还因龙都地处秦淮河上游东支要道，地理位置十分重要，故在此处还设有龙都巡检司，专门派驻巡检和弓兵巡防捕盗。镇守官军由万户府轮差，由千户、百户管军戍守其地。

至明清时期，仍设泉都市（或称“龙都市”）。而据《同治上江两县志》《龙都乡志》记载，到清代，泉都已改市为镇，镇名“龙都”。旧时龙都镇仅一条正街，长850米，宽约一丈至一丈五尺。正街中间是用从苏州运来的质地坚硬的长方形菜籽石铺成，南北两侧各有五条小巷分别通向沿河码头和街后各村圩田。南边五巷是许家巷、

龙都杨柳村古建筑旧影

二廊阁、南街、史家巷、小巷，北边五巷是薛家巷、老梅中巷、土地庙巷、澡堂巷、谢家巷。街上共建七道圈门，中间有五道圈门，东、西两侧各有一道圈门。东侧街口建东关圈，亦称更楼，拱门上方中央刻“带淮门”三字，旁有明天启七年（1627）题款。西侧街口建西关圈，拱门上方有砖刻“拱阙门”三字。西侧更楼分上、下两层，高约二丈，底层为进出正街的通道，上层为打更或守卫者观望防护之所。一遇情况，东西两门紧闭，全镇联为一体。南街因比其他各巷宽长，两侧巷口亦建圈门，分别名为“对翠门”“紫凝门”，为集镇南大门。

当代影响与价值

历史上的龙都八景，吸引着文人骚客的关注，也有一些诗词涉及，它们的审美价值在这些作品中一览无遗。龙都八景的出现，是当地社会和谐的象征，因而也体现出一定的和谐价值。由于种种原因，至清末及民国时期，“龙都八景”已经湮没无闻。近年，通过研究人员的挖掘整理，其面貌才重新展现在世人面前。根据龙都古镇开发建设的需要，适时地科学恢复龙都八景，是传承历史、发掘其中文化内涵的内在要求，对全面推进江宁美丽乡村建设，对发挥乡村振兴最大效益必将起到积极的作用。

铜山十二景的传说

基本概况

铜山在铜山集镇东，海拔 195 米，今属禄口街道。铜山早见于宋元方志，据《景定建康志》卷十七及《至正金陵新志》卷五记载，铜山在江宁县东南七十里，周回一十九里，高一百丈，山南有金牛坑，因昔人采铜于此山，故名。相传曾任秣陵县令的南朝刘宋大诗人鲍照曾赴铜山采集延年益寿的药草，其诗《过铜山掘黄精》即记叙其事，诗云“铜溪尽深沉，乳窦夜涓滴。即类风门磴，复象天井壁。蹀蹀寒叶离，淙淙秋水积。松色随野深，月露依草白”，便是他对铜山山水佳景的赞美。铜山地区很早就出现了乡村聚居单元——村落里社，至少在元代已有铜山里之设，属上元县道德乡。

铜山及周边地区虽山环水绕，田园风光自然浑成，但因地处偏远，历史上长期人迹罕至，湮没无闻。其东南麓有个溧塘阁村，现属禄口街道溧塘社区，北倚铜山，西望横山，与溧水田园相接。村中周氏保存有一套完整的《同山周氏宗谱》，

铜山远景

此谱修于1919年，以南唐组七公为始祖，南唐之前先人的名讳、事迹概遵旧谱。此谱历代递修不绝，内容传承有序，翔实可靠。谱载溧塘阁村旧有浩然楼、玉泉井、怡云轩、凌秋亭等楼台亭阁，周边的铜山则有金牛洞、雷公殿、万年台、翠微洞等自然人文景观。谱中还收录有历代名人吟诵铜山及溧塘阁景观的诗文22首，对相关景观描述甚详，其景名分别是浩然楼、玉泉井、怡云轩、凌秋亭、同峰绝顶、金牛古宕、翠微仙洞、顶山小桥、门前赦树、楼外前塘、溧塘秋水、同麓胜概，可以称为铜山十二景。这些诗文涉及的铜山溧塘阁村历史盛况及传说故事，至今仍为当地民众津津乐道。

历史传承

铜山十二景多与溧塘阁周氏相关，这是一个带有传奇色彩的乡村望族。他们的先人与大诗人李白为诗酒之友。其家风淳厚，少长雍睦，同居者至于九世。元末其族人捐粮义助明太祖，被封官。这些事迹也见于地方志和名人文集等文献中。

谱载唐代其先祖周棕，“徙家于同山之阳金牛社，建造浩然楼、玉泉井”。谱中将铜山写作同山，这是古文写刻中常常发生的同音字通用现象。江宁地名中，湖熟又作胡熟，丹阳又作丹杨，皆属此类，不必深究。周棕建造的浩然楼、玉泉井，还有其他亭榭台阁，与周边的自然景观交织成一幅美妙的田园村居图。加之，周家门风淑善，子弟清嘉，数百年来，不断吸引文人雅士前往游览驻足，留下诗文，或献上篇章，遥致敬意。宗谱所收录的吟诵这些景观的诗文，有文采斐然的周氏子弟所作，更有辞章大家的传世名篇，甚至帝王御笔。

十二景中浩然楼的记载最多，本书已单独成篇介绍，这里主要介绍其他十一景。

怡云轩是溧塘阁周氏颇为钟爱的景观之一。谱中收录的《太祖高皇帝南巡幸浩然楼御笔诗四首》中就有一首《题怡云轩》：“兄弟怡怡乐且谌，漠然富贵本无心。如何不肯为民望，起作商家济旱霖。”此外，还有另外三首相关的诗。一首是顾谦题于洪武十九年（1386）二月的《怡云轩歌》，前有小序，说溧塘阁周希振的爷爷“素好清俭，以怡云自号。当时名公硕儒题识盈幅，装潢成帙，以传诸后，会陵谷变迁，悉为乌有”。周希振想要追继先志，再做成一幅怡云轩题咏册。顾谦诗中有句，“富贵与云同卷舒”“世事红尘两悬绝”“人皆云以望，君独云以怡”，吟咏的不仅是轩，更是轩的主人怡云老人，是他超脱高迈的风神。一首是张濬的《题怡云轩并凌秋亭》，诗云“画堂

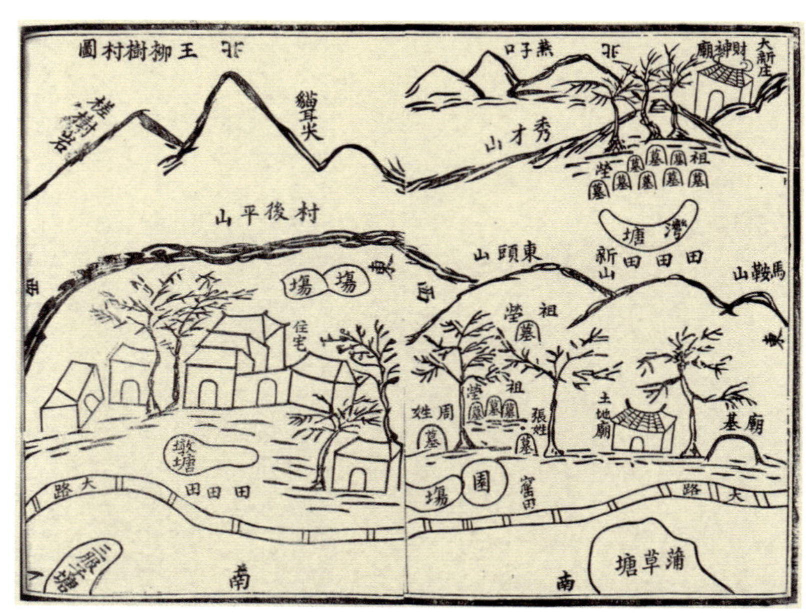

铜山《王柳树村图》

铜山《东岗头村基图》

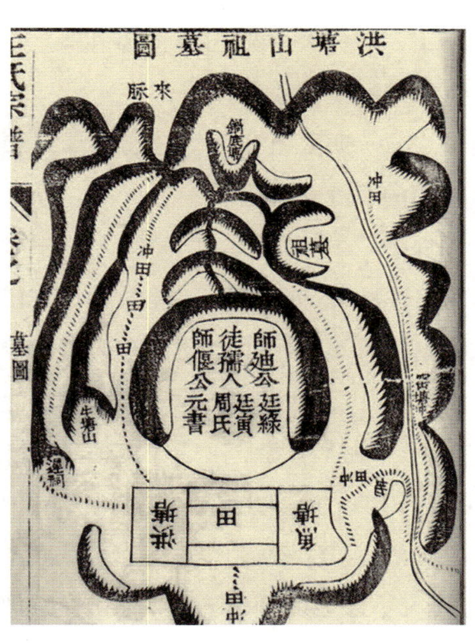

铜山山阴村王氏《洪塘山祖墓图》

结构环诸峰，空翠滴沥生安全帘栊。幽居不着纤尘红，而有隐者处其中。银鱼垂带气若虹，清心肯受学士封……手挥五弦送飞鸿”。同样表达的是对怡云轩主人生活环境幽静、内心自在的倾慕。还有一首是宗人周一纶组诗《同峰怀古十二首绝句》中的《怡云轩迹》：“怡云轩已久荒芜，乱石围如八阵图。此日不堪回首望，暮烟古树宿寒乌。”给我们留下的则是面对遗迹的伤感。

凌秋亭和玉泉井是另外两处美景。《太祖高皇帝南巡幸浩然楼御笔诗四首》中有《题凌秋亭》：“幽亭崛起傍林皋，下有贤人困鼓刀。明月清风良可羡，往来吟咏集诗豪。”《题玉泉井》则云：“紫气红光白昼浮，玉泉寒碧冷如秋。彩豪洒落金笺上，散作恩波徧九州。”这说明当年的明太祖朱元璋不光登上了浩然楼，还参观了周家附近的其他几处景观。诗句中流露出对周家的赞许，家有贤人，往来的都是才俊，期望他们能走出乡村，报效国家。前述的周一纶组诗中，也涉及凌秋亭和玉泉井两景。其《凌秋荒圃》云：“闲寻村老问根由，不知何地建凌秋。笑指世传此地是，兔葵燕麦败墙头。”明太祖笔下风光清丽的凌秋亭，亭上汇集的都是一时俊士，但现在已是亭址难觅，传说中的所在，只余败垣衰草。其《玉泉旧井》云：“玉泉泉畔玉泉亭，亭上曾沾雨露恩。只见玉泉亭不在，只今空有玉泉名。”明太祖看到的玉泉井，“紫气红光白昼浮”，好似“彩豪洒落金笺上”，但如今亭已无存，玉泉虽然还在，但不再汲泉烹茶，招待客人了，任其日日荒芜，只留下一个空名。

周一纶组诗中的另外八首，涉及铜山和溧塘阁村的其他 8 处自然风光与人文古迹。

其一，《同峰绝顶》云：“皎皎湖光一鉴开，长江匹练自天来。秋宵仰见银河近，回首低观雁字排。”应该是在铜山顶上看到的秋景。

其二，《金牛古宕》云：“金牛去后一荒坑，狐兔踪横草莽深。眼见年来增胜概，白云窝里卧高僧。”所咏应该是山南的金牛坑，宕是坑洞，当地有金牛的古老传说，山上金牛寄身的古洞旁，建起了寺庙，有高僧驻锡。

其三，《翠微仙洞》云：“岩上何人镌翠微，翠微洞口白云低。石床风净不须扫，山客山僧对弈棋。”翠微洞是山南一个天然洞穴，至今岩上犹存“翠微”二字。

其四，《顶山小桥》云：“平铺片石不多高，不跨溪流不跨潮。信是先年便行走，至今人叫顶山桥。”山上没有溪流，搭建小桥只是为了便于行走观景吧。

其五，《门前赦树》云：“三十年前此地游，青青如盖覆人头。只缘圣驾停于下，赦树声名奕世留。”古代帝王所到之处，会免除赋役，赦免罪犯，体现爱民恤民、令其自新之意。明太祖在树下赦免溧塘阁地区那些犯有罪错的百姓，人们感戴皇恩，称此树为赦树，加以保护。

其六，《楼外前塘》云：“浩然楼外古前塘，两岸青青草自芳。人事天时离弩箭，昏鸦衰柳几斜阳。”

其七，《溧塘秋水》云：“偷得浮生半日游，溧塘秋畔听溪流。我欲停杯问溪水，忙忙流到几时休。”溧塘阁周边水系发达，前塘边，作者感慨人事天时难以掌握。溧塘边溪流不停地流淌，作者叩问，几时才能休止，透露出对忙碌生活的无奈和厌倦。

其八，《同麓胜概》云：“同峰佳气昼氤氲，曲曲溪流引客行。正好携壶漫游赏，奈何头上雪纷纷。”这首诗写的是铜山脚下，溧塘阁周边的整体场景，山上云气笼罩，一条条弯曲的溪流引着人们行走两岸。这真是值得人们带上酒壶、漫步游赏的绝佳田园风光。奈何白雪盈头，不能常常在这画中徜徉了，作者结句的怅惘反而衬托出同麓胜概之令人神往。

当代影响与价值

与江宁境内方山、东山、汤山、青龙山、牛首山、祖堂山诸名山相比，铜山影响不大，历代史志所记名人题咏唯有南朝宋鲍照《过铜山掘黄精》，相关文旅资源之开发利用，近年虽有动作，亦远不及其他名山。就此而言，《同山周氏宗谱》记载的铜山十二景传说的价值就弥足珍贵，可有效补充史志记载之不足。这些诗文，让我们可以想见昔日铜山及溧塘阁村那些矗立的亭台楼榭，以及远处的世外田园风光，可以想见从帝王到各级官员，从著名文人到得道高僧的历代贤俊往来其间的人文盛况，可以缅怀先民们的生活意趣和精神追求。今日溧塘社区已创建村史馆，将以上相关风景诗文做成展板，供游人、村民参观，让人们了解历史上的著名人文和自然景观。据闻，相关部门计划继续深入挖掘这些传说所涉及的历史文化内涵，以为将来恢复铜山十二景提供基础资料。

江宁八景的传说

基本概况

这个传说流传于江宁全境。

自古以来，文人墨客吟咏南京地方风景名胜蔚然成风，明清时期还先后评选出金陵八景、十景、四十景、四十八景，其中晚清光绪年间长干里客（徐虎，号瘦生，苕溪人）所绘的《金陵四十八景图》对今人影响最大，其中有八景在今江宁区境，分别是东山秋月、牛首烟岚、祖堂振锡、献花清兴、天印樵歌、祈泽池深、台想昭明、虎洞明曦，是为“江宁八景”。

1. 祈泽池深

景在上坊社区祈泽寺旧址。长干里客所题该景说明文字为：“在府治东南三十五里，山高五十丈，周四十里。宋时法师结庵于此，讲《法华经》。龙女听讲，法师曰：‘可闻一泉乎？’后数日，清泉涌于庵南。后人以祈祷多应焉。”乾隆二十二年（1757）三月，乾隆皇帝第二次南巡江宁，曾游览祈泽池，并留诗《寄题祈泽池》，诗云：“闻道结庵初法师，倩龙女为现斯池。神通诚使那枷伏，何待法华听讲时。”

2. 牛首烟岚

景在牛首山，长干里客所题该景说明文字为：“在府南二十里，山有二峰，东西相对，王导名之曰天阙，连接祖堂、献花岩诸山，惟含虚阁独踞其胜。”牛首山双峰直插云汉，浮图高耸，山上林木葱郁，泉石相映，故有“金陵多佳山，牛首为最”之称，兼之寺院林立，盛产茶、菊、兰等奇花异木，自六朝以来一直是金陵南郊最为民众所乐游的景点之一。因其春天景色格外秀丽，故至少从晚清开始已有“春牛首，秋栖霞”一说。

牛首烟巒

在府城南三十里舊名牛頭山有二峰東西相對晉元帝初作宮殿城闕郭璞曰闕不便王導指雙峯曰此天闕也故又名天闕連接祖堂獻花巖回觀臺殿層疊有若畫屏朝夕烟嵐極為奇勝遊覽者忘倦即寒暑無間也

天南雙闕勢崔嵬遥送清芬撲面來百折千盤紆磴道峰腰崖頂疊樓臺微雲欲起輕陰轉片月初升積翠開對嶺啓牕看變態依稀蜃氣接蓬萊

《金陵四十景图像诗咏》之“牛首烟峦”（明版画）

《金陵八景图卷》之“秦淮渔笛”（明人绘）

3. 东山秋月

景在东山，长干里客所题该景说明文字为：“在府治东南三十里，一名土山。晋谢安筑之，拟以会稽之东山，尝与仲子围棋于此，又尝挟妓游山，流连终日。试一登揽，远山叠翠，古木含烟，亦郊坰之胜概也。”东山本名土山，在今东山街道的西北端。东山虽不大，但因谢安“东山再起”的典故而闻名遐迩，并成为历代名贤墨客游览、凭吊对象，唐代的李白、温庭筠，宋代的苏轼、王安石，明代的姚汝循、黄姬水等，都留下与东山有关的诗篇。从长干里客所绘的《东山秋月》图来看，当时的东山绿树四合，楼台掩映，曲径盘纡，直通幽处。山巅一带红墙内更是杰阁高矗，回廊曲曲，景色分外优美。

《金陵八景图卷》之“天印樵歌”（明人绘）

4. 虎洞明曦

景在淳化街道新庄村附近，长干里客所题该景说明文字为：“在城东南四十里，出高桥门外田野。洞不甚宽奥，而群山环立，云光吞吐。近洞有宫氏泉，相传汉时已著。洞外一庵，竹树掩映，土地平旷，游人至是憩焉。”此景与宫氏泉相邻，其传说参见本书“老虎洞与宫氏泉的传说”“江宁名泉的传说”诸内容。

虎洞摩崖题刻

5. 台想昭明

景在湖熟梁台，长干里客所题该景说明文字为：“在湖墅镇。李白醉看紫绮，遇崔侍御于此。

虎洞今貌

楼之侧，缭以短垣，涧路盘纡，花木参错，浓荫夹道，苍翠入裾。王摩诘诗中有画，画中有诗，不是过也。”相传南朝梁昭明太子曾在梁台读书，台侧有“小太湖”，因广植莲藕，又名“植莲湖”，湖中常映出双月，蔚为奇观。后人在庙旁建“昭明太子读书楼”，遂为“台想昭明”之景。该读书楼突兀云表，庭宇闲敞，树木萧森，鸟语花香，风声月色，清幽秀美。相关内容参见本书“湖熟梁台的传说”一条。

6. 祖堂振锡

景在牛首山南端祖堂山，长干里客所题该景说明文字为：“寺在牛首山之西懒融禅师修道之处。唐贞观中，传四祖法融建寺，故山与寺皆名祖堂。曲径通幽，禅房寂静，过于牛首之弘觉云。”祖堂山原名幽栖山，海拔 256 米，面积约 3.6 平方千米。南朝刘宋大明三年（459）建幽栖寺于山南，故山名“幽栖山”。唐代禅师法融在此修行，创立佛教禅宗“牛头宗”，即佛书上所说的“江表牛头”。其香火鼎盛，遂为佛教圣地。法融为牛头宗第一祖师，山遂更名为“祖堂山”，因有“祖堂振锡”之誉。

7. 天印樵歌

景在方山，长干里客所题该景说明文字为：“在城南四十里，高一百十六丈，周二十七里。四面方如城，故俗名方山。秦始皇凿金陵，此山是其断者，上有石龙池，下有葛仙翁井，杂树不生，亦一奇境也。”方山海拔 208.6 米，总面积约 6.5 平方千米，山顶四方如城，故名“方山”，又因形如方印而名“天印山”。旧时方山，巉岩峭壁，林木清幽，杂树不生。又有诸多人文古迹，自六朝以来即为游客所喜寻胜探幽之地。明代许谷《登方山绝顶》云：“天印山高四望遥，振衣同上兴飘萧。深岩藉草秋仍茂，绝顶清池旱不消。散睇青峦围锦甸，举头苍霭接丹霄。洞中却爱栖真者，不信人间有市朝。”明初诗人史谨早有《天印樵歌》一诗，诗云：“夹路青山拥翠螺，每闻樵唱隔烟萝。暗惊鹤梦穿云杪，细答松声出涧阿。几度半酣扶杖听，有时一曲傍林过。晚来弛担长松下，复和岩前扣角歌。”方山景色之壮美，由此可见一斑。

《金陵四十八景》之“祖堂振锡”（清版画）

《金陵四十八景全图》之“虎洞探幽”（民国版画）

8. 献花清兴

景在祖堂山北献花岩，长干里客所题该景说明文字为：“在牛首山东南。懒融禅师卓锡此岩，雪中开奇花二枝，且有百鸟献花之异，故以名岩。岩外建留云阁、芙蓉亭。游山至此，可以息虑洗心，而回首林峦殿塔，又如一幅画图也。”唐贞观二十一年（647），法融在牛首山开讲《法华经》《大集经》。相传其时大雪纷飞，忽然从皑皑白雪中绽放奇花两朵，状似芙蓉，灿如金色，七日花谢。又传说其时有百鸟翔集，纷纷衔花来献。因此，后人便把法融讲经之地称为“献花岩”，“献花清兴”一景即指此。献花一事并未见载于传世唐宋文献，其最早见于明代文献，故推测乃后人附会之作。

历史传承

众所周知，自唐代李白之后，吟咏金陵古迹渐成风气，刘禹锡《金陵五题》为其中的代表作。至宋代，更形成颇具规模的组诗，如杨修《六朝事迹杂咏》38 首、曾极《金陵百咏》等。四库馆臣言，“宋世文人学士，歌咏其土风之胜者，往往以夸多斗靡为工”，这已是后世评咏景物的滥觞。

明代，选景之风渐起，金陵八景、十景之说陆续出现，并配有景物图和咏景诗。悠久的建都史为南京留下了众多古迹，成为独特的文化地理景观，于是选景与咏古自然结合起来。万历时期，朱之蕃“搜讨记载，共得四十景”，由陆寿柏“躬历其境，图写逼真，撮举其概，名为小引，系以俚句”，编成《金陵四十景图像诗咏》。清康熙初年所编《江宁府志》即附有高岑所绘金陵四十景图，因咏景诗很难有代表性，仅余景点介绍。

虽然清代咏古诗作仍然继续发展，如余宾硕《金陵览古》60 首、陈文述《金陵历代名胜志》（即《秣陵集》）300 余首，但由于大部分古迹已经

《金陵四十八景》之“东山秋月”（清版画）

湮废，因此影响更大的还是景物评选，其特点在于图文并茂，四字景名朗朗上口，有景可观，又数量有限，便于游览。特别是乾隆南巡江宁、历游名胜之后，金陵景物逐渐固定为四十八景。由于四十八景版本各异，具体景点也略有不同。甲辰年（乾隆四十九年或道光二十四年）上元人陈学（号岳楼）所绘四十八景册页，在今江宁地区的有祈泽池、牛首山、虎洞、天印山、东山、献花岩、幽栖寺七景。光绪年间长干里客所绘《金陵四十八景图》则有八景，在诸版中最多，此八景遂成定制。

当代影响与价值

不论是明代的金陵四十景，还是清代的金陵四十八景，江宁八景都名列其中，这充分证明江宁八景的历史价值与代表意义。明清及民国文人所题咏的众多诗词歌赋，也反映出江宁八景的文化价值。历经数百年沧桑，此江宁八景中，或因兵燹不复存在，但位置明确；或景色不复往日，但遗迹尚存。只要稍事经营，大多可以完全恢复昔时胜景，为今日大美江宁建设贡献核心文化资源。

江宁名泉的传说

基本概况

这个传说主要流传于牛首山、方山、青龙山等周边地区。

明代著名文人盛时泰、周晖二人曾寻访金陵宜茶之泉三十余处，其中位于今江宁境内者有八处，因而有江宁名泉之说。盛时泰，字仲交，号云浦，晚号大城山樵，是明代著名诗文家、史学家、画家。据周晖《金陵琐事》记载，万历二年（1574）冬，盛时泰踏雪拜访周晖。周晖以雪水及凤凰、瓦官二泉煎佳茗款待盛时泰。盛时泰非常高兴，列举金陵城内外可烹之名泉。周晖怂恿道："何不纪而传之。"

盛时泰遂取鸡鸣山泉、国学泉、城隍庙泉、府学玉兔泉、凤凰泉、骁骑卫仓泉、冶城忠孝泉、祈泽寺龙泉、摄山白乳泉、品外泉、珍珠泉、牛首山龙王泉、虎跑泉、太初泉、雨花台甘露泉、高座寺茶泉、净明寺玉华泉、崇化寺梅花水、方山八卦泉、静海寺狮子泉、上庄宫氏泉、德恩寺义井、方山葛仙翁丹井、衡阳寺龙女泉共 24 处，皆序而赞之，名《金陵泉品》。

民国时期的永宁泉旧影

后来，周晖又访得谢公墩铁库井、铁塔寺仓百丈泉、铁作坊金沙井、武学井、石头城下水、清凉寺对山莲花井、凤台门外焦婆井、留守左卫仓井即鹿苑寺井，亦可烹煎佳茗。上述诸泉位于今江宁境内者有祈泽寺龙泉，牛首山龙王泉（亦称罗汉泉、地涌泉、感应泉）、虎跑泉、太初泉，方山八卦泉、葛仙翁丹井、上庄宫氏泉。

历史传承

以上江宁名泉中，祈泽寺龙泉亦称龙王泉、龙女泉，在高桥门外二十里。《景定建康志》引旧经载，相传曾有法师结茅于祈泽山麓传教，有龙女来听讲，既而神泉涌于讲座下。南朝刘宋景平元年（423）建祈泽寺于山麓，为祈祷雨泽之所。萧梁置龙堂方池，甃以石级，泉自龙口出，故有"祈泽池深"之誉，为"江宁八景"之一。

据朱孟震《河上楮谈》、顾起元《客座赘语》等载，虎跑泉、太初泉、龙王泉均位于牛首山弘

1990 年代的青龙山宫氏泉

觉寺；八卦泉在方山定林寺；葛仙翁丹井在方山洞玄观。葛仙翁指葛玄，字孝先，丹阳郡句容都乡吉阳里人，是早期南方道教传承中的关键人物之一。至宋代，先后敕封为“冲应真人”“冲应孚佑真君”。据道书记载，葛玄有仙术，能辟谷，颇多虚构之神异与传奇，故尊称为“葛仙公”“葛仙翁”“仙公”“太极左仙公”等。至元代，此井虽已淤塞，但传说夜晚井口常有丹光惊现，后有人下井清淤，闻井下有风雷之声，惊惧而出。上庄宫氏泉在淳化关后一里许，地名上庄，宫氏世居此，相传为汉时故物，泉旁即为“江宁八景”之一的“虎洞明曦”。高桥门外的虎洞和宫氏泉是否“汉时已著”，尚无早期文献可征。但至少从明代中期开始，此二景已名闻遐迩。据周晖所撰《金陵琐事》记载，在盛时泰所列的南郊十景中就有“虎洞庵奇石”和“宫氏泉大竹”二景，可见其影响之大。

值得注意的是，盛时泰所列之金陵名泉对后世影响颇大，清康熙、乾隆、道光《上元县志》皆踵其说。清代钱大昕《潜研堂诗续集》卷三《普生泉歌为陶悔轩方伯赋》“浇花煮茗冽且甘，压倒名泉品廿四”一语，其自注云：“盛仲交记城内外泉二十四，各为赞，名曰《金陵泉品》。”

又有青龙山麓天宁寺“异泉”，被誉为“品外泉”。据明人顾璨（字英玉）正德十二年（1517年）所作的《天宁寺游记略》，从天宁寺到“异泉”之间的道路已长满树木，穿过时树枝常常会挂住帽子。泉水飞落石涧，激起的水珠如珍珠如碧玉，泉水不知是从何处来，亦不知流往何处去。后来，天宁寺外的“异泉”被盛时泰命名为“天宁寺流水”，并誉为“金陵十景”之一，足可见其景色之优美。王韦《游天宁寺》一诗亦涉及其“泉流”：“问年看井干，结夏闭山门。路夹双峰起，泉流百道喧。葡萄缠废栋，蛱蝶舞荒园。窈窕堪栖隐，逢人未可言。”清人金鳌《金陵待征录》卷一亦赞之：“天宁寺水，顾英玉游记尝美之，予乞而饮焉，胜祈泽龙女泉远矣，此仲交品

清人张宝《泛槎图》中的“祖堂品泉”图

天宁寺遗址现存建筑

外泉也。”此外，清代严观《江宁金石记》“普生泉”条云此泉“盛仲交《金陵泉品》未收”，可见江宁名泉成为后人比较对象。

除“异泉”外，天宁寺的冬日梅花亦是一处美景。清代僧人原济曾于康熙二十四年（1685）二月，在雪后前往江宁青龙山、天印山等处探梅写画，作有《青龙山古天宁寺梅花》一诗。原济，字石涛，平生工画，擅长山水与花卉，与弘仁、髡残、八大山人并称“清初四僧”。又工书、诗、印及园林叠石。通过此诗，可以想象冬日天宁寺绮丽的景象：“铜枝铁干非常见，玉蒂冰条蜀锦囊。何事镂心千仞放，化为龙骨一溪长。轩辕鼎废余丹社，古佛光生只听香。日暮上方云气薄，绕空浮翠碧波茫。”

当代影响与价值

江宁名泉对后世影响颇大，通过诸多文人的描述，已成为南京品泉文化之一部分。今相关名泉，上庄宫氏泉已消失，“天宁寺流水”、牛首山龙王泉等则仍有遗迹可寻，其历史文化价值，有待进一步挖掘和提升。在当下牛首山、方山、青龙山地区保护性开发的背景下，可以将作为“非遗”资源的江宁名泉与其他旅游资源整合“打包”，以推动所在景区人文与自然生态景观建设的协调发展。

蘼芜涧的传说

基本概况

蘼芜涧的传说，流布于江宁区淳化街道。

蘼芜为香草，又名薇芜、江蓠、芎藭、芎、川芎，是一种双子叶植物，属于伞形科。《辞海》释义：其苗似芎藭，叶似当归，香气似白芷，是一种香草。妇女去山上采撷蘼芜的鲜叶，回来后于阴凉处风干，可做香料，亦可做香囊的填充物。古人相信蘼芜可使妇人多子。

蘼芜涧，位于淳化街道境内青龙山中部。据吕业民的《古村徐墙》载："蘼芜涧，位于青龙山南麓，当地人称'深凹'，距徐墙村仅约1千米，其山林权益原为徐墙村所有。这里山谷幽深，树木繁茂，涧水潺潺，长流不息。山野多蘼芜，故名。"

史载南朝齐代名士刘瓛虽声名远播，但"不戚戚于贫贱，不耽耽于富贵"，时人称之"儒行之高者"，或称为"关西孔子"，史官也称赞他"承马、郑之后，一时学徒以为师范"。相传他长期隐居江宁青龙山的蘼芜涧，并在此开设学馆，门下常有弟子数十人，其中不少后来成为著名人物，称帝之前的梁武帝萧衍就是其中之一。当萧衍听说刘瓛在青龙山办起了私学，就经常去光顾。每次去刘瓛的私学，萧衍都特别虔诚，向刘瓛讨教儒家文化中治国理政的方法。刘瓛也深知萧衍非等闲之辈，也乐于交这个朋友。一来二去，两人成为诤友。跟刘瓛在一起，萧衍感到十分充实。这一阶段的私学经历，对萧衍后来称帝，起到了至关重要的作用。刘瓛经常跟萧衍讲三国鼎立，衣冠南渡，再到南朝宋齐的故事，其间朝代更替，战争不断，苦了百姓。刘瓛希望有一天能够通过大兴佛教，并推行仁义之举，让

知情者在蘼芜涧前留影

淳化新兴社区桃园

青龙山麓靡芜涧

刘瓛，字子珪，小名阿称，沛郡相县人。刘瓛笃志好学，博通训义。曾兄弟三人共处一间蓬屋，为风吹倒，无钱修葺，然皆怡然自乐，习业不废。刘瓛早年官拜抚军行参军，不久以公事免职，自此不再出仕。后因母老无以为养，先后出任彭城郡丞、会稽郡丞。刘瓛 40 多岁仍未结婚。南齐建元年间（479—482），齐高帝和司徒褚彦回为之娶王氏。一次，王氏挂履上墙，不小心尘土落到刘瓛之母孔氏床上。孔氏不高兴，刘瓛即休妻出门。孔氏死后，刘瓛庐墓不出，连墓山上一种鸲谷鸟，也不敢出来骚扰，直到三年后刘瓛服除，此鸟才出。刘瓛虽仕途不畅，然学问精深，被誉为“儒林之宗”，颇得齐高帝、武帝常识，史载其“儒业冠于当时，都下士子贵游，莫不下席受业，当世推其大儒，以比古之曹、郑”。

刘瓛为人谦逊，从不以名高自居，拜访友人，仅带一门生持胡床随后。主人未得通报，便坐在门外待候。他家住檀桥，仅有数间瓦屋，上皆漏雨，但其学生敬慕刘瓛人品学识，不敢取笑，称其屋

国家安定，百姓安居，再通过休养生息的举措，使得国家变得强大。

齐永明七年（489），当萧衍得知刘瓛病故，十分痛心，暗自抹泪。十三年之后，萧衍建立梁代做了皇帝。为了表彰刘瓛的功绩，他登基之后即刻下诏为刘瓛立碑，并下令禁止在青龙山砍伐，还亲自到青龙山为刘瓛扫墓。据说自从梁武帝来过之后，青龙山更加郁郁葱葱，而靡芜涧也是终日流水潺潺，鸟语花香。

历史传承

据《南齐书》《南史》《梁书》等文献记载，

青龙山远景

淳化旧街景

为“青溪”。后得齐武帝所赐杨烈桥宅，学生们皆往祝贺。刘瓛说：“这么好的房子，哪是我的家呀？幸好作为讲堂，但仍觉不妥。”未及入居，刘瓛即病倒。死后，他的门人和学生皆为他吊服送葬。天监元年（502），梁武帝下诏为刘瓛立碑，谥为贞简先生。

关于“蘼芜涧”，南京历代方志均有记载。元张铉《至正金陵新志》卷五有“蘼芜涧”词条：“在上元县城东三十里青龙山前，路出檀桥。《金陵故事》：齐处士刘瓛居此，瓛为儒林之宗，仕至四十未婚，其友为娶王氏，乃诣涧折蘼芜而去，因名蘼芜涧。”明《万历上元县志》卷三：“（青龙山）在城东南三十五里，周回二十里，高九十丈。前有蘼芜涧。《金陵故事》云：齐处士刘瓛居此。为儒林之宗，四十未婚，其友为娶王氏，后出之。乃就涧折蘼芜而去。山趾石坚而色青，可为碑础之属。又有崚嶒洞穴者，都人取为假山。西趾有泉，大旱不涸。西南有黄鹿山、时山。”清《乾隆上元县志》卷四“青龙山”条：“在城东南三十五里，周回二十里，高九十丈。山产石，可为碑础，山前有蘼芜涧（见后涧类），山西趾有泉，大旱不涸。西南有黄鹿山、旹山。”由此可知，刘瓛所居之檀桥旧宅确在上元县东二十五里（或称三十里）青龙山之前。山前的蘼芜涧，亦因刘瓛而得名。刘瓛死后亦葬在青龙山。蘼芜涧的山泉，名称“蘼芜泉”，清代陈文述《秣陵集》“檀桥访刘瓛故宅”诗云：“流水青溪第几湾，苍苔石壁面龙山。当年立馆知何处，可在檀桥瓦屋间？蘼芜涧上蘼芜草，春雨浮香淡暮烟。我向海禺山下过一泓清酌柳娘泉。虞山河东君墓后有泉，余名之曰‘蘼芜泉’。”

而题咏“蘼芜涧”的作品，早见于宋代，如宋代诗人苏泂《金陵杂兴》中即有“蘼芜涧”：“蘼芜涧边春草青，桃叶渡头江水生。女郎到此歌一曲，不尽今来古往情。”清代王友亮《金陵杂咏》“青龙山”诗云：“频年斧凿痕，不顾云根断。呈奇适自戕，为尔兴三叹！人来野鹿惊，人去山禽唤。临涧采蘼芜，春风尚堪玩。”其诗前小序称：“青

知情者吕业民接受采访

龙山，人多取石于此。山有蘼芜涧，府东三十五里，刘瓛所居。”

当代影响与价值

硕儒刘瓛隐居青龙山蘼芜涧的传说，是南京历代文人笔下吟咏的主题之一。21 世纪初，青龙山林场在蘼芜涧附近发现矿泉水，含有多种有益人体的微量元素，曾一度投资建设山涧饮料厂，生产饮料和低度酒。今蘼芜涧仍有溪流向西流入 1958 年所建的黄龙埝水库，成为淳化街道一景。新近出版的《淳化街道志》即将蘼芜涧与黄龙埝列为当地的风景名胜。据此，假以时日，若对蘼芜涧地区进行合理规划，有序开发，并将刘瓛隐居青龙山的传说融入其中，或许会收到意想不到的效果。

佘村生铁塘的传说

基本概况

生铁塘位于东山街道佘村社区村前。相传昔日水塘碧波荡漾，塘中有一铁质假山，其形状如牛，横卧在池塘中，民间遂有“一尊铁牛戏水塘，二只鸳鸯绕牛缠”的说法。据《潘氏宗谱》等资料，佘村所在的青龙山一带，古时人迹罕至，人类定居开发历史较晚。元末明初，有数户佘姓居民为避中原战乱，由安徽等地迁徙而来，之后其他姓氏如李氏、陈氏、王氏等陆续落户于此。其中潘氏先祖于明末战乱之时自河南南迁，因见佘村地处偏僻山之中，有山有水且幽静，如同桃花源，遂于此繁衍生息，族脉不绝。

而在明朝之前，这村子并不叫佘村，而叫龙村。关于生铁塘名及龙村改名之由来，当地有一个相当戏剧性的传说。据传佘村在明朝之前叫龙村，那时候，龙村村头居住一户王姓的人家，主人名叫王大宝。他从十五六岁起就随大家一道上山砍柴，一道进城卖柴，到了成年的时候，还娶上了一个俊俏的媳妇，日子过得虽紧紧巴巴，但大宝夫妇相互体贴，孝敬高堂，一家人倒也其乐融融。就在大宝娶亲的第二年，他妻子给他生下了一个大胖小子，这下可把大宝一家人乐坏了。但奇怪的是这小家伙自从呱呱落地就啼哭不停，任凭大人如何哄，如何搂，都无济于事。正当大宝一家人不知如何是好的时候，家门口来了位道士。这道士一跨进门就连称：“恭喜，恭喜，你家出贵人啦！”大宝一听忙问：“你这位高人，

佘村全景

佘村远景

此话怎讲？”这位道人不慌不忙地答道：“我乃大茅山道人，号普济。近日，我夜观天象，突见青龙山山脚下霞光万道，祥云漂浮，断定此乃天宫星宿下凡，故一路寻觅到此。”此道人接着又说：“你等看看，这孩儿天庭饱满，两耳垂肩，此乃帝王之相也……”正当大家惊愕之时，那道人又跨出门外，在屋前屋后转了一圈，在一高坡上站定，然后又说：“这孩儿成年后必定掌管天下，当上皇帝。你们看，这屋后竹林里藏有千军万马，是玉皇大帝为他准备的天兵天将。这屋前的九条田埂乃是九条小青龙，他们卧伏在这儿护卫着主人，等待玉帝将令。时刻一到，他们将一呼而起，护驾保主啊……”一番话，说得众乡邻目瞪口呆。不知是谁问：“何时能当上皇帝？”此道人忙说：“天机不可泄漏，天机不可泄漏也。”然后道人两手作揖，闭目而立，嘴里叽里咕噜一番，竟扬长而去。天下竟有这等奇怪之事？正当大家如坠入云雾之中时，那孩儿居然停住啼哭，伏在母亲怀中吧嗒吧嗒地吮吸起奶水了。众乡邻见了无不啧啧称奇。

佘村生铁塘远景

天下没有不透风之墙，“龙村出了皇帝啦”，消息就像插上了翅膀，不几天就传遍了周边十里八乡。很快消息也传进南京城，传进皇宫，传进大明开国皇帝朱元璋的耳朵里，“反了！反了！”那朱洪武勃然大怒，急忙登殿升朝，即令军师刘伯温去查明事实真相，授予临机处置先斩后奏之权。刘伯温不敢怠慢，次日，清早便轻车简从，只带上江宁知府和十几名锦衣卫，悄悄地出了城门，直奔龙村而来。等刘伯温一行人马不停蹄地来到村口已是中午时分。村中管事的里长早已闻讯赶来，毕恭毕敬地站在那儿等待问话。刘伯温见状忙问:“究竟是怎么回事，快如实禀报。”那里长怎敢怠慢，一五一十地把近几日发生的奇事叙述了一遍。这刘伯温出生书香门第，自幼饱读兵书，智慧超群，那阴阳八卦、鬼神之说无不精通。听罢里长一番言语之后，陷入了沉思：“天无二日，国无二主。皇上岂能是随便称呼的，这是灭门九族的大罪啊！想我大明王朝开国伊始、民心浮动、百废待兴，眼下妖言骤起，岂能让无辜百姓惨遭涂炭？可我主笃信神灵，眼下这桩奇案又该如何处置？这件事难啊！难啊！也罢！且让我巧用阴阳之术破他一破！”他思索片刻，拿定主意，胸有成竹地叫道：“来人！”他对江宁知府、龙村里长等一干人如此这般地说了一番。那里长由惊变喜，跪在地上连连磕头谢恩，最后爬起身子，一溜烟似的向村中跑去。

这刘伯温究竟对他们说了什么？又要他们去干什么呢？原来刘伯温要他们做的第一件事，就是“砍掉竹林。”既然竹林里藏着千军万马，我就来一个“釜底抽薪”,竹林砍了,千军万马没了，我看你拿什么夺天下。刘伯温要他们做的第二件事就是“切断田埂”。既然九条田埂是九条小龙，那我在龙的背上插上九把铁锹，切断龙筋，看你还能活不活得成？小龙死了，谁来护主？刘伯温要他们做的第三件事，就是“开山烧灰”。在刘伯温看来，那青龙山系卧龙也，迟早要腾云驾雾呼啸而起。我在你的脊梁上开凿石块,煅烧石灰、燃烧龙脉、扼杀天命，看你如何兴风作浪。刘伯温要他们做的第四件事是“焚毁兵器”。凡村中百姓家中的大刀、铁茅弓箭等兵器，都须上缴，集中在村前一洼地内焚毁，不得藏匿。其残渣余铁倾倒凝固之后，其形状酷似一头铁牛！由于其地地势低洼，久而久之便形成了水塘。刘伯温要他们做的第五件事就是“改村名”。在刘伯温看来，龙村的“龙”字，有犯上之嫌，他高声对乡民们说：尔等今后不可再称龙村，你村中多数姓“佘”，不如就改称“佘村”吧！众村民早已胆战心惊，哪有不从之理，皆呼万岁、万岁、万万岁。

佘村雪景

再说，那刘伯温军师见诸事处理妥帖，便起程返京，面见皇上把传言的起因及他如何“一砍二切三烧四毁五改”的处置情况，向朱洪武皇帝细细禀报。朱皇帝闻听军师说得如此合情合理，头头是道，不由得大喜，一面命嘉奖军师，一面令张榜悬赏捉拿茅山那妖道。那老道妖言惑众之后，早已逃之夭夭，不知去向，事情也就不了了之了。

在历经如此变故之后，王大宝和村民们又开始了平静的生产生活。那王大宝之子，长大成人之后，同样砍柴卖柴一生，最后无疾而终，享年九十多岁。那昔日焚毁兵器之洼地，历经沧桑，成了一口水塘，名称生铁塘。现在水塘仍在，而铁牛早已渺无踪迹，那残渣余铁也成了水塘之中一景。

历史传承

实际上佘村生铁塘早见于地方志记载，称为铁底塘，如《金陵待征录》《同治上江两县志》《首都志》即载青龙山西麓有泉，大旱不涸。山下有佘村，有铁底塘。此铁底塘一般认为即铁冶沟，乃天监十四年（515）十月梁武帝运江南铁器筑浮山堰大坝堙塞淮水后，以所余铁器弃于青龙山西麓之佘村。据《梁书》记载，天监十三年，梁武帝为夺取北方军事重镇寿阳（今安徽寿县），采纳北魏降将王足之计，准备筑堰淮水，以冲灌寿阳城。大将康绚征发二十万众赴役，于钟离南起浮山，北抵巉石，依岸筑土，合脊于中流。次年十月，在围堰将合之际，堰为淮水冲决。有人建议江、淮水中多蛟龙，能乘风雨决坏崖岸，蛟龙怕铁，可运建康（今南京）东、西二冶铁器以镇蛟。遂集江南铁器，大则釜鬵，小则鋘锄，总计数千万斤，沉于堰所。但堰仍不能围合，乃伐树为井干，填以巨石，加土其上。至十五年四月堰乃成，夹之以堤，上种杞柳。而地方志则载，由于此堰久不能成，乃聚江南之铁，融液载往，并弃所聚之余铁于铁冶沟。关于铁冶沟的位置，志书中有两种不同观点，其一在青龙山麓佘村，其二《景定建康志》《至正金陵新志》则认为铁冶沟在金陵城西北郊的“钟山乡马鞍山之下，有地三亩余，皆铁，近水垠，通小港。耆老皆呼为铁冶沟”。两种观点，何者为是，有待于进一步考证。又据《潘氏宗谱》卷四《佘村记》，明代即有古铁立于池塘侧，佘村具体年代不明。近年南京市文物考古部门曾对佘村生铁塘进行了考古勘探与试掘，发现其地有早期炼铁作坊的遗迹，印证了《金陵待征录》等文献记载的可信性。

《青龙乡全图》

当代影响与价值

旧时佘村村民们视生铁塘的铁牛为神灵，因为当时医疗水平不发达，孩子的出生率很高，但存活率却非常低，因此不少村民将自家的幼儿认作铁牛的干儿子。每逢二月初二（龙抬头）的这一天，村民们会带着祭品前来祭拜，一是祈求祛病延年，二是希望自家的孩子能够如铁牛一般，结实强壮，健康成长！祭拜后的果品，会拿来分给村中的孩子们吃，因为村民们认为吃了祭拜的果品，就表示已经得到了铁牛的庇佑。到了1958 年，全民大炼钢铁，“铁牛”大部分被敲碎后送进了小高炉里面去了，只留下底部少许残渣淹没在水下。

佘村社区居民委员会旧影

近年在佘村生铁塘清淤施工过程中，挖出了一块莲花瓣的石刻残件。因为铁牛被视为神灵，莲花瓣石刻残件的出土，村民们更相信此地有佛缘，他们计划邀请东南大学设计院为铁牛设计莲台，莲花宝座上有佛祖释迦牟尼、观音菩萨，其余的菩萨，有的手执莲花，有的脚踏莲花。从空中俯视，生铁塘外形似一颗爱心。数百年来，佘村村民们一直相信这里就是积福祈善之地，这种善心被一代一代地延续和传承下来，并承载了他们朴素向善的精神寄托。

湖熟梁台的传说

基本概况

湖熟梁台的传说，主要流传于湖熟街道。

“楼阁参差四望开，风流千载著奇才。芳踪倘不遭倭祸，月色书声激壮怀”，这是民国时期湖熟教育界名人沈柏鑫《题湖熟八景》其中之一的《梁台映月》诗。诗中所提到的梁台，即梁昭明太子读书台，也叫太子台、书台，一般称梁台。位于今湖熟街道秦淮河北岸的梁台街与灵汉东街交汇处，东临汉河，南滨秦淮河，台高 3.3 米。著名的湖熟文化遗址就是最早在这里发现的。

传说中的梁台主人南朝梁代昭明太子萧统（501—531），字德施，小字维摩，南兰陵人。萧统好读书，博学识，曾主编《昭明文选》，被认为是我国第一部诗文词赋的总集，极为后世推崇。《南史》称萧统“生而聪睿，三岁受《孝经》，五岁读《五经》，悉通讽诵”，又“美姿容，善举止，读书数行并下，过目皆记”。还说他“性爱山水”，喜欢游览名山大川。

传说当时的湖熟不仅商业繁荣，而且颇多胜景。特别是距梁台东侧不远有个“小太湖”或称“东湖”“太子东湖”，湖光山色，风景宜人。夏季更是莲叶一碧，荷花盛开，是个避暑纳凉的好地方。因其广植莲藕，所以又称“植莲湖”。相传当时这里还有一个奇景，每当三五之夜素月吐辉时，

1980 年代初湖熟梁台遗址

“小太湖”的水面上能映出两个月影来。性好山水的萧统来游植莲湖时，常借住湖旁一座佛寺法清院的楼房，于此息止、读书。后来他看中了这块风景绝佳的好地方，便于此筑楼读书，这就是后人称之为“太子楼”的昭明太子读书处了。或

梁台遗址今貌

秦淮河湖熟段

传说梁天监年间，梁台所在的法清院即为昭明太子所建，并读书其中，旁有东湖读书台。

从南京地方志的记载来看，古时梁台三面环水，台高数丈。昭明太子读书楼为一座宫殿式的建筑，长廊回合，院宇宽敞。庭院内古柏森森，花木繁茂。特别是月夜游此，湖光月色相接，更富诗情画意。古时湖熟八景中，“梁台映月”（或称“书台夜月”“梁台夜月”）位列八景之首，是颇有几分道理的。还有一种说法是，此楼系后人为纪念昭明太子在此读书而兴建。

历史传承

据考古资料，梁台是湖熟文化的典型遗址之一，其文化层较厚，既有新石器时代文化堆积，也有商周时期的文化堆积，其上还叠压着汉代地层。因为曾在今湖熟街道东北城岗头和梁台一带发现过大量汉代建筑构件，如大板瓦、筒瓦、花纹砖以及六朝陶瓷片等，故一般认为这一东西约500米、南北约300米的范围可能就是两汉、六朝时期的湖熟县城所在。据说20世纪50年代，梁台遗址还曾出土一块石碑，碑文中提及那里就是古县城所在地。1997年初，在湖熟镇秦淮河段整治过程中，考古工作者又在梁台南侧不远的河岸旁发现一处保存比较完好的汉至六朝时期的古码头遗址，更加证实了以往对湖熟城址位置的推定。20世纪80年代末以来，考古工作者在今湖熟街道以北清理了大批两汉墓葬，这些墓葬毫无疑问应与其旁的城邑有关。

昭明太子（明版画）

南宋《景定建康志》“上元县图”中

《汉丹阳郡图》（明版画）

已出现梁台之名。也就是说，湖熟梁台的传说，至少在宋代就已经流传。该志还记载，上元县丹阳乡太子台下东桥的东侧有太子东湖，梁昭明太子曾种莲其中，故后世又称为植莲湖。因其地多有昭明太子传说，而昭明太子又以编辑《文选》最为知名，故南宋咸淳三年（1267），方拱辰建湖熟镇昭文精舍，为之题匾“昭文”，并派里人杜氏守之。

据元《至正金陵新志》记载，昭文精舍位于上元县湖熟镇，其北有台高十余丈，下临秦淮河，相传此台为梁昭明太子萧统宴游之地，台上还有昭明太子像。到元代至元年间，昭文精舍改额昭文书院，设山长，掌钱粮、教育。到了明代，书院毁废。明正德年间，上元县令程栴重加修缮，复改为寺院，仍名法清院。院中奉祀昭明太子和释迦牟尼像，为寺僧祝发之所。据《金陵梵刹志》卷十四记载，法清院属中刹，领有香林寺、吴读庵、许村庵、多福寺、桂阳寺5座小刹。寺内建筑主要有山门3楹、正佛殿3楹、昭明祠5楹、韦驮殿3楹、官房5楹、禅堂3楹、僧院1处。寺院基址4亩，东至本院塘，南至詹元诚园，西至官路，北至兰田，并有公产田地、山、塘共85.99亩。

明天启四年（1624）八月二十三日，南京礼部尚书李维桢约陈山甫同游茅山，事后撰长篇游记《游茅山记》。他的游览路线经过昭明太子读书台，故游记中保留有相关内容，弥足珍贵，兹录如下：“出通济门，沿堤而东。秋水方澄，斜月犹悬，

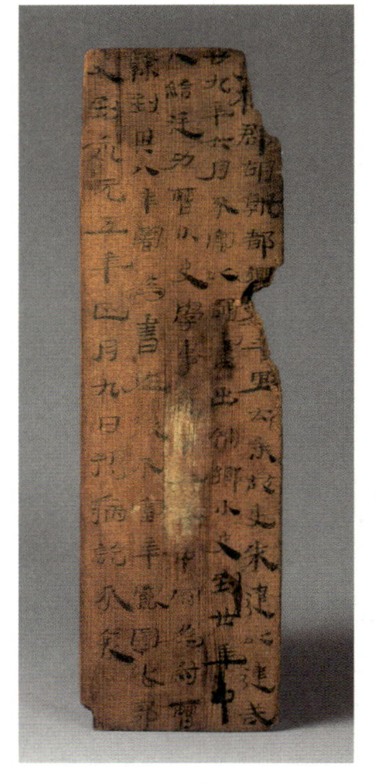

湖熟砖瓦厂汉墓出土的东汉朱建木质告地策

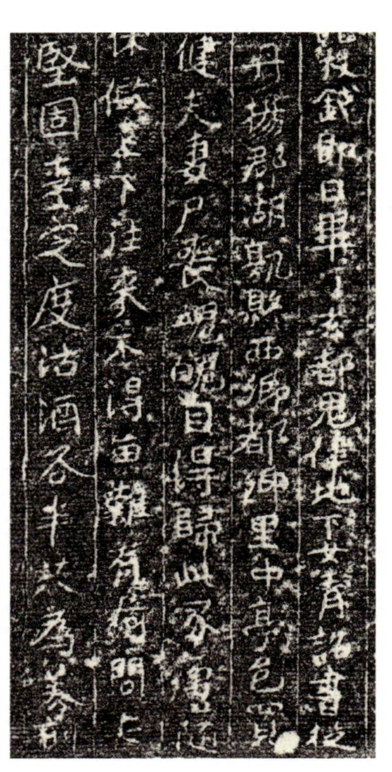

淳化街道咸墅岗出土的刘宋罗健夫妇买地券局部

《金陵四十八景》之“台想昭明”（民国版画）

《金陵四十八景》之“台想昭明”（清版画）

一两点露如雨，三五个星在天，令人萧爽。晨光渐起，庐落比属，烟树郁葱……过小市，有读书台，昭明太子读书处，俞进士仲茅题。视之在一兰若中，从后入有佛殿，昭明祠当其南，卑隘圮剥多于余烬，忆荆襄文选楼颇壮丽，何此寂寞也。饭淳化镇而行，取间道，历黄彦坝至淤村孙氏宿焉。村在秦淮下流，复一溪会之地，潮时至时否，所以名‘淤’，盖赤山湖、尾湖淤塞为田矣……”很显然，在明天启年间，昭明太子读书台依然是文人们顶礼膜拜之地，甚至还建起了一座昭明祠，以祭祀昭明太子萧统。

到了清代，《同治上江两县志》对昭明太子来湖熟游赏植莲湖事仍有记载，说他经过梁台处，看其环境甚佳，因此暂住梁台法清寺楼上读书，并对昭明太子效法古贤之情、奋发读书之愿赞赏有加。

因为有昭明太子读书梁台的传说，这里也自然成为诗人题咏的对象。明初史谨创作的组诗《梁台六咏》即以湖熟梁台为中心视角，历数周边环绕之六大胜景，分别是“赤峰晴雪”“太湖落雁（或称太湖秋雁）”“天印夕阳”“古城晓景（或称古城晚景）”“野渡横舟”“秦淮渔笛”。与本传说相关的《太湖落雁》诗云：“粼粼浅碧露沤沙，两岸枫林接断霞。数点征鸿云际落，暗传秋信入芦花。”《古城晚景》诗云：“草暗颓垣似断峰，孤城遥带夕阳春。无边烟树重重合，多少人家紫翠中。”

以梁台列入湖熟八景，早见于清乾隆五十年（1785）所修《张氏宗谱》，景名“梁台夜月”，所录俞世珩题景诗云：“为仰当年博洽才，而今惟有旧书台。檐前冷侵团团月，槛外空余漠漠莓。文选心澄千古耀，阴宗光湛百川回。虚堂静对浑闲事，涤尽尘氛宝镜开。”张毓题景诗云：“高台蹑步共凭临，朗月悬空澹暮阴。皓色夜惊千点鹊，清光秋锁万重林。秦淮漠漠烟波冷，萧寺沉沉刻漏深。惆怅昭明无限思，应教良夜助行吟。”

梁台列入湖熟八景，又见载于清光绪七年《申报》刊发的《题湖熟镇梁昭明太子读书台八景》一文，系湖熟镇文人将题写于梁台上的八景诗全文寄《申报》发表，其景名“书台夜月”。光绪十四年（1888）长干里客“金陵四十八景”中的“台想昭明”，指的就是湖熟梁昭明太子读书台所在的梁台。清末江宁人刘源深《湖熟昭明读书台》诗云：“岩传太子溯渊源，不愧昭明谱号尊。两汉文章资笔削，六朝金粉独台存。惜无永寿延梁祚，空有遗书慰夜魂。七佛庵边风瑟瑟，至今人说旧王孙。”1937年12月，湖熟沦陷，侵华日军在梁台驻军，将台上建筑物全部拆毁，改为炮楼工事，此人文景观从此消失。

当代影响与价值

作为典型的湖熟文化遗址，梁台在考古学上具有重要的文物价值。1982年，梁台古文化遗址被公布为南京市文物保护单位。而作为“非遗”资源的“湖熟梁台的传说”，因为与历史名人梁昭明太子萧统有关，且湖熟八景中的“书台夜月”“太湖秋雁”“古城春色”3景都与这个传说有或多或少的联系，因此可以说梁台是湖熟地区最有影响力的文化符号之一，具有多重历史文化价值。我们不仅要保护好作为物质形态的“梁台”，还须深度挖掘利用这个传说蕴含的丰富文化内涵，通过打造相关景观，以使梁台与周边自然生态融为一体，让梁台这张湖熟地区的重要名片再度熠熠生辉。

铜山浩然楼的传说

基本概况

铜山浩然楼，也称同山浩然楼，其传说主要流布于江宁区铜山一带。铜山即旧时的铜山镇，据《江苏省江宁县地名录》记载，铜山乡位于本县南境，南界安徽省当涂县博望乡，东邻溧水乌山乡，西靠横溪乡，北连禄口乡。明正统间谢氏居此称谢村，清代发展为镇，1933 年因镇近铜山更名为铜山镇。

浩然楼相传为铜山溧塘阁周氏所建，周氏原居丹阳横山，唐代诗人李白有赠《横山处士周君惟长》，这首诗就是李白为隐居在横山的周惟长而作。后来,周惟长的后裔周棕迁徙到同(铜)山，是为铜山周氏的始迁祖。据铜山溧塘阁《同阳周氏宗谱》及《康熙江宁府志》等文献记载，唐朝后期，延庆公周棕“徙家于同山之阳金牛社，建造浩然楼、玉泉井”。

浩然楼规模宏大，敞楼五楹，高入云天。楼名取自《孟子》,“我善养吾浩然之气”“其为气也，至大至刚，以直养而无害，则塞于天地之间。其为气也，配义与道……是集义所生者”。浩然楼是溧塘阁周家的中心建筑，也是周家酬酢宾朋的主要场所。登楼四望,心目豁然开朗。以“浩然”名楼，体现了周氏先祖对道义的坚守，对高远境界的追求。

浩然楼屡建屡毁。谱载,元至元三年(1337)中秋日，前乡贡进士上饶游詹题作《浩然楼记》:“浩然楼者，同阳周氏四兄弟所建也。按周氏世为上元人，传家以诗礼，代不乏显者，而世珍兄弟，顺天明义，友爱尤笃，所居有佳山水，欲共登眺，叙天伦之乐，乃筑楼于第宅之旁，名曰浩然……”称赞浩然楼“择地之胜，度村之良，层构翚飞，美轮美奂”。又有李翼《浩然楼记》，也是应邀为周世珍兄弟所作，文称同山周氏兄弟为上元茂族,“楼五楹,名曰浩然”。可证元至元年间，周氏对古老的浩然楼进行了大规模的重修，征集天下名士高文，为宗族增光，垂教子孙。

此外，宗谱收录了明洪武十八年(1385)十一月“汝南周斌书于福建建宁府府庠之紫芝堂”的《浩然楼记》:“浩然楼者，同阳周氏所作，

土桥洪巷村农家庭院晒谷

以为临眺之所，名儒钜卿，数宴集题咏，以志其事。其一通乃元翰林大学士虞公伯生所记，文辞端雅，为当世所重；一通乃翰林待制杨刚中所撰，深得唐人樊宗师声律；第三通出于陇西李孝光笔，文有骨气，端可师法，族之贤者珍而袭之，如得拱璧。”周斌任职福建建宁，府通判周益是溧塘阁周氏族人，谱中收录了洪武十八年二月二十三日的一通朝廷制书：“兹敕尔周益，授尔承直郎，建宁府通判。”周益携带一件卷轴，上面装裱了三篇《浩然楼记》，作者分别是元朝虞集、杨刚中和李孝光。杨刚中字志行，建康上元（今南京）人。李孝光字季和，温州乐清人。两人均以文章负名当世。周斌面对先贤遗墨，谈了自己对“浩然”二字的理解，并题写在卷轴之末。

可见，元朝至明初，溧塘阁周家至少征集了

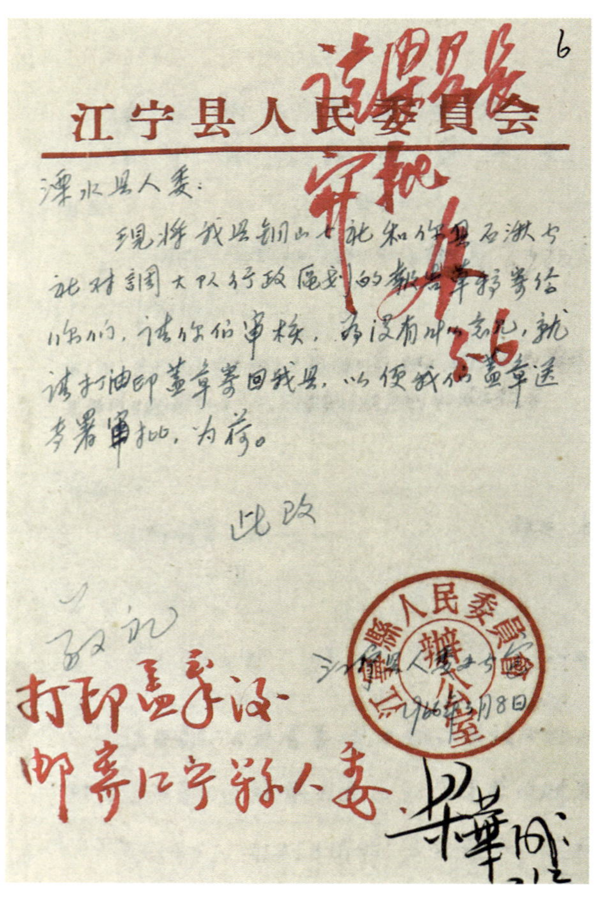

江宁县人民委員会

溧水县人委：

现将我县铜山公社和你县石湫公社……大队行政区划的报告草稿寄给你们，请你们审核，若没有什么意见，就请打油印盖章寄回我县，以便我们盖章送专署审批，为荷。

此致

敬礼

江宁县人委办公室
1966年3月8日

1966 年关于调整江宁县铜山公社行政区区划的档案

六篇《浩然楼记》，并将文章装裱成卷，希望能长久地传承下去，让后世子孙能目睹、阅读这些名家名篇，领略先人命名“浩然楼”的深意，希望他们胸有浩然之气，日常不亏，临难不苟。从这多篇楼记来看，浩然楼是一个宴集欢会的好地方，主贤客佳，令人神往。

历史传承

同（铜）山浩然楼，南京地方志等类文献未见记载，目前仅见于《同阳周氏宗谱》。早在唐代，铜山周氏先人周楠就与大诗人李白有过交集，其时周氏尚居住在丹阳横山。据宗谱记载，周楠，字惟长，迁隐横山，李太白尝止其家，约为青山十友，赠之以诗。宗谱收录了李白的《赠横山处士周君惟长》一诗：“周子横山隐，开门临城隅。莲峰入户牖，胜概凌方壶。时吟白苎词，放歌丹阳湖……”李白在诗中分别提到了丹阳湖、横山，及周子惟长，可见他们之间的友情深厚。此后，其后裔周棕迁居铜山，并新建浩然楼。浩然楼建成之后，为同（铜）山增添了一处登高望远的名胜，引来历代名儒巨卿为之题咏。

元朝末年，朱元璋率义军于采石渡江，克太平，略定溧阳、溧水，下集庆（今南京），曾在溧塘所在横山地区行军打仗，周氏先人周祓有感于义军秋毫无犯，乃捐粮义助。明朝建立后，明太祖朱元璋感其恩，授周祓承直郎、建宁府通判，并赋诗四首。建文帝继位后对太祖的旧属进行了调整，曾授封为江西布政南康府武宁县知县的周祓，已经辞官为民返回家乡。不久，明成祖朱棣登基，朱棣感念为大明江山立下汗马功劳的旧情，下令召回曾经辞官的属下。然而这时周祓年事已高，便再次辞官。到了正统六年（1441），又有周氏族人周镛出谷二千一百石用助赈济。通过以上记载及传说不难发现，铜山浩然楼不仅与地方大族周氏及唐代诗仙李白颇有渊源，而且还曾获得明太祖朱元璋御赐诗，可谓风光无限，名噪一时。

《同阳周氏宗谱》所收诗文，关于浩然楼者最多。其中第一篇《浩然楼记》乃元朝虞集所作。虞集字伯生，历任翰林直学士、国子祭酒、奎章阁侍书学士、侍讲学士，卒谥文靖，其著作为有元一代冠冕。《元史》记载，虞集文望隆盛，求文者众，但不喜作应酬、阿谀之文。

爱惜笔墨的虞集为什么愿意写这篇《浩然楼记》呢？文章开头，虞集交代了写作原委，“临川幕长赵君师舜，为其表兄周儒珍、世珍伯仲，求记其所谓浩然楼者，余久而未有以为言也，而其请至于五六而不倦”。虞集感于赵师舜情义之厚，遂作此记。虞集侨居临川，赵师舜任临川幕长，其母亲是溧塘阁周家人。周家人仰慕虞集，遂请他出面向虞集求文。这篇文章未收录在虞集传世文集《道园学古录》中。集中有“同安县主簿周君仁甫墓志铭”一文，也是应赵师舜请求，为其母舅所作。此文中提及撰写墓

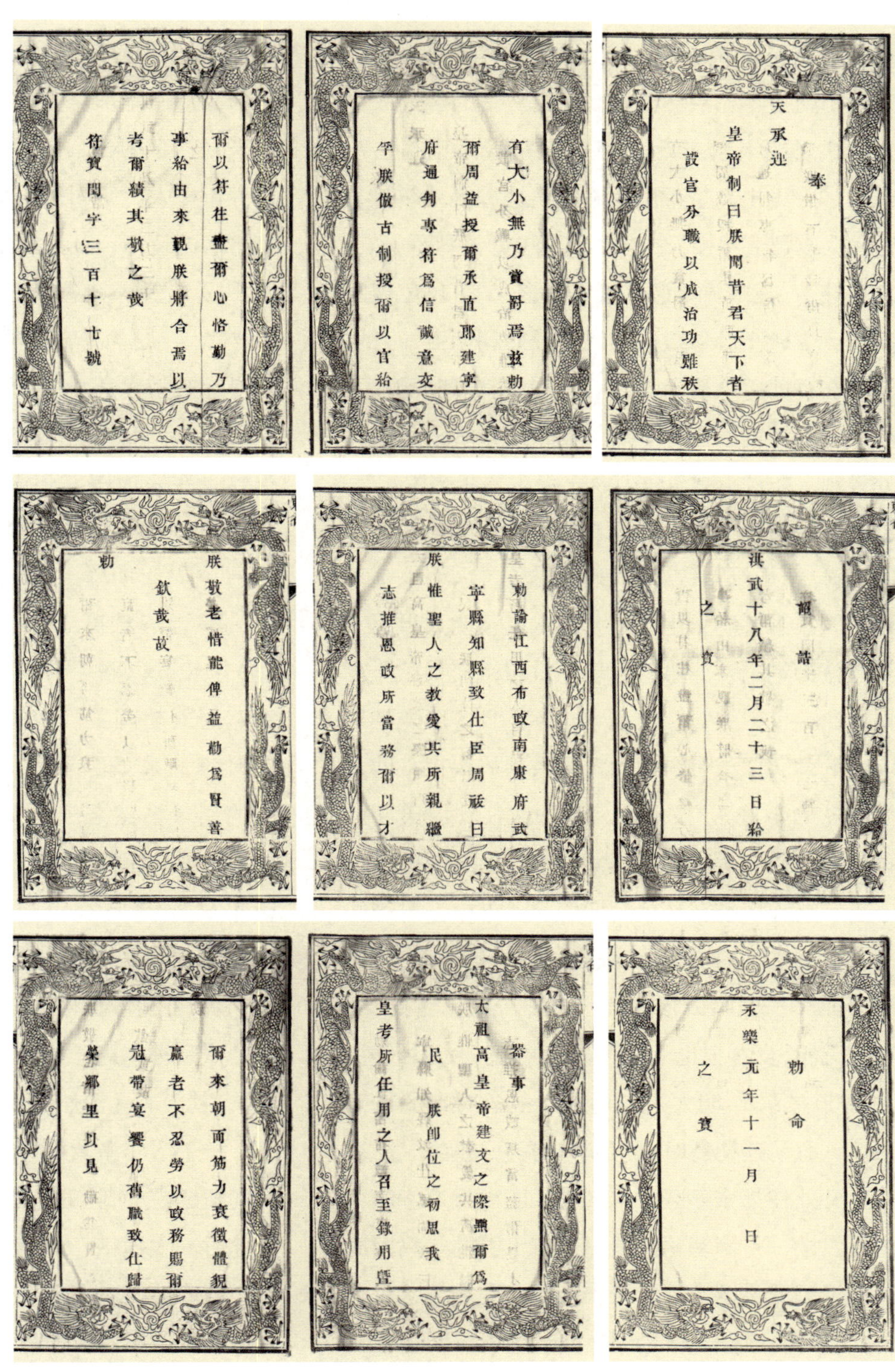
奉
天承運
皇帝制曰朕聞昔君天下者
設官分職以成治功雖秩
有大小無乃貴爵焉茲勅
爾周益授爾承直郎建寧
府通判專符爲信誠意交
孚朕倣古制授爾以官給
爾以符往盡爾心恪勤乃
事給由來覲朕將合焉以
考爾績其敬之哉
符寶閭字三百十七號

誥
洪武十八年二月二十三日給
之寶

勅諭江西布政南康府武
寧縣知縣致仕臣周祓曰
朕惟聖人之教愛其所親繼
志推恩政所當務爾以才
朕敬老惜能俾益勸爲賢善
欽哉故
勅

勅命
永樂元年十一月　日
之寶

器事
太祖高皇帝建文之際黜爾爲
民朕卽位之初思我
皇考所任用之人召至錄用曁
爾來朝而筋力衰微體貌
羸老不忍勞以政務賜爾
冠帶宴饗仍舊職致仕歸
榮鄉里以見

溧塘阁《同阳周氏宗谱》保存的明洪武十八年及永乐元年两通诏书

志铭一事，故知此文作于其后。文中，虞集阐释了“浩然”二字内涵，赞扬周氏兄弟积极的人生态度，“金陵为东南之胜，才智之士，怀义而待用焉”。他相信才智兼备，又时时以义自励的周氏子弟，一定会有用武之地。可见一代文宗对溧塘阁周氏的了解与认可。

明朝初年，浩然楼迎来了最尊贵的客人——开国之君明太祖朱元璋。《同阳周氏宗谱》卷八收录了《太祖高皇帝南巡幸浩然楼御笔诗四首》，分别为《题浩然楼》《题怡云轩》《题凌秋亭》《题玉泉井》，其中《题浩然楼》写道："百尺危楼匾浩然，少微高卧翠微巅。我尝登此朝南面，万里江山在目前。"从诗句看，明太祖与周氏渊源颇深，他到过溧塘阁，登览了浩然楼，还参观了附近几处景观。虽然这是《同阳周氏宗谱》的一家之言，但从诗的内容上看，确有几分豪情，颇与朱元璋的身份相符。尽管这几首诗未见于《大明太祖皇帝御制集》，《明太祖实录》也未提及明太祖巡幸浩然楼御笔题诗一事，但现存太祖诗文集已非全帙，原二十一卷，今仅存十八卷。且《康熙江宁府志》确实记载有铜山周氏先人周祓捐粮义助太祖军队的事迹："按旧志，明师渡江，周氏九世孙糗粮以迎，乃官祓武宁主簿。"清末民初南京方志学家陈作霖在《金陵通传》一书中，对这件事有更加生动的描述："周祓，字子华，江宁人。生于元季，闻明太祖渡江，喜曰‘此仁者之兵，秋毫无犯，真吾主也’。即具糗粮往迎。太祖大悦，除武宁主簿。"明太祖与周祓有战争时期的特殊情谊，有朝廷初创时君臣相得的美好机缘，周祓家乡又处在都城郊区。承平时，明太祖巡幸溧塘阁浩然楼，并御笔题诗是完全有可能的。只因周祓官位较低，宦迹平常，未能载入史册罢了。

作为当地标志性景观，浩然楼不仅吸引了文人骚客的关注，还得到了官员的青睐，知府刘保修就曾于明洪武元年（1368）正月欣然题诗《浩然楼歌》，描写了其昔日乘船，沿秦淮，访同山浩然楼的情景。他羡慕周氏，“山中隐者神仙流，手结缥缈之飞楼”。将要离去，刘保修觉得意兴未足，与周君相期，下次再来浩然楼，“开楼纳山色，坐花枕流水，乘月弄瑶瑟”。还有一首长诗为高僧蒲庵来复题于洪武甲寅（1374）夏四月。释来复，字见心，号蒲庵，江西丰城（今江西省宜春市）人。明朝初年受太祖及亲王尊崇。他还是著名的诗僧，其诗文集《蒲庵集》由大学士宋濂作序，明刻本现藏南京图书馆。书中收录了《浩然楼歌》，题为《浩然楼为金陵桐山周隐君赋》。还有一首诗《题杜尊师所藏息斋竹》，也是为溧塘阁周家一位号息斋的画家竹画所题，这首诗也收录在宗谱中。蒲庵《浩然楼歌》诗后有附记，说他读过虞集《浩然楼记》一文，知道是为金陵同山周氏所作，“及来江左，尝见其一二子弟，率皆清雅可尚”。有感于他们对先人的景仰，作长歌以赠。诗中咏道："周郎古材豪且雄，浩然之气超鸿蒙。致君不顾万钟禄，独乐此道歌时雍。采苓卧青山，扫花枕流水。"他所看重的周氏浩然之气，是芥视功名，铢视富贵，放浪乎山水间，碾碧云，呼白堕，为风月主人。这也确实是周家重视气节、不同流俗的高贵传统。

宗谱还收录有周氏子孙的咏楼诗作，如“元四公派宗孙”周一纶曾题写《同山怀古十二首绝句》，其中有《浩然故址》一诗："浩然故址草萋萋，楼上当年坐紫微。花甲四周恩泽在，游人经此问留题。"所咏的是明太祖登浩然楼题诗之事，但此时高大巍峨、迭经历朝名家题咏的浩然楼已经不复存在，故址已经是芳草萋萋，游人来此，总会问起太祖题诗的故事。诗中说“花甲四周”，两百四十年过去了，组诗当题于万历年间。

当代影响与价值

《同阳周氏宗谱》所载的铜山浩然楼的传说，历史悠久，传承有续，具有比较重要的历史价值。“文章合为时而著，歌诗合为事而作”，历代文人骚客留下的诸多相关诗篇，更使其文化价值得到升华，为铜山地区留下了不可多得的文学遗产和精神财富，是当地深厚历史文化底蕴的体现，而对其所蕴含的巨大经济价值的挖掘，必将为今后铜山地区文化旅游资源的开发利用，乃至区域经济社会的发展发挥积极的作用。

湖熟三不管街的故事

基本概况

这个故事主要流传于湖熟街道及周边地区。

湖熟集镇有一段中心地带，叫“三不管”。这“三不管”怎么叫起来的呢？民国初年，湖熟镇街中心，有三家百年老店。第一家是东头的老元友茶叶店，第二家是西头的周聚隆南北货店，还有一家是回民开的马生和豆腐店。三家老店都面朝街心，各踞一方。

有一年冬月里的半夜三更，马生和豆腐店的两个小计，起来磨豆腐，烧浆点卤，只听见店门外有人哼哼。开门一看，是个冻得发僵的老叫花子。两人见他可怜，喊他进屋，在浆锅里抄了两张豆腐皮子，又舀了碗滚浆，叫他喝。哪晓得好心没好报，老叫花子又冻又饿，反而受不住吃喝，刚把浆喝掉，就“咕咚”一声，栽倒地上一命归天了。两个伙计吓得六神无主，人命关天，想溜不敢，不溜又怕担斤两。两人一商议，决定趁着天黑，把尸首移到街心，来它个神不知，鬼不觉。

果真，第二天赶早市的行人，发现老叫花子的尸体后，报官验尸，认定是冻饿死的，就传地保王福，按老章程办后事。

当官的一走，王福马上找来一根绳子、三根木桩，乒里乓啷，要在三家老店门口各钉一根，说了：“绳子一拉，哪家离尸体近，哪家出钱收殓！”王福的话一出口，三家老板发急了：收殓叫花子的各项费用，没得五六十块大洋，是打发不出去的。哪个肯吃这眼前亏啊？

王福钉呀钉，钉到最后一根桩了。周聚隆南北货店的老板，一手捧着个水烟袋，一手拿着四个烧饼走过来了：“王二爷，清大早的，吃几块酥烧饼垫垫底！”等王福接过烧饼，周老板又挤挤眼说：“这几块烧饼是小老板亲手做的馅，要是此刻没工夫，带回家慢慢品尝。”王福掂掂烧饼，

湖熟菊花园

分量蛮沉，心里有数，也不推辞，就把烧饼往口袋里一揣，跟着把绳子一拉，喊了：“丈量过啦，尸首离周聚隆南北货商店是两丈二尺五！”

王福喊完一抬脚，到了老元友茶叶店。茶叶店李老板满脸堆笑，从柜台里拎出一包茶叶，往地保手里一塞：“这是家乡货，二爷泡壶喝喝，不但味道好，还能提神。”王福捏捏茶叶包，里头吱嘎吱嘎响，心里有谱，就说：“李老板的情，我领了！”他拉了绳子，东比比西划划，又喊了：“尸首离元友茶叶店，也是两丈二尺五！”

临了，剩下马生和豆腐店了。掌柜马盛柯从案板上抓起四块大干子，溜进里屋，切开豆腐干，每块塞进两只龙洋，站在前门恭候。王福一到，马盛柯连三拉他进店说：“二爷是稀客，难得光顾，先吃碗豆腐脑，润润肺，这几块干子你带回下酒，保险满意。”锣鼓听声，说话听音，那王福更是“乌龟吞进萤火虫——肚里亮透了”，连说：“马师傅，我干这行是吃八方的，好讲个义气，你放心，不会叫你家顶缺的！”说着，把四块干子往兜里一揣，拉起绳子就量。他紧紧松松，又松松紧紧，临了，起身一吼：“尸首离马生豆腐店是——两丈二尺五！”三家老店，距离尸身分毫不差！

量完了，王福把绳子往腰里一系，叫两个小叫花子把老叫花子尸首抬到城岗头放着，自己拎着铜锣，边走边敲，沿街喊：“各位乡邻、诸位店户听着：无主尸身丈量结果，周聚隆南地货店、元友茶叶店、马和生豆腐店，离尸身都是两丈二尺五，本地保秉公办事，收殓后事，三家不管。”

怪气了，三家都不管，这老叫花子怎么“入土为安”呐？众人正在议论，王福又喊出下文来了：“无主尸身，理应入土为安。一切丧葬费用，凡我镇各家各户、各行各业一律均摊！公平交易！”

清《禁止侵占作践湖熟灵顺桥碑》拓本

镇上的老百姓没得狠劲，就给街心这块地段起名叫“三不管”，以出口闷气。

历史传承

这个故事的真实性虽无法考察，但我们能从文献记载中找到其产生的历史背景。民国时期，湖熟为江宁、句容、溧水三地交汇地带，地理环

1989 年龙都粮管所征收粮食

境优越，土地肥沃，气候温和，雨量充沛，物产丰富，适合农业生产，是重要的粮食生产基地；加之湖熟北接南京，南连溧水、句容等城镇，自古以来就是南京通向句容、溧水、高淳、皖南等地的水陆要道，素称“金陵门户”。因此，自晚清、民国以来，湖熟一直为三县农副、手工业产品的中转集散地，号称南京东南部商业中心，经济贸易比较发达，居民国江宁全县之首，素有“江宁首镇”及“小南京”之美称。湖熟雅称“小南京”，最早见于 1916 年出版的《江宁乡土志》一书。至 1947 年《湖熟教会近讯》一文中仍记：“湖熟镇水陆四达，商业繁盛，有‘小南京’之称。”可见这一雅称贯穿于民国之始终。

秦淮河流域水系图

因为商业发达，民国时期的湖熟镇被江宁县辟为商业区。为了满足湖熟及周边地区农民日常生活及生产所需，每年农历四月初八至四月十日为该镇最大规模的市集。这一市集聚集各种交易在同一个市场中，分为木器、竹器、铁器、农具、布匹、衣物和牛马等。凡是农民日常所需物品，市集皆应

1989年龙都粮管所征收粮食

有尽有。在这一年一度的市集中，以骡马驴牛为大宗，出售量在万头以上，湖熟及周边地区欲购买骡马者都会来此购买，故此市集又称为“骡马市”。由于市集场地有限，想要出售物品的商贩又多，因此需要提前三日至当地警署报告，这样才能确保摊位的合理安排。其市集规模庞大，前来赶集的湖熟及附近各镇村民不下数万人。为了吸引顾客前来，并留住客人，为了把握这一难得商机，镇上的商人筹资在广场中搭建戏台，请乡班唱京戏。市集前后四日，京戏亦延至其完毕之日。

抗战胜利后，百废待兴，南京作为当时的首都，城内商业基础良好的市场迅速恢复往昔的活力，而周边的湖熟镇也率先重现了繁荣盛景。据统计，全镇截至1947年有商家211户，从业人员达1500余人。其中最多的是粮食行，每日大米吞量有数千至上万担。其次是五洋店20家，主要销售洋火（火柴）、洋烟（卷烟）、洋油（煤油）、洋烛（蜡烛）、洋胰子（肥皂），故称五洋。还有南北货店11家、布店10家、药店8家。资本和名气较大的，有南北杂货行的立泰恒、张信泰、恒裕昌、广泰，绸布行的恒丰泰、恒春正、信大祥，瓷器行的戴厚康，粮食行的恒昌祥、天祥、晋昌，酱园行的泳源、泰隆、德大生，板鸭行的春华楼、何聚源、马宏兴等。实力较强的商家还在外地设立办事处，如张信泰杂货店就远赴辽宁省设办事处，直接从产地采购豆油；戴厚康瓷器店在江西景德镇设有办事处，包购包销整窑的瓷器。与湖熟相邻的集镇，甚至句容、溧水、高淳等县及南京的部分零售店也来湖熟批发豆油、瓷器等货物。湖熟板鸭是该镇的另一项大宗商品，每年销量可达20多万只。湖熟特产干切牛肉也远销邻近的诸县和南京城，全镇7家宰坊每天要宰牛7至10头。

湖熟镇之所以能够在短短的时间内做到各个行业再度崛起，这与其从前繁荣的底子是分不开的，晚清至民国早期湖熟镇商贸的繁荣为战后经济的恢复打下了厚实的基础。

当代影响与价值

湖熟三不管街的故事流传广泛，早在1990年出版的《江宁县民间文学集成》就已收录。这个故事在一定程度上反映了旧时湖熟镇商贸的繁荣，其内容涉及的治安问题及商户间的矛盾，亦可反映其时政府管理及社会组织能力的低下。当然，今天我们可以将这个故事作为反面典型来抨击，以切实弘扬社会主义文明新风尚，创造一个真正公平公正的和谐社会。

娘娘坟的传说

基本概况

娘娘坟的传说，主要流布于江宁街道陆郎社区及周边地区。

在陆郎社区，民间流传着一个美丽动人的故事。南宋初年，金兵南侵，势不可当，宋高宗赵构丢掉汴京，只身仓皇南逃，东奔西突，一连几日，又饥又渴，精疲力竭。一日黄昏，突然北风骤起，转眼之间飘起了纷纷扬扬的大雪。赵构披着满身的雪花，步履蹒跚地行至陆郎神山头南侧一户穷人家的茅屋门口乞讨。他自称是一个“落魄书生”，家住凤阳，孤身一人。站在门内的是一位俊秀的姑娘，她自幼丧父，眼下老母又卧病在床，母女俩的生计全靠上山打柴和做些针线活来维持，生活十分艰难。但她面对眼前这位饥形于色、衣衫褴褛的“落魄书生”，顿生怜悯之情，竟让这位“书生”进屋避雪，并把家里仅有的两个鸡蛋和半碗白米煮给赵构充饥了。姑娘的真情实意，深深地打动了赵构的心。翌日清晨，赵构辞行时，拱手面告姑娘说：“今后若有升腾之日，定报大恩。”

时隔数年，宋高宗复位于临安（今杭州市），果然没有忘记这位曾经搭救过自己的恩人，遣使来陆郎寻访这位好心的姑娘，谁知姑娘和老母早在几年前均因贫病交加而死。宋高宗得报，悲痛不已，为了报恩，遂敕封这位贤德的姑娘为“娘娘”，并为她修墓立碑。从此，在陆郎神山头下就有了一座娘娘坟。后人为了纪念这位淳朴善良的姑娘，题诗赞曰：“娘娘本系民间女，只为贤德留美名；皇帝虽居龙庭位，亦伏民恩报寸心。”

天妃娘娘像

历史传承

江宁区境关于娘娘坟的传说以及相关地名有不少，陆郎社区现在还有因娘娘坟衍生的地名娘娘坟村。除了民间传说的这几处娘娘坟外，考古发现证实，江宁还有好几处“娘娘坟”：

一处在原上坊桃园梅家山村。1966 年，文物部门在此处曾挖掘一座大型明初砖室墓葬，墓分前后两室，中以石门相隔，当地村民称为“娘娘坟”。该墓地面至今仍遗留有许多与墓上陵寝建筑有关的绿釉龙凤纹琉璃建筑构件。而根据明代制度规定，只有宗室墓葬才能使用琉璃建筑构件。因此，有专家认为桃园梅家山发现的所谓“娘娘坟”，有可能即是朱棣礼葬的建文帝马皇后之墓。

一处在原上坊镇汪家坟村。2004 年 12 月，文物部门在此处发掘一座大型明代砖室墓。墓葬平面呈“吕”字形，由封门墙、石门、前室、后室等部分构成，砖室内长达 5.63 米。墓葬虽早年被盗，所剩文物无几，但据出土墓志，墓主为骠骑将军、后军都督府佥事汪浩。汪浩本人虽《明史》无载，但其子汪泉有传。泉子汪瑛之女更于英宗正统十年（1445）被册立为郕王朱祁钰之妃。正统十四年冬，郕王被拥立为皇帝，是为明景帝，汪氏则被册为皇后。不久，汪氏被废。正德元年（1506）十二月，汪氏卒，谥“贞惠安和景皇后”。汪浩墓地所在原属上坊镇汪家坟村，所在的小山岗，村人习称“娘娘坟”，但过去一直不明其得名由来。汪浩墓的发现无疑为这些地名的渊源和传承提供了准确合理的解释。

一处在东善桥前盛村“娘娘坟”。1957 年，文物考古工作者在此地发掘了驸马都尉宋琥及安成公主合葬墓。墓中出土铜、锡明器等文物 40 余件，其中一件带盖釉里红“岁寒三友图”瓷梅瓶堪称稀世珍宝。1991 年，在距宋琥墓不远处，又发现西宁侯宋晟长孙、驸马都尉宋琥与安成公主长子宋铉及夫人唐氏合葬墓，唐氏卒于正统十三年（1448）正月。墓葬为并列双室券顶砖墓，内长 300 厘米、内宽 370 厘米，中间用隔墙分成东西两室，墓中除各类陶、瓷、铁、锡等质地随葬品外，亦见一件与宋琥及安成公主合葬墓几乎相同的缺盖釉里红“岁寒三友图”瓷梅瓶。这两件精美瓷器现在分别收藏于南京博物院和南京市博物馆，已成为这两家博物馆的“镇馆之宝”。此外，在距宋铉墓前约 50 米处还发现有绿釉琉璃瓦构件及砖砌建筑遗迹，推测为墓前享殿一类建筑遗存。

上坊桃园梅家山村出土的绿釉琉璃砖雕

当代影响与价值

江宁境内有多个娘娘坟的传说及地名，形成了该传说的多种版本，相关的考古发现还为这些传说的解读提供了更加准确的信息。这些传说及考古发现的时代有南宋、明、清之别，故事的主人翁涉及普通民女、皇女、皇后等多种身份，其内容丰富多彩，使得传说本身具有较高的历史文化价值。陆郎社区娘娘坟的位置已不能确定，其石碑也不知所踪，但传说本身的价值意义仍不容忽视，仍需要在传承的基础上做好后续的开发利用工作。

土桥花墟村娘娘堆的传说

基本概况

娘娘堆又被称为娘娘墩，其传说主要流布于淳化街道土桥花墟村一带。

相传在明万历年间，明藩王福王朱常洵就藩洛阳，他掌管千顷良田的钱粮，富甲河南之首。他的妃子近千，终日弹唱歌舞，饮酒作乐。百姓怨声载道，民愤极大。义军李自成攻破洛阳，把福王处死，开仓赈灾，以平民愤。福王之子出逃，王妃亦结伴外逃。她们携带一些金银，四处逃命，求个生路。其中有几十名宫女亦陪伴娘娘逃命。她们晓行夜宿，行走天下，于一天下午逃至索墅镇北边的一个小村。刚歇下，不料义军的追兵已接近村子。众宫女吓得魂不附体，大家异口同声，要娘娘赶快逃走，说："一个人逃走可能脱险，如果宫女们跟随同逃，目标太大，那就一个也逃不了……"那位娘娘万般无奈，与宫女洒泪而别，一个人单独往北逃命。这时追兵已到，这十多名宫女个个投井而死。那个带兵追赶的头领，说这些宫女皆出身于百姓人家，无辜而死，吩咐村里人把她们打捞上来一一掩埋。后来发现没有那个娘娘的尸体，就继续追赶。

那位娘娘足小难行，好不容易逃出一里多路，接近郑家边陆家小口处，见路边有位老农正在打草鞋，就连忙来到老人面前跪倒求救。那老

土桥老街旧影

农见这位娘娘举止端正，面目和善，遂起了恻隐之心，把她带到一棵大树下的空山芋窖前，叫她下去避一下。老农刚回到原处，只见追兵已远远到来，他不慌不忙，继续打他的草鞋。追兵来到老农小草棚前，那个带兵的头领下了马，问老农可见一个显贵妇人从此经过。老农连连摇头说："没有看见。"那个头领再三追问，老农还是说实在没有看见……此时，军官发怒了，对老农喝道："你说不说，如再不说，就把你捆起来吊打。"老

花墟村娘娘坟

花墟村远景

农直摇头，说是真没有看见，带兵的气极了，喝令士兵把这个老农捆上，准备吊打。带兵头领的问话和喝令捆绑吊打的命令，躲在山芋窖里的娘娘听得一清二楚。为了不让这位老农为她受吊打之苦，她解开一条丝带，快步走出窖口，高声喊道："你们千万不要冤枉好人，我在这里。"带兵的头领叫兵士给老农松绑，马上直奔那个妇人，但等跑到那里时，这个娘娘已吊死在树上了。带兵的头领叫士兵搜查山芋窖和尸体，原以为可以搜出这个娘娘携带的国宝或金银，哪知道搜查了好几遍，仅搜出几两银子，别无他物。头领就命令士兵将尸体拖到路边，挖个坑埋掉，然后跨马扬鞭回去了。躲避的老农看得清清楚楚，认为这个娘娘算是个好人，她一死只求个义字。从此以后，他时常给这座土坟添几锹土，还把这个娘娘吊死的经过，讲给附近村民听。后来，从此经过下田劳作的村民，来去都会给这座坟加几锹土。多少年后，小坟成了个大土堆，有 10 米多高，当地百姓称它为"吊死娘娘墩"。

土桥花墟村娘娘堆的传说，起源于明末。众宫女投井而死的那个无名小村，就被当地人称为"花墟"，也称其为"花坵"。这个传说在当地一直流传，直到新中国成立后，那个高大的"吊死娘娘墩"仍在。

历史传承

然而文献的记载与以上传说并不完全相同，相关的线索不是指向朱常洵，而是其世子朱由崧。史载清顺治元年（1644）五月，福王朱由崧即位于南京武英殿，是为南明弘光帝，权臣马士英当国。次年五月，清军攻占南京，弘光政权灭亡。马士英挟持弘光帝之母及妃多人，经过上元县出逃浙江，相传其中一妃缢死在今土桥花墟村。《金陵待征录》卷三记载其事："花墟村在索墅北，有小阜，相传福王出奔，宫嫔散走，有缢死而藁葬于此者，俗名娘娘堆。"《江苏省江宁县地名录》亦云：原江宁县土桥乡有花坵行政村，村中又分

1987 年土桥民众在挑圩堤

1933 年的土桥镇及周边地区地形图

大花、小花两自然村，又名娘娘堆，即因明末福王妃出逃，死葬此地，称花墟。不过，据史料记载，顺治二年五月初十日深夜，福王朱由崧及随行太监数十骑潜逃路线是由通济门往芜湖方向，并未经过今南京东南的土桥花墟村。而十一日凌晨，马士英挟持朱由崧之母邹太后及其他诸妃出奔浙江。其出行路线，据《明季南略》云：这天早上，钱谦益乘轿经过马士英家，其门内纷乱无比。过了许久，马士英方出，戴着小帽，穿着上马衣，向钱谦益拱手道："我有老母，不得随你一起殉国了。"说完，马士英即上马出奔，随行有妇女多人，皆着上马装，家丁有百余人，出城至孝陵，诡称其母是太后，召令守陵士兵护卫，但士兵一半逃亡。到了天亮，百姓见宫门大开，宫女乱窜，始知皇帝和宰相俱已出逃，城中大乱。由此记载可知，马士英是由明孝陵向东南方向逃奔浙江的，途中经过土桥境内的花墟就很有可能。娘娘堆原在花坵村旁土上公路（土桥至上峰）一侧，1998年，因拓宽道路，土堆已大半平毁，仅存墩旁水塘一角。

当代影响与价值

这个传说代代相传，在花墟村一带有着广泛的影响力，是人民群众向往美好生活的集中体现。通过这样的传说，能够教育广大民众崇尚美德，其资料也可以为未来当地旅游资源的开发利用提供支撑。

都土地输妻的神话

基本概况

都土地输妻的神话，主要流传于湖熟街道龙都社区及周边一带。

从前，龙都集镇路口有座都土地庙。庙里的都土地赤发、金袍、戴乌纱帽，是管天下土地公公的神仙。旁边是他的妻子，凤冠霞帔，柳眉杏眼，累堆风光。龙都大庙里的东岳大帝是个老色鬼，早就看上了都土地的妻子。虽说他已经有了八房妻妾，可还是朝思暮想，要把都土地的妻子弄到手。东岳大帝听说都土地好赌，就勾他到大庙来赌钱。一开始，都土地赢了点钱，尝到了甜头，就夜夜到大庙来赌啦。他糊里八涂，哪块晓得东岳大帝不安好心呢？都土地的妻子很贤惠，看见丈夫整夜赌钱，不放心。这一天，都土地鸡叫才到家，一进门，就呵欠连天，一屁股坐着，闷声不响。妻子掉眼泪了："看你这面黄肌瘦的，何苦呢？是想赢钱发财呢？还是想靠赌来消愁解闷呢？你日日赌，夜夜赌，身子也垮了，公事也不管了。"都土地听得不耐烦，叫起来："都是你唠叨不歇，怪不得接二连三地输钱，真晦气，扫帚星！"

说完话，都土地倒头就睡。妻子没狠劲，只好给他脱靴、盖被。到晚上，都土地养足了精神，又发起赌瘾来。这回，他低声下气地央求妻子："娘子，就放我这一回吧。白天，我做了个梦，梦见发大水，逮住了一条大鱼。这是赢钱的好兆头，你把凤冠上的两支金钗给我做赌本吧。今夜我保管赢，赢了再给你打副金手镯！"

"瞎说，你把家里的金银都输光了，还想送两支金钗给东岳大帝？那老东西，我见了他就怕，眼珠子老是对我转，你不要再去上当。"

"就这一回。"

"不行！"

"不行也得行。"都土地脸老皮厚，一把抢过凤冠，拔下金钗，一滑脚溜出大门。妻子拗不过他，倚在门框上哀哀地哭。东岳大帝早就摆好桌子、牌九，灯烛通亮，就等都土地来上钩。

南宋建康府城郊土地庙（宋人绘）

高淳明清道教神像画中的土地公福德正神像、东岳大帝像

可怜都土地眼发黑，腿发软，瘫在椅子上半天爬不起来，他连自己怎么到家的也弄不清楚了。妻子正和衣躺在床上淌眼泪呢！一见丈夫回来，神色不对，估计金钗又输掉了，叹了口气，正要给都土地忙吃喝，都土地忽然捶胸顿足地哭起来："我对不住你，金钗输了，还把你抵给了东岳大帝。唉，我该死，

东岳大帝故意先叫都土地坐庄，都土地连赢是赢，笑得嘴都合不拢了，心想："差点戒赌了，亏得梦见了好兆头！"摊到东岳大帝坐庄了。都土地一发狠，把赢来的钱全都押了上去。哪晓得被东岳大帝的地牌一家伙吃了，输得精光。都土地哪肯认输啊，就结结巴巴向东岳大帝借钱扳本。东岳大帝就等他这句话哩！他眼一翻，说："不行，牌桌上不兴借钱的。可以把家财、妻子拿来作抵押嘛！"都土地虽然恨东岳大帝心狠，可手头没有赌本，没狠劲呀！他犹豫了一阵，把心一横说："好，拿我妻子来作抵押！"东岳大帝好不开心，连忙说："口说无凭，要立字据！"字据立了，都土地摸牌，两手抖抖活活的，一心想赢。他哪块晓得东岳大帝在牌上做了手脚，注定要输呢！果不其然，牌一翻，是副地牌。都土地以为这盘有指望了，再看那东岳大帝，不慌不忙地把牌一翻。啊！竟是清一色的二十四点天牌。

我该死！"都土地一边说，一边直打自己嘴巴子。等他把话说完，妻子早已气得昏了过去。都土地急得又是给她抹胸，又是掐"人中"，好不容易才把妻子弄醒过来。都土地扑通一跪："贤妻，原谅我吧！反正你跟着我也没什么好日子过，倒不如嫁到龙都大庙给东岳大帝做小，日子过得舒坦些！"

"做小？舒坦？啊，哈哈哈……"都土地妻子一顿呆笑，"好，我去做小妾，但你要答应我一件事情！"

"什么事？"

"出嫁那天，你要跟在花轿后头送我！"

"这个，这……我答应！"

几天之后，东岳大帝派来了大红花轿，一路上吹吹打打。都土地勾头缩颈，顾不得判官、无常、小鬼们在背后指指戳戳，跟在花轿后头，送妻子和东岳大帝完婚去了。花轿抬到秤砣湾，都

土地妻子叫轿夫停一下，说要跟原配丈夫说两句分手话。花轿一停，她跨出轿门，脸色刷白，看也不看都土地一眼，直走到秤砣湾河边，“扑通”一声，跳河自尽了。接送花轿的人都吓呆了。都土地哩，更像个泥塑木雕的人，僵在那块，一动不动。

从此以后，龙都的都土地庙里，就只剩下都土地孤零零的一个人了。现在，你到那庙里去，还能看到他那副苦相呐！

眼香庙出土的明代大报恩寺塔拱门琉璃构件

历史传承

像这种“土地输妻”或“土地押妻”的故事，其他地方也有。比如民国年间上海新文化书社出版的《拍案惊异》就载有这么一则故事：泰州南门外东村有座土地庙，一日失去土地太太像。东村人竟从西村土地庙寻获两尊土地太太像，怀疑西村人盗去，便请回。不料第二日又不见，仍在西村土地庙找到。如此反复数次。东、西二村矛盾渐生，遂讼于官府，官员亦无法裁决。当晚，东村土地托梦给庙主称：“不用再去诉讼了。我与西村土地赌博输银四千两，只能暂时把太太抵押在那，希望东村人能将纸钱烧于西村土地庙，这样太太就不用过去了。”问纸钱一张抵钱多少？答一张可作银一钱五分。东村人如数焚烧纸钱，第二天太太便回东村庙座上，至今尚在。泰州人传为美谈，童叟皆知。

再如邯郸涉县“土地输妻”的传说：涉县南岗和西岗的两个村庄，各有一座土地庙。西岗、南岗土地都是好赌之徒，二人赌博，西岗土地将自己的老婆做抵押并输给了南岗土地。此后西岗土地庙里只有土地爷一尊神像，而南岗的土地庙里，除了土地之外，还有他的两个妻子。南岗土地因为多了个老婆，三口之间经常闹气，因此也没得到幸福。

实际上，类似的这种故事，大多是由民间时常发生的因赌博卖妻儿还债的事，与民间信仰相杂糅而成，兼有伦理纲常的说教与劝人向善的目的。正如《拍案惊异》作者所说的，土地公既为一方正神，何以染上此恶习？土地输妻尚有人帮忙赎回，世人数钱卖妻者，又有人帮忙赎回吗？

当代影响与价值

都土地输妻的神话，借都土地输妻一事，暗喻旧社会的赌博卖妻等丑陋现象，同时表达对和谐社会的愿望,具有独特的教育价值和现实意义。可以通过创新宣传方式，让更多的乡民了解这一神话，认识到赌博的危害，这对当下弘扬社会主义核心价值观也将发挥积极的作用。

赶到茅山塌掉九华的神话

基本概况

赶到茅山塌掉九华的神话，在江宁地区流传较为广泛。

传说姜子牙归天以后，为了要找一个称心的座位，就赶到九华山。九华山原来是空的，没有人住。他想一个人占一个位子，就放了一枚铜钱，钱眼里插了一根针，摆在那块，意思是先占个位子。位子占了后，他又觉得这地方不顶满意，就想找个更好的地方落脚。

后来，他又跑到茅山，一看，茅山地势比九华山还好，可位置已经被三茅祖师占下来了，于是赶紧一步跨到半边山。半边山各方面情况都不错，姜子牙决定蹲占半边山了。哪晓得脚一跨，把半边山踩坍了半边，姜子牙心里想："这山根基不牢，经不住踩，还不如回九华山哩。"于是他又赶回九华山。哪晓得九华山已经被他舅舅占了，姜子牙就跟舅舅争起来。

茅山

安徽青阳九华山

“这地方是我先占下来的。”姜子牙说。

“你占的什么位置？”舅舅不买账。

“我用铜钱插针占的位子，理应是我的。”

舅舅不让：“你竖柱，我盖房。我现在已经住下来了。”

姜子牙心想：“外甥不能和舅舅吵，只好让了他。”

舅舅想想也过意不去，就对姜子牙说：“这么吧，以后九华山的香火，归你收头路香（注：过去人家过年，大门上都要插一股“门香”，也叫路香、头路香），可好？”

姜子牙连说：“好，好！”

这有什么办法呢？谁叫他这山望着那山高，“赶到茅山，塌掉九华”呢？

历史传承

茅山在句容东南，高15千米，周75千米。相传汉朝时，有茅氏兄弟三人得道于此，故名茅山。山有大茅峰、中茅峰、小茅峰诸峰等景观。道家称茅山为第八洞天、第一福地。号称“山中宰相”的南朝梁陶弘景曾隐居于此山。清康熙四十四年（1705），康熙帝南巡到此，御书“第八洞天”四字。

九华山又称小九华山，在南京太平门西侧，由于山的南麓有小九华寺，故而得名。九华山北临玄武湖，东接龙广山（俗称富贵山），与钟山形断而脉连。由石英岩和页岩组成，山高61米，周长1700米，山势略呈弧形，弧口朝南。因外形像一只倒翻的船身，故又名覆舟山。山上有一座三藏塔，塔身五级四面，因塔下埋有唐高僧三藏法师玄奘的顶骨而得名。据旧志记载，自唐代以来，小九华山一直是地藏菩萨的道场。相传唐开元年间（713—742），古新罗国僧人金乔觉西渡来华，先至小九华山弘扬佛法数载，后溯江而上，在安徽青阳九华山苦修50余载成佛，被奉为地藏菩萨应世，尊为“金地藏”。所以，民间流传“先有小九华，后有大九华”。

江宁地区流传的先秦神话并不多，“赶到茅山塌掉九华”是其中比较重要的一个。姜太公，姜姓、吕氏，名尚，故称姜尚、吕尚、姜子牙等，习称姜太公，商末周初人。历史记载中的他是周朝的开国功臣，更是齐国的建立者，是我国历史上有名的韬略家、军事家、政治家。作为人臣，他集智慧、勇气、正直、忠心于一身，曾被两代帝王奉为帝师，倾心辅佐武王伐纣灭商，建立周室。其君臣相得如鱼水，是后世文人士子们争相吟咏、效仿的对象，更是后世人臣梦寐以求的最高境界和终极目标。相关研究表明，姜太公的形象，经过不同时期的创造而逐渐丰满。相关传说大多围绕姜太公早年经历、婚姻、垂钓、扶商灭

南京九华山远景

周、封神等展开。

传说姜太公封神时，忘了封自己，而神位已满，最后做了天地人三界的督察，以巡视三界神仙工作是否尽职。他手中还有打神鞭，所有的神都怕他，成了神上神。于是人们相信只要贴上一张“姜太公在此，百无禁忌”的红纸条，就可以镇凶压邪，更不怕得罪神仙而百无禁忌了。唐代以来，人们一般在要冲位置的墙壁里砌着一块上面刻着“姜太公在此，诸神归位”的砖，用来降妖伏魔，保平安，这跟现在很多地方用刻着“泰山石敢当”的石头砌墙或放在门口用来避邪一样。

还有传说姜太公封神后，发现没了自己的位置，就请示西天佛祖，佛祖告诉他，神都是你封的，你想在哪里就在哪里，于是姜太公成了自由神。姜太公去到哪儿，哪儿的正神得暂时让位，于是就有了“太公在此，诸神回避”，或者“太公在此，诸神退位”的说法。

还有传说称，姜太公封神时忘了封黄飞虎，结果他一离开自己的座位，就被黄飞虎占了。没了位置的姜太公，随机应变道：“我所到之处，众神避开。”从此以后，姜子牙往哪儿去，哪儿的神就赶紧起身让位。于是人们便在正对路口的房屋上刻上“姜太公在此”来避邪，或者在砖上刻写“文斗星在此”，文斗星也是指的姜子牙。

综上可见，江宁地区流传的赶到茅山塌掉九华的传说，与上述姜太公封神颇为相似，只不过其主角变成了姜子牙与其舅舅。

当代影响与价值

这个神话涉及江苏茅山、九华山两大名山，其内容又具有相当的完整性与可读性，因此其文化价值颇高，丰富了当地的历史文化内涵。由于神话中的主角姜子牙的超级影响力，它还蕴含了特殊的精神价值，对当下构筑和谐社会也有一定的现实意义，可以作为文化资源加以开发利用。

天花娘娘与神仙坝的传说

基本概况

天花娘娘与神仙坝的传说，主要流传于今横溪街道上庄村及周边一带。

话说横山纵深腹地是一块方圆千亩的盆地，古老的上庄村就坐落在这块盆地中央。传说古时候，上庄村的大多数村民因患天花而变成麻子，遂有“上庄十人九个麻，不麻也是吊眼疤”的民谚。尽管上庄村的姑娘因此嫁不出去，小伙子也娶不到外地姑娘，但此村依山傍水，水资源好，农民收成高，所以人口有增无减。

从上庄村南边翻过一道小山梁，山下有一道溪流，流水从神仙洞往下流淌，直下横溪河，流入秦淮河。就在小山脚下的溪流上，村民修了一道拦水渠，以蓄水灌溉，并在上游架了一道双板两孔石板桥，供村民通行。

有一年夏天的晚上，一个老农耕田回家，路上看见一个美丽的女子光着身子坐在水里洗澡。女人的上半身露在外面，脸上光滑如玉，显然不是本村女子。这老农不敢细看，低着头急急赶回家，告诉家里人说这个洗澡女人不是女鬼就是女仙。

消息不胫而走。第二天一大早，大半个村子都在议论这件事。不少人来到坝头桥下看个究竟，谁知一看，不禁一怔，原来过去看惯的桥下河床底部抬高了，而且清清楚楚地长了个屁股印子，河水现在只有几寸高，谁都能看见那个坐过的印子。

于是全村轰动起来，大家一致认为这是仙女临凡。仙女为什么要选在这里洗澡，这里面或许有讲究。村里有学问的人还提议，称此坝名为神仙坝。神仙洗过澡的水肯定有仙气，村民不约而同跳下坝洗起澡来。洗澡的人越来越多，甚至老人小孩也下水讨仙气，还有不少姑娘拎水

江宁、溧水一带土地庙中供奉的天花娘娘像

回家沐浴。

秋天来了，天花恶魔又要降临上庄村了，村上人提心吊胆，一天一天挨着过日子，不知哪一天病魔会突然附体。村民们等啊等啊，不知不觉过了冬天，又挨呀挨呀，不知不觉又挨过了春天。奇怪，算定会来的病魔，竟然第一次没有如期而降。人们一分析，觉得一定是洗过仙女洗澡用过的水，才免去一场病灾。原来是仙女搭救村民摆脱病魔。这仙女不是别的仙，她就是天花娘娘。

后来，村民集资为天花娘娘造庙，庙名“安心庙”。庙的中间大殿供奉着天花娘娘，庙会定在农历二月初七。再后来，又在东西配殿供奉蚕娘娘、送子娘娘，庙里香火不绝。从此，上庄村后辈再也看不到麻子脸了。即使偶然患一次天花，也不会变成麻子脸。如今神仙坝依然如故，但安心庙却不幸于 1972 年被拆毁盖了学校，诸多神仙塑像也未有保存。

历史传承

天花娘娘，又称“痘疹娘娘”，在民间传播很广。这位女神在民间信俗中司痘疹，全国不少地方都有她的庙宇。痘神之说见于明代，初无女神。据《封神演义》第九十九回，姜子牙封神时，因余化龙父子拒守孤城，一门死难，遂封余化龙为主痘碧霞元君，同时封其元配金氏为卫房圣母元君即痘神奶奶，并封其五个儿子余达、余兆、余光、余先、余德为东、西、南、北、中五方主痘正神，共同掌人间之时症，主生死之修短，秉阴阳之顺逆，立造化之元神。授其权限是“任其施行”。而民间多信从《封神演义》的说法，故认为痘疹娘娘是痘神余化龙之妻金氏。此外，也有以痘疹娘娘为珠妈、柳夫人者。

清人十分害怕痘疫，乃至在宫廷中也建有痘疹娘娘庙坛。《红楼梦》第二十一回有载：“凤姐听了，登时忙将起来：一面打扫房屋供奉痘疹娘娘，一面传与家人忌煎炒等物，一面命平儿打点铺盖衣服与贾琏隔房。”亦可见其信仰之普遍。

瘟神像

除单独供奉痘疹娘娘外，各地将之与子孙娘娘、眼光娘娘、乳母娘娘、蚕娘娘等合祀的情况，亦屡见不鲜，就像横溪街道上庄村安心庙里同时供着天花娘娘、蚕娘娘、送子娘娘一样。

当代影响与价值

“上庄十人九个麻”，出水痘和麻疹是旧时上庄村民的心腹大患，所以对天花娘娘有强烈的心理期待。现在没有人再相信天花娘娘了，但上庄村的这一美好传说仍在当地流传。不仅如此，秣陵街道周边的乡村，旧时每年农历四月初二庙会期间，村民会带上没出过痘的孩子到秣陵“过关”，还要去东岳庙烧香叩头、上香许愿，据说也是与天花相关的信俗。

在我国的神仙信仰中，大多数都是通过神仙的神通广大，来表达内心的追求。天花娘娘与神仙坝的传说，所要表达的就是当地乡民追求美好幸福生活、企盼安居乐业的愿望。因此，这样的传说，其精神价值往往大于其他价值，相关的和谐价值则在历史的传承中得到充分体现。当然，这一传说因与当地的石桥、水坝联系在一起，如果加以活化利用，则可以开发为一处内涵丰富的独特人文景观，服务于当地的美丽乡村建设了。

茅姑娘看灯的传说

基本概况

茅姑娘看灯的传说，主要流布于禄口街道及周边地区。

禄口街道过去称为禄口乡，每年的正月十五，村民都要到各村最老的茅厕边上，请“茅姑娘”上界看灯。这天，姑娘们穿上漂亮的衣裳，推三个姑姑为头，一个请，两个抬。请的人讲：“大姑娘、二姑娘、三姑娘起来了，梳油头，戴鲜花，起来看灯哟！多带针，多带线，多带红布绿布打鞋面。”茅厕里头要是“咕噜咕噜”连泛三个大泡泡，“三姑娘”就算是请上来了。然后就用笆箕抬“她”到家里，问你想要晓得的事。一一问明白了，再送“她”去看灯。

茅姑娘走哪块来的呢？听讲，她有三姊妹，她是老三，在人家做养媳妇。她顶聪明，家里、田头，行行活精通，你不懂的东西，一问她就明白了。可老婆婆对她太恶怪，一年累到头，不给她好的吃，好的穿，受死了折磨。有一年正月十五，她姊妹三个晚上去看灯，回来天漆黑，三人勾肩搭背走着，没注意，一起掉下茅厕淹死了。

死后，三姑娘蹲在茅厕里修行成了仙。有的地方就叫她茅仙姑。有一回，村里一个跟三姑娘要好的养媳妇，被老婆婆打得没狠劲，就跑到三姑娘淹死的那个茅厕边，哭哭讲讲，正要寻死，陡然听见三姑娘跟她讲话，劝她要好好过日子，答应帮她治治老婆婆，还告诉她怎么请她上界的方法。那养媳妇看不到她人，心里疑疑惑惑地回家了。

正月十五这天，她叫了两个养媳妇，三人按照“茅姑娘”讲的话，偷偷地请她上界。果真，三姑娘上界来啦，治得那个凶恶的老婆婆头痛了一天，吓得她连声答应三姑娘，往后不再欺她媳妇啦，还答应年年正月十五请三姑娘上界看灯，

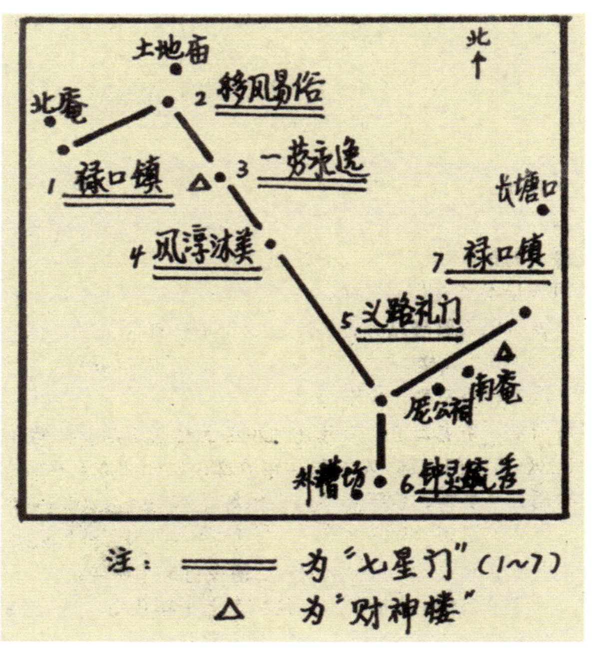

禄口镇七星门示意图

三姑娘这才饶了老婆婆，事情就这样一处处传开啦。都说，到现在三姑娘还蹲在茅厕里，只要有人请她看灯，她总热心热肠帮你的忙。

历史传承

茅姑娘，又称茅坑姑娘、三姑、坑三姑娘等，是民间传说中司厕之神紫姑的俗名。关于紫姑的原名，学界主要有三种说法：一是何媚（字丽娘）；二是戚夫人；三是没有确切的姓名。

根据相关学者研究，作为民间俗神厕神信仰，紫姑信仰源于人类早期的生殖崇拜和粪土崇拜，是从众多的厕神信仰中抽离出来的。紫姑的基本神格是厕神，生育神、粪土神是她原初的神格。同时，她又与月神、蚕神相互交织，体现出月神、蚕神的神格特征。早在南北朝时期，荆楚一带的紫姑神话及紫姑信仰就已经和岁时民俗相融合，并依托于岁时节令得以在民间流传。南朝刘宋时期刘敬叔的《异苑》和南朝梁代宗懔的《荆楚岁时记》就记载了元宵节村妇在厕所迎紫姑卜问蚕桑和众事的习俗。此后，民间紫姑信仰活动经久不衰，一直延续到了民国时期。紫姑信仰的区域也由荆楚一带逐渐扩散到全国大部分地区。

就文化空间而言，紫姑信仰既广泛存在于乡野村坊，又一度活跃于都市城郊；就参与群体而言，不仅普通百姓参与了迎紫姑习俗，就连知识分子也曾扶箕请紫姑。或许正是因为文化空间不同，普通百姓和知识分子的现实需求不同，各地信仰传统中紫姑的形象、迎紫姑的时空和目的存在着很大的差别。以民间迎紫姑的目的为例，普通百姓迎紫姑主要是为了满足基本的生存需要，其主要目的是卜问蚕桑丰歉和众事吉凶，而知识分子请紫姑的主要目的是询问科举仕途或消遣娱乐。无论是何种需要的满足，都体现着紫姑信仰的功能。而且，迎紫姑仪式中的诸多要素都是为紫姑信仰的功能而服务的。

南京地区厕神信仰早见于宋代。宋人孔平仲《谈苑》卷二载：“紫姑者，厕神也。金陵有致其神者沈遘尝就问之，即画粉为字，曰文通万福。遘问仙姑姓，答云：‘姓竺，南史竺法明乃吾祖也。’”江宁地区茅姑娘看灯的传说，起源于何时，不详。但至民国时期及新中国成立后，其传说在江宁诸乡镇一直比较流行。虽然全国大多地区都有迎厕神的习俗，但类似江宁这样的请茅姑娘上界看灯的内容却颇异于他地，具有比较明显的地域特点。

当代影响与价值

茅姑娘看灯的传说，在江宁民间流传甚久，寄托了普通民众对美好生活的向往及精神追求，具有不可忽视的文化价值、精神价值与和谐价值。记录、传承并挖掘其中的有地域特色的内容，对于研究江宁地区的民俗信仰、保存乡愁记忆都有一定的意义。

九满子的传说

基本概况

九满子的传说，流布于禄口街道和东山街道一带。知情者王松筠。

九满子在江宁地区的内涵比较复杂，包含有好几层意思：它既指一个历史传说，又是夸赞小孩子的名字，亦可代表有贤德的父母官。以九满子夸赞小孩子的时候，是预言这个孩子将来很能干，可能会做官，要么是文状元，要么是一员武将。

在当地，还有一个与九满子相关的传说，叫作“九满子哭纸”。说的是在晚清光绪末年，有个小孩子在河边上哭，小孩子姓刘，小名就叫“九满子”。他不仅仅哭，而且怀中还抱着一张纸。那是一张报纸，上面写着一家五口人饿死的消息。这时旁边一个老先生走过，看见九满子哭得伤心欲绝，上前问清哭泣的缘由后大为感动，认为这个小孩子将来会有大出息，称赞他是范仲淹转世，能先天下之忧而忧，后天下之乐而乐。后来“九满子哭纸”在江宁地区就成了夸赞小孩未来有出息的代名词。

或认为九满子的传说始于元代。蒙古人得了天下，建立了元朝，南宋灭亡后，汉人受欺压了，尤其是穷人的日子越来越不好过。集庆路城（今南京）有一家九口人，很可怜，没饭吃，饿了很多天，最后全家上吊而亡。满门九口绝户，此即九满子之起源。

到了明代，九满子又慢慢衍生为一种贤官文化，据说与明代嘉靖年间的清官庞嵩有关。相传庞嵩清廉贤能，遇上老百姓吃不上饭的事情，总

2011 年铜井虎皮舞

湖熟花船表演

能千方百计地解决。当时生活在底层的普通百姓，十分可怜，庞嵩能救人于水火。于是，江宁的老百姓都称呼他是“活菩萨”“九满子”，纷纷为之建生祠。在江宁的庞嵩生祠有好几处，至少禄口街道就曾有一处。或说九满子就是指江宁有九处庞嵩生祠，这虽然有些夸张，但也反映了江宁百姓对庞嵩的爱戴和敬佩。

历史传承

庞嵩实有其人。庞嵩，字振卿，南海人。明嘉靖十三年（1534），乡试中举。早年游学于王守仁门下，精通五经。后至罗浮山讲学授业，从游者甚众。嘉靖二十三年，庞嵩出任应天府通判，升治中，先后凡八年。因应天府缺尹，庞嵩屡次代行府尹之职。他刚到南都，正值饥荒之年，上级命令他督振灾民。但上江两县大饥，官仓无粮。庞嵩亲自向巨室富户借贷钱粮，救活两县饥民六万七千余人。当时留都百姓苦于重役，庞嵩一方面减免贫民拖欠赋税，减缓徭役负担，使流民安居乐业；另一方面，他要求优免户、寄居客户、诡称官户、寄庄户、女户、神帛堂匠户等均应平等服役，使诸多矛盾得到缓解，府境增加人口十万多人。江宁县葛仙、永丰二乡频遭水患，居民仅存七户。庞嵩申奏朝廷，请求拨银治水，又从府衙中省俭用度，再动员大户出资捐助。筹集到一些银两后，他立即招募壮丁开缺放水，再挑土治堤筑防，使二乡得到肥田三千六百亩。又立惠民庄四所，招募外逃流浪贫民佃户居住耕种，流民尽回故土。

他还屡平冤狱，有王涌、举人赵君宠强占民妻，杀死其夫，皆绳之以法。他还招集诸生至新泉书院，亲自教授讲习经史。

平时，他单骑下乡，随身自带饮水。因此善政，庞嵩后迁任南京刑部员外郎，再升郎中。不久，又迁任云南曲靖知府，亦有政声。庞嵩调离南都后，葛仙、永丰乡民在路口（今禄口街道）为他立生祠，四时祭祀，以缅怀他的功绩。庞嵩逝世后，应天、曲靖两府名宦祠中皆供奉有他的牌位。

当代影响与价值

九满子是流传于江宁地区的传说。由于九满子有几层涵义，因此使用的情景不同，对其理解也不尽相同，其中与清官庞嵩相关的传说最值得关注。庞嵩心系百姓，去职之后，仍然受到百姓的景仰和爱戴，这其实正体现了传说的精神价值所在。人们希望遇到清官，企盼社会和谐，能够安居乐业，通过九满子这样的传说，可以表达他们的心声，此即该传说的和谐价值所在。

“踩岁”的传说

基本概况

“踩岁”的传说，流传于江宁区麒麟、汤山街道及周边一带的乡村。

说起“踩岁”这个乡土风俗，在民间一直流传着一个动人的故事。相传北宋年间，龙王山脚下，有个一百来户的山村叫山竹岚（今麒麟街道袁家边村）。在村东北角竹林旁长有一棵两个人都围抱不过来的大白果树（银杏树）。据说这棵树大根深的白果树已有八百多年的树龄，其外表虽看上去依然枝叶繁茂,但下半截树身已成空心。也不知从何时起，这棵白果树的树洞里住着一条贪色成性的蜈蚣精。平时，这条蜈蚣精躲在树洞里，时不时把头伸出洞外东张西望，寻觅路过的美女。若谁家姑娘被它看中，蜈蚣精便在年三十晚上（除夕）化身年轻后生前去迫害。

日复一日，年复一年，不知多少人家的妙龄少女被蜈蚣精抢去，受尽蹂躏而死，方圆几十里的人为此惊恐不安。每到除夕这天，家有小女少妇的人家更是提心吊胆，人心惶惶。离这棵白果树不远处，居住着一小户人家，只有母女俩相依为命。姑娘芳名叫袁佳懿，生来聪明伶俐，长得也十分貌美。就在袁姑娘刚满 16 岁那年的冬月（阴历十一月），一天，她上龙王山割柴，回家经过白果树时被贼头贼脑的蜈蚣精看上了，蜈蚣精由此起了歹心。转眼间到了腊月三十，全村的大姑娘、小媳妇有亲投亲，有友投友，大都跑到外地避难去了。为照顾生病的母亲，袁姑娘死活不肯离开家。掌灯时分，蜈蚣精化作一位寒酸的青年小伙子，敲开袁姑娘家门，谎称是外地人，父母双亡，无依无靠，投亲路过此地，讨要点吃喝，边说边用眼睛瞟着袁姑娘，伺机劫色。面对突然出现的陌生人，袁姑娘不禁想起蜈蚣精伤天害理之事，顿时觉得这个人来者不善，自己可能凶多吉少。

为了稳住对方，袁姑娘巧言冷色，递上茶水，与它周旋。她见院子里有几捆芝麻秸，便急中生智含羞带笑地对蜈蚣精说：“我妈病了，家里又穷，除夕也没有做什么好吃的，请你帮我把院子里的那几捆芝麻秸铺开，用脚在上面

芝麻秸

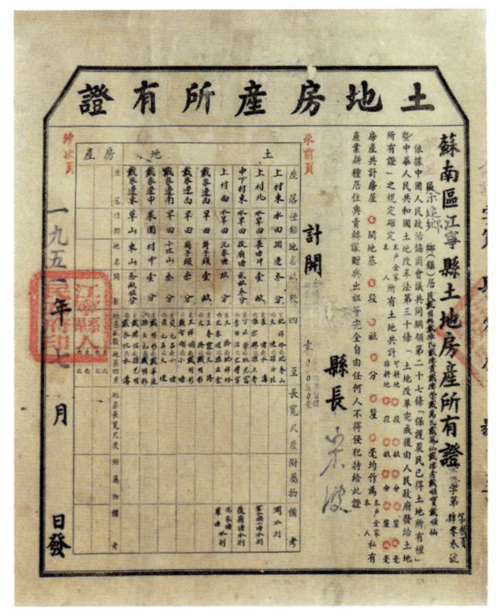
土地房產所有證
蘇南區江寧縣土地房產所有證
計開
縣長
一九五一年七月 日發

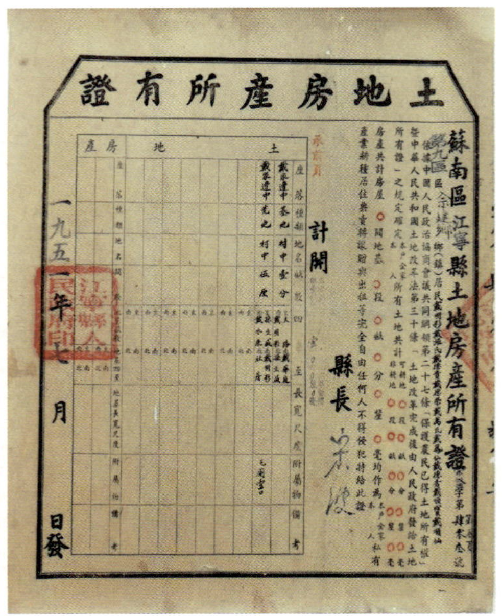
土地房產所有證
蘇南區江寧縣土地房產所有證
計開
縣長
一九五一年七月 日發

1951 年江宁县地契

踩一些芝麻，我给你做几块芝麻饼吃。”蜈蚣精听后十分高兴，为博得袁姑娘好感，便满口答应，迅速将一捆捆芝麻秸铺开，在上面踩了一阵子后，见没踩下几粒芝麻，就有点不耐烦了。袁姑娘见后，大胆地和蜈蚣精手拉手一起在芝麻秸上踩，边踩边唱山歌，不知不觉踩到了雄鸡叫。这时只听蜈蚣精一声怪叫后倒在地上，现出原形。袁姑娘眼疾手快，一脚踩在蜈蚣精头上，顺手拿起靠在墙边的铁锹，狠命地把蜈蚣精铡成两段。

蜈蚣精为什么会害怕雄鸡叫呢？原来雄鸡是天上南天门报晓的金鸡，早先在天堂时与蜈蚣结拜为兄弟，两人相处得蛮要好。后来因蜈蚣调戏侮辱金鸡的亲妹妹，两人便成了冤家死对头。他们从天上一道下凡到人间后，蜈蚣晓得雄鸡要找它算账，吓得它大白天藏在洞里，从不敢出来，只能在腊月三十晚上才壮着胆子偷偷摸摸出来干坏事。只要雄鸡一啼叫，蜈蚣精就有畏惧心理，骨节酥软，丢魂落魄，显出原形，动弹不了。至今，公鸡和蜈蚣还结着那段仇恨。只要公鸡一看见蜈蚣，就非要把它啄死吃掉不可。

袁姑娘独自一人智斗蜈蚣精大快人心的事情，乡亲们知晓后一传十，十传百，很快传遍四里八乡，大伙认为这是“踩碎得岁”。打那以后，每年三十晚上，各家各户都要在堂屋或院子里铺些芝麻秸，全家人吃过年夜饭后在芝麻秸上踩碎（岁），以驱除邪祟，消灾避祸。年深日久，大年三十晚上“踩岁”的风俗便相沿成习，流传了下来。

历史传承

德厚流光，仁者多寿。这个传说自宋代始，

“踩岁”图

代代相传。据说袁佳秘活到80多岁才去世，为了铭记她为民除害的功德，人们便把山竹岚村更名为袁佳秘村。多少年后，不知怎么七传八传，袁佳秘村又辗转变成了如今的袁家边村。

旧时每到除夕，家家户户都要在堂屋或院子里铺些芝麻秸，一家老小吃过年夜饭后，换上新鞋在芝麻秸上踩踏，把芝麻秸踩得越响越碎越好，俗称“踩岁”。“踩岁”的习俗，不独江宁麒麟、汤山地区专有，全国多地都有年三十“踩岁”习俗。据清富察敦崇《燕京岁时记》，老北京人过年，“除夕自户庭以至大门，凡行走之处遍以芝麻秸撒之，谓之踩岁”。其寓意是以“碎”谐“岁”，而俗话“芝麻开花节节高”，用芝麻秸比喻年年生活更高更好，象征“岁岁平安”。

当代影响与价值

新中国成立后，特别是随着近年城市化进程的加快，农业结构调整，乡村大规模拆迁，境内芝麻种植的减少，以及人们思想观念的变革，“踩岁”这一讨口彩、图吉利的习俗，对于大多数江宁人来说，已显得多少有些遥远和神秘，其情景或仅留存在当地老人的记忆里，或只能从书籍之中慢慢体会了。然而“踩岁”的传说表达了人们对新的一年的美好祝福和期盼，集中体现了人们追求和谐、祈福安康的愿望。作为年俗，虽然现在已不再时兴，但它的深刻涵义早已潜移默化地深入一般民众的心底，甚至已经成为我们传统文化不可分割的组成部分。就此而言，保护传承这一传说与习俗在当下仍具有积极的意义。

铜山高台狮子舞

王羲之宗裔家族的故事

基本概况

今日禄口街道铜山曹村社区山阴村的王氏一族，谱载是我国古代书圣王羲之第五子王徽之之宗裔，王徽之晚年一度隐居于山阴村一带。这个故事记录于近年新发现的清光绪十八年（1892）续修的《王氏宗谱》，主要流布于禄口、铜山、秣陵、溧水石湫镇及周边地区。

史载王徽之，字子猷，性格卓立不羁，清高傲达，其四兄分别是玄之、凝之、焕之、肃之。东晋永和九年（353），王徽之曾预兰亭之会。哀帝兴宁年间，他官任大司马桓温参军，整日蓬首散带，不理府中之事，后为车骑将军桓冲骑兵参军。一次，桓冲问他在哪任职，王徽之答曰："似是马曹。"又问："管几马？"王徽之答："不知马，焉知数！"又问马死多少，答曰："未知生，焉知死！"海西公太和年间，召为黄门侍郎，居官数年，后弃官归会稽。值夜中大雪，月色清朗，四望浩然，王徽之因起独酌，咏左思《招隐寺》，忽忆老友戴逵。时戴逵在郯县，王徽之当夜便乘船前往郯县拜访戴逵。船行一夜方至郯县，到了戴逵门前，王徽之不入其门而返。人问其故，王徽之答："我乘兴而来，尽兴而返，为什么一定要见到戴逵呢！"王徽之性爱竹，善正、草书，亦工画。曾寄居一所空宅之中，让人种竹。人问其故，徽之但啸咏不答，指着竹子说："不可一日无此君！"王徽之不仅放诞傲达，又颇好声色，故时人钦其才而秽其行。孝武帝太元十一年（386），其弟献之病卒，徽之奔丧，不哭，径上灵床，拿起献之旧琴弹奏，久未成调，叹息着说："子敬子敬，人琴俱亡！"王徽之旧有背疾，因弟丧悲痛欲绝，背疾溃裂，仅月余亦卒。

而据山阴村《王氏宗谱》记载，东晋太元年间，王徽之与谢安泛舟秦淮河，见水旁一山秀丽，奇而登之，谢安说："此山可比会稽东山，可惜少了岩石。"后谢安结庐此山，并于其侧筑蔷薇，是为土山（即今东山）。不久，王徽之沿秦淮河溯流而上，亦见一小山。周围河流纵横，山上林木蓊郁。王徽之说："此地不比山阴兰亭逊色，可惜缺少翠竹。"乃营筑别墅于山下，又植竹其旁，名此山为竹山。后王徽之弃官归隐，认为这里"远隔驿道市尘，近涧小桥流水，可以君子居之"。于是买田治宅，终日与同好投壶、敲琴、赋诗等，流连其间。他还为自己选好墓地，"命卜兆竹山之原。今竹山寺，公之墓地也"。又记，东晋义熙年间（实为南朝刘宋永初元年）刘宋禅位，王徽之以节义避居于竹墩山，名其里曰山阴，后世定居于此，遂为建康人。

王徽之隐居及墓地所在之竹山，谱载在上元道德乡，即"建康城南百余里，铜山之东、石

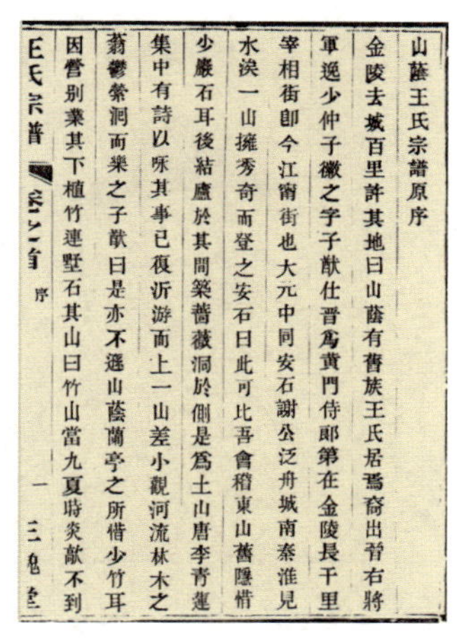
山蔭王氏宗譜原序
金陵去城百里許其地曰山蔭有舊族王氏居焉裔出晉右將
軍逸少仲子徽之字子猷仕晉爲黃門侍郎第在金陵長千里
宰相街即今江甯街也大元中同安石謝公泛舟城南秦淮見
水涘一山擁秀奇而登之安石曰此可比吾會稽東山舊隱惜
少巖石耳後結廬於其間築薔薇洞於側是爲土山唐李青蓮
集中有詩以咏其事已復泝游而上一山差小觀河流林木之
蓊鬱縈洄而樂之子猷曰是亦不遜山蔭蘭亭之所借少竹耳
因營別業其下植竹連墅石其山曰竹山當九夏時炎歊不到
王氏宗譜 序 一

《山阴王氏宗谱原序》

山之西”。此竹山，据有关专家考证就在今铜山社区山阴村。王徽之所葬之竹山寺可能在今虾子地附近。此村今有 120 多户人家，户多姓王，相传即属王徽之一支后裔。又相传王徽之船停靠渡口，今名王家渡村，下来之地为下王村，所驻之村为山阴村，不远邻村为竹园里（一作竹苑里），旁边还有竹墩山等相关地名，可能亦与王徽之隐居竹山相关。

历史传承

现存的山阴村《王氏宗谱》凡 40 余册，有序、记、题、跋，有世系表、派系表、分居村落图，有祠图、坟图、田庄图、碑记、墓志铭、先祖像、像赞、家规、家礼、家祭、家训，有皇帝敕诰、圣谕、诰命、县公署布告、名世、嘉言、名诗古词等，还有懿、行、忠、教、节、义、廉、贞八类人物传等，其内容丰富翔实。谱以东晋大书法家王羲之为始祖一代，清光绪十八年(1892)，其二十世孙王彦台续修宗谱。1920 年，重修《王氏宗谱》，由王宜旺主修，王亮清、王亮珍副修。

谱载王氏家族在此生生繁衍，到南宋五四公为二十三代。从五四公定名山阴村至今，又传十五代到“师”字辈。从五四公后第十六代、王羲之第三十九代孙开始，王氏家族按照“廷元士彦直，亮采惠先扬，化洽风行远，云开泽甫长……”等 40 字厘定字派辈分。现山阴村从王羲之四十五代孙“采”字辈至五十三代孙“远”字辈，共九代同祠。经过 1000 多年的繁衍发展，王氏家族已从上元山阴一村，迁移到江宁、溧水境内的东岗头、庄湖村、冯家边、士庄头、赵公渡、老坟山、徐家宕、黄楝树、小里村、上周村等 10 多个村落居住。大村上百人，小村数十户。仅山阴村王氏已达 120 户、400 多人。此外，山阴村王氏还远迁到皖、苏、浙诸省，乃至浙江山阴县王氏亦“推上元王氏为盛族旺派”。

谱载王氏后裔人物事迹甚多，不少颇具价值，其中明代王文光堪为代表，故备述于此：王文光，上元县人，原名王璟，字文光，别号竹墩，后因与内台御史大夫同姓名，乃以字行，改字原孚。王文光自幼家贫，发愤读书，五更起诵，卓尔不群，称誉于学士大夫，人皆愿与之交。正德十四年（1519），以应天府学弟子身份举乡试第四。嘉靖八年，选为浙江定海县知县。定海县为倭夷通商入贡重要港口，军民杂处，不易治理。

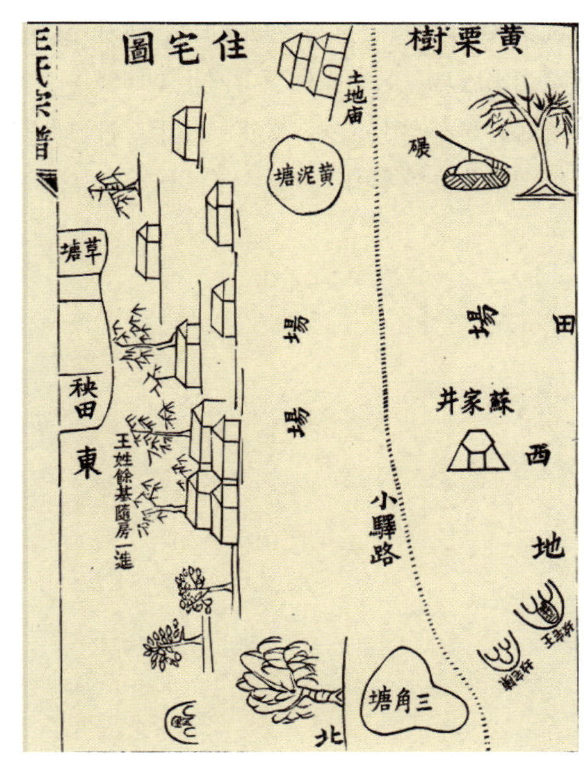

山阴《王氏宗谱》中的《黄栗树住宅图》

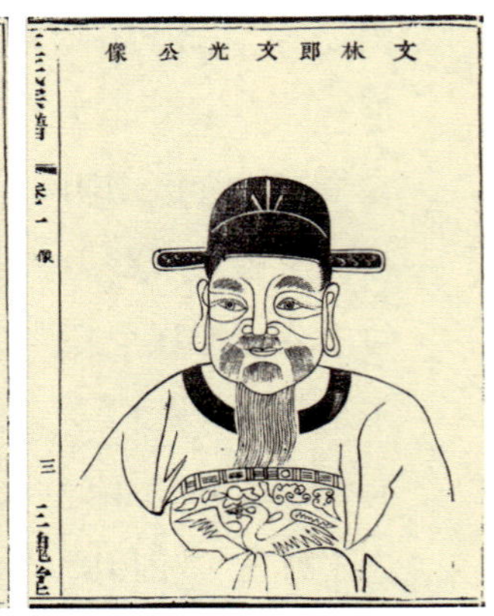

山阴《王氏宗谱》中的承德郎古愚公遗像、斯民公遗像、文林郎文光公遗像、朝奉郎五四公遗像

王文光到任后首修《日本考略》一卷，对奸猾小民皆绳之以法。邻县有疑案，数年不决，王文光被邀前往审理，一审即决。嘉靖十二年，因政绩卓然，试升福建道监察御史。次年春，原拟实授其官，但因在应对中得罪了有关吏部官员，乃改授大理寺左评事。在寺七年，后升寺正，为官清正，一时称平。嘉靖二十年，再升四川叙州府知府。二十三年，为人所陷，称病致仕。乃怡然还乡，在江宁买田筑室，整日与乡里耆旧结社吟诗宴娱，游览山水胜地。卒于嘉靖三十四年（1555）十一月一日，享年七十五岁。次年三月十二日，卜葬于江宁惠化乡桃木山。

当代影响与价值

据山阴村《王氏宗谱》，王徽之隐居此地后，其家族传承已经有1600多年的历史，他们与四邻和谐共处，并在此演绎了许许多多精彩的故事。这些故事传承有续，具有较高的历史价值和文化价值。此外，山阴村王氏的家规家训，对当下廉政建设，弘扬优秀传统文化，仍具有一定的现实借鉴意义。《江宁历史文化大观》《江宁区文化志》《江宁区志》对这个故事都有所整理。2021年5月，王羲之宗裔家族的故事被江宁区人民政府列入第三批江宁区非物质文化遗产名录。

横山隐士周惟长的传说

基本概况

横山隐士周惟长的传说，主要流传于禄口街道溧塘社区一带。

相传唐朝横山有一位隐士周惟长，李白游览至宣城、金陵一带，钦佩周惟长的德才，与其交好，又与另外八人组成“横山十友”。李白还为周惟长写了一首诗，名《赠丹阳横山周处士惟长》，其云：“周子横山隐，开门临城隅。莲峰入户牖，胜概凌方壶。时吟白苎词，放歌丹阳湖。水色傲溟渤，川光秀菰蒲。当其得意时，心与天壤俱。闲云随舒卷，安识身有无。抱石耻献玉，沉泉笑探珠。羽化如可作，相携上青都。”在这首诗中，李白表达了愿与周惟长相处为伴，携手共上九天的人生态度。相较于《赠汪伦》之“桃花潭水深千尺，不及汪伦送我情”，李白在赠周惟长诗中所表现出的感情似更为深厚。

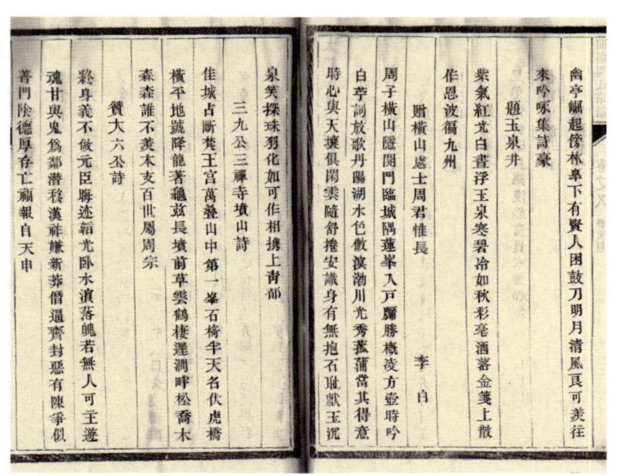
曲亭矗起傍林皋下有賢人困鼓刀明月清風真可羡往
來吟咏集詩豪
題玉泉井
紫氣紅光白晝浮玉泉寒碧冷如秋彩毫灑落金箋上散
作恩波徧九州
贈横山處士周君惟長　李白
周子横山隱開門臨城隅蓮峯入戸牖勝概凌方壺時吟
白苧詞放歌丹陽湖水色傲溟渤川光秀菰蒲當其得意
時心與天壤俱閑雲隨舒捲安識身有無抱石耻獻玉沉
泉笑探珠羽化如可作相携上青都
三九公三犀寺墳山詩
佳城占斷梵王宮萬叠山中第一峯石椅半天名伏虎橋
横平地號降龍著龜兹長墳前草雲鶴棲遲澗畔松喬木
森森誰不羡本支百世屬周宗
贊大六公詩
鞠身義不做元臣晦迹韜光卧水濱落魄若無人可主遊
魂甘與鬼爲鄰潜移漢祚嫌新莽僭逼齊封惡有陳爭似
善門陰德厚存亡禍報自天申

铜山《同阳周氏宗谱》记载的李白赠横山隐士周惟长诗

就此诗内容来看，首段四句极言周惟长居处环境之优美。次段八句描写周惟长自由潇洒的隐居生活：放歌《白纻词》，欣赏丹阳湖秀色，胸次悠然与天地同广，如闲云自在，竟不知自身有无，又何有功名富贵之累！末段叙周惟长耻于献玉自售，不屑渊客探珠，而以隐逸为高，希冀成仙登天。全诗将周惟长的隐士形象和心态描写得非常充分而得体。研究者指出，李白对周惟长隐逸生活倍加赞赏，深表羡慕，实际上也是对自己怀才不遇、涉险犯难境遇的自我解嘲。

历史传承

众所周知，李白具有强烈的功名意识与进取精神，唐开元十三年（726），二十五岁的李白便怀着“四方之志”，“仗剑去国，辞亲远游”；开元十五年（728），二十七岁的李白在《代寿山答孟少府移文书》中进一步阐明了自己的志向：“申管、晏之谈，谋帝王之术。奋其智能，愿为辅弼，使寰区大定，海县清一。”辅帝王，济苍生，安社稷，他的人生目标直指帝师、卿相。此后，尽管他经历了一入长安求仕失败和二入长安放还归山的失望和无奈，频频发出“蜀道之难，难于上青天”（《蜀道难》）、“大道如青天，我独不得出”（《行路难》其二）、“奈何青云士，弃我如尘埃”的叹息与激愤，并放言“行路难，归去来”（《行路难》其二），但又始终执着于理想，“东山高卧时起来，欲济苍生未应晚”（《梁甫吟》），“愿一佐明主，功成还旧林”（《留别王司马嵩》）。为了实现这一理想，李白除不屑参加科举考试外，可谓穷尽所能，一直在漫游、结交、干谒或探寻终南捷径，但终究没有获得合适的政治平台。

根据研究者整理的李白年谱，赠周惟长诗作于天宝年间（742—756）。其时，李白数次往返于金陵、当涂、宣城之间。

关于周惟长的事迹，以及他与李白相识相交的具体情况，史无明文记载。所幸禄口街道铜山溧塘社区溧塘阁村村民周守信家中珍藏的1919年刊印的《同阳周氏宗谱》，保存有周惟长及周氏家族的一些重要信息。据宗谱记载，周楠，字惟长，乃唐御史中丞周允元三世孙，隐居于丹阳横山，李白常做客于其家，并约为“横山十友”。《旧唐书·周允元传》载，周允元是豫州人，于弱冠之年中进士。延载初年，累官至右肃政御史中丞，不久授任凤阁鸾台平章事。一次，武后宴请朝中宰相，要求宰相们向其进善言。周允元说：“耻于君主不如尧、舜。”武三思闻听此言后，便上疏奏劾周允元贬斥朝廷，应予问罪。武则天不但没有责怪周允元，反而说：“周允元此语足以为戒，怎么能怪罪他呢？”周允元因敢于直言切谏而名重朝廷，死后被追赠为贝州刺史。武则天还亲自作七言诗一首以示哀悼，可见她对周允元是非常赏识的。《同阳周氏宗谱》称周惟长六世孙亦隐居横山，被称为高士。由此看来，周氏家族数代人有高名而隐居不仕，或许正是受周惟长明哲保身、不随波逐流的人生态度的感染，而李白在赠诗中发出愿与周惟长“相携上青都”的感叹也就不值得奇怪了。

横山隐士周惟长传说的知情人接受采访

当代影响与价值

关于周惟长的隐居地，有江宁说、马鞍山市当涂说及今镇江丹阳说，主要原因在于历史上丹阳集镇地跨今江宁、马鞍山市当涂县，又与今日镇江丹阳市相混淆，故此传说见载于三地地方史志。新发现的《同阳周氏宗谱》记载的周惟长的家世资料具有重要的历史价值，对研究其生平及坐实周惟长隐居地在江宁都有重要的意义。作为一种文化资源，不论是周惟长本人事迹，还是他与诗仙李白的交游及赠诗，都有进一步挖掘利用的空间，都可以为当地社会经济的发展带来实实在在的利益。

泥马渡康王的传说

基本概况

这个传说主要流传在江宁街道铜井社区新民、新济两村及周边地区。

今铜井社区牧龙河入江口有一座小山，名烈山,这里是古代沿江的一处重要渡口和军事要地,也是时人送别之地,又称烈洲。山巅有一座神庙,名江心护国寺,或称侯将军庙,庙里旧有泥菩萨、泥马和泥人。

传说北宋末年，金兀术从北方打过来了。这天，宋高宗（时为康王）赵构正在南京大摆酒席哩！一听到消息，吓得逃出南京城。金兵在后头紧追不放。康王一逃逃到烈山，抬头一望，呆了：前头是长江，后头有金兵喊杀声，往哪块溜?就在这当口，庙里有个人骑匹高头大马朝他奔来。那人跳下马，把马送给他骑。赵构顾不得问话，赶紧跨马逃命。那神马驮着他直往江心奔，眨眼就渡到江对岸，送他到了一个有宋兵把守的洲上。赵构得救啰，下马回头一看，咦，马不见了，到处也找不到。赵构心里疑惑。等金兵退走了，他特地赶回烈山，到庙里去找那送马的人。没想到送马人没找到，倒发现一桩稀奇事：大殿里有个泥人，牵着一匹泥马，跟他遇见过的人和马一模一样。更稀奇的是，那泥马全身透湿，还在答答地滴水呐。康王朝泥人、泥马连拜几拜，后来他登基做了皇帝，重修了破庙，叫它“护国寺”。

历史传承

烈山是江宁沿江地区的一座名山,历史久远,文献记载颇多。相传周景王二十三年（前 522),伍子胥出昭关投奔吴国。他在乌江口渡江，所抵

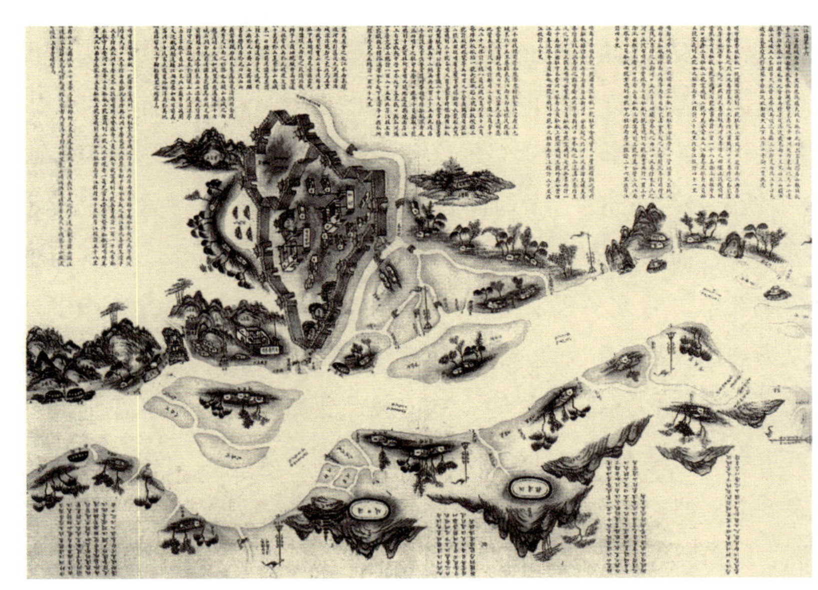

清代《长江图》中的江宁府图

宋高宗赵构像

之长江南岸就在烈山津。据《太平寰宇记》，西晋王濬伐吴，曾夜宿于建业西南江滨的烈山。东晋兴宁三年（365），桓温、司马昱、谢安三俊同会于烈洲，遇狂风，独谢安处危不惊。太元九年（384），桓冲任为荆州刺史，朝中文武大臣相送于道，谢安亲送桓冲至烈洲。

据旧志记载，烈山在金陵城西南七十里，濒临大江，亦称烈洲，山上草木茂密，山巅有神祠。《舆地志》云：烈洲为孙吴时津渡之处。内有小河，可泊船，商旅多停此，以避烈风，故名。《至正金陵新志》卷五又云："烈山、烈洲临江中，或以为烈山氏故迹，未必然也。姑存以备考。"而据《北征记》《金陵记》等文献记载，烈洲周回六十里，上有土山，其形似栗，故名栗洲。又因栗、洌、列、溧声相近，故又名溧洲、列洲、洌洲、洌山洲等。烈洲下有港曰烈山港（洌山港），有矶石突出于湍流之间，名乱石矶。据《同治上江两县志》记载，至清代烈山"特多竹，江上望之，毵毵如栗房"。关于溧洲和烈山位置，旧志又载："过三山西上十余里至溧洲，自溧洲过白土矶入慈湖夹。"烈山在今铜井社区境内，其新民行政村和新济行政村皆有烈山自然村，可以为证。

史载南朝陈天嘉元年（560），陈将侯瑱在烈山大战叛将王綝。后来，乡人在山巅立祠以祭祀侯瑱，称侯将军庙。当地人认为侯瑱功烈甚盛，故名此山曰烈山，并立祠以祭祀之，称为侯将军庙。据旧志记载，烈山四面峭绝，下瞰大江，风涛汹涌，商旅常泊舟依山以避风，山之绝顶丛棘之中旧有侯将军庙。岁久，渔民不明所以，把此庙叫作"陈簰头祠"，实误。南宋宝祐初年，忽有一僧来山披荆斩棘，建庵山上，自名为"江心护国寺"。时人有诗咏此寺云："山如浮玉一峰立，江似海门千顷开。我欲此中成小隐，莫教山脚有船来。"到清代后期，有僧穹源募化重建寺宇，自名"穹源寺"。据《铜井乡志》介绍，此寺位于牧龙河出口处、离岸大约 200 米的烈山之上。寺内旧有大殿 3 间，两侧有厢房，前有门楼，中有院落，寺东还有厨房、砻坊用房等。1969 年该寺房屋被全部拆除。

需要说明的是，这个传说的发生地，除了江宁铜井烈山的护国寺外，也有版本是在雨花台区板桥三山矶的护国寺。而根据学术研究成果，这个传说最早的版本是在河北邯郸磁州的崔府君庙。

其历史背景是，北宋靖康元年（1126）十一月，金军南下分道渡过黄河，逼近汴京，宋钦宗遣其弟康王赵构至河北出使金营，又派刑部尚书王云为副使，以割三镇、尊金主为皇叔等条件，请求金人缓师。

赵构一行离京北上，由滑、浚至磁州，守臣宗泽劝说赵构："肃王（赵枢）去不返，金军已迫，复去何益？请留磁。"赵构在磁州期间，曾

长江远景

由宗泽陪同拜谒了城北崔府君庙（当地称“应王祠”）。该庙位于通往邢、洺州的驿道侧旁，众多百姓因为担心康王取道于此继续北行而聚集在庙宇周围，号呼劝谏。进入祠庙后，康王卜得“吉”签，庙吏抬应王轿舆、拥庙中神马，请康王乘归馆舍。纷乱之中，力主使金的王云被杀，赵构则留了下来，并于次日返回相州。闰十一月二十七日，赵构接到钦宗手诏，受命为河北兵马大元帅；次年三四月间，徽、钦二帝被金军掳掠北去，北宋灭亡。五月初一日，赵构在应天府即帝位，改元建炎，是为南宋。

如若没有使金途中的这一转折，就不会有赵构此后的应天即位。正是这一突发事端，尽管当时赵构惊惶不安，其后却成为南宋官私记载中极力渲染的“崔府君显圣”“泥马渡康王”传说的缘起。当然传说的内容不断丰富，并有了不同的宣扬侧重点。如《三朝北盟会编》卷六十四：“康王徇宗泽之请，乃谒应王庙。……泽奉珓于王，王勉为一掷而得‘吉’……王欲乘马归，有紫衣吏二十人舁应王所乘轿，神马在后，拥而前，曰：‘应王乞大王乘此以就馆舍。’王顾视其轿，则朱间金装座椅及竿螭首施红褥……王登轿还。”熊克《中兴小历》卷一：“磁有崔府君祠，上至，州人拥神马，谓应王出迎。”在这些叙述中，或隐或显地露出了在神人、神马背后起作用的“州人”，使读者感到，这些神人、神马的信奉者，也就是神人、神马的操纵者，他们以自己的行为赋予神人、神马以特殊的灵异意义。

又楼钥《中兴显应观记》：“真君崔姓，庙在磁州……靖康中，高宗由康邸再使金，磁去金营不百里，既出，谒祠下，神马拥舆，佑肸炳然。州人知神之意，劝帝还辕。”这一碑文是楼钥奉诏撰写的。在这里，神人、神马已经成为事件的主动者。文章突出了“神马拥舆”的即位之兆，并将这说成“神之意”，代表了当时官方承认的说法。而嘉定四年使金的程卓撰写的《使金录》记载了当时的道里行程，在十二月十四日“至磁州”条中写道：“高宗为王尚书云迫以使虏，磁人击毙王云。高宗欲退，无马可乘，神人扶马载之南渡河。”根据目前所见资料，对于“泥马渡康王”之“渡”，明确的记载最早见于此条。条中反映出程卓试图将传说附会与历史事实、地理方位对接的努力。但是，身历其处的程卓恐怕很难确指，赵构自磁州南返相州时，神马助其“南渡”之“河”究系哪条。南宋《靖炎两朝见闻录》下卷：“康王遂从宗泽之请，不果使北，将为潜归之计。且闻去年斡离不自遣康王归国后，心甚悔之，既闻康王再使，遣数骑倍道催行。康王单骑躲避，行路困乏，因憩于崔府君庙，不觉困倦，依阶砌假寐。少时，忽有人喝云：‘速起上马，追兵将至矣！’康王曰:‘无马,奈何？’其人曰:‘已备马矣，幸大王疾速加鞭！’康王豁然环顾，果有匹马立于旁。将身一跳上马，一昼夜行七百里。但见马僵立不进,下视之,则崔府君泥马也。”此引段落，对于崔府君以泥马助佑康王之事记述最详，但只字未及“南渡”。

明清人追记的“泥马渡康王”故事则更为离奇。《清白士集》卷二八：“高宗为康王时，金遣副使王云请王入质。王至磁，谒府君祠，府君默令磁民杀王云。及二帝北狩，康王南渡，临大江无舟渡，忽一神控白马载渡，曰：‘臣磁州崔府君也。’忽不见。”这里，已经把“渡”附会为南渡长江了。

关于崔府君其人，据邓小南教授的考证，是唐宋以来中国北方地区民间诸神之一。不过,“崔府君显圣”“泥马渡康王”故事在南宋广泛传布且得到官方积极肯定，与当时特定的历史条件有关。赵构的登极，是在十分特殊的历史环境中实现的。他行居第九，素无声望，之所以能够即位，只是由于北宋亡国，金人扶植的伪楚张邦昌政权得不到中原军民的承认；尖锐的民族矛盾使人们强烈要求恢复赵宋统治，抵御女真贵族的侵略。当时在汴京的宗室诸王都被金军俘虏北迁，赵构由于偶然的机会滞留在河北、山东一带，结果成为不期然而然的帝位继承人。

赵构登极之后，面对动荡纷攘的中原，深感内忧外患相逼。他继承了帝位,却同时感受到“做天子亦大艰难”，终夕不敢安枕而卧。困扰他的主要问题之一，在于如何向金人以及赵宋臣民证明自己登极之名正言顺。在当时条件下，赵构所可能做到的，一是设法逐步集中军政大权；二即设法向赵宋的臣民们证明,自己的登极,确系“天意”。赵构之所以后来默认了靖康末年使金途中“崔府君显圣”，或许正与这一思路有关。

当代影响与价值

泥马渡康王的传说在全国各地均有流传，除南京外，上海、浙江宁波、河南濮阳等地均有记录，其内容大同小异，情节或单薄或丰富，传说发生地无一例外与当地相关。就江宁流传的版本而言，康王所渡的是长江，又附会了烈山、护国寺等庙宇名胜。

这个传说在文献中多有踪迹可寻，其中反映了古代君王“受命中兴”的思想，又深受各地群众喜爱，具有比较重要的历史文化价值。作为一项“非遗”资源，如果加以合理利用，则有助于对传说发生地铜井烈山村未来文旅项目的开发。

岳飞抗金故垒及大世凹的传说

基本概况

这个传说主要流传在牛首山周围，特别是谷里街道大世凹村一带。

北宋末年，在河南汤阴县岳家庄有一位岳员外，其夫人临产时，空中飞来一只大鸟，还引来一大群鸟儿围绕在它的周围。于是，等到这个新生儿取名的时候，岳员外便给他取名为“飞”，字“鹏举”，以应天意。

这个婴孩就是后来名震江左、大名鼎鼎的抗金英雄——岳飞。岳飞诞生时，偏巧赶上黄河决堤的大灾之年，短短数日，泛滥的黄河水淹没了整个汤阴县。岳母抱着岳飞坐在一个大缸里，侥幸逃过了一劫。而岳员外手扶水缸，泡在水中三天三夜，最终力所不支，罹于肆虐的洪水中。

岳母顺水漂流了数日后，被河南一户汤姓员外所救。那一年，这位汤员外的夫人也生了一位公子，与岳飞同年，取名汤怀，和岳飞一同长大，两个孩子亲如兄弟。等到度过弄瓦之年，岳飞、汤怀双双拜奇人周桐为师，学习武功兵法，冬练三九，夏练三伏，在严师的教导下，两位兄弟很快便十八般武艺样样精通。长大以后，岳飞参加北方人民组织的抗金队伍“八字军”，受到抗金老将宗泽的赏识。

当时北方女真族金太祖的四太子金兀术一心想吞并大宋江山。那时的大宋朝廷软弱无能，在金兀术率领20万精兵的大举进犯下，都城汴京很快就沦陷了。徽、钦二帝也都双双被俘虏去了北国。钦宗有个兄弟，也就是康王赵构，在兵荒马乱中侥幸逃出了京都。赵构捡了这条命后，在南京渐渐恢复了生气。后来，各州、府、县的官员纷纷前来朝拜圣驾。赵构称帝后，传谕广招爱国志士。岳飞与汤怀也领着助王义军起兵护驾。临走的前夜，岳母用钢针在他的背上刺下了“精忠报国”四个大字。由于岳飞的英勇和才干，没过多久就提升为大将军。

过了几年，金兵再次大举进攻南宋。金兀术亲率30万兵马，一直杀到长江北岸，眼看就要过江攻打南京了。高宗赵构躲到杭州，不敢留守南京。待到问朝之时，文武百官个个缩着脖子，只有岳飞一人站出来，力主收复大宋江山，要与金兀术决一死战。当朝奸臣秦桧深知岳飞的厉害，怕得罪了金兀术，于是哄骗高宗，硬把岳飞调出南京。岳飞刚走，金兀术就过江攻进南京城。岳飞听说南京

岳飞（明人绘）

明代小说插画中的岳飞抗金故事

失守，两次上书，要求出兵收复。等到皇帝敕令恩准，岳飞便率领“岳家军”连夜奔赴南京城。

城里的百姓得知岳家军前来救援，家家半夜爬起来磨刀，准备里应外合。金兀术则拉兵出城，准备调江北的兵马过江，然后再把南京团团围住。不料刚刚来到黄天荡，就被韩世忠、梁红玉围困一个多月。金兀术好不容易脱身逃到南乡一带，却见牛首山赫然耸立，离江边不过十来里路，而山下又是四通八达，扼守此地，就等于卡住了南京城的咽喉要地，可以把从南朝抢来的大批财宝全部运走。金兀术大喜过望，可他没有想到，牛首山早已被岳家军把守了个严严实实，就等他送上门来。

不仅岳家军在此等着金兀术，就连牛首山顶庙里的上百个和尚，听说要对付无恶不作的金兵，保家卫国，个个摩拳擦掌。岳家军在岳飞的指挥下，建起了二十多里长、一米多高的石垒。

第二天清早，天刚蒙蒙亮，金兀术趁着一片大雾，神不知鬼不觉地带着人马窜到牛首山下，抬头望望，只见牛首山上雾气腾腾，不见一个人影；竖耳听听，四下静谧无声。他正准备继续进军时，突然间听到山上“噼哩啪啦”的声音，竟然从山上落下了大大小小的石头块，没头没脸直往下砸。金兵防不胜防，有的被砸碎了头，有的被砸断了腿，乱成一团。金兀术这才知道中了岳飞的计，连忙指挥骑兵，打算强占山下一带村庄，好包围牛首山。哪知到处埋伏着庄稼人，骑兵一来，便钉耙、锄头一齐上，盆盆罐罐震天响，杀得人仰马翻。脚跟还没有站稳，山腰里又杀出 800 名骑兵和 2000 名岳家军，直杀得金兵晕头转向，犹如老鼠钻进了风箱。

金兀术连忙调头逃往南京下关的龙湾。主帅一溜，金兵顿时乱了套，都往江边逃命。一到江边，正好有船，金兵一个个就往船上跳。船夫早晓得金兵是“旱鸭子”，不识水性，他们把船撑到江心，拿篙子把船撬翻，只听得“扑通扑通”，一个个金兵就像饺子下汤锅，掉下江喂了鱼虾。

此时的金兀术没敢过江，却转身钻进了黄天荡的芦苇滩，顺着水路溜掉了，再也不敢返回南京。岳家军此次大获全胜，为保卫和收复南京立下了赫赫战功，也被后人千古传颂。现在，牛首山半山腰里还能看到一道长长的石垒墙，这就是岳飞打金兀术时留下来的。那一个个山洞，就是当年岳飞藏兵的地方。

历史传承

史载南宋建炎三年（1129）秋，金兀术率金兵南下，岳飞等将领经苦战后，率部转战到茅山地区和宜兴、广德一带，等待战机，以收复建康（今南京）。次年春，金兵带着在杭州等地掳掠的

岳飞抗金故垒旧影

大批财物北返，途经镇江，遭到南宋名将韩世忠的截击。与此同时，位于镇江地区的岳飞部队，因奉“诏令就复建康”，遂率师进驻宜兴。稍事休整后，由岳飞亲自率领，由宜兴出发，从建康府东南入境，开始了抗击金兵、收复建康城的战役。

金兵退抵建康后，在钟山、雨花台两处扎下营寨，修建城垒，造成准备长期驻扎建康的假象，暗中则加紧把掳掠来的大批居民、财物聚集到江边准备北窜，运输船只绵延不断。四月二十五日，金兵在建康城内纵火，准备乘乱率军渡江。岳飞得知军情，联络了邵青和钱需带领的两支义军，率部在建康城南约三十里的清水亭（在今殷巷）与金兵交战，结果金兵惨败，横尸十五里。清水亭之战的具体过程，史籍中没有详细的记载，但从战果来看，此役实堪称岳家军屯驻宜兴以来和收复建康过程中所少有的一次大仗和硬仗。

清水亭大捷后，岳家军在岳飞带领下，西入牛首山设营扎寨。他们就地取石，修筑石垒，在

大世凹今貌

金兵必经之路设下埋伏。五月初，金兵从陆路北撤的过境部队来到牛首山附近安营扎寨。岳飞派遣 100 多名身穿黑衣的狙击手，趁夜色混入金营偷袭骚扰，制造混乱，使得金兵惊慌失措，自相攻击。

逃出兵营的金兵，又为岳飞事先布置在周围的骑兵所袭杀。金兵连忙拔寨向江边的龙湾（今下关附近）逃窜。岳家军乘胜追击，又给金兵以致命打击。这两次战斗，共击毙金兵 3000 多人，其中包括大小将领 170 多人，缴获马甲 200 多副，弓箭、刀旗、金鼓等 3500 多件。金兀术率溃散金兵退至江北，岳飞等胜利收复建康，稳定了南宋偏安江南的政局。

牛首山之役，是金兵入侵江南地区以来，受到的最为惨重的一次打击。从此，岳家军威名远扬，金兵闻风丧胆。岳飞对于牛首山一战甚为得意，曾于建炎四年在《宜兴张氏桃溪园厅壁记》中写道："总发从军，大小二百余战，虽不及远涉遐荒，亦足快国事之万一。今又提一垒孤军，振起宜兴，建康之城，一举而复……他时过此，勒功金石，岂不快哉！"

在今牛首山及韩府山山脊处，还保存有当年岳飞抗金的故垒遗迹。故垒起自铁心桥东 500 米处秦淮河边的韩府山，至牛首山主峰，断续残存 4200 余米。故垒底宽 1.5 米至 3 米不等，高约 1 米，系采用当地赤褐色石块垒筑而成，蜿蜒起伏，高低错落。有的地段人工痕迹明显；有些地段因年代久远，风雨侵袭，已散乱倒塌。据《江苏省江宁县地名录》，岳飞大败金兵的清水亭在原殷巷乡铺岗村亭子口自然村。清代建有清水亭庙，村在通向此庙的路口边，故名。又谷里街道周村还有大世凹自然村，相传亦因岳飞大败金兵时曾屯兵于此山凹间，因名"大师凹"，后"师"讹为"世"。

知情者接受采访

当代影响与价值

岳飞是家喻户晓的伟大英雄，他在牛首山抗金的传说无疑具有传播正能量的教育价值，对于弘扬"尽忠报国"的爱国精神和民族气节具有重要的现实意义。近年牛首山地区已成功开发建设为以佛教文化为主的风景名胜区，大世凹村也已打造为以"世凹桃源"为名的"牛首文化第一村"，这都是江宁历史上可圈可点的文化资源保护利用的亮点。但与这个传说相关的资源似乎还没有得到深度挖掘利用，牛首山顶的抗金故垒遗存也没有得到更为有效的保护展示，这无论如何都是一种遗憾。

王安石墓地的传说

基本概况

这个传说主要流传于麒麟街道及周边地区。

明洪武九年（1376），明太祖朱元璋为营建孝陵，下令将钟山南麓独龙阜周围的古迹尽迁他处。相传位于该地的王安石之墓在此时被迁往东郊麒麟门，即今麒麟街道晨光社区后村，该村有不少关于王安石及其墓地的传说。

南京地质高级工程师项长兴早年曾几次深入原金子堰村（今后村）一带走访。根据他的调查资料，如今在原金子堰村北的后村居住着王姓15户。原村长王国荣介绍说，从祖上流传下来的说法是这里的王姓人家就是王安石的后代，其家族旧有家谱，今已不存。被人们称为村里最有文化的老人王守和回忆，他十来岁时见过王安石的墓，地点就在宁杭公路北面金子堰村边的一片果园里。这里有很多坟头，被称为“大王坟”者是王安石墓所在地。墓前有一对高约1米的六角形石柱，两柱之间有一个长方形的祭台。在“大王坟”北面约500米处是“小王坟”，也有很多坟头，据说是王安石儿子的墓地。王守和还回忆说，20世纪30年代，国民政府考试院许崇灏秘书长在宁杭公路金丝岗北侧一带购买了一大片土地，办起了果木林场，种植桃、李、梨等果树。他小时候经常与一些同龄的小朋友去摘水果吃。1937年，许秘书长准备了水泥、石料，打算对王安石墓进行修缮，计划建亭、立碑、改筑神道等。后因遭到村里一位老太太极力反对，加之不久日军进犯南京而未能完成。

2007年5月，《南京晨报》记者再次深入麒麟街道原金子堰村一带采访。据该报《王安石究竟葬在南京还是江西？》一文报道：当记者向当地村民问起王安石墓如今为什么没有踪迹时，原村长王国荣解释说，王安石墓是在他当村长时期推平的。据其回忆，大约在1989年，上级要求农村土地格田成方。于是，他借来推土机平整土地，推平了“大王坟”“小王坟”地区的坟头，但是没有动到地下的墓葬。从此，王安石墓就湮没在了这一片农田中，再也不见踪影了。

王安石（清殿藏本）

王安石（清版画）

历史传承

王安石，字介甫，晚号半山，抚州临川（今江西临川）人，北宋政治家、文学家、思想家。他是中国 11 世纪伟大的改革家，强调“权时之变”，反对因循保守。早在北宋嘉祐三年（1058），他即上万言书，提出变法主张，要求改变“积贫积弱”的局面，推行富国强兵的政策，巩固封建统治。他两次拜相，两次罢相，以“敢当天下大事”的气概大胆改革旧制，大力推行新法，因遭保守势力竭力反对，变法受阻。晚年隐居金陵钟山半山园。元丰三年（1080），王安石封荆国公，故世称“王荆公”。元丰八年加封王安石为司空。元祐元年（1086），司马光当政，尽废新法，王安石忧愤而死，死后追谥曰“文”。

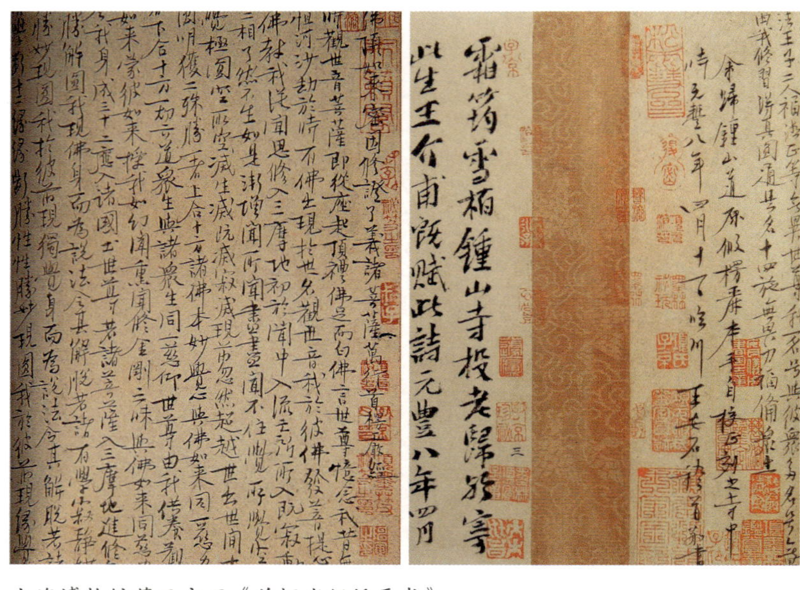

上海博物馆藏王安石《首楞岩经旨要卷》

史载景祐四年（1037），王安石随父迁居金陵后就与这座城市结下不解之缘。此后，他不仅在为父母守丧期间隐居金陵。两次罢相后，他更以金陵为退隐终老之地，前后在金陵生活的时间累计有 20 多年，金陵已成为他心目中的故乡。作为“唐宋八大家”之一，王安石的诗文俱佳，其中描写金陵山水的诗词就达 300 首左右，不少直接与今江宁有关，是他足迹遍布江宁山水胜迹之间的明证。如关于东山，他有《游土山示蔡天启秘校》《九日随家人游东山》《九日登东山寄昌叔》诸诗，又有《饭祈泽诗》一诗具体描绘祈泽山寺周围的风貌，又有《题汤泉壁示诸子有欲闲之意》《南浦》《秣陵道中口占》《金陵怀古四首》等诗分别是他漫游汤山温泉、江宁河、秣陵关和牛首山等地的记录和心得。

王安石二次罢相后退居江宁府城外半山园，哲宗元祐六年病逝于秦淮小宅。关于王安石葬地，过去普遍认为葬在半山园后。近年有关专家根据宋人诗文集和宋人笔记，考证认为王安石墓在钟山南麓东三里，即原宝公塔与草堂寺之间，茔墓前有华表、坟庵，两侧有树木拱抱。不仅如此，除王安石之父王益及其长子王安仁（字常甫）葬于牛首山外（两墓已于 2009 年 10 月在将军山南麓“复地郎香三期”别墅工地发现，随后由南京市博物馆、江宁区博物馆联合进行考古发掘），其家人也多葬于钟山南麓。如其生母吴氏于嘉祐八年（1063）葬“江宁府之蒋山”。元丰三年（1080），其弟王安国亦归葬“钟山母楚国太夫人墓左百步有十六步”。王安石爱子王雱亦葬钟山蒋山寺宝公塔院，与其弟平甫墓相距不远。王安石另一弟和甫亦葬钟山。可见钟山南麓应有一块不小的王氏墓地。

史载明洪武九年，朱元璋选中钟山南麓独龙阜玩珠峰为自己营建陵寝，遂将靠近陵寝的蒋山寺志公塔、八功德水等古迹迁走。王安石及其家族墓正在这一范围，很可能就在此时被迁走。至

王安石半山园故居遗址

于所迁之地，文献中没有留下线索。据沈德符《万历野获编》记载，到正德四年（1509），曾发现王安石墓。当时有个叫石岩的老太监为自己营建寿穴，苦乏大砖。有人向他建议：“近处有古冢，砖奇大。”遂拆古冢以营墓，发现墓志后才知是王安石之墓。可惜这条记载没有留下其墓具体位置的信息。

到了民国初年，在江宁麒麟门再次发现王安石墓踪迹。据黄濬《花随八圣盦摭忆》云：“报载麒麟门外发现荆公墓。考其地望，虽与志乘与《清波杂志》所载不符，然志称‘安石三莅江宁，卜居钟山，子姓兄弟，多著籍焉。’《大观报》称，金子堰北，姓王者数十家，尚有家谱，则或有可信处……假令明初王族有人，先期徙半山之墓于麒麟门，亦非不可能。”如果这一记载不误，那么王安石及其家族墓确有可能在明初迁到了麒麟门外。不过，据江西临川发现的王氏宗谱记载，明洪武年间营建明孝陵时，王安石墓被迁葬临川月塘。由于麒麟门并没有发现关键的

王安石之父王益墓志铭拓片

文物证据，因此专家也不排除王安石墓迁往江西老家的说法。

当代影响与价值

王安石为唐宋八大家之一，与南京有深厚的历史渊源。王安石墓地的传说，是王安石研究的重要内容之一，具有较高的历史价值和文化价值。关于其墓地在明初迁往麒麟门外金子堰北的传说，虽然主要来自口碑资料，但可与民国时期的相关新闻报道及明代文献线索相印证，因此可能不是空穴来风。文物部门需要对这个传说加以重视，组织专业人员对当地乡民指认的“大王坟”“小王坟”地区开展系统全面的勘察，或许就有意外的收获，从而为江宁增添一处与王安石相关的历史遗迹。

牧龙亭与秦桧家族的传说

基本概况

牧龙亭与秦桧家族的传说，主要流传于江宁街道牧龙社区。

牧龙亭原名牧牛亭。相传清乾隆年间，乾隆皇帝四下江南，巡游此地，问身边钦差此为何处，答曰："此处牧牛亭，前方王死巷。"乾隆帝登高远眺，远方滚滚长江，近处水草肥美，顿时大悦，说："此处水草可牧龙。"因沾上龙气，其地遂更名为牧龙亭。或传说，乾隆皇帝下江南时曾到过牧龙。乾隆帝听闻此处地名牧龙（谐音"没龙"），

移忠寺遗址

1995 年，铜井镇干部群众在牧龙河会战抗洪救灾

又问前方叫什么，回答叫"王死巷"（今王巷），遂大为不悦，即命令侍卫离开此处，不再前行。

此外，当地民众还口耳相传，南宋奸相秦桧生于牧龙，死后与妻子也葬于此。由于兵燹及盗掘，秦桧墓具体位置已不知所在，仅指向牧龙的东北角。据说秦桧墓被掘开后，下面有石数重。扒开石头，还有一个水池，水池里浮有大木头，稍稍移动，就发出巨大的声音。如有人入墓，撞

建中南宋墓南侧墓室吊棺现场

建中南宋墓南侧墓室开棺后情景

木发声，守墓人便可闻声而至了。牧龙社区旧有一自然村名秦桥，约有四五十户居民，均姓秦，据说是秦桧的后裔。牧龙地区原来还有移忠寺及八层高的石塔，据说是为了镇住秦桧墓所建。

秦桧，字会之，江宁牧龙人。政和五年（1115）进士，北宋末年曾任御史中丞。金军南下，秦桧力主抗金，反对割地议和。靖康二年（1127），秦桧夫妇遭金人俘虏。建炎四年（1130），归国。绍兴年间，秦桧极受宋高宗赵构宠信，曾两任宰相，前后把持朝政19年。他秉承高宗之意，力持和议，向金人纳币称臣，并以“莫须有”的罪名杀害抗金将领岳飞，又结纳死党，屡兴大狱，斥逐异己，是中国历史上著名的奸臣之一，死后一直被人唾骂。

秦桧之父秦济，字敏学。秦桧曾祖父秦知古，祖父秦仲淹。秦济为北宋崇宁五年（1106）进士，历任湖州安吉县丞、信州玉山县令、静江府古县令等官职。有四子：秦彬、秦梓、秦桧、秦棣，秦桧排行第三。绍兴二十年（1150）三月，宋高宗赵构为秦济书写神道碑首“清德启庆之碑”，又命词臣王曮撰文以赐。秦氏家族代以五行命名，秦济名中含“水”，秦桧一代名中含“木”字，其下子、孙和曾孙名中依次含“火”“土”和“金”字旁，再下依次循环，可能暗示其家族与道教信仰有关。

历史传承

在史籍记载中，牧龙亭或称木牛亭、牧牛亭、木龙亭。据《景定建康志》等方志记载，木牛亭在移忠禅院路西，亭已废，仅存名，旧籍不载此亭始建年代，相传此地曾有香木浮水而至，乡人迎之以建亭。《读史方舆纪要》则认为牧龙亭是六朝故址，《乾隆江宁新志》亦认为此地乃古牧放之所。东晋、南朝时期，因对敌作战需要，历代均置有骑兵，需牧养大量马匹，而宗室贵族多喜乘牛车，牛、马的需求量很大。东晋永和年间（345—356），曾置马牧于牧马浦，牧马浦即今秦

建中南宋墓南侧墓室全景

秦桧家族墓地 2 号墓

秦桧家族墓地 3 号墓

淮河支流牛首山河。考虑到牧龙亭濒临长江，古时土地平旷，水草丰腴，确为放牧之优良场所。所以，我们推测，这地名当由“牧牛亭”讹作“木牛亭”“牧龙亭”“木龙亭”。牧龙亭旁是一个自然形成的小集镇，至清代规模日巨，已称牧龙镇，现为江宁街道牧龙社区。

在旧志记载中，与牧龙亭有关者确有秦桧墓。关于秦桧墓的位置，文献记载有两种说法，一种观点认为在牛首山，《景定建康志》云：“太师秦桧墓在牛首山，去城十八里。”《至正金陵新志》从其说。另一种更普遍的观点为牧龙亭。据南宋文学家、岳飞孙岳珂所撰《桯史》载，秦桧墓在金陵牧牛亭，近旁有移忠、旌忠寺。南宋文学家杨万里曾过秦桧墓，题诗《宿牧牛亭秦太师坟庵》曰：“函关只有一穰候，瀛馆宁无再帝丘？天极八重心未死，台星三点坼方休。只看壁后新亭策，恐作移中属国羞。今日牛羊上丘垅，不知丞相更嗔不？”岳珂本人亦到过其地，发现秦桧墓碑有

建中南宋墓

额而无辞。据《骨董续记》载，宋将孟珙率军与金兵作战回朝路过其地，故意“屯军于桧墓所，令军士粪溺墓上”，称其墓为“秽冢”。又元人马臻《因话金陀遗编奉呈复斋岳仙尉就叙别怀》亦云：“宋家王气久凋零，奸桧元来党彗星。陷得忠良冤渍骨，路人空唾牧牛亭。”

明代前中期，秦桧墓位置仍然为人所知。据《正德江宁县志》的记载，当时秦桧墓前石像尚存，“行道过之无不指唾”。正因此，秦桧墓遭多次盗掘，《金陵琐事》载，嘉靖末年江宁镇人盗掘秦桧墓，所获不菲，主事官因厌恶秦桧而暂缓此狱案。万历年间，又有人盗发其冢，发现墓内仅余铜炉及瓶盂。因屡遭破坏，大约到了万历末年，秦桧墓具体位置已无从得知，《金陵琐事》便称“牛首山说”与“牧龙亭说”“未知孰是”。尽管此后秦桧墓已无法辨识，但因牧龙亭与秦桧墓的传说，这里一直是文人咏今怀古的对象。清人沈钦韩《牧牛亭秦桧葬处》诗云：“佳士能忘尝胆哀，奸人终设毒心来。红巾死结明皇恋，蓝面生逢卢杞灾。气望秦城天座逼，星当楚分鬼门催。东窗尘暗妖眸闪，鼯穴榛丛剩骨堆。”

旧传秦桧为原汤山街道桦墅村人，实误。据李心传《建炎以来系年要录》，北宋政和末年，“秦桧自金陵游学京师，至当涂。会大雨水，桥断不能进”。因其宅在江宁镇南的牧龙，距当涂的采石渡口极近，从此渡江往京师开封是一条最便捷的路径。若其宅在今南京或汤山的桦墅，则由当涂渡江便令人不可思议。《万历江宁县志》卷四即明确记载，秦钜宅“在江宁镇南”。秦桧家族为江宁牧龙人可以定矣。据《同治上江两县志》卷二十七“二县乡镇图”，至清代江宁南境牧龙镇周围仍有“秦塔”“秦家桥”等地名，亦可为证。

小说中的秦桧故事（明版画）

建中南宋墓出土的虎形玉佩饰

建中南宋墓出土的玛瑙璧

建中南宋墓出土的童子形玉佩饰

建中南宋墓出土的辟邪形玉佩饰

建中南宋墓出土的玉梳

建中南宋墓出土的水晶盖盒

而据旧志记载及考古发现，秦桧家族墓地均在古江宁县南境牧龙亭周围一带，这里至少先后葬有秦桧之父秦济、秦桧、秦桧之子秦熺、秦桧曾孙秦钜、秦钜之子秦浚等多名秦氏族人之墓。

1986 年 1 月，文物部门在原铜井乡牧龙村的一处小山坡上清理了两座已遭盗掘的宋墓。两墓形制基本相同，相距 1 米，均为平面呈长方形的砖石结构。一号墓顶用 5 块长方形大石板平铺而成，墓壁砖砌，墓内出土瓷、陶、银、玉、水晶、铜类遗物 20 余件。二号墓比一号墓稍大，墓顶以 6 块石板平铺。在一号墓一件定窑白瓷碗的口沿所镶银边上发现残存的“秦待制位”4 个楷书铭文。检之史料，秦桧家族获“待制”之衔者有秦桧之兄秦梓、秦桧之弟秦棣、秦熺二子秦堪和秦埙，均曾授敷文阁待制。以上 4 人中

建中南宋墓出土的心形玉佩饰

建中南宋墓出土的兔形玉佩饰

秦桧家族墓地 1 号墓出土的双凤形金饰

秦棣后升敷文阁直学士，秦埙后升左朝请郎，兼实录院修撰、敷文阁直学士。秦梓，字楚材，少有才名，宣和六年（1124）进士，曾奉使高丽，后因恶秦桧言行而徙家避居于溧阳，其墓据《景定建康志》卷四十三在溧阳县南屏风山。故牧龙村秦待制之墓为秦堪墓的可能性最大。秦堪官至敷文阁待制，袭封建康郡侯。

2004 年 2 月，滨江开发区在江宁街道建中行政村宅前自然村一土岗东南麓施工取土发现一座大型宋墓。墓葬为砖石结构，由并列的南、北两个长方形墓室构成。墓室总宽 7.94 米，北侧墓室略大，全长 6.58 米，南侧墓室稍小，全长 4.82 米。两个墓室的结构大体相同，墓壁均由三重砖石构成，厚逾 1 米，其外用一层三合土浇浆密封。墓顶用长方形条石封盖，接缝处用铁榫卡合，内层使用了多层石灰砖。北侧墓室历史上曾多次遭到盗掘，部分墓砖上模印“大宋绍兴二十五年四月八日……”等多种铭文，仅墓内扰土中发现少量兽骨和晚期陶器碎片；南侧墓室的砌筑要晚于北侧墓室，木棺内墓主骨架保存较好，经鉴定为一老年女性。棺内出土瓷、银、铜、漆木、牙角、玉以及玻璃、水晶、玛瑙、琥珀等不同质地的文物约 800 件。随葬品中以大量成组的玉器和玻璃、水晶、玛瑙、琥珀器最为引人注目，具有极高的历史和艺术价值。其他罕见的重要文物还有木钱、木质册书、木牌饰以及满盛香料的多件牙角质盖

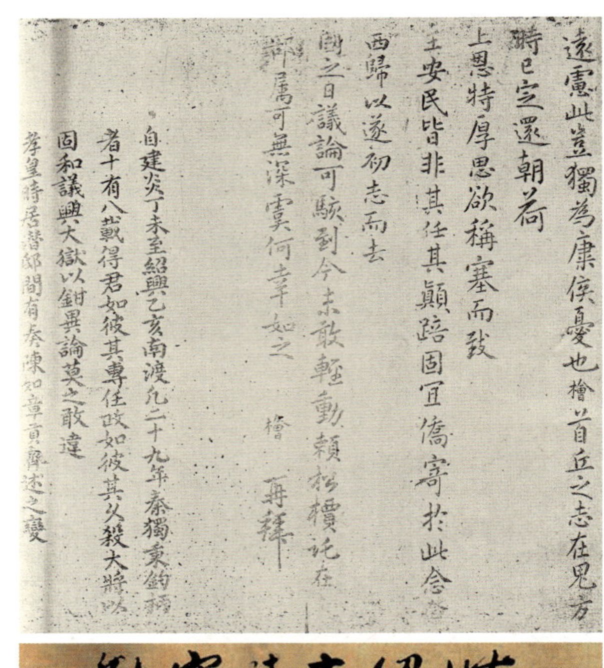

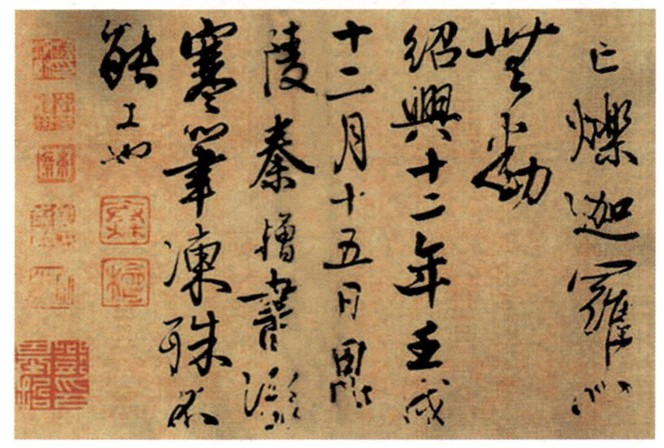

秦桧书法

盒等。建中南宋墓规模大，等级高，出土文物丰富精美，墓室结构独特，应与南宋陵墓的攒宫石藏子制度有关，足证墓主身份的不同寻常。北侧墓室砖铭上的纪年与秦桧之卒年相符，更与调查

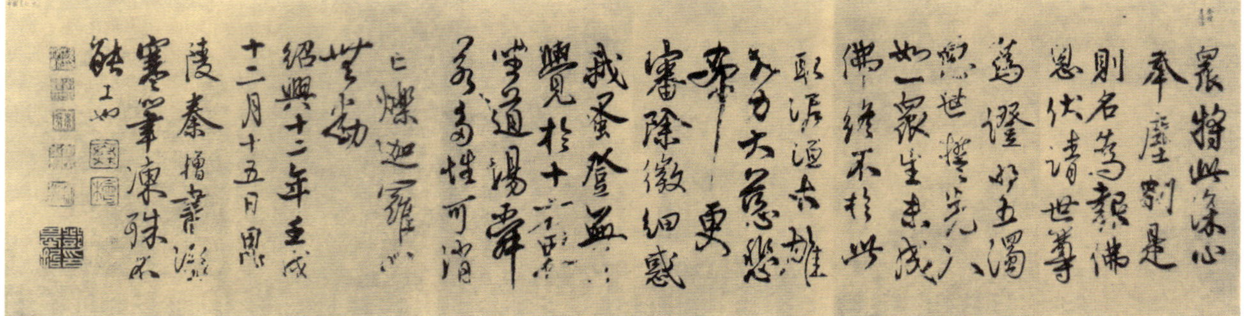

秦桧《深心帖》

秦桧夫妇跪像

发现的秦桧父坟寺移忠寺塔砖铭文完全相同，墓地所在的建中村也颇疑与秦桧坟寺旌忠寺谐音。此外，建中村与文献所记的秦桧家族墓地所在的牧龙镇仅咫尺之遥。据《铜井乡志》介绍，该村原属牧龙镇，1957 年撤区并乡时才由牧龙镇并入江宁乡。综合上述因素，再结合出土印章等线索，有关专家认为建中南宋墓墓主极有可能就是秦桧夫妇，北侧墓室所葬为秦桧，南侧墓室所葬为秦桧夫人王氏。

2006 年 11 月至次年 2 月，文物部门又在江宁街道清修行政村邵家自然村一座小山丘的南麓发掘秦桧之子秦熺夫妻合葬墓。发现的三座墓葬呈“品”字形分布，早年均遭盗掘。墓葬形制与建中南宋墓极为相似，只是规模略小，墓顶亦置厚重的石板，内壁则砌筑多重石灰砖，墓内葬具为一棺一椁，棺内盛有大量水银。墓内出土金、银、铜、铁、玉、瓷、漆等质地随葬品百余件。墓地东、南、西三面勘探发现砖砌墙基，墓前还发现有神道、石翁仲、石柱础、砖质建筑构件等遗迹和遗物，可证墓地原有规模较大的墓园建筑。据出土墓志记载，三墓墓主分别为秦熺及夫人郑氏、曹氏。

秦熺，字伯阳，原系秦桧妻兄王日奂庶子，后出为秦桧嗣子。历仕礼部侍郎、资政殿学士、提举万寿观、知枢密院事、特进观文殿大学士等职。绍兴二十年六月，迁少保。次年十一月，迁少傅，封嘉国公。二十五年二月，秦熺请旨回江

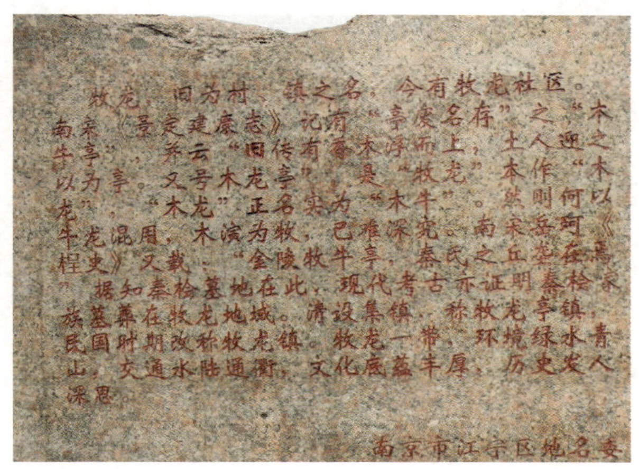

牧龙地名碑

江宁街道秦桧家族秦梢墓志

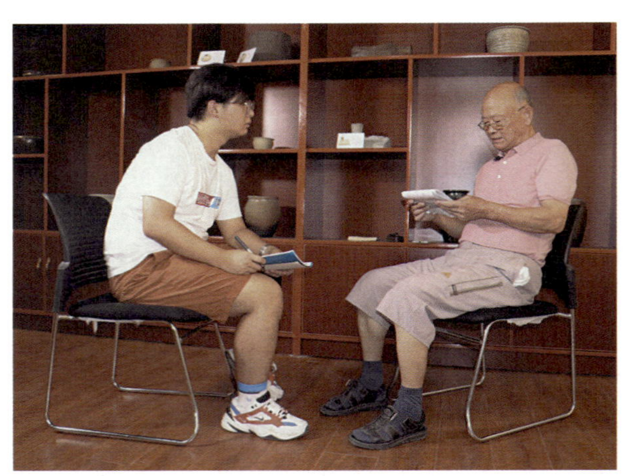

知情者接受采访

宁省视祖茔，其子秦埙随行。到建康府后，知府、江东安抚使兼行宫留守宋贶亲自陪同秦熺祭祖、扫墓、游览名胜古迹。十月，秦桧病重，秦熺鼓动同党奏请代居相位。高宗不允，令秦桧、秦熺父子一并致仕，进秦熺为少师。秦桧旋病死。十一月，秦熺乞请其舅王会任建康知府，以便照顾家属，共治秦桧丧事。秦熺家居凡六年，于绍兴三十一年二月卒于建康府，诏赠太傅。

2013 年 4 月，文物部门在江宁街道原粮管所工地发现 3 座砖石结构的古墓葬，出土的二方墓志表明 1 号墓可能是秦梋父亲秦滋及母亲张宜人的合葬墓，2 号墓主为秦梋，3 号墓主应是秦梋的妹妹。秦梋，字清父，世居江宁，为秦桧五世孙。曾祖秦堪，被封建康郡侯。祖父秦钜，被封义烈侯。父秦滋。秦梋生于嘉定十年（1217），卒于端平元年（1234）四月。秦梋之妹先于秦梋七十天去世。此前，她母亲张宜人墓已由天阙山（牛首山）迁葬江宁镇东，秦梋兄妹就葬在张氏墓旁。

旧志载牧龙亭一带还有移忠寺、旌忠寺。据《桯史》《至正金陵新志》等史籍记载，移忠寺全名移忠报慈禅院。绍兴十五年，移忠寺落成，秦桧奏请该寺为功德院，作为其父坟寺。寺有秦熺所造大钟，钟上镌铭“绍兴十五年，岁在乙丑，移忠报慈禅院告成。资政殿学士、太中大夫、提举万寿观兼侍读、兼提举秘书省、江宁县开国伯、食邑七百户、食实封一百户、赐紫金鱼袋秦熺谨造大钟”。钟上还有真歇禅师清了铭文：“以大圆觉，为我伽蓝，十方刹海，真净本安。众生自安，性昏扰扰，一闻此钟，乱想俱扫。功流浩劫，圆音廓彻。谁苦谁辛，一时永歇。”寺内还有绍兴二十五年造砖塔。后砖塔虽毁，但塔砖自晚清以来屡为爱好者发现收藏。甘熙《白下琐言》卷七载：“又于木牛亭移忠观内，得砖四枚。其一曰‘大宋绍兴二十五年四月八日窑户练通造’，楷书十七字，皆是工整；其二曰‘章二造’，余字俱同。观内旧有砖塔，其文曰‘四月八日’者，盖造塔之用，取佛诞之日，砖埴以明虔耳。”至元代，曾有住持僧元达重修寺宇。旌忠寺全名旌忠禅院，绍兴二十六年赐额，原为秦桧坟寺，后为天禧寺下院。此后历经兵燹，二寺逐渐毁废，明代移忠寺为道士所居，改名移忠观，但古塔犹存。据《金陵玄观志》的记载，移忠观为中观，所领小庙为园林庵、板桥祖山庙、眼香庙、梁塘庵，殿堂有山门三楹，三清殿三楹，道院三房，基地十亩。1949 年后，其殿堂、三房依然存在。1959 年拆除道观及大钟。今仅存与之相关的塔下村之地名及寺观、砖塔之遗址。2010 年 7 月至 12 月，文物部门发掘了移忠寺遗址，发现水井、水池、砖铺地面、石墙等遗迹。

当代影响与价值

关于牧龙亭与秦桧家族的传说，自南宋以降的文献记载纷纷纭纭，近若干年与秦桧家族墓葬相关的考古发现亦多，其家族历史的一些悬案似乎越来越接近真相。牧龙秦氏家族，既有被钉在历史耻辱柱的千古罪人秦桧，其后人也不乏正直忠义、流芳百世之士。通过其家族正反两面人物典型事迹的对比，我们可以从中汲取经验教训，以更好继承传统家族文化的精华部分。因城市建设的需要，今日牧龙地区即将开展大规模拆迁，牧龙亭、移忠寺、旌忠寺、塔下村，这一个个饱含历史文化信息的地名和古迹，或将从我们的眼中消失。详细记录并整理相关传说，就是传承的方式之一。当然，这些遗迹或传说，如果能够以某种形式呈现，则是我们应有的敬畏历史的态度。

秦桧后代不姓秦的传说

基本概况

这个传说主要流传于江宁街道牧龙社区及周边一带。

今牧龙社区居住着二大家族，一支姓徐，一支姓秦。相传，徐、秦原为一族，且徐姓出自秦氏。秦桧死后，为他守坟的秦氏后人，有的因为秦桧的恶名，不愿与其同姓，便改“秦”姓为“徐”姓。之所以改为姓“徐”，是因为“徐”和“秦”字笔画相同。“秦”字是“三、人、禾”组成。“徐”字也是“三、人、禾”组成，据说此举虽讳姓秦，但仍有不忘其祖之意。

除了牧龙社区外，原属汤山街道的桦墅村也流传着秦桧后代改姓的传说，并衍生出东秦、西秦、徐茂等地名。当地还传说，秦桧在病死前一年，曾安排他在闽中当官的私生子林一飞急返都城临安（今杭州），秘密地将二十大箱珍宝转运家乡，在桦墅村外丛山峻岭中觅地掘穴埋藏，以留给后代子孙。当地还相传曾有一份详加标注藏宝方位的“藏宝图”，可惜早已失传。

建中南宋墓

历史传承

秦桧后代改姓徐的传说古已有之，清甘熙《白下琐言》便云：“其后裔犹有居其地者，皆改为徐姓矣。”历史上是否真的发生过此事，已无从查考。不过，秦氏部分后人因忌讳而改姓是有可能的。据《清朝野史大观》记载，乾隆皇帝曾疑江宁籍状元秦大士的身世，问道：“你真是秦桧后代吗？”他回答：“一朝天子一朝臣。”并未正面回答。但他后来到杭州西湖岳飞墓前题诗称“人从宋后羞名桧，我到坟前愧姓秦”。这个感慨确实暗示了秦大士与秦桧的关系。2004 年，江宁区博物馆在铜井洪幕山林场发现了秦大士墓碑。碑长 110 厘米、宽 72 厘米，中间额题“皇清”，左列“诰授 / 通议大夫 / 翰林院侍读学士 / 壬申科状元及第”，右列“晋封 / 荣禄大夫 / 兵部侍郎 / 陕西巡抚”，下为“秦公大士墓”。碑由其子陕西巡抚秦承恩、国子监司业秦承业和太学生秦承家共立。当地人介绍，墓在“文化大革命”期间林场平坟时被毁。从 20 世纪 80 年代开始，考古人员以铜井牧龙村为中心，东到清修，北至建中，南及洪幕，约二三十平方千米的区域内发现了秦桧及其儿子（实为侄子）、孙子、孙女在内的多座墓葬，说明该区域就是秦桧家族墓葬区，也证明了秦大士确是秦桧后代。值得一提的还有，近年与牧龙近在咫尺的清修村考古发掘的秦桧之子秦熺夫妻合葬墓地，当地乡民俗称为“徐大墓”，似乎也可反映秦桧后代改姓的事实。

建中南宋墓出土木牌

当然，这种改姓应该仅仅涉及部分秦桧后

秦熺夫妇合葬墓墓前建筑遗迹

秦熺夫妇合葬墓内景

秦熺夫妇合葬墓出土的金镯

秦熺夫妇合葬墓出土的瓷粉盒

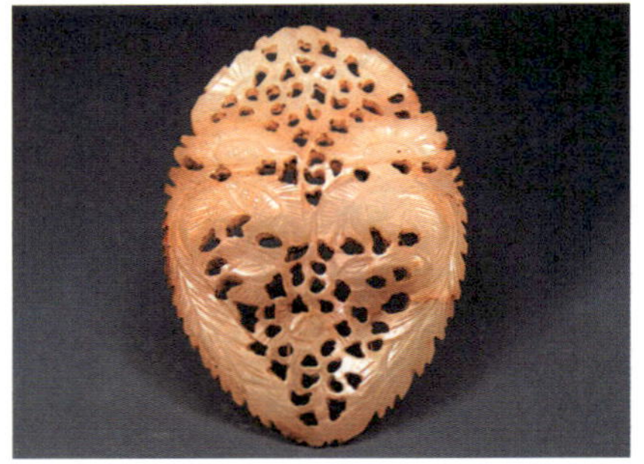
秦熺夫妇合葬墓出土的玉佩饰

秦熺夫妇合葬墓出土的银饰

代，而且大可不必。因为即使在秦桧的至亲中，也不乏正直忠烈之士。如秦桧的父亲秦济，在做湖州知县时，就颇有惠政，当地的“秦公桥”即以其姓氏命名。秦桧的哥哥秦梓，宋宣和六年（1124）进士，官至资政殿学士，曾出使高丽。秦梓早年曾做过宣州知州，因正直清廉而深受百姓爱戴，后人评“其立心操行，与弟桧顿异也”。秦桧的儿子秦熺，曾任安陆府知府，博识好

秦熺夫妇合葬墓全景

秦熺墓前石翁仲残件

秦桧后人秦大士墓碑

文，为政尚宽简，声誉颇佳。秦桧的曾孙秦钜，嘉定年间任蕲州通判，曾率军殊死抵抗南侵金兵，被包围月余，誓不投降。及城破，又坚令亲兵与敌巷战，直至全兵覆没，乃回官署引火自焚。有一老兵冒火去抢救，反遭秦钜叱责道："我为国而死，你自己赶紧逃生去吧！"遂抽剑割断被老兵扯住不放的衣袖，从容就义，状极惨烈。其子秦浚、秦泽共仰乃父高义，亦同时为国捐躯体，堪称一门忠烈。其事迹与其曾祖秦桧之种种劣迹真有霄壤之别。这些事实都证明"龙生龙，凤生凤，老鼠生儿会打洞"是多么无稽可笑。那么，秦桧后人又何必"愧姓秦"呢？

当代影响与价值

由于秦大士曾在西湖岳飞墓前题诗"人从宋后羞名桧，我到坟前愧姓秦"，使得秦桧后代不姓秦的传说在江宁乃至南京都有广泛的影响。透过这个作为反面典型的传说，人们可以感受到家族荣耻及姓氏文化的特殊涵义，从而树立正确的人生观、世界观和价值观，继承发扬优秀的传统文化。

郑和与牛首山的传说

基本概况

这个传说主要流传于牛首山及周边地区。

南京是我国明代伟大航海家郑和长期生活和工作的地方，又是历次下西洋的决策地和启航之地，迄今保存着众多与郑和有关的遗迹和遗物，其中南郊牛首山麓的郑和墓是最重要、最具代表性的一处。

关于郑和的墓地，有人认为郑和殁于南洋，葬地应在海外，传说就在印尼爪哇的“三宝洞”，或葬在古里或苏门答剌。郑和的后裔则传说，他卒于印度古里，下西洋的船队回国后，明正统皇帝朱祁镇将他安葬在牛首山南麓。所葬是衣冠冢，遗物由郑和侍从海札儿，一名“赫大人”（以脸膛黝黑而得名）携回，中有衣冠、头发、靴等，并赐墓葬周围祭田万顷。

牛首山当地的乡民则传说，郑和墓园周围分布有郑墓守坟田，其西边不远处有一个小村庄叫郑家村。村民本不姓郑，其祖辈是郑和墓的“坟亲家”，世代看守墓地，故改姓郑氏。又传说其墓上原来种有一棵红豆树，每遇干旱年份，周围草木大多枯死，但因郑和墓下水源直通东海，故唯此树枝叶碧绿，结实灿然如霞。又传说每年秋冬之晨，附近山峦早已云消雾散，独此墓上仍云腾雾绕，有如惊涛骇浪，久久不能散尽，有人还曾在这云雾之中仿佛看到楼船张帆疾驰的幻景呢！

1981 年，文物工作者将今谷里街道周村东当地乡民指称的“回回山”推定为郑和墓地。为了纪念郑和航海 580 周年，1985 年由国家拨款修复了郑和墓。新修的郑和墓按照伊斯兰教葬仪习俗、风貌，建成马蹄形墓园，采用扬州宋代穆斯

郑和墓园全景

郑和墓

林普哈丁墓形式，仿刻石椁墓盖，上刻瑞云、番草、莲瓣纹和阿拉伯文，后墙上镌刻有“郑和之墓”4个隶书大字。墓前有28级台阶，象征着郑和航海28年。台阶中有4处平台，象征着他访问近40个国家。每个平台有7级台阶，象征着他七下西洋。墓道两旁列植松柏，墓道南侧建仿明式建筑的陈列室及飞檐挑角的碑亭各一座，亭中立“重修郑和墓碑记”一通。

历史传承

根据文献记载，郑和与牛首山渊源颇深。据明人罗懋登《新刻全像三宝太监西洋记通俗演义》卷末附录之《非幻庵香火圣像记》所记，金陵城南碧峰寺山巅的非幻庵，由僧录司右阐教无涯永禅师创建。永乐五年（1407），太监郑和等对禅师“企仰”备至，并“忝礼亲炙，求决心要”。其后，僧宗谦继无涯永禅师住持碧峰寺。至宣德元年（1426），僧宗谦改为住持牛首山佛窟寺，郑和“深契往谒，览兜率崖、辟支佛洞，愕然有感，乃伐木鸠材，复崇栋宇像设，起人之瞻敬”。至宣德四年（1429）三月，他还印造《大藏尊经》一藏，奉施牛首山佛窟寺流通供养。

郑和在牛首山的诸多佛事活动，不仅仅是他宗教的需要，更大的可能则是为身后计。2014年，南京文物部门征集到一通清光绪十年（1884）刻立的石碑，据内容可知为郑和后裔郑锡萱元配陈氏墓碑。碑文主要包括陈氏生平事迹、郑氏家世等内容，其略云：“（郑和）敕葬于牛首山西偏，赐袭锦衣尉（应为‘锦衣卫’之误）千户，赐祀田若干亩，建广缘寺以祀之。礼也。”这是迄今所见资料中首次明确将郑和坟寺指向为广缘寺，其重要性不言而喻。据《金陵梵刹志》卷三十三

牛首山郑和墓园内的史料陈列馆

新出土的《咸阳世家》碑拓本

记载，广缘寺为明代敕赐小刹，属牛首山弘觉寺统领，“东去所领弘觉寺二里”，其基址“东至弘觉寺山，南至□□□，西至樊家民山，北至大石凹”。广缘寺是佛窟寺统领的小寺，则郑和对佛窟寺的捐建、施经，可能都与他对自己坟寺的筹备营建有关。由于宣德五年郑和已受命出使西洋，至八年卒于古里国，显然广缘寺的创构当在宣德元年至五年之间。

至清乾隆年间，广缘寺仍存。《乾隆江宁县新志》卷十一：“广缘寺在城南三十五里，明敕赐。”此后的《嘉庆江宁府志》《同治上江两县志》均不见广缘寺，大约其时已逐渐毁废。尽管此碑刊刻时代已属晚清，尽管碑文中其他一些记载还存在明显的讹误，但其中关于郑和葬地在牛首山西偏及赐袭锦衣卫千户的记载与前引《康熙江宁县志》高度吻合，因此可以认为碑文中郑和坟寺为广缘寺的信息具有较大的可信性。郑和坟寺广缘寺为敕赐小刹，而同为下西洋使团主要领导成员的都知监太监洪保坟寺宁海寺亦为“敕建”小刹，这恐怕不是偶然巧合，或是当时制度使然。

广缘寺在弘觉寺西南两里，其具体位置，有专家根据《金陵梵刹志》及民国时期著名学者罗香林在狮子山西南发现的与“郑和墓”相关的“黄琉璃瓦”等线索，推定在今大世凹南，而真正的郑和葬地则在广缘寺北。广缘寺的开山住持僧无为是无涯永禅师的徒孙，也是宗谦及郑和的徒子辈。宣德八年，奉诏到南京公干的御用监太监王瑾，除前往太仓“封西洋宝船”外，还可能与处理郑和的葬事相关。

需要说明的是，明人顾起元《客座赘语》卷一记载：“红豆树，牛首山东北有郑太监坟，坟有红豆树一株，干叶俱碧绿，结实如红豆，故以

牛首山郑和史迹的考古调查

牛首山夜景

为名。”相同的记载还见于清初谈迁的《枣林杂俎》等，不过都未明确说明是郑和的坟地。此“郑太监”实际上是南京司礼监太监郑强，周晖《金陵琐事》卷一云：“白云寺，一名永宁寺，在凤台门外，与牛首山相近。太监郑强葬地，坟旁多名花异卉，有薝卜花一丛，乃三宝太监西洋取来者，中国无其种。”郑强坟寺的名花异卉不仅有下西洋取来的薝卜花，亦当含前述之红豆树。红豆树别称“相思木”，有滇南、岭南之不同树种，其中“滇南红豆鲜红坚实，或嵌骰子，或留银囊，俗以为吉祥”。郑强墓在牛首山东北的高家库，郑和则为云南昆阳人，故郑强坟寺的红豆树或亦与郑和相关。

1930 年代郑强墓前御碑左亭

到了清代，大概因为郑和、郑强两人都姓郑，都为太监，又都做过南京守备，故有将牛首山东北的郑强墓“张冠李戴”为郑和墓者。如陈作霖《金陵物产风土志》即云：“牛首山郑太监坟，即郑和埋骨处也。植红豆树一

1930 年代郑强墓前神道石刻

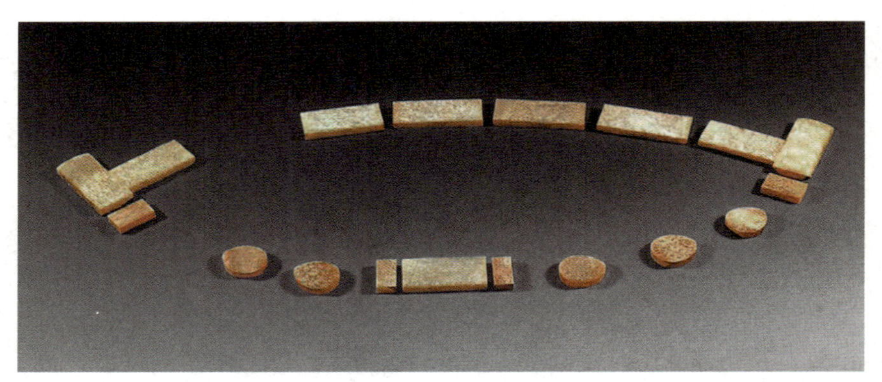
郑强墓出土的玉带

株，干叶作碧绿色，结实如红豆。是数种者，子幼时犹及见之，今俱濯濯然矣。”今人亦有引陈作霖文以为郑和墓者，就更是以讹传讹了。

当代影响与价值

郑和与牛首山的传说，是与郑和相关的文化遗产的重要组成部分，具有丰富的文化内涵，特别是其中“回回山”麓的“郑和墓”1982 年被列为南京市重点文物保护单位，2002 年被列为江苏省重点文物保护单位，今则成为南京“海丝”申遗 4 处遗产点之一。这里每年吸引着大量慕名而来的游客和专家学者，人们来到这里缅怀郑和为世界航海事业的发展和各国人民的友好文化交流做出的不可磨灭的丰功伟绩，激发国人开拓进取的精神，实现我们中华民族伟大复兴的梦想。

然而，根据有关专家的研究，郑和葬地及其坟寺广缘寺在牛首山大世凹以南不远的空间范围内，而今“回回山”麓所谓“郑和墓”则在其东南约 500 米。为避免地下可能存在的相关重要遗存在工程施工中遭到破坏，建议有关部门尽快启动该地区的全面考古勘察工作，尽快调整所涉景区的建设规划，将大世凹以南及其周边地区纳入郑和墓园文管所的管理范围，以便今后开展相关的考古、研究及保护工作。

海瑞造“金桥”的传说

基本概况

海瑞造“金桥”的传说，主要流传于湖熟街道金桥社区。

湖熟街道金桥社区前有座石桥，传说是青天大老爷海瑞赠金所造，所以叫金桥。这座石桥虽说不上高大雄伟，但造得小巧秀丽，名堂不少。桥两侧青石栏杆上刻着一幅幅精美的花卉，桥拱前后各凿一个栩栩如生的龙首，状若戏水，巧夺天工。

话说从前湖熟镇外有一座叫颜庄的村落，村前有一条宽四五丈的河流阻断交通，河边有一条渡船接运来往的行人。但一遇到风大浪急之时，常有船翻人亡的事故发生。海老爷在应天府（今南京）做官数年，由于他刚直不阿，一身正气，两袖清风，除了穿衣吃饭，常常囊空如洗。海爷子还是个孝子，他到南京做官后，不放心年近八旬的老母，便把她接到府宅供养。老人家虽年老，却一点也不糊涂。她过不惯衣来伸手、饭来张口的生活，又怕分了儿子的心，耽误了公事。没有多久，她就叫海瑞送她到乡下去住。

那时由湖熟到颜庄，除了坐船没有第二条路可走，而翻船落水之事时常发生。海老太太是个修心信佛的人，看到此事不知流了多少眼泪。有一天，她把娘家陪嫁的一副金耳丝交给海瑞，叫他变卖后在河上搭一座小桥。一副金耳丝能值几个铜钱，哪能够造桥的费用。海老爷是个小葱拌豆腐一清二白的官儿，一点俸银仅够母子二人糊口。但是慈母之命、民众疾苦不能不管，海瑞便从腰上解下皇上御赠的玉带，叫衙役变卖了一百两纹银，以做造桥款项。

海瑞像

开工那天，海老太太拄着拐杖，提着茶水，为民工端茶倒水。海老爷光头赤足，挑起第一担土。新鲜！知府大人挑泥造桥！一时九头十八边的老百姓都来了，大家亲眼所见，激动不已。历朝历代，满朝文武，数不清的官，哪一个能像海老爷那样为官清正、爱民如子？围观的群众有的感动得眼泪直淌，有的跪在地上磕头作揖，有的跑过去抢下海老爷的担子自己挑，有的悄悄跑回家取来铁锹和担子干了起来。海老爷和周边百姓没日没夜地干了两个月，一座精致玲珑的石桥耸立起来了。

这座桥因是海老爷赠金所造，为了纪念他的

湖熟街道金桥社区今貌

功绩，老百姓就把桥名定为金桥。

历史传承

海瑞（1514—1587），字汝贤，号刚峰，广东琼山人。嘉靖四十四年（1565），任户部主事的海瑞上《治安疏》，因此下狱，也因此得名。隆庆三年（1569）六月，海瑞上任为都察院右佥都御史，总理粮储提督军务，兼巡抚应天等处。对南京而言，海瑞最得人心的仁政是一条鞭法的实施。史载，他在上元、江宁两县“行一条鞭法，从此役无偏累，人始知有种田之利，而城中富室始肯买田，乡间贫民始不肯轻弃其田”，“不论官民，唯按户计亩，按亩收值，其编差徭，官自办雇”，真正做到了“田不荒芜，人不逃窜，钱粮不拖欠”，社会趋于稳定和谐。

因为德政所在，海瑞深受民众爱戴，离任时小民“号泣载道，家绘像祀之”。万历十五年（1587）十月，海瑞卒于任，南京罢市送丧。何良俊评价海瑞是“不怕死，不要钱，不吐刚茹柔，真是铮铮一汉子”。当时南京皇城守门宦官高刚家中曾悬一副对联：“海无波涛，海瑞之功不浅；林有梁栋，林润之泽居多。”林润于隆庆元年（1567）以右佥都御史巡抚应天，居三年，卒官，是海瑞的前任。林润与海瑞都以敢谏闻名，而这副对联则表明时人对这两任巡抚的钦佩怀念之情。

而南京民间也流传着其他一些与海瑞有关的传说。相传海瑞在南京任职期间，经常头戴小帽，身着便服，深入街坊民间。有一次，他微服路经仓巷，看到这个米商集中的地方竟有不法奸商大斗进小斗出，气得胡子直翘，遂脱掉外衣，露出格格正正的朝服，一把夺过一个账房先生的笔，挥毫疾书，连写若干封条，封了几家米店的大门，并勒令这些脑满肠肥的米商，把囤积居奇的大米统统削价卖给贫苦市民。他这一行动吓得那些奸商纷纷下跪请罪。

海瑞在南京做官时，还注意厉行节约，反对浪费。古代南京寺院多，到了明代，有些寺院因年久失修毁坏湮没了。当时有地方官主张大兴土木，重修寺院，更有官员私自挪用库银，或向民间摊派，搞得老百姓叫苦连天。海瑞知道这一情况后，火冒三丈，狠狠地训斥了那些官员，不准随便摊派，还下令将已准备好的砖石木料，用来抢修险桥和破损的城楼。

有一天深夜，有个小偷心里估量海瑞家一定有不少金银财宝，便蹑手蹑脚钻进海瑞家门。谁知找来摸去，都是些抓不上手的破东西。他正在犹疑时，海瑞突然喊了起来：“我做官数年，两袖清风，不怕他们告我的状！”这个小偷听了，

淳化街道马场山荷塘暮色

大吃一惊，惊慌失措地逃走了。其实海瑞是在说梦话。小偷逃出院墙，自言自语地说："先前我不相信清官海瑞有多清，现在我知道了，他比我还困窘啊！"

当时有个御史陈海楼，因贪污而被海瑞严厉处分，一直对海瑞怀恨在心。海瑞死后，他到海瑞家中巡视一番，发现宅内日常生活用品比一般书生还寒酸，怀恨之心从此变成了钦佩之心。他看到海瑞家有只旧樟木箱，十分眼熟，仔细一想，原来这是他在半年前嫌它破旧扔到小花园外边的。

当代影响与价值

海瑞是正义的象征，是清官的化身，历来被官方和民间所敬仰。海瑞在湖熟造"金桥"的传说，应该就与这样的情结有关，体现了当地民众对清官海瑞的深深爱戴之情。其实，这个传说的真实性已经不再重要，我们所需重视的是它的文化价值及精神价值。尤其在当下，通过这样的传说，可以引导社会养育清廉爱民的浩然正气。当然，对为官者则是一种警醒。就此而言，它还是廉政文化的理想题材。

乾隆与江宁的历史故事

基本概况

乾隆在江宁的历史故事众多，如乾隆皇帝下江南、乾隆做媒、乾隆躲雨、农夫斗乾隆、梅龙鼓、禄口玉带糕、神村岗的菱角及娘娘圩，等等。这些历史故事在江宁地区广为流传，深获民众喜爱。

乾隆（1711—1799），名爱新觉罗·弘历，是清朝入关后的第四代皇帝，乾隆6次南巡6次到江宁，曾到过江宁的东山、方山、淳化、湖熟、秣陵、禄口、铜山等大多数镇街，留下许多值得考证的历史故事。“方阜常栖隐者流，秦淮河下水悠悠。贺循迎得因张闿，曾几分裨克复谋”，这是乾隆游历江宁方山（又名天印山）时写下的《方山》一诗。他借用古人贺循操行高洁、学问渊博，由张闿举荐委任这一典故，透露出他求贤若渴的心情和对朝野人士举贤荐能的希望。

禄口玉带糕：相传清乾隆年间，乾隆皇帝下江南来到江宁，准备去溧水，路过禄口镇（即路口镇），受到当地僧侣赠予的“玉带糕”。乾隆皇帝品尝后，感觉香甜可口，遂赞不绝口：“此糕，乃朕玉（御）带也。”他吃了又带，一时传为佳话。今天禄口玉带糕，已成为地方特优食品。

梅龙鼓：传说乾隆皇帝下江南，曾路过江宁淳化（古称梅龙镇）。听到鼓乐铿锵，看到精彩演出，他便停下脚步，询问百姓：“这敲的是什么鼓？”百姓答：“梅龙鼓。”乾隆发自内心说了句：“打得真不错！”有人就接着回了句：“这还用说。”乾隆看了梅龙鼓演出后，满心欢喜。以至于回京城后，他还常常想起梅龙鼓的事，将梅龙鼓演出的盛况铭刻在心。一次上朝议政时，他向大臣专门讲到梅龙鼓的事。他说这种民间鼓乐，应该向百姓传播，应该向全国推广。如果天下百姓都能

乾隆皇帝（清人绘）

乾隆帝所穿云锦龙袍

如此自给自足，自娱自乐，安居乐业，朕就安心了，大清的江山社稷也就固若金汤了。从此以后，梅龙鼓就在淳化这一带更加兴盛，一直流传至今。梅龙鼓起源于梅龙镇南街，南街是当时最繁荣的地段，有一徐姓商人徐大富，在街上开一个小杂货店，生意较为红火，由于人缘好，平时又爱好地方戏、民间曲艺等，每到年终岁末时，村里上街购买年货的人逐渐增多，闲暇时都围他转悠，请他唱一段地方戏，时间一长，有的人主动为他拉二胡。到了新春佳节时，他就建议，你们这么多人听我一个唱戏，不如我们大伙组织一个鼓队，一起热闹热闹。在他的倡议下，很快队伍组织起来。开始时只有 3 面大鼓、7 面小鼓、几面锣子，当时打的时候，也没有现成的曲子，就自编自演。其中有人就讲，我们这个鼓队叫什么名字呢？有的鼓友讲，我们在梅龙镇上打鼓，当然就叫梅龙鼓。这一年的三月，梅龙鼓队正在街上丁字路口演出时，恰巧遇上了乾隆皇帝路过现场看热闹。梅龙鼓的名气就这样传开了。梅龙鼓，百姓爱玩，皇帝夸奖，故传承至今。

娘娘圩：乾隆当皇帝的时候，古镇秣陵关是个水足地肥、风景秀丽的好地方。一天傍晚，镇上茶馆的姑娘梅姑和嫂子到北门外抬水，正在一棵柳树底下歇脚，看见从梅龙镇方向走来一个人，那人说：“我赶路渴了，请姑娘、大嫂给一瓢水喝喝。”大嫂随即舀起一瓢水，却被梅姑抢来倒回桶里。大嫂又舀起一瓢水送过去，又被梅姑抢来倒回桶里。大嫂第三次舀水给行客，梅姑干脆把葫芦瓢打翻在地。行客来气了，讲：“出门人老远走来，口渴得不得了，要一瓢水都不行啊？姑娘怎么这般不通情理！”梅姑说：“客人莫怪，现在天凉了，你跑了一身汗，哪能喝冷水呢？出门不能只顾一时性急呀，要喝水，就跟我们去家里喝杯热茶吧！”行客一听，才晓得错怪她了。细一看这姑娘，穿得虽不好，却长得清清秀秀。行客跟着姑嫂，来到北门一爿小茶馆里。姑娘送来一壶茶，行客连饮三杯说：“多谢姑娘，我从中晌到现在，还没吃东西。还望姑娘行个方便，给点东西吃吃。”嫂子一听，忙从屋里出来，把姑娘拉到一边，责怪说：“姑娘家不能多事，跟人生面不熟的男子汉啰唆什么，快把他打发走吧！”梅姑笑笑：“嫂子，在家事事好，出门样样难嘛。这么晚，你叫他到哪块吃饭去呢？”说过，就到里屋去装了一盘刚焙好的锅巴，又盛了一碗菠菜豆腐汤，端给客人说：“客人要不嫌，就将就着吃吧！”行客一边吃，一边问：“这叫什么东西？又香又脆，好吃好吃。”梅姑好不奇

玉带糕

梅龙鼓

怪，心想：这人怎么连锅巴都没吃过？就随口编话：“这叫清香元宝酥。”行客点点头，又问：“这汤既好看又好吃，叫什么名？”“叫红嘴绿鹦哥。”梅姑捂住嘴，差点儿笑出声来。行客连声称赞说，这些都是他有生以来第一次吃的好东西。吃完，他起身告辞，掏出一块手绢说：“承蒙姑娘款待，我身无他物好谢，就把这块手绢送给你吧！”梅姑慌忙说：“出门人不便，帮点忙是应该的。”行客笑着将手绢丢在桌上，就转身出门了。这位行客不是别人，正是当今皇上乾隆。乾隆一走，这桩事就很快传遍了秣陵关。一拨小人，无事生非，说梅姑有意勾引皇上，被乾隆看中，要封她做正宫娘娘。好心的梅姑，哪里受得了这种冤枉啊！一气之下，就上吊寻死了。这时乾隆皇帝传旨下来，召梅姑到宫里去烧清香元宝酥和红嘴绿鹦哥给他吃。不久，乾隆晓得梅姑自尽后，过意不去，只好拨御款就地安葬。梅姑就葬在秣陵镇秦淮河边的一个高墩上。说来奇怪，过了不久，梅姑的坟上就长出一棵梅花树，开的花喷香喷香，老百姓都把这坟叫作“娘娘坟”，娘娘坟周围的地方，就叫“娘娘圩”。

神村岗的菱角：传说乾隆皇帝由禄口到铜山，时值仲夏，路过禄口街道的神村岗时，感觉口干舌燥，他发现村边河沟、池塘铺满了嫩嫩的菱角母，就吩咐随行去河边采菱角。菱角结果一般在八月份，仲夏六月只有菱母而无菱角。因皇帝金口玉言，说再去看看，果然菱角全结了。从此“神村岗的菱角——说结（急）就结（急）”，成了当地的歇后语。

孙家宕清浊塘：铜山徒墙社区孙家宕有两口水塘，一南一北，相距约40米，俗称双塘。相传乾隆御驾经过此地，要给马饮水，可两塘积水常年浑浊，如何能给御马喝？这可急坏了当地官员。隔天，官员再去探察。北塘原本浑浊的水，竟然一夜之间清澈见底，于是御马饮水问题自然得解。从此，北塘无论风雨寒暑，常年清澈。而南侧的水塘却始终浑浊不堪。

乾隆做媒：传说乾隆下江南时，曾在江宁县的铜山乡歇过一夜。乾隆歇过的那个村子，现在还叫驻驾山。乾隆刚到驻驾山，就到外村私访。他专朝山凹子里跑，一跑跑到现在横溪乡的陶家山。饿了，乾隆来到一户人家，去讨吃的。这家里只有一位老妈妈在，见有人来要饭，家里又没有吃的，就招呼乾隆来家里喝口水。喝水的时候，乾隆问了家里的情况，得知老妈妈是个寡妇，带着一个儿子过，家里穷得叮当响。儿子是个秃子，所以，三十出头的人还没找到媳妇。人家一提这事，老妈妈就心酸。乾隆听了之后，心想能帮就帮一把，但也要测试一下老妈妈的心肠好不好。乾隆顺手一指她家里的一只老母鸡，对她说：“老妈妈，我实在太饿了，你行行好，救我一命，把这只老母鸡杀了烧给我吃吧。”老妈妈菩萨心肠，又见乾隆饿得不成样子，心不忍，二话不讲，把鸡杀杀煮煮，就端上桌给乾隆吃了。见乾隆吃饱了，老妈妈却哭了起来。乾隆好奇地问：“为什么哭？”老妈妈一把鼻涕一把泪说道：“你把我的儿媳妇吃了。”乾隆纳闷，说：“我吃的是鸡呀！”老妈妈讲：“是呀！我娘儿俩就靠这只鸡呢！我跟我儿子说过，把这只鸡养着，留着生蛋，生了蛋再孵鸡，鸡长大了卖钱给儿子讨老婆。”乾隆一听这话，哈哈大笑起来。老妈妈一看，十分生气，指着乾隆说：“你这个人真不懂事，鸡给你吃了，人家急得要命，你还有脸笑话，你赶紧走吧！”乾隆忍了忍说道：“我歇会就走。”老妈妈急了：“不行啊！要是我儿子上山打柴回来，晓得鸡被吃了，非跟你拼命不可。”乾隆见老妈妈一片好心，就从身上掏出个帖子，在上头写了几个字，贴好后交到老妈妈手里，叮嘱道：“这个给你，不要打开看，等我走了三天后，叫你儿子拿着它到曹村府，交给周员外，包你儿子能娶到媳妇。”说完，头也不回就走了。老妈妈儿子打柴回来，听妈妈说母鸡被杀了，并且给了一个要饭的人吃了，一个劲地直跺脚；又听妈妈讲，那个叫花子留下一个东西，说是能替他抬到媳妇，将信将疑，心情舒畅了许多。好不容易挨到第三天，老妈妈的儿子就曹村府去了三回。这孩子太老实，头两回不敢把东西拿出来。周员外家把门的，看他像个叫花子，根本不让他进门，还差点放狗咬他。第三回，他死活不肯去了，老妈妈就跟儿子讲，让他跪在周员外家的门前，把东西托在手上。这招还真管用，把门的接过东西，送给周员外看。周员外一看不要紧，原来是圣谕，是皇上要给自己女儿做媒，这真是天上掉下来的好事。于是，立刻传话，让贤婿进来。周员外一看，呆了，这人长得不仅老苍，还是个鸡屎秃，哪里般配呀！心里暗忖，如果不同意，岂不是欺君之罪，全家将遭来灭顶之灾。只好硬着头皮，答应了这门亲事。据说，后来周员外嫁女的那一天，光是抬嫁妆的队伍就排出去有两里路长呢。

火烧红莲寺：位于铜山浣溪村西侧的红莲寺建于南唐，规模宏伟，明清时期香火旺盛。相传乾隆下江南时，听说红莲寺淫僧糟蹋残害单身女香客，遂与容妃、随身侍卫甘凤池微服私访，最终制服淫僧，救出关押在香殿地窖里的女香客，并火烧红莲寺。后浣溪张氏重修红莲寺，改称张王庙。民国初年又进行第二次重修。1962 年，庙宇被毁，唯独香殿下面的地窖尚存，现为一个大池塘。

乾隆躲雨：湖熟镇北边有个渡龟村（现在叫杜桂），传说乾隆皇帝下江南曾经到过该地。那年夏天，乾隆刚走到渡龟村口，陡然刮起狂风，

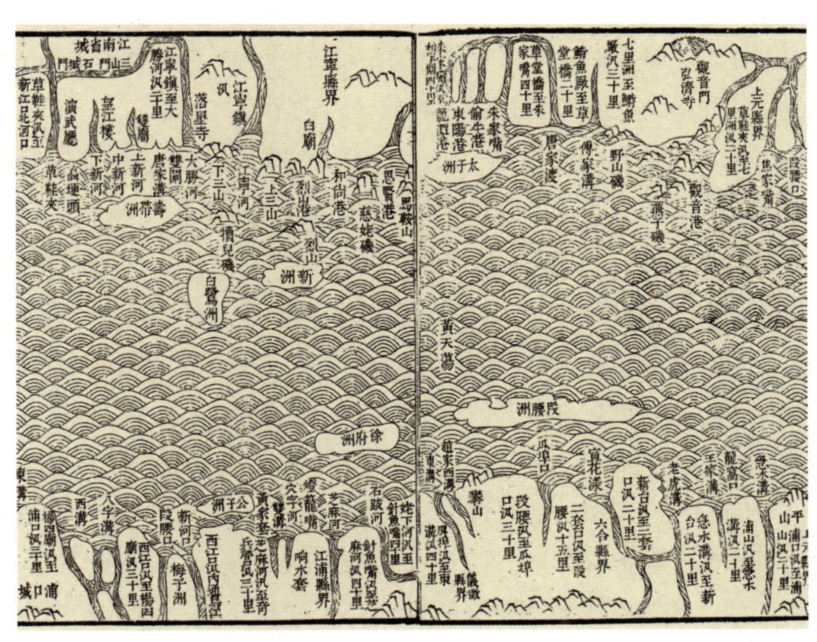

乾隆《江南通志》中的沿江形势图

江宁老物件农具

雷声轰轰。乾隆只顾躲雨，来不及进村挑选人家，赶紧向路边一间草房奔去。这家男人是个痴子。吃过中饭，耕麦田去了。他老婆正在门口抢收衣裳。一见乾隆上来要躲雨，就答应了。进了门，痴子老婆把衣裳朝摇篮里一放，讲："我去烧点开水，你随便找个地方坐坐吧。"麦场天，家里到处堆满了麦子，乾隆见没处坐，一屁股坐到摇窝里。痴子老婆烧好开水，端来给乾隆。一看，乾隆坐在摇篮当中，吓得叫喊起来："四一子！我的乖！"她跑过来推开乾隆，掀掉衣裳，看见才满月的四一子，已经断了气。乾隆吓呆了，站在一旁听痴子老婆边哭边讲："痴子四十一岁才得子，他才起名叫四一子哎！"痴子老婆哭得好伤心的，陡然忍住哭，推了一下乾隆说："你还不快走！痴子回家，要跟你拼命的！"乾隆听了，点点头，从怀里掏出一样东西说：这个锭子，请大嫂留下，倘若有落难之日，拿它到江宁府，就讲是我黄（皇）大麻子叫你来的。

一年过去了。第二年，江南大旱，没想到，痴子跟人家抢栽秧水，一失手，拿锹把人劈死了。痴子关进了死牢，急煞了他老婆喽。他老婆在家想呵想呵，一家伙想起了乾隆给的锭子，就翻箱倒柜找起来，在粉缸里头找到了！痴子老婆拿了锭子，到江宁府去了。她来到了江宁府门口，小兵不给进，问她："什么人？""来找府老爷。"小兵又问："谁叫你来的？"她讲："黄大麻子！"小兵叫起来了："咳！骂皇帝，捆起来！""怎么？黄大麻子是乾隆皇帝？"痴子老婆听了，高兴得不得了，一把拿出锭子说："慢，我有东西让你们看！""锭子？！"守门的小兵见了，吓一跳，他们晓得，这是御物！乾隆有圣旨：拿锭子来的人，不管到哪里，不准阻挡。哪晓得，巧哩，这班守门的小兵是御林军，那个"黄大麻子"，此刻正在府里哩。痴子老婆见到乾隆，一把鼻涕，一把眼泪，讲了痴子关进死牢的事。乾隆听过，想了想，讲："痴子有救主之恩，死罪免了，活罪不饶，充军镇江！"

历史传承

乾隆与江宁的历史故事，一直在江宁地区流传，一直为民众津津乐道。近几十年来，不少故事还先后整理成文，并被相关书籍收录。

乾隆皇帝在位 60 年，他效仿其祖父康熙帝六下江南，亦六巡江宁。乾隆十六年（1751），他第一次南巡江宁，足迹仅至栖霞、南京城内及近郊一带。二十二年三月，他第二次南巡江宁，深入江宁乡郊。乾隆帝好诗，所至必赋。据其所留诗作可知，此次他游览的江宁名胜有东山、祈泽池、牛首山、祖堂山、献花岩。二十七年三月，乾隆帝三巡江宁，又游东山、牛首山、祖堂山、献花岩，留七绝、五律各两首。三十年三月，乾隆帝四巡江宁。是年他已五十五岁，年事渐高，仅赴祖堂山，留五律《祖堂》。乾隆四十五年、四十九年，乾隆帝又两次南巡，但皆因年过七十，已有心无力，未再故地重游。乾隆游历江宁名胜，留下不少作品，先后题有《东山》（3 首）、《牛首山》（3 首）、《祖堂》（3 首）、《献花岩》《戏题献花岩》《寄题祈泽寺》《方山》《幽栖山》等胜景诗及宏觉寺佛殿匾联等。这些诗作与匾联，在《嘉庆新修江宁府志》《同治上江两县志》《光绪重刊江宁府志》等文献中均有收录。

因乾隆皇帝多次到江宁游历，故江宁地区留下了许多与他有关的故事。这些故事是否真实发生过，今已无从考证。正如学者指出的，乾隆皇帝在不同的传说中具有不同的形象，反映出中国百姓在理想与现实之间的矛盾心理：出于对明君贤主、清明盛世的期盼，他们在传说中有意无意地拔高乾隆的形象，将其理想化，而严酷的现实、黑暗的世道又使他们往往借传说之机发泄自己的愤怒、失望之情。

乾隆游历江宁，除了留下许许多多的故事传说外，还有一些老地名与此相关。如铜山桑园村驻驾山，相传乾隆皇帝在此住过一宿，故名；排驾口，相传乾隆皇帝经此时，村民列队迎驾，因名；陈巷社区护驾坊村，相传乾隆皇帝南巡时到过该村，为表彰护驾，建有牌坊，因名。为了纪念乾隆驾临，护驾坊村还建过一座大庙，香火鼎盛一时。岁月沧桑，今庙宇已荡然无存，仅留下一根长约 2 米的八棱佛像浮雕石柱及一个方形石香炉，香炉一侧的“道光六年”字样尚清晰可辨。

而上述故事涉及的梅龙鼓，起源于梅龙镇，兴盛于清乾隆时期，是地道的原汁原味的百姓喜闻乐见的自编自演鼓乐队。它来源于百姓，宣传百姓，娱乐百姓，祝愿百姓每年风调雨顺，祈祷上苍降福祉于百姓。自得到乾隆皇帝肯定后，梅龙镇的梅龙鼓愈发朝气蓬勃，在原有基础上，队伍壮大了，人员年轻了，装饰鲜艳了，内容精湛了，演出精彩了，爱好梅龙鼓的百姓越来越多。周边村庄的百姓像朝山拜佛一样效仿梅龙鼓，从而使梅龙鼓达到了一个鼎盛时期。

梅龙鼓能按照一年四季农村的生产过程，编排 8—10 个曲调，分别演奏，既有观赏性，又有趣味性。起初，梅龙鼓在街镇上，多仅为一些商贩名流的喜庆敲打。后来逐步发展到每年的春节、端午、中秋三大节日演奏，演奏的时间越来越长，观赏的人越来越多。此后，随着民俗的变化，每年农村节日庆典、庙会、朝山等活动，梅龙鼓也都受邀参加演出，越来越具有群众性、娱乐性。清末民初，梅龙鼓一度受到冷遇。到了二十世纪二三十年代，梅龙鼓再度活跃起来。新中国成立后，梅龙鼓有了新的突破，不仅是一种打鼓乐队，而且还演奏各种鼓乐曲。这种鼓乐曲百姓看得懂，听得惯，而且还能边看边听边随着鼓曲跳动。

乾隆与江宁的其他历史故事，也是代代相传。目前，不少老江宁人多能讲一些相关民间故事。为保护这一文化遗产，江宁区文化局、文化馆及各相关街道还为此进行了多次采访、整理。

当代影响与价值

说起乾隆南巡，从官方的史籍到民间的野史都有许多描述，或是说他修筑堤堰，功泽千秋，或说他把国家大事都扔给了手下大臣，自己迷恋在江南美景中；或说他风流成性，挥霍无度，总之众说纷纭，褒贬不一。乾隆与江宁的故事，有一些有历史的影子，也就有了一定的历史价值；

作为民间文学，它还具有一定的文化价值。从人们口口相传的这些故事中不难发现，多数内容都是寄托着老百姓追求美好生活的愿望，体现了故事本身的精神价值与和谐价值。透过这些流传甚广的故事，折射出当时生活在社会底层的民众的无奈与艰辛，需要借与乾隆皇帝相关的故事来满足精神需求，从而让生活变得有滋味。近年，江宁区对农村人居环境进行整体改造提升，并大力发展乡村旅游经济，以上故事所涉及的禄口、铜山、淳化、秣陵、湖熟等集镇，及杜桂、浣溪、驻驾山、排驾口、护驾坊等自然村，还是一处处有待深度挖掘文化资源的旅游景点。

2008 年 3 月，乾隆与江宁的历史故事被江宁区人民政府列入第一批江宁区非物质文化遗产名录。

风卷南京姑娘落铜井的故事

基本概况

清代著名诗人袁枚（1716—1798）曾在江宁做过三年知县，辞官后侨居江宁，一生为当地民众做过不少好事，江宁父老称他是个“大好官”，他的功绩也惠泽铜井。

据载，清乾隆十年（1745）五月初十，南京一带刮起龙卷风，城里有个姓韩的姑娘，18 岁，已许给城东李秀才的儿子。这天韩姑娘被龙卷风刮上天空，随风吹落在铜井地面，竟安然无恙。韩姑娘被送回家后，李家认为“风决无吹人九十里之理”，咬定韩姑娘是私奔到铜井被人抓获送回来的。他来到县衙告状，要求退婚。袁枚派人调查，弄清真情，并公开审理此案，当众说明缘由，劝原告撤诉。李秀才死不相信，坚持要退婚。

铜井铜矿 1964 年五好和先进集体先进生产者合影

袁枚便拿出一部元代郝经著的《陵川集》来，指出其中一首《天赐夫人词》给他看。原来这首诗是叙述苏州一位毕姓女子被风吹到几千里外落下来，为一梁姓人家救起，并和梁家儿子成了婚。后来梁子做了宰相，一门皆贵云云。袁枚开导说：“郝公一生正直，决不会作诳语，这你该相信了吧？”李秀才这才由疑转喜，连连拜谢，两家和好，婚配如常。

历史传承

袁枚，字子才，号简斋，晚号仓山居士、随园主人、随园老人。钱塘（今杭州）人。清中期著名诗人，与赵翼、蒋士铨合称“乾隆三大家”。乾隆四年（1739）进士，授翰林院庶吉士。乾隆七年，外调，历任溧水、江浦、沭阳、江宁知县。乾隆十三年，辞官养母，购隋氏废园，改名随园，筑室定居，世称随园先生。其后，不再仕进，专事诗文。著作有《小仓山房文集》《小仓山房诗集》《随园诗话》《子不语》《随园食单》等 30 余种。风吹女子落铜井一事，见载于袁枚《随园诗话》卷四，情节大体类似。《随园诗话》明载故事发生的时间为清乾隆十年五月十日。

袁枚主宰江宁期间，政绩颇为可观，他经常下乡，了解民情，处理民间纠纷，关心邑民生活。

1988年1月1日，铜井乡船民党小组召开民主生活会

如救火水西门时，曾自领戎装一队，参与救火；曾跨上骏马，奔赴灾区，督促捕蝗。他还不顾自己的足疾，亲往铜井村，处理诊死病人的案件，夜无宿处，则在海会寺中以败草铺绳床过夜。至于女子被风吹至几十里外一事，虽不合情理，但历史上却有迹可循。袁枚所引之《天赐夫人词》出自元代郝经《陵川集》卷八，全文曰：

八月十五双星会，佳妇佳儿好婚对。
玉波冷浸芙蓉城，花月摇光照金翠。
黑风当筵灭红烛，一朵仙桃降天外。
梁家有子是新郎，芊氏忽从钟建背。
负来灯下惊鬼物，云鬟欹斜倒冠佩。
四肢红玉软无力，梦断春闺半酣醉。
须臾举目视傍人，衣服不同言语异。
自说成都五千里，恍惚不知来此际。
玉容寂寞小山颦，俛首无言两行泪。
甘心与作梁家妇，诏起高门牓天赐。
几年夫婿作相公，满眼儿孙尽朝贵。
须知伉俪有缘分，富者莫求贫莫弃。
望夫山头更赋《白头吟》，要作夫妻岂天意。
君看符氏与薄姬，关系数朝天子事。

这首诗的第一、二联，写八月十五新婚之夜。第三至第九联，叙述新娘的来历。钟建，古代神话中的山名，地处极北，终年寒风怒吼，此用以指飓风。据说芊氏女子本是吴门（今苏州一带）女子，被飓风吹到了五千里（一说六千里）以外的成都，如一朵仙桃从天而降。降临时，云鬓散乱，衣衫不整，四肢无力，神情恍惚，惊魂不定，环视左右，穿着、语言迥异，禁不住小山似的黛眉紧蹙，珠泪滚滚。但有幸的是遇到梁家公子，喜得佳偶。结尾五联，记芊氏女与梁公子的婚后生活，伉俪情笃，夫荣妻贵，儿孙满堂，诗人因此感慨，夫妻有缘分，如果无缘，富者莫强求；如果有缘，贫者莫相弃。这首诗还引用“望夫山”“白头吟”两个典故。望夫山我国各处多有，最著名的有孟姜女望夫化而为石，在今河北秦皇岛市山海关，后用“望夫山”比喻女子思念丈夫的真挚感情。《白头吟》，是叙述司马相如和卓文君故事的，司马相如在婚后有了二心，卓文君赋《白头吟》表示决绝。诗人一句中用两个典故，是说女子无论怎样钟情男子，但二人最终也可能分手，这也是“天意”。

实际上，郝经《天赐夫人词》的背景故事出自金代元好问《续夷坚志》之《天赐夫人》。这则故事讲的是，金代人梁肃年轻时不惧鬼怪，闯入广宁县闾山公庙将“鬼”背出，不料“鬼”竟

袁枚生前使用过的玉带板

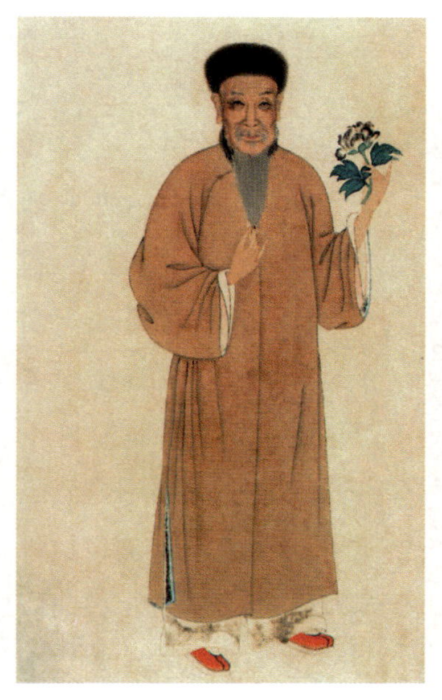

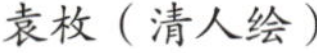

袁枚（清人绘）

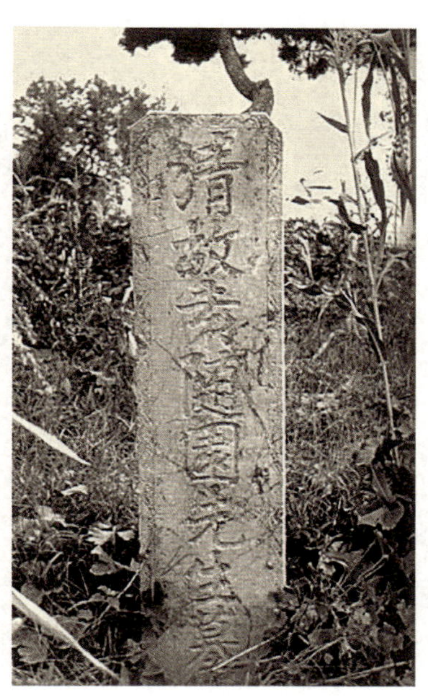

袁枚墓碑

是扬州一个大家族的女儿，出嫁之日突遇怪风被吹至此，此乃天赐良缘！梁肃后与其成亲。不久，梁肃便中了进士。又过了十多年，他官运亨通，飞黄腾达，作了参知政事。老天送来的扬州姑娘为梁肃生了几个儿子，人们都称她为“天赐夫人”。

有学者指出，“天赐夫人”的故事类似于宝卷（古代民间一种唱本）中“云中落绣鞋”的故事。在此类故事中，男子往往是根据在旋风中落下的绣鞋，最终找到被妖怪攫走的女子。这些故事最早的异文，当是唐代徐坚等人编撰的类书《初学记》卷八所引录的地方志《鄱阳记》，原文如下：

鄱阳西有望夫冈，昔县人陈明与梅氏为姻，未成，而妖魅诈迎妇去。诣卜者，决云：“西北行五十里求之。”明如言，见一大穴，深邃无底。以绳悬入，遂得其妇。乃令妇先出，而明所将邻人奏文，遂不取明。其妻乃自誓执志，登此冈首而望其夫，因以名焉。

这里记叙虽然很简略，包含的情节却颇为复杂。一个妖怪以欺诈手段迎娶梅氏，将她骗至深不见底的地下洞穴中。未婚夫陈明同邻人秦文结伴前往搭救，陈明攀缘长绳下到洞底，让梅氏引绳先出。而秦文却居心险恶，撇下陈明扬长而去，企图强占梅氏。梅氏誓死不从，常登上此处山冈望夫归来，便留下“望夫冈”这个名字。《鄱阳记》中这段文字，是为了说明“望夫冈”这个地名的由来，所以对故事的记述并不完整，诈迎梅氏的是什么妖怪，两位男性角色的最终下场如何，都没有交代，但它已具备了这个故事的基本形态。

“云中落绣鞋”故事的现代口头异文更多，丁乃通所著《中国民间故事类型索引》，收录各种形式的异文 120 余例，其中情节较为完整的就有 60 余例。20 世纪 80 年代以后又有大量异文

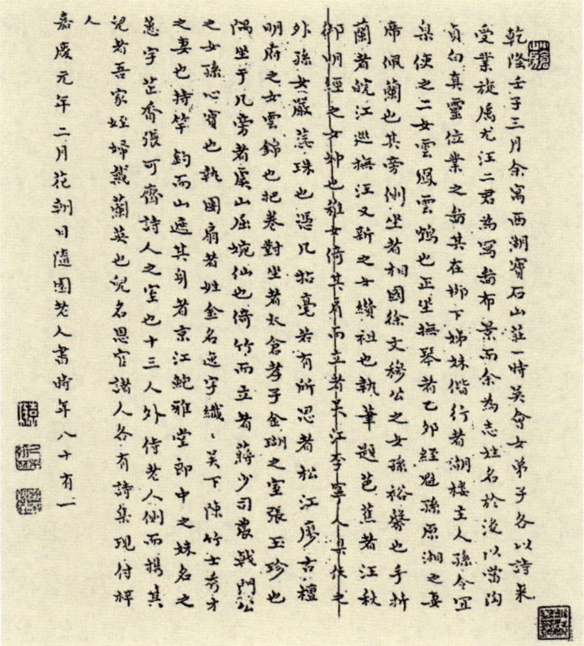

乾隆壬子三月余寓西湖寶石山莊一時吳會女弟子各以詩來
受業旋屬尤汪二君為寫圖布景而余為志姓名於後以當陶
貞白真靈位業之圖其在柳下姊妹偕行者湖樓主人孫令宜
臬使之二女雲鳳雲鶴也正坐撫琴者乙卯經魁孫原湘之妻
席佩蘭也其旁側坐者相國徐文穆公之女孫裕馨也手折
蘭者皖江巡撫汪又新之女纘祖也執筆題芭蕉者汪秋
御明經之女妽也稚女倚其肩而立者吳江李寧人臬使之
外孫女嚴蕊珠也憑几拈毫若有所思者松江廖古檀
明府之女雲錦也把卷對坐者太倉孝子金瑚之室張玉珍也
隅坐于几旁者虞山屈宛仙也倚竹而立者蔣少司農戟門公
之女孫心寶也執團扇者姓金名逸字纖纖吳下陳竹士秀才
之妻也持竿鈎而山遮其身者京江鮑雅堂郎中之妹名之
蕙字芷齋張可齋詩人之室也十三人外侍老人側而攜其
兒者吾家姪婦戴蘭英也兒名恩官諸人各有詩集現付梓
人
嘉慶元年二月花朝日隨園老人書時年八十有一

袁枚手迹

今日铜井商业街

被发掘出来。不过，像袁枚所述载入史籍的同一类故事，清代还能找到几例。

清代文学家王士祯《池北偶谈》卷十载，其先祖本农家，无妻室，忽然一天刮大风，空中吹落一女，遂以为妻，此后子妻繁盛，历代仕宦不绝，可谓言之凿凿。清代著名史家赵翼著《陔余丛考》卷四十二“风吹送妻”亦载此事，又引郝经《天赐夫人词》诗以证此不虚。再如清汪启淑《水曹清暇录》卷四载，山东新城县王氏，先世受雇为人做工，一天晚上突刮大风，有女子从空而落，自云祁氏，家隔五百里余，主人认为是夙缘，令二人结婚；又山西汾州羊子寿，大风中堕一女子于其庭，自云秦氏，家在真定，后亦结为伉俪。清代俞樾《右台仙馆笔记》卷九载，同治九年（1870）三月，绍兴府南门外从空坠一女，年十七八，貌颇娟好，问其姓氏，言语不能通，以手示意索纸笔，即与之，自书蜀人，距成都三千里，随母至田间，忽为狂风，吹入空中，瞬息至此，道旁观者如堵墙。人皆欲得之以为妇，里长告于官，官命女子自由选择，女子选择了一位读书人，遂命成婚。又载光绪五年（1879）十月初十，京师安定门外有地名八公爷坟，当日午后，天忽起旋风，其地一名十五岁女子在路途中被风吹至半空多时，落下即毙，其半面焦黑如墨。

总之，有了飓风这样的现实背景，加上民间信仰的渲染，构拟出“云中落绣鞋”之类的民间故事也就是不难理解了。而袁枚所记载的“风卷南京姑娘落铜井”一事，不过是众多异文中的一种罢了。

当代影响与价值

风卷南京姑娘落铜井的故事，在江宁民间的流传并不广泛，目前知道的人已不多。但这一故事见载于袁枚的《随园诗话》，并非空穴来风，故具有一定的历史价值。又因袁枚的特殊身份，他的“性灵说”诗论独树一帜，因此相关故事的文化价值也值得重视。从传说的内容上看，无非是称赞袁枚秉公执法，促成善事，因而受到人们的尊重。此外，这是一则令普罗大众皆大欢喜的喜剧故事，其中的和谐价值、教育价值也值得分析。如果故事发生地的铜井社区，利用故事的离奇曲折及袁枚的巨大影响力，演绎升华其情节，进而开发建设具有观赏效果的相关景观，或许可以带动当地文化旅游事业的发展。

孟塘周氏先祖的故事

基本概况

这个故事主要流传于汤山街道孟塘村一带。

汤山孟塘周氏是一个历史悠久、人才辈出的家族，其渊源可追溯到汉晋著姓汝南周氏。据口碑资料，绍兴《后马周氏家谱》及《乾隆句容县志》的相关记载，特别是孟塘发现的清嘉庆十九年（1814）庙宇功德碑及其祖茔多通周氏先祖墓碑的铭文线索，可以确认汤山孟塘及句容东巷、南巷一带的周氏一族皆属绍兴后马周氏之传人，其始迁祖乃清乾隆初年的句容知县周应宿。周应宿因故罢官后，没有回归后马桥故里，而是选择在距句容县城仅约 10 千米的汤山孟塘隐居下来，最终子姓蕃盛。

周应宿不仅是一位爱民的好官，还善于写诗作画。正因此，孟塘周氏一族一直秉持“以文显名，以文显学”的家学渊源，历数百年其家族文化根基不堕。

历史传承

据《乾隆句容县志》卷七《名宦传》、阮元《两浙辅轩录》卷二十八等文献记载，周应宿，字念山（或记研山、宋为），号葆山，绍兴后马村人，雍正七年（1729）举人，乾隆元年（1736）三甲第 134 名进士，初授翰林庶吉士，乾隆二年出为句容知县。

上任次年，当地便遇大旱，周应宿召集僚佐士绅商讨救援之法，具体办法是：将部分官银及当地乐善好施者的捐款交给一位忠厚之人，命他赴川广地区运米贮存，以备不时之需。周应宿不辞辛苦，亲至现场指挥，为贫弱孤寡之人着想，视村庄距离远近设五粥厂，赖以存活者九万有余口，又以常平仓粟赈济之。他还开西塘水利、筑官道数百丈、修城浚濠，使青壮年“以工代赈”，不仅大大减少了旱灾带来的损失，而且惠及后世。这些救灾办法得到了上级的肯定，并推广到其他地区，也收到了很好的效果。

周应宿在任多惠政，有循良之声，曾获通省之表彰，又因行善政而颇得民心。乾隆五年，因

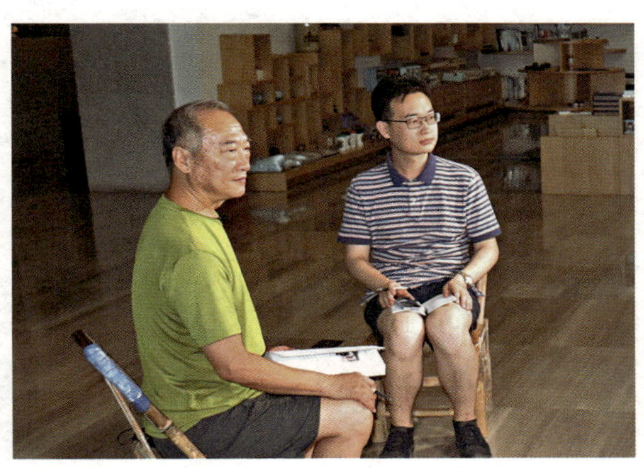

知情人周维林接受采访

县库被盗一空而遭罢官。上司为其抱屈，愿为之代赔款项，民众亦皆为之不平而泣涕。其后，他留居句容数载，日以授书为乐，《乾隆句容县志》卷七称之“先之以父母之慈，而继之以师友之谊，至今有遗颂焉”。

周应宿爱读书，安清贫，精画松石，所著有《葆山诗钞》《学易快编》等。据陶元藻《越画见闻》卷下载，他读书作画，“纵笔所至，落落大方，由精画松石，苍老奇倔之状，往往出人意表”，也因此耽误了一些行政工作。他隐居的江宁汤山孟塘村偏僻宁静，环山绕水，风景秀美，有“南京小九寨沟”之称，非常适合其个性追求。《乾隆句容县志》卷十载其《东郊劝耕》一诗云：“布谷鸣三两声。昨宵破落黄梅雨，布谷今朝啼更清。床头谷种留五斗，岁岁收成可熟否。各种乡名异稻粱，辨明种色新来妇。东家新妇着红裙，问说今年逢二九。妾家积祖习犁耕，百谷能名不嫌丑。田头酹罢新白酒，细切蒲丝并绿韭。少农播种走农嬉，嘱咐儿童种莫迟。小暑芒种多良时，好风好雨年年足，落到霉天蚕自丝。”据《清高宗实录》卷六百二十三记载，周应宿在乾隆二十五年（1760）之前已去世，其墓今已不存，推测在孟塘南山方冲周氏家族祖茔。

当代影响与价值

关于孟塘周氏先祖周应宿的故事，除了周氏族人外，知道的不多。周氏家族旧谱在抗日战争期间就已遗失，加之2018年，因江苏省园艺博览园建设需要，孟塘村整体搬迁，了解这一故事的人就更少了。周维林《南京句容汤山周氏谱系求实》一书搜集相关资料，对孟塘周氏家族源流做了较为详细的梳理分析。周应宿为官一任，造福地方，深受民众及周氏族人爱戴。传承这个故事，并深入挖掘孟塘周氏优秀家族文化传统，对弘扬社会主义核心价值观具有一定的促进作用。

孟塘村全景

“诗疯子”汤濂及其家族的故事

基本概况

这个故事主要流传于今汤山街道鹤龄社区百合村。

汤濂（1823—1904），字蠹仙，自号金陵诗疯子，江宁白鹤村（今汤山街道鹤龄社区百合村）人，生活于清乾隆至同治年间。据《汤氏族谱》记载，汤氏原籍河南信阳，其始祖南山公为北宋尚书省左司郎中（户部尚书），后随宋高宗赵构南迁至扬州，“因骇奸落职”渡江抵金陵，隐居句容郭庄汤巷，繁衍至第六代孙成乙，迁徙至上元县北埃村，又繁衍十七代至汤濂。倘按25年为一代计算，汤氏子孙在白鹤村已生活了四百多年。

汤濂之父名继铭，字维新，母为陈孺人，生一女三子，三子即辅濂、辅治、辅澄（辅乃辈分，汤濂一直未用）。维新公“一目五行，读书以针计，有汤才子之名”，汤濂后来成为诗人，可说是有家学渊源。《汤氏族谱》卷二《汤蠹仙先生家传》载：“先生讳濂，字厚民，号蠹仙，又号贩云翁、诗疯子、云鹤山人，别号山水馋客。”所谓“蠹仙”“贩云翁”“云鹤山人”“山水馋客”，反映出汤濂爱书、闲适旷达、挚爱山水的性格与心境。汤濂本人则钟爱“诗疯子”，《小隐园诗钞》即署名“金陵诗疯子汤蠹仙”，可见他对诗的痴迷。

历史传承

史载汤濂守道义，行忠信，惜节操，其自云：“三十年闭户读书，喜交年高而胜己者。其为文，虽儿童辈亦相与疑析。不慕势利，善与穷亲故旧往来。家本小阜，因婚嫁多累数年，与富交，与

汤濂家族的《汤氏宗谱》

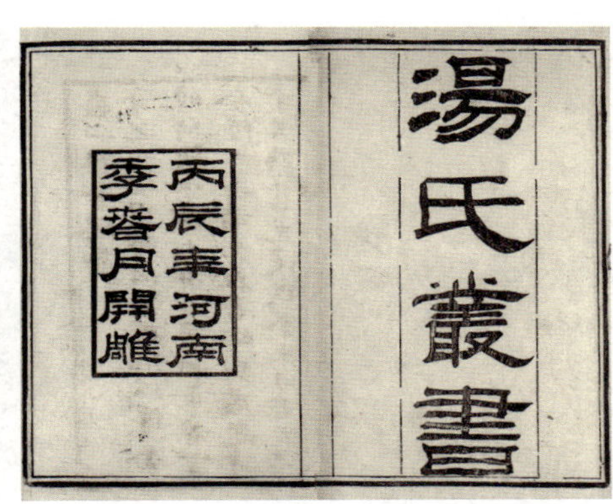

汤濂《汤氏丛书》书影

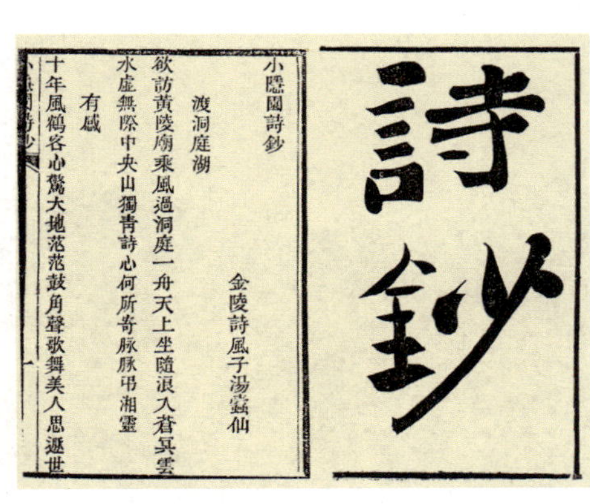
小隱園詩鈔
金陵詩瘋子湯蠹仙
渡洞庭湖
欲訪黃陵廟乘風過洞庭一舟天上坐隨浪入蒼冥雲
水虛無際中央山獨青詩心何所寄脉脉弔湘靈
有感
十年風鶴客心驚大地茫茫鼓角聲歌舞美人思遯世

詩鈔

汤濂的《隐园诗钞》书影

1931 年南汤山

放贷者。与贵交，又丐其竿。……诗书往来，状元、宰相、名官、名人、文人、墨客以及僧道、商贾、渔樵、乞丐、青楼、优伶共百余人。”可见其交友原则是不慕势利，不论贵贱，一视同仁，故其人脉颇广。

清咸丰三年（1853），洪秀全率众攻陷南京，建立太平天国。翌年，汤濂家乡遭“甲寅之变”。接着，又是两年后的“丙辰之乱”，汤濂举家远徙，十年九移。之前，他蛰居于山清水秀的白鹤村“小隐园”，过着祥和安定的隐居生活，其诗风“中正平和”。然而，大动乱开始后，汤濂开启了他颠沛流离的生活，彻底改变了他的人生和诗风。寓湘十三年，直到同治三年（1864）曾国藩率湘军克复金陵，汤濂才回到梦牵魂绕的故乡，而展现在他眼前的故乡是什么样呢？

乱离驱我去，万里复归来。
骨肉全生日，琴书仍劫灰。
儿童半不识，亲旧几人回。
细说从头事，伤心泪堕杯。

——《还家》

吊古伤今，看破红尘，成了他晚年诗词的基调。道、释的意蕴渗透其间，终未摆脱封建时代文人的宿命。

汤山街道全景

值得一提的是汤濂与曾国藩的交游。汤濂与曾国藩的私淑弟子余旬甫相识，曾国藩收复金陵后，余氏被聘为汤濂家塾教席，遂将汤濂诗作推荐给曾国藩，曾国藩欣然为汤濂著作作序：“金陵有士汤生在吾乡到处题诗，才名藉甚。金陵克复后，余生旬甫来谒，呈诗数千首，言假馆于汤生家，樽酒论文不啻埙篪激赏，作《永泉记》，为吾弟沅浦所叹赏，欲梓未果。余生因携汤生前后所刻各种质予，因骇前此乡人之言，洵不虚也。洞庭衡阳之际佳句流传，可谓功德之外，别开生面者已。爰书数言，以弁其简。涤生曾国藩并书。”可见曾国藩不独自己赞赏汤濂诗文，还推荐给其弟曾国荃（字沅浦）。

今日汤山新城一角

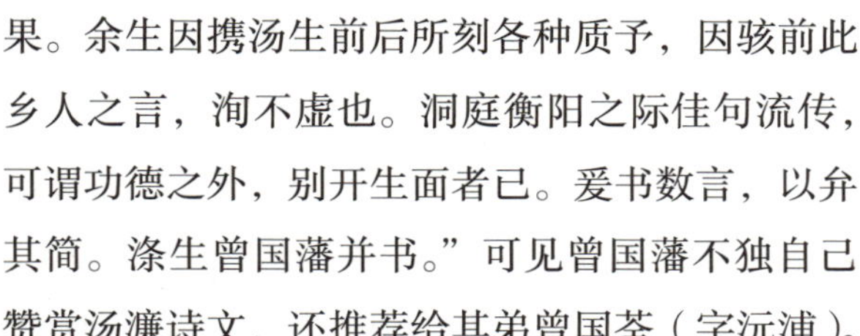

到了垂暮之年，汤濂皈依佛道，大部分时间在自己的书斋“影仙楼”坐禅拜佛，焚香悟道。后来，索性离家到百里外的句容茅山白云观修炼。两年后，汤濂年近八旬，回白鹤村养老。据其外甥蒋鸣庆回忆，他乞假省亲，见到舅舅时，老人“精神尤矍铄”，日常生活“鸡鸣而起，自燃烛发炭，煎茶水服胡麻、屑牛盏，即检点所作诗，旋作擘窠书或小楷书一纸，天乃明。书法近北魏，求者无不应，得者争宝之”。“又逾年乃终，春秋八十有二，易箦前一日尚为人书联，临终神明朗彻若归真”。

汤山远眺

汤濂在世时，曾撰写自挽诗、墓志铭，并留“遗训”十则给后人。十则遗训为：一、敬顺；二、和睦；三、勤俭；四、去邪；五、戒烟赌；六、祖宗坟墓不可远；七、择严师教子；八、无论年高家富生日不可做；九、老无子，理娶妾；十、子孙若侥幸发达，如自问才德足以利民泽物，而人亦共信其能，则出而仕。否则，仍以读书为本，即饥寒勿生妄念。子孙虽富，不可于家中演戏。从中，我们可以看出诗人清廉谨慎、贵德自重的人格操守。其《自挽诗》云：

此去无是无非，无烦恼，无挂碍，无贪嗔，无痴爱，一无所有。

今生好石好书，好花木，好著述，好山水，好诗字，诸好皆空。

字里行间漫滤着浓重的虚无主义，而他的《自志墓铭》则更有意思：

蠹仙何人，仙凡两羁。以地为母，观天为师。山水泉石，自病自医。其人则庸，其文甚奇。行半天下，我还我知。同心之友，同穴之妻。宛然在目，吞情吐丝。清廉谨慎，以告吾儿。欲知我生，冰心之诗。欲知我死，空山之碑。

这也可视为汤濂对自己一生的评价。这些文字仍然透露出他对人世的留恋，并未真的悟透人生。倘若真的认定人生无常，四大皆空，那么，则一走了之，又何苦“自挽”“自志墓铭”呢？

汤濂原配庞氏，生一子宜棣，一女；继配夏氏，生四子，即宜楚（早丧）、宜彬、宜朴、宜檀。因太平天国战乱殃及白鹤村，他的两位胞弟辅治、辅澄不幸罹难，为承继香火，濂将其二子宜彬过继给辅治名下为子，将三子宜朴过继给辅澄名下为子。后来，侧室屠氏又生二子，即宜榜、宜[illegible]。尽管彬、朴过继出去，事实上，他们繁衍的后代仍为濂之嫡传裔孙，大房、二房、三房还是一家人。

世存汤濂《小隐园全集》（又名《汤氏文丛》）四十二卷，内容包括古今体诗二千一百二十三首，文章二百六十三篇，诗余一百六十六首，尺牍八十篇，山水同禄一卷，泉谱一卷，石品一卷，画之笔谈一卷，乘化道安一卷，落叶相思一卷，待园琐语一卷，题画杂言一卷，消夏杂记一卷，栩栩园题画一卷，楹联一千二百余联，秋林野圃杂韵一卷，上述皆七旬之内所作。此后五年尚有未梓者三百余篇，楹联一千七百余联。茅山修道之后，则少有诗文。诗人饱经忧患，著作等身，笔下题材之广泛，体裁之丰富，成色之上乘，在晚清金陵诗坛并不多见。

汤氏族人见诸史籍记载的，有汤裕昭。汤裕昭，《汤氏族谱》属继字辈，名继锟，与汤濂生活在同一时代，长濂一辈，其义举载入《江宁县乡土志略》：

汤裕昭，字君藩，上元东乡北堠村人，慷慨好施，见义必为。清道光二十二年，江水泛滥，民田淹没数千亩，裕昭田仅十余亩，依然担责，叹曰："此吾责也。"随其父可杰（字志英）相地势，以西边桥河道狭且淤，非浚不可，独建桥，增三甓为七，费千金有奇，农田赖焉。咸丰三年洪杨之乱（按即太平天国起义），向忠武军饷缺乏，裕昭捐饷万金。凡省中避乱主衣食、资斧皆周之。人皆感其义。途中遇匪，与胞弟继钧同时遇害（时年三十四岁）。

当代影响与价值

时光流逝，一个多世纪后，汤濂的事迹逐渐湮没。不过，有关汤濂及其家族的故事却一直在当地流传。近年，白鹤村乡贤、著名作家庞瑞垠先生先后发表《一个被湮没的名字——记清代江宁诗人汤濂》《汤濂生平事迹补遗》两文，全面系统挖掘整理了汤濂的家世及生平事迹。在他的呼吁下，具有珍贵文化价值的汤濂《小隐园全集》也得以影印出版，希望可以将汤氏家族优秀的文化传统发扬光大，传诸后世。

忠王就义的传说

基本概况

忠王就义的传说，主要流传于秣陵街道方山及周边地区。

相传太平天国时，忠王李秀成在江宁方山驻过兵，把地道一直挖到雨花台清军大营脚下。有一天，天京城被清军攻陷，忠王为救出幼天王，把自己那匹日行千里的白马驹让给幼天王骑了，自己另跨一匹马出城。

在清军的追赶下，他匆匆忙忙来到方山脚下，找了个山洞暂时隐藏起来。山洞附近有个涧西村，村上有户姓王的人家，母子俩过日子，儿子叫王小二，浪里浪荡不学好，老妈妈生活困难，天天上山挖菜、砍柴、采野果子卖。这天，她又在山上挖菜、采野果子时，无意间在一个山洞里发现了忠王李秀成，吓得老妈妈赶紧下跪。见忠王那身穿戴，她还以为是神仙下凡哩！忠王连忙扶起老妈妈说："我不是神仙，我是天朝军师李秀成。"老妈妈一听是忠王，连作三揖："托福，托福，托忠王的福。"忠王向老人说明原因，老妈妈得知忠王困在洞里已经饿了一天，心疼得不得了，赶紧把篮子里的果子倒给忠王。忠王随手从身上摘了一颗金扣子给她。

老妈妈回到家，正巧碰上赌了一夜的儿子王小二。小二见娘手里拿着一颗金灿灿的扣子，一把抢过去，追问哪里来的。老妈妈骗说是山上一活菩萨给的。王小二财迷心窍，就上山搜宝，发现了忠王。由于忠王曾在村庄待过，所以王小二认识。王小二花言巧语把忠王引下山，送到涧西村。

那王小二一心想发财，遂把忠王藏在方山的事透给了一个亲戚。这亲戚曾在清军当过伙夫，又把这事告诉给了曾志九。曾志九命部下萧孚泗带马队飞奔方山，闯进涧西村，挨家挨户地抓人。

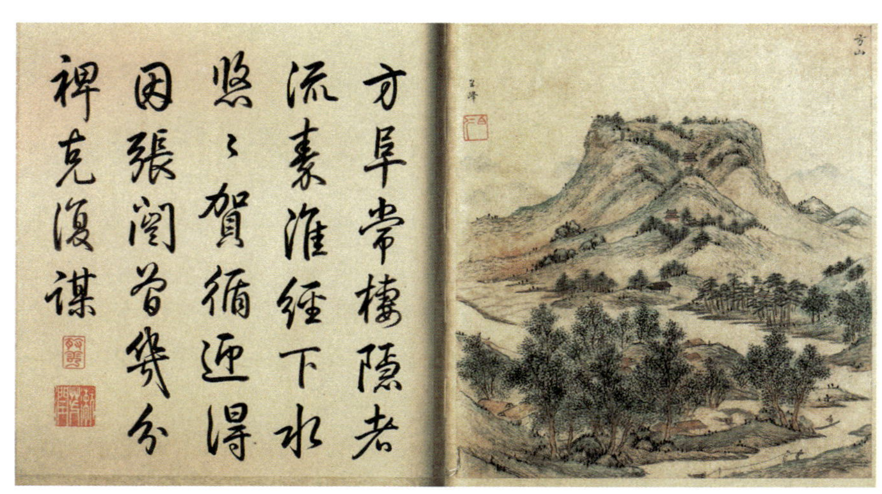

《金陵十八景图》之"方山"（明人绘）

李秀成像

李秀成（外人绘）

忠王为了不连累百姓，挺身而出，后英勇就义。忠王就义的传说一直流传至今。

历史传承

李秀成，太平天国后期军事统帅。广西藤县人，雇农出身。清咸丰元年（1851）参加太平军，历有战功。史载同治三年（1864）六月十六日，湘军在太平门用火药轰塌城墙，天京城陷。李秀成“由太平门败转，直到朝门”，带上16岁的幼天王洪天贵福及数千文武将官先冲了几门都不能出，然后上清凉山合议扮成清军由太平门城墙缺口而出。

出城的人马一路冲过湘军营寨，李秀成因早将自己的好马与幼天王的“不力之马”交换，此马“力又不足，又未得食”，“走到天明，人人俱散，马不能行”，“是以逃上荒山暂避”，此山正是方山。

幼天王后来在供词中追述，突围时“才出来千多人，就被官兵知觉”，余下都被截断，勇王洪仁达在缺口处被执。出城后，官兵“追来至山边，李秀成转身拦截官兵”，尊王刘庆汉、藩王黄万兴、扬王李明成（李秀成之弟）等护卫幼天王继续前进。据此，“两下分离”的原因实为李秀成大义救主，独挡追兵。幼天王在另一份供词中又记：“忠王李秀成带的壹百多人，从石牛石马处被官兵拿了。”据此，李秀成与大队脱离，仅带了100多人断后阻敌，地点是方山（即幼天王所述“芳山”）边的“石牛石马处”。幼天王当是因后来听说李秀成被俘，故判断是分手阻敌时的事。而石牛石马很可能是方山东北不远处的六朝石辟邪，至今在上坊至淳化之间尚存有梁萧正立墓石辟邪、侯村失名墓石辟邪等4处六朝石刻。幼天王5岁后就不曾出过天京城，逃亡途中又不及细看，因此将辟邪误忆作牛和马情有可原。且上坊有因陈霸先万安陵石刻得名的石马冲，说明当地乡民也以石马称呼石刻的麒麟、天禄。100多名断后的太平军将士确实绝大部分或死或散，但李秀成带着仅余的二三名随从安然进了方山。李秀成为何没有在自述中明言其断后壮举，这当是出于保护幼天王的目的，故意将出城后的过程一笔带过，以掩饰他应当清楚的突围方向和目的地。这也符合清方文献中“此贼甚狡”的一致评论。

六月的金陵仍是酷暑，李秀成等于是来到“荒山顶破庙内”休息（据朱偰《金陵古迹图考》，方山顶上的寺庙唯有海慧寺），将“用绉纱带捆带在身”的“珍珠宝物吊在树下”，正“欲宽身乘凉”，不意被附近“民家寻到”。

李秀成赶紧躲避，跑到山脚，“百姓追近身边见我，悉我是忠王，各大齐落跪，俱各流涕”。李秀成“见百姓如此，有救我之心，自愿回破庙

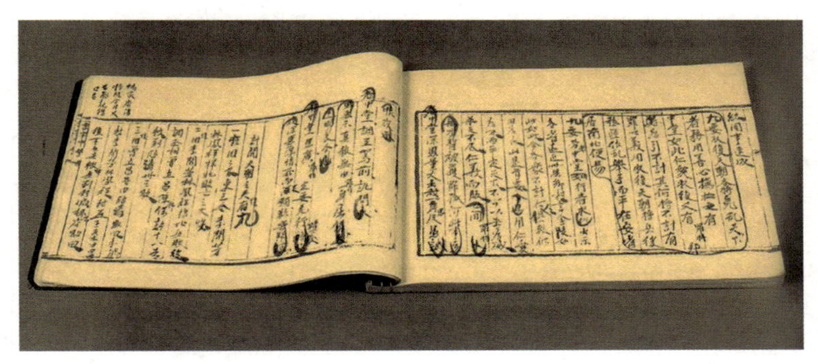

《李秀成自述》的影印本

太平天国时期的清军营地（外人绘）

处所，将此珍珠宝物以酬其情”。

他们回到山顶，发现宝物已被后来赶到的民家拿走。众百姓便劝其剃头，好送他出逃。李秀成坚决不肯，后经不住百姓“苦求”，“薙去些须”，先密藏民家再寻机出走。

不久，这些民家得知忠王财物的下落，便与得主起了争执，而先前拿了财物的民家也疑心对方藏了“天朝大头目”。

十九日，李秀成藏身民家之事终于泄露，被两个奸民“获拿”，解送湘军将领萧孚泗之处。此时已是出城第三天，幼天王等数百人得以“从淳化镇去”，安全抵达广德。

又过了 16 天，受尽酷刑的李秀成被曾国藩在金陵城内凌迟处死。曾国藩向朝廷汇报处死李秀成的缘由时，提及方山“乡民竟将亲兵王三清捉去，杀而投诸水中，若代李逆报私忿者”。《太平天国轶史》中的记载更生动传奇：薄暮，李秀成与发现他的 8 名樵夫归其“居处涧西村”。一名陶姓樵夫欲得重赏，独自告发。清将萧孚泗率百余骑至涧西捕获了李秀成，又欲杀陶灭口，独吞财宝，因走漏风声未成。

数日后，其余 7 名樵夫得知原委，先杀陶，

李秀成蟒袍及佩剑

李秀成召开军事会议（外人绘）

又将萧的亲兵诱至涧西处死，并焚香祭告。后来，曾国藩召问 7 名樵夫，皆“慨然自述无隐”，遂“奖其义，赏以白金七百两”，而樵夫们“掉头不顾而去”。晚清许多记载感于忠王仁义，对其事迹多有演绎，此其一例。至于地方传说，则有过之而无不及。

当代影响与价值

忠王李秀成在江宁方山被执，这是史实，故在方山一带有关忠王李秀成的传说流传较广。李秀成为太平天国后期杰出将领，后英勇就义。这则传说塑造了太平天国历史人物，刻画了忠王李秀成的形象，具有广泛的历史文化及教育价值。近年，方山地区大力开发旅游资源，海慧寺遗址正在其中，若将此传说与相关景区建设有机结合起来，就可以充实其文化内涵，可谓一举多得。

名医张栋梁的故事

基本概况

名医张栋梁的故事，流传于南京城区及江宁区，特别是在其家乡湖熟一带，流布甚广。

张栋梁（1887—1937），号仲庵，一生因治愈无数疑难杂症，在民间被奉为“神医”。张栋梁精于中医内外科及针灸，医术高超，医德高尚，在南京城也享有盛誉，与名医张简斋一起并称“金陵二张”。

國醫公報　附錄

姓名	性别	籍贯	科别
葛蔚堂	男	同前	內
張文清	男	同前	內
方靖夫	男	同前	內外
龔慎思	男	武進	牙
吳友蘅	男	六合	喉
朱筱波	男	溧水	內
汪濟生	男	江甯	內外
朱鍾山	男	江甯	內外
姚懷仁	男	皖北	內外
陳蔭庭	男	江甯	內
杜友荃	男	江甯	內
陸熙伯	男	同前	內外
邵文翰	男	同前	內
彭光卿	男	同前	內
龐紹江	男	同前	內
戴洛卿	男	同前	內外
陸筱竹	男	同前	產
袁友如	男	同前	外
張沛然	男	同前	內
楊啓恩	男	湖南澧縣	內
謝京伯	男	浙江紹興	針
吳沁泉	男	溧水	按摩
周鳳鳴	男	江甯	內外
侯席儒	男	同前	內
鄒壽庵	男	同前	內外
張松喬	男	同前	內外
林彥堃	男	安徽	傷
翁思鈞	男	洞庭	內
張棟樑	男	江甯	內外
張友之	男	同前	內外
張敬之	男	同前	內
張炳源	男	同前	外

九〇

1932 年《国医公报》第 2 期的《各省市医士调查表》

当年，张栋梁在江宁县湖熟镇潘岗头行医时，就以能看好疑难杂症而远近闻名。有一次，他从大圩里有事回来，途经湖熟镇狮子门更楼时发现几个乡村妇女围住一个躺在地上的孩子啼哭，就挤上前去一探究竟。原来是这个孩子生了天花（出痧痧），在家没有治好，就抬到街上来求医。街上的医生说小孩性命难保，推手不肯看了。张栋梁推开人群细细察看了患者，只见小孩子全身皮肉发黑，奄奄一息，这是天花病人的死兆。

张栋梁一生济世悬壶，不能见死不救。于是，他让几位妇女将孩子抬到附近的董家祠堂，在一间屋子里放下，打开屋里所有门窗。又叫人骑驴赶回潘岗头村把备用的药箱拿来。他从药箱里取一把雪亮的手术刀，在小孩子的头、腿和手等部位，刮破皮肤，让血流出，然后敷药包扎，并立即命人关闭所有门窗，嘱咐孩子的母亲回家后，要煨一只老母鸡给孩子吃。在场的妇女看着地上一大摊污血，将信将疑，便把孩子抬回了家。几个月后，张栋梁得到消息，说孩子的病果然奇迹般地好了。至今在潘岗头一带，人们还经常谈论当年张栋梁救孩子的故事。

1931 年，长江流域发生水灾。话说杨柳村张庆之的公子张履鸿，跟着父母来到湖熟镇上的外婆家，突患“喉风”，高烧不退，没有胃口不算，还尽说梦话，急得张庆之团团转，遂延请湖熟镇上的医生诊治，却不见好转。几天下来，病情不断恶化，似有生命危险。正当张庆之万分焦急之际，其夫人周福媛突然来了一句："去找张栋梁先生！"这句话提醒了张庆之。此时的张栋梁已经不住在湖熟，而举家迁到了南京城内的磨盘街10号。要想请张栋梁治病，就得尽快赶到他的诊所。于是张庆之花重金租"小火轮"，直奔南京城，当晚赶到张公馆。已经入睡的张栋梁被家人喊醒，得知是家乡来人急诊，他二话不说，穿上衣服就来到诊所，经过一番了解和观察，诊断为"烂喉痧"，也就是"白喉"。于是，张栋梁让佣人到花园里挖来一只芭蕉根洗净，并亲自捣烂给张履鸿敷上，又将家中备用的药物煎汤灌服，同时进行针灸治疗，三管齐下，忙活了大半夜，病情转危为安。孩子得救了，张庆之夫妇为感谢张栋梁的大恩大德，双双下跪。而这个张履鸿，后来成为东北某高校的教授。有趣的是，张履鸿的外公周衡三先生，为了答谢张栋梁，多年后，还将自己的小女周福顺许配给张栋梁的三儿子张任之为妻。张周两家结为儿女亲家，一时在湖熟镇传为佳话。

翻开张泰霖的《磨盘街十号》，书中记载的张栋梁治病救人的故事还有许多。如民国时期的溧水县曾有一位患者，在脸部两眉之间生了一个疔，俗称"眉心疔"。由于此疔长得不是地方，随时都可能危及生命。病人找了许多医生，都望而生畏，不敢贸然行事。时间拖久了，患者病情加重，疼痛难耐。后听门口人讲，湖熟张栋梁专治疔病，遂找到张栋梁医治。张栋梁见到患者后，发现此疔不偏不倚生在眉心，这里皮下即是鼻骨上端，既当穴位，又在血道，难以开刀手术治疗。经过一番思考后，张栋梁提笔开出一剂药方，并嘱咐患者家人将药放入大铁锅中煮一天一夜，然后将药汤滤出移入大水桶中，待药汤降至微温时，

张栋梁

将患者双腿放入药汤内浸泡。患者初泡时已觉痛楚减轻，稍后渐有如释重负之感，最后顿感浑身轻松。约泡了半天时间，其家人观察患者的"眉心疔"，该疔已经神奇地消失得无影无踪，全家人欣喜若狂，连声大喊"神医！神医！"

历史传承

张栋梁出生在名医世家，数代行医，其先人张一峰是清乾隆时期的名医。有一年，朝廷在民间选拔良医赴阿富汗，希望通过为该国王子治病，以修好两国关系。在层层选拔下，张一峰最终被选中。从阿富汗归来后，张一峰弃官隐居在南京栖霞山下的摄山镇，继续行医。后来传至张栋梁父亲张少鸿。

张栋梁幼承家学，随父习医，并得其父真传。他九岁时意外丧父，不得已随母亲苏夫人流落到

张栋梁及其夫人墓

湖熟潘岗头村。当时，此地有一名医李开基，擅长外科，以善治跌打损伤、疔疮痞背而闻名于世。张栋梁先求为李府书童，后拜李为师。张栋梁一边研读经典医书医案，一边协助师傅做外科手术，学业突飞猛进。十七八岁就能在李开基外出时，独当一面，开诊看病。李开基十分欣慰，在弥留之际遂将自己的医学技艺全部传授给了张栋梁。

李开基过世后，张栋梁在湖熟正式开业行医。不出几年工夫，他已是名声大振，方圆百里的乡亲纷纷前来潘岗头求医问药。由于张栋梁师从李开基学的是中医外科，一时间“到潘岗头瞧烂腿”成为广为流传的民间俗语。1928 年，应南京各界之盛邀，张栋梁由湖熟镇举家迁往南京，定居在南京城内磨盘街十号，继续行医。一时间门庭若市，慕名前来求医者络绎不绝，外地患者往往因为挂不上号而要投宿旅馆。

据 1935 年第 98 期《医界春秋》记载，在中央国医馆第二届候补理事名单中，张栋梁排名第一。而在第一届国医审查时，张栋梁与朱子彝、汪绍生、郭受天、胡子宪等人担任襄校委员。另据《南京市国医公会杂志》1937 年第 2 期记载，在 1936 年 4 月 28 日举行的第三届国医公会会员大会上，张栋梁、孙也韩、邵季雅等七人当选为监事。在 5 月 2 日举行的第三届理监事联席谈话会上，张栋梁当选为候补理事。1937 年中秋节后，张栋梁去世。他的离世，在南京引起很大震动，前来吊唁的人非常多，不少政要发来唁电、挽联，或撰写挽辞，痛悼这位令人尊重的名医。

张栋梁长子张友之，1952 年曾担任南京一家中西医联合诊所所长。其次子张惟之，三子张任之，继子张敏之，侄子张寿之、张敬之，侄孙张泰宗，弟子赵益如、朱生培、宋正元等数十人，皆业医济世，各有建树。

当代影响与价值

作为中华民族传统文化重要组成部分的中医药，深受民众喜爱。张栋梁家族秉承“宁为良医，不为良相”的祖训，至少 6 代传承。他的中医治疗方法，至今仍有重要学术价值。他手到病除的传奇故事，在江宁乃至南京仍有广泛的传播，继续发挥其现实教育价值。目前，湖熟街道和进社区潘岗头的邵生柏，继承和发扬了张栋梁中医疗法，继续为当地民众服务。

谢氏破匾分家的故事

基本概况

谢氏破匾分家的故事，主要流传于秣陵街道一带。

话说从前，秣陵东庄上住着一户姓谢的人家，世代勤俭，日子过得一年比一年好，田地越开越大，粮食也越收越多，还盖了五间大瓦房。房屋建成后，谢家的长辈特地请老木匠用紫檀木做了一块匾，匾上刻了“勤俭”两个大大的隶书，作为传家宝。

传家宝传到谢志诚这一代，家业就更大了。谢志诚一生按照老祖宗的家训去做，带领两个儿子辛勤耕作，俭俭朴朴过日子。临终前，他把两个儿子叫到跟前说：“我们家能有今天这样，是世代祖宗勤俭治家积累起来的。你们也要把这好品性传下去。”

谢志诚死后不多久，兄弟俩还能和睦相处，但妯娌俩经常为一点小事吵嘴，没法子，就请舅舅来分家，把田地、家具、粮食、牲畜对半平分，五间瓦房也一家分了两间，中间堂屋两家合用。

分家后，舅舅关照他们要好好劳动，勤俭过日子。

可时候不长，妯娌俩为了占堂屋又吵起来了。兄弟俩商议干脆把堂屋也分掉，最后只剩下一块祖传的匾。哥哥讲：“这匾给我。”弟弟说：“这匾我要。”给哪个都不行，只好拦当中锯开，两家各半。哥哥得了“勤”字，弟弟得了个“俭”字，各人挂在自己家里。

后来，哥哥就照“勤”字做了。一年到头，起早摸黑，开荒种地，打鱼摸虾，砍柴采药，一年能挣不少钱。但吃起来，天天无荤不餐，无酒不欢，不到三年，那分家的家产吃得精光，只剩下两间半房壳壳和一块“勤”字匾。弟弟呢？他按“俭”字做，一日三餐都喝米汤，一吹三道浪，一吸九条沟。晚上睡觉，连灯都舍不得点。省是省得很，就是太懒，田不好好种，畜生不养，连笤帚倒了也不扶。分的粮食吃光了，就卖家具，家具卖完了，就卖田地。不到三年，家里也只剩下点房壳壳和“俭”字匾了。

一天，舅舅到外甥家来玩，看看两家都穷得不像个人样子，吓了一跳，就问了：“你们怎么搞的啊？”哥俩都说：“分家以后都是照‘勤’‘俭’去做的呀，不晓得怎么搞的，就变成了这个样子。”

舅舅一听，好气又好笑，他讲：“这‘勤俭’两个字不能分呀，只勤不俭，会吃光用光；只俭不勤，会坐吃山空。”他叫兄弟两个把传家宝拿来，把它拼到一块，又给两个外甥二十两银子，对他们讲：“你们吃了‘勤俭’分开的苦头了吧！以后，老二要像老大那样勤劳，老大要像老二那样节俭，要按‘勤俭’两个字去做，日子才会好的。”

果然，没过多长时间，兄弟俩的小日子一天好似一天。

历史传承

分家习俗，全国都有，流布于江宁区境内的，可参考本书“分家习俗”条目。而像谢氏破匾分家的故事，亦时有发生。

秣陵地区河网密布，保留了众多古风古俗，也存有马家楼房、龙王庙、秣陵集镇老街等建筑，老宅的雕梁画栋上经常反映“郭子仪上寿”这样的传统题材，以七子八婿表现家庭生活的和乐美满。而现实生活中，因兄弟阋墙导致在分家中大打出手、一门兄弟老死不相往来的情况颇多，着实令人意沮。

南宋周应合《景定建康志》卷十九载：“秣陵浦在城南五十里，阔十丈，长十里，深一丈一尺，溉田四十顷。又引《舆地志》云：浦以旧县为名，源出龙山，北流十里入葛塘湖，又十里入长溪，合秦淮。冬夏胜三百石舟，春秋胜一百五十石舟。”古有“秣陵之民善织”的记载，说明此地民众善于打理生计，家饶产业。所以“谢氏破匾分家的故事”可以教育一代代江宁人既要勤又要俭，既要善开源，又要会节流，同时要注意分家归分家，不要导致兄弟矛盾。家越分越小，心不能越分越恶。

当代影响与价值

以勤俭、和睦为贵，勤俭、和睦生财，这是古人经验之谈。就今天而言，勤俭、和睦仍然实用。如果一个家庭和睦相处、勤俭持家，那么这样的家庭一定兴旺。反之，老死不相往来，负面的影响将会直接影响到下一代，也会影响到社会和谐。社会不和谐，就会产生不稳定因素。因此，谢氏破匾分家的故事，具有较强的教育价值。通过这样的典型事例，可以教育广大民众，勤俭持家是中华民族的传统美德，这样的优良传统，仍需要继续传承。

今日秣陵杏花村

曹光志的故事

基本概况

曹光志的故事，主要流传于今禄口街道曹村一带。

相传很久以前，曹村出了一位叫曹光志的人，是位护国保朝的大将军，皇上御赐一匹宝马雾龙驹给他。据说这匹宝马不吃料不喝水，只要每夜吸取雾水即可，因此得名雾龙驹。此马日行千里，夜行八百。当时朝廷建都南京，曹光志骑上宝马从京城回家不到一个时辰。

曹光志新婚不久，为了和妻子经常团聚，几乎每天晨出夜归，每晚回家后都将雾龙驹拴于院子中。此事只有他妻子和妹妹曹凤英知道。就这样日复一日，不知过了多久。有一天，曹光志的母亲发现媳妇的肚子大了起来，顿生疑窦，心想儿子长年在京城做官，从不回家，媳妇怎么会怀孕呢？莫非是媳妇有了外遇？又一想她平时大门不出，二门不迈，文文静静，规规矩矩的，怎么会呢？

又经过了一段时间的观察，曹母见媳妇肚子越来越大了。一天，她忍不住就问媳妇是否怀孕了，媳妇告诉她是的。曹母就说："我儿长年不在家，你怎会怀孕呢？"媳妇被逼无奈，将曹光志每天清晨上朝夜晚回家的事情告诉了婆婆，曹母这才恍然大悟，于是留心观察。在一个深秋之夜，曹母看到儿子骑着雾龙驹回来，把马拴在院子里，就匆匆进入媳妇房间去了，曹母看到这些没有惊动任何人，见儿子的马拴在院子里受凉，就把马牵到马棚里，然后高高兴兴地回房睡觉去了，殊不知这下却闯了大祸！

第二天，曹光志同往常一样，天不亮就骑着雾龙驹去京城上朝，然而总觉得马跑得太慢，却不知雾龙驹没有吸到露水，没有力气，所以跑不动。结果过了横溪，还没到穆腰，太阳就升起了。曹光志赶紧念动咒语，一边用手指着太阳，一边打马疾驰，这时太阳就下去了。但不一会儿，太阳又升起了，曹光志又用手一指。就这样手指三次，他才赶到桃红（今陶吴）。过了桃红，任凭曹光志怎样运用法术也不管用了。原来他的法术

今日曹村居民生活场景

曹村今景

只能管用三次，三次以后就不灵了。这就是当地人所说的“三指落日到桃红”。就这样，等曹光志赶到京城时，已过了三朝。皇上大发雷霆，判曹光志犯了“欺君之罪”，被打入大牢。

福无双至，祸不单行。这当儿不知谁向皇上告发曹光志有招兵买马、图谋造反之嫌。原来曹光志确有造反之意，由于他会法术，便指使其妹妹曹凤英将屋后竹园里的每棵毛竹上都贴上兵、马、刀、枪等剪纸，每一节一个，等他儿子出生之时，将是小皇帝诞生之日，到那时毛竹会自动炸开成真的兵、马。可想而知，那么大一片竹园，每节毛竹炸开后会有兵马百万之众。但现在时候未到，曹光志就出事了，皇上下达圣旨将曹家满门抄斩，诛灭九族。

妹妹曹凤英平时也学过一些法术，得到此讯，遂迫不及待地念动咒语，以提前破竹。但事与愿违，虽然毛竹全部炸开了，但形成的竹人、竹马、竹刀、竹枪均不能使用，像豆腐一样，不能打仗。当地有谚语“曹光志的兵马煎不动”，系无用之意，所指即此。

再说曹光志家人为平息这场祸事，一边花钱买通禁军首领，一边立即改换姓氏。因曹光志舅舅家姓周，于是所有曹姓人全部改为周姓了。从此以后，曹村人全部姓周了，并以“曹村周”来称呼，以示区别。

历史传承

距曹村数十千米之外的江宁街道花塘社区，也流传着类似的传说，只不过这个传说与曹雪芹家族有关。据当地村民介绍，曹雪芹有位祖先叫曹光志，曹氏家族的败落即与他有关：曹光志在朝廷做“天官”，每天骑一条竹子化成的“龙”上朝。这条“竹龙”每夜吸食露水方有力气飞动。曹母发现竹龙后怕把它放在屋外会丢失，便把竹龙拿到了屋里，房间里当然不会有露水，竹龙无从饮食，第二天无力飞动，曹光志因此误了上朝。皇上大怒，下令将其满门抄斩，曹家由此败落。

相传在这次劫难中，曹家一位小男孩和他的姑妈仓皇间从阴沟中爬出，得以逃生。曹宅外有曹家开凿的一条连接长江的大河，姑侄俩乘船顺流而下，漂至长江，踏上了流落天涯之路。当地老人们说，这个小男孩便是曹雪芹。还有观点认为，《红楼梦》中的大观园即在花塘村，贾、王、史、薛四大家族即影射花塘村曹、王、史、薛四姓。以上所述两个传说，虽显得荒诞不经，但是，据《香林寺庙产碑》载，曹雪芹家确曾在江宁秣陵关买了 270 多亩香火田，而花塘村很有可能就是曹家香火田的所在，相关传说或衍生于此，然则曹村的传说应该是在花塘村传说的基础上进一步加工改造而来。

当代影响与价值

曹光志的故事，完整生动，内涵丰富，流传广泛。因其与四大名著之一的《红楼梦》作者曹雪芹相关，故一度引起广泛的关注。至少在红学界，这个故事，加上花塘社区的传说，有人认为与曹雪芹家族有关，其历史文化价值不言而喻。这个故事虽然看起来荒诞不经，但若把其中可利用的价值发挥到极致，作为乡土教材及旅游资源加以开发，或许未来可以成为一个成功的案例。

扒扒张的故事

基本概况

扒扒张的故事，主要流传于禄口街道及周边地区。

扒扒张是禄口街道的一个自然村名。这个村原来叫张村，后来改称“扒扒张”。旧时张村有个赌窝，邻村不少人闲时都来这里赌钱，输了回家拿钱第二天再来，钱输光了就把家里的东西拿做抵押。男人整日在外赌钱，苦坏了家里的妻儿老小，因此经常出现女人把自己的丈夫从牌桌上拉回家的事情。经过多次闹腾，看来在这里公开明赌不成了，后来不知是那个赌鬼想出了歪点子：他们开赌时派一个探子放哨，见男人上村不管，一看见外村的妇女进村，就报个信，赌场立即把赌桌上的钱、牌收了，改为拉家常聊天，即使女人找来也白搭。

有一对夫妻，靠种田卖菜为生，平时互敬互爱，小日子过得挺红火。后来男的由于在张村把钱赌输了，交不了差，只好回家撒谎，说集市上蔬菜价格下跌，或诡称钱给扒手扒走了。一次两次可以，次数多了，妻子犯疑了：这几天丈夫回来迟早不一，有时还唉声叹气。听别人说，他最近常到张村去。有几次，她有意瞟着他，远远地跟着进了张村。她看到的是自己的丈夫不是在听别人说书，就是跟人家谈生意经，根本不像赌钱的样子。难道丈夫赌博是假？后来，她终于从别

禄口民居旧影

扒扒张村路标

扒扒张村今貌

人嘴里探出了这里的秘密。

有一天，她女扮男装，身背粪筐，假装拾粪进了村子，发现村里许多人都在赌钱。她一眼就看到了她的丈夫，气得二话没说，摔下粪筐，用粪扒子扒住她丈夫的衣领，直拖出村子。这个事情一下子被当作笑话传开了。邻村人取笑说："那个村应该叫'扒扒张'。"好事不出门，坏事行千里。时间长了，人们都把张村叫作"扒扒张"了。当时张村多数人也极力反对赌钱，为了表达戒赌的决心，"扒扒张"就"扒扒张"吧。

历史传承

就目前所能检索到的资料，"扒扒张"作为地名首见于民国时期。就此而言，这个故事的起源不会太早。据当地村民杨亨财介绍，1937 年 12 月 16 日，侵华日军曾到扒扒张村实施暴行。他们在村里屠杀了 28 人，杀后又用汽油烧，"烧得乌黑，都认不出谁是谁了"。其后，杨亨财随其姐夫去辨认尸体，只能认出高义和老婆一人。据《禄口镇志》载，民国时期扒扒张村属禄口镇，新中国成立后属禄口镇陆岗行政村。后为纪念抗日战争时期中共江宁县委书记陆纲，陆岗更名陆纲，现属禄口街道陆岗社区。

当代影响与价值

尽管扒扒张这个故事的流播时间不长，但具有典型的教育意义。通过让滥赌之人改邪归正，痛戒赌瘾，从而过上正常人的幸福生活，这样的教育不仅在旧时代具有借鉴意义，在当下亦可为创建和谐社会发挥积极的推动作用。当地文艺工作者受此故事的启发，还编写了新的舞台剧，希望达到扫除乡村旧陋俗、树立文明新风尚的目的。

传统美术

概述

画龙点睛，张僧繇之奥妙；传神阿堵，顾恺之善写真。金陵古来为大都通邑，丹青巨匠云集，历代妙手络绎。流之于江宁虽仅一端，也已颇为可观。如南京瓷刻、钟华军盆景、谷里树桩盆景、禄口民间雕塑、金陵玉雕、江宁根雕、江宁剪纸，地域特色鲜明，文化形态丰富。

《庄子》云“技进乎道”，正因为传统美术类“非遗”长年师法中国绘画，所以才有了从形式到内容的各种讲究。仅以江宁烙画为例，构图、勾勒、皴擦、上色，一如山水巨幛，丝毫马虎不得。只不过烙画是以电烙铁代笔，利用热度的差异将木板面烫糊，高超者还能体现出毛笔的浓淡枯湿、墨分五色，使褐色的图案具有丰富的层次感。再说构图，要体现出“高远、深远、平远”的空间和意境，不管“自山下而仰山巅”“自山前而窥山后”，都如借给观众一双千里眼，使万水千山、丘丘壑壑都浓缩在画面的尺寸之间，真所谓“山随平视远，象自意中来”。又说上色，烙画用的花青、赭石、藤黄、朱膘等矿物颜料，与中国绘画也完全相同。所以即使换了一支铁笔，仍是以技喻道，以技见道，方有大块文章可做。

在江宁花样达到鼎盛的民国时代，一方小小的剪纸到处贴，既能当礼花、灯彩，也能用于鞋帽、纸扎店和丝绸印染。这里的铁笔，已经换成了一把小剪刀，咔嚓咔嚓地在大红纸片上耕耘着。这方寸之间，也蕴含着事物的普遍真理吗？能像王阳明那样格出竹子来吗？可以的。在用色纸进行剪刻、揭离和衬托时，务使笔笔相连，以免剪断脱落。这就是此门技术的基本道理，如果熟能生巧，每天重复这件简单的“连连看”技术，就产生出匠人精神。剪纸必须千刀不落、万刀不断，让观者感受到主次分明，清新秀美，所谓简（洁）、意（趣）、纯（正）三字。做到了简洁纯正的极致，就是以技见道。

当然，民间艺术又有自己的小窍门。如农家普遍存在的老虎灶，都要在灶身、灶山、灶筒和灶檐下，绘制吉祥图案，并书写不同内容的文字。旧时一走进江宁的周边村舍，无论是草舍，还是瓦房，首先映入眼帘的，就是在屋角用来生火做饭的半弧形灶台。绘画装饰就是农家人的脸面。灶壁画要天天瞅的，如果画不好，就会让主人丢面子。但那时农家很不富裕，不管是两眼灶，还是三眼灶，没钱购买彩色颜料，如何给灶壁画上色呢？

所以说民间艺术就是民间艺术，它有自己的“土办法”：乡民会在平时把颜料攒起来，用现在的话来说，这些都是“原生态”颜料。如果需要涂红色，他们就把过年留存的红纸打湿，用毛笔一笔一笔将红纸上的红色颜料舔下来，有时更像是抹泥灰那样抹下来，再转涂到灶壁上，和达·芬奇创作湿壁画一个样。如果要涂绿色，他们会将去年冬天摘下的蚕豆捣烂，碗里就会渗出鲜绿的汁液来，还带着新鲜的浮沫，他们再用毛笔在碗中贪婪地吸吮着，这样就有足够的物料转涂到灶上了，而且随取随用，方便快捷。

植物颜料一定没有矿物颜料耐久，但是农家可以一遍遍涂，每隔数年就缝缝补补，一层叠一层，甚至把心中一直想画的画上去。民间艺术家说过：“这是老百姓自己固有的艺术，是他们辛苦劳作之余的一种自由自在、毫无拘束的创作。”体会到这一点，自然能欣赏民间美术的可贵之处。

中国艺术研究院的吕品田先生有这样的观点：“非物质文化遗产生产性保护实践应该遵循依俗而为的原则，特别是年画、剪纸等乡土手工艺与地方民俗有其约定俗成的生态关系，应避免‘脱俗’化为单纯的商品生产。”换言之，民俗的实用性，既是民间美术的来源和目的，也是其逐渐消失的根本原因。如果不能“依俗而为”，那民俗生态的消失也是无法挽回的。

江宁湖熟地区的周岗红木雕刻、南京仿古牙雕两个项目，是传统美术类“非遗”的佼佼者，正是因为一直没有离开民俗的环境，一直在“依俗而为”。它们原属于1972年建立的南京周岗工艺厂，赶上了海外创汇时期的末班车。到1998年工艺厂改制，又各自成立工艺厂。但都因为有大量的实际需求，使该项“非遗”一直处于实际操作、教学传承、市场经营的良好生态中，其发展规模不容小觑，其工艺手法日新月异。周岗红木雕刻本得清代香山派木工的真传，如今的传承人潘飞，还曾向林筱之、张其根、刘道凡、田原学习过书画，在作品中注入了新生命和新思想。这就符合本门类概述开头谈到的道理，工艺要向深厚的传统书画艺术取经，要向生命力强大的民间艺术取经，在其间上下求索，庶几为此类“非遗”的发展之道。否则，非俗即偷，是无法在民族艺术之林中立足的。

2017年，国务院办公厅就《关于转发文化部等部门中国传统工艺振兴计划的通知》指出“要重视传统工艺的不可替代性、文化本身与生存民俗环境的整体性保护”，可谓深谙其理。

象牙雕刻

基本概况

象牙雕刻，或称“南京仿古牙雕”，流布于湖熟街道周岗社区一带。

南京仿古牙雕，是南京著名的工艺三宝之一，也是全国四大著名牙雕之一。象牙雕刻是一门古老的传统艺术，也是一门民间工艺艺术。南京的仿古牙雕很有名，其造型有人物、走兽等。在长期的工艺实践中，南京仿古牙雕逐步形成一套完整的雕刻和仿古做旧工艺。主要流程包括构图、选料、开料、出胚、深雕至透雕或圆雕、细花、打磨、抛光等十几道工序。特别是雕刻人物，出胚和开相这两道工序最为重要，不仅要做到比例正确、造型生动，更要注意人物的面部和手部的细节刻画。

南京仿古牙雕最擅长的当属仿古做旧技艺，它以形态生动逼真、雕刻技术精湛、线条简练挺拔著称。仿古做旧的最突出特征，是工艺成品做裂纹后的做色，要将其放在熏箱内用檀香熏制。着色的深浅、成色决定熏制的次数。色越深，熏制的次数越多，熏制的时间越长。然后用清水洗净，根据作品特点需要点色、贴金，待干后抛光、去尘即可。做旧工艺的依据是传世的明代象牙精品的色泽、包浆和裂纹等。1983 年，象牙雕刻仿古做旧技艺被国家轻工业部定为秘密级保密项目，不参观、不报道。

历史传承

从二十世纪三四十年代起，江宁东山地区就有一些擅长雕刻的艺人到上海谋生，大多从事象牙文物修复及象牙雕刻。到 20 世纪 40 年代末，孙遇祥等部分艺人返回南京。1957 年，孙遇祥发起，沈正明等六人参加，成立了南京象牙雕刻社，主要生产制作小件象牙工艺品出口，同时为古玩、文物商店做修旧业务。1959 年，出于打开外贸市场的需要，该社聘请太平天国历史博物馆的文物复制和鉴定家陈新民作指导，开始研究复制古代象牙雕刻，并取得成功，从此形成了以仿古做旧为主要特色的南京仿古牙

牙雕制作

仿古牙雕作品

雕风格。

1963年，该社制作的仿古牙雕摆件参加了在北京北海团城举办的南京工艺美术展览，受到好评，并开始为世人瞩目，影响逐渐扩大。1978年，由朱至耀、刘道凡、陈凯、邱炽铭设计，数十人参与制作的大型仿古牙雕“文成公主入藏”，参加了在北京举办的全国工艺美术展览，引起极大轰动，由此正式确立了南京牙雕入选全国四大著名牙雕的地位。

象牙雕刻分为牙雕设计和牙雕制作。牙雕设计艺人第一代为陈新民，第二代有刘道凡、朱至耀、陈凯、徐令丰、邱炽铭、袁寿昌、曹望凯等。牙雕制作艺人第一代孙遇祥、沈正明、易延庆、张启亮等；第二代徐永树、杨民生、陈芳、王美清、曹英信、王兆杰、陈晓玲等；第三代倪晓庆、毕京华、孙勤、朱国芳、夏平、沈佳峰、诸遂平、骆筱明等；第四代王中帮；第五代陶礼刚。南京市江宁区中帮雕刻工艺厂为主要传承单位，代表性传承人王中帮为市级代表性传承人，陶礼刚为区级代表性传承人。

王中帮，1964年出生，江宁区人，南京非物质文化遗产仿古牙雕代表性传承人，南京市江宁区中帮雕刻工艺厂雕刻师。1983年考入南京周岗工艺厂，进入牙雕车间做学徒，主要学习车工、锉工、雕刻等工艺，可独立完成从手工开料、出坯、修光到打磨、抛光全套工艺。1998年周岗工艺厂改制，王中帮回村创办南京市江宁区中帮雕刻工艺厂，从事民间象牙雕刻加工工作，并拜南京工艺美术大师倪晓庆为师，进一步学习仿古牙雕的技艺。

2016年12月30日，国务院办公厅下发《关于有序停止商业性加工销售象牙及制品活动的通知》，明确要求在2017年12月31日前全面停止商业性加工销售象牙及制品活动。在停止商业性加工销售象牙及制品活动后，象牙雕刻技艺这一非物质文化遗产的传承问题受到了极

南京仿古牙雕设计稿

大的关注。为解决生产原料来源，南京市江宁区中帮雕刻工艺厂改以猛犸牙和牛骨等为生产原料，使传统工艺能传承下来。2009 年 6 月，王中帮入选江苏省文化和旅游厅公布的第五批江苏省非物质文化遗产代表性项目代表性传承人名单。

陶礼刚，1981 年出生，江宁区人，南京市江宁区中帮雕刻工艺厂工艺师。1996 年考入南京市江宁区周岗外贸公司，师从王中帮学习仿古象牙雕刻技艺，习艺近 18 年，对仿古牙雕工艺制作能较好地继承和发扬。2014 年，被公布为首批江宁区非物质文化遗产代表性传承人。

1978 年以来，南京的仿古牙雕多次参加国内外重要展览，艺术成就突出，屡获各级奖项，在国内外有较大影响。如代表性传承人王中帮的牙雕作品《荷趣》获“艺博杯”江苏省工艺美术精品博览会金奖，另一作品《五老观福》荣获第三届东方工艺美术之都博览会“迎春花奖”，等等。

当代影响与价值

南京地区的象牙雕刻制品以古装人物、古典器物和唐马为主要雕刻题材，艺术风格古朴灵动，充满了古典韵味。相比同类制品，南京仿古牙雕以仿古为特色，创造了独树一帜的仿古做旧牙雕，丰富了我国牙雕艺术宝库的种类。从技艺传承发展的角度来说，南京象牙雕刻融南北两派风格为一体，既有体现北派特色的圆雕人物作品，也有呈现南派特征的透雕、深浮雕龙舟制品。此外，它还吸收了金陵竹刻的皮雕技法，展现出了文化艺术碰撞、交融的一面，具有较高的文化艺术价值和经济价值。因而，保护和传承象牙雕刻艺术，有利于发掘文化遗产作为文化创新源泉的重要价值。

2008 年 1 月，南京仿古牙雕被南京市人民政府列入首批南京市非物质文化遗产名录；2009 年 6 月，象牙雕刻（南京仿古牙雕）作为传统美术被江苏省人民政府列入第二批江苏省非物质文化遗产名录。

周岗红木雕刻

基本概况

周岗红木雕刻，流布于湖熟街道周岗、龙都地区。

周岗红木雕刻的用料极其讲究。上品为紫檀木，名贵而珍罕，呈紫黑色，光泽如玉；其次为酸枝木，色泽清雅、纹理美；再次为花梨木、铁力木等。近年来还采用一些新材料替代，如波罗格、康巴斯、非洲檀、中高档橡木、柞木、上等松木等。周岗红木雕刻的配料，坚持用传统生漆。雕刻工具主要有木工锯、凿、锉刀、平刀、尖刀、圆刀、镑、拉弓等。红木雕刻的生产工艺复杂，选用材质坚实，每道工序细致程度和要求高、难度大，都是其他木雕难以比拟的。

周岗红木雕刻的成品一般经过 9—12 道工序，简介如下：

周岗红木雕刻作品（一）

工人对红木制品进行打磨、上漆、磨光

1. 图纸设计。首先设计小样图供研究定案，定案后再绘制三视图，供木工操作。最后绘制大样图，才能雕刻操作。

2. 选材。根据需要选择各种红木品种。

3. 开料。用带锯和圆盘锯按照图纸要求下料，要去掉表皮和料心。木工第一道制胚，按图纸要求画线。开料要求平面整齐无凹凸，需做榫卯的工件要求准确、严合、紧凑。

4. 雕刻。这是主要步骤，雕件的图案花纹表面用平刀，曲面用圆刀，线角用尖刀，镂空部分用拉弓。操作要细致，线条要流畅，图案、造型要生动。雕刻完成后，用平光锉收光。此时需要木工进行第二次操作：把制品各部件试投组装，检查整体有无缺陷，发现问题立即返工整改，最后对照图纸再检查是否达标。

5. 打磨。用砂纸把制品表面毛刺刮光、收光，特别是曲面各部位和榫卯结合部位，要仔细打磨。

6. 磨光。用棉花纱球把制品表面细小毛头清扫一遍，使其表面达到平、光、滑、亮。此工序要反复多次。

7. 上色。用染料把制品表面各部位染色，染料颜色要与木材本身颜色一致，以此协调木材本身色彩上的不足，但不能把本身材料的花纹盖掉。它的功能是把材料本身的色彩与漆的色彩统一和谐为一体。

8. 上腻。要把木材表面细小毛孔挤压、渗透、闭塞。

9. 打磨。用细砂纸把突出表面的腻子、染料残渍清扫一遍，使其表面干净。

10. 上漆、磨光。使用传统的国产生漆，每漆一遍晾干后打磨一次，用棉花反复磨揩，把停留在表面的生漆挤压渗透到木材毛细孔里去。上漆的工序至少8次，打磨也至少8次。有的精品，据说此道工序要反复20多遍，使漆与木材内部

周岗红木雕刻作品（二）

的组成部分浑然一体。一件好的红木制品，一般需要 37 天左右才能完工。

周岗木雕制品可分为两大类：一是家具类，主要有明式条桌、四仙桌、圆桌、博古橱，清式雕龙罗汉床、如意八仙桌、如意条桌，欧式洋花沙发、洋花床、洋花酒橱、长形条桌；二是工艺品类，包括佛像类的观音、弥陀佛、关公、如来佛，动物类的马、牛、羊、骑鹿、门狮、辟邪、龟鹤、公鸡、牧童及牛、鹰、麒麟、老虎、骏马等，造物艺术品类的如意、帆船、鲤鱼花架、挂屏、福禄寿、殿宏图、屏风，办公用品类的笔筒、笔挂、笔架等，仿古木雕类的唐马、佛头、四大美女、四大金刚等。

历史传承

木雕工艺兴起于史前，商周时期开始有了木器业。早期可能没有专业雕工，雕刻是由木工进行操作。随着社会的发展及人们对美的不断追求和木雕器具使用的逐渐普遍，专业的木雕工匠应运而生。由于铁器的广泛使用，给木雕工艺的发展奠定了物质基础。春秋时期出了鲁班大师，他发明许多木作工具，因而历代木工工匠、艺人都以鲁班为祖师。木雕发展到明代，其工艺已趋精良，造型已达优美。明初苏州香山出了位能工巧匠蒯祥，人称“蒯鲁班”。皇帝召见他，任命他为工部营缮所丞，负责建造北京承天门等著名建筑。这些宏大建筑上出现了大量的精美木雕，因此蒯祥被称为木雕苏州派的创始人。

清朝末年民国初年，周岗有一个手艺杰出的苏州派工匠叫黄传庚，他的木雕技艺在江宁、溧水、句容及皖南地区享有盛誉，周岗工艺厂木雕车间就有他的传人。1972 年，周岗建立红木工艺厂，生产的出口产品有剪纸、木雕、泥塑、牙雕等项，其中仿古木雕受到国外商家的青睐。木雕在周岗有雄厚的技艺力量，20 世纪 70 年代，周岗红木工艺厂工艺师戴德生及张卫东、沈国辉、朱金财等人都是香山派的真传弟子。他们又培养出潘飞等年轻的工艺师，现均在周岗红木家具厂及古马、海龙等红木厂工作，已挑起现代红木雕刻厂的大梁。

周岗红木雕刻（一）

1985 年，江宁县红木工艺雕刻厂重组（即现在的周岗红木家具厂），并从上海请了 6 位技师，来周岗传授红木雕刻技艺。他们都是身怀绝技的红木工艺雕刻师，为苏州香山派传人。2000 年后，企业改制，股份制企业、私营企业、小作坊像雨后春笋，生产厂家由 1 家扩展到 7 家，另有个人作坊 6 家，从业人员由 100 多人发展到 450 多人。

1985 年 7 月，在第三届乡镇企业出口展销会上，周岗红木产品获“优秀产品奖”称号。1988 年，周岗红木工艺被列入全国星火计划。1985 年至 1995 年，江宁县政府连续拨专款扶持周岗红木雕刻。1994 年 7 月，受江苏省政府委托，周岗为北京人民大会堂江苏厅制作了巨型“松鹤屏风”，受到国家副主席荣毅仁的赞赏。1995 年，非洲坦桑尼亚总统来宁访问，周岗的红木雕刻作品“红木帆船”作为首选礼品馈赠外国元首。1995 年以后，为了适应国内外市场需求，开始以国内企

周岗红木雕刻（二）

事业单位、宾馆、私企商店、寺庙及家庭为服务对象。1999 年，周岗红木雕刻产品在江苏乡镇企业名品、精品、新品展销会上获“梦兰杯”质量信得过奖。2002 年、2003 年，周岗红木家具厂分别被南京市消费者协会评为“满意单位”“推荐商品”。

传承人潘飞，1971 年生，现任周岗红木家具厂工艺师兼设计室主任。1980—1985 年，他边上学边向表兄李一鹏（上海青年书法家协会主席）学习书法、绘画。1987 年，他 16 岁，进入周岗红木雕刻厂后，先后被派送到南京工艺商店、南京工艺雕刻厂、南京民间工艺厂和南京金陵家具厂系统学习红木雕刻工艺技法 3 年。学习期间，他得到全国著名画家林筱之（林散之的儿子）、全国著名工艺美术大师张其根、全国著名画家刘道凡及著名画家田原的言传身教。1999 年，他设计的工艺产品荣获江苏省乡镇企业名品精品、新品展销会颁发的工艺“梦兰杯”质量信得过奖。他设计制作的红木屏风，还被选送到北京人民大会堂江苏厅使用。其作品“帆船”作为国礼赠送坦桑尼亚总统，“和字屏风”则畅销日本。

当代影响与价值

周岗红木雕刻以优质红木制造具有较高艺术价值和收藏保值价值的各式家具、器具、观赏性艺术品，融实用、观赏、保值于一体，其题材广泛，工艺精湛，堪称金陵一绝。它不仅为国内广大人民群众所喜爱，也受到了海外华人及国际友人的赞誉。目前，周岗已经成为南京地区最大的红木制品生产基地。周岗红木雕刻产品深受各大宾馆酒店、企事业单位及个人欢迎，并远销欧美、东南亚等 20 多个国家和地区。周岗红木雕刻产业的发展，既为当地提供了就业机会，产生了显著的经济效益，又为推动项目保护及可持续的长远发展增添了源源不断的动力。

2008 年 1 月，周岗红木雕刻被南京市人民政府列入首批南京市非物质文化遗产名录。

江宁烙画

基本概况

江宁烙画，是湖熟烙画和谷里烙画的统称，流布于湖熟街道新跃社区和谷里街道花岗社区。传承者俞祚佛、杨佳智等。

烙画古称火针刺绣，近名火笔画、烫画，是一种比较珍贵的稀有画种。

制作江宁烙画的主要工具是电烙铁和优质木板，另需砂纸（不可用水砂纸）、蜡等。电烙铁一般是大、中、小三把交替使用。当电烙铁断电时，可以把炉钩插入煤炉中，待炉钩烧红后，再替换成电烙铁使用。为适应画面构图的需要，还可以将电烙铁的银头磨成扁平式、蛇头式等各种形状，进而将木板表面烫糊，使其呈现出深浅不同的褐色图案。

江宁烙画十分看重所选板材。选择椴木板或椴木胶板为好，以紫椴为最佳，因它的色泽白净、质地细腻；白松板也可以代用，但比前者要差些。

江宁烙画（一）

一幅完美的烙画，通过构图、勾勒，确定整幅画的近、中、远三景的布局，再做皴擦等，完成烙画的全过程后才算大功告成。当然，必要时可再涂上点颜色，如花青、赭色、滕黄、朱嘌、胭脂等，以淡色为好，以增进画面的完美。

“烙画”包括“基本功”“勾勒”“皴擦”“点染”4种技巧，特别是要准确掌握烙画时电烙铁的热度，用巧妙的表现手法和熟练的绘画技巧，在案板上勾勒出深浅不同的线条与色彩，再擦拭、打磨、上色。

江宁烙画的工艺流程主要包括设计图案、选择画板、根据画面划定画板、清擦、定画稿、烙画、画面处理点染加工、砂磨、清理画面打蜡、装组画框，即可成为一幅作品。一般而言，可根据烙画尺寸、画面的审美、复杂性来决定一幅画的完成时间。烙一幅画所需周期一般构画 3 天、选材 1 天、打磨 1 天、烙画 6—10 天、打蜡 1 天，其工时共计 15 天左右，小幅画作则在 6—10 天。

由于使用的材质不同，烙画可分为竹木板烙画和纸布烙画。竹木板烙画，以火（电）烙铁为主；纸布烙画使用的工具为电烙铁、电烫笔和调压器，辅助工具有压纸板、垫板、铅笔、橡皮等。所使用的纸类有素描纸、水彩纸、宣纸、白报纸、胶版纸、牛皮纸等。布类烫画有树脂皮、白棉布、纯毛料及其他布料。

当然，烙画的材料，也不仅仅局限于木板。民间有时还会在葫芦、纸、三合板、扇骨、筷子、笔筒、家具上烙画，且画面多为中国传统山水、人物、历史典故等内容，也有以花鸟鱼虫和仕女为题材的。烙画艺术在构图上，主要以中国画与民间绘画的章法为主，在用墨上也力求表现出水墨画的韵味。作者必须具备国画的基本功及临摹水平，通过反复实践，才能得心应手。烙好的画，经装裱后，不仅可以中堂、条屏或横幅形式布置在厅堂内，还可以装裱成利于收藏的手卷、册页等。

江宁烙画（二）

历史传承

烙（烫）画，是中华民族的一种传统技艺，起源于西汉，盛于东汉。汉代的烙马印，以及汉墓出土器物上的烙痕表明，烙画距今已有 2000 多年的历史。后来，由于灾荒战乱，曾一度失传，直到清光绪三年（1877），才被民间艺人重新发掘整理，后经辗转，发扬光大，推陈出新，逐渐在河南、山东、浙江、江苏、安徽等地得到发展。民国初年和 20 世纪 70—80 年代都曾盛行一时。

湖熟烙画技艺的传承人俞祚佛，艺名俞裴，1943 年 9 月出生，自幼爱好书画，以自学为主。20 世纪 70 年代，开始钻研图画、行书，创作连环画、国画等作品，受到老画家金志远的指点，并参加了区文化局组织的美术创作组。在创作期间，又受到李树勤老师、曹狄侃老师、金陵大学美术老师刘树栋、花鸟画老师冯智家和山水画老师高健、区文化馆陆宏盛老师的帮助和指点。20 世纪 80 年代，俞祚佛自学“烙画”，形成了自己独特的艺术风格。2002 年参加江宁区老年大学国画研修班，专攻“烙画”，2004年期满毕业。

谷里烙画技艺传承人杨佳智，从小酷爱书法、绘画、盆景工艺、烙画等，师从中国艺术大师裴家同，书画造诣较深。他善于钻研，尤其是在领悟了国画的元素、要点后，能将传统烙画与之有机地融为一体，使传统的烙画技艺凸显国画元素，得到了专家认可，也赢得了社会不同层面人士的褒奖和大众的喜爱。其代表作有《荷花》《风竹图》《牛首春色》《春满人间》《迎客松》等。2000年至2012年，杨佳智多幅木板和宣纸烙画被国内机构及个人购藏，另有宣纸烙画被韩国友人购藏。

当代影响与价值

从作品的风格来说，烙画是中国画艺术的重要组成部分，其题材及技法大多与中国传统的水墨画相近；但从烙画的工具、形式来看，又与通常所见的纸上绘画截然不同。烙画的表现手法可谓独立于世界艺术之林，充满了个性与魅力，具有较高的艺术欣赏价值。烙画艺术，不仅具有独特的创造性，还有着很高的文化价值。

作为工艺品的江宁烙画，富有审美价值和经济价值。早在晚清民国时期，以人物、山水、鸟兽为题材的“烫画扇”“烫画筷”等烙画产品，在民间就深受欢迎。如今，烙画在江宁地区仍具有旺盛的生命力。在近年有关部门组织的“非遗进景区”特色文旅活动中，烙画作品就深受广大游客的喜爱，为打造江宁文化旅游新品牌做出了积极贡献。

2018年12月，江宁烙画被江宁区人民政府列入第二批江宁区非物质文化遗产名录。

布艺

基本概况

布艺，主要流布于东山街道及周边地区。

布艺通过各种彩布的组合来完成画面。制作布艺，首先要设计图案，再依照图案用铁丝做好造型，把布料覆盖在造型上，用针线缝好、固定。然后使用各种型号的针、各色线与布料，按图案要求进行配料。根据所要表现的作品，可以做单个造型，也可以做多个图案拼成造型。

过去，布艺属于女红的一种。布艺工艺流程并不复杂，有的是先用铁丝做好造型，有的则直接在布料上绘就各种图案，再用针线缝好、固定。现代的布艺，主要用于装饰，包括窗帘、枕套、床罩、椅垫、靠垫、沙发套、台布、壁挂等。

江宁布艺作品（一）

历史传承

传统所谓之“女红”，或称女事，旧指女子所做的纺织、缝纫、刺绣等工作及其工作的成品，在我国已有数千年的历史，是中国传统文化的一部分。江宁的集镇及乡村的家庭妇女，大多都会一两手这方面的绝技，现已成为一种手艺，俗称布艺。旧时，女红的好坏，是衡量成年女子是否为贤妻良母的标准之一。因此，无论大家闺秀，还是小家碧玉，都得从小学起。布艺曾是女孩子的家庭必修课，现在会“女红”的越来越少了。

布艺传承人王宝珠，1937年6月出生，南京市民间艺术家协会会员、中国教育调查部学术委员，曾获“中国教育特色育人成就奖”“南京市民间艺术节民俗美术展优秀作品奖”和美术报社“优秀指导教师”称号。王宝珠的“女红”是跟她奶奶、妈

江宁布艺作品（二）

妈学来的，是祖传的手艺。王宝珠曾在江宁区老年大学、东山街道老年大学办过培训班，先后培训学员 50 余名。

多年来，王宝珠制作的各色中国娃娃布艺，深受大众欢迎，曾多次参加南京市民间艺术节民俗美术作品展，并屡获佳绩。其获奖代表作品，如“四喜娃”玩具，从不同角度看皆成双娃，有开发孩子早期智力的效果；“团结娃”，又名“南瓜娃”，教育孩子齐心协力，和谐相处，有福同享；“针刺娃”，教育孩子团结抗挫，有难同担。作品“快乐中国娃”参加 2006 年南京市民间工艺品展，获得优秀作品奖。作品“双柿图”，是节日送人的案头饰物，寓意“事事如意”；“双瓜（南瓜与北瓜）图”，是节日送给老人的案头饰物，寓意“寿比南山”。此外，“虎头鞋”——孩子穿的鞋、“纽扣结”——衣服纽扣、“鸭蛋网”——用五色线编织，端午节盛鸭蛋用，等等，也是其代表作品。这些五彩缤纷的作品，无疑为布艺领域增添了新的设计与内容。

秣陵观音殿度假村布艺馆外景

秣陵观音殿度假村布艺馆内景

江宁居民老式缝纫机

除了传统物件外，王宝珠还制作各种有口彩性质的小型工艺品，如聪明“菱”——男孩子颈上挂饰，寓意“聪明伶俐”；二色“心”——女孩子颈上挂饰，寓意“心灵手巧”；床头娃——挂在孩子床头的饰物；身上有桃的娃娃——祝愿孩子健康长寿；臀下有藕——祝愿孩子平安通达；下挂彩云——祝愿孩子彩云托日、步步高升；尾坠红心——心灵的祝福，等等。这些都是王宝珠在传统基础上的再创造。

当代影响与价值

作为女红之一的布艺有着悠久的历史，具有厚重的历史价值。在封建时代，女红是女子必备的技能，被誉为“母亲的艺术”。如今，在政府的关心支持下，江宁民间布艺传承更加自由，学艺者不再局限于女性，布艺作品的题材也更加广泛，可以运用其新颖创意，刻意记录多彩之生活。其独特的审美价值，已经深入到寻常百姓的生活之中。它所体现的祈盼、祝福等情感因素，还具有一定的和谐价值。

随着人们生活水平的提高，布艺在家庭装饰中的地位越来越举足轻重。它不但能弱化室内空间的生硬线条，赋予居室典雅温馨的感觉以及赏心悦目的色彩，还可以根据不同季节或主人心情，随时进行调整。它不仅是住宅中一道亮丽的风景，还能增加生活舒适度，烘托营造不同的家居氛围，或清新自然，或典雅华丽，或高调浪漫。

2018 年 12 月，布艺被江宁区人民政府列入第二批江宁区非物质文化遗产名录。

金陵玉雕

基本概况

金陵玉雕，或称为“金陵玉雕手工技艺”，流布于淳化街道及周边地区。传承人张清雷。

金陵玉雕的制作流程，主要包括选料、剥皮、设计、粗雕、细雕、修整和抛光等工序，其特点是兼用南北之长，博采明清工艺，强调在动与静、明与暗、粗与细、方与圆的完美融合中，诠释古玉的神韵及生命的灵动。其造型或简朴大气，或现代绚丽，所展示的是背后琢玉者独特的个性追求。

传承人张清雷的金陵玉雕技艺，以“返璞”为目标，以“辟邪”为题材，走“汉玉”之风格。其作品大多外形威猛灵动，气韵复古飘逸，以“仿古炉瓶、动物走兽”闻名业内，其中辟邪题材玉雕作品最具特色，故又有“辟邪王”之美誉。他所创作的玉雕辟邪或仰天长啸，或俯首沉思，或展翅腾飞，或傲然盘踞，既有帝王之尊，又有霸者之气，显尽世象。

历史传承

中国的玉雕技艺及玉文化起源极早，在新石器时代的仰韶文化遗址中，便已有相当精美的玉器出土。在距今四五千年前，玉玦、玉环、玉镯、玉坠、玉珠、玉璜以及玉璧等一系列丰富的玉器品类便已成型，管钻、抛光等一系列治玉技术已然发展成熟。

由古至今，玉雕技艺的精细程度越来越高，玉雕作品的创作题材也越来越丰富，这离不开不同时期玉雕大师的引领和推动。从春秋时期的华丽柔和、战国时期的张力霸气，之后前汉的古朴刚劲、后汉的雄浑简洁，到宋元的繁复浪漫、明清的精雕细琢，每个时代的艺术风格，首先是在承接了之前特征和风格之后，再融入当代的思想、文化和人文特性后演变生发。

晚清民国早期，南京地区的玉雕业一度十分繁荣。当时，南京玉雕工匠们形成的“南京帮”，在苏浙沪一带声名卓著，与当时同样闻名的“苏州帮”分庭抗礼。这两大玉雕派系，占据了商业繁荣的上海的玉业市场。至国民政府成立后，上海玉雕的京、苏两派，共同组建了“珠宝同业公会”，并于1930年改组为“上海市珠玉商业同业公会”。此后，“南京帮”在上海的发展，愈发欣欣向荣，直至1937年抗日战争全面爆发，才因战乱陷入停滞。

传承人张清雷，1969年生，号朴石，江苏徐州人，首批江苏省乡土人才技能大师工作室领办人、南京市技能大师工作室领办人、当代南京玉雕行业的代表人物。他17岁进入玉雕行业学

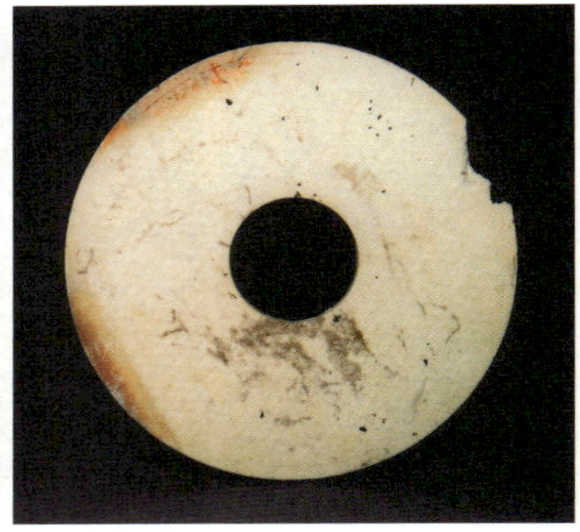

湖熟窑上村汉墓出土的玉璧与玉环

湖熟窑上村汉墓出土的玉佩与玉璜

艺，后进入上海玉雕行业，研习“海派”玉雕。他结合扬派、苏派玉雕风格，将各派风格融会贯通，并以汉代洗炼刀法入手，兼收明清宫廷玉雕大气雍容的特色，形成独特的玉雕技法与风格。2004 年，他由上海来到江宁发展，开始有意向辟邪雕刻创作靠拢，并不断搜集中国历代石雕、玉雕中的辟邪资料，以两汉、六朝辟邪神韵为风格创作具有鲜明个人特色的作品。

2009年，张清雷成立南京朴石玉器有限公司，把自己的工作室取名为“朴石”。近年，他致力于金陵玉雕技艺的传承与振兴，先后收徒数百人，培养的多名玉雕优秀人才多次在玉雕奖赛中获得荣誉。他希望通过自己的努力，让更多的年轻人了解我国数千年灿烂的玉文化，从而吸引他们学习、传承玉雕手工技艺，让这项传统技艺代代相传，发扬光大。

当代影响与价值

玉雕艺术源远流长，是中国民众智慧的结晶，反映了先民的创造能力和认识水平，传承玉雕技艺有助于我们对古代的物质文化获得更加深刻的认识。另一方面，玉在中国传统文化中是君子德行的象征，古人认为玉有“仁、义、智、勇、洁”五德，并强调君子应“比德于玉”。传承玉雕艺术，有助于民族认同感的培养，对于弘扬中华民族优秀的传统文化具有积极意义。

金陵玉雕是博大精深的中国玉雕艺术百花园中的一朵璀璨奇葩，具有比较重要的文化价值、艺术价值和审美价值。作为金陵玉雕的传承人，张清雷在近年国内诸多展会赛事中屡获殊荣。2015 年“文博会”，其作品青玉辟邪《父子情深》获中国工艺美术文化创意奖“金奖”；

2016年“文博会”，其作品《雄霸天下》斩获中国工艺美术文化创意奖“特别金奖”。其玉雕代表作《望天吼》《龙形辟邪》《蓄势》等也广受赞誉。2019年11月，由南京市博物总馆主办、六朝博物馆承办、金陵玉雕张清雷艺术馆协办的《古道今承——张清雷玉雕作品及南京市博物总馆馆藏玉器联展》在六朝博物馆举办，展览以实物勾勒出古今玉文化的传承脉络，扩大了金陵玉雕的影响力，加快了金陵玉雕的传播。

2018年12月，金陵玉雕被江宁区人民政府列入第二批江宁区非物质文化遗产名录。

江宁根雕

基本概况

江宁根雕，主要流布于汤山街道及周边地区。

根雕是一种雕刻方法，是中国传统雕刻艺术之一，是以树根（包括树身、树瘤、竹根等）的自生形态或畸变形态为艺术创作对象，通过构思立意、艺术加工及工艺处理，创作出人物、动物、器物等艺术形象作品。制作根雕的工具主要有斧子、锯子、刨子、凿子、砂轮、砂纸、电钻等。

在根雕的制作过程中，选材是第一位的，必须选择材质坚硬、木性稳定、能长久保存的树种，如黄杨、檀木、榉木等。被淤泥淹埋的死根、经数百年炭化形成的古老阴沉根木，其材质坚硬，几乎接近化石，更是不可多得的材料。有经验的根雕艺术师，在鉴别材料时，有时候用鼻子闻一闻，就可以根据其味道，分辨出树种的优劣。

历史传承

我国根雕艺术历史悠久，南京地区有文字记载的根雕历史可以追溯到南朝时期。据《南齐书》记载，齐太祖曾赠送居士明僧绍一竹根如意，以赞美其高尚的品德，以表达其求贤之意。

民国时期，根雕的艺术价值得到了时人的重视。一些根雕佳作开始作为中国艺术的代表被宣传，如《故宫周刊》1930 年第 21 期介绍了故宫博物院收藏的“木根雕灵芝笔筒”，1934 年第 344 期介绍了原藏宁寿宫的通高一尺八寸的“竹根雕寿星”。此外，还有手杖、柜椅、酒壶、玩具等各类根雕作品见载于当时的报纸杂志。

江宁根雕的传承人庞坤林，1966 年出生，汤山街道人。从小喜欢美术，16 岁时开始学习木工。根雕讲究“三分人工，七分天成”，庞坤林对绘画有一定的天赋，可以根据木头的纹理创作出写意的“拼接画”。他常利用平时做工的间隙写写画画，这为他日后的根雕创作打下了基础。

关于他对根雕兴趣的萌发，还有一件轶事。多年前的一天，他在家门口的池塘边不经意间发现了一段已经枯死的树根，感觉这段树根有点像海豚。捡回树根后，他便开始琢磨怎么把它变成海豚的模样。其时，

根雕制作

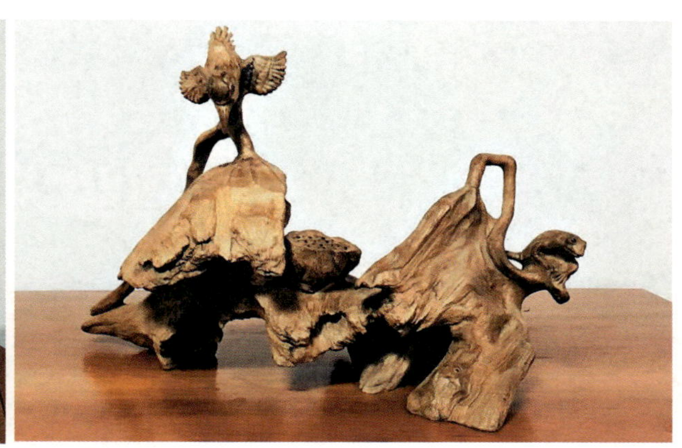

根雕作品

他对根雕一无所知，周边也没有可以讨教的人，就是凭着一股兴趣，他完成了他的第一件根雕作品。

后来，他收藏了一个清代的木柜子，柜表的雕刻十分精致。他就一天天地对着木柜琢磨木雕的技法，并加以借鉴模仿，成功应用到自己的根雕艺术品上。化朽木为艺术，许多传奇的根雕作品，就是庞坤林在这样的不经意之间制作的，他也因此被誉为根雕“怪人”。他先后创作了“大展宏图”“大鹏展翅”等150余件不同风格的根雕作品，其中于2020年创作的“众志成城”根雕，表现的是钟南山院士在疫情中的逆行出征，为多家媒体所报道，引起了较为广泛的社会关注。

当代影响与价值

近年，随着江宁区政府对“非遗”保护传承工作的重视，江宁根雕的影响力在不断扩大。

根雕艺术品的创作，是在树根原生形态的基础上加以人工雕琢，使得树木的自然美感更加凸显，更富于艺术情趣。对自然性的强调和依托，根雕艺术要求每一件作品都是独一无二、不可复制的，千姿百态的根雕作品因此而具有极高的艺术价值和审美价值。保护和传承根雕技艺，可为中国艺术的创新发展提供宝贵的资源。作为传统艺术的一种，根雕还蕴藏着一脉相承的传统文化基因。早在南朝时期，根雕就已与名人雅士的高尚德行相联系，在时人心目中具有清新脱俗的特性。正是由于其审美风尚与中国古代文人对自然的推崇和追求相统一，其艺术方才能长久传承、延续至今。以根雕艺术作品美化室内，对于今人来说还可以起到陶冶情操、培养审美情趣之特殊作用。

2021年5月，江宁根雕被江宁区人民政府列入第三批江宁区非物质文化遗产名录。

江宁剪纸

基本概况

江宁剪纸，或称江宁花样，旧时流布于江宁全境，秣陵、湖熟、横溪街道所属的陶村、邓村、业家，及谷里街道东善桥及其周边地区尤其盛行。

剪纸是我国民间非常普遍的一种艺术形式，南北风格各有特色，北方多称窗花，南方则称花样。花样的题材内容广泛，有人物、花卉、动物、风景、神话故事、民间生活片段等。旧时，每到年关或节庆，无论城乡，随处可见五颜六色、古朴生动的花样贴在家家户户门窗和家具上。许多名不见经传的农家妇女，一把剪刀、一张彩纸，就会在其巧手中翻转出各式各样的作品。花样作品简练、明晰，形象高度概括，线条简单规整，色彩对比分明。花样的艺术特征可概括为简、意、纯三个字。民间的剪纸艺人中世代流传着三句口诀："武官一张弓，文官一颗钉，锐角一根葱。""一张弓"是指各种弧度的曲线，"一颗钉"指长短不一的直线，"一根葱"则指成锐角的锯齿形。曲线多，作品风格便偏柔媚；直线和锐角多，风格上则显得刚直、挺拔。根据主题的需要，综合运用不同的线条，方可做出灵巧生动的花样作品。

2021 年 3 月大福村剪纸

江宁剪纸

作为南京地区传统剪纸组成部分的江宁剪纸，在设计上具有"花中有花，题中套题"的特点，往往在一副剪纸作品中表现多种寓意，如在柿子图案内含如意，代表事事如意；在石榴中开有莲花、桂花，寓连生贵子意。"花中必有意，有意必有吉祥"是江宁剪纸艺术的独特内涵。

江宁剪纸使用的纸张最好用宣纸中的单宣。工具只需剪刀或刻刀。用剪刀的一般一次只能剪四层，刻刀分斜尖形、正尖形、锥尖形针刀。流程为画稿、叠纸、剪刻、揭离、修改、衬托等。

江宁中学生学习剪纸

花样有单色和彩色之分，单色分阴刻和阳刻，彩色为套色、填色、点色、分色和白色。其品种较多，主次分明，清新秀美，轮廓清晰，线条明快，动感强烈，富于诗意。千刀不落、万刀不断的佳作，令人赏心悦目。

由于剪纸材料易得，成本低廉，既可作实用物，又可美化生活，因而受到普遍欢迎。旧时江宁新人结婚，贴在门窗上、橱柜上，放在被子、枕头上的“红双喜”花样，便是剪刀中简单实用、出境率较高的一种。

历史传承

江宁的剪纸艺术流行已久。明代顾起元《客座赘语》记载南京民俗传统，便提及当时人家行聘礼、行纳币礼时，在“笄盒中用柏枝及丝线络果作长串，或剪彩作鸳鸯”。清人甘熙《白下琐言》记述了金陵正月灯会的景象：“正月初，鱼龙杂沓，有银花火树之观，然皆剪纸为之。”均可为证。自古以来，江宁人喜以剪纸装饰于各种物件之上，诸如服饰、窗扉、家具等等，张挂门楣上的意在驱邪避鬼、祈祷平安。横溪地区流传至今的龙灯，亦习用剪纸作龙身的装饰。

“母亲就发挥了聪明才智，做小生意。每天一早出门带着一个菜篮，一个口袋，菜篮里放点花线、线针、歪歪油、花样等物，走村穿巷，人家买小货的有钱给钱，无钱给米、豆都行，一天走几十里路，每天到黑才归家。后来她不买花样卖了，自己买人家剪好的花样样品，照着开始剪着卖，这样，只买点白纸不多花钱，能多收入几个钱维持生活。”这是民国时期江宁县戴本才撰写的回忆录《我的一生》中的片段。文中叙述了他的母亲，从买花样到卖自己制作的花样，并用花样换取零钱或粮食补贴家用的故事。

1949 年第 2 期《时代艺术》发表汪潜的《谈民间的剪纸艺术》：“剪纸艺术正和民谣、民歌、秧歌舞等艺术一样，是老百姓自己固有的艺术，是他们辛苦劳作之余的一种自由自在毫无拘束的创作……剪纸的方法非常简单，他们以色纸作为材料，剪刀或彫刀作为工具，图稿的特点，需要注意到每笔互相连接，以免剪成后脱落之外。”民国时期有关剪纸的书籍较多，如《手工丛书剪纸图说》《剪纸手工图说》《窗花民间剪纸艺术》《剪纸工》等。而发表在报纸杂志上的剪纸作品，更是不胜枚举。它们既美观了报纸杂志的版面，又丰富了版面的题材，可谓图文并茂，还使得这一民间艺术品得以广泛流传，更加促进了南北剪纸的交流。民国时期也是江宁剪纸的鼎盛时期，其花样被用于灯彩、纸扎店、丝绸印染、礼花、鞋帽等诸多方面。

作为代表的江宁横溪地区的剪纸技艺，相传出自一位嫁到乡下的南京绣花女翟罗氏，她将剪纸绣花技艺传给了自己的女儿刘绪兰。刘绪兰从小跟母亲翟罗氏学习刺绣艺术、剪纸，在剪纸、刺绣方面很有名气。后来，刘绪兰嫁到了周家，

周荷英剪纸代表作之“小龙湾网红桥”

周荷英剪纸代表作之“五谷丰登”　周荷英剪纸代表作之“春暖花开”

婚后生育了周久香，继而刘绪兰将这项技艺传给了女儿周久香。周久香心灵手巧，幼年受母亲影响，出嫁前就能剪出各式花样。后来她嫁到横溪街道横山行政村陶村。周久香的剪纸作品主要有窗花、轿花、床帘子花、枕头花、枕头套花。这些都是以民间喜庆图案为主，剪得稍大一些，符合家庭布置的要求。除此之外，她还与母亲刘绪兰剪过拖鞋花、小孩老虎鞋花、老虎帽、小孩肚兜、小脚女人鞋花、老女人包头夹花等，充满情趣，深受孩子与家长的喜欢。1978 年，她制作的“五谷丰登”等作品，至今让人津津乐道、记忆犹新。现在的横溪街道，还有一些人会剪纸，其中代表性人物除了周久香外，还有王翠花、刘英等一批上了年纪的妇女。近年，江宁剪纸传承人还有禄口街道石埝村老教师周荷英。她的剪纸作品曾在 2019 年全国“夕阳会”剪纸大赛中获得金奖。

总之，新中国成立初期，剪纸仍然在江宁多数乡村流行。后来随着生活条件不断改善，会做花样的人越来越少。近年，随着城镇化步伐的加快，地域人口流动加剧，以及物质、文化生活不断丰富，时新精湛工艺品大量普及，手工剪纸面临逐渐冷落的风险。在传统村落调查中，只有极个别上了年纪的妇女，还依稀记得剪花样的方法。目前，花样的提法已经少有人知，更多的叫法是剪纸。旧时在狗头帽、披风帽、围兜、拖鞋、布单鞋、布袋上的精美彩色花样，几乎已经绝迹。

当代影响与价值

作为中国传统艺术的一支，剪纸具有极佳的装饰性，在全国范围内流传甚广，但因地区风俗民情不同而各具特色，有“南秀北雄”之称。南京地处南北交汇地带，因此亦是南北艺术的交汇融合之处。在这一环境下产生的江宁剪纸，既继承了苏、浙、皖地区剪纸艺术的传统，也吸收了北方剪纸艺术的特长，表现出粗中有细、拙中有灵的特点，以淳朴自然著称，别具历史文化价值。

在相当长的时期里，剪纸都是与江宁人日常生活息息相关的一种艺术形式，多样的剪纸主题中，蕴含着江宁传承悠久的原生态文化基因。其作品的主题多寄托了人们对于生活的美好愿景，被用于诸如祝寿、乔迁、生育、开市的多种场合，丰富多彩的图案中贯彻着追求人与自然、人与人之间和谐幸福的内核。对于今人而言，继承和发扬江宁剪纸有利于推动社会和谐文化建设，推动中华优秀传统文化的广泛传播。

2018 年 12 月，江宁剪纸被江宁区人民政府列入第二批江宁区非物质文化遗产名录。

江宁折纸

基本概况

江宁折纸，流布于淳化街道及周边地区。传承人来琰蕙。

折纸，又称“工艺折纸”，是一种以纸张折成各种不同形状的艺术活动，给人们印象最深的是“千纸鹤”折纸艺术造型。

折纸的方式，有谷折、峰折和展开等。折纸的题材，可分为人物折纸、动物折纸、建筑折纸、花草折纸等多种。人物折纸，是折纸的一种，主要通过选择正反两色的纸张和一纸成型工艺的技术，完成各种生动灵活、艺术感强的人物形象塑造，具有精致、巧妙的艺术审美特点。在工艺折纸中，一纸成型的人物折纸属于高难度技艺，其制作方法非常独特。它不是采用常见的折叠方式完成折叠，而是先完成折痕的制作，然后将折痕最终聚合到一起制作而成。其整个过程对折纸手工艺者的创造能力、空间想象能力和耐心都是极大的考验。

在强调传统文化复兴、文化多元化发展的今天，江宁折纸是一项充满趣味的可以探索人物、动物、花草等无限未知世界形象的传统手工技艺，逐渐受到很多年轻人的热爱。江宁折纸的代表性传承人来琰蕙就擅长以单纸制作雄鹰、穿山甲、飞马等一系列形态生动的作品，突出反映了折纸艺术的特殊文化价值。2016 年，凭借独到的设计和鲜明的艺术特色，她的折纸代表作曾在国际折纸奥林匹克大赛上荣获第六名，在江宁在南京影响广泛。

历史传承

折纸发源于中国，是一项历史悠久、流行范围甚广的民间艺术，最早可追溯到西汉时期。它与劳动人民的生活生产实践紧密相连，典型的折纸制品有扇子、雨伞、灯笼等。一般认为，

江宁折纸传承人来琰蕙折纸作品

江宁居民放风筝“仙女下凡”

折纸可能最早用于民间祭祀，此后才扩大用于休闲消遣。

民国时期，折纸一度作为游戏被引入幼稚园（幼儿园）中，成为一门深受儿童喜爱的课程，并得到迅速推广。当时，各种介绍折纸（手工）艺术的书籍层出不穷，主要有安徽桂绍烈编著的《手工丛书第一编：折纸图说》、陈岳生编纂的“小学生文库”第一辑《折纸新法》、姚家栋著《折纸玩具》、秦思伟编辑的《折纸工材料说明》，以及初等小学教科书《新手工》等。此外，我们还可以从民国时期的报纸杂志上见到有关折纸艺术的介绍，如 1917 年第 4 期《少年（上海 1911）》杂志发表王文九的《少年游戏法：折纸手工》，1932 年第 5 期《儿童教育》发表了由著名教育家陈鹤琴和朱铭新合著的《折纸手工》，1940 年第 8 期《青年良友》发表了《新的折纸玩具法》，等等。

折纸艺术在日本、欧洲也自成体系。2000 多年来，手工折纸已逐渐成为各国民众日常消遣中快乐的源泉、艺术的享受，也是儿童和成人智力开发的工具之一。近年，折纸艺术还与自然科学相结合，成为一项有益身心、开发智力的创新思维活动，并成为和平与纪念的象征手段之一。

今日之折纸艺术像一颗璀璨的流星散落在民间，由于受到关注的程度不够，仍然显得黯淡无光。各地民间虽有小范围的折纸艺术展，但大多停留在初级阶段。由于资金匮乏，还不能形成足够的规模，缺乏有效的宣传效果，一些折纸展览更像是一次次民间集市。

当代影响与价值

作为一门常见的民间艺术，折纸深受百姓喜爱。它在形象塑造和主题表现上具有无限的可能，精巧的折纸手工艺人可以创作出独具个性、富于美感的折纸作品，因而具有广泛的历史文化和审美价值。折纸的材料简单易得、门槛较低，因此在民间传播广泛。由于其游戏性和趣味性强，能有效锻炼儿童的灵活度、创造力及专注力，近年来江宁地区的学校及社区普遍将折纸引入了儿童的教育活动中，已取得了极佳的实践效果。著名心理学家皮亚杰经研究认为，儿童智力发展具有阶段性，而每个阶段的思维水平发展都与空间概念息息相关。由折纸实践带来的空间想象能力的提高，对于儿童的智力开发大有裨益。就此而言，江宁折纸还是一类特殊的教育资源，具有一定的教育价值。

2018 年 12 月，江宁折纸被江宁区人民政府列入第二批江宁区非物质文化遗产名录。

南京瓷刻

基本概况

南京瓷刻，又称“瓷刻油画”或“金陵瓷刻油画”，流布于江宁街道及周边地区。

南京瓷刻是在瓷胚上进行刻划创作，然后在刻划的留白地方进行油画创作。它是在继承传统刻瓷和敦煌壁画技术的基础上，由著名画家杨林川教授及其团队自主创新的一种新型油画艺术种类。

南京瓷刻有三大特色：

其一，它融合中国传统的“刻瓷”和西方的“油画”以及中国敦煌壁画的创作技法，将“刻石”转变为在瓷器或者天然石材上直接作画，不需要再进行高温烧制定色。这是瓷画史上的一个本质的突变。南京瓷刻画是用敦煌传统的矿物质颜料和现代颜料按秘方调配而成，同时利用了高科技的保色技术。目前，该技术的核心配方完全由南京南珊瑚影视文化有限公司（金陵瓷刻油画研究院）掌握。

其二，南京瓷刻画采用的板材（瓷料或者石材）和颜料，因为预先注入了富含负氧离子的粉料，所以创作完毕的作品会长时间地释放负氧离子，可以改善空气质量，因此南京瓷刻画又被称为“会呼吸的敦煌壁画”。

其三，南京瓷刻画采用高新技术植入芯片，让每一张艺术品，都拥有独一无二的身份证，具有极大的升值空间。只要将手机对准画面，将会向你展示出该作品内涵的所有秘密。同时，还会以作品为载体，构建一个适应未来5G网络的巨大商业和生活平台，将艺术和科技高度融合在一起。

南京瓷刻画研究院展厅一角

南京瓷刻作品

历史传承

刻瓷是一种传统手工艺术，秦汉时代便有剥凿陶釉的方法，称为“剥玉”。从唐代开始，随着瓷业的发展，大量精美瓷器出现，帝王、官宦和一些文人墨客在玩赏瓷器之余，很想把咏诗题文的墨迹留存于其上，以便永久保存，于是便在施釉前的瓷坯上，用直刀单线刻出诗文的轮廓，这便是最初的瓷刻。宋代定窑瓷器的装饰，就是在瓷坯上刻出花纹后施釉烧制。其精湛的雕刻技艺和不朽的艺术价值，充分体现了古代劳动人民的勤劳智慧和卓越的才能。

根据《南京历代非物质文化遗产》介绍，南京瓷刻始创于清末。现存最早的南京瓷刻实物，系清宣统二年（1910）由南京民间画师胡郯卿绘图、戴玉屏刻瓷加工、现藏于南京市博物馆的瓷刻插屏《啸马图》。

南京瓷刻的传承人杨林川，自学绘画，熟练掌握了多种绘画技艺，并创新地将所学绘画技艺应用到新的艺术形式上。他对学生绘画及作品的要求极其严谨，他认为学习瓷刻油画，必须要有强大的学习能力及深厚的绘画功底，要有创新精神以及对于色彩的深刻理解。目前，除了颜料配方属于独创保密外，瓷刻油画的技法等都是公开的。其创作团队现在由杨林川带队。由于选择徒弟有着较为严格的程序，目前随他学艺的学生，还不到 10 人。

瓷刻油画完全采用手工方式制作，每一件作品都是独一无二的，过去长期属于高端奢侈收藏品。目前市场上的瓷刻油画艺术品，基本上都是由金陵瓷刻油画研究院制作的，都配有该院的认

南京瓷刻知情人许冠华接受采访

证证书，并且记录在档。为了应对市场的需求，该院已开始部分量产瓷刻油画艺术品，以适应中低端消费人群的需求。近年，金陵瓷刻油画研究院多次参加各类推介会，展示金陵瓷刻油画制作的独特技艺，在国内外产生了较大的影响。在中国香港举办的德善贺十周年慈善拍卖会上，金陵瓷刻油画作品《寻法》《观音》《猫》《鸡》《老虎》参会，其中《寻法》成为全会的亮点，最终以 152 万元的价格被拍出。

当代影响与价值

作为一类新创的艺术形式，南京瓷刻将中国传统瓷器装饰艺术、绘画风格与西方油画的技法相结合，是中西文化交融创新的结果。在提倡文化多元与包容发展的当代社会，南京瓷刻所具有的文化特异性，让人耳目一新，它的流传和不断创新无疑将为南京文化艺术的百花园增光添彩，有助于向世界展示中国传统艺术的融会贯通与创新生命力。尽管南京瓷刻油画的创作，目前还处于起步阶段，但我们相信，在不久的将来，随着这项技艺的更加成熟和多元化，必将为更多的人所喜爱。

2021 年 5 月，南京瓷刻被江宁区人民政府列入第三批江宁区非物质文化遗产代表性项目名录。

灶壁画

基本概况

灶壁画，旧时流布于江宁区境乡村。知情者陈家邦、张礼泉等。

旧时,农村用柴灶的年代,农家打灶（砌灶），大都选在堂屋的一角靠墙而建。打灶是技术活，灶打得好，不仅省柴，而且火烧得会旺；灶打得不好，不仅焖烟倒灌，而且火苗极小。为此，农家对打新灶是相当重视的，既讲究技艺，又讲究位置，还讲究时间。

灶的大小,一般要根据人口多少和需要而定，有两眼灶、三眼灶和四眼灶之别。土灶是用砖石混合砌成的，相当牢固，灶的每个部分都有自身的实用功能。为充分利用能源，许多人家在灶的主穴里侧再设一至三个附穴，上置炉罐，靠一日三餐烧火的余温加热炉罐,可供全家人洗漱用水。一口打好的灶看似简单，其实从里到外的设计构造颇为复杂。灶的正面有灶脚、灶身、灶台、灶山、灶炕（烘鞋袜的地方）、灶阁（放油盐酱醋调料的地方）；灶的背面有灶膛（进柴烧火的地方）、灶盒（放置火柴的地方）；灶的侧面有灶君台（供祭灶神的地方）;灶山上面有灶筒（烟囱）、灶帽（遮风挡雨瓦），灶筒里面有回风门。

打灶在农家人心目中有着非同一般的意愿，是一件十分隆重的事情。过去，乡村农家打灶大多是长辈自选，或请风水先生选好吉日，即选定良辰吉日（一般是农历双月双日）；打灶是有些讲究和禁忌的，打灶动工前，要点烛放炮，烧香磕头，求神拜地保平安。再请本村或邻村技艺精湛的泥瓦匠，用石块、青（红）砖、泥浆砌灶；用石灰纸筋粉好灶面后,再邀请周边乡村资历深、手艺高、具有一定笔墨功底的民间艺人（土画师），根据房主人家的经济条件和灶的构造形状及布局，在灶身、灶山和灶筒的主要部位进行挥毫泼墨，振笔书画。画师往往信手挥就，一气呵成。这样的绘画作品,也就是通常所说的灶壁画。

旧时江南乡村灶壁画

在绘画写字前，艺人会就地取材，将水彩、颜料倒入一只只酒盅或碗里，在灶台上一字儿摆开。然后用型号不同的羊毫笔蘸上少许特定的颜料和调料，先在灶面上画线和勾框。接着在每个画好的细线和粗框里绘画出不同的图画、书写出不同的文字。为使字画颜色鲜艳不褪色，艺人常将白酒和锅底灰调入颜料之中，并加水调匀。

江宁乡村墙绘

灶壁画的内容，寄托着乡民的美好愿望，取材广泛，构思精巧，生动有趣，多以乡村民间的信仰习俗和传统文化为题材，描绘各种寓意吉祥的画面。其题材一般分为五大类：一是植物类，如荷花、石榴、仙桃、牡丹、石竹等；二是动物类，如鲤鱼、喜鹊、仙鹤、龙凤等；三是传说类，如聚宝盆、迎财神、八仙过海、嫦娥奔月等；四是风景类，如花好月圆、高山流水、红日东升等；五是装饰类，如回纹式、水波式、竹节式的花边点缀等。所书写的文字大多是吉言，如福星高照、龙凤呈祥、松鹤延年、万事如意、人寿年丰、五谷丰登、年年有余（鱼）、竹（祝）报平安等。乡村农家灶壁画，其基本色为红、黄、蓝色，以黄蓝色为基调，以红色为点缀。

灶壁画的结构和组合，可以根据灶的布局和功能调整。单幅画、景物画构图完整，多幅画错落有致、层次分明。为了使灶壁画构图饱满、寓意吉祥，民间艺人凭着自身悟性、文化底蕴、熟练才艺及实践经验，通过心的灵感、眼的视觉、手的技法进行即兴想象和创作。他们随性勾勒的线条和有趣的画面，展示了江宁乡村独特的历史文化与人文景观，把农家人对生活的愿望，对世间的情感，对人生的企盼都充分表达出来，给人以淳朴清新、回味无穷的感受。

历史传承

灶，是过去人们日常生活不可缺少的生活设施。《说文》曰：“灶，炊穴也。”打灶，对从前江宁的农家来说是一件大事情。二十世纪六七十年代，在江宁的乡村，只要你走进农家，无论是草舍还是瓦房，首先映入眼帘的就是在屋子的一

上坊出土的孙吴堆塑飞鸟楼阙灶

角，有一座用来生火做饭的半弧形灶台。不论是两眼灶，还是三眼灶（放置一口锅为一眼），在灶身、灶山、灶筒和灶檐下，都绘有各种不同的具有美好寓意和时代特征的装饰图画和花纹，并书有不同内容的文字。这种依附在灶体上的各种字画，农家人俗称“灶壁画”，或称“灶花”。

据知情者介绍，旧时江宁乡村大多人家并不富裕，没有钱购买彩笔或者颜料，给灶壁画上色，不少都是因陋就简、因地制宜。如涂的红色，就用红纸打湿后，用毛笔将红纸上的红色料转涂到灶壁上；而绿色则是将刚成熟的蚕豆摘下捣烂，再用毛笔将绿色的蚕豆汁转涂到灶上。当然，如果听到走街串巷的货郎叫卖“扬红扬绿”的，也会买一些备着，等到年关前再使用。

当代影响与价值

江宁乡村农家灶壁画，是民间乡土文化的载体和缩影。在灶壁画的背后，涉及一整套传统礼俗，反映了小农经济生产模式下民间朴素的信仰。灶壁画是中国数千年农耕文明孕育的产物，保护传承灶壁画对于研究中国农村历史上的生产发展水平、社会组织结构和传统文化信俗都有一定的意义。作为民间艺术品的灶壁画，亦是劳动人民智慧的结晶和审美的凝练，值得今人去挖掘与欣赏，其中蕴含的艺术资源，对于当代文艺创作而言也是宝贵的财富。

斗转星移，随着时代的发展、社会的进步，如今农家的柴灶逐渐被液化气、天然气灶具所代替，那些散发着纯朴浓郁乡土气息、寓意幸福吉祥的灶壁画已逐渐淡出人们的日常生活，那些心灵手巧的灶画师傅也逐渐被人们遗忘。而近年大规模的农村拆迁，更让乡村遗存的灶壁画数量呈断崖式下降，乃至知情者也越来越少。抢救保护仅存的灶壁画实物，并对相关资料开展系统的搜集、记录与整理，看来需要提到议事日程了。

禄口民间雕塑

基本概况

禄口民间雕塑，主要流布于禄口街道及湖熟街道的龙都等地。

禄口民间雕塑所需的材料主要有高黏黄土、圆木、盐、棉絮、金银粉、天然颜料（青菜叶汁——绿，蚕豆叶汁——天蓝）；所需要的制作工具主要包括：斧子、锯子，在以圆木做泥塑像内支架时使用；锤子，用于打造雕塑坯泥，坯泥系高黏黄土掼熟后掺入棉絮和盐；各种刀、铲，用于修整塑像初型；画笔，装金着色时使用。

制作雕塑的主要工艺流程如下：

1. 构思。根据塑像的规模大小和主办人的要求，仔细观察实际空间位置，再反复琢磨、细心推敲，精心安排作品的体量大小和位置。一些较大的寺院，主殿的设计需要构思数日，甚至数月才能逐步成熟。

2. 初型。内容确定、构思成熟后，根据不同的位置、雕塑的大小，装钉支撑好塑像的廓架，用坯泥简单勾勒成作品的初型（毛坯）。

3. 初雕。俗称“打坯”，毛坯晾成八成干后，雕出神仙、佛像的轮廓。再进行定型，把心中构思的内容反映到雕塑上。初雕时，要防止因用力不均匀、粗心大意而导致型变或损坏的发生。

4. 修复。反复观察琢磨初雕的塑像，进行必要的修整，不适合处需要认真修正。

5. 复雕。初雕修复后，再进行复雕。这是整个工艺流程的核心，功力最强，手艺的优劣全在

禄口街道陆岗社区木雕“麒麟送子”

使人物形象栩栩如生。

经过以上步骤后，一件精致的雕塑作品就制作完成了。

历史传承

民间雕塑主要有玉雕、根雕、木雕、竹雕、石雕，但现实生活中以木刻木雕和石刻石雕较为普遍。

三国魏晋南北朝时期，我国的雕塑艺术空前发展。这和佛教盛行、寺院林立、广开石窟有着密切的关系。这一时期的雕塑艺术成就，主要集中在寺庙和石窟里。当时，包括江宁在内的江南地区遍布佛寺，这就为雕塑、绘画艺术的发展提供了丰沃的土壤，大量卓有成就的民间雕塑、绘画艺人应运而生，并对后世产生了深远的影响。尽管还没有发现关键的材料，但可以推测禄口民间雕塑的起源至少可以追溯到南朝。今日禄口民间雕塑作品，即多是与宗教相关的佛像、神像。

据《金陵梵刹志》记载，明代江宁区境内寺庙众多，影响较大者有东山翼善寺、广惠寺、祈泽寺、天宁寺、云居寺、庄严寺、方山定林寺、东霞寺、外永福寺等，这些寺庙供奉着大量的佛教造像。除了佛寺外，旧时禄口及周边地区还建有不少的道观或民间信仰庙宇，如茅亭庙等，供奉着众多的神像。禄口的民间雕塑技艺，就是在这样的背景中代代相传。

就调查资料获知，禄口民间雕塑的代表作有《慈善大帝坐像》《四大金刚》《三神大佛》《双龙盘柱》《双龙戏珠》《大鹏展翅》及《龙凤呈祥》等，相关技艺一直在禄口及周边地区的民间传承。

传承人徐炳金，1918 年出生，禄口街道白云社区茅村人，1938 年学艺，1939 年单独从艺，1941 年收徒，1953 年后半农半艺，早年曾收有两位徒弟。

当代影响与价值

禄口民间雕塑技艺传承悠久，随着宗教信仰在民间的广泛传播而发展延续至今，具有较高的历史文化价值和审美价值，值得今人予以保护和挖掘。作为宗教文化传播的重要媒介，禄口民间雕塑是当地民间信仰的反映，因此它的保护传承，还有利于多样化民俗文化传统的继承，可以起到沟通古今、保存技艺的作用。

谷里树桩盆景

基本概况

谷里树桩盆景，流布于谷里街道各个社区。传承人杨家智。

制作树桩盆景的材料主要是树桩，一般要求是叶片小而苍翠艳丽的树种，如雀梅、六月雪、榆树、黄杨、虎刺，或叶形奇特别致的树种，如银杏、枸骨、枫树、金雀花、石榴、枸杞。此外，其他的材料还有各种盆景盆和各类石料（如灵璧石、千层石、太湖石、砂积石、海母石等）。

制作树桩盆景的工具主要有钢锯、刀口锤、尖刀锤、剪刀、单股胶皮导线、塑料绳、小铁铲、生根剂、培养土、液体肥料、喷水壶等。

制作树桩盆景的主要工艺流程如下：

1. 设计。根据树形设计造型，决定修剪弯扎方案，画出设计图。根据设计图选择盆钵。

2. 剪定和弯扎。先修剪主干，再用胶皮电线按设计图将主干弯扎，然后修剪扎弯枝条，最后修剪根系。

3. 浸生根剂溶液。将树苗根部在生根剂中浸泡数分钟。

4. 上盆。将盆垫好，铺一层泥，把植株摆上，安排好根的位置，用塑料绳将它与盆钵绑扎在一起，并加以固定。

5. 填入培养土，浇透水。

6. 埋盆养护。将盆景排齐在平地上，在上面洒细土，仅留树梢在外面，用喷水壶洒水淋树梢，使树梢干净无泥浆，便利其萌发。

7. 施肥。过几个星期，当树木长出新叶后，选择无风又没有强阳光的时候（最好是清晨或下

谷里今貌

1960 年代末谷里地区卫星图

午四点后），向叶面喷洒一些液肥，促使它健壮生长。

8. 出盆。两个月后，将盆景出土，进行正常养护。

历史传承

盆景艺术历史悠久。早在春秋时期，人们已开始有了以植物为欣赏对象的审美情趣。唐宋时期，盆景艺术又有相当发展。晚清至民国时期，盆景制作趣味已转向利用树桩来塑造了，并呈现繁荣景象。新中国成立后，古老的盆景艺术焕发青春，盆景事业得到空前的发展，特别是树桩盆景更是生机勃勃。

谷里树桩盆景工艺传承人杨家智，1951 年出生，师从中国艺术大师裴家同，书画造诣较深，是谷里街道知名的民间艺人。他自幼酷爱盆景艺术，在孩提时代，就常用各种各样的盒子、盆子、钵子装上细土，用那些造型别致的树桩和石头制作简易的盆景，放在家中观赏。长大后，这种爱好越发不可收拾，他常利用空闲时间，到处寻找各式各样的树桩制作盆景。为了找到好的盆景树桩，他曾涉足浙江、安徽、江西等名山大川和周边地区的山林。经过多年的反复实践，他的树桩盆景制作技艺更加成熟。他制作的树桩盆景，立意新颖，千姿百态，神形合一，寓奇于实，以奇取胜。他应用幻想、夸张、渲染的手法，再现自然，再现生活，因材赋意，和谐统一。

杨家智制作的树桩盆景作品源于自然，又高于自然，其制作技艺精湛，别具一格，深受广大民众喜爱。其树桩盆景类型有直干式盆景、斜干式盆景、卧干式盆景、小悬崖盆景、大悬崖盆景，还有滚龙抱柱式盆景、云片式盆景、枯峰式盆景、附石式盆景、丛林式盆景、垂枝式盆景等，其主要代表作有《参天大树》《逢春枯木》《龙腾虎跃》《寒潭鹤影》《风雨同舟》等，在江宁区境及周边地区具有一定的影响力。

当代影响与价值

树桩盆景工艺，将自然的林木山石引入室内，反映了国人对山水的向往，蕴含了传统的审美追求和文化个性。好的盆景讲究盆、景、几架三者的搭配得当与相得益彰,追求人与自然和谐统一。在盆景塑造过程中，对于树木的栽培，强调取其自然、因材赋形，而不可刻意营造，这样的理念彰显了传统文化中中正平和、因物制宜、因地制宜的中庸之道。

树桩盆景可用于观赏，也可装点环境，在厅堂、卧室内放上树桩盆景可以营造清新、安宁、舒适、典雅的气氛，令人赏心悦目，具有较高的欣赏价值。另外，室内摆放盆景植物，还能起到净化空气、增强人体活力之作用，可以很好地满足当代人对于健康生活的需要。保护传承具有鲜明特色的树桩盆景工艺，有利于传递“和谐”这一思想传统，有利于在社会中培育关注自然、爱护自然的文化意识。

钟华军盆景

基本概况

钟华军盆景，俗称陶吴盆景，其制作技艺流布于禄口街道谢村社区。

陶吴盆景现在以山水盆景居多，常用的制作工具有各种锤子、錾子、刷子、锯子等，有条件的还要置办小型电动切割机等，以方便加工质地较硬的石材。其他的材料有 502 胶水、水泥、黄沙、颜料等。

制作的流程主要有锯截、雕凿、黏合等。其中锯截的意思就是对于大型石材，可通过锯截的方法，使其达到微型盆景要求的尺寸。与此同时，石材的底部也要加工平整，以方便在盆中摆放。

雕凿则是针对软质石材，可以直接用凿子凿出所需要的盆景基本形状以及纹理，雕凿时既要注意整体的构思，也要照顾细节的纹理，使其和谐统一。

盆景制作中的微型山水，又有水盆和旱盆之分。旱盆是在盆钵中表现陆地上的高山峻岭、奇峰陡岩等景观，尽管表面上没有水，但内部也蕴含着水之气韵；水盆则有山有水，既有山峰峭崖，又有江河景色。

据口碑资料，过去陶吴地区很多人都会做盆景，可分为短期的和长期的。长期的盆景带盆，有土。短期的盆景主要插花。陶吴盆景讲究搭配，要求草木协调、四季常青、美观得体。其造景不能太空，也不能太满。颜色不能太单调，也不能太复杂。一般喜用常青的松柏，寓意长寿的白果树（银杏），可以食用的辣椒、橘子，有药用价值的金银花、石斛，四季花卉茶花等。如果盆景植物能吃能用，还可以欣赏，那当然更好。比如说白果，其树叶是中药材，形象足堪欣赏。再如橘子树树形美观，果子可以吃，亦可做陈皮。

陶吴盆景制作，特别追求寓意的寄托。如石榴盆景，象征富贵兴旺，石榴多籽，又象征多子多福。石榴盆景若与苹果、桃组合，则象征多财、多寿、平安。橘子盆景，寓意吉祥如意。枣树盆景，寓意早生贵子。草木搭配其间，草是草本植物，通常一季一换，而木是常青的，寓意事业兴旺发达。

历史传承

明代文人高濂在其《遵生八笺》中称“盆景之尚，天下有五地最盛”，其中南京的盆景制作便居首位。

陶吴地区制作盆景的历史，可以追溯到明清时期。当时，陶吴地区有很多大户人家，都有自己的小园林，所知有朱家、常家、李家等，不仅

陶吴盆景

园林里要造景，家里也会摆置。因为有这样的需求，就使得当地许多人掌握了制作盆景的技艺。另一方面，能为当地大户人家制作盆景，在旧时算是一件较好的差事。晚清太平天国时期，因为战争社会动乱，陶吴大户人家逃往外地，原来家中的宅院、园林都荒废了，以制作盆景为生的花匠大都遣散了，但他们的手艺还在。后来，他们习惯将日常生活中常见的农作物、药材和盆景结合起来，较之从前更加世俗化。这也逐渐成为陶吴盆景的一个特色。

传承人钟华军，禄口街道铜山谢村人，已去世多年。据 2009 年《江苏省非物质文化遗产普查南京市江宁区资料汇编（下册）》记载，"钟华军盆景制作"为祖辈传承。

当代影响与价值

盆景可以点缀美化生活，可以陶冶情操。作为一种"活的艺术""立体的画"，它不是自然造化的赏赐，而是人工精心栽培养护的成果，因此可以培养人的责任感和规划意识，有助于加深对人与社会、人与自然和谐的理解。在今日之陶吴地区，盆景仍是最贴近居民日常生活的装饰，家家户户都喜欢用盆景装点居室内外，反映了陶吴民众对自然情趣的追求，已成为当地特色传统文化的标识之一。

传统音乐

中国的传统学问，以经学置首。六经则有诗、书、礼、乐、易、春秋，其中无谱者为《诗经》，有谱者为《乐经》。非物质文化遗产亦然，无谱者为民间文学、为方言谚语，有谱者为传统音乐。学问的分野，恰恰在于乐谱的存毁。《诗》三百，如今仍为文学爱好者所传诵，而乐谱已经失传的《乐经》，早就是一门绝学，消失在浩瀚的中国典籍史中了。

但江宁一带的打麦歌，就把乐谱传承了下来。当年在收割脱粒之时，晒场上是一排排金灿灿的麦粒，农民在其两边站成两排，同时持连枷打场。打麦歌由领唱者唱道："打起麦来就唱歌，口唱歌儿心里乐。我领唱来大家和，心中歌儿实在多。"高亢的音调，听得人豁然开朗。众人接着齐声唱和："哟嚎嗨，吆嗨哟！"领唱者继续唱："打麦唱起打麦歌，今年收成多又多。去年只收八百担，今年收了一千多。"听了就觉得很治愈。脱粒时，两边对面互相敲打同一个点，边打边移动，以号子统一节奏，以免互相打在连枷上。所以在北宋张舜民的《打麦》中是这么说的："打麦打麦，彭彭魄魄，声在山南应山北。”细听便有往复回还、此起彼伏之妙。

同为劳动号子，还有除杂草的《薅（hāo）稻歌》，祖辈流传下来是这么唱的：“扛起来锄头去呀去下田呀，田里的杂草比秧高呀！”众人齐和：“咿呀咳，呀活儿咳，田里的杂草比秧高那个呀活儿咳！”领唱者接着唱：“太阳呐，晒得汗直流呀，双手推得都是泡呀！”齐和：“咿呀咳，呀活儿咳，双手推得都是泡那个呀活儿咳！”大多数音节都在有重音的四分音符上停顿，与劳动用力的节奏配合得十分贴切，旋律中欢快的衬腔占据大量篇幅，使气氛显得轻松活跃。

联想到《诗经·芣苢》中女孩子们采车前子的画面：“采采芣苢，薄言采之。采采芣苢，薄言有之。采采芣苢，薄言掇之。采采芣苢，薄言捋之。”用今天的话翻译就是“车前子啊采啊采，快点把它捡起来；车前子啊采啊采，快点把它摞起来。”又何尝不是产生于民间的劳动号子呢？只不过，采诗者慧眼收入，孔夫子删诗又幸存，我们便听到了两三千年前的采集歌、打麦歌。“采采芣苢，薄言袺之。采采芣苢，薄言襭之。”又何尝不是用欢快的衬腔来表达劳动即将结束、果实即将带回家的心情呢？

所以说，一些优秀的传统音乐，当以《诗经·国风》视之。而在民间节日中演奏的传统音乐，则可以《诗经·小雅》视之，不啻为中国礼仪文化的一部分。知名音乐学家黄翔鹏曾有“传统是一条河流”“今乐犹古乐”等著名论断，古乐今存、古今一脉，今天的传统音乐不少即是千古流传的变风、变雅。因此，编者十分重视江宁民歌的号子、山歌、小调、田歌、秧歌，河湖地区的船歌、采莲曲、采茶歌等等，竭尽所能汇编于此。要知道，当年著名音乐学家杨荫浏先生成功翻译南宋姜夔的歌曲集，就是在西安鼓乐俗字谱中得到了启发。相信江宁民歌也定会使今人迸发出新的灵感。传统音乐是一个活态传承与存续的过程，其魅力就在于它是古代音乐在当代的遗存，又能够在新时代焕发出全新的生命力。

但传统音乐的三大威胁却客观存在，不以人们的意志为转移：

第一，在中国城镇化进程中已经实现了“村村通”，到处流行“淘宝疯”，现代生活早已普及乡村。比如《打麦歌》随着脱粒机、收割机的使用早已消失。比如《插秧歌》中“插秧要插扁蒲秧，娶亲要娶胖姑娘”，反映的已是被现代年轻人所嘲笑的旧观念了。比如《谷里山歌》的车水号子“小小吉山五指尖，小小牛首出神仙。祖堂山有无梁殿，方山顶上一冲田”，反映的已是消失的风景。过去生活气息浓郁，地方文化色彩浓厚，散发出迷人芳香的民间音乐，是扎根于乡村这块沃土上的。

过去，车水是旧社会最苦最累的农活，山区缺水，经常要日夜不分地抢水。劳动号子除排解疲劳外，更重要的是指挥脚踏节奏的快慢，以达到用力整齐、能上满水的效果。当时，凡不会唱歌的人，是不会被人家请工的，在自家水车上也不准上车，只好在边角小车上忙乎，还会被人嗤为“车哑巴水”。但随着农业机械化的普及，随着人民公社的解体，劳动号子早就没了用武之地，只能成为传说。

第二，流行音乐、西方音乐的引入，严重威胁了传统音乐文化的发展。今人对于山歌小调、采茶灯、十般吹已经相当陌生了，更别提欣赏其中的窍门和魅力了。这当然可以从一个方面解释有的“非遗”条目为什么资料不完整，乐谱为什么付之阙如。和《诗经》丧失了音乐、《乐经》从六经中消失出去一样，不少民间乐谱和唱念的方式也已经在历史中流失了。对于补足和填充，知情人和传承人都爱莫能助。

第三，当下很多传统音乐剧团、乐队都面临着严峻的生存问题，缺少表演机会，而且耗费心思所排练的表演无法被公众所欣赏。就拿江宁锡剧团来说，因为国家全包，虽然仍在维持演出，但青黄不接、人才乏继是不争的事实。传统音乐依托于演唱者的现场即时表演，仅有乐谱和歌词是听不到乐音的，它无法脱离演唱者和表演的具体环境，所以失去了表演的环境，失去了演员求发展的斗志，传统音乐要想找到未来的路，还得积极开动脑筋。

综上，经之所以为经，正是因为它反映了年代久远、传承有序的人类生活，有保存和借鉴的价值。如上古采诗官一样留存史料，即使是面临三大威胁、现代挑战，仍然是亟待完成的基础性工作。相信这里载录的“乐经”，必然和其他门类的“非遗”一样，蕴含着强大的文化生产力。要知道，世界乐坛影响近百年的民族乐派，依赖的正是过去不为人所知的传统民歌。不仅伟大的巴托克、西贝柳斯是这样，连柴可夫斯基第四交响曲，也用了民族歌曲《小白桦》，至今传演欧洲，经久不衰。

利用好这样的文化遗产，活学活用，积极师法传统音乐，一定会让我们焕发出崭新而蓬勃的创造力，产出有高度、有深度的文化自信，自立于民族文化之林而无愧。

马铺锣鼓

基本概况

马铺锣鼓，起源于禄口街道的马铺，并因此得名。主要流传于东善桥元山，秣陵大里村、小里村、胡里村，禄口街道的张桥、北庄、新生、高伏、陆岗等地区，在江宁周边的句容市、溧水区也有小范围流传。主要传承人有朱庆春、韦吉华、朱庆华、张为富、张本红等 10 多人。

我国的打击乐历史悠久，远在 3000 年以前的周代就已使用“编钟”“编磬”等具有乐音的打击乐器了。锣鼓类打击乐器的音色、节奏及演奏方法丰富多彩，其音响宏大、气势磅礴，演奏起来令人精神振奋，因此在传统音乐文化中占有重要位置。明清以来，江宁地区的鼓、锣、钹有机结合在一起，自成体系，参与当地的社火、庙会、祭祀等各类演出。无论在乡村或城镇，逢年过节或欢庆场面，都能够看到锣鼓的独特作用。马铺锣鼓、佘村锣鼓、徐墕村元宵跳鼓、彭福神鼓、谷里张溪锣鼓和振山鼓，都属于传统锣鼓表演形式。

马铺锣鼓所配乐器有板鼓、响木、堂鼓、木鱼、大锣、小锣、手锣、大钹、小钹、碰铃等。鼓是牛皮木框鼓，锣、钹、碰铃是铜制品，一般十件为齐，缺一不可。

马铺锣鼓上的彩球镶嵌“二龙戏珠”“丹凤朝阳”“孔雀开屏”“喜鹊登梅”等吉祥图案，鼓槌绘以彩穗流苏，令人赏心悦目。当地每年的春节、清明、朝山或赶庙会等时期，都要举行大型民间文化活动，马铺锣鼓是其中最重要的角色。表演时一个班子一个阵式，多由一名旗手高举队旗在前，七面龙凤旗旗手紧跟，11 名锣鼓手随后。其着装统一，上身为绿色黑边马夹，腰系红色彩花带，赤脚穿着用布条、麻丝编成的草鞋，迈着统一的步伐，敲打时轻重有序，节奏欢快，缓缓地朝目的地出发。

若是几个班子组合统一为一个阵式，则更加威武。表演时由队旗领路，伞盖随后，半副銮驾（皇帝出巡为整副，有刀、钩、钗、戟等）紧跟。按指挥排序，敲打曲牌有时分散，有时组合。其后是玩麒麟的、演唱民歌的、说唱的，最后是手举三角彩旗的群众，形成了一支人数众多、规模庞大、阵容齐整的队伍，显得非常热闹。

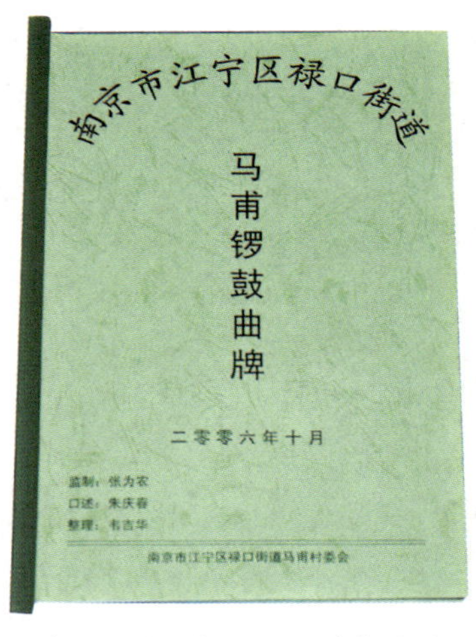

《马甫（铺）锣鼓曲牌》书影

马铺锣鼓曲牌繁多，曲式复

杂。其中小曲牌有闹台、重风、悠风、骑马、五锤、抄轮、单元宝、双元宝、板子风、鱼咂嘴、凤点头、金板九锤半等，传统大曲牌有闹月、跳龙门、翠屏山、水漫金山等。表演时，演奏者自始至终精神饱满，全神贯注。节奏时紧时慢，音量时轻时重，每个成员必须听从板鼓的指挥，团结协作，步调一致。

马铺锣鼓表演

历史传承

马铺锣鼓始创于清光绪年间，有 100 多年历史，是在江宁及其周边地区久负盛名的民间鼓乐。

马铺锣鼓表演队出国演出场景

据口碑资料，清光绪年间，王德宝的姑爷爷（名字已无从考证）从江宁府城迁居马铺村，传授锣鼓演奏技艺，组成锣鼓队伍，在本村及周边村落演出。二十世纪二三十年代是马铺锣鼓发展的鼎盛时期。当时，仅马铺一地就有六个班子，其中马铺村民张行乔的爷爷一家就组织了一个班子。当地民众主动参与，自愿组合，参加当地每年的节庆和集会，如春节、庙会等。马铺地区热爱这项活动的

马铺锣鼓女子表演队在“和谐江宁大舞台——腾飞的禄口”专场文艺演出上进行精彩表演

马铺锣鼓老艺人

朱庆春等老艺人为采风的江宁区文化馆业务人员进行表演

老前辈们，吸收借鉴各方锣鼓曲牌，经过实践、改进、创新，其演奏内容越来越丰富，表演技巧越来越成熟。

由于马铺锣鼓表演技艺超群，风格独特，在江宁及周边地区的民间打击乐中堪称一绝。民国时期，马铺村锣鼓队就曾去过茅山、九华山、花山、云台山等地演出。在二十世纪三四十年代，马铺锣鼓由禄口地区流传到秣陵、东善桥及周边的其他地区。

新中国成立后，马铺锣鼓曾先后到镇江、南京延安剧场、江苏省电视台等处演出，受到一致好评。其传承人中，以 1937 年出生的朱庆春和 1943 年出生的韦吉华年龄较长。其中朱庆春十岁时便喜爱锣鼓艺术，并随长辈艺人学习演奏技艺，新中国成立前就曾多次参加朝山、庙会以及周边地区的演出活动。新中国成立后，仍是马铺锣鼓队成员，参加各类演出。

随着人们生活方式的改变、现代音乐文化的冲击，传统的马铺锣鼓表演大受影响，仅仅依靠单一的口耳相传模式，已不能适应其发展，再加上老一辈民间艺人逐年辞世，演奏乐器保管不善，原始曲牌遗失，其传承一度面临困境。

这种情况引起了当地政府和文化部门高度重

1976 年禄口公社马铺大队农村文艺宣传队合影

马铺锣鼓表演乐器

视，20 世纪 80 年代江宁区文化馆就曾组织专家对马铺锣鼓进行了抢救性挖掘。2006 年，有关部门还对其原始曲牌进行了搜集整理，并组织一批文化素质高、接受能力强的青年女教师学习技艺，成立了马铺锣鼓女子表演队，登台表演，使这一濒于失传的民乐奇葩得以传承光大。2007 年 7 月，中央电视台第七套节目对此进行了报道。2008 年，应马来西亚马六甲市邀请，马铺锣鼓代表南京市参加与马六甲缔结友好城市庆典，及第十一届国际马来欢鼓嘉年华大型演出活动，获得了圆满的成功，成为江宁区第一个走上国际舞台表演节目的艺术团体。

当代影响与价值

作为江宁地区代表性的民间音乐艺术，马铺锣鼓表演中极具特色的乐器装饰和服饰、热烈奔放的风格、花样丰富的曲牌，无不富有极高的艺术和审美价值。它既是江宁人民劳动与智慧的结晶，又是审美的重要对象，在传承江宁文化、提升文化凝聚力、传递江宁人文精神方面发挥着重要的作用。传承保护并宣传发扬马铺锣鼓，可以推动江宁地区文化事业和文化产业的发展，在多元、多彩的传统艺术文化之林中展示江宁风采。与此同时，马铺锣鼓演出是声势浩大的民间活动，可广泛接纳群众参与，在加强地区社会交往、塑造和谐友好地区氛围方面亦可发挥独特的作用。

2008 年 1 月，马铺锣鼓被南京市人民政府列入首批南京市非物质文化遗产名录。

江宁民歌

基本概况

民歌广泛流传于民间，它是广大劳动人民在日常劳作之余身心愉悦的文化产物，是当地劳动人民的口头创作，口耳相传，且在承续中不断得到丰富和提高的文化现象。其时代性特征显著，在一些年纪较大的民间歌唱爱好者之间传唱，在题材方面，多以历史传说和民间故事为题材；抗日战争时期,多以抗战和妇女解放的内容为题材；新中国成立后，民歌的内容发生了很大的变化，多以展现时代风貌为题材。

民歌的语言直白、鲜活、生动，不乏巧于修饰处，其感情真挚、强烈，唱腔平和、自然，老少咸宜。歌谣的创作一般只能用口头语言，方言浓郁,口头性成了歌谣的一个显著特征。在过去，民歌是集体参与创作的，后经过无数人的反复加工、琢磨，在变化发展中得以承续，集体性是民歌创作的重要特征。由于口头语言的不稳定性，在民歌传唱的过程中常常受到时间、环境的不同，以及演唱者的主观思想感情和听众的情绪变化等因素的制约而发生变异。再加上民歌与地方语言相结合，即使是同一民歌在不同地域传播，也会发生变异，呈现传播地的地域特色，因此在传播的过程中，民歌具有变异性和地域性的特点。

江宁民歌是指自古以来在这里繁衍生息的江宁人民，在生产生活中用方言演唱的各种声乐作品类型的总和，具有明显的地域性特色。江宁民歌的一个特点是包容性强，它能把外来的音乐元素糅合到江宁来;再一个就是这里大多是“水网”和半丘陵地带。除了旱田以外，还有水田，半丘陵地带不少是种桑养蚕的，桑园十分发达，因此，江宁民歌中的田歌包括薅草歌、锄草歌、薅稻歌和秧歌，其秧歌也不是北方的秧歌，而是插秧时候唱的“插秧歌”；因为江宁是一个河湖比较密集的地区，所以还有船歌、采莲曲，另外还有丘陵地带种茶的时候唱的“采茶歌”。所以，江宁民歌大部分属于小调、田歌、秧歌这一类。江宁民歌中的小调，可以填不同的词，就跟古词一样，

南京晓庄学院制作的江宁民歌 CD 封面

秦淮河船上号子

词牌是固定的,但是歌词是多种多样的,《八段锦》《小放牛》等民间小调均有这种特点。民歌在江宁区广为流传,以铜山民歌、铜井民歌、湖熟民歌和湖熟民间小调等最具有代表性。

江宁民歌与时代和区域特征联系紧密,“秦淮渔韵”蕴藏着湖熟文化的历史,田歌唱出“鱼米之乡”水肥稻香鱼跃的韵味。江宁民歌好记好唱,用唱歌的形式反映一般生活情景和劳动场面,以及人民的生活习俗与精神风貌;江宁民歌取材宽广,咏古唱今,常以自然现象借题发挥,叙事抒情,许多歌词充满褒美贬丑、抑恶扬善、爱憎分明的强烈感情。有描述旧制度下的男女爱情,有以古人旧事宣扬传统道德观念,也有以纯景物为主题。当然也有部分歌词粗庸低俗,但大部分内容仍属健康高尚,尤其是许多劳动歌谣、号子,更是曲调优美,田头、山坳、河岸、工地,歌声伴着劳动节奏,抒情助兴,有领有和,此起彼落,不绝于耳。

历史传承

江宁民歌历史久远,大概能追溯到魏晋南北朝时期,当时的江宁不仅是江南的重镇,而且还是京畿之地。东晋衣冠南渡,不仅带来了北方的中原文化,同时也把中原的民间音乐带到江宁,与当地民歌融合后形成一种新的民歌形式。

江宁民歌的唱法有一些特殊的腔调,比较委婉缠绵,推测也是受语言的影响。江宁这个地方,在汉晋之前以吴语为主。随着第一次民族大融合,迁来了大量的北方人,语言在这个时候起逐渐产生融合,掺杂了北方语系和江南语系,从吴方言向江淮方言转换。因为民歌是语言的产物,是通过语言这个载体来把它唱诵出来的,所以民歌的特色基本和语言是相一致的。故而江宁民歌的曲调既有江南的委婉,又有北方的爽直,它是交杂融合在一起的。

1960 年,在江苏省音协的帮助下,江宁县文化馆派人先后到东山、龙都、秣陵、陶吴、铜井 5 个公社采风,收集民歌 80 余首,并编印了《江宁民歌采风集》一、二、三集。1962 年,南京市音协编印《南京民歌采风集》,收录江宁县民歌 34 首。1985 年,《中国民间歌曲集成·江苏卷》(上、下册)收入江宁县民歌 27 首。1990 年《江宁县民间文学集成》中一共搜集 204 首江宁民歌,分为 8 个类别,分别为劳动歌 16 首、情歌 40 首、历史传说歌 6 首、生活歌 29 首、儿歌 62 首、仪式歌 6 首、时政歌 32 首、其他类 13 首。

“江宁之春”乐团在禄口演出江宁民歌

江宁民歌表演

传统民歌在传播中大多靠口耳相传，1990年代后期，随着电视机、录音机、随身听、MP3等现代视听工具的盛行，流行歌曲开始冲击农村的娱乐市场，很多年轻人转而学习流行歌曲。如今，年轻人接受音乐熏陶的渠道很多，审美情趣多在流行音乐方面，能唱当地传统民歌的多是七八十岁的老人，传统民歌面临“传承者断代”“人亡艺绝”和“文化断层”的困境。

当代影响与价值

江宁民歌这一民间艺术形式，尽管有很强的生命力，但随着人们劳作方式的改变、生活方式的多样性、现代文化的冲击，以及老一代艺人的先后谢世，其抢救性的保护显得十分迫切。

作为一种民间音乐，从内容和主题来看，江宁民歌诞生于江宁民众的日常劳作和生活；从唱腔和曲调而言，江宁民歌立足于江宁方言的基础而兼备南腔北调。可以说，江宁民歌是江宁地域历史文化活态的载体，其词、曲均具有深厚的历史价值、文化价值，值得予以重视、挖掘和保护。

在江宁,《车水号子》《踩水号子》《汤山地区劳动号子》《硪歌》《薅稻歌》《打麦歌》《送春》《谷里山歌》《采茶灯歌》《铜山民歌》《铜井民歌》《湖熟水乡牧歌》《湖熟民歌》《湖熟民间小调》《四季歌》《九满子》《二姑娘倒贴》《五更金儿里》《栽秧小调》《十恨》等民歌至今仍在传唱。这些歌曲中传递着劳动人民勤劳乐观、和谐淳善的优秀品质，蕴含着积极向上的人生态度，是中华民族宝贵的精神财富。保护江宁民歌，也是对优秀传统文化的传承和发扬，符合推动优秀传统文化复兴及可持续发展的要求。

目前，江宁民歌大部分曲目已经收录在《江宁民歌采风录》《江宁县志》《江宁县民间文学集成》及各地街道志书中，江宁民歌的价值逐渐得到重视，已有越来越多的街道、社区参与到了江宁民歌的传扬和保护工作中。

2008年3月，江宁民歌被江宁区人民政府列入第一批江宁区非物质文化遗产名录。

十般吹

基本概况

十般吹，主要流传于江宁街道星辉社区及其周边地区。知情者王如刚、陶德广。

我国各地都有多种形式的鼓吹乐在民间广泛流传，与广大群众的社会生活联系密切，已成为重要的民间音乐活动的一种形态。十般吹就是我国现存的重要而古老的民间器乐乐种之一，深受江宁普通群众的喜爱。

十般吹一般有10名乐手组成，分高胡、二胡两把（正反宫）、四胡、笛子、箫、三弦、月琴、唢呐两把（高中音）等，故称“十般吹”。也有人认为“十般吹”的得名就是以10件器乐为组合。有时一些小村社难以凑齐人手，仅五六人或七八人也可成班，其中唢呐、二胡、笛子等几样主要乐器必不可少。十般吹的成员自由组合，主要来自当地的民间艺人。据相关资料，民国期间，江宁县的谷里、东善、陶吴、陆郎、铜井、江宁、湖熟、禄口等地已有十般吹的乐队。在过去，十般吹演奏的多为传统曲牌，如《小开门》《柳青娘》《梅花三弄》《傍妆台》《万年欢》等。服务对象主要是应婚丧喜庆之邀上门演奏，逢年过节也会受邀参加，以示庆贺，在玩灯、舞狮时作为伴奏。被服务的对象，需要付给一定的报酬。

旧时老百姓家中每逢红喜事，如开业、祝寿、乔迁等，都要请来十般吹演奏。表演者一般着红色演出服，演奏喜庆曲目。而每逢老人去世，则

“十般吹”演出乐器

“十般吹”演出（一）

几乎都要请十般吹来家中演奏，并装上扩音设备。此外，将已故老人遗体送至火葬场火化，或将死者骨灰盒送至公墓安葬，十般吹乐队演奏人员须身穿白色或黄色演出服，头戴白色或黄色大盖帽，与家属同乘一辆车上，演奏悲伤曲目，为死者送行。在为已故亲人哭灵时，十般吹的演奏要求气氛更加悲伤，同时还要演出一些小品。届时周边乡邻纷纷前来观看，有时多达几百人，场面蔚为壮观。

十般吹演出的乐器有小号、长号、萨克斯、圆号、长笛（铜）、短笛（铜）、二胡、笛子、喇叭、唢呐、大中小提琴、锣鼓等。演奏的形式多样化，概括为一吹（奏）、二哭（唱）、三表演。

“一吹（奏）”，指的是现场只有器乐在单独演奏，主要是吹喇叭（即唢呐），中间可以夹杂架子鼓、锣、二胡、电子琴、萨克斯、笛子、长号、小号、圆号等乐器，吹奏的红喜曲目有唢呐曲《大开门》（此曲用于迎宾、更衣、考中后吹打等）、《一枝梅》（此曲是用于迎接公主、娘娘或班师回朝的奏乐）、《慢中抬》《婚礼进行曲》（此曲用于婚宴、入洞房、迎亲等场合），吹奏的白喜曲目有唢呐曲《哭泣泣》（此曲是山西民间器乐曲牌，曲调悠长哀伤，一般在丧礼中“起灵”“吊孝”“哭灵”等场合演奏，运用了唢呐的各种技法，对伤感的旋律进行重复、展衍，刻画了逝者亲人在悲痛欲绝时，那种时而放声哭泣，时而抽泣的音乐形象）、《慢中抬》，及笛子曲《哭皇天》（此曲用于悲伤场面，如扫墓、祭坟等）、《小门》（此曲是弦、笛、唢呐的通用曲牌，用于烧香、拜佛、摆宴、打扫经堂等场景）等。

“二哭（唱）”，以哭（唱）为主，并视哭（唱）内容，以部分器乐或整体器乐为其伴奏。表演时，

“十般吹”演出（二）

“十般吹”知情者王如刚夫妇接受采访

在台上演唱歌曲，有时用现代的曲调配上自编的词，比如在白喜场景下，亲人辞灵时唱“妈妈明天就要走，孩儿我心里实在难受，世上只有爸爸妈妈好，妈妈你慢些走”，主题曲有《我的老父亲》《我的老母亲》《白发亲娘》《儿行千里》《送别》等。

“三表演”，指的是红白喜事程序走完以后的表演活动。其时“十般吹”成员全部上阵，轮番献艺，除器乐外，多以小品、曲艺见常，多自编、自导、自演小品《计划生育》《媳妇不孝敬公婆》《婆婆骂媳妇》《老来难》等内容。

历史传承

十般吹的渊源可以追溯到汉代的鼓吹乐，其直接来源则是我国古代的庙宇文化。民国之前，一般的有钱人家在亲人去世后，大多要请庙里的和尚来家里超度，在诵经的同时会伴随着各种乐器的吹奏。后来，普通人家的红白喜事也时兴唢呐吹奏。刚开始规模较小，仅两人吹奏。随着时间的推移，渐渐演变为十般吹，就是有十个艺人同时吹打十种乐器，这一形式一直流传至今。

新中国成立后，由于婚俗习俗的划时代变革，十般吹演出的机会越来越少，多数村社乐队后继乏人，最终走向消亡。改革开放后，一些村社的十般吹才逐渐有所恢复。21世纪以来，十般吹发展迅速，增添了一些现代的外来的元素，像手风琴、电子琴、架子鼓、萨克斯等。吹奏的曲目，除一些传统曲目外，大都是《一枝梅》《慢中抬》《婚礼进行曲》《哭泣泣》《哭皇天》《小闸门》《大闸门》等，有的甚至吹奏流行歌曲、革命歌曲。

十般吹传承人之一的王如刚，1969年生，江宁街道星辉社区黄土岗村人，自幼跟随父母、舅舅在徐州学习十般吹，后迁入铜井，在当地演奏十般吹。传承人陶德广，1948年生，星辉社区孙刘村人，年轻时在大队搞文娱宣传，50岁开始学习十般吹。传承人毕绍文，星辉社区潘祁村人，吹奏唢呐多年，已将此技艺传给儿子毕仙林。

当代影响与价值

十般吹多在丧葬、喜宴场景使用，是江宁传统红白喜事礼仪的组成部分，有着比较广泛的群众基础，保留了较多的民俗历史信息，可为地域信俗观念研究提供独到的视角。十般吹演奏形式多样，结合了器乐演奏、歌唱、表演多种艺术，对综合认识江宁民间艺术及民间传统音乐文化的多样性有一定的价值。此外，十般吹与家庭、社区的活动紧密相关，近年其音乐形式及内容都有复杂化的趋势，相关部门如果加以引导，则不仅可以丰富地区文化生活，亦可在塑造和谐家庭关系、增强地区凝聚力方面发挥健康向上的作用。

2008年3月，十般吹被江宁区人民政府列入第一批江宁区非物质文化遗产名录。

古琴艺术

基本概况

古琴艺术，主要流布于东山街道及其周边地区。传承人李家安。

古琴是中国最古老的弹弦乐器，古代只称“琴”，雅称“绿绮”“丝桐”。近现代为强调其古老性及与其他乐器的区分，特加上一“古”字。因古琴共有七根琴弦，所以又有“七弦琴”之称。古琴上标记泛音位置的标记，称为“徽”，共有十三个。“七弦十三徽”是古琴最具代表性的外观特征。古琴音色深沉、音域宽广，十分独特，有“太古之音”“天地之音”之美誉。

南京地区在历史上有着深厚的古琴文化基础。明清时期，南京地区兴起的“金陵琴派”，又称“江宁派”，源自明代皇家乐官，是我国古琴最著名的流派之一，可以说是南京古琴艺术的突出代表。在金陵派古琴艺术的发展和传承史上，江宁地区一度起过重要作用，既诞生过如黄勉之这样的古琴大师，也出现过如青溪琴社这样有一定影响力的古琴社团。在艺术理念上，金陵琴派追求演奏者主体和乐器客体、形式与内容相统一，倡导通过“琴心合一”，走向“天人合一”，以达到高雅精致、清新脱俗的境界；在艺术表现形式及内容上，金陵琴派注重琴歌、琴曲并存，强调继往开来，反对雷同，着力表现乐曲的魅力；在演奏特点和技巧表现上，金陵琴派秉持古韵之遗，强调指法灵活细腻，演奏漂移洒脱，尤以“顿挫”取胜，在琴界独树一帜。金陵琴派的代表琴曲，包括《蔡氏五曲》《关雎》《秋塞》《梅花三弄》《醉渔唱晚》《潇湘水云》等。

历史传承

考古出土的实物图像资料告诉我们，早至六朝时期，古琴艺术在南京地区就已经颇为流行了。2006 年，江宁上坊孙吴大墓中出土了随葬的青瓷乐俑，其形象是两个乐师正在神情庄重地弹奏古琴。1960 年，西善桥南朝大墓中发现完整的“竹林七贤与荣启期”砖拼壁画，画中的嵇康同样在弹奏与今天一样的“七弦十三徽”古琴。六朝高等级大墓中频频出现抚琴人物形象，可见古琴艺术深受时人喜爱，作为一种风雅的象征受到社会上层的追捧。这一时期，有许多古琴曲留名于史，如晋人嵇康所作《广陵散》、南梁隐士丘明所传《碣石调 · 幽兰》等。

在魏晋之前，以琴伴歌为古琴演奏主流。魏晋之后，古琴独奏的表演形式则逐渐为士人所推崇，占于上风。琴歌这一艺术形式虽流传已久，但明代之前真正保存下的曲目很少，仅有宋代姜夔的《古怨》和元代《事林广记》中的《黄

“竹林七贤与荣启期”砖画中的古琴

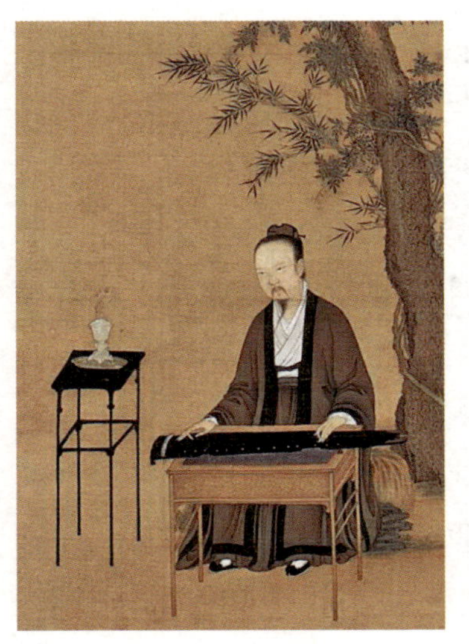

《听琴图》局部

上坊孙吴墓出土的群俑

莺吟》两首曲目。直到明代万历年间，金陵琴界的“江派”（“江”即江左，主要即指南京地区）琴歌演奏艺术家杨抡编成琴谱《太古遗音·伯牙心法》，汇录诸调、考正音文、注明指法，收录大量的琴歌，推动了琴歌、琴曲的并重发展，可谓金陵琴派的先声。杨抡在记谱过程中创制的“杨氏减字法”，对于今天的古琴打谱具有重要意义，在古琴的资料保存与整理上也起着相当大的作用。

清代初年，金陵琴家庄臻凤主张琴师在演技上继往开来，提倡突出个性特点。他在《琴学心声·凡例》中明确提出：“予臆制新曲，或偶得名人佳句，或因鸟语风声，感怀入身，得手应心”，“音律句读，弗类他声，若不发明，难于入彀”，强调琴人须将生活感悟和个人情怀融入琴曲中。他所创作的《梧叶舞秋风》《梨云春思》等琴曲流传至今，堪称经典。庄臻凤及同时期金陵地区的琴家确立了“轻松脆滑、高洁清虚、幽奇古澹、中和疾徐”的琴学原则，对当时的琴坛影响甚大。自庄臻凤开始，金陵琴派的艺术风格正式形成。

清末民初，江宁地区出了黄勉之这样一个在金陵琴派历史上具有重要地位的大师。黄勉之早

上坊孙吴墓出土的青瓷抚琴俑

年受业于萧山陶梦兰，后出家师从广陵琴派名家枯木禅师。还俗后，黄勉之在北京创办金陵琴社，影响力巨大。清末徐珂在《清稗类钞》中便记述黄勉之“以琴教授京师，弟子数百辈，精进无出时百右者”。黄勉之的努力，让金陵派之气象走出南京周边，遍及整个琴坛。

新文化运动以后，南京的古琴艺术进入了一个小高潮。在爱国主义意识的推动下，当时的市民群众开始自发地组织民乐社团，发扬传统文化。这一时期，夏一峰、吴浸阳、徐元白、李子昭等一批在当时非常著名的琴人，于1934年在江宁组成了青溪琴社。关于琴社名称的由来，社员徐文镜在《青溪琴社雅集图记》一文中已然点明：“青溪为吴凿东渠，在今江宁东北，以地名也。”青溪琴社内的成员可以说是汇集了当时各古琴流派的代表人物，广陵派、金陵派、蜀派、浙派等各派系在社中充分交流，对于古琴艺术的传承和发展起到了极大的促进作用。在青溪琴社的推动之下，一时间金陵琴坛人才汇聚，展现出欣欣向荣之景。

由于时局动荡，青溪琴社维持存在的时间很短，但它对近现代古琴艺术的发展起到的影响可以说是决定性的。可以说，如今各地古琴传人的师承关系，若要考究起来，都可以在青溪琴社中寻得渊源。

当代影响与价值

新中国成立以后，南京为弘扬古琴艺术开展了一系列工作。1954年，南京乐社正式成立。其后，社中古琴组独立出来，定名为“金陵琴社”，传承了金陵古琴文化。1978年以后，金陵古琴乐人恢复活动，积极组织开办古琴培训班及古琴演出，取得了良好社会反响。当代南京地区古琴艺术的主要传承人，有刘正春（已逝世）、桂世民及现任金陵琴社社长李家安等。

金陵琴派的古琴艺术是南京地区历史文化积淀的产物，在长期发展的过程中 形成了独树一帜的风格，对中国古琴文化产生了重要影响，是中国民间音乐史中不可忽视的组成部分，是民族艺术的精品，极具审美价值。古琴演奏的过程，可同时修养奏者和听者的心境，自古便深受中国文人的欢迎。对于今人来说，传承古琴艺术仍可起到陶冶情操的作用。

近代以来西方音乐文化的冲击和当代职业化、专业化音乐教育的发展，使古琴传统的传承系统受到破坏。目前金陵琴派在后继人才培养、曲目整理、音像资料保存及乐器保护与修复等方面，仍存在着诸多问题，还需予以高度重视。近年来，江宁区给予古琴艺术的关注度开始有所提高。事实上，就金陵古琴发展传承的历史来说，江宁区存在着发掘古琴文化的充分潜力，更多的工作有待于在日后进一步展开。

古琴文化经历了历史长河的洗礼，留下了无数典故佳话，充分体现了中华民族独特的文化艺术创造力，其气韵早已融入了中国传统文化的血脉中，是最能反映中华民族精神气质、审美情趣的艺术形式之一。在全社会范围内发扬古琴文化，有利于古琴背后民族文化底蕴的传承，在强化民族文化认同，增强民族文化自信心、自豪感等诸多方面具有重要意义。在西方文化居于强势输出地位、传统文化空间被挤压的当下，我们越来越有必要在世界范围内奏响中国古琴的乐音。

早在 2003 年，中国古琴便已被联合国教科文组织世界遗产委员会纳入世界非物质文化遗产名录；2006 年，古琴艺术被列入中国非物质文化遗产名录；2007 年，古琴艺术（金陵琴派）被江苏省人民政府列入首批江苏省非物质文化遗产名录，至 2008 年则又被国务院列入国家级非物质文化遗产名录。2018 年 12 月，古琴艺术被江宁区人民政府列入江宁区第二批区级非物质文化遗产名录，青溪琴社与之相应地被列为建议保护单位。

江宁采茶灯

基本概况

采茶灯，流行于江宁街道的洪幕社区、新铜社区及周边地区。

采茶灯，是我国南方汉族逢年过节举行花灯会或庙会之时，划地为台，载歌载舞的各种民间表演形式，是中国民间歌舞的一种，主要流传于南方产茶区，亦称茶歌、采茶歌、唱采茶、灯歌、采茶灯、茶篮灯等。

采茶灯的产生，与南方地区盛产茶叶有关。茶区每逢谷雨季节，劳动妇女上山，一边采茶，一边唱山歌，以鼓舞劳动热情。这种在茶区流传的山歌，被人称为“采茶歌”。这种“采茶歌”，后来又与民间舞蹈相结合,形成了载歌载舞的“采茶灯”。每逢灯节或收茶季节，茶农常演出这种以采茶为内容的即兴歌舞表演。随着“采茶灯”内容、唱腔与表演形式不断丰富，逐渐发展成为一种有人物和故事情节的民间歌舞。

江宁采茶灯是当地民间传统曲艺表演，有专门唱本，其曲调以民间小调为主，如《采茶调》《贩茶调》《梁祝十八相送》《荡湖船》《十二驾云》《蓝桥会面调》《十送调》《打字梦》《数花名》《大补缸》《大补丁》《点麦调》《过年调》《货郎调》《摊横船》等，伴奏的乐器则有锣、鼓、镲、尖（铜喇叭）等。演出时载歌载舞，表演者舞姿轻盈，歌声委婉，有人物插科打诨，十分风趣，表现了江南水乡三月采茶的美好景象。

江宁采茶灯，一般是在每年春节初四过后，由老艺人和民间工匠用竹、布、彩纸扎糊茶山、花篮、茶车等各种灯具。正月十五出灯（演出），到附近的各村广场巡回演出。演出的道具有头灯、挑灯、茶山、运茶独轮车 1 个、提镲、货郎鼓子、野鸡枪 1 把、书生箱 1 个、花篮 12 副、花伞（六角形）12 把、背篓 1 个，及拐杖、云彩等。如是闰年，演出则是花篮 13 副、花伞 13 把及一套

1985 年东善桥采茶舞

2018 年 4 月江宁茶舞

锣鼓。演出至二月初结束。

其表演一般在广场进行，其主要故事情节是：茶贩子带伙计到安徽六安贩茶，临行前夫妻双方互相叮咛嘱咐；茶贩子到了六安与茶店老板接洽，到茶山看茶买茶，用车船一路运茶回来；到家后，他发现妻子穿新衣、戴首饰，家中还增添了新家具、新摆设，遂疑心妻子有了外遇，夫妻吵闹一场；幸亏隔壁王妈妈前来解释，夫妻方才和好。

全场分“贩茶”“买茶”“看茶”“运茶”“回家”五折（或称八段），其中“看茶”一折，不仅有采茶姑娘上山采茶的歌舞，还以茶店老板请茶贩子观赏为由，穿插演出一些小型戏曲节目。在“运茶”一折中，不论车载、船运，皆伴以舞蹈动作。全场有说有唱，有问有答，有歌有舞，其中二至三人为主唱，其他人附和、应答。

江宁茶农

其表演团队一般有 40-50 人，以扮演茶贩子、书生、娘子、伙计、茶店老板、车夫、船夫、挑担、采茶姑娘、玩云彩的人等，由两个领队（领镲的）、两个花脸（丑角）、两个娘子（姑嫂二人）、一个书生、一个老爷、十二个采茶女提篮子、十二名采茶男拿伞、一个卖货郎、一个人推茶叶车子、一个人背车子（运茶叶）、一个打野鸡的、七个打锣鼓的，还有领班、后勤等人员组成。

表演者的服饰，茶贩子着中式大褂，系腰带，头戴圆帽（类似回族帽）。茶贩妻着中式大襟袄，中式长裙。其他人物如丑角、姑嫂、卖货郎等均按照人物需要穿着服装。采茶女着统一的中式裤褂，加围兜。茶男着中式裤褂。道具主要是茶担，一根扁担有弹性，两头各挂一只花篮，作为茶担用。

采茶灯每到一个村庄演出，需由左手提镲的人领路，进村、出村由右手提镲的领路。每场演出必须先演“贩茶”，中间穿插一些别的内容，如“十送”“南桥会面”等，最后演“收茶”。整

2014年11月江宁采茶舞表演

个演出分三场约八个小时，每场演出内容的多少，一般根据观众的需求进行安排。若有外地需要演出，应提前来请，以便安排。演出时无论对唱或独唱，其他表演者都进行和唱。同时，十二把篮子（采茶女）和十二把伞（采茶男）还伴以舞蹈动作，以“小碎步”和“秧歌步”为主，配以相关采茶动作。每件道具都装有灯光，可以夜间演出。

总之，采茶灯的表演者、服饰、道具、灯光、歌舞浑然一体，十分热闹，充分反映春节期间乡村欢乐祥和的气氛。

历史传承

一般认为，从唱采茶歌发展到采茶戏，经历了几个阶段。采茶歌最早只唱小调，每句仅有四句唱词。采茶歌再经发展，由采茶小曲组成了“采茶歌联唱”，名曰“十二月采茶歌”。后来，“十二月采茶歌”又与民间舞蹈相结合，进入元宵灯彩行列，成为“采茶灯”。起初，采茶戏比较简单，后增加了开茶山、炒茶、送哥卖茶、盘茶等细节。采茶灯的表演，江宁各地不尽相同。

据《中华舞蹈·江苏卷》记载，江宁区的采茶灯，是由安徽省安庆地区的民间花鼓调衍变而来，于清光绪年间先流传到皖南马鞍山市郊区的霍里蛇村一带。1920年代初期，又流传至江宁县铜井镇洪幕、李村一带。1930年代前后，流传到铜井石山。最初，因蛇村帮工谢传有（外号“谢聋子”）到新民青松岗薛立义家帮工三年，他利用闲暇时间教习当地群众表演《采茶灯》。从此，这种歌舞便在铜井、洪幕、李村、石山、青松岗一带流传开来。

旧时，江宁街道洪幕社区表演采茶灯的老艺人有戴有贵、谢有植、李有业、王敬明、李有泉、金守发、李培新、薛立贵、姜存余、金守才、水明龙、蒋荣福等人，他们的高超演技，至今仍在当地广为传颂。其中戴有贵生于1909年，1930年跟谢传有学习采茶灯。

2014 年 11 月江宁灯笼舞表演

新中国成立后，采茶灯在包括洪幕社区在内的江宁乡村广为流传，是每年春节群众喜闻乐见的民间灯舞。1982 年，金守发在洪幕村指导排演了《采茶灯》，并受邀在铜井中学操场上演出，群众争相观看，轰动一时。此后一段时间，每逢春节和农闲时间，金守发组织演出人员约 40 人，先后赴江宁县陆郎、铜井、天然、李村及安徽池口等地演出。其中水明龙编写唱本，金守发之子金诗德扮演书生，陈贵华扮演娘子，朱长清扮演车夫，金守龙扮演茶贩，陈永明扮演大补缸的，李保流玩花船，钟防荣甩灯。在 2009 年接受采访时，扮演车夫的朱长清还唱了几句："黄马一声叫，小车就来到，不是推粗糠，就是推马料。"

2009 年 5 月，铜井中学的吕昌清对流布于江宁街道洪幕社区的采茶灯进行调查走访。在这次走访中，他调查了这项非物质文化遗产的传承人金诗德、陈贵华。金诗德，生于 1942 年，洪幕社区小良塘村人，其父就是金守发。金诗德 13 岁跟随小叔金守才学演采茶灯，扮演书生的角色。陈贵华，生于 1943 年，洪幕社区老良塘村人，18 岁跟随金守发学演采茶灯，扮演娘子的角色。

为了继承和发扬传统文化，原铜井文化中心站曾走村串户访问民间老艺人，搜集了 10 首采茶灯曲谱，后收录于《南京市民间音乐集成》一书。老艺人戴有桂提供的八折广场剧《采茶灯》词曲，被整理成近两万字的文稿报送江宁县文化馆。目前，随着非物质文化遗产保护与传承工作的全面推动，江宁采茶灯仍然活跃在江宁街道的民俗文化活动中。

当代影响与价值

作为民间艺术的一种，采茶灯具有丰富的表现形式，歌、舞、戏剧元素在表演中巧妙地融为一体，使得演出极具观赏性。这种独具特色的民间艺术，是江宁人民劳动和智慧的结晶，值得今人去认识、欣赏和研究，从中汲取艺术创造的营养。采茶灯产生于茶业生产的劳动中，之所以能兴起和广泛传播，是因其与江宁人民的生活密切相关。保护传承采茶灯，有助于我们认识江宁历史上的社会组织结构、生活方式和社会人际关系，可以推动对江宁茶业生产历史的深入了解。

毫无疑问，在保障采茶灯良好传承的基础上，对其适度开发，可以带动江宁文化旅游产业的发展，进而创造更大的经济价值。而合理地开发这一民间艺术形式，也有助于江宁文化"走出去"，在更大的范围里展现江宁文化的魅力，在文化交流的过程中碰撞出全新的艺术火花，为提振文化自信与文化认同这一大目标服务。由于文化生态环境的不同，采茶灯在江宁各地的传播存在较大的差异，形成了具有不同风格的地方分支，包括江宁采茶灯、万安采茶灯、谷里采茶灯等。

万安采茶灯

基本概况

万安采茶灯，主要流布于湖熟街道万安社区一带。

万安采茶灯每年正月都会进行表演，演出时间一般是从春节开始到三月止。演出地域除万安社区外，有时亦会前往湖熟集镇及东山参加汇演，还会受邀到外地演出。万安采茶灯全套玩灯表演者，共40-50人。全场分“贩茶”“买茶”“看茶”“运茶”“回家”五折。

万安采茶灯的表演者擎花篮、彩灯，挨家表演，载歌载舞，颇具特色。全场有说有唱，有歌有舞，亦有人物插科打诨，十分风趣。在清代及民国时期，采茶灯的表演通常由十二男性装扮成女性。新中国成立后，则全部由女性担任。按照当地习俗，参加演出的表演者前一天要“挂红”，也就是其亲朋好友会送一块红布给他。

万安采茶灯以说唱为主，一唱一答，兼有中国传统歌舞音乐的特点，节奏整齐，曲调欢快而优美。其唱词分十二个月歌唱，以叙述采茶女一年中生产及生活的情景。12位表演者每人手提一盏花灯，每盏灯表示一个月，每月的唱词内容都不相同，如：“正月采茶是新年，三兄四弟结茶园；结起茶园二十行，四行栏杆直行田。二月采茶茶发芽，姐妹双双同采茶；姐采多来妹采少，湿了手巾忙倒茶。三月采茶茶叶青，姐在家中绣手巾；两头绣起花蝴蝶，中央绣出采茶人……”这项表演中，要数“数灯”最精彩，动作难度也最大，要求表演者口才好，需边数灯边唱，一气呵成，将演出的气氛推向高潮。

万安采茶灯表演者的服饰，一般为头扎毛巾，身穿大襟衣服，主要的道具有二胡、花灯等。

黄龙岘茶山日出

2019 年万安采茶灯表演

2014 年江宁采茶舞表演

历史传承

关于采茶灯的最早记载，见于明人王骥德的《曲律》:“至北之滥，流而为《粉红莲》《银纽丝》《打枣杆》;南之滥,流而为吴之《山歌》、越之《采茶》诸小曲，不啻郑声，然各有其致。”至清代，采茶灯的发展更趋完整丰富。据李调元《粤东笔记》载:“粤俗，岁之正月，饰儿童为彩女，每队十二人，人持花篮，篮中燃一宝灯，罩以绛纱，明缰为大圈，缘之踏歌，歌十二月采茶。”这里面的“踏歌”就是既唱歌又踏步跳舞的音乐形式，正是“茶灯”。这说明采茶早在 17 世纪时已经在南方诸省盛行。

万安采茶灯起源于清代，至今已有一两百年历史了。民国时期十分盛行，广为传唱。1934 年，乔启明在《江宁县淳化镇乡村社会之研究》一文中记载:“跳采茶灯在丰年的时候，人各手有余钱，即由村长为首，招集各家，随力之多寡，捐款若干，作为费用，然后选择本村会玩之儿童扮演各种故事,大半由各种小说采集，例如‘水漫金山寺’‘西天取经’等。玩时多在夜间，灯彩辉煌，载歌载舞，一夜始息，如有邻村来请，则全班出发，有时可连续玩耍四五日始止，故幼童精神，皆极度疲乏。”由此可以看出，采茶灯在民国时期的江宁十分流行。

新中国成立后，由于群众对文化生活的渴望，当地民间艺人淡永春改编了《采茶灯》，分为《采茶》《卖杂货》《数灯》等部分，并向年轻人传授。此后不久，由于种种原因，万安采茶灯停演。改革开放后，一度小规模恢复。1987 年，在一次表演过后,万安采茶灯再次陷入沉寂。2009 年 5 月，龙都中学的程盛宝对万安采茶灯进行调查，发现当时的老艺人只有王明金、王清林、周玉华 3 人还能传唱几句，但年龄都在 80 岁上下，已经有 50 多年没有表演了。

近年，在当地民间艺人李娟的带领下，采茶灯艺术再次活跃于万安社区。2019 年，万安社区永安西村进行了一场非常成功的采茶灯表演。同年 2 月 14 日，《南京日报》以《非遗项目销声匿迹32年后“复活”——万安采茶灯，首演引轰动》为题进行了详细的报道。

知情人李国高，1944年生，湖熟街道万安社区塘西村人。1956年，曾到江宁县东山参加演出。20世纪60年代，曾参加湖熟组建的淡村《采茶灯》表演队，由淡永春负责传授。

当代影响与价值

万安采茶灯是采茶灯艺术在湖熟地区的分支，反映了当地民众的审美情趣和精神风貌，富于地域特色。万安采茶灯在表演形式、道具类型方面虽与其他地区相类似，但在表演内容上又有其自身特色，共性之中见个性。传承和保护万安采茶灯，有利于保持江宁传统音乐文化的多样性，有利于推动江宁民间音乐文化的良性健康发展。包括万安采茶灯在内的传统音乐是一个活态传承与存续的过程，其魅力就在于它是古代音乐在当代的遗存，又能够在新时代焕发出全新的生命力。

谷里采茶灯

基本概况

谷里采茶灯，主要流布于谷里街道的石坝、柏树、亲见、向阳等社区。

谷里采茶灯由民间工匠用竹、布、彩纸扎糊成茶山、茶篮、茶车等灯具，表演时，一开始整齐列队，随之变换队形。打场子后，有两人一边采茶，一边领唱，众人和唱，以锣鼓伴奏，所伴的歌词是经典的采茶调（十二月采茶歌）。

谷里采茶灯有简单的故事情节：茶贩子带着伙计出门到安徽六安州贩茶，临行前其妻子千叮咛万嘱咐。茶贩子到六安后与茶店老板接洽，先到茶山看茶、买茶，再用车、船一路运茶回来。到家后，茶贩子发现妻子穿彩衣，戴首饰，家中还增添了新家具新摆设，顿时疑心妻子有了外遇。于是，夫妻大吵一场。幸亏隔壁王妈妈及时赶来解释，夫妇方才和好如初。

旧时谷里采茶灯表演，最多可达40—50人，他们分别扮成茶贩、娘子、伙计、茶店老板、车夫、船夫、挑担人及采茶姑娘等。全场分“贩茶”“买茶”“看茶”“运茶”“回家”五折，类似广场歌舞剧表演。在“看茶”一折中，不仅有采茶姑娘上山采茶的歌舞，还有茶店老板请茶贩子观赏，穿插演出一些小型戏曲节目。其中“运茶”一折中，不论车载、船运，皆以舞蹈动作表现剧情。

在服饰方面，茶贩表演者一般头扎白毛巾、上着蓝褂、下穿白裤、腰系红带，采茶姑娘则身穿色彩艳丽的服饰、头扎包头巾，车夫、船夫、伙计、茶店老板、打野鸡等其他表演者，根据其身份确定服饰。

谷里采茶灯道具扎制精美，表演形式多样。

2018年4月江宁茶舞

谷里大塘金美景

演出中有说有唱，有歌有舞。采茶歌声清脆悦耳，茶船轻歌曼舞，打猎的、推车的、摇扇的、掌舵的艄公、茶店老板、挑花担的姑娘们，或唱小调，或演小戏，插科打诨，动作夸张，言语诙谐，妙趣横生，其场面热烈欢快祥和，引得观众欢声笑语、叫好不绝。

多在村庄空旷的社场（广场）表演。人们通过看采茶灯表演，祈求风调雨顺、五谷丰登，同祝春节快乐。采茶灯表演一直延续到正月十六下午结束。其后，采茶灯表演者需要将所有灯具摆放在靠水边的背坎处，这叫“谢水”。

历史传承

相传谷里采茶灯起源于明朝，盛行于清朝和民国时期，一直深受当地群众喜爱。旧时，每逢春节，谷里地区玩采茶灯最盛。在前一年年底，就开始准备灯具、服饰，参演人员组织就绪，并集中训练。正月初二，采茶灯按庙会社场逐村巡回表演。演出时其阵容庞大，

谷里风光

1980年东善桥采茶场景

新中国成立后，谷里采茶灯仍活动了不少年。1963年7月，中国音乐家协会江苏分会与江宁县文化馆合编的《江宁民歌采风录》一书中收录了“采茶歌”。谷里采茶灯在“文化大革命”中中断，直到改革开放后才又恢复，但已盛况不再。

据2009年调查资料，谷里采茶灯知情人邹道德，1928年生，谷里街道石坝社区方村人，终身务农，年轻时喜欢听书、瞧灯、看戏、逛社会场，曾参与采茶灯演出，对采茶灯的制作、服饰式样、表演形式等所知甚多。还有另外一个知情者尹万才老人，熟悉谷里采茶灯舞蹈内容，并擅长扎制采茶灯具，时年已经82岁。

当代影响与价值

谷里采茶灯是融说唱、戏曲、舞蹈为一体的综合性传统文艺形式，为当地民众喜闻乐见。与其他传统艺术相比，谷里采茶灯的传承状况不容乐观，相关表演已经停滞多年，现有传承人年岁已高，故其保护传承，已经到了刻不容缓的时候。采茶灯广泛流行于南方各省，近年各地的保护传承有碎片化、拼盘化的趋势，谷里街道在后续的保护传承中可以规避这个问题，通过发动原居民重新挖掘其中蕴含的地域特色，保持其艺术活力，以形成整体性的保护环境，有望打造成为最具文化价值的谷里新名片之一。

铜山民歌

基本概况

铜山民歌，主要流布于禄口街道铜山地区。

铜山民歌具有生活气息清新浓郁、思想感情强烈鲜明、语言形象生动朴素、节奏韵律轻快自然等特色。在内容上，它的知识性很强，介绍的生活和文化知识很广泛,可以帮助人们增长见识。在艺术手法上，铜山民歌运用夸张、排比、重叠应有尽有，可谓丰富多彩，真实反映当地民众的生活情趣。例如民歌《十劝》就极具哲理与韵味，把复杂的家庭伦理关系，用浅显的语言说得明明白白，其内容如下：

一月那个迎春花正那当生，劝劝你们老子儿子不要相争，帮忙帮的是亲兄弟，一家人和气值千金。

二月那个杏花正当开，劝劝你们娘儿之间不要相争，养儿子要把那父母孝，养女儿报不尽那父母的恩，年轻人不把那个父母孝，以后你也要做上人。

三月那个桃花正当那生，劝劝你们兄弟之间不要相争，弟兄三人是三条心，万贯的家产都不够分，弟兄三人是一条心，门前的黄土也变成金。

四月那个蔷薇花正当那个生，劝劝你们兄妹之间不要相争，哥哥帮妹妹是看在娘的份，千朵的桃花是一树生。

五月那个栀子花正那当生，劝劝你们婆婆媳妇不要相争，婆婆要把媳妇当作亲生女，媳妇要把婆婆当作娘亲，早上起来打盆洗脸水，孝顺的儿子就拿条毛巾。

六月那个荷花正那当生，劝劝你们夫妻之间不要相争，丈夫不能嫌妻子丑，做妻子也不能嫌家里穷，人人做官谁来抬轿，家家发财谁是穷人，婚姻大事是前世定，五百年前就配婚姻。

七月那个菱角花正那当生，劝劝你们小叔子嫂嫂不要相争，水缸里没水小叔子挑，灶门口没柴小叔子搬几捆，世上只有大病害死人，没有那个生活累坏了人，前朝有一位包大人，他把他的哥嫂当成双亲，长哥为父长嫂为母，在座的观众要听真。

八月那个桂花正当那生，劝劝你们姑娘子嫂嫂不要相争，姑娘本是一个堂前的客，嫂嫂才是一个当家的人，只要你做嫂嫂的量气大，一百岁的姑娘是人家的人啊。

九月那个菊花正那当生，劝劝你们妯娌之间不要相争，妯娌子好比那个亲姐妹，她比那个亲姐妹要亲上十分，只要你们妯娌之间相处得好，永远也不会把家分。

十月那个芙蓉花正那当生，劝劝你们隔壁邻居不要相争，只要你们隔壁邻居供得好，好像那个蒸笼里头蒸元宝，小孩子吵嘴打架不要当真，

江宁民歌演唱

大人们千万不能分感情，倘若你家中有了事，省得到外面去请那旁人，你请那旁人是回把回，三回四回就难为情，各位朋友听我劝拉，保佑你们一年四季多么太平。

民歌在我国有着悠久的历史，有“文学百支，民歌为祖”的说法。通过搜集民歌民谣，可以体察民情民意。新中国成立后，包括铜山在内的各地民歌一度如雨后春笋般得到空前发展。如今，铜山民歌仍有 40 余人会演唱，其中包括邵兰香、祝正财等人。

历史传承

民歌是人民群众在生活实践中经过广泛的口头传唱而产生和发展起来的歌曲艺术。铜山民歌历史悠久，在铜山民间代代口耳相传，其具体起源的时间已经难以追溯了。民歌可以在传唱的过程中即兴创作，其创作过程、演唱过程与流传过程是合而为一。在不同的年代，依据不同的社会氛围及生活感触，铜山民众会创造具有不同时代特色的歌词。在传唱过程中，人人都可以

知情人张伟接受采访

对曲词、曲调自由改编，而最终流行的版本，往往集合了最风趣的表达、最明快的韵律，也最为深入民心。

据2009年调查资料，铜井民歌传承人邵兰香，1961年生，禄口街道石埝社区五家边村人，学生时代酷爱音乐，能歌善舞，是学校合唱团的成员之一。初中毕业后在家务农，跟着本村长辈学唱民歌。她爱唱好学，嗓音优美动听，1980年代后曾参加本地组织的乐队，专门演唱当地民歌，深受当地群众的喜爱。

传承人祝正才，1948年生，禄口街道谢村社区街前村人，1968年在部队文工团服役，1981年在铜山文化站戏剧团工作。

当代影响与价值

铜山民歌不是艺术家一人一时的造物，是铜山民众集思广益、共同创作的成果，是民间智慧的结晶。每一首铜山民歌都起于民间、兴于民间，之所以能够传唱至今，是因为它充分反映了时人最真实的情感和审美水平，具有无可非议的审美价值。其歌词往往以幽默通俗的语言，传神表达由民间提炼的为人处世的哲理和精神道德追求。只要经过正确的引导，铜山民歌就可以在新时代继续发扬光大，创作出更多符合时代风尚的新民歌，在推动社会主义精神文明建设中发挥积极的作用。

铜井民歌

基本概况

铜井民歌，流布于江宁街道铜井地区。

铜井成为集市的时间，难以考证。自宋、元以降，历代皆设铜井市，隶属江宁县处真乡。至清代，铜井已经设镇。民国仍设铜井镇，隶属江宁县第二区。新中国成立以来，铜井建置反复变更。1956 年，改铜井镇为乡，其后牧龙、洪幕、三兴、新济、松宁等乡镇并入铜井。1958 年，改设人民公社。1982 年、1994 年又先后改为乡、镇。2006 年，铜井镇并入江宁街道。清《同治上江两县志》卷五“城厢”载：“铜井镇，旧有兴福寺碑，高阳许登撰。又有吴桓王庙，见《小仓山房骈体文》。又镇南有秦钜宅。”

据 1993 年出版的《铜井乡志》记载：“铜井民歌包含号子、田歌、山歌、灯歌等几种。号子是在各种强度大的集体劳动中喊唱的一种歌谣，其旋律简捷，节奏感强，一唱众和，气势劲永。歌词往往带有鼓动性。”铜井的劳动号子有“车水号子”“打麦号子”“栽秧号子”等，部分曲目被《江苏省民间音乐集成》收录。

田歌是田间劳动和休息时唱的歌，旋律曲调优美，腔调高扬而有力，歌词幽默有趣。演唱时，常由一人领，众人帮腔。铜山的田歌有“春歌”“薅稻歌”“扔草歌”等，都是有着十分优美的旋律。

铜井的山歌，是山区劳动人民在山上劳动和休息时唱的歌，其曲调悠扬，往往是上下句对唱，有“春歌号子”“采桑歌”等。

铜井的灯歌，是逢年过节玩灯时唱的歌，情绪诙谐活泼，富于色彩变化，有较大的衬句帮腔，间有胡琴、笛子和锣鼓伴奏，形成欢快的气氛，著名的灯歌有“采茶灯”调、“荡湖船”调、“十二驾云”调等。

1985 年出版的《中国民间歌曲集成·江苏卷》收录了 7 首铜井民歌。

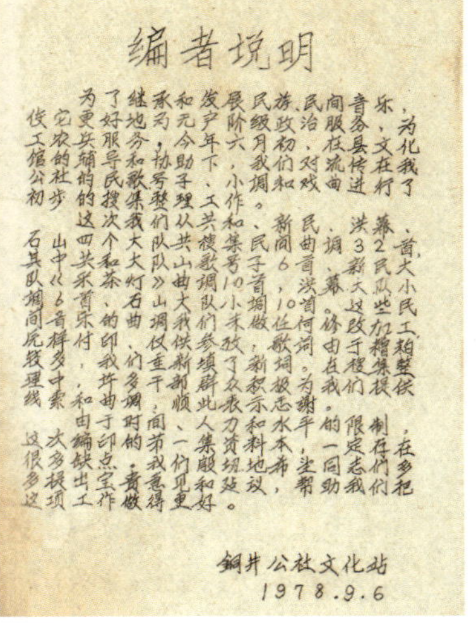

《铜井民歌采风录》

《心上的话儿同我说》歌词如下：

姐在田（哪）中薅下二道棵（嘛），顶（呀）头（呀）撞见（哪）娘家二表哥，我的哥哥，为何你今天在田里转转（哟）？（咿呀哈哟子哟嗬）我的哥哥心中的话儿快点同我说。

《过年（采茶灯调）》歌词如下：

今天二十八（哎咿哎嗨嗨），明天二十九（哎咿哎嗨嗨），后天三十晚上，家家吃年酒（哇），（我就）过年啰，（咿儿呀呜儿呀）家家吃年酒（哇），（我就）过年啰。

从前到过年（哎咿哎嗨嗨），穷人真可怜（哎咿哎嗨嗨），吃的糠和菜（呀），债主挤屋前（哪），（你看）多可怜，多可怜。

如今过新年（哎咿哎嗨嗨），生活比蜜甜（哎咿哎嗨嗨），家家吃鱼肉（呀），户户有存钱（哪），（真是）幸福年，幸福年。

《唱起山歌来拔草》歌词如下：

唱起山歌来拔草（呀），（大那本子哎）（呀吼嗨呀大那本子），大那子呀，我拔野草好长苗（啊），（本那本子大呀，本那本子大呀，本那么一本哪，安辜哟，安辜哟！）开花结石榴啊！

田里杂草拔得净（呀），（大那本子哎）（呀吼嗨呀大那本子），大那子呀，我黄金遍地收成高（啊），（本那本子大呀，本那本子大呀，本那么一本哪，安辜哟，安辜哟！）开花结石榴啊！

《货郎调》歌词如下：

一根（那个）扁担五尺（那个）长，我是小货郎，（咿呀呀得儿喂），我是小货郎，一担杂货挑肩上，四处去串乡，（咿呀呀得儿喂），四处去串乡。

卖货（那个）卖到田埂（那个）上，看见生产忙，（咿呀呀得儿喂），看见生产忙，我歇下担子下田干一场，支农理应当，（咿呀呀得儿喂），支农理应当。

历史传承

根据《南京民歌集》《铜井民歌采风录》《中国民间歌曲集成》等书籍收录的铜井民歌的歌词分析判断，铜井民歌反映的主要是新中国成立前后农村劳动与生活的场景，大多应该产生于20世纪40—60年代。

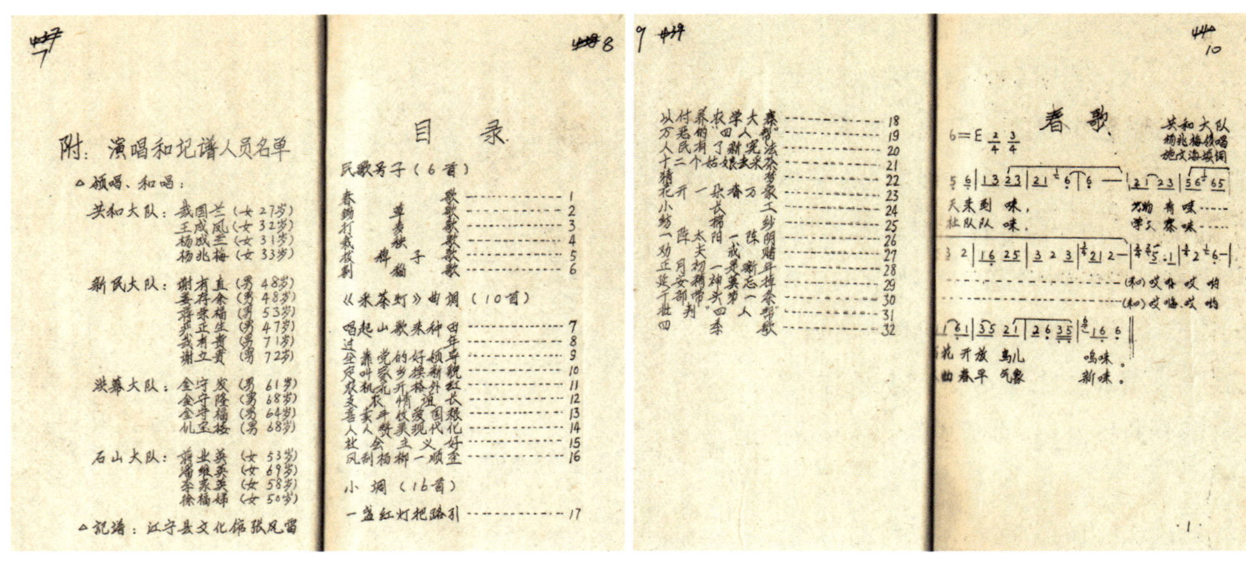

附：演唱和记谱人员名单

△领唱、和唱：

共和大队：

新民大队：

洪幕大队：

石山大队：

△记谱：江宁县文化馆张凤雷

目录

民歌号子（6首）

《采茶灯》曲调（10首）

唱起山歌来种田 …… 7

过年 …… 8

小调（16首）

一盏红灯把路引 …… 17

春歌

6=E $\frac{2}{4}$ $\frac{3}{4}$

共和大队
杨兆梅领唱

《铜井民歌采风录》内文

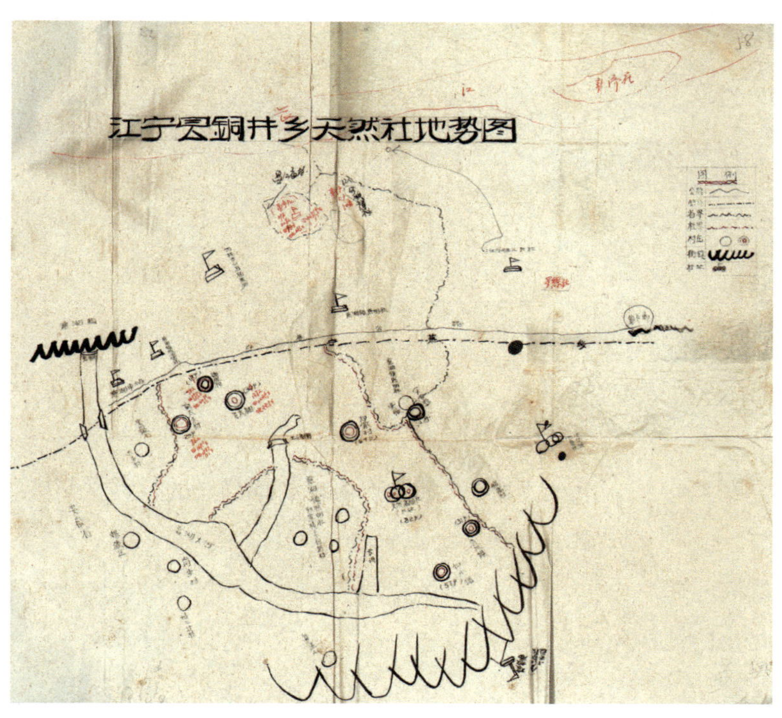

1958 年《江宁县铜井乡天然社地势图》

为了继承和发扬优秀传统音乐文化，1970 年代，铜井文化中心站走村串户访问民间老艺人，搜集铜井民歌 48 首，整理编辑为《铜井民歌采风录》一书，于 1978 年出版，其部分曲目后来为《江宁民间文艺》转载。

1979 年，南京市音协编印的《南京民歌集》出版，收入铜井民歌 13 首，包括号子中的《打麦号子》和《栽秧号子》两首，田歌中的《锄草歌》《拔草歌》《栽秧歌》《割稻歌》四首，山歌中的《春歌》《四季歌》《洗衣裳调》三首，灯歌中的《贩茶调》《南桥会面调》《十送调》三首。

1985 年《中国民间歌曲集成·江苏卷》出版，收录了《心上的话儿同我说》《过年》《唱起山歌来拔草》《春歌》《打麦歌》《风刮杨柳一顺歪》《货郎调》七首铜井民歌。

此外，铜井老艺人戴有桂提供的 8 折广场剧《采茶灯》词曲，曾被整理成将近 2 万字的册子报送江宁县文化馆。

当代影响与价值

铜井民歌种类丰富，主题鲜明，或寄托对美好生活的愿景，或表达积极向上的生活态度，在日常劳动中，可以起到增添生活情趣、调节生活压力、促进人际交往的作用。铜井民歌是当地民众情感表达的媒介，已成为他们生活生产的精神动力源泉，具有促进社会和谐发展的价值。他们不但习唱世代相传的旧歌谣，还会在感知时代变化的过程中，根据社会变迁、时代新风进行新的创作，以反映与时俱进的淳朴思想感情，因而是洞察社会发展的重要切入口之一。

目前流传的铜井民歌，生动反映了新中国成立前后几十年里民间生活的天翻地覆的变化，是当地民众对美好生活到来的喜悦及对新时代发展的信心的自然流露。将铜井民歌继续传承下去，不仅可以帮助我们深入了解江宁近代乡土社会的变迁，还可以增进铜井地区年青一代对乡土文化的认识，培养他们爱国爱乡的情怀。

江宁民歌演唱

湖熟民歌

基本概况

湖熟民歌，主要流传于湖熟街道秦淮河两岸及以赤山为中心的周边地区。传承人有赵红秀、谢惠芳等。

湖熟民歌是当地群众在长期的生产实践和对外交流中形成、发展起来的民间艺术，因此其歌词内容既有本土因素，也有外来因素，同时表现出很强的生活性。湖熟民歌分劳动号子、山歌和小调三大类，表演形式即兴随意，有独唱、对唱、说唱、小演唱等。湖熟民歌的曲调刚柔并济，调式上巧妙转承，意味深长。此外，湖熟民歌中有不少是反映男女爱情的小调，节奏平稳，充分体现了艺术的兼容性。

湖熟民歌伴随着当地百姓的生产生活，一直传承至今。民歌中有表现当地群众的日常生活者，如《小放牛》歌词为：

唱："什么尖尖尖上天，什么尖尖在水边？"

对："爆竹尖尖尖上天，菱角尖尖在水边。"

唱："什么过河软叮当，什么过河一杆枪？"

对："蚂蟥过河软叮当，虾子过河一杆枪。"

这首民歌表现了一群小牧童随意玩耍、即兴而歌的场面，反映出牧童们对生活的思考与热爱。湖熟民歌具有鲜明的时代性，如抗日战争时期当地赤山游击区就流行《当兵要当新四军》这首民歌，歌词道："好铁要打钉，好汉要当兵，当兵要当新四军……"当时新四军正在苏南建立抗日根据地，这首民歌号召群众投身于抗日救亡的爱国运动中去。其伴奏乐器有唢呐、笛子、笙、二胡、锣、鼓等，有的牧童则用竹叶或刺槐叶吹奏小调。演唱者服饰有新四军军服，牧童表演时戴斗笠，着布衣。

湖熟民歌乐队

历史传承

湖熟自古就是通往溧水、句容、高淳、皖南等地的要冲，文化交流频繁。商周时期，这里属于青铜时代考古学文化——湖熟文化分布区。旧为湖熟县城所在地，为汉代所置，延续至南朝。可见，湖熟一带有着深厚文化底蕴。江宁一带

湖熟民歌传承人李明顺、夏存兰接受采访

湖熟民歌乐队的扬琴师

流传着一首民间歌谣："先有湖熟，后有江宁；先有江宁，后有金陵。"付启元、赵德兴《南京百年城市史（1912—2012）· 文化卷》一书认为，南京地区的音乐起始于江宁区湖熟古镇的湖熟文化。从口碑资料可知，现湖熟地区流传的民歌曲调至少于民国时期已开始传唱。

湖熟民歌的传承主要靠一些民间艺人的自编自唱，即兴而歌，在自娱自乐的同时也教会了很多群众，不分男女老幼，能唱就行，故一直传承至今。湖熟民歌的演唱不受场地和时间的限制，以即兴性为多，其歌词往往随着情景和时代的变化而改编。新中国成立后，不少当地人都会哼唱《小放牛》《当兵要当新四军》等。如今，随着这些知情的老人相继去世，了解和掌握湖熟民歌的人越来越少。

近年来，夏存兰和李明顺等一批湖熟民歌的传承人在湖熟本地组织了一支民歌团队，多次进行民歌演唱活动，在当地引起了一定的关注。目前，湖熟镇上已有不少爱好者开始跟随他们学唱传统民歌，其中不乏年轻人。该团队对湖熟民歌的传承，已经得到了地方政府的重视和支持。

当代影响与价值

与各地的民歌一样，湖熟民歌与当地群众的生产劳动和生活起居息息相关，颇具地方特色与艺术审美价值。作为民间文化的载体，湖熟民歌在推动乡土历史文化活态传承方面可以发挥更加积极的作用。据传承人介绍，湖熟民歌中的对歌这一形式，是在京剧的基础上结合了当地民歌的曲调衍生出来的，可见其产生和发展，离不开其他传统文化艺术的影响与渗透。值得一提的还有，湖熟民歌在当地还起到了独特的教育作用。如《小放牛》朗朗上口的歌词中，就蕴含了较多的生活常识与自然知识，这些知识在歌谣传唱的过程中可以给少年儿童起到较好的启蒙作用。而《当兵要当新四军》这样极具感召力的民歌，则可以在民间传播积极的思想理念，在动员群众、传递社会价值等方面效果极佳。

湖熟民间小调

基本概况

湖熟民间小调，主要流布于湖熟街道的龙都、周岗及周边的方山等地。传承人孙仁美等。

湖熟民间小调以情歌为多，在后来的发展过程中逐渐与劳动人民生产生活相联系，如“采茶歌”（分“大采茶歌”“小采茶歌”）、“买杂货”等。大多数的作品都反映了这一地区百姓祈盼太平安居的美好愿景。其伴奏乐器为二胡、京胡、竹笛、锣鼓等；表演的服饰简单，道具有花篮和扇子等。

传统湖熟小调的内容多是生活情况的写照，也有的是当地百姓在劳作时即兴创作出来，主要有《孟姜女》《调情》《四季歌》《小寡妇上坟》《十八岁三岁郎》《哭七七》《玉美人》《二姑娘倒贴》《二流子歌》等。同时创作编排了《天下太平》《采茶歌》等，还有的将民间小曲填上了教育人们孝敬父母、为人做好事等内容。

历史传承

小调流传于里巷村坊，与大曲相比，篇幅简短，节奏明快，多为单曲体。有的是传唱已久的经典曲目改编，有的是即兴编唱，仅流行于特定地域。湖熟民间小调，迄今已有数百年的历史，长期以来都是以民间自发组织传唱的形式得到传播与传承。其传统表演时间大多在春节节庆期间，或是在庙会期间。后来有的民间艺人把这些民间小调进行修改，重新编排，以老调赋新词。改编后的小调曾被艺人携入横岭部队中演唱。在湖熟当地，小调艺人大多是利用乡间较大的空地进行演出，时间不像原来具有一定的范围界限。

1980 年，湖熟地区民间老艺人组织了 40 多名青年人传承演唱湖熟小调。时至今日，仍有

1990 年代正在演唱民歌的江宁村民

江宁民歌演唱者孙仁美

湖熟周岗旱船表演

部分掌握湖熟小调艺术的湖熟民众会自发组合表演。二三十年以前，湖熟地区村镇的文化生活尚不丰富，小调演出在民间是较为重要的娱乐活动之一，由于小调的故事性强，且唱词通俗易懂，在民间曾有相当大的影响力，作为载体传递了很多民间传说和故事，对于民族文化在地方的传播起到过重要的推动作用。只是随着近年来大众娱乐生活的不断丰富，人们对小调的兴趣不断减弱，湖熟民间小调的传承和发展都面临着较大的困难。

传承人孙仁美，1945 年 9 月出生，从 1980 年上半年开始组织民间小调演唱会，此后坚持了三四年。20 世纪 90 年代，江宁县有关部门还曾组织编写了《江宁县民间文学集成》一书，记录了搜集的湖熟民间小调等相关内容。

当代影响与价值

非物质文化遗产是中华优秀传统文化的重要组成部分，是中华文明绵延传承的生动见证，是联结民族情感、维系国家统一的重要基础。湖熟民间小调作为不少民间传说和故事的载体，对于传统文化在地方的传播，塑造地方共同记忆起到了重要的推动作用。

对于今人而言，湖熟民间小调的价值主要体现在以下几个方面：其一，在本地流传广泛久远，是地域文化的重要组成部分，对于维系湖熟民众的文化身份认同具有意义；其二，反映了湖熟地区广泛的社会生活，为研究考察当地的历史文化、风俗信仰等提供了重要的材料；其三，具有独特的艺术性，其表现手法和艺术构思可以为当代艺术创作提供灵感源泉，有利于我国文化事业的繁荣发展；其四，其存续有助于维护我国传统音乐的多样性，有利于保持民间文化生态的平衡。

湖熟水乡牧歌

基本概况

湖熟水乡牧歌，主要流布于湖熟街道周岗社区及周边地区。传承人张才荣。

水乡牧歌，即牧童演唱的类似于山歌的劳动号子，曲调简单，节奏明快，豪放朴实，其内容、风格、形式均与放牛这一特定劳动场景有着直接的联系，是劳动人民在劳作中自娱自乐、消除疲劳的一种艺术形式。

水乡牧歌起初是牧童放牛时唱的歌，牧童骑在牛背上，头顶笠帽，手持牛鞭，清唱牧歌。后来农闲时，当地群众也会自发聚集在一起对唱牧歌。水乡牧歌原始、粗犷、动听、乡音浓厚，其题材有山川风物和谈情说爱两类，独唱较少，大多为问答形式的对唱，如：

问：什么尖尖尖上天？什么尖尖水中行？什么尖尖土中走？什么尖尖尖对尖？

答：笠帽顶尖尖上天，夹泥船头尖水中行，犁头尖尖土中走，牯牛角尖尖尖对尖。

不过，年岁比较大一些的女子亦可独唱牧歌，她们骑在牛背上自唱自吟，曲调委婉，优雅动听。歌词内容通常是一些朦胧的爱情故事，如：

高高山上一棵槐，妹搭凉棚望哥来。娘问女儿望什么，我望槐花几时开。唉！女儿家心事谁能猜？

水乡牧歌是演唱者即兴自编的口语化歌词，内容朗朗上口，常用江宁方言演唱，且以对歌竞赛的形式出现。歌唱者需即兴自编歌词，与对手对唱。如果一方词穷接不上歌，就会被判失败。胜利一方往往会唱歌挖苦失败者，不过失败者也不会恼怒。因此，唱水乡牧歌时，哪一方能出口成章，压住对方，就有优势。

湖熟民歌表演

湖熟水乡牧歌表演

历史传承

根据口碑资料，湖熟水乡牧歌最晚在民国时期就已经在湖熟地区流传。在 20 世纪 50—70 年代，湖熟地区大概有几万亩农田。耕地劳动主要是靠牛等畜力，当时湖熟耕牛大概有 500 余头。农闲的时候，牧童就把牛放在山坡上吃草，而他们就在山坡上唱歌，有单唱、对唱，后来还有对歌。

据知情者张才荣介绍，湖熟当地有一位八九十岁的老艺人，他小时候能边听边唱。20 世纪 50 年代，湖熟曾出了两个水乡牧歌“娄子王”，能一气唱牧歌百余首，有时即兴编词，出口成章。当地 60 岁以上的老人，有不少会哼唱几首水乡牧歌。

2006 年，周岗老年学校教师章顺秀，曾根据周岗圩水乡牧歌改编成民乐合奏曲《水乡的春天》，此后成为当地重要演出活动必不可少的节目。同年，《水乡的春天》还参加江宁区老年文艺汇演，获得二等奖。

传承人张才荣，1941 年生，湖熟街道周岗社区后广村人，童年放牛，自小跟长辈们学唱牧歌。参加周岗老年学校后，为使古老的传统文化不被泯没，他收集整理了不少水乡牧歌的曲谱。在章顺秀、张才荣等热心爱好者的努力下，周岗老年学校还积极组织学员学唱水乡牧歌，其影响波及湖熟六个社区的 50 多个村庄。近年，先后有四十多人跟随张才荣等人学习水乡牧歌，学习者年龄层次在 30 岁至 60 岁，以 50 岁的人为主。

当代影响与价值

作为民间音乐文化存在的湖熟水乡牧歌，是

湖熟圩堤打桩

当地民众文化情感的自然流露。其朗朗上口的唱词、朴素真挚的情感表达、与劳动节奏相配合的淳美旋律，使之富有鲜明的艺术个性，在民间音乐之林中具有独特的艺术审美价值。蕴含着丰富乡土文化气息和生活经验智慧的湖熟水乡牧歌，曾经发挥过普及知识、传播地域传统文化的重要作用。它的有效保护和创新发展，将有利于当下湖熟悠久历史及特殊精神风貌的传播，乃至可以成为有一定含金量的湖熟文化名片。此外，水乡牧歌具有互动性、游戏性的特点，还可在密切人际关系、促进地区和谐发展诸方面发挥独特的作用。

谷里山歌

基本概况

谷里山歌，主要流布于谷里街道各个社区及周边地区。

谷里山歌是勤劳的谷里人民在生活和山野劳作时，为抒发内心的情感而演唱的民歌。其节奏自由，音调高亢嘹亮，具有欢畅而又自由的特点，是演唱者思想情感的直接表达和自我抒发。相比而言，劳动号子的实用性更强，小调抒情的方式则比山歌含蓄而有节制。山歌的情感表达有两种呈现方式：一种是为实现某些特定功能，如野外交际、吆喝牲畜等，而表达情感产生的抒咏性或实用性的曲调；另一种是由小调转化而来的旋律曲调。在演唱上，山歌使用自由延长音，音域较高的地方，善于使用真假声结合的唱法。其演唱形式，以独唱或对唱为主，借景抒情，即兴创作。

谷里山歌反映了不同历史条件和不同社会环境中谷里民众的人生观、价值观、审美观，寄托着当时人们的思想感情、理想愿望，是谷里人民灿烂文化宝库的珍贵财富。谷里山歌取材广泛，咏古唱今，常以自然现象借题发挥，以叙事抒情。其歌词大多充满着褒美贬丑、扬善抑恶的爱憎分明的思想感情，有的叙述长工受剥削、受压迫的痛苦生活，有的控诉封建社会不合理的婚姻制度带给妇女不幸福的悲惨处境，有的描述封建制度下的男女爱情，有的借古人旧事宣扬传统的道德观念，还有的直接说景点讲故事。列举代表者如下。

车水号子歌

叫我唱歌我不难，不是描龙绣牡丹。牡丹绣在粉墙上，看花容易绣花难。

吃过早饭往前走，快步走到车步口。手扶车

江宁手龙舞表演

担脚蹬球，出川水龙满田游。

吃过中饭往前跑，飞步河边车满湖。千流万水不息劲，救了多少青稞苗。

山歌不唱忘记多，山柴不剐长成棵。多少山歌绣住口，多少媳妇做婆婆。

太阳出来一点红，照见西天九条龙。老龙翻身下大雨，小龙翻身找老龙。

太阳出来一盆花，照见姐儿回娘家。左手撑起遮阳伞，右手抱起胖娃娃。

太阳出来暖烘烘，农家干活在田冲。庄稼围着季节转，环环紧扣不放松。

太阳出来亮堂堂，农夫送子进学堂。望子成才继大业，代代争出状元郎。

小小吉山五指尖，小小牛首出神仙。祖堂山有无梁殿，方山顶上一冲田。

迈皋桥外燕子矶，三山营有杜二基。明朝名将常遇春，飞身脚踏采石矶。

日出东方满天红，中国出了毛泽东。秋收起义闹革命，领导穷人翻了身。

祖堂山有献花岩，四方游客都想来。送子观音端庄坐，弘觉寺香火扬四海。

金牛山有金牛洞，九莲塘水金牛饮。乌龟山草度民生，仙人下棋山顶坐。

1940年代江宁村民在车水抗旱

太阳歌

太阳出来一点红，照见姐儿下楼门。左手拿着胭脂粉，右手捧着洗脸盆。

太阳出来一点红，照见西边九条龙。老龙翻身下大雨，小龙翻身找老龙。

太阳出来照四方，照见南京紫金山。紫金山上千条路，不知哪条通下关。

太阳出来照四方，照见采石翠螺山。翠螺山上千棵树，不知哪棵是檀香。

太阳一出照四方，照见姐儿洗锅上。里锅洗得银子样，外锅刷得亮堂堂。

太阳一出照四方，照见南京紫金山。紫金山上千般有，缺少凤凰戏牡丹。

太阳出来一点红，手拿长枪赵子龙。百万人马围着你，单枪匹马一个人。

太阳出来红彤彤，两个秃子哭到中。人家问他哭什子，头上无毛难过冬。

太阳出来照四方，照见姐儿洗衣裳。蓝衣洗得蓝爽爽，白衣洗得白如霜。

太阳出来照四方，又照露水又照霜。上照南京报恩寺，下照江北老龙山。

太阳一出乌油油，三姐打扮抛彩球。彩球落在平贵手，家住寒窑度春秋。

太阳出来渐渐高，姐拿竹竿打樱桃。打了樱桃上街卖，打断树枝当柴烧。

太阳出来渐渐高，姐在房中伸懒腰。娘问丫头因何事，脚底下无郎空悠悠。

太阳出来小四牌，露水打湿姐花鞋。蹲在路边打盘坐，晒干花鞋候郎来。

太阳出来大四牌，老板上街才回来。左手拎的一刀肉，右手拎的烧酒来。

望望太阳望望天，望望人家可冒烟。人家冒烟有饭吃，主家冒烟有半天。

肚里饿来心里嘈，上江买米下江淘。扬子江

1975 年 12 月开挖秦淮新河

中打水吃，老龙上山打柴烧。

肚里饿来心里虚，一顿要吃两烧鸡。姐骂小郎饿牢鬼，饮汉不知饿汉饥。

肚里饿来心里虚，想吃木耳煨母鸡。要吃木耳街上买，要吃母鸡鸡笼里。

肚里饿来心里慌，想吃木耳炒猪肝。木耳要到山上采，猪肝长在猪身上。

肚里饿来心里慌，四两灯草不能担。前面来了花大姐，挑个担子追过山。

太阳当顶四牌中，姐儿送饭下圩冲。郎问姐儿什么菜，板桥萝卜善桥葱。

太阳当顶又当中，为人行善莫行凶。霸王行凶乌江死，韩信死在未央宫。

吃过中饭没吃茶，喉咙好像蚂蚁爬。哪位姐儿送杯茶，赛如烧香朝九华。

吃过中饭没抽烟，推天窗子望青天。哪位姐儿送烟吃，赛如烧香上西天。

吃过中饭无事想，身背丝网下长江。打不着鲜鱼早收网，撩不着姐早收心。

吃过中饭往前走，一把抓住姐儿手。姐叫小郎松松手，郎怕丢人女怕丑。

吃过中饭朝前奔，奔到河边去扳罾。扳到大鱼上街卖，扳到小鱼去放生。

吃过中饭朝前跑，跑到河边车饱潮。车了三天饱潮水，救了多少青稞苗。

吃过中饭朝前行，顶头撞见小情人。两人对面不说话，纸糊灯笼心里明。

吃过中饭把碗丢，筷子担在碗高头。姐儿低头来收碗，一对小眼把郎勾。

太阳当顶又偏西，姐笑小郎穿破衣。十个指头有长短，荷花出水有高低。

太阳当顶又偏西，我看和尚手提鸡。问声和尚哪里去，尼姑庵里送粥米。

太阳落水不落山，姐儿在家擀面汤。面汤擀得麻线状，多放油盐少搁汤。

日落西山往下丢，姐儿说话真沤馊。一要夏布做帐子，二要白铜做帐钩。

太阳落山腊地黄，老母猪摸到荸荠塘。喜鹊歇到樱桃树，小郎摸进姐的房。

日落西山腊地黄，老虎吃下放牛郎。十字路口三滴血，茅草山窝一摊柴。

日落西山黑叽叽，麻雀躲进竹林里。燕子回

到二梁上，小郎摸到姐房里。

日落西山腊地黄，一对鲤鱼窜锅堂。好个大塘无好埂，好个姐儿无好郎。

太阳落山往下丢，打把金钩挂日头。只有金钩挂帐子，哪有金钩挂日头。

太阳落山往下缩，姐拿鸡蛋下油锅。姐叫小郎饱饱吃，省得回家要烧锅。

太阳落山腊地黄，骚狼拖鸡姐拖郎。骚狼拖鸡沿山转，姐拖小郎进绣房。

太阳落山黑叽叽，抓把白米喂小鸡。喂了母鸡生蛋吃，喂了公鸡做叫鸡。

天上星多月不明，地上牛多草不深。塘里鱼多闹浑水，姐狂郎多串混了心。

天上星多月不光，地上板凳三尺三。二面坐着花大姐，中间坐的唱歌郎。

天上星多蓝蓝稀，地上穷人穿破衣。有钱就靠升斗起，还骂穷人无算计。

天上大星对小星，地上南京对北京。朝中文官对武将，十八罗汉对观音。

太阳落山腊地子黄，钥匙管锁锁管簧。钥匙管的双簧锁，姐儿管的少年郎。

太阳落山腊地子黄，一对凤凰飞过山。凤凰不落无宝地，姐儿房中不离郎。

太阳落山往下蹲，正在歇工不歇工。逮到强盗日夜干，做了一工算两工。

太阳落山往下蹲，正在歇工不歇工。一天还你三方水，不管成功不成功。

太阳落山腊地黄，一对画眉飞过山。画眉过山找食吃，姐儿过山找情郎。

太阳落山不落山，叫你关门不插闩。叫你熄灯留个火，叫你铺被留个单。

一更鼓，一冲头，姐提红灯来上油。红灯本是高稞挂，梦中小郎睡一头。

二更鼓，月照街，郎在外头喊门开。心肝肉，小乖乖，深更半夜哪里来。

三更鼓，月当中，小郎落在姐身上。姐问小郎哪里好，你比小郎强十分。

四更鼓，月偏西，姐叫小郎听叫鸡。那个叫鸡先开口，滚水锅里拖毛皮。

五更鼓，月攀山，眼泪汪汪送情郎。人又瘦，力又单，拖了鲜花不久长。

十二月长工苦

正月里长工正月中，手里无钱腰里空。借人家银钱要给付，狠狠心肠去帮工。

二月里长工二月中，背上包袱去上工。老板叫我堂前坐，约法三章苦长工。

三月里长工三月中，街前会场闹哄哄。老板小开上会场，叫我长工下田冲。

四月里长工四月中，担担小麦挑场中。头交面二交面老板吃，粗面粑粑待长工。

五月里长工五月中，栽秧田里闹哄哄。栽秧的小哥慢慢栽，等我长工挑秧来。

六月里长工六月中，薅稻田里多热哄。薅了一行又一行，还留几行给长工。

七月里长工七月中，车水人里闹哄哄。田里无水塘里空，塘里无水怪长工。

八月里长工八月中，一轮明月挂高空。老板合家团圆聚，可怜我长工对孤灯。

九月里长工九月中，割稻田里把草堆。老板高兴收成好，长工盼望把家归。

十月里长工十月中，挑稻进仓又把麦种。眼看农事干完了，老板对长工格外凶。

冬月里长工冬月中，雨雪封门催结工。找几小钱回家转，债没还清又两手空。

腊月里长工腊月中，迎接新年闹哄哄。老板杀猪又宰羊，吃糠咽菜是长工。

十二月长工

正月长工正月正，无柴无米难过冬。债主上门逼着要，万般无奈去帮工。

二月长工二月中，老板催我去上工。搬张板凳拦门坐，打双草鞋去上工。

三月长工三月中，扛张木犁下田冲。看看路儿没多远，弯弯曲曲到田中。

四月长工上月中，铡麦田里闹哄哄。白面粑粑老板吃，麸子粑粑待长工。

五月长工五月中，栽秧田里闹哄哄。栽秧哥哥慢慢栽，等我长工慢慢来。

六月长工六月中，薅草田里闹哄哄。老板戴的花草帽，长工戴的烂斗篷。

七月长工七月中，老板扛锹到田冲。看看田里没有水，口口声声骂长工。

八月长工八月中，铡稻田里闹哄哄。老板快刀前头走，怪我长工慢吞吞。

九月长工九月中，糯米吊酒香味浓。高粱尖子老板喝，四两尾水待长工。

十月长工十月中，扛根扁担到山中。一天铡柴三五担，老板骂我磨洋工。

冬月长工冬月中，筲箕淘米在水中。手冷不给杯中焐，脚冷不给烘火盆。

腊月长工腊月中，杀猪宰羊闹哄哄。整刀整片老板吃，骨头骨脑待长工。

姐在后园打香葱

姐在后园打香葱，郎骑白马到姐村。村村都有梧桐树，白马一拴梧桐根。

翻过墙头叭个嘴，郎脸不红姐脸红。要吃香葱抓把去，要采鲜花万不能。

我家爹娘闺门紧，不等黑来就关门。前门又上双簧锁，后门又上封条封。

天井又上天罗网，墙头又上绊脚绳。搭板高头筛青灰，四角帐子挂响铃。

郎有心来姐有意，有怕山高水又深。山高也有人走路，水深也有摆渡人。

篾片舔开双簧锁，舌头舔开封条封。小刀子撬开天罗网，脚尖子挑开绊脚绳。

搭板高头支挑走，手巾帕儿捂响铃。轻轻悄

谷里集镇今貌

悄轻轻，轻轻悄悄进房中。

头把摸姐姐睡着，二把摸姐姐翻身。三把摸姐姐醒了，姐在床上吃一惊。

还是房中出妖怪，还是家中出妖精。还是偷牛偷马汉，还是房中采花人。

一不是房中出妖怪，二不是房中出妖精。三不是房中偷马汉，就是房中采花人。

你要采花赶快走，不能惊动我家人。我家爹爹高官做，我家妈妈有名人。

我家哥哥人前走，我家嫂子说人的人。给我哥嫂晓得了，写封书信下南京。

县里不告府里告，府里不告上北京。给我爹娘晓得了，剥你皮来抽你筋。

剥你皮来蒙灯鼓，敲你牙齿作鼓钉。磕头子弯弯跪下来，告诉大姐“你开恩，一来望我年纪小，二来望我年纪轻，三来望我无妻子，四来望我一个人”。

“你要采花也不难，买点人事谢姐恩。天上乌云要一朵，海底龙须要两根。

老龙头上要只角，鳖鱼头上要根筋。苍蝇肚杂要四两，癞代古眉毛要半斤。”

小郎听见这一声，“这朵鲜花采不成。天上乌云天又高，海底龙须水又深。老龙头上那块有，鳖鱼身子无处寻。苍蝇肚杂看不见，癞代古眉无处生。”

姐骂小郎：“你好呆，这点哑谜解不开。天上乌云是洋伞，海里龙须九丝针。老龙头角是金钗子，鳖鱼筋是扎辫绳。苍蝇肚杂是花线，癞代古眉毛是花针。”小郎听见这一声，“这朵花儿采得成”。

姐在房中闷沉沉

姐在房中闷沉沉，梳妆打扮下楼门。左手一抓牙梳子，前朝后汉古人名。

前头一梳秦叔宝，后头一梳盖苏文。中间一梳金銮殿，唐朝读书李世民。

头上金钗玉牡丹，八副耳环小罗成。身穿龙袍单雄信，腰记汗襟尉迟公。

八副罗裙杨继业，六步绑腿小张松。百绫裹脚杨宗保，枕头花鞋穆桂英。

婚姻喜事

新娘房里亮堂堂，大橱大柜花篮床。红缎绸被床巾叠，鸳鸯枕头摆出两。

新娘房里亮堂堂，主家赛过沈万三。家有良田几万亩，金银财宝堆成山。

小小花轿四角灯，红绿穗子绕四边。新娘求神保丈夫，瘸子瞎子命中定。

姐在田里插秧棵

姐在么田里插秧棵哟，抬头么看见娘家的哥哟。田埂上来坐坐哟嗬，亲哥哥坐在么田埂上啰。

往年么在家做女儿哟，一把油头两把梳哟。梳梳带摸摸哟嗬，今天在人家做媳妇哟，头不梳来脚不裹哟，头上虱子动把摞哟嗬，哎哎哟，头上虱子动把摞哟嗬。

日里么挑水七八担啰，晚上么推磨五更多哟。苦又苦坏了我哟嗬，人家么在外的去乘凉啰，我在么家中带儿郎啰，越想么越凄惨啰嗬，哎哎哟，越想么越凄惨啰嗬。

人家么上床去睡觉啰，我在么家中抹锅灶哟。越抹么越懊遭哟嗬，心里么上床去睡觉啰，听见么五更鸡子叫哟，赶快起来把早饭烧哟嗬，哎哎哟。

我把我的苦处告诉我的哥哟，世上哪有好公婆哟嗬。哎哎哟。世上哪有好公婆哟嗬。赶快起来把早饭烧哟嗬。心想么起来烧早锅哟，干柴火少来温柴火多哟，瞅又瞅坏了我哟嗬，大伯子起来要饭吃哟，小叔子起来要开我的锅哟。

小丈夫起来就打我哟嗬，哎哎哟，小丈夫起来就打我哟嗬。

公公么说我不起早哟，婆婆么说我太摸索哟，这个日子怎样过哟嗬，手拿么绳子去上吊啰，隔壁么大嫂来劝我哟，这个日子慢慢地过哟嗬，哎哎哟，这个日子慢慢地过哟嗬。

你把你的孩儿苦大了哟，抬个媳妇做婆婆哟，那个日子就好过哟嗬，哎哎哟，那个日子就好过哟嗬。

历史传承

谷里山歌源远流长，相传起源于明代。数百年来，当地群众在山野劳动中，在茶余饭后，老教少学，代代传习，使这朵美丽的乡土之花承续至今。

谷里山歌曲调优美爽朗，歌词简单质朴。它是劳动人民在长期与自然斗争中创造出来的，可以在田头山坳歌唱，也可以在水边麦场歌唱，大多以歌声伴随着劳动的节奏，以抒情助兴。谷里山歌可以一人独唱，也可以多人合唱，有领有和，此起彼伏，让繁忙辛劳的劳动场面洋溢着欢快愉悦的气氛。如前文列举的《太阳歌》就是人们在车水时所喊的号子，它以太阳为首句，以太阳运行时间的先后引发许多生动有趣的情节，七字四句朗朗上口，易展易收，转剁自如。

1987 年以来，当地政府多次组织专业人员对谷里山歌资料进行搜集与整理。1990 年，以此为基础编印《谷里山歌》一书。据 2009 年调查资料，谷里山歌传承人虞太琴，1943 年生，一度担任谷里街道谷里邮电局领导，曾参加梅村大队文艺宣传队和公社文艺宣传队，其声音清脆甜润，优美动听，是谷里地区著名民间歌手，曾多次参加江宁区及谷里镇组织的歌咏大赛，并屡获大奖。从邮电局领导岗位退休后，他仍以指导教师的身份积极参加街道老年腰鼓队和民歌表演队。传承人蒋全顺，1941 年生，谷里街道谷里社区人，曾是公社文艺宣传队的队员。他不仅喜欢吹笛子、拉二胡、唱山歌，还利用业余时间收集整理谷里山歌资料，把谷里山歌传教给爱好者。

当代影响与价值

谷里山歌是民间音乐文化在谷里地区的表现形式之一，浓缩了不同时期当地民众的价值观，承载了较多的历史文化信息，对于研究谷里地区社会发展和民俗风情具有比较重要的价值。谷里山歌源于生活，又高于生活，是当地普通民众艺术创造和智慧的结晶，体现了其审美观和创作才能，具有极高的美学价值。谷里山歌的题材和内容，极富生活情趣，蕴藏生活哲理，虽然部分歌词残存有封建糟粕思想，但也不乏对自由追求爱情、反对封建剥削、寻求个性解放的讴歌，因而具有丰富的社会与精神价值。近年，谷里街道将这些传承有序的山歌，通过文艺表演形式，搬上了以“江宁之春”群众文化节为代表的文艺会演的舞台，让这些古老的山歌和着新时代的节拍，焕发出新的灿烂光彩。

打麦歌、插秧歌、薅稻歌

基本概况

打麦歌、插秧歌、薅稻歌，流布于江宁区全境。

历史上，江宁地区劳动群众乐天知命、勤劳智慧。他们根据当地自然情况，利用民歌的旋律，自创歌词，通过在劳动过程中放声歌唱，以调节劳动者的情绪，消除疲劳，提高劳动效率。打麦歌、插秧歌、薅稻歌就是其中的优秀代表。

打麦歌、插秧歌、薅稻歌是流行于江宁地区的劳动号子，反映了江宁劳动民众的生产热情和日常生活。其曲调优美，节奏明快轻盈，富有江南水乡独特风格。其歌词一般七言二句为一段，语言风趣幽默。旋律采用五声羽调式，结构完整成熟，行腔婉转细腻，接近于小调，而节奏单纯有力。大多数乐节都在有重音的四分音符上停顿，与劳动用力的节奏配合得十分贴切。总体而言，其旋律中欢快的衬腔占据大量篇幅，使气氛显得轻松活跃。它们一般都是在强度不太大的农业集体劳动中歌唱，有时也在田间劳作或休息时歌唱。演唱时往往一人领唱，众人帮腔。

其中的打麦歌是小麦收割后摊铺在晒场上，多人持连枷打场脱粒的号子。打场时，人分两边，对面互相敲打同一个点，边打边移动，需要以号子统一节奏，以免互相打在连枷上。其中一人领唱，众人附和。开始唱一句、和一句，第二句是唱一句、和三句，如此轮回。歌声统一着连枷的起落，连枷的击地声像是指挥和伴奏。随着脱粒机、收割机等农业机械的使用，1990 年代后，打麦歌逐渐消失。

2009 年 5 月，东山街道岔路社区的杨显龙对

1986 年 10 月 21 日铜井乡农户收割水稻

1988 年上坊乡农户在田间栽秧

1988 年上坊农民插秧

流传于当地的打麦歌、插秧歌和薅稻歌进行了调查走访，记录了部分传统唱词。现摘录如下：

打麦歌

（领）打起麦来就唱歌——嘞,（合）哎咳哟，哎咳哟嘞。你一下来我一下，哎咳哟，哎咳哟。打下麦子一担担，哎咳哟来哎咳哟。今年的麦子好收成，小娘子！海噎花花开哟，开哟。

（领）为了好日子过——嘞,（合）哎咳哟，哎咳哟。一场麦来又一场，哎咳哟，哎咳哟。打下麦子做馍馍，哎咳哟来哎咳哟。一餐中饭麦场蒸，小娘子！海噎花儿开哟，开哟。

（领）我家住在南门外——嘞,（合）哎咳哟，哎咳哟嘞。这里的丘田真难做，哎咳哟，哎咳哟。一年到头活儿重，哎咳哟来哎咳哟。苦日子没头真难熬，小娘子！海噎花儿开哟，开哟。

（领）五更拔秧日头打麦累得慌——嘞,（合）哎咳哟，哎咳哟嘞。两只膀子抬不起来，哎咳哟，哎咳哟。浑身发胀疼得慌，哎咳哟来哎咳哟。晚上还要去割麦，小娘子！海噎花儿开哟，开哟。

插秧歌

我在田里插秧棵呀，脸朝黄土背朝天呀，一棵一棵埋头插，哎咳呦，一棵一棵埋头插。

我在田里插秧棵呀，横对横来竖对竖呀，一趟一趟总插不完，哎咳呦，一趟一趟总插不完。

我在田里插秧棵呀，一天到晚插得慌呀，晚上还要去拔秧，哎咳哟，晚上还要去拔秧。

我在田里插秧棵呀，抬头望见娘家的哥呀，田埂上来坐坐，哎咳哟，田埂上来坐坐。

我在田里插秧棵呀，我向哥诉起在婆家的苦呀，起早摸黑埋头苦，哎咳哟，起早摸黑埋头苦。

我在田里插秧棵呀，吃不饱来穿不暖呀，重事多来轻事情少，哎咳哟，重事多来轻事情少。

我在田里插秧棵呀，日落回家服侍老的服侍小的，亲丈夫还要来打我，哎咳哟，亲丈夫还要来打我。

我在田里插秧棵呀，天天腰疼背又酸呀，累呀累坏了我，哎咳哟，累呀累坏了我。

薅稻歌

扛起来锄头去呀去下田呀，田里的杂草比秧高呀，咿呀咳，呀活儿咳，田里的杂草比秧高那个呀活儿咳。

樱桃那个好吃树难栽呀，白米饭好吃田难做呀，咿呀咳，呀活儿咳，白米饭好吃田难做那个呀活儿咳。

1981 年江宁农村水稻脱粒

1986 年淳化农户用机器插秧

太阳呐，晒得汗直流呀，双手推得都是泡呀，咿呀咳，呀活儿咳，双手推得都是泡那个呀活儿咳。

前推那个三下后拉两下呀，拉得那个草儿漂起来呀，咿呀咳，呀活儿咳，拉得那个草儿漂起来那个呀活儿咳。

哥那个在前妹在后呀，哥等妹那个心发痒呀，咿呀咳，呀活儿咳，哥等妹那个心发痒那个呀活儿咳。

哥十八来妹十七呀，两心相印把缘结呀，咿呀咳，呀活儿咳，两心相印把缘结那个呀活儿咳。

想你呐，想你呐，哥哥想妹想死呐，咿呀咳，呀活儿咳，哥哥想妹想死那个呀活儿咳。

妹妹想哥魂儿飞呀，妹妹早已把心交给哥哥呀，咿呀咳，呀活儿咳，妹妹早已把心交给哥哥那个呀活儿咳。

《江宁街道志》中也收录了多首流传于江宁集镇和陆郎集镇的打麦歌、插秧歌、薅稻歌唱词，内容如下：

打麦歌

打起麦来就唱歌，口唱歌儿心里乐。我领唱来大家和，心中歌儿实在多。

打麦唱起打麦歌，今年收成多又多。去年只收八百担，今年收了一千多。

黄金麦子挑上场，仿佛闻到馒头香。年年丰收哪里来，全靠恩人共产党。

饮水思源不忘本，自觉自愿交公粮。支援国家搞建设，幸福生活万年长。

打麦歌

打起麦来就唱歌，口唱歌儿心里乐。我领唱来大家和，心中的歌儿实在多。

打麦就唱打麦歌，今年收的比去年多。去年只收八百担，今年收了一千多。

金黄的麦子挑上场，脱粒机声轰轰响。黄澄澄麦子喜人心，粒粒饱满喷喷香。

丰收号子冲云天，幸福生活比蜜甜。年年丰收哪里来？共产党恩情记心间。

饮水思源把粮交，三星未落公鸡叫。车水马龙人如潮，连绵不断十里遥。

人欢马叫歌声高，农民卖粮起高潮。建设四化贡献大，感谢党的好领导。

插秧歌

插秧要插扁蒲秧，娶亲要娶胖姑娘。秧好能夺高产量，爹娘强壮养健郎。

山歌唱过又回环，唱曲凤凰戏牡丹。牡丹绣在鞋头上，看花容易绣花难。

我领唱来你们伴，菜篮提水爬高山。鸡蛋撞碎鹅卵石，老鼠啃断铁门杆。

吃过中饭又喝茶，富家丫头学骑马。不种田地吃白米，不纺棉花穿罗纱。

2018 年江宁农村育苗

2020 年 6 月土桥农户插秧

吃肉穿绸有钱人，糠菜破衣种田人。世上这般不平事，哪年才能翻个身?

薅稻歌

（领）小曲（那个）好（哟噢噢）唱啊，口（呀么）口难开（哟）。

（合）依呀呀子嗳，嗨！哟嗬嗨！唷好，伊呀呀子，呀子伊呀呀么呀格，哟好嗨！

（领）樱桃（那个）好（哟噢噢）吃啊，树（呀么）树难栽（哟）。

（合）依呀呀子嗳，嗨！哟嗬嗨！唷好，伊呀呀子，呀子伊呀呀么，哟好嗨！

《江宁街道志》中还收录了两首《打麦歌》的乐谱，照摘于下：

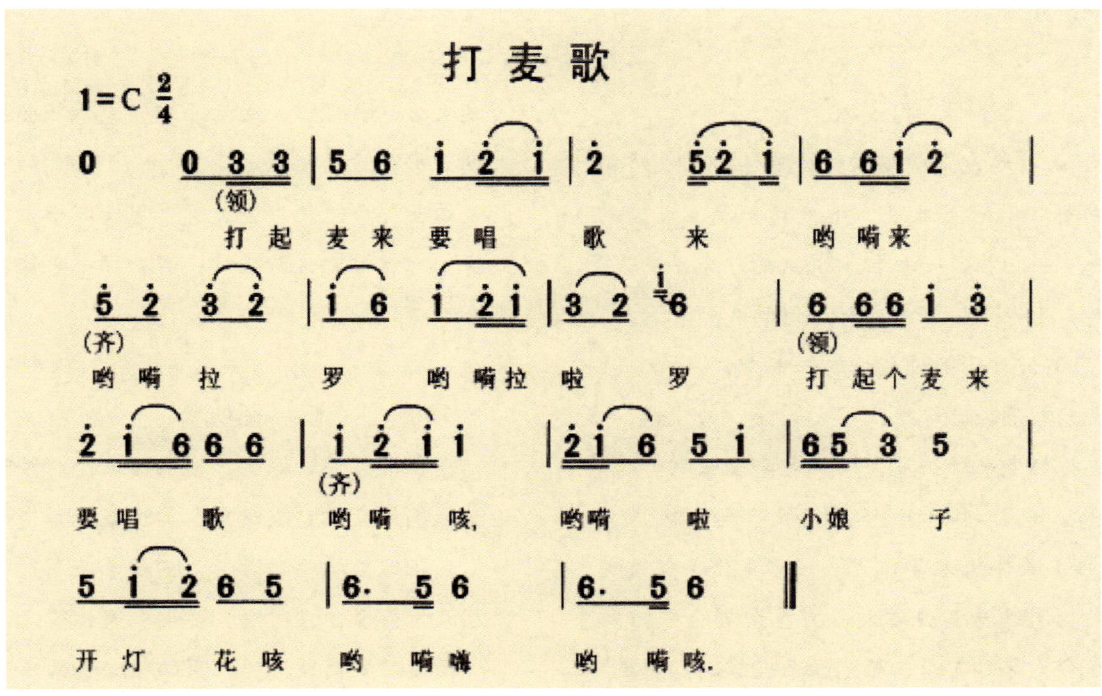

《打麦歌》

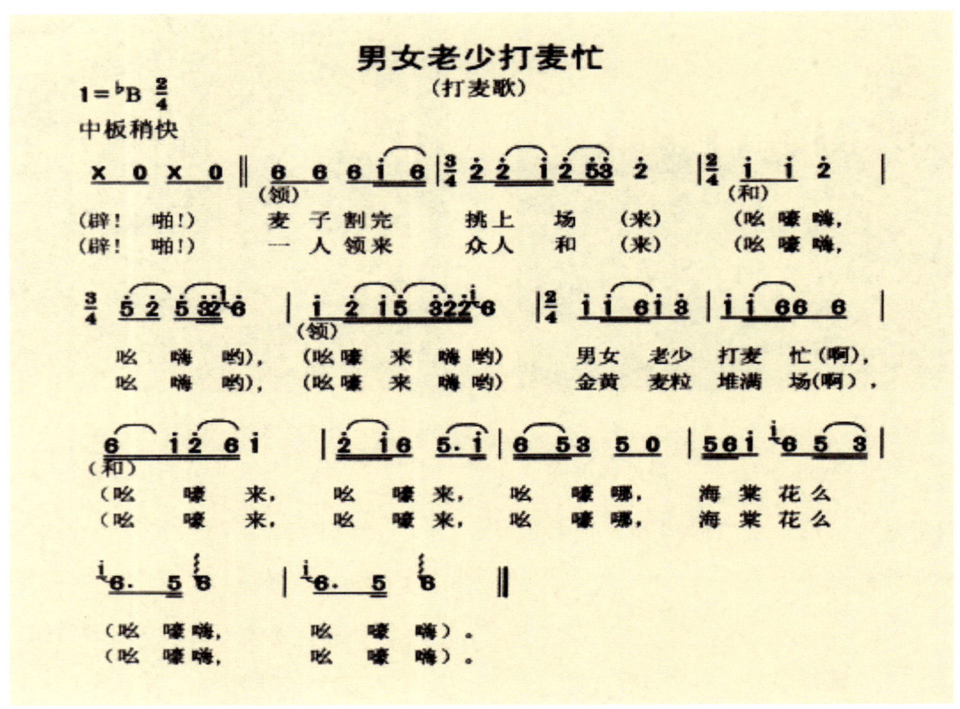

打麦歌《男女老少打麦忙》

新中国成立后，江宁民众的精神面貌发生了巨大的改变，他们对《打麦歌》等传统歌曲的唱词进行了改编，以表现出新时代的新风貌，相关唱词记录如下：

打麦歌

（领）打起麦来就唱歌——嘞，（合）哎咳哟，哎咳哟嘞。你一下来我一下，我一下，哎咳哟。打下麦子一担担，一担担来哎咳哟。今年的麦子好收成，小娘子！好收成那个好收成。

（领）好日子越过越好过——嘞，（合）哎咳哟，哎咳哟嘞。日进吃上了白馍馍，白馍馍，哎咳哟。打起麦来劲头足，劲头足来哎咳哟。收的麦子一堆堆，小娘子！一堆堆那个一堆堆。

（领）集体化来合作化——嘞，（合）哎咳哟，哎咳哟。团结一心力量大，力量大那个哎咳哟。幸福道路越走越宽畅，越宽畅来哎咳哟。建设社会主义新农村，小娘子！新农村那个新农村。

薅稻歌

扛起那锄头去呀去下田呀，田里的杂草比秧高呀，咿呀咳，呀活儿咳，田里的杂草比秧高那个呀活儿咳。

“大锅饭”好吃心也齐呀，大干社会主义热火朝天呀，咿呀咳，呀活儿咳，大干社会主义热火朝天那个呀活儿咳。

妇女那个能顶半边天呀，男女那个平等共参战呀，咿呀咳，呀活儿咳，男女那个平等共参战那个呀活儿咳。

插秧歌

我在田里插秧棵呀，横对横来竖对竖呀，你追我赶插得慌呀，哎咳哟，你追我赶插得慌。

我在田里插秧棵呀，多插秧来夺高产呀！热火朝天忙得慌，哎咳哟，热火朝天忙得慌。

我在田里插秧棵呀，男的吆喝女的唱呀，满田的歌声传四方，哎咳哟，满田的歌声传四方。

1987 年上坊乡农户收割小麦

我在田里插秧棵呀，齐心协力大生产呀，幸福的生活乐开花，哎咳哟，幸福的生活乐开花。

改革开放后，民间艺人又对歌曲的唱词进行了改编。2007 年，岔路社区第六届纳凉晚会文艺演出上的唱词分别是：

打麦歌

（领）农业实现现代化——嘞,（合）哎咳哟，哎咳哟嘞。打麦不用莲楷打，不用莲楷打那个哎咳哟。收割有啦收割机，收割机来那个哎咳哟。打麦用上了老虎机,姐妹们！老虎机那个老虎机。

（领)现在种田是机械化——嘞,（合)哎咳哟，哎咳哟嘞。播种机来插秧机，播种机插秧机来哎咳哟。农田灌溉时抽水机，抽水机来哎咳哟。耕田耙地是拖拉机，姐妹们！拖拉机那个拖拉机。

（领）现在农民生活大提高——嘞,（合）男穿西装女报金和带银。住的高楼和大厦,住花苑，进公寓。家有喜事进酒店，家里来客进宾馆。大小汽车买得起，姐妹们！幸福生活乐滔天。

（领）高级公路四通八达——嘞,（合）哎咳哟，哎咳哟啰。晚上路灯四方亮，晚上花苑、公寓通天亮。农村和城市一个样,绿色通道通四海。闻名社区天下传，姐妹们！农村变为城市化那个哎咳哟。

（领）携手共进创新路——嘞,（合）哎咳哟，哎咳哟啰。社区建设大发展,团结一心来奔小康。文明和谐齐发展，高歌明天向前方。建设社会主义新篇章，姐妹们！新篇章那个新篇章哎咳哟。哟！

薅稻歌

扛起那个锄头去呀去下田呀，薅起那个稻来劲头足呀，咿呀咳，呀活儿咳，薅起那个稻来劲头足那个呀活儿咳。

你追那个我赶快如飞呀，满田的歌声传四方呀，咿呀咳，呀活儿咳，满田的歌声传四方那个呀活儿咳。

科学种田那个大发展呀，今后不再薅稻和拔草，咿呀咳，呀活儿咳，水田旱地用上了除草剂那个呀活儿咳。

农业实现了机械化呀，耕田耙地不用犁和耙呀，咿呀咳，呀活儿咳，耕田耙地用上了拖拉机那个呀活儿咳。

农村实现了电气化呀，楼上楼下电灯电话呀，咿呀咳，呀活儿咳，彩电冰箱煤气灶那个呀活儿咳。

改革开放社区化呀，农村走向了城市化呀，咿呀咳，呀活儿咳，人民齐心合力奔向了现代化呀活儿咳。

精神文明、社会和谐来创造，千家万户奔向那富裕小康路。咿呀咳，呀活儿咳，美满生活走向那个幸福路。

四通八达的高速路，晚上行驶通亮的照明路，咿呀咳，呀活儿咳，他们都是社会主义的路。咳，咳，我们携手走向社会主义路那个哎活儿咳！

插秧歌

我在田里插秧棵呀，科学种田新高招呀，亩产千斤创高产，哎咳哟，亩产千斤创高产。

改革开放三十年呀，掀起建设新农村呀，翻天覆地大变化，哎咳哟，翻天覆地大变化。

新型社区城市化呀，绿色环境来创造呀，幸福生活乐滔天，哎咳哟，幸福生活乐滔天。

唱响人民幸福天呀，富裕小康进万家呀，高歌一曲向明天，哎咳哟，高歌一曲向明天。

历史传承

据口碑资料，打麦歌、插秧歌、薅稻歌等民歌在江宁地区的流传至少可以追溯到民国时期。新中国成立后，特别是1958年“大跃进”时期，此类民歌在江宁县各地农村更加流行。改革开放后，民间艺术家借旧曲填入新词，反映了社会主义新农村建设的发展变化，他们把车水歌、打麦歌、插秧歌、薅稻歌、耙田歌等汇编成《田野里的歌声》，以独特的形式搬上了舞台，其表演受到了当地人民群众的热烈欢迎。

21世纪以来，随着科技的跨越式发展，传统农耕社会的生产方式已逐渐消亡，加上农业机械化的发展，打麦歌、插秧歌、薅稻歌的生存土壤已不复存在。目前，这些民歌的传承面临着后继无人的窘境。

当代影响与价值

流传于江宁地区的打麦歌、插秧歌、薅稻歌，乡土生活气息浓郁，地域文化色彩深厚，是扎根于江宁沃土的音乐艺术奇葩，是属于当地民众的共同记忆。这些歌曲虽语言朴素、节奏简单，但内容丰富、韵律感较强，涵盖了不同时期江宁民众对生产和生活的认识，展现出了他们的世界观、价值观及对美好生活的向往和追求，蕴含了积极向上、不畏劳苦的生活态度，是一笔珍贵的精神财富。这些极具江宁特色的劳动歌谣的保护传承，可以为当代社会提供一种勇往直前、拼搏奋斗的精神力量，其成败的关键无疑在于多样性传承模式的构建、乡土音乐风貌的继承和新时代劳动精神的弘扬。

汤山地区劳动号子

基本概况

汤山地区劳动号子，流布于汤山街道及其周边地区。

汤山位于江宁区东北部，境内山势连绵，岗峦起伏，素有“十万亩大山，四万亩良田”之称。其气候宜人，景色秀丽，山水相融，古迹众多，风物清嘉，果木葱郁，物产丰饶，无愧“物华天宝、人杰地灵”之美誉。

劳动创造了劳动号子。在这片富饶的土地上，劳动人民在长期的生产生活实践过程中，创作了适合各项劳动的、各具特色的劳动号子，如车水号子、薅草号子、打硪号子、打麦号子等。这些号子生动活泼，委婉动听，充满了田园劳作的生活气息。在集体劳动中，由一人领唱，众人和唱，气氛热烈，振奋人心。

1987 年，吴玉门曾对汤山地区的劳动号子进行过调查走访，记录了流传于汤山一带的劳动

今日汤山全景

号子。其代表性劳动号子如下：

放牛号子

（一）哎嗨唷啊嗬唷，我来放牛了呕嗬嗬，你也来放牛啦，呕嗬奄奄（后两字为唤牛犊声）。

（二）（领）东边山上有只狼嘞，（合）吭喽，（领）西边山上有条羊嘞，（合）吭喽，（领）北山有只大老虎嘞，（合）吭喽，（领）南山有我放牛郎啦，（合）嘞也嘞得儿喂嗨嗨。

2014 年江宁锁王

挑担号子

嗬也我的来哎，二姑娘来哎，哎也我的来嗨……（无限延长）。

车水号子

（一）数麻雀（短促、有力）

（领）一只麻雀，（合）呐呐，（领）一个头，（合）呕喉喉，（领）两只眼睛乌溜溜，（合）数筹靠走，（领）两只脚，（合）蹬八州，（领）一条尾巴翘嗖嗖，（合）数筹喽，赶紧走，麻雀叫，送上来，呕喉，呐呐，呐呐。

（领）两只麻雀，（合）呐呐，（领）两个头，（合）呕喉喉，（领）四只眼睛乌溜溜，（合）数筹靠走，（领）四只脚，（合）蹬八州，（领）两条尾巴翘嗖嗖，（合）数筹喽，赶紧走，麻雀叫，送上来，呕喉，呐呐，呐呐（往下数）。

（二）十二月长工

（领）正月长工正月正，（合）喂哎喂哎喂喽者，（领）无柴无米难过冬，（合）喂喂嗨左划儿走喽者；

（领）借人一石还两石，（合）喂哎喂哎喂喽者，（领）算算不如做长工，（合）喂喂嗨左划儿走喽者；

（领）二月长工二月中，（合）喂哎喂哎喂喽者，（领）老板催我去上工，（合）喂喂嗨左划儿走喽者；

（领）搬张板凳门前坐，（合）喂哎喂哎喂喽者，（领）打双草鞋去上工，（合）喂喂嗨左划儿走喽者；

（领）三月长工三中月，（合）喂哎喂哎喂喽者，（领）扛张犁耳到田中，（合）喂喂嗨左划儿走喽者；

（领）看看路儿没多远，（合）喂哎喂哎喂喽者，（领）弯弯曲曲到田中，（合）喂喂嗨左划儿走喽者；

（领）四月长工四月中，（合）喂哎喂哎喂喽者，（领）铡麦田里闹哄哄，（合）喂喂嗨左划儿走喽者；

（领）白面巴巴老板吃，（合）喂哎喂哎喂喽者，（领）麸子巴巴待长工，（合）喂喂嗨左划儿走喽者；

（领）五月长工五月中，（合）喂哎喂哎喂喽者，（领）栽秧田里闹哄哄，（合）喂喂嗨左划儿走喽者；

（领）栽秧哥哥慢慢栽，（合）喂哎喂哎喂喽者，（领）待我长工慢慢来，（合）喂喂嗨左划儿走喽者；

（领）六月长工六月中，（合）喂哎喂哎喂喽者，（领）薅草田里闹哄哄，（合）喂喂嗨左划儿走喽者；

（领）老板戴的花草帽，（合）喂哎喂哎喂喽者，（领）伙计戴的烂斗篷，（合）喂喂嗨左划儿走喽者；

（领）七月长工七月中，（合）喂哎喂哎喂喽者，（领）老板扛锹到田中，（合）喂喂嗨左划儿走喽者；

（领）看看田里没有水，（合）喂哎喂哎喂喽者，（领）口口声声骂长工，（合）喂喂嗨左划儿走喽者；

（领）八月长工八月中，（合）喂哎喂哎喂喽者，（领）铡稻田里闹哄哄，（合）喂喂嗨左划儿走喽者；

（领）老板快刀前头走，（合）喂哎喂哎喂喽者，（领）伙计钝刀磨洋工，（合）喂喂嗨左划儿走喽者；

（领）九月长工九月中，（合）喂哎喂哎喂喽者，（领）糯米吊酒闹哄哄，（合）喂喂嗨左划儿走喽者；

（领）高粱尖子老板喝，（合）喂哎喂哎喂喽者，（领）四两尾水待长工，（合）喂喂嗨左划儿走喽者；

（领）十月长工十月中，（合）喂哎喂哎喂喽者，（领）扛根肩担到山中，（合）喂喂嗨左划儿走喽者；

（领）一天铡了三五担，（合）喂哎喂哎喂喽者，（领）老板骂我挨长工，（合）喂喂嗨左划儿走喽者；

（领）冬月长工冬月中，（合）喂哎喂哎喂喽者，（领）筲箕淘米在水中，（合）喂喂嗨左划儿走喽者；

（领）手冷不给怀中焐，（合）喂哎喂哎喂喽者，（领）脚冷不给烘火筒，（合）喂喂嗨左划儿

江宁艺人排练打夯歌

走喽者；

（领）腊月长工腊月中，（合）喂哎喂哎喂喽者，（领）杀猪宰羊闹哄哄，（合）喂喂嗨左划儿走喽者；

（领）整刀整片老板吃，（合）喂哎喂哎喂喽者，（领）骨头骨脑待长工，（合）喂喂嗨左划儿走喽者。

薅草号子

（一）依呀呀嗬嗨

太阳下山乌哎喂嗨，大伯子相信依呀呀嗬嗨，依呀呀嗬嗨，弟媳妇唷。

（二）小曲好唱

小曲好唱哎，哎嗨子口难开哎，巴巴好哎磨难挨哎，大米好吃哎，哎嗨子田难种哎，樱桃好吃哎，树难栽哎。

（三）叫我唱来

叫我唱来么我就唱么，上江的郎船，下江的黄河，青橘子、大荸荠，爱黄河来么小妹子，你慢慢地趟花船唷呕。

（四）呀呀油

（领）叫我唱来我就唱么，没有人家好的，（合）那个讲的唷，（领）他说的，唱的个萝卜滚生姜嘞，（合）依呀嗨唷，呀呀油来小妹子，你到这块来哟。

萝卜没有生姜辣么没有人家好的，（合）那个讲的唷，（领）他说的，家花哪有野花香嘞，（合）依呀嗨唷，呀呀油来小妹子，你到这块来哟。

（五）锄野草

手把锄头锄野草呀，锄去野草好长苗呀，依呀嗨呀嗬嗨，锄去野草好长苗啦，呀嗬嗨依呀嗨。

石硪、木夯号子

（一）（领）大家加油干嘞，（合）哎嗨嗨哟，（领）齐心协力，（和）哎嗨唷；（领）我们一条心啦，（合）哎嗨哟，（领）黄土变成金，（和）哎嗨唷；

（二）（领）我们加油干嘞，（合）哎嗨嗨哟，（领）把木夯举得高，（和）哎嗨唷；（领）狠狠地往下砸，（合）哎嗨哟，（领）地基打得牢，（和）哎嗨唷。

打麦号子

（一）（领）稞麦上场小麦香，（合）嘿嘿啦，小娘子，（领）小麦上场插黄秧，（合）嘿嘿啦，小娘子，小娘子来喂喂哟哟；

（二）（领）姑娘身上桂花香，（合）嘿嘿啦，小娘子，（领）小伙子心中喜洋洋，（合）嘿嘿啦，小娘子，小娘子来喂喂哟哟。

吴玉门在记录号子唱词的同时，也记录了演

打麦

1935 年南京郊区农妇打麦穗

江宁地区常用的木夯

唱的特点：如演唱“挑担号子”时，发音尖锐、洪亮、圆润；演唱“车水号子”的《数麻雀》时要短促、有力；演唱“薅草号子”时要抒情、柔美；演唱“石硪、木夯号子”时要高昂有力；演唱“打麦号子”要高昂有力。同时，根据吴玉门的调查，可知“薅草号子”多为演唱者在劳动中即兴填词。

历史传承

汤山地区劳动号子经历了一个漫长的发展阶段，从远古时期的“吭唷、吭唷”开始，劳动号子便在汤山地区种下了种子。新中国成立后，特别是人民公社时期，劳动号子在大规模集体劳动中发挥了鼓舞精神、调节情绪及组织指挥等重要作用。直到二十世纪八九十年代，劳动号子依然回响在汤山大地。

如今，随着科技和经济水平的跨越式发展，传统农耕社会的生产方式已逐渐消亡，加上机械化的普及发展，传统的农耕体力劳动已逐渐被代替，放牛、车水、挑担等农事活动的劳动形式不复存在。汤山地区劳动号子所依存的环境土壤已经丧失，过去花样繁多的劳动号子已经散佚了不少，会唱劳动号子的仅为数量不多的老人，年轻人对此不熟悉，也不感兴趣，劳动号子正面临着消失殆尽的危险。

当代影响与价值

汤山地区劳动号子或宛转悠扬，或铿锵有力，或刚直质朴，极具艺术感染力，是汤山人民在集体劳动中积极乐观精神状态的表达，承载着一代代汤山民众的集体记忆。它富于生活情趣的唱词，真实反映了旧时集体生产劳动的场景，堪称地域文化的活化石。这一类需要群体传承的濒危“非遗”项目，它的生命力在于有效培育未来的传承人队伍，其最佳途径应该是将劳动号子融入学校的劳动教育实践活动中，让学生在原生态的环境中体验、传承劳动号子。通过营造与劳动文化相关的校园环境，或许可以潜移默化地对学生的思想和行为产生影响，进而塑造学生正确的劳动价值观。

硪歌

基本概况

硪歌，流布于江宁区境。

硪是一种用石料制作而成的劳动工具，即用一块青石板经石匠錾凿修整后，制成直径 40 厘米，厚 15—20 厘米的圆形石夯。硪有大硪、小硪之分，大硪 200 多斤，小硪也有 100 斤以上，主要应用在大型土建工程中，如筑土坝、夯地基等。硪的四周凿有 8 个孔，每个孔打入一根长短适中的木桩，每根木桩上再拴上大拇指粗的绳索，便能供人使用了。因有 8 条绳索，故打硪需要 8 个人。打硪者在身腰一仰一躬的节奏中，一边应和着硪歌，一边拉动着绳子，将硪子抛向空中，落下狠狠地拍砸在地基上。

打硪者不分男女，但大多数是身强力壮的小伙子和年轻的姑娘。由于打硪子可舒缓疲乏、活血提气、愉悦身心、提高思维反应能力，并增强身体的灵活性和协调性，因而，打硪子是颇受当地人民群众欢迎的一种劳动。硪子有男女混合打的，有姑娘们单独打的，也有清一色小伙子打的。旧时，打硪子有一硪套着一硪打的“连环硪”，有两硪齐头并进打的“并蒂硪”，有多硪纵横交错打的“梅花硪”，最受大姑娘小伙子们青睐打的是男女搭配、干活不累的“合力硪”。

硪歌，就是劳动人民在打硪这项劳动过程中的一种情感的表达。打硪时，有一名“唱硪的”，即指挥，也可以称为“领硪人”。领硪人善于歌唱，经验丰富，反应敏捷，这样便能准确地指挥打硪的众人，应和着硪歌用力均衡，统一劳动步调。领硪人要唱领硪歌，打硪的也要齐唱号子歌，众人随劳动而歌，这使硪歌具有很强的感染力和凝

1954 年江宁农业社六郎水利工地

1987 年江宁县机关人员参加小龙湾水利会战

聚力。打硪时，锣鼓喧天，硪歌四起，遥相呼应，振聋发聩，场面热烈、宏伟、壮观。

领硪人引歌一唱，就像是开工的命令，打硪人必须迅速各就各位做好准备。领硪人喊唱一句，硪子便被高高抛起，大伙附和时，硪子又被重重地砸下。硪歌没有现成的词，多是领硪人现场即兴现编现唱的，而众人附和声则是千篇一律的——“哎嗨哟喂”。因此，选择领硪人的要求是能现编现唱、临场发挥、随机应变，且声音洪亮。

硪歌的内容还要大众化、通俗化，要贴近实际、贴近群众、贴近生活，歌词简练短促，节奏明快，气魄豪迈，激奋人心。虽然硪歌旋律单一，但能唱到群众的心坎上，如江宁当地流传的一首硪歌：

小硪子提起来呐，哎嗨哟喂；
这个地方高呀嗨，哎嗨哟喂；
大家出把力叻，哎嗨哟喂；
为了夺丰收哎，哎嗨哟喂；
同志们加油干呀，哎嗨哟喂……

硪歌越高亢激昂，打硪人精神就越振奋，齐心协力将硪子抛过头顶，砰、砰、砰的落地声，足以震撼人心。硪子应着歌声，不停地反复抛砸，硪歌越粗犷豪放，应声越洪亮，硪子就抛得高、落得稳、砸得实。

砥歌不仅带有浓厚的乡土气息，也紧扣着时代脉搏。二十世纪六七十年代，打砥子时领砥人唱的词大都是：

毛主席号召学大寨呐，哎嗨哟喂；

贫下中农干起来叻，哎嗨哟喂；

千难万险脚下踩哎，哎嗨哟喂；

修好水利稻花香呐，哎嗨哟喂；

鱼儿欢跳粮满仓呀，哎嗨哟喂……

1991 年水灾中江宁镇加固新洲圩

到了 1980 年代初，砥歌的唱词随着时代潮流又起了变化："改革春满园呐，哎嗨哟喂；生产大发展叻，哎嗨哟喂；勤劳致了富哪，哎嗨哟喂；小康是目标哎，哎嗨哟喂……"

此外，《江宁文化志》收录了一首《石砥号子》，现摘录如下：

1991 年水灾中龙都大头庄圩堤高台打桩

（领）大家拎起来哟，（合）哎嗨哟噢；

（领）石砥飞得高哟，（合）哎嗨哟噢；

（领）一齐出把力哟，（合）哎嗨哟噢；

（领）石砥飞上天哟，（合）哎嗨哟噢。

历史传承

砥歌历史悠久，在江宁乡村流传甚广。据史料记载，早在唐朝时，受到山歌、田歌和风俗歌的影响，就出现了有节奏和旋律的简单劳动号子。宋元时期，受宋词元曲的影响，号子在唱词和旋律曲调上得到了改进。明万历年间，围堤修圩就有砥歌伴随。至清代和民国初期，砥歌趋于成熟，每年围堤修圩，成为堤防施工现场不可缺少的文化现象，会演唱的人有不少。

新中国成立后，政府大兴水利，修堤护圩成

为各家各户的重要任务。特别在1960年代，一到冬闲时节，农村的劳动力都要修渠筑坝，加固河堤。到20世纪80年代末，在围堤修圩的工作现场，还能听到高亢激昂的硪歌。随着社会的发展及工程施工的机械化作业，打夯围堤修圩的工作场景已经不复存在，会唱硪歌的人越来越少，打硪歌已很难再听到。

当代影响与价值

硪歌因来源于打硪这一劳动场景而得名，曾经在江宁地区广泛流行。它是一种民间口头流传的农耕文化，是集体劳作时随口喊唱带有韵律的劳动号子。硪歌是劳动者力量的迸发、干劲的展示，它不是唱出来的，而是以喊唱的形式吼出来的。吼唱中既有抑扬顿挫，铿锵有力，也有高低平仄，优美动听。这昂扬激越的硪歌，曾经徘徊荡漾在广阔的田野上空，飘过村庄，越过山岗，传得很远很远，引来远方的人们对劳动者的祝福。伴随着机械化作业的普及，打夯施工的劳动已不复存在，硪歌失去了其赖以生存的文化土壤，但作为历代人民在劳动时所创造的艺术形式之一，值得进一步挖掘资料并开展整理研究。通过这久远的江宁硪歌，可以增进对不同时期江宁建设历史的了解；通过宣传江宁硪歌，可以使今人汲取其背后蕴含的勤劳勇敢、自强不息的民族精神，正是在这激昂奋进的精神力量的感召下，我们才一步一步走向辉煌。如今，硪歌所代表的强大精神力量，仍是我们建设“强富美高”新江宁的力量源泉。

车水号子

基本概况

车水号子，主要流布于横溪街道及江宁街道的铜井社区等地。

号子是劳动人民在生产劳动过程中创作演唱的民间歌曲，多在各种高强度的集体劳动中喊唱。在劳动中，号子不仅起着统一劳动节奏的组织作用，同时也能调剂劳动者的精神，鼓舞劳动热情。

在田间劳作过程中，江宁地区产生了大量富有地方特色的车水号子，其音乐与劳动的特点紧密相连，各地的旋律音调、节奏及歌唱形式多有不同。除具有一般号子旋律简洁、节奏感强、一唱众和、气势隽永的特点外，车水号子还具有类似山歌、小调的特征。

车水主要用于灌溉排涝，分为五人轴和六人轴。唱号子时，左边为鼓手，中间为锣手，鼓手领唱，众人和之。往往分作两班比赛，比力气，也比对歌，因此车水又称“好汉车”。

关于车水号子，周正凯《江宁——民歌之乡》有这样的介绍：“车水是旧社会最苦最累且又日夜不分的农活，山区缺水，经常要抢水，有时甚至要用几道车盘水。圩区车水也是重活，有句民谣说：‘圩里人没得福，不是车进就是车出。’几天不下雨，就要从河里车水进圩；连着下几天大雨，又要忙着排涝，把圩内的余水车到河里去。人们在干车水这一苦活时，除了靠歌声来排解体力上的疲劳外，更重要的是可用以指挥脚踏节奏的快慢，以达到用力整齐、能上满水的效果。当时，凡不会唱歌的人，是不会被人家请工的，在自家水车上也不准上车，只好在边角小车上忙乎，任你多壮的小伙子出尽力气，终因节奏不整齐，车上不满水，还会被人嗤为‘车哑巴水’。”

江宁的地理环境复杂，车水号子的地域特色显著。据民间老艺人介绍，这种号子因有锣鼓为

儿童体验车水

车水人伴奏，故名“锣鼓车”。每次演唱前，要先用几句“道白”，说明所唱的梗概，道白的内容称为“头子”。之后敲打锣鼓开唱，一轮唱完，再唱一轮，车水者也另换一班，因而车水号子又兼有计时的作用。简单一点的号子，则由车水者自己歌唱、自己敲打，可谓自唱自擂。所唱的歌词有固定的，亦有劳动者即兴发挥的。演唱自始至终有锣鼓伴奏，有的地方田边还搭有锣鼓棚，充满了浓郁的乡土文化气息。

游客体验车水

相关文献中记录了部分车水号子的唱词，如《江宁区文化志》记载的一首铜井车水号子，唱词如下：

吃过早饭往前走，快步来到车步口。

手扶车挡脚蹬球，步调一致有节奏。

唱起山歌心里欢，有领有和有回环。

唱得龙车应声转，唱得流水满田灌。

吃过午饭往前行，遇见阿妹喜我心。

两人碰面没讲话，纸糊灯笼肚里明。

灯笼虽有千层眼，蜡烛本是灯草芯。

船到江心掌稳舵，哪怕孬天水怪精？

另外，相关学者在田野调查时，曾收集到不少车水号子的唱词。2007 年，横溪集镇的刘维保老先生通过调查，记录了流布于横溪社区一带的车水号子，唱词如下：

领唱：新打板凳坐二人，脚趾挑开姐衣儿裙。

合唱：脚趾挑开姐衣儿裙，依呀咳嗨姐衣儿裙，依呀嗬嗨。

领唱：姐骂小郎好大胆，青天白日开花门。

合唱：青天白日开花门，依呀咳嗨姐衣儿裙，依呀嗬嗨。

领唱：要采鲜花不要紧，要依四桩小事情。

合唱：要依四桩小事情，依呀咳嗨小事情，依呀哟嗬嗨。

领唱：天上乌云要一朵，海里龙须要四根。

合唱：海里龙须要四根，依呀咳嗨要四根，依呀哟嗬嗨。

领唱：苍蝇肚脏要四两，赖赖咕眉毛要四根。

合唱：赖赖咕眉毛要四根，依呀咳嗨要四根，依呀哟嗬嗨。

领唱：男人一听吃一惊，这朵鲜花采不成。

合唱：这朵鲜花采不成，依呀咳嗨采不成，依呀哟嗬嗨。

领唱：天上乌云捞不到，海里捞珠海又深。

合唱：苍蝇肚脏无处买，赖赖咕眉毛无处寻。

合唱：赖赖咕眉毛无处寻，依呀咳嗨无处寻，依呀哟嗬嗨。

领唱：骂声小郎你好呆，四样东西解不开。

合唱：四样东西解不开，依呀咳嗨解不开，依呀哟嗬嗨。

领唱：天上乌云是洋伞，海里龙珠是珠珠针。

合唱：海里龙珠是珠珠针，依呀咳嗨珠珠针，依呀哟嘀嗨。

领唱：苍蝇肚脏是花钱，赖赖咕眉毛是花针。

合唱：赖赖咕眉毛是花针，依呀咳嗨是花针，依呀哟嘀嗨。

领唱：小郎一听“只”一声，明天一早上南京。

合唱：明天一早上南京，依呀咳嗨上南京，依呀哟嘀嗨。

领唱：四样东西买现成，半夜送到姐房门。

合唱：半夜送到姐房门，依呀咳嗨姐房门，依呀哟嘀嗨。

车水号子在横溪街道勇跃村船上自然村，也被称之为“踩水号子”。2007年，勇跃村的杨波在船上自然村收集到了一首“踩水号子”，唱词如下：

鼓打一更月照头，鼓打二更月照街。

长灯捻子度灯油，小郎门外喊门开。

灯郎不来吹灯睡，莞子翻身爬起来。

手膀弯弯当枕头，翻身落神倒拖鞋。

一人睡觉不风流，半夜三更游魂来。

鼓打三更月照东，鼓打四更月偏西。

小郎来到街房东，小郎抱在姐怀里。

姐叫小郎不讲话，轻轻扑扑三巴掌。

你的声音大不同，醒罢睡罢听鸡啼。

不怕旁人漏了风，人家不知自家里。

鼓打五更月落山，姐叫小郎慢慢走。

送郎出去把门闩，出了房门不为奸。

心在轮船江中划，哪怕丈夫在眼前。

江边大姐叫唱茶，二尺白布系腰间。

我要喝茶掏钱买，哭哭啼啼你面前。

行人不喝路边茶，拾拾捡捡烧纸钱。

蜂蜜不采半边花，小脚一跨叫青天。

兔子不吃窝边草，杀猪宰羊祭长江。

好心好意叫唱茶，一本万利转回乡。

多男多女呜罗家，心灵烧起阵阵烟。

十七十八上洛阳，婆妈媳妇莫要急。

有朝一日开船走，今日走到这一方。

路上婊子骂一场，好比孤雁落长江。

吹断船杆伤了伤，临老无儿受人欺。

死在江中不回家，仁兄无面我无光。

据船上村老人介绍，民国及新中国成立初期，当地农业生产技术落后，灌溉农田，完全依靠水车人力踩水。这种劳动强度非常大，在水车轴上的乡民配上锣鼓后，可以边踩边敲，同时唱着山歌，这样不仅能够消除疲劳，还可以活跃劳动气氛。

历史传承

车水号子在江宁区流传广泛。至1950年代，农民在田间劳作时，还不时有人唱起。二十世纪五六十年代，江宁车水号子曾参加南京市、镇江专区和江苏省会（调）演，并多次获奖。1963年7月，由中国音乐家协会江苏分会和江宁县文化馆合编的《江宁民歌采风录》，记录了6首车水号子。

车水设备

随着社会的发展，人们觉得车水号子歌词不雅，渐渐无人学唱。加上农业机的大规模使用，车水等繁重的农事体力劳动在江宁基本上不存在了，会唱车水号子的乡民越来越少。据刘维保2007年调查，横溪社区当时仅有宋宏祥（85岁）、王桂兰（78岁）等个别高龄老人会唱。而杨波2007年的调查显示，勇跃村能唱踩水号子的老人亦已不多，仅有杨光生（87岁）、杨先福（78岁）、吴德仁（75岁）等。就车水号子的保护传承而言，通过影音资料保存其唱词及技巧已经迫在眉睫。

当代影响与价值

车水号子是江宁悠久农业文明发展的侧影之一，有着丰富的传统农业文化内涵。在漫长的历史长河中，它逐渐形成了鲜明的个性特点，具有比较独特的表现形式，表达了江宁劳动人民健康向上、团结协作、朴实真诚的精神境界。它是一种精神力量的凝聚，潜移默化地影响着一代又一代的江宁人。随着农业机械化和社会城镇化，车水等农事活动已不复存在，车水号子逐渐失去了其赖以生存的传承环境，不再具有实用意义。然而，作为依附于传统劳作而创造的艺术形式，车水号子保存了大量的民俗及民间思想文化信息，其独具一格的“道白”、节奏等特色亦具有鲜明的艺术性，对于今人而言是一笔宝贵的精神财富，仍有必要加以保护和传承。

送春

基本概况

送春，主要流布于江宁区禄口街道小彭、曹村、彭福社区和横溪街道等地。

新年作为中华民族的第一大节日，历史悠久、文化内涵丰富，它是中国传统文化的集中展示，凝结着中华民族的伦理情感、生命意识、审美趣味和宗教情怀，人们在享受春节文化的同时，也展示着中华民族的节日文化。同时，中华民族文化也在这一特定的时空内得到承续与弘扬。

据《横溪街道志》记载："'送春'是春节前后走村串户拜年的演唱。一般 1 人，多则 2 人。演唱者手拿打击乐器，在进户之前便开始敲击演唱，调子类似于昆曲，词大都是根据环境，现场抓来的，多为奉承话。边唱边进屋，绕堂屋一周，得到主人给赏后，再换另一户。春节期间如遇有'送春'的，男女老幼随其后，辗转各户。"

送春，又名唱春、颂春，流行于江宁、溧水、高淳、溧阳等地。每年春节前后，送春艺人手持春锣春鼓走乡串户，唱故事，颂吉语，为人祝福，预示一年吉兆。由于其活动从每年冬至到次年清明，又把"春"（福祉）送到千家万户，故有是名。送春以歌的形式出现，内容丰富，唱腔优美，有劳动歌、时令歌、祝颂歌、情歌、历史传说歌等，体现人民群众的喜怒哀乐，而且轻便灵活、适应性强，因此具有很强的生命力。其中以历史传说歌和祝颂歌最为丰富。历史传说歌多数是以对历史人物的褒奖为内容；祝颂歌多为触景生情、即兴演唱，为人们祝颂、祈求吉祥安康、万事如意，其形式一般为四句头短歌，也有几十句的叙事长歌。

如歌颂历史人物的"十张台子"，其唱词为"一张台子四方方，岳飞枪挑小梁王，武松手托千斤石，姜太公八十三岁保文王。两张台子配成双，辕门斩子杨六郎，诸葛亮就把春风借，三气周瑜芦花荡。三张台子遍地红，百万军中赵子龙，文武全才关夫子，关公巧计斩蔡阳。四张台子一流边，吕布本是戏貂蝉，三国之中来斗争，三国之中出能人。五张台子五角方，许仙接见白娘娘，端午时节雄黄酒，法海师傅今钵堂。六张台子六角磊，杨家忠诚出大门，前头走的是杨忠宝，后

江宁艺人扎制的灯笼

1980年代江宁地区民间音乐集会

头跟的是穆桂英。七张台子七巧巧，头元状元老中小，观音老母船头坐，童男童女撑头篙。八张台子张张好，喜马拉雅山万丈高，张飞脚踏长坂坡，吓断长江水倒流。九张台子菊花黄，王妈妈照应武大郎，潘金莲就把西门庆接，谋害亲夫见阎王。十张台子唱完成，唐僧西天去取经，孙猴子前头把路带，三打妖怪白骨精。”看到剃头的即兴演唱，唱词为：“驴头太子划一刀，洛阳桥上走一遭，洗脸架子洗脸盆，羊绒手巾水中漂，有人搽的是香肥皂，有人搽的是美容膏，东洋剪子真正好，芜湖剪子南渡的刀。”

手持“宝物”的江宁民间收藏家

送春的表演形式有单档和双档两种：前者用春锣自敲自唱，后者则一人持春锣，走在前面，担任领唱，另一人敲小扁鼓，跟在后面，担任帮腔和唱。又有“门春”和“座堂（或称坐堂）”之分。“门春”即送春艺人串村走乡，沿门演唱，走到哪里，唱到哪里。按照当地习俗，对上门送春的艺人，主人须给糕团或钱币。“门春”演唱的曲目以“见之歌”为主，即送春艺人看见什么就唱什么。如见主人在喝茶，就唱茶叶。从茶叶的来历、产地，直唱到全国的各种名茶。如主人向送春艺人敬烟，就必须唱烟，直唱到林则徐虎门焚烧鸦片烟。“见之歌”没有文字唱本，全凭艺人即兴编造，长期积累。演出时，有说有唱，类似说书，每个曲目可唱两三个小时。

“送春”表演的场所随意性较大，对服装要求不高，乐器主要有小锡锣以及用以敲锡锣的刀形棍一根，棍端系有用麻线穿的若干铜钱。演唱者先敲小锡锣，“噹、噹、哐、噹、噹、哐、哐、哐”，然后唱四句头的短歌，以此反复，主要曲目有《十张台子》《十字歌》《十二月古人名》等。

朱庆春等老艺人在禄口街道庆祝老人节“献给老人的歌”专场文艺演出上表演“马铺锣鼓”

进一步加强，达官贵人互送名帖，百姓间讲究礼尚往来，互相拜年。游艺性活动得到进一步的发展，新年期间的舞龙舞狮、演戏、高跷、说书等各种活动可谓绚丽多彩，五彩缤纷。“送春”的演唱形式得到了定型与发展。演出场所适应性强，可在街头巷尾，大多数是利用春节期间到农户门口演唱，为农户祈求福寿安康。

历史传承

送春的渊源，可以追溯到上古时期年终的祭祀习俗。时至冬闲，人们用猎获的野兽作为祭品进行祭祀活动，祈求风调雨顺，五谷丰登，感谢百神的恩赐。先秦时，春节处于萌芽状态，《诗经·七月》中记载了西周时期旧岁新年交替时的节庆风俗。西汉初期施行“休养生息”政策，社会稳定，生产得到恢复与发展，节日习俗逐渐形成，特别是《太初历》推行后，农历的正月初一作为新年得到确立，原来在冬末春初举行的祭祀活动逐渐统一为正月初一进行，新年的习俗得到定型。至南北朝时期，守岁、游乐和赏灯等活动都已经出现，新年的习俗愈演愈烈，演变为我国的第一大节日。唐朝，随着对外文化交流的频繁，新年习俗发生了重大变化，从原来的迷信、祈报的神秘氛围转变成节日型、娱乐性的节目，由祭神转向娱人，转向娱乐游艺，享受生活。“送春”的演唱形式便产生了。

明清时期，应酬性、礼仪性的新年习俗得到进一步加强，达官贵人互送名帖，百姓间讲究礼尚往来，互相拜年。

一般认为，江宁的送春始于明初洪武年间的“打春”。据李诩《戒庵老人漫笔》记载，每年立春前一个月，金陵沿街都有鸣锣跳唱乞米者，名为“打春”。相传明太祖朱元璋在田野中看见这种活动，故命翰林院编撰唱词，让城里逐渐流行起来。其后，江宁、上元两县经批准也可举办，称之“村田乐”。明代“打春”的鸣锣跳唱与江宁送春的“一人敲锣、一人击鼓”的形式基本一致。旧时，送春艺人所唱的春词中，有一段类似自报家门的唱词：“送春之人本姓陈，家住南京水西门，随母带到溧阳去，十三岁送遍溧阳城。”也说明“送春”确实源于南京，后由溧阳传入江宁、溧水、高淳等地，并与江宁方言相结合，逐步形成江宁地区风格。民国时期，“送春”达到鼎盛。新中国成立后，仍在江宁的农村流传。

随着社会发展，娱乐方式增多，“送春”逐渐被边缘化了，面临着后继无人的状况。2009年3月，铜山中心小学的王明锦和张仁堂两位老师对“送春”进行了调查走访。被调查人周行荣（1928年生，江宁区禄口街道小彭社区杨门涧村人）在十五六岁时师从当地彭福村的沈瑞海老师傅学唱“送春”，由于自己头脑灵活、悟性好，能唱上百首“送春”歌，能触景生情，即兴演唱，每逢庙会、农闲、春节，都到周边村落及农户家演唱，深受百姓欢迎。

当代影响与价值

“送春”歌词浅显易懂，唱腔优美动听，能体现民众的喜怒哀乐,寄托了他们的希望和理想，故为群众所喜闻乐见。江宁“送春”显著的地域性特征和表演上的别具一格，使其具备了较高的艺术价值和历史价值。研究“送春”，对丰富中国音乐史有着积极的意义。其独特的演唱形式，对于研究民间音乐的发生、发展和沿革有着重要的意义。同时，它是当地风土人情、风俗习惯的折射，具有重要的民俗学价值。

《十恨》歌

基本概况

《十恨》歌，主要流布于横溪街道、江宁街道等地。

2007年12月，横溪集镇的刘维保老先生对《十恨》歌进行调查走访。被调查人赵厚亮，生于1925年，是横溪街道许呈村前房自然村人。赵厚亮一生务农，从青少年时代就喜爱文艺，是村中的文艺骨干，能唱不少与爱情有关的民间歌曲，《十恨》歌即是其中之一。通过赵厚亮，可知《十恨》歌的唱词为：

一恨我的妈呀，我妈无主张，男大女大不把嫁妆打呀，为何哪一桩啊哈。

二恨公和婆啊，公婆真糊涂啊，男大女大不把喜事办啊，公婆好糊涂啊哈。

三恨老媒人啊，媒人该杀的啊，两头婚事委托你啊，你格杀头的啊哈。

四恨我的嫂啊，姑嫂一样高啊，手捧娃娃怀中笑啊，越想越懊糟啊哈。

五恨我的妹啊，妹妹小两岁，又成双来又成对啊，越想越淌泪啊哈。

六恨我的郎啊，他是我小冤家呀，他有钱在外采野花啊，小奴家来守寡啊哈。

七恨我的床啊，枕头摆两旁啊，一头一个小凉枕啊，缺少个小才郎啊哈。

八恨我朋友啊，朋友把我丢啊，十指尖尖扭衣纽啊，朋友把我丢啊哈。

九恨我庙堂啊，庙堂去烧香，早上烧香晚换水啊，我像格女和尚啊哈。

十恨我的命啊，我命不如人啊，木梁上吊根细麻绳啊，早死早投生啊哈。

这首《十恨》歌，词俗情真，字里行间声声

1992年麻雀蹦文艺演出

哭诉。唱词共十段：一恨爹娘，二恨公婆，三恨媒人，四恨嫂子，五恨妹妹，六恨郎，七恨床，八恨朋友，九恨庙堂，十恨命，通篇控诉封建社会最底层受压迫的乡村青年女性的不幸遭遇。她们无人身自由，更谈不上婚姻自由，只能听任家长、媒人的摆布。歌曲真实地反映了旧时代乡村女性的日常生活，饱含了歌唱者对理想破灭的哀叹和对不幸生活的无奈。《十恨》歌曲旋律深沉、哀婉，如泣如诉，催人泪下，感染力强。

需要说明的是，除了横溪街道及周边地区外，《十恨》歌在江宁其他也多有流传，不过其版本稍有区别。以下是铜井地区曾经流行的版本：

一恨我的娘，我娘你好呆，男大女大怎样大，不把牙床打。

二恨我公婆，公婆你多错，男大女大怎样大，不把喜事做。

三恨我的媒，哪里得罪你，娘婆二家全挑你，你不把喜事提。

四恨我的他，不怪小奴家，手拿莲蓬，谢谢我的花。

五恨我表妹，表妹小三岁，天黑又成双，晚上又成对，越来越磊。

六恨我表嫂，表嫂真嗷槽，手里牵一个，怀里抱一个，越来越嗷槽。

七恨我的床，我床天天长，两头摆个花样枕，中间缺少郎。

八恨我的房，我房赛庙堂，自烧香自来古，赛个小师姑。

九恨我的灯，我灯你不明，我守寡你守心，试试你的心。

十恨我的命，我命不如人，高挂悬梁一根绳，早死早投生。

历史传承

民间小调《十恨》歌起源不详。新中国成立前，封建礼教长期束缚妇女，男女婚姻受父母包办，此歌谣在横溪街道、江宁街道及周边地区流传甚广。新中国成立后，婚姻法颁布实施，男女婚姻自由，《十恨》歌所反映的社会文化环境已经不复存在，相关内容对年轻一代来说，已经越来越陌生，除了极少数当地年纪比较大的老人外，现在已很难听到其传唱了。随着当代社会的发展，中国传统音乐教育似乎在年轻一代出现了一定的“断流”危机，不少有价值的民间音乐正逐渐流失，《十恨》歌只是其中之一。

当代影响与价值

非物质文化遗产是中华传统文化的重要组成部分，是中华文明绵延传承的生动见证。《十恨》歌这样的民间歌曲，是旧时代底层民众对女性受压迫问题反思的产物，表达了人民对幸福美满生活，对爱情和婚姻自由的渴望和追求，在历史上曾经发挥过鼓舞社会革命及思想觉悟的重要作用。其吟唱声情并茂，抑扬顿挫，长短疾徐，节奏分明，具有强烈的艺术感染力。它虽然产生于旧时代的历史条件下，但在今天仍然具有特殊的历史与艺术价值，值得我们加以分析研究。

湖熟“乐府班”

基本概况

湖熟“乐府班”，是在湖熟当地有着百年传承历史的民乐合奏乐队，主要流布于湖熟街道及其周边地区。

“乐府班”多以各乡村广场、老年学校课堂为演奏的舞台，在湖熟深受民众欢迎。“乐府班”使用的乐器，早期以高音胡、专业胡、低胡、曲笛、梆笛、箫、三弦、唢呐、阮商、低音锣、立鼓、大鼓、钹、钗、碰铃、板鼓等民族乐器为主。随着时代发展，后来引入了部分西洋乐器，如单簧管、萨克斯等，作伴奏使用。“乐府班”的演奏形式多样，无论传统的、现代的、创作的、改编的，齐奏、合奏、独奏都可做到游刃有余，其较有代表性的演出曲目有《梅花三弄》《步步高》《喜洋洋》《洪湖联奏曲》《春江花月夜》《光明行》等。

历史传承

湖熟“乐府班”源于清末周岗广严寺大庙的“香火会”。广严寺始建于唐末，清《光绪溧水县志》卷十七载：“天复三年（903），僧师玘创建仪成寺，北宋治平三年（1066）改易今名。”明万历三十五年（1607），僧海秀、真宝以重修寺庙为己任，两越寒暑，工乃告竣，并延请焦竑撰写《重修广严寺记》，以勒之碑石。广严寺址今在周岗社区长干行政村广严寺自然村，旧属溧水县崇贤乡。民国时期，周岗的民间庙会即源于广寺严大庙的“香火会”。每年农历三月二十六，周岗地区各“社火”成群结队，来大庙祭神拜佛，城乡私商便利用庙会大做经商买卖。抗日战争、解放战争时期，这里还是中共地下党宣传抗日、开展对敌斗争的重要地区之一。广严寺“香火会”这一传统活动一直延续到1950年代，“乐府班”便是在“社火”时演奏的乐队。

1930年代湖熟秦淮河上大桥

秦淮河湖熟段

据口碑资料，1948年，溧水县城城隍庙举行开光仪式，受县参议员董康的邀请，周岗“乐府班”民乐队章顺清、张世久、张寿发等数十名民间艺人前往演奏，深受溧水县城居民的欢迎。此后，董康又把乐队请到自己家里办堂会。是年底,各村宗祠组成上千人的“朝山敬香”社火队，赴大茅山敬神，这支“乐府班”乐队一路跟随，吹奏传统民乐《梅花三弄》、民间小调《小放牛》，以及京剧曲牌“小开门”等助阵。

1949年南京解放，周岗圩区迎来新生。1950年，当地群众在五一劳动节举行大游行，湖熟“乐府班”也加入了游行队伍，拉着二胡，吹着笛子，把农民翻身得解放的喜悦心情表现得淋漓尽致。此后，凡村上的各项活动，如向解放军拜年、春节演出、参军、卖余粮等活动，都少不了这支乐队参加。同时，乐队也在不断地吐故纳新，演奏水平也有实质性提高。

1964年秋季，小学教师章顺秀、大队支委张士龙、海军文工团复员军人徐义健等三人创建了“长干俱乐部”。他们将这支老民乐队重新整组，发展成有近20人的“长干俱乐部民乐队”，其宗旨是自愿参加、乐器自备、配合社会活动、丰富群众文化生活。是年12月，乐队参加了溧水县举办的农村文艺汇演，以一曲“西北民歌大联奏”回响在溧水人民大会堂，捧回了溧水县人民委员会颁发的“优秀奖”奖状。

1971年7月1日，是建党五十周年纪念日，南京市有关部门在周岗公社召开现场会，有不少外地贵宾到会。长干民乐队到会场演出。因有知青加入，乐队演出水平有极大的提高。除二胡、笛子外，演奏的乐器还增加了月琴、三弦、小提琴、大提琴和吉他等。

改革开放以后，周岗文化站组织节目参加溧水县汇演，锡剧“等媳妇”获一等奖，全剧音乐伴奏由“乐府班”乐队承担。1985年，该乐队在周岗文化站的组织下，所排练的节目赴南京市参加文艺汇演获一等奖。2003年，该乐队演艺人员参加周岗老年学校。乐队更名为“周岗老年学校民乐队”，当年一首传统民乐《金蛇狂舞》捧回了江宁区老年文艺汇演一等奖。2004年，在江宁区老年文艺汇演中，又以一曲《闹新春》再度摘取桂冠。2006年，乐队负责人章顺秀根据周岗圩当地放牛牧歌改编一首合奏曲《水乡的春天》，参加老年文艺汇演，获二等奖。如今，“周岗老年学校民乐队”有固定的表演者十多人，乐器有各种型号的二胡、笛子、三弦、唢呐、锣鼓及萨克斯等，经常到各社区演出，深受地方民众喜爱，在湖熟及周边地区具有较高的知名度和较大的影响力。

传承人章顺秀，1939年生，周岗社区后广

湖熟花船

江宁鼓舞

村人，少年时代即受老艺人熏陶，成年后热爱文艺，以二胡演奏为主，造诣较深。

当代影响与价值

湖熟“乐府班”历史悠久，影响深远。自成立至今，在湖熟地区一直保持着有序的传承，其新老成员的更替状况正常，乐队的规模常年在15人左右，具有饱满的生命力。其演出具有浓厚的乡土气息，表演风格朴实爽朗。在长期的发展过程中，它不断吸收来自不同阶层、不同类型的音乐元素，从而具有不同的表现形式，是地域民俗文化的突出代表，是研究江宁民间音乐文化的重要素材，具有较高的艺术价值。

十番锣鼓

基本概况

十番锣鼓，或称东释十番锣鼓、十样锦、十不闲等，简称十番、锣鼓，流布于湖熟街道徐慕社区东释自然村。

十番锣鼓是旧时东释村村民欢庆传统年节的一种娱乐形式，演奏的乐器由锣、鼓、钹、钗、玲、板六大件组成，主要有板鼓、大锣、弹鼓、起锣、大镲、小镲、小镗锣、大旗、小旗等。演奏的主要曲目有《七股山》《双喜》《刮赶兰》《弹八弹》。其演出服装为上穿唐装或红衣，下穿红条白裤。

十番锣鼓打击乐器的记谱比较特殊，有七、内、同、壬、勺、各、扎、丈、星、汤、浦、卒等符号，根据音色与力度的不同，采用不同的符号。十番锣鼓节奏变化异常复杂，擅长使用多种复合节奏，以构成多种锣鼓曲调。其演奏开始，一般由板鼓击点三声，鼓点二道，接下来锣鼓、钹、钗、玲齐鸣。主要曲牌有“十番锣鼓谱点”“急急风”“跳加官”等。表演者需要将乐谱熟记于心，十番奏过，鼓槌高扬点三通，乐曲终止，整场表演约 25 分钟。

每到春节期间，东释村的民间艺人就会自发聚集在一起，敲打十番锣鼓。他们从古庙门口出发，挨村挨户敲打，给村民带来喜庆吉祥，表演时间要到正月十五过后方才停止。在春节之外，村民若有盖房、嫁娶、生儿育女等吉庆之事，也会邀请艺人们进家门演奏，主人则用烟酒招待。至于表演的具体内容，正月初一须完整演奏十番（即十个乐章），平时则视喜气的类型，可选择演奏其中的几个乐章。

历史传承

十番锣鼓演奏的历史十分悠久。明代以前，鼓吹演奏主要应用于宫廷内部，此后则逐渐走向民间。明人余怀在《板桥杂记》中记载：“侍儿曳罗縠者十余人。置酒高辉，则合弹琵琶、筝，或狎客沈云、张卯、张奎数辈，吹洞箫、笙管，唱时曲。酒半，打十番鼓。”明人沈德符在《万

锣鼓表演乐器

锣鼓艺人正在表演

历野获编》载:“又有所谓‘十样锦’者，鼓、笛、锣、板，大小钲、钹之属，齐声振响，亦起近年，吴人尤尚之。然不知亦沿正德之旧。武宗南巡自造《靖边乐》，有笙、有笛、有歇落、吹打诸杂乐，传授南教坊，今吴儿遂引而伸之，真所谓‘今之乐犹古之乐’。”说明当时十番锣鼓已经流传。

清朝李斗的《扬州画舫录》载：“十番鼓者，吹双笛，用紧膜，其声最高。谓之闷笛；佐以箫管，管声如人度曲；三弦紧缓与云锣相应，佐以提琴；龟鼓紧缓与檀板相应，佐以汤锣。众乐齐乃用单皮鼓，响如裂竹，所谓‘头如青山峰，手似白玉点’，佐以木鱼檀板，以成节奏。此十番鼓电。是乐不用小锣、金锣、铙钹、号筒，只用笛、管、箫、弦、提琴、云锣、汤锣、木鱼、檀板、大鼓十种，故名十番鼓。”另据《重刻江宁府志》卷十一：“军中鼓吹在隋唐以前，即大臣非恩赐不敢用。旧时吾乡凡有婚丧，自宗功缙绅外人家，虽富厚无有用鼓吹与教坊大乐者，近日则不论贵贱，一概混用，浸淫之久，体统荡然，恐亦不可不加裁抑以上流竞也。”太平天国时期的“典乐衙”，亦以十番锣鼓作为主要的仪式音乐。清代《粤逆纪略》即载：“伪典乐衙主奏乐之事，贼每饭必用乐，行则舆前亦用之，其实所用者不过十番类耳。”十番锣鼓的主要特点是以丝竹音乐和锣鼓的段落交替进行或重叠进行，分为“清锣鼓”和“丝竹锣鼓”两大类。

湖熟十番锣鼓起源于昔日的农历除夕守岁之夜。每逢农历腊月三十晚上，家家户户都要守岁，争盼来年带来好运。小孩和妇女守到半夜就入睡了，老人和青壮年则要守个通宵。漫漫长夜，为了不寂寞，人们开始敲锣打鼓记点子，一夜五更，一更打两遍，或称两番，五更天亮，刚好打完十番。到时放鞭炮，烧香敬祖，拜天祭地，庆祝新年的到来。其仪式全过程是一遍一遍地敲锣鼓，从一

锣鼓表演

巾帼锣鼓

江宁锣鼓

番到十番，人敲累了，换了一茬又一茬，一代一代流传下来。

据口碑资料，在民国时期，十番锣鼓一般要到茅山寺耍社火、出香会时，才进行演出，带有一定的迷信色彩，主要用于请神、送神。

新中国成立初期，王臣贵、王臣和、魏太芳等传承人对十番锣鼓进行了较大的改进，开始有了系统的曲谱、优美的舞姿、鲜艳的包装。王臣贵、王臣和俩兄弟是湖熟镇上赫赫有名的杂货店金字招牌“立泰恒”的小老板，他们有文化，懂乐理，见过大世面，各自出资组建八班锣鼓队，互相学艺，互相竞争，不断把敲锣打鼓演绎到新的水平。每到年节或喜庆日，八班锣鼓队都要绕村串村巡演，锣鼓声声，钹钗铿锵，热闹非凡。

1958年后，因为特殊的时代背景，东释村十番锣鼓逐渐冷落下来。改革开放后，民间艺人魏太芳出资购买全套锣鼓，重新组织排练十番，并将锣捶交到包括他的两个儿子在内的年轻人的手里。周岗社区后广村张才荣家保存有全套的锣、鼓、钹、钗、铃、板及乐谱等相关实物及资料。除了东释村的十番锣鼓外，湖熟杨柳湖社区也有十番锣鼓，但其传承已经面临后继无人的窘境。

传承人魏太芳，1939年出生，徐慕社区东释村人，幼年喜欢音乐和二胡，对锣鼓乐器十分爱好。张启彪，1931年出生，杨柳社区人，早年随前辈学习弹鼓，至今技艺娴熟。

当代影响与价值

作为与社会风俗密切相关的传统音乐，江宁十番锣鼓兼具历史价值、审美价值、精神价值与社会价值。首先，十番锣鼓的兴起同当地民间宗教信俗关系紧密，其中保留了较多文化信仰的元素，承载着丰富的民俗信息。其次，其表演形式复杂，节奏组合多变，内容编排循序渐进，富有层次感，体现了较高的艺术水准，可为当代艺术创新提供传统文化底蕴和灵感来源。此外，十番锣鼓具有浓郁的地域特色，其演奏需要团结协作，其风格激扬奔放，它的传承与振兴不仅可以丰富当地民众的文化生活，对于建设具有向心力、亲和力、人际和睦的乡村社会亦可起到有效的推动作用。

徐墭村元宵跳鼓

基本概况

徐墭村元宵跳鼓，主要流布于淳化街道青山社区徐墭村。知情人吕业民。

元宵跳鼓，顾名思义是在元宵节表演的。每两个人用三尺长的木棍抬起一面直径约一尺半、高约一尺半的牛皮大鼓，各用一尺半长的木棍，在奔跑跳跃中击打鼓面。由二十四面大鼓排成三支队伍，在各自领鼓者的率领下，以整齐划一的步伐，不断变化的队形，欢跳腾跃。各队之间斗技斗勇，各显其能，互不相让。在火树银花映照下的元宵夜，在隆隆的鼓声、响亮的锣声、热烈的鞭炮声和舞者激越的号子声中，三支队伍穿街越巷，或分或合，或急或缓，展示着男性的阳刚和舞蹈的壮美，给观舞的人们带来强烈的感受。

在元宵节当天，徐墭村全村张灯结彩。太阳还没落山，十里八乡的人们就纷纷涌来，各家各户也都宾客盈门。这时，村子的东、西、北三个村头，浑厚的哼锣声开始鸣响，此呼彼应，声音远播数里之外。这时的敲锣者往往是最精壮的男子，用一只手提锣，伸直手臂，悬举着，另一手持麻绳锣锤，用力击打“哼锣”（即大铜锣）。每击打一下，要等锣的余音消失后，才能击打下一锤。两锤之间要间隔十数秒。

夜幕降临，华灯齐放，三支鼓队在各自的“堂口”集合完毕。在焚香祭拜东岳大帝后，就有低沉激越的鼓声响起。此时，大街小巷人头攒动，摩肩接踵，孩子们更是欢腾嬉闹。急促的鼓声和号子声越来越近了，街道两旁的人翘首以盼。“嗨哎！哈啦啦！嗨哎！哈啦啦……”三支鼓队沿街行进，东前社与后大社鼓队先汇合，再到“岗头上”，接西大社鼓队。鼓队经过时，各家都要手

徐墭村鸟瞰

江宁娃娃鼓

开心的江宁鼓手

提长长的鞭炮迎面燃放，以阻挡鼓队。燃放的鞭炮越长，逼得鼓队后退的次数越多，就越好，越吉利。各鼓队则在领鼓者的灯笼引导下，各展其能，变幻队形，表演技艺，玩出多种花样，掀起一个又一个高潮。

三支队伍集中后，依次到三个堂口进行表演，再转向村中的“三家桥”。各队伍都拿出看家本领，有“一字长蛇”“二龙戏珠”“剪子箍”“水波浪”“螺蛳结顶”等，各种阵型令人眼花缭乱，目不暇接。此时，未生养孩子的小媳妇若敢于“夹鼓”，即闯到鼓队中去，在广场中央让众舞者去挤、去夹，据说就可以怀孕生子。最后，整个队伍还要到村东门200米外的“李靖庙”再舞蹈一番，祭拜一回，方可敲锣打鼓地回到村中，解散回家。

历史传承

徐墦村是一个古村落，从村东到村西大约有一里长的石板路。路上面有很深的独轮车车辙印，最深处可放进一个拳头。旧时，沿途有六道拱门，村东拱门有两层，上面有彩绘、塑像。村里有徐、吕、苏三大姓，后来陆陆续续也有其他姓氏迁进来，其人口数量在很久以前就有千人规模。

据老辈人传说，徐墦村元宵跳鼓始于南宋初年，跟当时金国入侵、衣冠南渡有很大关系。而吕业民《古村徐墦》则认为：“徐墦村的元宵跳鼓活动起源于宋、明时期，有正式的社团组织，有统一的表演形式。全村按姓氏，也是按方位，组建了四个‘社’：东前社——以‘前徐’族人为主；后大社——以‘后徐’族人为主；西大社——以苏姓、孙姓、邹姓族人为主；关帝社——由吕姓族人组成。”前三个社，每年都要挑选出精壮的男子，统一着装，各自组成有八面大鼓的鼓队。各队的领鼓者手持灯笼，灯笼上有醒目的社名。各队还有一面直径两尺、重达二三十斤的“哼锣”开道，也是由两人抬着前进，用一根粗麻绳做锣锤击打。关帝社的吕姓族人不组织鼓队，但每年须出钱置办丰盛的酒食，沿街摆放，让舞者随手取食，大块吃肉，大碗喝酒。鼓队经过每家每户门口时，各家均燃放鞭炮，以示禳灾祈福。

知情者吕业民接受采访

现在全村曾参加过跳鼓的传承人仅剩下一二十人，且年事已高。如传承状况得不到改善，未来徐塧村跳鼓便很可能只会留存在部分村民的记忆之中了。

当代影响与价值

元宵跳鼓是徐塧古村文化的组成部分，有着悠久的历史。它在内容和形式上，与江宁区其他地方的锣鼓有很大区别，其声势更加浩大，场面热烈。对于每年元宵节固定组织的跳鼓而言，徐塧村可以说是其产生和发展所依附的文化空间，是其独特风俗文化的代表之一。作为村内隆重的集体活动，元宵跳鼓有着维系村民共同情感、共同伦理观和世界观，巩固价值认同的重要作用。因此，传承和发展元宵跳鼓对于保留徐塧村原生态的传统文化，维护和弘扬古村和谐文化意义深远。元宵跳鼓只有在徐塧村这个原生地保持活力，才能更充分地发挥其艺术价值与文化价值。若能在此基础上适度开发，就可以推动徐塧村乃至整个青山社区文化产业的发展，不仅能创造一定的经济效益，还可反过来推动这项独特的“非遗”更好地发扬光大。

彭福神鼓

基本概况

彭福神鼓，主要流布于禄口街道彭福社区。知情者沈庆双。

彭福社区诸村有春节“打神鼓”之习俗。每年农历春节为打神鼓的日子，其余的时间，神鼓寄放土地庙内。春节前，腊月里农村百姓人家办喜事的居多，都想争“头彩”，于是会在头天晚上就到土地庙烧头香，祈福送子，争接神鼓。大多村庄从正月初一开始打“热闹鼓”，打鼓者先沐浴，喝三遍酒，吃生猪肉，意在净身、扬气和征服（危害庄稼的牲畜和野兽）。村民们挨门逐户，击鼓扬旗，燃炮焚香。正月初三晚打“夜鼓”，家家挂小灯笼，上贴“五谷丰登”字样。初七打“上七鼓”；十三至十五打“赤膊鼓”。不管雨雪天寒地冻，甩鼓者上身赤膊，下穿棉裤，站在三张大鼓上共甩 300 下，下面的锣鼓手快速敲打以助兴。

也有少数村庄在正月十三至十八日上灯期间，由各家轮流接灯打鼓。农历正月十三为上灯日，按照上一年排好的顺序，有一人家接灯，从土地庙接回神鼓主持操办，称为“起鼓”，一般由三五人组成，全村青壮年男子持灯跟随巡游田埂。打鼓时又念又唱，唱词以倡导人们积德行善为主要内容。每到此时，围观的群众较多，气氛热烈。打神鼓要到晚上 10 点结束。之后东家要办一桌饭菜，招待打神鼓的人，餐饮规格都是农家过年的菜肴。此后每天挨家接灯往下唱，一家一家地如此往复传唱。直到正月十八落灯，将神鼓送到土地庙寄放。

打神鼓唱词有进门颂词、出门谢词，均由唱者即景自编，取材灵活。如《司家神鼓词》：

进门颂词（一）

呔！新春鼓儿进门来，又招生意又招财。招财童子南门进，利市仙官送宝来。呔！呔！呔！

进门颂词（二）

呔！一进大门四角旗，门前插的凤凰旗。上面又有龙戏水，天井两条凤游池。呔！呔！呔！

（注：“龙戏水”比喻房上的屋脊。“凤游池”

马铺鼓

民间舞蹈教学培训

比喻天井两旁的淌水沟。)

出门谢词（一）

吃罢茶来扰主家，茶中又有欢团花。欢团本是糯米做，欢天喜地在主家。

出门谢词（二）

吃罢茶来谢主家，敬谢主家枣子茶。枣子开花结枣子，早生贵子在主家。

历史传承

据口碑资料，彭福神鼓始于200多年前，是为祈求风调雨顺、五谷丰登的年景而兴起。新中国成立后，城镇乡村社会环境及生活方式都发生了巨大的变迁，敬神拜佛诸项民俗活动因被视为迷信而不再流行。自1956年春节开始，彭福地区便停止打神鼓，其后未再恢复。今天的彭福神鼓早已不见完整表演，唯有一些唱词尚在民间流传。原江宁进修学校老教师颜景农曾作《彭福村神鼓》一诗，以记其事：

横山下，彭福村。欢正旦，鼓迎神。
神鼓咚咚震天响，复始一元大地春。
打鼓须净身，祈福示虔诚。
继饮三盅酒，激扬劲倍增。
再吃生猪肉，敢逐混沌奔。
打鼓大旗锣开道，挨门逐户燃鞭炮。
家家悬挂红灯笼，老幼男女齐欢笑。
频打鼓迎神，驱邪万事成。
常恨心诚神不感，鼓打贫家总无春！
一自横山红日照，打不打鼓日蒸蒸。
于今打鼓不迎神，年丰人寿喜临门。
民间文艺年一乐，依旧咚咚村满闻。

除彭福社区外，江宁街道的司家社区也有打神鼓的习俗。在每年农历正月十三日晚“起鼓”，全村青壮年男子持红灯随鼓队游田埂，以祈丰收。

然后选一场地“跳鼓”，节目有童子拜观音、走四仙桥、开荷花等，饶有风趣。有时还由壮者表演“咬水桶”，一口咬起四五十斤重的水桶，绕场一周。表演之余，鼓队还应邀上门唱鼓词，以“楔子”引头，接着唱通俗唱本，如《万劝》《十二月花名》等。正月十八停止，名“敬鼓”，也叫“谢灯”，这一年的打神鼓信俗活动才算告一段落。据江宁街道陈彬老人回忆，他十多岁时，也就是二十世纪三四十年代，当地就已经盛行打神鼓，并有一本专门介绍打神鼓的书，惜今已失传。

当代影响与价值

作为江宁民间信俗体系中的独特集体活动之一，彭福神鼓真实记录了当地兴盛的神仙信仰，渗透着大量的民间礼俗，体现了自古以来国人对人与自然关系的思考，具有丰富的民间思想文化史研究价值。彭福神鼓的唱词内容常鼓励人们多行善事、和睦相处，具有积极的社会因素，与中华民族追求和谐的思想传统相统一。尽管彭福神鼓在产生和发展的过程中有着虚幻、迷信的一面，但它曾经发挥过巩固文化认同、塑造共同心理等作用，还具有情感慰藉和道德教化功能，这都不可忽视。就当代而言，这一类比较特殊的“非遗”，只要在挖掘传承的过程中去粗存精、去伪存真，其有益的社会价值便能得到充分的彰显，同样可以起到促进和谐文化建设的作用。

2018 年湖熟杨柳村舞蹈表演

谷里张溪锣鼓

基本概况

谷里张溪锣鼓，主要流布于谷里街道张溪社区徐家院、亲见社区和谷里社区。知情者徐德璠、徐德建。

张溪锣鼓的乐器包括大锣一面，二锣一面，小锣一面，鼓一个，大钹、小钹各一对，及碰铃、响木、手锣等。共有七名演奏人员，各司板鼓、堂鼓、大锣、小锣、手锣、大钹、碰铃等。演奏人员服饰一般统一制作，色彩艳丽，紧袖口，古式装束，穿着精神。演奏时，大家精神振奋，全神贯注，协同配合，表现力特别强，节奏可紧可慢，可密可疏，用力可轻可重，既有浓郁的乡土韵味，又有弘盛的演奏气势。锣鼓重敲时，恰似狂风暴雨，有排山倒海之势；锣鼓轻击时，像春风拂柳丝，似玉佩声移云里；鼓音沉处，仿佛响雷天边轰，深沉悠悠；大钹、小钹、手锣合奏时，音脆且细碎，宛若珍珠落玉盘，悦耳动听，回味无穷。演奏时，时而鼓声咚咚，时而板声嗒嗒，时而脆锣呛呛，时而锣鼓齐鸣，使观者乐而忘返。演奏的曲目主要有《鱼哑嘴》《西湖景》《老少妇》《行锣》《闹洞房》《跳龙门》等。

2018 年江宁区文化馆公益演出中的锣鼓表演

张溪锣鼓有演奏指挥。指挥者一边主动敲响木，一边以号令和手势指挥演奏。司鼓者重敲响鼓，打大锣者槌击锣面，其他乐器相应起奏。在指挥的示意下，根据曲牌的节奏、节拍、曲调的内容进行演奏。演奏者时而集体亮相，时而独奏曲目；击鼓者时而上下来回滚动点擦击鼓，使鼓声浑厚动听，时而使鼓点简洁生动，时而让锣声清脆动听，如歌如泣。总体来说，其演奏节拍稳健有力，表演动作丰富生动，锣鼓配合相得益彰。

表演中的锣鼓艺人

历史传承

据口碑资料，张溪锣鼓盛行于清末至民国时期。民国时期，张溪锣鼓是酬神时的一种群众文化活动。每年农闲或春节期间，张溪、亲见两村的群众有朝九华山和祭祀胡村庙菩萨的习俗，而张溪锣鼓演奏队就是这类民俗活动中的伴奏角色。

特别是在春节祭祀胡村庙菩萨时，两地群众大放鞭炮，求神灵保佑，图个日子红火，人丁兴旺，风调雨顺，五谷丰登。这时，漫山遍野、各村各户鞭炮声此起彼伏，响彻云霄。在此浓烈的氛围中，张溪锣鼓演奏队走村串户，打锣敲鼓，预祝五谷丰登、平安吉祥。然后聚集在村子空旷场地，表演锣鼓击打的文艺节目。演奏者浑身是劲，豪气十足。猛烈的鼓点宛如暴风骤雨，清脆的锣声恰似流云旋风，咚咚呛呛的锣鼓声铿锵有力，威武雄壮，撞击着空旷的四野，撞击着乡村激动而又欢乐的人群，把村民四季农事的紧张劳顿敲打到九霄云外，庄稼人对丰收的喜悦和欢庆敲进了心田。

锣鼓艺人日常训练

每年正月初二和初五，张溪和亲见两地的尖山锣鼓队、杨家冲锣鼓队和徐家院子锣鼓队，按照惯例到胡村庙集中，进行演奏比赛。尖山脚的白须班、杨家冲的黄须班和徐家院的红须班，总是很早就到了胡村庙。各班首领带着各自的锣鼓班子，向神像敬香叩拜后，回到原地。会首一声令下，表演比赛开始，各队锣鼓演奏者个个犹如武士，威风凛凛，气势如虹。

新中国成立后，张溪锣鼓队在当地民众婚嫁喜庆、大队开社员大会及欢送子弟兵入伍等庆典活动时，仍会受邀进行助兴表演。1958 年后，演奏队停止了活动。

随着时代的变迁，加上老一辈艺人逐年辞世，张溪锣鼓这一民间音乐艺术已经后继无人，其乐器和曲牌早已流失无存。

当代影响与价值

作为我国常见的民间器乐，锣鼓主要在各种吉庆、典礼场所演奏。谷里张溪锣鼓节奏激越鲜明，艺术风格气势磅礴，是清末民国时期江宁民众社会生活的重要组成部分，其中的曲目，例如《鱼哑嘴》《闹洞房》《跳龙门》等，为南京地区传统民俗和民间音乐的研究提供了极其重要的参考材料。锣鼓乐是江宁农耕文化的艺术展现形式之一，吸纳了古典音乐的元素，融入了民间生产生活信俗，并独成体系，具有一定的审美价值。无论是锣鼓的装饰图案，还是演奏的曲调与效果，都是江宁及其周边地区打击乐器艺术的代表，受到当地民众的一致好评。

张溪锣鼓是以民众为主体的表演队伍，采取言传身教的传承方式，个人组建与集体合建相结合，统一指挥与分散管理相结合，以独特的形式反映当地民众生活习俗和精神风貌，为深入研究传统音乐、文学艺术、地方戏曲等提供了依据，具有一定的历史文化价值。然而，由于社会生活的变迁和传统习俗的更替，张溪锣鼓面临着难以为继、青黄不接的问题，亟须加以传承和保护，才能在新时代继续发光发热。

吆喝

基本概况

吆喝，流布于江宁境内及其周边乡村。

吆喝，俗称“叫卖声”，古称“市声”，是最为原始质朴的口头广告形式。吆喝的本意就是大声喊叫，明清小说中仍然是这个用法。把民间的叫卖称作“吆喝”应该产生于近代，考察江宁留存的吆喝辞中，有雪花膏、香烟、洋火（火柴）一类，都是近代文明社会的产品。吆喝形式多样，多姿多彩，是再平常不过的事。旧时江宁县集镇上店家的吆喝，可谓五花八门，而且是四季有着不同的吆喝，比如夏季卖清凉饮料的，听着声音就可以解渴;有走街串巷，挑着高箩吆喝的;有穿梭在各个村庄的货郎，这些小商小贩为了养家糊口，不惜体力，每天走上数 10 千米的路，游走在乡村道路上，每经过一个村庄，都要吆喝一番。另外，每一年的庙会上，商贩的吆喝声更是此起彼伏，吆喝有时是有节奏感，有音乐感的，有些还加上肢体语言，从早到晚，络绎不绝，抑扬顿挫，生动风趣。

纵观江宁地区的吆喝，可分为推销类、修理类、收购类等。吆喝是大有学问的，首先用词要讲究，形容词、动词、感叹词得用得精道，还必须押韵，这样才能吸引人；其次是语调强弱、语句快慢也要拿捏得恰到好处，声音婉转而有穿透力，所谓具有穿透力，是指该干脆的地方，绝不拖泥带水，而转折拐弯的地方要圆滑。

推销类：

“嗒，嗒嗒，嗒嗒嗒”（竹丝敲打声），卖窑货啊！

“咚咚——”(拨浪鼓声)胭脂、花粉、雪花膏！

香烟、洋火、把把糖——

棒冰——马头牌！马头牌——棒冰！

韭菜籽啊、萝卜籽啊，菠菜、芫荽籽啊！

高梗——二桩、矮脚黄！

麦芽糖、卖麦芽糖，吃一吃，尝一尝，正宗的青龙山的麦芽糖！

陆郎茶干，好吃又香，快来买呀！

北方大馍，白面馒头！

豆——腐、冻干、凉粉哟——

修理类：

修阳伞——扎洋铁箕！

修——胶——皮鞋！

补锅补碗喽——

修——理煤气灶——电饭锅！

收购类：

烂铜烂铁，拿来卖钱（拿来换糖）！

破布烂棉花，拿来卖钱（拿来换糖）！

鹅毛鸭毛拿来卖！

收长头发——小辫子！

磨刀

磨剪子

收冰箱、彩电、洗衣机——

历史传承

江宁地区的吆喝，起源于何时？已不可考。毛奇龄《天问补注》注“曳衒”：“曳衒者，曳而卖之，所谓号市者，正谓呼卖于市耳。”可谓先秦已有之。汉代司马相如当垆卖酒，必有吆喝。南宋戴侗《六书故·人九》：“衒，行呼卖也。”“衒”本意就是炫耀之意，延伸为沿街叫卖之意。《广韵》：“衒，自媒。”宋代商品经济发达，宋人常棠《绍定澉水志》：“秦王石桥柱……去绍兴三十六里，风清月白，叫卖声相闻。”而《清明上河图》对吆喝更是表达得淋漓尽致，似可闻其吆喝之声。到了明清时期，谈到“叫卖”的戏曲小说就不胜枚举了。可以说，吆喝是人类生活中必不可少的。

吆喝在近代的庙会中更为发达，正所谓卖什么吆喝什么。民国时期报刊即屡见相关文章。如1935年第42期《华语月刊》刊发程樸洵的《拾人涕唾》，其中有“卖什么的吆喝什么，干什么的说什么”，恰如其分反映了当时吆喝的现状。1937年第3期《抗战（汉口）》发表刘世宜的诗歌《吆喝》。同年第3期《铁工半月刊》发表翰钦的诗歌《吆喝》，其中有“潮银子珠宝玉器首饰来卖”之语。1940年《三六九画报》还刊登笔名依云的《北京街头小贩的吆喝》，十分动听。

新中国成立后，吆喝多以敲打、喊叫、说唱等方式呈现。“嗒，嗒嗒，嗒嗒嗒……”当你听到竹竿敲击瓦罐发出的清脆声响时，就会看到卖货郎。卖货郎头戴竹编的尖顶帽子，肩披粗白布毛巾，腿肚上还系着蓝色的绑带，脚上穿着草鞋。再瞧，一根竹扁担、两个货架，架上面挂满的壶壶罐罐皆是有把的、有耳的，货架内排列着各式的钵、盆。那卖货郎边走边敲边喊。二十世纪六七十年代的革命现代京剧《红灯记》里的磨刀人也吆喝了一句：“磨剪子嘞——戗菜刀！”至今，在各地乡村，各种吆喝声从来没有间断过。不过，随着形势的变化，吆喝内容则在不断改变。

当代影响与价值

过去小商小贩和工匠都是徒步口喊吆喝，如今他们大都骑摩托车、电动车，将吆喝的内容事先录好音，一路播放。近年来，随着电子商务平台的推广，之前那种走村串户和路边吆喝，以及事先录好、一路播放的模式已经落伍。从前农产品的销售，不是在农贸市场，就是在超市，基本上都是实体销售的模式，现在已经发生了较大变化。吆喝已经从线下转移到线上。电子商务普及后，农民们也会上网了，他们在网上吆喝，通过平台推销自己的农产品。只有补碗的、卖糖稀的、修伞的、磨刀的仍有在走街串巷的，人们还能听到的可贵的江宁吆喝声，已经渐渐成为声音的活化石。

此外，吆喝作为一种传统艺术形式，依然在当代流行音乐中，以一种音乐元素的形式，和大众喜闻乐见的艺术形式融合在一起。随着社会日新月异的变化和发展，吆喝早已不仅是劳动人民生活方式的再现，推销、修理、收购，全部都是社会生态的真实记录，既传递着江宁人民积极向上的精神态度，也是地区方言、质朴艺术形式的凝聚。对于吆喝内容和形式的保存，不仅是对这一区域文化可持续发展的要求，更能够唤起当地居民的时代记忆。

总之，江宁地区的吆喝，具有浓烈的方言特点，用语通俗易懂，简洁明了，并且具有乐感，朗朗上口，对研究江宁地区方言、民俗及经济社会发展等诸多方面都有比较重要的意义。

送房曲

基本概况

送房曲又称送房歌，产生于男女结婚当天的闹洞房的习俗中，流布于东山街道佘村、青龙山麓周边地区及汤山街道一带。

通常男女结婚正日当天，最精彩的环节就是闹洞房。昔日闹洞房是婚礼的高潮，有“三日无大小，百无禁忌”之说。届时，无论年幼年长，辈分高低，均可去新房内热闹一番，参与说喜话、唱喜歌、吃喜烟、喝喜茶等活动。新人此时应小心侍候，以礼相待，万不可发怒变脸，否则会扫了大家的兴，冲淡了喜气，还会被他人背后责骂“没家教”。午夜，客走人散，还要唱“送房歌”，喝“送房酒”，放“送房高升”（鞭炮），新娘作兴“守花烛”通宵不眠。次日清早，新娘要去公婆屋中问候请安。

现辑录部分送房曲，如：“天上凤凰叫，地下金鸡鸣，今朝喜时日，正在送房时。一对红烛二只台，我请新郎站起来，子代儿孙生要早，清白新郎跟我跑。一步一花开，两步走起来，三步连接地，四步到门来。我提银壶后面跟，跟进大门把酒斟。亲嫡嫡，醉氛氛，女吃三杯生贵子，男吃三杯喜冲冲。生得贵子大登科，金榜题名喜报来。”再如：“一杯酒敬天地，天长地久时，物华天宝日。二杯酒敬门神，左边有棵摇钱树，右边有个聚宝盆。三杯酒敬家堂，堂前有对慈祥鹤，四季美来万年长。”

除了送房曲外，新郎新娘还要说些喜话。如：“大红门帘就地拖，上面绣的是情歌。情歌绣在门帘上，千年媳妇万年婆。千年媳妇多贤惠，万年的婆婆福气多。财也多，福也多，好比天上观音母。”“我一步两步进房前，五步六步喜连连。

結婚証

字第　　号

自愿

結婚，経审查合於中华人民共和国婚姻法关於結婚的規定，发給此証。

一九　　年　　月　　日

1961 年湖熟镇人民委员会颁发的结婚证

1980 年代结婚闹洞房场景

千年的烛，万年的香。一对金龙照四方。日照五湖并四海，夜照江北到江南。照得你家喜时日，照得新房好嫁妆。照得新娘红通通，照得新郎喜洋洋。金龙不落无宝地，贵人出在你新房。”

历史传承

上古把婚礼视为幽阴之礼，不奏音乐，人们也不祝贺，结婚仪式并不热闹。《礼记·郊特牲》云：“昏礼不用乐，幽阴之义也。乐，阳气也。昏礼不贺，人之序也。”即所谓不贺不乐。又载：“嫁女之家，三日不熄烛，思相离也；娶归之家，三日不举乐，思嗣亲也。”男女双方家中都很冷清，连闹洞房都没有，更别说送房曲了。到汉宣帝五凤二年（前 56）八月，诏曰：“夫婚姻之礼，人伦之大者也。酒食之会，所以行礼乐也。今郡国二千石，或擅为苛禁，禁民嫁娶不得酒食相贺召。由是废乡党之礼，令民亡所乐，非所以导民也……勿行苛政。”这是我国首次以政令的形式对婚礼不贺的否定，从此婚姻活动便开始热闹起来。

《汉书》卷二十八下《地理志》载：“燕地……嫁取之夕，男女无别，反以为荣。”这是当时中国北方，婚礼时说笑取乐，没有辈分束缚，全无男女之别，并不以为耻，反以为荣。班固的以上记述是持否定态度的。到了东汉，仲长统《昌言》载：“闹房陋俗，今嫁娶之会，捶杖以督之戏谑，酒醴以趣之情欲，宣淫佚于广众之中，显阴私于族亲之间。污风鬼俗，生淫长奸，莫此之甚。”也是以儒家的眼光来看待民俗。但可证汉代闹洞房已经与后世一样闹得很欢了。所以杨树达先生《汉代婚丧礼俗考》认为：“而为之宾客者，往往饮酒欢笑，言行无忌，如近世闹新房之所为者，汉时即已有之。”

民国时期和新中国成立后的 1950 年代，闹洞房在江宁地区仍广泛流行。1960 年代起，原有的婚俗虽逐渐被新的习俗所替代，但仍保留其中不少旧俗。如《汤山街道志》记载：“旧时婚宴……饮罢送房酒，接唱送房曲：‘手提银台亮堂堂，我送新人进新房。大红喜字床头贴，夫妻百合百年长。手提银台亮堂堂，我送新人进新房。喜果新娘吃下去，来年生个状元郎’。”送房曲唱罢，便是热闹的闹新房了。又如 1992 年出版的

《龙都乡志》记载：婚嫁（迎娶）喜日前有“上头、待嫁、暖轿酒、送席、抱上轿、挑嫁妆、送亲、坐席封、送房曲、闹新房、回门、会亲、谢媒等等陈规陋习，耗费巨大，往往因婚嫁而债台高筑，造成人间悲剧”。

当代影响与价值

江宁地区的送房曲婚俗，作为一个传统的文化形式至今仍然保存。闹洞房也保持着其基本的形式，如定亲、通信、回门、会亲谢媒等，而摒弃了合八字、坐花轿、拜堂等形式。迷信的、烦琐的内容不再为人们所采用，充分体现了婚俗这一民间重大习俗与时俱进的变化。

送房曲虽然是旧时婚俗闹洞房的一部分，但由于其对于新郎新娘的美好祝愿，至今仍然作为江宁地区婚礼组成的重要内容，传达着亲人朋友对新人往后生活的希冀和期待。虽然伴随生产力的发达，当代社会与家庭关系不断变化，送房曲和喜话中的一些内容，例如“生得贵子大登科，金榜题名喜报来”“千年媳妇万年婆。千年媳妇多贤惠，万年的婆婆福气多”已经不符合如今年轻人的婚姻观和人生观，但是作为一种传统的民俗艺术形式，透过送房曲，我们就不难了解到特定历史时期的生产发展水平、社会组织结构和生活方式、人与人之间的相互关系、道德习俗及思想禁忌，这些小曲背后反映着的婚姻关系，带有残余的封建伦理纲常要求的家庭结构，以及长幼尊卑、界限分明的人际关系，这些都是鲜活生动的区域地方史。

二姑娘倒贴

基本概况

民间小调“二姑娘倒贴”，流布于汤山街道、江宁街道铜井社区一带。传承人吴玉门。

“二姑娘倒贴”的歌词内容为：“姐在房中哭啼啼，一把抓着我相好的。有句话来问你我的相好的，讲一句话我郎你不要见气。我的郎清早上爬起来，我一盆洗脸水一条毛巾水上漂。牙粉牙刷给你拿来了。你是我相好的外带一块香肥皂。我的郎你吃过早饭去把长街上。生丝褂裤呼给穿，龙洋钞票往你口袋里揣。你是我相好的，你哪块热闹哪块跑。我的郎出门下午不来家，郎定是麻将桌上坐倒了。八圈麻将未打到底。洋钱输掉壹佰儿。输出屁漏哪个给你抵。我的郎输掉银钱转四家门，在我房中牙床上装死又装吭。我的相好的问死问活不作声，他告诉小妹子小肚子有点痛。小妹子急得三魂掉两魂。你是我相好的，我身上还有半魂不贴身，小妹子上街来把林先生请。找到镇江江淮人，又找个上海马林老先生。你是我相好的，药水又带几十瓶。等他毛病瞧好了，叫他出门去玩玩，他讲出门没有一件做客的衣。你是我相好的。小妹妹心里不过意。我的相好的下半年件件给你做新的。到热天给你买把机器小洋伞，自撑自开的，你出门哪个姑娘嫂子不爱你。”

还有一种“二姑娘倒贴”的歌词是这样的：“妹妹在田里插秧呀啊，抬头看见娘家哥啊，哥哥你来田埂上坐坐呀，我把苦处说给哥哥啊，世上哪有好公婆呀，往年在家做女儿啊，一把油头两把梳啊。今年在人家做媳妇啊，三天摸不到一次梳啊，虱子动把挪啊。今年在人家做媳妇啊，三更半夜把饭弄啊。”

旧时，有的穷人家一连几个全生的是女儿，一般情况下大女儿是正门出嫁的，而二女儿则贴钱嫁给人家。三、四女儿都要送给人家当童养媳的，这也反映出旧时穷人家日子过得十分清苦。

历史传承

“二姑娘倒贴”属于时调曲牌“倒贴调”的一种。时调，又称时曲，即时新曲调，为民间流行的小曲、俚曲、小令等。据唐元稹《乐府古题序》，“操、引、谣、讴、歌、曲、词、调……斯皆由乐以定词，非选调以配乐也”，与“选词以配乐，非由乐以定词”的诗不同，这些属于歌辞。其中“采民氓者”就是民间歌曲，就是时调。

流行的时调曲牌会在不同时期、不同地区被人填上不同的词。据李秋菊著《清末民初时调研究》“倒贴调”记载，“二姑娘倒贴”在清末民初十分流行，目前所见有聚盛堂文记书庄印巾箱本、《时调大观初集》收录本、《最新编制时调大观》

《江宁民歌采风录》

收录本、《樵集时调新曲》收录本、《时调新曲》收录本、《新编时调小曲》收录本、《最新时调小曲》收录本等多种，另外还有民国间坊刊巾箱本、《最新流行滑稽小调大观》收录本等，分别由上海图书馆、复旦大学图书馆、中国国家图书馆等收藏。又据民国《申报》，常见某戏院的节目有南京小调《二姑娘倒贴》。

据知情者介绍，“二姑娘倒贴”还有一则相关传说。相传有一户人家，家里有两个姑娘，大姑娘正门出嫁，风风光光的，嫁得非常好。过去人家儿子多，一般大姑娘能好好嫁人，父母给她好好觅个郎君，以后会有好前景。二姑娘出嫁，会带有一点随意性质。甚至是出于现实因素的考虑，把女儿随随便便就嫁给人家了。这时，父母又怕夫家亏待二姑娘，就会贴补很多嫁妆，给女儿多多的体己钱，希望可以从经济方面给二姑娘在夫家挺足了腰杆子，希望婆家不要为难，多照顾二姑娘。邻居家则难免说闲话：“别人家嫁女儿是赚钱，你家嫁女儿是赔钱。”这个就是二姑娘倒贴的典故。后来二姑娘倒贴就成了形容别人亏本的俗语，可以讲是折了夫人又赔了兵，有贬义的味道在里面，进而引申成两个字，就是“赔钱”。

江宁民歌表演

"江宁之春"乐团在禄口演出江宁民歌

当代影响与价值

民间小调"二姑娘倒贴"，不仅仅流传于江宁地区，江苏多地都有流布，如《靖江文史资料》《通州民间歌谣》《宝应县文史资料》中均有收录。此外，在扬州、镇江、盐城等地，也有流传。因此，"二姑娘倒贴"可以说是以南京为中心的区域民歌。歌词中的部分词句，例如"龙洋钞票""机器小洋伞"等，均极富时代气息，为当代学术研究透过民间音乐探索特定时期、特定地区人群的生存状态和人际关系提供了宝贵的材料。除此之外，以"二姑娘倒贴"为代表的传统音乐，是社会学观察的重要切入点。它真实反映了旧社会男女地位的不平等，尤其是重男轻女的现象不仅普遍，而且十分严重，堪称女性研究的鲜活样本。

五更更儿里

基本概况

民间小调“五更（方言，读 jing 音）更（jing）儿里”，主要流布于汤山街道和禄口街道的马铺社区一带。传承人柏永华、王家良、吴玉门等，知情人刘忠平等。

“五更更儿里”，也有读成“五更今儿里”的，属于传统音乐类。其歌词现存 3 个版本。其一是由柏永华口述、吴玉门搜集，词曰：“五更更儿里，跨进小妹子房。手碰的门搭子响呀响叮当。娘问女儿是什么东西响？手碰的门搭子响呀响叮当。二更更儿里，跨进小妹子房，手碰的年桌子响呀响叮当，娘问女儿是什么东西响？一颗金戒指丢在年桌上。三更更儿里，跨进小妹子房，脚踩的踏板响呀响叮当，娘问女儿是什么东西响？一对绣花鞋丢在搭板上。四更更儿里，跨进小妹子房，手碰的帐钩子响呀响叮当，娘问女儿是什么东西响？一对绣鸳鸯挂在帐钩上。五更更儿里，跨进小妹子房，手碰的棉被响呀响叮当，娘问女儿是什么东西响？隔壁的小和尚起早来烧香。”

其二是由王家良演唱、刘忠平搜集，词曰：“一更更儿里，姐儿想才郎，才郎哥哥站在门槛上，娘问女儿什么东西响？风吹的格门搭子响叮当。二更更儿里，姐儿想才郎，才郎哥哥站在搭板上，娘问女儿什么东西响？一双的格绣花鞋脱在踏板上。三更更儿里，姐儿想才郎，才郎哥哥坐在姐儿大腿上，娘问女儿什么东西响？一副的耳环放在年桌上。四更更儿里，姐儿想才郎，才郎哥哥趴在姐身上，娘问女儿什么东西响？老猫的格偷吃粥小猫偷喝汤。五更更儿里，姐儿想才郎，才郎哥哥起来穿衣裳，娘问女儿什么东西响？隔壁的小和尚起早来烧香。

其三是魏巧珍演唱的“五更今儿里”，流布于禄口街道马铺社区，其词曰：“一更今儿里呀，

民歌团在禄口演出

2019 年 12 月江宁民俗馆的"非遗"传承计划

梳呀梳妆台，月儿弯弯照。二更今儿里呀，叫声我的妹呀，万事要想，万事要想。三更今儿里呀，我郎的脸，黄皮寡瘦。四更今儿里呀，我郎写信件，弓着双腿。五更今儿里呀，天呀天又亮，我劝你快进来呀，金钗呀银钗呀拿出来。耳听的小才郎冲进。（想）得开呀，灾中大小事别挂心怀，我小生到上海挣钱。所谓哪一桩，又请了个大名医，妙手又单方呀。老先生是说我的郎毛病有。跪呀跪下来。望空中神仙下凡来，保佑我姊妹二人眼泪别往下淌啊，我们拿手中的手帕呀，相互揩呀，我小生在外边。"流布于马铺社区的"五更今儿里"，由于填词的人文化程度不高，字词上下文间不够押韵，也不够对仗。经常出现多一个字或少一个字的现象，因而当地人在演唱时，遇到多一个字的地方，就唱快一点，遇到少一个字的地方，就用语气词"呀""啊"填补。其曲调的随意性非常强，主要的目的就是诉苦。

历史传承

五更更儿里，类似于"五更调"。"五更调"，是中国民间小调名，又称五更曲、叹五更、五更鼓。歌词共五叠，自一更至五更递转咏歌，故又名"五更转"。南北朝时乐府相和歌辞中有陈朝伏知道的《从军五更转》，其曲调由乐工采自民间，故五更调起源不迟于南朝晚期。

"五更调"在民国时期仍相当流行。1937 年，南京出版的《广播周刊》第 145 期就刊发了黄逸仙的《救国五更叹》；1948 年，南京出版的《大地（周报）》第 109 期刊发了《流亡小调：流亡五更调》；1948 年，南京出版的《新时代》杂志也刊发了《叹五更》。

据口碑资料，"五更更儿里"在民国时期就已在江宁当地流传。

当代影响与价值

"五更更儿里"这一民间小调，从"一更更儿里"开始，依次顺延，讲述了每更发生的事情。这一曲目在汤山街道、禄口街道马铺社区的唱词并不一致，但核心内容均是聚焦于儿女情长、家长里短，以诉说生活中的苦痛为主旨。这些曲目虽然抒发的多是儿女情长及生活中不如意的鸡毛蒜皮，但其内在表达的仍然是广大劳动人民苦中作乐、坚韧不拔的精神气质。

起源于南北朝的"五更转"，在民国时期成为具有新形式和内容的小调。而在江宁地区更是广泛融入民众生活，其特有的时代印记和俗语遗词，为研究民国至新中国成立初期江宁地区的民风民俗、人际关系、日常生活等提供了独特的样本。

传统舞蹈

概述

“非遗”往往厚古薄今。

在江宁舞丹阳龙灯，现在还保留着苛刻的习俗：舞者在起龙灯前的三天内只能吃素。到了起龙灯前一天晚上，要非常仔细地净身，而且要严忌房事，以防不洁。起龙灯当天凌晨，要请道士杀鸡敬神。在玩龙时，先在村外沿稻田玩一圈，以祈求丰收；回来后，再在村内玩一圈，祈求人畜兴旺、四季平安，当地人称为“跨神路”。

这些信俗，今人也说不清是为了什么，却严格地遵守着，并且在出庙会的那一天，跳一个酣畅淋漓、神人共乐，回家要好几天才能把劲儿再歇回来。这不正是《礼记》所云的情动于中而发诸外、“乐主其盈”吗？

传统舞蹈，正是古代礼乐体系的一部分。所以贵古贱今，无意中承载了历史的真实信息。商周秦汉以来，正以此表现君主天下和乐的理想，是太平盛世不可或缺的庆典。舞丹阳龙灯，就是专门为节庆时分凑个趣，添个热闹，一舞一动都有尧舜禹汤的文明密码。

一如汉代祖庙中的《五行》《四时》《文始》《武德》，虽祖述西周礼制，但从舞蹈名称就能看出，其用意是表现和乐安平，和江宁的赶庙会没太大区别。

《汉书》上说高祖时叔孙通因秦乐制礼，受到关中地区的影响极巨，读者立即就能脑补出秦腔和安塞腰鼓，一种在黄土高坡上高唱信天游的感觉。虽然从文献无法知道三代以来的舞蹈发生了哪些具体变化，但所有乐舞里都有长年延续的基因，莫可名状地影响着今天的人们。比如江宁不少因子是从外地的客民那里传来的，西阳狮子灯、西阳皮老虎就是由河南人詹法仁、官德富二人传过来的；青龙花船是1940年从湖北省大悟县山区逃难来江宁青龙村的老百姓传下的，是此门类“非遗”不可多得的珍宝。

《保护非物质文化遗产公约》对“非遗”的界定包括“代代相传”的要求，这其中包括时序性概念中的一代一代流传过程中，所有可能发生的改变。其中变中有不变，不变中有变化，一切都与时间有关，所以叫古今变化。即使是50年时间，都能使日本最著名的阿波舞发生巨大的改变。过去海边渔民的招魂乐舞，如今的动作、音乐都在一代代的民间艺术家身上进行重塑，也受到现代文化不可磨灭的影响。江宁也一样，就在2021年，水荆墅马灯已经将唐宋以来相沿不改的蜡烛灯，改成了安全实用的LED灯。

上坊龙灯如今也是这样，经过多年改进，随着制作水平的精细，造型也愈加别致。龙嘴张开，口中有一尺多长的红舌头，嘴下端有三尺多长用麻做成的胡须；龙眼炯炯有神，各装三节手电筒。龙身有十三节，内部装上干电池灯，使整个龙体都灯火明亮。“非遗”是在能动以及创造性实践中传承的，活态传承与“再创造”既产生了文化认同感，也保持了持续性。纪录者应该把“非遗”更广阔的时空变化描述清晰，将其流传演变的时空轨迹尽可能地说清楚，这样才能起到“纪录”的作用。

所以，民俗不能以个人当下的意愿和想法而随意改变，特别是以商业目的进行指导的发展，常常是破坏性的畸形发展。在江宁，“东有方山大鼓，西有谷里旱船”，这些“非遗”传统舞蹈像一面镜子，向我们展示着农村过往的生活，弥足珍贵。一旦脱离语境，就失去了“江宁”的那味儿。谷里旱船的船式多样新颖，民国时期男青年扮演船娘、挑花担娘子，周围还有打猎的、推车的、摇扇的、货郎和挑夜壶的，都是丑角，插科打诨，动作夸张，言语诙谐，妙趣横生。逢年过节举行仪式，仍有天下太平的寄意。如丹阳大陈塔狮子灯即有口诀“来到堂前无别事，慢拜五方再参神”，埂方龙灯祈求五谷丰登，这难道不是汉代《五行》大舞的遗意吗?

“非遗”连取材也厚古薄今。竹篾是江宁传统舞蹈最普遍的原料，不论是旱船、双基花船、荡湖船、张家花船，还是小马灯、石埝马灯、牌坊财龙灯、埂方龙灯、杨树湾云龙、铜山高台狮子舞、麒麟献瑞，无不是用零成本的竹篾扎成骨架，造型各异，争奇斗艳。灯架以竹篾制成管架，用彩色透明纸裱糊。

前面提到的上坊龙灯，其传统因子就是人们去青龙山脚下的祈泽寺（实质是清代的祈泽池）前求雨的舞龙表演，还伴有祈泽女求雨的传说故事。而跌跤跤会是失败的太平军士兵流落到杜桂村，到了正月初三，在大醉之后以“跌”“扑”“抢背”“前滚翻”等动作发泄胸中愤懑；麻雀蹦（方山大鼓）表演时穿白衣也是为了纪念太平军殉难的将士，如今成了央视的常客、江宁的文化符号。而陆郎狮子舞，进村必须从东边第一家开始表演，称之为“青龙进村”，至村西边最后一家结束，称之为“白虎出村”。在村里的表演一家也不能少，“宁卯一村，不卯一家”，家家拜到，少了一家必须赔礼道歉。庄头村玩马灯先要“接脉”，玩灯队伍到达脉地听到放铳时，才允许敲锣鼓，燃鞭炮。然后马队在槽位上饮水。这些都是如假包换的江宁味道。

传统舞蹈，过去在庙会中达到了神人同娱的功用，在表演时出一身臭汗，把太平军的前尘往事忘却。而如今迈向了伟大的新时代，我们把江宁新时代的风尚展现出来，把古厚的历史因素在舞动中传达出来。在今日江宁乡村的现代化进程中，伴随着传统舞蹈的活跃，传统音乐的伴奏，才是真正的太平和乐，才是真正的文化自信!

麻雀蹦

基本概况

麻雀蹦，或称麻雀奔，主要流布于秣陵街道方山社区、湖熟街道龙都社区及淳化街道一带，又叫方山大鼓。传承人陶义海、李光明等。

其表演以模拟秋收后麻雀在稻场上欢蹦啄食的情景为主要动作，边击鼓，边舞蹈，因而得名“麻雀蹦”。因主要流传于秣陵街道方山一带，故又名“方山大鼓”。又因全舞由五个主要部分构成，表演时轮番击打两遍，又称为“十番”，其奏乐方式受江南“十番锣鼓”的影响较大。

旧时，“麻雀蹦”的表演从农历三月初十开始，历时十天，方山周围的四十八社（陶家庄历来为首批）都到天印山大庙，各社轮番表演，社社献舞，盛况空前。其表演有一定的仪式。各社（以村为单位）的队伍由社长带队，后跟两面三角形“社旗”。旗子由各户捐献的各种颜色的布条拼接而成，布条的块数与村里的户数相等。旗的一面绘有八卦图案，另一面写有“神”字，旗的顶边为杂色狗牙边，下底边为白色。顺旗杆一侧挂一条白布，上面写有村庄名及建旗的日期，字为黑色。紧接社旗后面的是三面三角形的指挥旗。打指挥旗的人称为“引程”，第一人称“头引程”，依次是二、三“引程”，这三面旗较小，全白色。后面队伍的顺序是：两盏宫灯、两面提锣（类似堂锣）、阳伞（形似华盖）四顶、神锣（低音大锣）两面、开道锣两面、大锣一面、唢呐二支、“龙亭”（类似轿，为庙宇状）一顶，接着是跳“麻雀蹦”的 16 人队伍，最后是锣、鼓八面，相间排列。其表演队伍有着相当严格的纪律，顺序不可变动，表演者到达指定的地点后，由“头行程”执行“点卯”（即点名），迟到、缺席者受罚。

“麻雀蹦”在舞蹈前的唱段由唢呐伴奏，其内容是求神降福、祈祷丰收的吉利词。舞蹈开始后，唢呐停奏。大锣、大鼓既是舞蹈的道具，又是伴奏乐器。鼓点简洁规范，节奏稳健，均为中速，适合表演者边奏边舞，只是结束前的重复部分速度稍快，音量随“大击鼓”“小击鼓”动作的不同而有强弱的区别。其基本动作和鼓点有五种：一是贯穿全舞的动作和鼓点“七五三”，即双手交替，先抡鼓七次，再抡五次，再抡三次；二是模仿麻雀飞进稻场，用翅膀拍打稻粒的动作“展翅”，击鼓动作犹如麻雀展翅飞翔，分“单展翅”和“双展翅”两种，又称“单抄”和“双抄”；三是模仿麻雀在稻场“啄稻”，击鼓动作以击和点相结合，分“单啄”和“双啄”两种；四是表现麻雀饱食后的喜悦的“亮翅”，击鼓动作较大，脚步可移动，分“小亮翅”和“大亮翅”两种；最后是表现麻雀孵蛋“抱窝”，边击鼓，边用手围鼓边，往怀中搂抱，以象征太平丰收。

1980 年代麻雀蹦为当地群众进行表演

“麻雀蹦”的主要道具是高 80 厘米、直径 65 厘米的大鼓，其鼓面用牛皮制成，向上的一面画有狮子图形，向下的一面画有龙形。赴庙会表演时，上山途中打上面，下山途中打下面，俗称“上打狮子，下打龙”。龙、狮图案在封建时代代表帝王，鼓面饰有龙狮是太平天国时期的艺术特点，表示对皇权的挑战，具有浓郁的反封建意识。

据民间艺人介绍，在太平天国时期，麻雀蹦表演者一般头扎方巾，着背心、长裤，扎裤脚，束腰带，上身黄色，类似太平军士卒的打扮。太平天国运动失败后，表演者服饰一律改为白色，白长衫、白色官帽，红翎。穿白是为了纪念太平军殉难的将士。现在的服饰继承了太平天国时期的特点，仍以方巾扎头，仍穿对襟便衣，扎腰，紧袖口，粉红色绸头巾，长两米，宽 30 厘米。其上衣为中式对襟、白色镶红边、黑纽扣，背心为黄色镶红边，红绸腰带 2.3 米长，黑色灯笼裤，两旁镶红条边，黑色薄底布靴。

与传统鼓舞比较而言，麻雀蹦别具一格。首先，击鼓方法特别。一般的鼓舞，鼓手击鼓时常采取立式，上下直捶，而麻雀蹦鼓手击鼓时，均为马步姿态，贴鼓半蹲，昂首挺胸，横握鼓槌，采用上下来回滚动点擦击鼓。学麻雀蹦跳时，膝部伸屈，带动身体上下起伏。在击打鼓时，上身挺直，并略向后仰，左、右手交替轮臂击鼓，动作铿锵有力，大臂抡起再落下，鼓槌只是顺鼓面向前点擦。这种击鼓不仅便于跳跃，移动自如，而且鼓声特别浑厚动听。其次，鼓舞语言形象逼真，鼓点编排刚柔交融。麻雀蹦模拟丰收稻场上麻雀登场欢蹦啄食的情态动作，编成瞭望、腾挪、

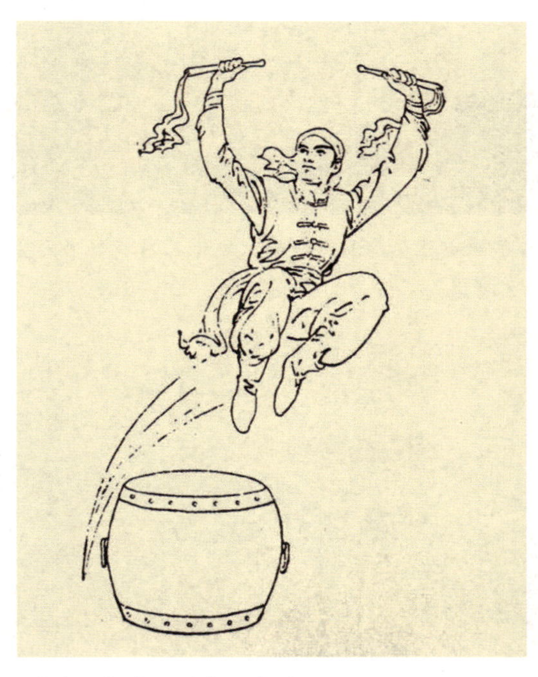

“麻雀蹦”舞蹈动作示意图

2007 年方山大鼓文艺演出

亮翅、展翅、啄稻、抱窝、雀跃等舞蹈语言，贴切自然，表演时形象、逼真、生动。其双脚蹦跳，腿部屈伸，双臂抡开，击鼓点、擦鼓面等动作协调配合，使该舞蹈的表演风格独具特色。第三，麻雀蹦兼有南北鼓点之特色，既有北方鼓乐的豪迈，又有南方鼓乐的婉约。早年打的是河南“得胜鼓”鼓点，后来受到了南方“十番锣鼓”影响，以“七五三”的打法为基本鼓点。最后，锣、鼓配合，相得益彰。麻雀蹦中的鼓、锣既是鼓舞道具，又是伴奏乐器。鼓声浑厚，鼓点简洁生动，锣音清脆，节奏稳健有力。

2006 年麻雀蹦参加第六届南京文化艺术节暨名城会广场文艺演出

2007 年麻雀蹦参加江宁区元宵节民间广场文艺踩街展演

历史传承

麻雀蹦源远流长，相传于明朝末年发源于方山陶家庄。当时，河南的一位农民带领三个儿子逃荒到方山脚下定居，据“逃”字谐音改姓“陶”，遂称为“陶家庄”（至今仍然有陶家三大房之分）。陶氏家族听说农民起义军领袖闯王李自成在河南“开仓放粮、赈济灾民”，便日夜盼望闯王的到来。为欢迎闯王，他们搬出大鼓，边打边舞，名曰“迎闯王舞”，其动作主要模仿麻雀蹦跳，象征百姓迎接闯王就像麻雀飞进稻场一样尽情欢腾雀跃。这是“麻雀蹦”的雏形阶段。

1999 年麻雀蹦参加“喜迎澳门回归”江苏省广场民间文艺大赛获二等奖

2006 年麻雀蹦参加我国第一个文化遗产日“保护文化遗产，守护精神家园”主题宣传活动

不但深受当地群众喜爱，而且也受到太平军将士的欢迎。其演出的有些阵式和太平军作战时的阵法类似，如“梅花阵”就极似太平军常用阵法中的“螃蟹阵”。甚至有演出的群众穿上太平军服饰和太平军将士一起舞蹈布阵，因而具有鲜明的战斗特质。

天京（今南京）失陷后，忠王李秀成曾在方山一带避难，后因奸细告密，在涧东村西北角山上的“东行过”（庙名，方山宝积庵）被俘。此后，每年三月初十到十九日，当地群众都在天印山庙会上擂鼓敲锣，跳起“麻雀蹦”，用迎神赛会的形式蒙蔽清朝地方官吏（舞蹈服饰也改为白色），实为纪念人民心中的太平天国英雄，同时表达求神纳福、祈盼五谷丰登的愿望。

太平天国时期，“麻雀蹦”得到进一步的丰富和发展。太平天国定都南京后，颁发了《天朝田亩制度》，方山周围的广大农民因领到“田凭”而兴高采烈，于是各村村民自发组织起来，跳起了“迎闯王舞”以示庆贺。

据陶家庄民间老艺人陶义海介绍，当时庄上的太平军战士陶正昌在原有鼓舞的基础上，进一步整理了锣鼓点及其舞蹈动作，并使其程式化，形成了流传至今的“麻雀蹦”。那时，每届秋收以后，方山一带农民都要跳“麻雀蹦”以庆丰收，

新中国成立后，“麻雀蹦”成为独立的表演形式，先后由专业文艺团体和专业研究者对该舞蹈进行挖掘、整理、加工，曾以不同的规模和形式搬上舞台表演。1950 年代，舞蹈中加入一些劳动动作，一度改名“生产大鼓”。1980 年代，由江苏省歌舞团改编成“跳跳鼓”参加全国民间舞蹈汇演。1990 年代，曾参加南京各类鼓乐大赛和庆典活动，其基本动作和鼓点未变，仍保持原貌。1999 年，江宁县文化馆组织专人对其进行重新编排，更新了道具，创新了表演套路，参

麻雀蹦被载入《中国民族民间舞蹈集成》

加了“中华龙腾”江苏省民间广场文艺大赛，并获得二等奖。2001 年，方山地区成功申报“江苏省民间艺术之乡”，为麻雀蹦的传承带来了良好的机遇与条件。现在，麻雀蹦已发展出少儿队、军营队等多支表演队伍。这一古老的民间艺术奇葩，正焕发出璀璨的光芒。

麻雀蹦由秣陵街道陶家庄陶氏家族世代传承，陶氏家族中老、中、青表演者众多。其中，民国时期出生的陶义海、陶义根和当地人李光明等为艺术指导，负责鼓队的日常训练。1980 年代出生的陶氏后人，为表演团队的中坚力量，其代表人物有陶义宏等十余人。现在陶家庄 60% 以上的人都会跳麻雀蹦，每年演出四五十场。

主要传承人之一的陶义海，1942 年生，秣陵街道方山社区人，幼小学打鼓，1959 年加入鼓队，现为鼓队队长，负责鼓队的日常组织训练、演出。传承人李光明，1936 年生，秣陵街道方山社区人，民国时期曾参加鼓队表演，对鼓点、舞蹈形式掌握全面，技艺精湛，为鼓队艺术指导。

当代影响与价值

麻雀蹦发源于明末，成熟于太平天国时期，其服饰有意模仿太平军，其动作模仿秋收时节麻雀蹦跳啄食的场景，其舞蹈节奏鲜明，形象生动，动作英武矫健，气氛活泼热烈，反映了当地民众对风调雨顺、六畜兴旺的殷切期望，具有鲜明的时代与地域特色，深受广大民众喜爱。每年麻雀蹦演出时节，秣陵、淳化、湖熟各地轮番演出，鼓乐喧天，为社区注入了新的活力，一年一度的盛大活动也让各社区邻里之间守望相助，增进了联系与友谊。

2007 年 3 月，麻雀蹦被江苏省人民政府列入第一批江苏省非物质文化遗产名录。

铜山高台狮子舞

基本概况

铜山高台狮子舞，主要流传于禄口街道铜山社区及周边地区。传承人王化银、王洽青等。

江宁地区流传的狮子舞（灯），有铜山高台狮子舞、陆郎狮子舞、西阳狮子灯、丹阳大陈塔狮子灯等，具有不同的风格与特色。铜山高台狮子舞具有浓郁的地方狮舞特色，根据流行区域及套路，又可分为曹村高台狮子、彭福高台狮子、曹村少儿高台狮子、铜山少儿高台狮子等。除表现狮子舞常见的动作外，铜山高台狮子舞区别于其他狮子舞的最大特点，主要是在三张桌子高度的“高台”上表演惊险、高难度的动作，因此被称为“铜山高台狮子”。

铜山高台狮子舞的道具包括狮头、狮身、桌子和服饰四个部分。在狮头的制作上，旧时狮头使用竹篾扎架，用棉布糨糊制成，画上狮眼、鼻等，后来用木模蒙上生牛皮，缝制后用油漆画上狮眼、鼻等；1982 年，铜山文化站长王化银和夏立志用泥模具制成了玻璃钢狮头，轻便、坚固耐用。狮身用棉布和染成青绿色的苎麻缝制而成。

铜山高台狮子舞是集舞、乐、杂技于一体的综合艺术形式。整套狮舞分为地滚、高台两部分。地滚的动作有六套，即拜四方、双龙戏球、打半节滚、打整节滚、麻雀钻刺逢、双龙洗澡。高台动作分为一张桌子、三张桌子和六张桌子三个部分。一张桌子的动作表演有七套，即插小角、插大角、跨马、钻裆、台上打半节滚、台上倒立、口叼台子手端桌子；三张桌子的动作表演有五套，即过双桥打半节滚、大钓鱼、跨马钻洞、台上抽大角、板凳上倒立；六张桌子的动作表演有五套，即小钓鱼、二郎担山、海底捞月、丹凤朝阳、猛虎下山打整节滚。表演时腾、闪、跃、扑、滚，特别是六张桌子的动作表演，活灵活现地把兽王的喜、怒、哀、乐、咆哮嘶鸣、逗乐打趣，表现得淋漓尽致。其舞蹈技术难度高，动作惊险，造型逼真，活泼有趣，一气呵成，充分表现了狮子威武、勇猛、矫健的神态。

无论是地滚动作表演，还是高台动作表演，都伴有锣、鼓、钖、钹等打击乐器的伴奏。动作以“武”为主，“文”“武”兼有。“文”的有搔痒、理毛、张望、打招；“武”的有跳越、跌打、翻滚、登高等。演出用的桌子，原来用的是八仙桌，现改用特制的用钢筋连接的稳固性好的桌子。演出所穿的服饰，均在苏州戏剧服装厂订制，其中舞狮人的服饰是天蓝色镶黑边上衣、带绑腿的浅绿色裤子和浅黄色狮爪鞋。

历史传承

狮子舞也称舞狮、狮子灯、狮灯等。铜山地

铜山高台狮子舞（一）

区位于南京南部丘陵山区，自古寺庙众多，较为有名的有张王庙、三郎庙、紫草寺等。旧时有庙即有会，每逢庙会，皆“跳灯舞狮，四方云集于此”，以为欢庆。

铜山高台狮子舞历史悠久。据山阴《王氏家谱》记载，三郎庙始建于南宋年间，庙里供奉的三郎神，相传是结义三兄弟，专门劫富济贫，深受当地人民的尊敬。清顺治十五年（1658）冬月，由周、王、张、夏四姓村民出资重修三郎庙，香火从此更加旺盛。三郎庙会时，百姓载歌载舞，玩狮、舞龙以庆丰年。当时山阴的王氏以狮子舞出名，每次庙会均以狮子舞朝山。

又据《南京民间舞蹈集成》介绍，清光绪年间，铜山乡间常有疾疫，当地百姓请出过去在庙会上舞狮用的“狮大王”，走村串户，烧香祈祷，以保人口平安，六畜兴旺。狮大王每到一户，就根据户主情况，唱些“狮子大王进了门，家里人口都太平”“狮子在家转一转，家有良田外有店”等吉利词。清朝末年，狮子舞玩球人王义昌，能一手玩球，另一手将八仙桌子及桌上的石香炉、供品等四百余斤稳稳端起，引导狮子上庙敬香。这一绝技一直流传至今。

1920年代，王氏子孙王惠荣在句容赤山出家为僧，后周游各地，采集各家舞狮之长，对山阴王氏狮舞进行改进，将原来单狮玩球，改为双狮玩球，并配有六张八仙桌搭成高台，形成现在惊险、热烈、观赏性极强的形式，成为“铜山高台狮子舞”的雏形。

此外，铜山地区的曹村、沈庄一带，原来也盛行舞狮。沈氏就是当地著名的世代舞狮的家族，其辈分按“照、锡、毕、祥、瑞、延、庆、志”等字排列，舞狮技艺不传外姓。民国时期战乱频发，民众生活困苦，沈氏狮子舞日渐冷落，濒于失传境地。

新中国成立后，这一传统的民间舞蹈得以发扬光大，铜山曹村、彭福村、沈庄等地均有群众自发成立的舞狮队。1960 年代，沈庄沈庆喜等舞狮艺人邀请溧水艺人孙先荣前来传授一些简单的套路，如一张桌子做高台的动作。后来，沈庄艺人沈庆年及曹村王惠荣、王化根、王治青等人，通过不断努力钻研，将高台由一张桌子增加到三张桌子，新创“海底捞月”等精彩、惊险、与众不同的动作和场面，逐渐形成了今天独具特色的铜山高台狮子舞。

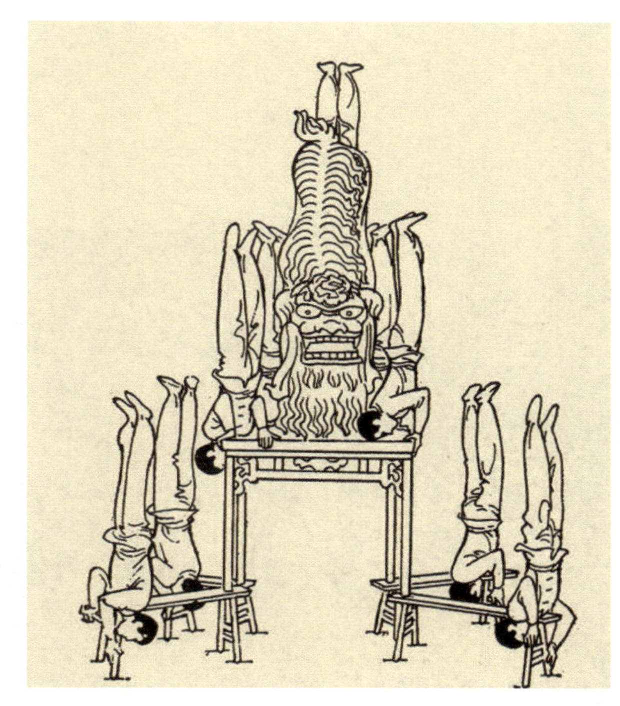

铜山高台狮子舞动作示意图

铜山高台狮子舞旧影

铜山高台狮子舞（二）

为了克服狮子队表演人员年龄老化、流动性强、组织集中难、队伍难以为继的困境，禄口街道和江宁区文化部门在狮子舞传承地的中小学培养了一批舞狮队员，并定期拨付活动经费，使这一民间舞蹈得以长期稳定地传承下来。现在，每逢年节，舞狮队坚持走村串户表演，烘托了强烈的节日气氛，为当地群众所称赞。

作为优秀的民间传统表演艺术，铜山高台狮子舞多次代表江宁参加省、市的演出、赛事活动。1950 年代以前，在铜山及周边的禄口、溧水石湫、柘塘等地，每逢庙会和年节，都要进行狮子舞表演。1960 年代初至 1980 年代曾多次参加市、县的调演和汇演，还多次受邀赴苏州、无锡、苏州、镇江等市参加各地的艺术节庆祝活动。1984 年，参加江苏省暨南京市庆祝国庆三十五周年活动演出；1993 年，参加“南京金陵文化庙会”比赛，获优秀表演奖，夺得“红花杯”。2002 年，参加“金陵舞韵”南京市

铜山高台狮子舞（三）

广场民间特色表演团队汇演，获金奖。

传承人王化银，1956 年生，禄口街道铜山社区人。1979 年 11 月，任铜山文化站站长，多次组织、辅导铜山高台狮子舞参加省、市、县的文艺汇演、调演等演出活动；1984 年，王化银参加铜山高台狮子舞资料的挖掘整理工作，使其列入《中国民间舞蹈集成·江苏卷》。

传承人王洽青，1966 年出生，禄口街道曹村社区山阴村人。1982 年，参加铜山曹村高台狮子队，任队长，多次参加省、市重大节日的调演、汇演等。

当代影响与价值

舞狮是我国人民自古以来喜爱的文化娱乐活动。每逢春节，舞狮拜年，寓意平安吉祥，增加浓郁的节庆气氛。铜山高台狮子舞，将乐、舞及杂技等多种艺术融会贯通，具有较高的艺术价值，是当地群众最喜爱的民间传统表演艺术。铜山高台狮子舞表演技艺精湛，通过出演，其影响力逐渐辐射至周边地区，形成了以高台狮子舞为核心的民俗文化圈。通过参与或观看狮子舞演出，社区居民增强了彼此的文化认同感，可以说高台狮子舞已经成为铜山乃至江宁地区的一张靓丽文化名片。

铜山高台狮子舞排练

2008 年 1 月，铜山高台狮子舞被南京市人民政府列入第一批南京市非物质文化遗产名录。2009 年 6 月，铜山高台狮子舞被江苏省人民政府列入第一批省级非物质文化遗产扩展项目名录。

龙都娃娃鼓

基本概况

龙都娃娃鼓，主要流布于湖熟街道龙都万安社区及周边地区。

龙都娃娃鼓是由 40 名儿童（20 面鼓手、10 面锣手、10 副镲手）进行表演的鼓舞，一般以“童子坐莲”（两腿盘坐在小鼓中央）为开场舞姿。演出分为“丰收锣鼓”“喜庆锣鼓”“娃娃乐”和“龙腾虎跃”四个场景，演出过程有前奏、双抱窝、单抄双放、浪翅、展翅、转鼓、数数、追逐、嬉戏、插花、逗乐、拉队形、跑鼓和尾声十四个步骤。

“前奏”由小鼓齐敲鼓边，大鼓小步跑上场，面向观众，两手膀甩开打，两手握槌，先向前把鼓推响，再往后拉响，接着双手由上而下落鼓，最后一响时全力跃起，右手举在右上方，左手放在左下方，两眼向右槌看。如此反复三次，锣、镲轻轻地和声。然后，小鼓“童子下莲”，齐敲碎鼓；大鼓，左手扶鼓，右手敲鼓边，边敲边按逆时针方向转动，始终面向观众。

“双抱窝”是由小鼓双槌沿鼓边划过，由前向后，左手在上，不要落下来，手举直。大鼓，双槌落鼓，双手向左、右上方甩去，双槌在前上方按节拍摆动，锣、镲和声，手上举，再落下来。

“单抄双放”是双槌落鼓，先是左右单抄，后是左右双放。单抄时，手沿鼓边从下向上挑起来；双放时，双手向左、右上方送出去。每节末尾要刹锣、镲，身体左右摆动。

“浪翅”是身体左右歪斜，两膀左右上下展开，相对微笑；“小浪翅”是双脚起跳和邻鼓相对，双槌平放胸前，按节奏小摆动，相对微笑。

“展翅”是打小鼓的双手落鼓，全身跃起，两膀展开向上下伸开，两眼紧随向上看齐，大鼓边敲边逆时针方向转。

“转鼓”是两脚小跳步逆时针方向转。

“数数”是过渡鼓调位，齐数数。数数时，鼓手每数一句，双手向左或向右举起；锣、镲弓箭步敲，声音渐强。

龙都娃娃鼓（一）

龙都娃娃鼓旧影（一）

“追逐”是先在原地左右手敲鼓，然后双槌左右推鼓，双手一下叉开，做飞的动作，同时换位置跑到另一面鼓上去。

“嬉戏”是鼓手双槌由上而下，从鼓中间划开（双手成上、下姿势，互相对视），同时手脚齐张开，推拉鼓，双手轮流叉腰嬉戏；镲手互相做“你拍一，我拍一”的游戏，要求动作轻快活泼；锣手则手挽锣上下来回敲，身体上下窜动，左手腕要在锣背面作出松紧的动作，使锣声分出轻重来。

“插花”是鼓手左右斜飞，全力跃起，两腿分开，眼看槌梢，双槌由鼓中发出；锣手与镲手用小跳步纯朴穿花和自转。

“逗乐”是鼓手单槌轮流击鼓，接着双手食指托腮摇头，身体晃动逗乐，后再做叉腰跑跳步两次;镲手两人做“你拍一，我拍一”和“踢一、踢二、踢三、踢四”的动作，两人对面转圈；锣手手挽锣对面小跑跳步互转。

“拉队形”是娃娃们根据编排情况，变换队形，锣、鼓、镲互相呼应。

“跑鼓”是大鼓双槌落鼓，左、右做飞的动作（双槌向左、右上方送出去）；镲手用跑跳步和弹跳步围着大鼓转圈。跑跳步要昂首挺胸，弹跳步要弯腰，面向观众，两手下伸，两脚向后弹起；锣手分二组，围小圈，手挽锣按节拍打击，槌从锣心向上伸出。小鼓进圈内站好队形，再按逆时针方向跑向邻鼓，起跑时双手上举分开。跑完后，变队形收场。

“尾声”则是同时打碎点，大鼓按节奏甩红绸，双手抱槌结束。

在服饰方面，龙都娃娃鼓鼓手的服饰为红色对襟上衣，九分长灯笼裤，镶金边，金色腰带，银色项圈；锣手的服饰为绿色斜襟上衣，九分长灯笼裤，镶银边，银色腰带，银色项圈；镲手的

龙都娃娃鼓旧影（二）

娃娃们在演奏时，其动作流畅舒展，时而婉转低回，时而热情奔放，时而静如弥陀，时而群情激昂，整套动作自然连贯，如行云流水，给人以浪漫的遐想。伴随着鼓乐声，娃娃们欢呼雀跃，或走，或跳，或跨，或跪，其动作爽朗，其呐喊清脆，加上优美的造型，确实给人一种欢快、愉悦、美妙的享受。

服饰为粉色斜襟上衣，九分长灯笼裤，镶银边，银色腰带，银色项圈。男生的头饰，每次演出都要理成古代儿童三花头。

在表演的技艺方面，40 名儿童运用鼓、锣、镲等乐器，双手横握槌，脚踏鼓、锣、镲节拍，两臂上下摆动，边敲边舞，并与走、跑、跳、跨、喊等动作相结合。其舞蹈自始至终协调连贯，鼓乐一气呵成，组合和谐统一，动作舒展大方，节奏流畅明快，形式天真活泼，气氛欢乐愉悦，风格特异，韵味无穷。

总结而言，龙都娃娃鼓的表演主要有以下 3 个方面特色：

首先，表演动静结合，相得益彰。其中“追逐”“嬉戏”“逗乐”等表演，娃娃们走、跑、跳、跨、喊等动作，动态地表现出娃娃们的天真活泼、热情可爱；而“童子坐莲”“蜻蜓点水”“怀中抱月”等舞姿，娃娃们静如弥陀，演奏似潺潺流水，婉转低回，静态地表现了娃娃们的认真细致、大方得体，从而完美地演绎了舞蹈的全部内涵。

其次，广阔的空间性。它的表演不会受环境约

龙都娃娃鼓（二）

龙都娃娃鼓（三）

江宁区第五届“江宁之春”群众文化节“契税杯”民间文艺展演中的龙都娃娃鼓

卸妆后的龙都娃娃合影

舞台上的龙都娃娃鼓

束，不仅能在舞台或电视晚会上演出，在工厂、矿山、机关、学校、军营、广场、江畔、公园等任何地方都可进行表演。

第三，强大的生命力。龙都娃娃鼓属于儿童集体舞蹈，又已纳入江宁相关中小学舞蹈教学的体系之一，因而具有强大的生命力。

历史传承

龙都娃娃鼓取材于“方山大鼓”，据传起源于龙都万安圩区流传的一种三人鼓，因表演者都是十多岁的儿童而得名。龙都娃娃鼓原是旧时乡村农闲赶庙会时玩耍的节目，也是各类喜庆活动的压轴戏。因为娃娃们边敲鼓、边跑跳的形式生动趣味，场面热闹，民间艺人们遂专门编排了适合儿童玩耍与表演的娃娃鼓，流传至今。

龙都娃娃鼓在二十世纪八九十年代较为活跃，多次参加省、市比赛和重大庆祝活动，获得了较高的声誉。1996 年，获南京市“中华之声”鼓乐大赛金奖，获省群众文化先进区（县）及市群众文化汇演二等奖；1997 年，先后参加南京市春节晚会、《金陵春 · 小康乐》大型广场电视文艺、“迎回归”大型文艺等演出；1998 年，参加江苏省春节文艺晚会、全国大学生运动会开幕式演出；1999 年，中央电视台农村节目拍摄专题片并在 CCTV-4 播出；2000 年，参加第六届中国艺术节广场文艺演出；2002 年，参加南京国际梅花节开幕式文艺演出；2004 年、2006 年，连续参加“中国南京世界历史文化名城博览会”之中华鼓韵及开幕式演出，给国内外广大观众留下了深刻的印象。2018 年 12 月 4 日，《江宁新闻》第四版“美在江宁”以《“鼓乐文化”传帮带，龙都“娃娃鼓”越敲越响》为题，对龙都娃娃鼓的传承状况进行报道。2020 年 10 月 22 日，《南京晨报》以《“非遗”联手教育，龙都娃娃鼓扎根小学校园》为题进行报道。所获其他荣誉还有：“鼓娃闹春”

20 世纪 70 年代初，宣传队在江宁农村表演

获江苏省民间艺术最高奖“迎春花奖”；鼓乐表演“龙都鼓娃”在江宁区中小学生艺术节荣获特等奖、南京市一等奖等多项殊荣，并登上湖熟街道、江宁区多届运动会开幕式以及 2014 年青奥会闭幕式国际大舞台。

2009 年 5 月，龙都中学的程盛宝老师对龙都娃娃鼓进行了系统调查。据调查资料，传承人谈永新，1955 年生，湖熟街道龙都万安社区谈村人。他在 1970 年代初从教，曾任原永跃小学校长。1996 年，为了参加“六一”会演，由他主持将万安“麻雀蹦”整理、改编、合成为龙都娃娃鼓。此后，每两年，他都要训练一批新鼓手，并将相关技术向全校推广。每次参加重大演出活动，龙都娃娃鼓均得到各级领导的赞誉以及广大人民群众的喜爱，谈永新可谓功不可没。

当代影响与价值

从 1990 年代起，龙都娃娃鼓的队员们虽然换了一批又一批，但其鼓乐文化所表达的热情奔放、催人奋进的旋律始终没有改变。鼓能育人、鼓能益智、鼓能激志、鼓能健体，龙都娃娃鼓将越敲越响。如今，龙都小学的龙都娃娃鼓队堪比专业演出团队，摄影、化妆、道具、排练、现场协调等分工有序，七八位“90 后”年轻老师各司其职，在认真完成学校教学任务之余，完成鼓队的一次次大小演出。

龙都娃娃鼓的诞生源于民间庙会等喜庆活动，反映了当地居民积极乐观、诚朴亲和的民风。它在很大程度上保留了中国古代儿童的发型与服饰特色，其乐器选择锣、鼓等传统打击民乐，其演出步骤同样也是模仿儿童嬉戏玩耍的场景。由于表演主体是儿童，龙都娃娃鼓以其强大的影响力融入江宁区中小学学校教育中，丰富了当地少年儿童的课余生活。孩子们在学习龙都娃娃鼓的过程中感受了传统文化的熏陶，还扮演着小传承人的角色。

2008 年 3 月，龙都娃娃鼓被江宁区人民政府列入第一批江宁区非物质文化遗产名录。2014 年 7 月，龙都娃娃鼓被列入第三批南京市非物质文化遗产扩展项目名录。

丹阳龙灯

基本概况

丹阳龙灯，又称孙墙龙灯，是一种民间集体舞，属传统的“滚龙灯”，是集表演性、音乐性、舞蹈性、观赏性、竞技性于一体的综合性民间传统舞蹈艺术，主要流布于横溪街道丹阳集镇一带。

舞龙，古称“玩龙”“龙灯”“龙灯会”“调龙灯”等，是我国民间一种由求雨、祭神等民间信仰演变而来的文化娱乐活动。

丹阳龙灯一般在每年二月初二起灯，除在当地玩耍外，还常受邀参加周边地区的一些重大庆祝活动，深受群众喜爱。丹阳龙灯影响较广，其传承人及知情者较多，其中有孙维塘、孙兴能、夏从荣、夏德根、夏小宝、李守贵、周明宝等。

旧时，丹阳龙灯有个特殊的习俗，即要求舞龙灯的人须在起龙灯的三天前要吃素。前一晚上要净身（洗澡），男子不能与妻子同房。第二天早上 3 点钟，由锣、钹手用铜盆、酒杯与道士一起到河里取水。4 点钟，在麻雀未叫之前，听锣为号，所有人集合在神场（稻场），点蜡烛、香火，请道士杀鸡敬神点光。用三支笔点龙（即为点光，三种不同的颜色点不同的地方，一支点头，一对点身，一支点尾），有“一点眼光，眼看四方；二点耳光，耳听八方”等等之说。玩龙时，当地人称“跨神路”，即先在村外沿稻田玩一圈，以祈求丰收；回来后，再在村内玩一圈，祈求人畜兴旺、四季平安。

在服饰方面，丹阳龙灯有龙袍 2 件、头饰 70 顶、红色服装 30 套、青紫色服装 30 套；在

1970 年代丹阳龙灯春节期间演出

2007 年丹阳龙灯

道具方面，丹阳龙灯有龙旗 2 面（360 厘米 ×120 厘米 / 面，两面绣有龙案）、彩旗 20 面、篾制龙身 2 具、篾制引灯 2 把、镗 8 件、云 8 件、铳 6 件、开道锣 2 面（直径 90 厘米）、大鼓 1 只（鼓成直径 85 厘米、高 70 厘米）、锣鼓 20 只；在音乐方面，丹阳龙灯锣鼓相伴，并有一定的韵律。

在表演技艺方面，丹阳龙灯系滚龙灯，以竹篾扎头、尾并圈盘成龙身，从头到尾披上整幅龙衣，用布蒙贴头尾，以五彩色画出龙形，头、身、尾共 13 节，总长约 36 米，每条龙约需 30 人玩耍。舞龙时，有文武场伴奏，火铳、旗伞衬托，以球引导，龙头由上至右，再下到左，又以上至左，再下到右，带动全身摇舞滚翻，非常壮观。

经过明、清和民国时期的发展，丹阳龙灯逐渐形成了自己独特的演艺风格和表演套路。在内容上，以云、龙、镗相伴，技艺高超，可表演数十套路。云、龙、镗、叠罗汉各有套路，变化多端。龙的套路主要有“一字长蛇阵”“双龙戏水”“雌雄相亲”“双螺蛳盘顶”“双龙出水”等；云的套路有“四角套灯”（亦有三角套灯）、“左右顺风旗”“夹泥巴阵”“剪鹧鸪”“水漫”；叠罗汉共有七十二套，有“夹泥巴阵”“小牌坊”“大牌坊”“空心牌坊”“小元宝”等；舞镗（即飞叉）的套路主要有“面花”“单抄”“蟒蛇裹膀”“双抄”“仙人挑担”“浪子接头”等种类。

丹阳龙灯有独特的表演形式与内容，旧时的丹阳集镇，二月初二即召开土地会，大家聚在一起吃圣饭。村里还有个不成文的规定，也就是在大家吃圣饭期间，各家走访的亲戚或朋友，以及过路的行人都要到龙灯庙里吃圣饭，各户三天内不得升烟。当天晚上，庙会的主持人还请来道士，扎一把杨柳枝和一把五色纸。道士把这两样东西带到河边取水，人们把镗、云、龙集中在一起，同时打起锣鼓。随后在祭坛上，道士将活公鸡拿在手上转三圈，然后用手扭掉公鸡头，倒洒鸡血，向神佛表示崇敬，并祈求平安。

丹阳龙灯（一）

丹阳龙灯（二）

历史传承

关于龙的诸多文化艺术活动，舞龙最具表现力和感染力。舞龙历来是中国民众喜闻乐见的民俗文化形式。其形成与发展与原始社会龙图腾的崇拜关系密切，最初是作为求雨、祈福和禳灾的民间信仰活动。伴随着时间的推移，这种礼仪活动在节庆和民俗活动中渐趋成熟，最终发展成为具有观赏性、娱乐性和艺术性的传统舞蹈艺术形式。

中国的舞龙始于汉代，距今有2000多年的历史。据《汉书·西域传》载："孝武之世……设酒池肉林以飨四夷之客，作《巴俞》都卢、海中《砀极》、漫衍鱼龙、角抵之戏以观视之。"书中所记载的"漫衍鱼龙"就是指的大型的舞龙表演。蔡质的《汉仪》一书对汉代舞龙的规格、场面、技艺和内容有详细的记述。舞龙在魏晋南北朝时期仍然保留着汉代特色，在《隋书·音乐志》中有相关的记述。

至宋代，舞龙作为娱乐性的表演形式空前发展，并与民间的节庆活动相结合。词人辛弃疾《青玉案·元夕》对当时舞龙有精彩描述："东风夜放花千树。更吹落，星如雨。宝马雕车香满路。凤箫声动，玉壶光转，一夜鱼龙舞。"其时民间已经有了以草把缚成戏龙之状，再用青布笼遮。草龙舞动，宛如火（灯）龙，这有可能就是龙灯的雏形。其后逐渐发展完善，产生了较为成熟的龙灯，多在节庆之日进行表演，场面蔚为壮观。在宋代的文献里也有关于"旱龙舟"的相关记载，说明舞龙这一表演艺术形式的多样化发展。

元、明两朝，民间的舞龙表演从根本上摆脱了最初的"求雨、祈福、祭祀"等目的，逐渐演变为带有娱乐性质的民间活动。诗人阎尔梅在《两午元宵》中写道："八宝龙灯舞万回，灯光趵瓅百花台。"详细地记载了舞龙已经作为具有娱乐性质的活动。

至清代，舞龙无论其种类，还是形象都有了新的发展，并有了龙灯、火龙、烛龙、竹龙之分，在姚思勤《龙灯》诗中有这样的记载："灯街人似海，夭矫烛龙蟠""电澈一条火，泼翻百面雷。回头笑鱼鳌，陈列上灯台。"另外，在汪大伦的《龙灯》中也有相关的记载："鳞鱼攸喷火，飞腾照夜分。市场沸如海，人影从如云。"这一时期的舞龙表演在追求形神兼备的同时，强调婉转回旋之势，技艺渐趋成熟，已经达到了相当高的艺术水平。这在李渔的《龙灯赋》中得到了印证："行将飞而上天兮，旦宇宙而不夜。不则潜而入海兮，照水国以夺犀。"

丹阳龙灯骨架

新中国成立后，舞龙艺术进入到一个大发展、大普及的时期。1950年代后，民间舞龙艺术搬上表演舞台，尤其是1980年代后，民间舞龙活动再度活跃起来，形式多样，活跃在都市和乡村，遍布大江南北。更令人可喜的是，21世纪以来，舞龙受到了党和政府的高度重视，大量的舞龙艺术资源得到了积极的发掘与保护，焕发了新的生命活力。

明清时期，江宁的舞龙活动就已十分兴盛，种类繁多，技巧形式多样。新中国成立后，江宁的龙灯表演有了长足的发展，由行街表演逐渐转向广场性的表演，舞龙的竞技性加强，逐渐形成了一定的区域特色。

“丹阳龙灯”发祥于丹阳集镇双河社区孙墙村，有“青龙”与“绿龙”两条，号称“日金龙”，距今已有600多年的历史，相传早在民国时期就有“龙谱”“龙田”，民间也有专门的村级“灯会”组织。

据民间老艺人张光跃、杨波介绍，传说明代孙墙村有户人家水缸内发现两条青蛇，适逢三个乞丐过村，住在村西边一个土地庙里。他们偶然听闻其事，遂以舞龙避灾为由，在农历二月三十玩起龙灯，挨家挨户拜门子，并组建村灯会，在庙前玩起龙灯，此即孙墙龙灯之起源。后来，村里的小伙子也纷纷加入这种玩龙灯的活动，人们将土地庙改为龙灯庙，重新用竹子和麻线编扎一条红龙和一条青龙，还筹集资金购买云衣、龙衣和锣鼓，操办灯会，玩龙赏灯，孙墙龙灯由此而兴。经历代玩龙传人的总结、改良和发展，逐渐形成了流传至今的民间舞蹈丹阳龙灯。

1949年前，丹阳龙灯就有专人组织灯会，叫圣堂或神堂，由村民选出八位领头人（一般为八大姓的代表）轮流负责，一年一次。由各家自愿出粮出物，全村集中就餐，凡是来观灯的，不分对象，包括乞丐在内，都可以在村中吃饭，称吃“圣饭”。每年三月初一即准备起灯，初二早晨四点左右为龙灯点光，之后绕村三圈（所谓绕神路），然后在本村玩灯。照惯例，初三到毗邻的安徽丹阳南镇玩，初四到江苏北镇玩，然后到1.5千米外的本镇勇跃村、油坊桥（传说是龙的娘家）去玩，最后到安徽当涂县近城秦塘圩去玩。几天后，如果没有别的邀请，就准备休灯摊龙。点光、退光时，均请道士讲吉利话，以求平安。

新中国成立后，丹阳龙灯得以保留和发展。孙墙人把两条龙各扎成56节，每条龙身要28人，加上玩龙头的3人，两条龙共计62人，形成一个庞大的玩龙队伍。1953年，丹阳龙灯曾到附近的陶吴等地区演出，受到当地民众的热烈欢迎。

1959年，曾参加江苏省暨南京庆祝建国十周年的庆典活动。在庆典活动上，丹阳龙灯翻腾自如，技艺精湛，得到了市政府的表扬和奖励，名噪一时。十一届三中全会后，在民间老艺人的悉心指导和当地民众的支持下，当地民众自己出资金，重置灯具，重新演艺，并根据当下普通群众休闲娱乐的实际情况，把舞龙的时间由原来农历三月三日改为二月二日（即龙抬头这一天）。为庆祝重新恢复的丹阳龙灯，地方政府于1984年3月14日农历二月初二举行了盛大的典礼，来参加观赏的观众多达5万多人，连附近的十多个乡镇都有大批群众来观礼。此后，舞龙艺人根据演出的需要，又精简了一些项目，如云、镗、罗汉、旗子等，以突出表现龙作为中华民族吉祥物的安康快乐等美好祝福与心愿。

据《南京市江宁区非物质文化遗产荟萃》记载，丹阳龙灯传承谱系是师徒相传，其代表性传承人有：龙头，李守贵、魏道荣；镗手，张明海、刘平海；舞龙，张正红、夏龙宝、夏太生、魏道荣、张明浩；旗手，韩友根、周明宝；龙珠，夏小宝、张明浪；铳，魏道荣；开道锣，夏宏根。随着老一辈舞龙艺人的年迈或辞世，培养新一代舞龙接班人的任务，显得十分迫切。另外也有祖传，如夏生旺之子夏从荣，夏从荣传于其子夏德根，夏德根再传于其子夏小宝。

当代影响与价值

丹阳龙灯仍然积极活跃在当代社会生活中，近年曾多次参加南京市及江宁区的各种节日和庆典活动，充实了广大群众的文化生活，增彩了民间文艺舞台，丰富了江宁乃至南京民俗文化艺术宝库，受到广泛好评。作为庆祝仪式的常见传统舞蹈表演，丹阳龙灯将继续传播优秀中华文化，凝聚民族情感，丰富江宁人民的生活。

2012年6月，丹阳龙灯被南京市人民政府列入南京市非物质文化遗产名录。

丹阳皮老虎

基本概况

丹阳皮老虎，主要流布于横溪街道丹阳集镇及周边地区。知情者吕贤聪。

丹阳皮老虎的“虎”，由虎头、虎身、虎尾组成。虎皮用布缝制。虎头用皮革在木模型上绷制而成，虎身和虎尾则用钢丝做筋，然后再用棉花面布裹上，钉在虎皮上。框架制作完成后，老虎的皮还要涂上黄、黑、白的颜色，使得老虎形象逼真，以达到虎虎生威的效果。其道具造型朴实，颜色亮丽，表演动作细腻、多变。在每次皮老虎表演队伍出发前，要先放鞭炮，接着是彩灯开道，皮老虎紧随其后，场面十分壮观。

表演皮老虎的队伍，大约有 60 名演员，其主要表演者有两人，一人玩虎头，一人躬腰，充当虎身和虎尾。两人密切配合，蹿蹦扑跃，翻滚扭摆，生动活泼，以艺术形式呈现老虎的喜、怒、哀、乐、动、静、惊等种种神态。

丹阳皮老虎（一）

其表演套路主要有“财神招宝”“金虎戏木凳”“金虎扑山”“金虎登山”等，其中“金虎登山”是整个表演的精华部分。后经民间艺人吕贤聪加工整理，增加了“母子传情”的套路。改编后的皮老虎，更加活泼动人，惹人喜爱。目前有些表演强度高、难度大的动作未能传承下来，其他套路基本上保留了传统的风格与技巧。

其道具有威虎旗（黄布制作，两面绣有登山猛虎长啸及鱼跃燕舞等图案）、威虎幡（两面绣有黑体吉祥语）、引程灯一杆、助威灯 20 杆、开锣 2 面、武锣 4—6 面、小鼓 2 个、鼓 1 只、大钹 3 副、小钹 2 副、小镗鼓 2 面、笛子 2 枝、中虎锣 5—8 面、中虎鼓 1 只、荷花 1 支、宝盒 1 只、大元宝 1 只，钢鞭、宝剑、金钱、铁索各一副，方桌 3 张、木凳 1 条、垫子 1 块。演出服饰有虎头、虎帽、大小虎皮、虎裤、虎纹袜、财神龙袍、乌纱帽、面具、朝靴、和服、头饰等。

常用的伴奏音乐，以锣鼓敲打出固定的韵律为准，其伴奏不同于一般锣鼓的演奏，具有约定俗成的演奏规律。一般的锣鼓演奏以鼓作指挥，鼓点怎样打，锣就怎样敲。而皮老虎的锣鼓演奏，以锣作指挥，锣怎样敲，鼓就怎样打。皮老虎的锣鼓演奏完全依靠表演者的两只眼睛，全神贯注地密切注视皮老虎动作的变化，及时灵活地变更锣鼓旋律，以伴奏声调的强、弱、快、慢来表现金虎凶猛、顽强、惊险和温柔等各种不同的神态，以增强现场表演效果。

历史传承

丹阳皮老虎，又名“金虎灯舞”，相传发源于湖南、湖北地区，在小丹阳地区流传已有 200 余年的历史。据口碑资料，大约清乾隆、嘉庆年间，丹阳财神古庙会流行“跳财神”，而财神爷的坐骑就是一只猛虎，于是有民间艺人从湖南、湖北地区引进了“神虎灯”。初期“神虎灯”的灯具制作简单，舞技单调乏味，没有明确的场次和系统的技艺套路。

民国期间，丹阳皮老虎的发展达到鼎盛，现今流传下来的主要表演套路、表演风格即形成于此时。1942 年春，丹阳地方文化绅士康益文先生邀请了湖南籍虎灯老艺人邹应州师傅和王茂松先生，并与他们合作，对引进的“神虎灯”进行系统传授与编创，从而形成了流传至今的民间舞蹈皮老虎。当时培训了 10 名弟子，分别是王茂山、徐正有、丁正武、吕贤福、吕贤聪、冯来德、张五攻、徐正银、许文银、刘本祥。这是“金虎灯舞”历史上技艺最精、素质最高、实力最强的一代表演队伍。

新中国成立之初，丹阳皮老虎作为当地影

丹阳皮老虎（二）

响颇大的民间舞蹈受到群众的普遍欢迎，并在当地广为流传，参加了江苏省民间文艺汇演、镇江地区民间文艺大赛等赛事活动，取得了较好的成绩。

1964 年后，王茂山、徐正原计划组织培训俞绍福、张长生、王生发、王光友、陶德芳、孙景顺 6 名演出骨干，后来受到“文化大革命”冲击，培训没有成功。在改革开放初期，皮老虎的表演受诸多因素的影响，表演队伍、规模有所萎缩，人员更新困难，一度面临失传的境地。

1983 年，由丁正武、吕贤福出面组织培训毕明宝、卜宗玉、毕明兔、葛能西、窦维荣、范根生、陈宁新、吕能贵 8 名演出骨干。虽然培训工作受到当地政府的高度重视，但终因组织不严、工作不细等原因，最后仅熟练掌握“金虎戏木凳”一场及“金虎扑山”一场中的部分套路。

2001 年，由毕明宝组织，丁正武、吕贤聪负责培训了王二保、陶忠圣、杨运才、葛军、陈宁新、徐小宝、周道宏、毛应发 8 名弟子。因学习目的不明确等原因，其团队最终所掌握的“金虎灯舞”技艺套路仍然不能令人满意。

2002 年，由周叶义组织，吕贤聪培训胡星、张会涛、陶高亮、陶伟伟 4 名弟子。他们从一开始就重视学练目的，不仅强化舞台技艺的刻苦训练，同时跟踪学员的思想变化，及时给予引导教育。经过三年的艰苦学练，其团队基本上掌握了皮老虎舞台表演技巧和要领，成功地培训了新一代“金虎灯舞”的艺术传人。2004 年 4 月，丹阳皮老虎舞蹈赴东山镇参加“契税杯”江宁区第三届民间广场文艺大赛，荣获第三名。

如今，在当地政府的关心和支持下，在民间老艺人的辛勤努力下，“皮老虎”培养了新一代的表演艺术传人，使这一传统舞蹈项目再次登上艺术舞台，丰富了群众的业余文化生活，受到了群众的广泛好评。

传承人吕贤聪，1926 年生，横溪街道丹阳社区人。1944 年，他开始拜民间艺人王茂松为师，学习耍皮老虎。后来他的带领下，组建了丹阳皮老虎灯会，并受邀在周边街道演出，因技艺高超，深受群众喜爱。目前，相关表演道具如威虎旗、威虎幡、引灯、武锣、虎皮、方桌等均保存在横溪街道丹阳社区。

当代影响与价值

丹阳皮老虎是为满足当地民众娱乐需求，在“神虎灯”的基础上经过改造而成的传统舞蹈形式。丹阳皮老虎独具特色，集观赏性、艺术性、竞技性为一体，其演出需要锣鼓演奏者、虎头虎身表演者密切配合，以旋律和节奏表现老虎各不相同的神态，技艺要求较高，多能收获观众的满堂喝彩。每逢佳节或重要活动，丹阳皮老虎因具有强烈的喜庆色彩和气氛渲染能力，在当地及周边地区的演出往往大受欢迎，起到了凝聚社会认同、促进社会和谐的作用。

2012 年 6 月，皮老虎被南京市人民政府列入南京市非物质文化遗产名录。

西阳皮老虎

基本概况

旧时，每逢盛世年节，在江宁区横溪街道的丹阳、横溪、陶吴一带均有玩皮老虎的习俗。皮老虎舞套路虽然差不多，但各具特色，最具有特色的是“西阳皮老虎”和“丹阳皮老虎”。

西阳皮老虎，主要流布于横溪街道陶吴西阳社区。

西阳皮老虎的“虎”，由“虎头”和“虎身”两部分组成。“虎头”宽 60 厘米、高 35 厘米，先用木料雕刻成坯，外用生牛皮装上，绷紧，再用细钉固定牛皮。待风干后，牛皮便按坯成虎头形面具。然后在牛皮面具上，用颜料绘出虎的面容。虎皮是用墨绿色土布缝制而成，在布料上绘出虎纹，再安上虎尾，便是“虎身”。虎身长 2.5 米、宽 1.8 米。“虎头”与“虎身”相接，便成为“皮老虎”了。在表演时，“耍虎头”的表演者用双手抓住虎头，“耍虎尾”的表演者把虎皮披在身上，把虎身用带子扎在腰间，一手抓虎尾，一手左右拍打两边，两人配合表演。

西阳皮老虎的表演，常常需要几十人参加。耍虎头的表演者要有四至六人，轮番表演，每次二人。锣鼓的表演者五人，小圆鼓一面（十寸鼓）挂在胸前，敲此鼓者兼指挥；大锣、小锣、小钹各一面，还有一面三至四寸的小锣（民间艺人称之为“哈巴狗”）；十盏引灯，其中六盏小引灯，圆形，直径 25 厘米、高 40 厘米，用竹篾扎架，外糊白布，布上粘贴一些喜庆的花饰，用一根竹竿挑着使用；两盏方排灯，长方形，长 65 厘米、宽 40 厘米、高 60 厘米；两盏圆排灯，直径

铜井皮老虎

40 厘米、高 60 厘米，竹篾扎架，外糊白布，贴装饰花，灯固定在竹竿上，可扛、可竖在地上；还有三至四个叫彩的人，“叫彩”又称“唱彩”，是西阳皮老虎表演的一大特色。

皮老虎表演将舞、唱结合，舞、唱间隔进行。唱彩的人，在配合皮老虎表演时，需要说唱特定的情境，这样就可以让舞蹈表演者有喘息之机。在服装上，耍虎的表演者着红灯笼裤，扎腰带，脚穿虎爪形布鞋；敲锣鼓者、挑灯者、唱彩人均穿自家便服。

西阳皮老虎表演在农历正月里进行。虎乃百兽之王，备受群众喜爱，被尊为“虎神”，当地百姓认为“虎神”可以驱灾降福保平安，故而西阳村所在的陶吴集镇，及周边的东善桥集镇、横溪集镇的各个村庄，每到春节都争相邀请西阳村皮老虎队演出。他们早在头一年的腊月就开始集中训练，至下一年的正月初一开始表演。演出前，需要先把虎头请出来，供在香案上，烧香祈求神佛保佑演出顺利。烧过香后，再燃放鞭炮，先在上供的主人家门口表演，然后在西阳村正式表演。从初二开始，每天下午出发到周边村庄作巡回表演，直至正月十六结束。

表演队伍出发前，先放鞭炮，用十盏引灯开道，皮老虎紧随其后，皮老虎后面是锣鼓队和唱彩人。行进中，敲锣打鼓，敲打一阵后，唱彩人一挥手，锣鼓暂停，唱彩人以“河南调”或唱或数，每唱一段或数一段的末句，锣鼓队队员齐声附和进行演唱，既好听又有气氛。唱彩人没有固定唱词，见什么唱什么，见什么数什么。如冬天刚下过雪，田埂小路不好走，唱彩人就说“天下雪呀”,其他人就和“好”。“路上滑呀”“好”,“要小心啊”“好”，“莫跌跤啊”“好”，即使唱彩人自己滑倒在地，唱彩声也不能停。

西阳村到现在还流传着一则笑话。说 1949

丹阳皮老虎（一）

年之前，有一次，皮老虎队在演出途中，唱彩人因路滑而跌进路边粪坑里，着急地喊着：“我掉粪坑了啦！”大家仍和着“好”！“快拉出来啊”“好”,“身上臭啊”“好”,“不能进村啦”“好”。锣鼓声、叫彩声此起彼伏，人欢虎跳，热闹非凡，吸引了无数百姓驻足观看。表演队伍在行进中，若遇有人事先准备好鞭炮在路边等候，并燃放鞭炮，就必须停下来表演一番，后才继续出发前行。

旧时，除了春节期间演出外，西阳皮老虎还经常参加县、乡一些重要演出活动。西阳皮老虎每到一个村庄，一般需分两个阶段进行表演。

第一阶段是挨家挨户进行表演。每到一户人家，主人在家门口放鞭炮恭候，皮老虎在门口摇头摆尾，在地上翻滚跳跃。为了看到表演技巧，主人家故意把云片糕、香烟放在门头或屋檐等高处，皮老虎就表演“叠罗汉”把糕和烟衔入口中取下，归玩虎人所有。如果遇到一些特殊情况，主人就请皮老虎进屋表演。如村上有人非正常死亡，主人就会请皮老虎进屋表演，把所有房间跑遍，有驱鬼辟邪之意。有的人家娶回家的媳妇没生小孩，主人就请皮老虎到新媳妇床上进行表演。皮老虎在床上打滚嬉戏，主人还要请耍虎尾的人在床上撒泡尿冲喜，祈求虎神保佑来年生个胖娃娃。

在表演过程中，唱彩人根据各家情形唱出一些吉祥话语。如见家中有高寿老人，唱彩人就唱道：“皮老虎来了笑盈盈，你家有个老寿星，七十七来八十八。九十一岁没掉牙，吃了干饭吃锅巴，子子孙孙中探花。”若见有人刚盖好新房，唱彩人就唱道：“皮老虎来了喜洋洋，东家盖了个好楼房。楼房盖得真漂亮，外面粉得四面光，家中粉得放豪光（‘亮堂堂’的意思）。中堂挂在上席上，八仙桌子摆中央，桌子高来板凳矮，好像八仙来过海。”

唱彩人在演唱时，皮老虎或坐或卧，一边摇晃着脑袋一边休息。锣鼓队员随着和声整齐划一地摇晃着身躯配合演唱。皮老虎活泼的表演，加上唱彩人的演唱，引得村民开怀大笑，乐不可支。

第二阶段是在村里打谷场上进行。由引灯领路，唱彩人、锣鼓队压阵，围观的群众在打谷场上围成圈。表演前先由唱彩人唱一段开场白：“皮老虎来了笑盈盈，今天来了我爱玩，你爱玩来我爱玩，玩个刘海洒金钱，金钱洒在贵府上，留在家中盖楼房，前八间来后八间，前头要盖龙戏水，后面要盖虎盘山，子子孙孙做高官。有你大哥做知府，有你二哥做状元郎，你三哥做个监察员，出门来对子锣来对子鼓，五色彩旗空中飘，各位乡亲快来瞧，新官回府真热闹。”

在开场白唱完之后，表演正式开始。表演分地面表演和高台表演两部分。高台由桌子搭成，从一张叠加到七张。皮老虎表演灵动活泼，基本步伐有“走”“跳”“腾”“挪”“翻滚”等。表演动作有“踩四门”“盘拐”“燕子出水”“仙人剥衣”“老虎拜月”“蟒蛇出洞”“老虎食骨”“仙人过桥”“黄鹰展翅”“老虎蹬台”“猴子挠痒”等。

起初在地下表演“踩四门”，即皮老虎在场地四个方向表演地滚。滚地时由舞头人跺脚指挥，跺左脚即往左滚，跺右脚即往右滚。地面上表演的动作还有“仙人剥衣”，即头尾二人面对面，把虎头、虎尾高高举起，同时走鹞子翻身，可连翻几次。“仙人过桥”即在地面上放一条窄窄的板凳，表演者在上面像走平衡木，同时与尾交换。“老虎食骨”，表演虎头者用口咬住木凳一头，如

丹阳皮老虎（二）

丹阳皮老虎（三）

啃骨状，“转圈”“摇头”作难啃状，“剔骨”作吃肉状，形象逼真，栩栩如生。“老虎蹬台”，即耍虎头的人用虎口咬住八仙桌桌沿，耍虎尾的人叉腰抱住耍头人的腰，双脚悬空蹬住八仙桌，二人合力把八仙桌抬起。“蟒蛇出洞”即老虎趴在地上，头慢慢往里缩，然后猛地伸出。

地面表演过后，开始登台表演。在台上做得最多的动作是“猴子挠痒”，即用虎皮包住头，留下部分呈猴脸形，或坐或趴在台子上，跷起一条腿，虎头用嘴做挠痒痒、捉虱子的动作。做这个动作一是乘机休息，二是商量下一个做什么动作。在台上表演的主要动作有“盘拐”，即皮老虎绕着四条桌腿翻滚着钻进钻出。“燕子出水”即耍虎尾的人抱起耍虎头人的腰，二人同时发力，前面的人腿腾空，由后面的人快速送往桌子另一面，后面的紧随其后，几乎同时从台子的一面跃到另一面。难度最大的动作是“黄鹰展翅”，即在最高台表演以后，由虎尾的表演者抓住虎头表演者的腰带，把他高高举起。虎头表演者需双手并拢、双脚伸直呈“一”字状，虎尾的表演者在台上慢慢转动身体一圈，给四周观众欣赏。该动作不仅需要力量，更需要技巧。以上动作全部做完后，表演人抓紧虎衣从高台跃下，翻滚后起身亮相，结束表演。

在表演过程中，有锣鼓队伴奏，鼓点有“凤点头”“元宝心”“一字锣至七字锣”“小开门”“大开门”等。表演至一定时间，唱彩人一挥手，锣鼓停下，开始唱彩。民国时期，一般会唱劝诫妇女守妇道的段子，如“十不要”“十要学”等。新中国成立后，一般唱一些喜庆吉利之词。唱彩时，耍虎人休息一会，唱完了再接着演。这时锣声不断，歌声不断，掌声不断，叫好声不断。待到夜幕降临，点上灯笼，燃起火堆，气氛更加热烈。耍虎人认为表演该结束收场时，如观众还不肯散去，唱彩人就唱道：“锣鼓一打响连天，今天玩了大半天。把太阳玩呀玩下山，月亮升在半空天。老人回家要睡觉，年轻回家要拜年。下次再来会同志，我陪同志玩几天。”这样大家就知道演出即将结束，人群会自觉乘兴而去。

历史传承

据口碑资料，西阳皮老虎起源于清末同治年间（1862—1874），由河南人詹法仁和官德富传入陶吴镇西阳村。他们两人均生于清咸丰年间（1851—1861），卒年不详，是西阳皮老虎的主要传授者和表演者，对西阳皮老虎的改进和发展做出了很大的贡献，其中詹法仁善于“耍虎头”，官德富善于“耍虎尾”。两人性情开朗，落户西阳村后，为了更好地融入当地群众的生活，他们常在农闲之时组织当地村民学习排练河南老家耍皮老虎的舞蹈。因舞蹈所用的道具是用牛皮蒙制的“虎头”，故称“皮老虎”。后经当地村民不断地发展完善，遂成为在陶吴、横溪、东善桥一带颇具影响的民间集体舞蹈。

从民国初期开始，西阳皮老虎曾停止活动30多年。1943年秋，由康益文等人发起重新恢复，并易名为“金虎灯会”，新中国成立后更名为“三寸灯会”。1985年以后停止表演。2000年以后，西阳皮老虎再次恢复演出，曾多次在江宁区民间文艺展演活动中亮相，颇受欢迎。2004年，该舞蹈收录于《南京民间舞蹈集成》。

西阳皮老虎的传承人有：邓世喜，1923年生，西阳村人，嗓音高亢嘹亮，是皮老虎队的唱彩人之一；詹德祥，1924年生，西阳村人，是皮老虎队的唱彩人之一；詹德培，1927年生，西阳村人，善于“耍虎头”，是西阳皮老虎的主要表演者；王志龙，1936年生，西阳村人，善于“耍虎头”，是西阳皮老虎的主要表演者。

当代影响与价值

西阳皮老虎由河南传入，已有百余年历史，具有一定的历史价值。当地民众在细致入微的观察中，总结创造出了源于自然又充满瑰丽想象的皮老虎艺术形式。作为西阳皮老虎中核心形象的“虎”，是西阳地区与虎相关的传统民间信仰与传统民间艺术交融碰撞的产物，表现了人们对祛邪驱灾、祈求美满生活的朴素愿望，体现了皮老虎舞蹈的和谐价值。皮老虎生动活现的艺术演出，也离不开表演艺术家的高超技艺与创意，具有很高的审美欣赏价值。“唱彩”的加入，更是让舞、唱两种艺术结合，摩擦出了新的灵感火花，根据“唱彩”的内容，亦可管窥西阳当地民间风俗的一隅。

万安脸子会

基本概况

万安脸子会，主要流布于湖熟街道万安社区永安中村及原永安村万安圩区附近村落。知情人戴君汉、王昌宝等。

脸子会是一种大型民间集体舞蹈，旧时每年农历三月二十二在龙都集镇东岳大庙“朝圣”中进行表演。

据口碑资料，脸子会的起源颇为神奇。相传很久以前，居住在湖熟街道龙都地区的永安东村、中村、西村的先辈，在附近的秦淮河中捞起了一箱脸子面具。他们认为上游尽管有人住，为何没有被发现，而恰巧让本地村民发现捞取，所以，这一定是天意所愿。于是，他们根据天庭36天罡星和72地煞星化身为水泊梁山108将的传说，推崇其“替天行道、除暴安民”的精神，用木块雕刻成面具，彩绘成宋江、晁盖等36天罡星脸谱，“脸子”的背面横插一小细竹，由表演人含在口中，以遮盖其自身面容，故取名“脸子会”。

脸子会以自然村划分为6个轮头，以轮头的头目轮流做会长，活动经费及大小事件都由会长统一安排。脸子会的表演者（当地人称之为“出会人”）不固定，每年按脸子个数和其他需要配备的人数抓阄决定，每村各户出一个人抓阄，抓到阄的即是本次脸子会的表演人。

脸子会的活动时间为每年的农历三月二十日到三月二十四日，历时4天。三月二十日开始摆香案，将“脸子”放在供桌上，用猪头、生果及香烛供奉，进行拜祭。这一日清晨，在会长的主持下，确定脸子会的出会人选。三月二十一日为许愿者敬供之日，向脸子香案供奉整狗、整鸡，周边各村有病的小孩子上香许愿，祈求保佑早日康复。三月二十二日是去龙都东岳大庙朝圣日(也称为“出会日”)。三月二十四日为脸子会“送圣

脸子会知情人戴君汉、谢李贵

万安脸子会的脸谱

日”，这天由一支锣鼓队伴送一人带上一只大公鸡，由脸子会供奉处，快速向永安土地庙跑去，到庙前扭掉鸡头，抛出鸡身，进入土地庙烧香敬奉，“脸子会”表演活动结束。之后，由下一年举办脸子会的会头，将“脸子”及大旗等会具封箱保存。

脸子会出会时，阵容庞大，有一二百人之多，锣鼓喧天，旗伞飞扬，场面壮观。走在最前面的是两面开道锣，其中一面是金鼓（一种带凸脐形似锣的铜制响器），一面是神锣（声音低沉的大厚铜锣）。开道锣后是7面五彩大旗和20面蜈蚣旗。大彩旗呈三角形，高5米、底边长7米，旗面由杂色彩绸拼合而成，紫红绸镶牙边。旗由一壮士扛着，另一壮士用绳拴住旗杆顶，按风向调整牵拉，迎风招展，以保证旗正不歪。蜈蚣旗宽0.6米、长2米，黄绸做面，紫红色绸镶牙边，由4米旗杆竖起。旗队后面是10面双人抬鼓和10面大锣，边走边敲，锣鼓齐鸣，惊天动地。再后面就是24位（其中12位脸子在家守神）身穿红色套衣、头扎红头巾、口中含脸子的“脸子”队伍。每个脸子后面夹着一个身穿便服、衣领扎金花、手敲小镗锣的侍卫。脸子的表演者均手拿铁镲，发出“嚓嚓嚓”的声响，且口中喊出“呜——”的声音，既引人注目，又显示神威。跟随脸子后面的是四面“万名伞”（圆形毕盖伞，以黄绸缎制作，骨架为竹篾，上书许愿者姓名）、八人所抬的一座“大龙亭”（龙亭为宫殿形，2米多高，内有两根盘龙柱）、四人所抬的“小龙亭”（似庙前香炉形，高1.5米左右），以及有锣鼓七件套、二胡、笛子、唢呐、小庆吟、木鱼及竹哨的乐队，一路齐声合奏，悦耳动听。再随其后的是“叠罗汉”队（上一年许愿的小孩子病情好转的，自己购买戏服，扮成梁山英雄好汉，由三个大人垒起，将孩子高高扛在肩上，该队人数不定）和12名手执纸扇和白毛巾的家长（儒雅人士扮相）。队伍在到达东岳大庙前的龙都大桥河滩上“振鼓”示威，“振鼓”场面宏大，鼓乐齐鸣，彩旗招展，人欢雀跃，煞是好看。

在“脸子会”表演时，十面大鼓、十面锣以弧形排列二行，形成半圆，鼓点为“七五三”打法，即双手交替抡鼓7次，再抡5次，再抡3次。锣鼓声中，一扛大旗者将手中大旗身前身后的抛接，称之为“插旗”。能将六七米高的大旗要玩得不倒，除了力气，还需要高超的技巧，才能完成全套动作。表演脸子的所有人员则在锣鼓声中舞动铁钗，玩起“飞钗”“滚钗”“背花”等精彩绝伦的动作（没有统一的套路，由表演者自由发挥）。大彩旗游动、铁钗飞舞、鼓响锣鸣，形成宏大的舞蹈场面，令人眼花缭乱，目不暇接。

脸子舞后，乐队开始奏乐，乐曲多为江南喜庆调，手拿白纸扇的人，在乐队中进行亮扇，使出“抛扇”“转扇”“耍扇”等各种花招；叠罗汉的也“跑圆场”，看谁不倒下。整个“振鼓”过程就是鼓舞、脸子舞、旗舞、扇舞、叠罗汉技巧的综合集体舞，由锣鼓和音乐伴奏。振鼓结束后，队伍前往大庙。到达庙门口，连放三铳（燃放火药的土炮），戏台停戏，需撤台让道，保证脸子队伍顺利进庙。进庙后，脸子及鼓乐手等停在院中，由会长进庙上香求福，祈祷丰收。敬香完毕，“朝圣”结束。

脸子会的主要道具有脸子（面具）、脸子服饰、大锣鼓、铁钗、罗汉服、大龙亭、小香亭等。脸子（面具）与人脸大小差不多，用紫檀木精雕细刻而成，先雕刻成人的面形，两眼处凿开两孔，便于视线观看。然后在面具内部嘴的部位穿插一根细竹，以便于咬在口中。面具的面部，则用各种颜色，模仿戏剧脸谱勾画出梁山人物的形象。脸子的服饰为红布灯笼裤，脚管口用一寸宽的扎带捆扎，上衣为红布对襟衣，黑绸腰带 2 米左右，头扎红方巾，脚穿黑圆口布鞋。大锣鼓高 70 厘米、直径 80 厘米，鼓面用牛皮制成，鼓帮大红油漆。锣为直径 45 厘米的抄锣。铁钗长 1.5 米左右，一头为三钗，上有几片铁环，刷银色漆。铁钗把为木柄，用红白布缠绕。罗汉服为古装戏武生打扮的槽子裤、快靴、罗帽。大龙亭呈宫殿形，木制，150 厘米见方，2 米多高，亭的四周有木雕的 12 只狮子，狮高 20 厘米左右，亭内雕刻有盘龙立柱，亭顶、梍均有滴水，亭角刻有龙头。龙亭颜色按宫殿庙宇色彩描绘，底座髹大红油漆。小香亭类似庙殿前香炉，木制，180 厘米高，下半截为圆形，直径 80 厘米左右，上半截为六角亭状，六立柱尖顶，亭内可烧香，亭下面有虎爪形的底座。香亭颜色为金黄色，底座髹大红油漆。

历史传承

相传“脸子会”的前身是“二月香会”，起源于宋朝末年。其时，万安的永安村称为“永寿村”，当地的百姓为了祈求祥瑞，祭礼膜拜上苍降福驱邪避灾，保得一方安宁，遂组成“二月香会”。每年成群结队到茅山烧香拜佛，一时间香火鼎盛，“永寿村”也由此易名为“永宁村”，后又更名为“永安村”“万安村”。

到了明朝末年，“二月香会”的成员看到顶礼膜拜，也无法感动上苍，美好的心愿仍然得不到回报，老百姓依旧生活在水深火热之中，民不聊生。在这样的情况下，水泊梁山好汉的故事深深地触动了他们。他们不再信神拜佛，而是把希望寄托在这些英雄好汉身上，遂有了万安脸子会的表演。

旧时，在每年脸子会活动时，龙都境内的 48 个社火，排着长长的队伍，声势浩大地开进庙会会场，20 多米长的大旗冲向人群，熙熙攘攘的人流立即让开一条通道。龙都庙会原先的正日是农历三月二十四，因为脸子会到龙都东岳大

湖熟万安村村委会

庙朝圣活动而提前两天游行表演，搭台唱大戏，连演四日，出尽了风头。久而久之，龙都庙会的正日也随之改成了三月二十二。

民国肇始后，脸子会的表演达到鼎盛。抗战爆发后处于低潮。1948 年 4 月 30 日，是龙都脸子会的最后一次表演。新中国成立后，此项活动被认为具有一定的迷信色彩而遭废止，所有道具都在“文化大革命”中烧毁，这一颇具特色的民间舞蹈近乎失传。

2009 年 4 月，江宁区龙都中学的程盛宝老师对“脸子会”知情人进行了调查走访。戴君汉，1922 年生，湖熟街道万安社区永安中村人，童年随前辈学艺，10 岁登台表演，曾多次参与“脸子会”演出，表演脸子角色，是该项目的传承人之一。王昌宝，1929 年生，湖熟街道龙都永安村人，曾多次参与“脸子会”演出，担任旗手，也是该项目的传承人之一。

当代影响与价值

万安脸子会的表演，集音乐、舞蹈、美术等为一体，娱乐性强，场面恢宏，具有较高的艺术观赏价值，深受百姓喜爱。相关活动集中体现了当地民众追求社会和谐、过上美好生活的愿望，又展示了他们对水泊梁山英雄刚正不阿、勇于抗争精神的敬佩之情，因此具有比较重要的历史文化及社会教育价值。2008 年 3 月，“万安脸子会”被江宁区人民政府列入江宁区第一批非物质文化遗产名录。2014 年 7 月，“万安脸子会”被南京市人民政府列入南京市第三批非物质文化遗产名录。然而，也毋庸讳言，当前该项“非遗”的存续状况不佳，已濒临失传的危机，如果不尽快采取切实可行的保护与传承措施，估计难以通过即将开展的“非遗”代表性项目动态调整之评估。

水荆墅马灯

基本概况

水荆墅马灯，或称石埝马灯，流布于禄口街道石埝社区水荆墅自然村一带。传承人潘国仁、孙永祥等。

水荆墅马灯的灯架，用竹篾扎制而成，竹篾的外面贴上透明彩纸，用丝麻作马尾、马鬃，配以缰绳、铜铃，外用贴花、剪纸装饰，其前后马腹中原来燃蜡烛两支。其造型模仿战马，大多由村民自导自演，有庆丰收、祈太平、祭神灵、保一方平安的寓意。

旧时，水荆墅马灯一般在春节前的腊月里择吉日起灯，至农历二月二落灯。每次起灯必连跳三年。在起跳前，须先去张王庙（浣溪村境内，已拆除）和庙门寺（东湖村境内，已拆除）进香火，敬马神，以求吉祥。或相传起灯时所有马匹徐一字排开，将马头朝“长连沟”点头三次，寓意“马饮仙水”。这里有个美丽传说，“长连沟”之水来源于铜山金牛潭，潭里有许多金子，水流金光闪闪，汇集至村西御仙湖。“马饮仙水”后，格外有精气神，昂首奋蹄，体现了劳动人民对美好生活的追求和向往。二月二落灯后，马匹道具等统一归置于村祠堂内。每匹马前供放一碗草料、一碗清水，即所谓“马匹归巢，供养水草”。

演出时，一般要分为2组，每组12匹马，头匹马为黄色，最后一匹马为红色。每组马灯队伍前由一人举引灯领路，12匹马紧随其后，随后是四张牌灯。整个马灯演出约需70人，其中24匹马需24人，外加开道锣、唢呐各4人，烧火1人，点蜡烛两人，扎花、剪马尾5人，后勤若干人。还规定每组马灯队的最后必须安排一人扮“解马”，主要职责是在马灯表演休息的间隙，

水荆墅马灯舞台展演

即兴演唱逗趣，所唱多是诙谐风趣的“数马歌”。

禄口水荆墅村全景

水荆墅村外景

马灯演出时，表演者要化妆成历史人物或戏曲人物。根据人物身份，表演者要统一着装，戴头盔，插锦鸡翎，手持刀枪等武器，在锣鼓的指引下，按套路演出。其主要套路有“里四门”“外四门”“绕千张”“拉骨排”“满天星”“天门阵”“梅花阵”等。舞马者站在马身中间，随着乐曲和节奏，仿佛万马奔腾的场景，在夜色中马灯通明，更是令人热血沸腾。

近年恢复的水荆墅马灯演出，马灯分为两队，一队为杨家将人物，一队为水浒人物。四人组成“火流星”，各自手执一绳，两头系钢丝网兜，内置炭火，可以舞出“二龙戏珠”“金蟒盘柱”“阳光普照”“花好月圆”等传统花式。十多人组成乐队，包含锣、鼓、唢呐等多种乐器。四个“排灯”分别立于东南西北四角，代表“青龙”“白虎”“玄武”“朱雀”四神。马阵入场表演，舞出“四方阵”“如意阵”“八卦阵”“大破天门阵”等阵式，同时点铳放炮，锣鼓喧天，以演绎古战场的恢宏气势。四阵下来，舞者酣畅淋漓，观者掌声雷动。

在水荆墅村表演结束后，若有邻村事先邀请，马灯还会到邻村参加演出。在邻村一位有名望的长者引路下，走“神路”进入该村。为欢迎马灯，家家户户门口会烧一堆火，马灯即上前抢火。按照规定，各户不论人口多寡、贫富贵贱、具体位置，马灯都要挨门逐户抢火，即所谓“宁卯一村，不卯一家”。当然，其表演也会得到村民的酬谢，数额多少则不能计较。

参加表演的演员服饰，以古装戏服和头盔为主。表演者手中提着枪、刀、令旗等道具，在锣、鼓、钹、锡锣和唢呐等乐器的伴奏声中，生动演绎战马嘶鸣的战斗场景。

历史传承

据口碑资料，清乾隆年间，水荆墅村一带就

水荆墅马灯

有人跳马灯，距今已有两百多年的历史。

据知情者回忆，民国时期，水荆墅马灯由张存保（已病故）负责领头兴办。1945 年，为庆祝抗战胜利，村民曾自发组织马灯表演。新中国成立后，在张存钧（已病故）的主持下，水荆墅马灯一度恢复表演。其后的“文化大革命”时期中断。改革开放后，张义民、潘国仁、孙永祥等艺人，分别在浣溪村和水荆墅村组织演出活动。1982 年，水荆墅马灯在江宁县各乡镇文艺表演大赛中荣获一等奖。

当代影响与价值

马灯是江宁乡村民众世代相承、与生活密切相关的传统民俗娱乐活动之一，至今仍有广泛的影响力。水荆墅马灯的造型及装饰，既有艺术表演的构图需要，又有民俗仪式的特定涵义，其表演技术精湛，内容丰富，对弘扬传统文化具有重要的意义，已成为江宁马灯的优秀代表。2019 年以来，在石埝社区村委会的精心组织下，通过不断创新，水荆墅马灯又重新焕发生机。2021 年 3 月 17 日，石埝社区举办水荆墅马灯“落灯”表演，马腹内的蜡烛改用 LED 灯来代替，这是一次成功的尝试，其面貌焕然一新，获得了专家学者、街道领导及当地群众的充分肯定。同年 4 月 27 日，水荆墅马灯的表演还引起了中国新闻网等多家媒体的关注。水荆墅马灯从濒临失传到再获新生的成功经验与模式，对于其他同类“非遗”的保护与传承具有启发借鉴意义，值得进一步宣传与推广。

2021 年 5 月，水荆墅马灯被江宁区人民政府列入第三批非物质文化遗产名录。

章山王马灯

基本概况

章山王马灯，俗称“小马灯”，主要流布于秣陵街道章山王村和十房村。知情者王良肇、王良寿、王平等。

章山王马灯，因产生于秣陵街道凤凰村的章山王村而得名。它是当地百姓春节期间为恭贺新年、祈盼风调雨顺而举办的大型舞蹈。整个章山王马灯表演团队，由仪仗队、舞蹈队、锣鼓队组成，参加表演的演员有 100 多人。

章山王马灯表演的准备工作起步早，一般从上一年的七八月份开始，就忙碌起来，一直要忙到腊月底，准备工作才算告一段落。与扎制龙灯、狮子灯的材料相同，章山王马灯也是用竹篾编制而成，其身长、身高，与真马相仿。马分头、臀两部分，中间为表演者站立的位置。马灯的马尾一般由苎麻制成，并且要染成黑色。竹篾马扎好后，要用透明的蜡纸裱糊起来，蜡纸上还要贴上各种各样的装饰花纹，使得马匹看上去十分逼真。扎制马灯时要注意，马嘴要能张能合，马耳要能够转动，马眼还不时地发出亮光。与其他灯舞不同的是，章山王马灯的表演者要手握一根马鞭，这马鞭要用竹子的根充当，长约 1 米，表面绕上彩色条纹纸，表演时套在表演者手腕上，不至于掉落。

参加章山王马灯表演的马，共有 24 匹，分成两组，一组 12 匹马。头马为黄色，末马为红色。每支马灯队伍前有一人手拎灯笼作为领阵人，24 名表演者随马匹分成两组，其中的“女相”者一般是男扮女装，大家跟随领阵人变化成各种阵式，表演时还要另配两名丑角。

江宁小马灯

章山王马灯表演的阵式，最多时可达 108 种，后逐渐减少，到 1984 年时，只能演出十余种阵式。其代表者，如“一字长蛇

秣陵街道小马灯表演

阵”，在领阵人的带领下，两支队伍相互穿插，变成一支队伍；“双龙出水阵”，在“一字长蛇阵”的基础上，领阵人把两支队伍分别带出，舞动成为“双龙出水”；“单绞丝阵”，即每支队伍在演出过程中，第一人绕到第二人后，再回到第一的位置，第二人绕过第三人后再回到第二的位置，依次类推；“满天星阵”，即每三匹马组成一个阵图，全队伍共组成 8 个小阵图。除上述阵图外，还有“五朵梅花”“双纹丝”“螺丝揭顶”“金蝉脱壳”等。

章山王马灯的表演，从农历正月初二开始，下午四点左右集中。马灯队伍要先去凤凰山（又名章山）脚下饮马池洗礼、朝拜，然后放鞭炮、打鸟铳，晚上在章山王村正式演出。正月初三，马灯在十房村演出。两村表演结束后，马灯表演队伍要马不停蹄地到邻村演出。由于表演队伍庞大，因此，表演时一般会在村庄中的稻谷场进行。在邻村演出时，也会应邀安排几匹马到人家登门表演，以示马到成功。每一趟演出都是气氛热烈，表演尽兴，基本上要到凌晨二点左右才结束，然后回家睡个安稳觉。

章山王马灯演员的服饰也有讲究，男表演者头戴清初武士帽，穿黑色排扣风衣，足蹬靴子。女表演者头扎彩巾珠帘，穿花衣。领阵人打扮与

1982 年，秣陵镇村民欢度春节，踏雪去邻村巡回演出

江宁小马灯制作

男表演者相同，只是帽子略有区别。表演时伴奏的乐器，有唢呐二把、锣鼓一套。配乐以唢呐吹奏的“小开门”“大开门”等为主要曲调；锣鼓队演出的曲目，则为“一支锣”“七支锣”“滚元宝”“凤点头”“鱼咂嘴”“福钹”“合钹”等。

历史传承

据口碑资料，章山王马灯起源于明末清初。相传章山王村的王氏祖先为庆祝太平盛世，创办了小马灯表演。初创时，其规模较小，阵式简单。到了民国初年，章山王村村民王继明，从上海艺校返回村里，对原有马灯阵式进行了补充完善。他将所学到的阵式，融入表演之中，其阵式达 108 种之多，极大地丰富了表演内容，在周边地区的影响也越来越大，除在秣陵地区表演外，还应邀赴禄口、陶吴、东善桥等地参加演出。这是章山王马灯历史上的鼎盛时期。

新中国成立后的 1958 年和 1983 年，章山王马灯曾多次参加各地演出。1984 年，参加了江

1984 年秣陵马灯表演

宁县民间文艺汇演，并获奖。后来，由于参加表演的老艺人相继去世，章山王马灯阵式逐渐失传，仅剩下20余种阵式。又因参加表演人员众多，经费难以得到保证，章山王马灯由此逐渐衰落。

2002年，江宁区文化馆根据章山王马灯的表演形式，将其改创为“小马灯”，全部由8岁以下幼儿组队表演，没想到改版后的“小马灯”大受群众欢迎。

知情者王良肇，1930年出生，18岁开始跳马灯，为男扮女装的演员。新中国成立初期，为章山王庐剧团主要演员，曾主演《陈世美不认贤妻》《梁山伯与祝英台》等剧目。后为马灯艺术指导，1984年停跳。

知情者王良寿，1944年出生，20岁开始学习打锣钹，为马灯伴音。“文化大革命”期间，曾指导文艺宣传队排演节目，后调入秣陵镇文化站。

当代影响与价值

在江宁区境表演类“非遗”资源中，流布于四周乡野的传统舞蹈“马灯”，类型多样，形式活泼，寓意吉祥，表演时似有万马奔腾，多与民俗节日、传统庙会和大型地方性文化商业活动融为一体，因而深受百姓的喜爱。作为其中之一的章山王马灯，已有400余年的历史，因其表演方式独特，场面宏大，道具华丽精美，音乐搭配和谐，马灯阵式变幻新颖，已成为江宁“马灯”的优秀代表。每年的章山王马灯（小马灯）表演，已成为秣陵街道章山王村和十房村的一场文化盛宴，起到了凝聚民心、弘扬正气的作用。

值得称赞的是，有关部门能够适应新时代发展要求，积极探索章山王马灯表演方式的创新发展，将其成功改编为规模相对较小、更适应少年儿童表演的“小马灯”。这一创新不仅直接促进了“非遗”走进校园，使这项“非遗”得以在青少年中有效传承，同时扩大了章山王马灯的影响，使得更多的人了解、认识了章山王马灯，从而对其保护传承起到了积极的推动作用。

2008年3月，小马灯被江宁区人民政府列入第一批江宁区非物质文化遗产名录。2021年5月，章山王马灯被江宁区人民政府列入第三批江宁区非物质文化遗产名录。

麒麟献瑞

基本概况

麒麟献瑞，主要流布于麒麟街道及周边地区。知情者岳振忠。

“麒麟献瑞”舞蹈，是在传统的麒麟舞的基础上，重新进行挖掘、整理、创编、设计、制作的。其道具有24件，其中6只大麒麟（红、绿、黄三色各两只），每只主要分为头、身、尾三部分，头部直径约50厘米，重7—8斤，内用竹篾扎制成型，外用优质装饰布贴面。独角长约30厘米，用软体海绵制成。嘴宽约40厘米，身长约170厘米，身围直径约50厘米，尾长40厘米，呈鸡冠状。麒麟周身及尾部，选用优质红、绿、黄三色装饰布料，张贴大小对称的发光鳞片。另外18只为手麒麟，每只身长85厘米，直径为30厘米，尾长30厘米，扎制用料基本上与大麒麟相同。

每只大麒麟由两名年轻力壮的男子配合表演，18只手麒麟由18名少年身穿黄色演出服，手持红、黄、绿三色小麒麟（每色6名），穿插

2009年麒麟献瑞表演（一）

2009 年麒麟献瑞表演（二）

于整个舞蹈之中，使得整个舞蹈既五彩缤纷，又具立体感，加之伴奏音乐的配合，舞蹈队形的变化，动作的整齐和错落，整个场面既欢腾热烈又温柔祥和。

在服饰方面，因参演人数为 32 人，与之配套的演出彩衣、彩裤 32 套，其中成人 12 套，少年 18 套，另加童男、童女服饰各一套。由于传统伴奏音乐的失传，在创编时选用了民乐合奏《渔舟凯歌》，并将其稍加改编，作为麒麟舞的伴奏音乐。“麒麟献瑞”舞蹈情节设置环环相扣，寓意深远，激动人心。其具体表演情节分为三段：

第一段，“出洞”。表现麒麟出来玩要、舔足、踢青、醉青等情形。六只大麒麟分别从两边对面穿插出场，动作有穿插、托举、转圈等，然后小麒麟出场，动作有跑动、穿插、变换队形，场面气氛欢腾热烈。

第二段，“游花园”。表现麒麟互相嬉闹、活泼可爱的状况。六只大麒麟坐下，时而逗乐嬉戏，时而安宁、舐哺，小麒麟跪地作祈祷状，希望给人类祈福平安。

第三段，“送子”。表现麒麟送子的欢乐情景。其动作有翻滚、腾挪及 6 人的叠罗汉，麒麟踏着腾云步、三甩头、三点头、三跺脚、集体高抛、转体，具有强烈的节奏感和协调感。最后，当两名童男、童女从两只大麒麟中蹦出，舞蹈达到了高潮。

“麒麟献瑞”舞蹈表演风格独特，麒麟道具采用了红、绿、黄三色，使得它既有整体感又有鲜艳感，突破其他地方麒麟舞的套路，避开了狮舞、龙舞的代表性动作，如“麒麟走步”是独特的腾云步，三甩头、三点头、三跺脚等动作也都与众不同，从而将神话传说与人性化的肢体语言做了较好的融合。

历史传承

在古代传说中，麒麟是灵兽，其状如鹿，独角，全身生鳞甲，尾像牛。据《大戴礼记》载，“毛虫三百六十之长为麟”“毛虫之精者为麟”。《礼记·礼运》也载，“山出器车，河出马图，凤凰、麒麟皆在郊木取”“麟凤龟龙，谓之四灵”，麒麟位四灵之首，在我国古代《山海经》《史记》《论衡》《毛诗正义》等典籍中，均有关于麒麟的记载。它是吉祥的象征，象征着祥瑞太平、风调雨顺、国泰民安。

据口碑资料，江宁区麒麟街道舞麒麟的历史，至少可以前推到晚清时期。民国时期，比较常见，每年春节期间，舞麒麟的表演者穿村过巷，挨家串户，所到之处放鞭炮，送利市，预祝新的一年吉祥如意、财丁兴旺。新中国成立后，其演出越来越少。至1980年代后期，麒麟舞在本地几乎已失传。1997年，江宁县文化部门开始关注麒麟舞的传承。2004年，在麒麟镇党政部门的领导下，在市、区文化部门的关心支持下，成立麒麟艺术团，对流传久远的麒麟舞进行了认真的挖掘整理，改编成为具有时代人文色彩的新麒麟舞——“麒麟呈祥”（后更名为“麒麟献瑞”），由麒麟艺术团集体传承，代表人有侯敬丽、杨光、徐龙娣等。

2004年5月，“麒麟献瑞”舞蹈先后参加了中国南京世界历史文化名城博览会、全国第十届运动会吉祥物揭晓仪式演出。同年，还参加了区“第三届民间广场文艺大赛”，获优秀表演奖。2005年，先后参加江苏省首届农家乐文体表演、华东六省一市春节文艺调演、南京市迎十运盛会大型群众文体活动表演、南京市雨花石艺术节开幕式演出等，同年获南京市政府艺术奖提名奖。总之，“麒麟献瑞”这一具有地方特色的民间舞蹈，经整理改编后更具魅力，深受人民群众的喜爱，已成为江宁区民间文艺汇演的品牌项目。

“麒麟献瑞”舞蹈改编的主要代表性专家为岳振忠，1955年生，国家一级编导。他自小喜爱舞蹈艺术，就读于南京艺术学校，毕业后进入南京艺术学院深造。1970年代初，进入南京市歌舞团，从事舞蹈表演和舞蹈编导创作工作，培训了一批批舞蹈表演者，先后参加了国家、省、市级各类大型室内外的巡演和展演活动，其中重要者有在南京举办的第十届全国运动会和世界历史名城博览会等。

2009年麒麟献瑞表演（三）

龙狮麒麟舞

麒麟献瑞

麒麟献瑞舞蹈道具

麒麟呈祥

当代影响与价值

麒麟献瑞的舞蹈演出情节，围绕神话故事中神兽麒麟的日常活动展开，有“出洞”“游花园”“送子”之剧情，反映了麒麟地区民众丰富的想象力和创造力。麒麟舞动时充满的热烈喜庆气氛，表演者的惟妙惟肖，给当地民众带来了别开生面的视听体验，具有较高的艺术欣赏价值。麒麟献瑞在传统的麒麟舞的基础上成功改编，融中国传统民乐、传统神话、传统舞蹈于一体，充实了江宁地区的文化艺术宝库，具有广泛的文化价值。麒麟献瑞舞蹈均在喜庆节日演出，以表达迎祥纳福，祈求风调雨顺和国泰民安的美好愿望，充分体现了这一“非遗”项目的和谐价值。今日之“麒麟献瑞”舞蹈，无论是服装道具、音乐制作，还是动作队形、组合形式等，都给人以赏心悦目之感，加之不断注入新的时代气息和创新元素，它还吸引了越来越多的年轻人参加其保护与传承。

2008 年 3 月，“麒麟献瑞”舞蹈被江宁区人民政府列入第一批江宁区非物质文化遗产名录。

跑云灯

基本概况

跑云灯，或称“云龙”，主要流布于禄口街道杨树湾社区，后逐渐扩大到禄口群力、新生、高伏、成功、甫头、张桥、北庄等地。传承人有王孝严、蔡振贵、张谟才、张志云等。

杨树湾社区位于禄口街道东北面秦淮河拐弯处，因其地杨树茂盛繁密而得名。所谓的“云龙”，以“珠”“龙首”“龙身”“龙尾”“彩云”为主，伴有“花篮”，以敲打乐器（锣鼓）渲染，以管弦乐器（笛、箫、二胡）伴奏。“龙”“珠”“云”骨架用竹篾编扎而成，外表用油皮纸裱糊，再点缀装饰相关图案。

“龙珠”有三颗，皆足球状，可滚动，上有铁制插烛处，可插装蜡烛，下接一个较短的木制把杆，拴上一根一两丈长的细麻绳。其龙头、龙身、龙尾共 24 节，全长 30 多米。龙头有 60 多斤重，扎有龙角、龙眉、龙眼、龙须和可活动的两片嘴唇。眼珠用透明玻璃纸做成，内装干电池和灯泡，可发光。下额用木板衬托，木板下面用三四尺长的圆木杆，在龙的喉舌位置装有滚动的蜡烛杆子。龙头后脑勺披有一丈多长的鳞斑式布，作为龙颈。每节龙身可以插蜡烛，可分可合，其下安装一根长约一米的木板和三四尺长的圆木杆。龙尾较短，装置和龙身相同，只不过龙尾向上翘，有一定的角度，尾腹部有两颗蛋形的龙卵，称龙种。四肢和龙爪，均由竹编而成。

杨树湾的“云龙”外形颇为讲究，灯架酷似片片云朵，其间点缀彩画。彩云有 24 朵，每朵单独成形，制作精细，工艺复杂，长约 70 厘米。其框架用竹片、篾片扎制而成，表面用纸、布或丝绸包裹，并画有童男、童女及仙人图像或水浒人物，内装蜡烛。点燃蜡烛后，似一朵朵白云。“花篮”，也是竹制品，用一根韧软有弹性的竹编扁担挑起。

在演出时，以龙珠引路，龙随珠舞，彩云烘托，云龙相衬，千姿百态。“珠”从一丈开外抛来，“龙”则准确地用嘴接住，并吐回原处。云灯能合能分，合时浑然一体，散开则绚丽多彩。入夜，烛光篝火、龙身云影闪动，犹如仙境。演出中，有锣、鼓、钹、笛、箫、二胡伴奏，又有丑角手摇破芭蕉扇，在舞蹈的同时还有说唱。旧时，跑云灯表演者通常有 22 人，其中领阵 2 人、丑角 2 人、挑花旦 2 人。持云灯的姑娘身着彩衣，主要道具有花担 1 副、阵灯 4 架、鱼眉笼 4 个、云灯 32 架。

跑云灯据说有八八六十四阵式，在锣鼓的配合下，可表演“一条长蛇”“蚕珠喷火”“龙门阵”“十里埋伏”等阵势，同时能吐出“天下太平”“天下为公”“人口平安”“五谷丰登”等字样的条幅。挑花篮的和丑角则演唱“独占花魁”“春调”“相

跑云灯旧影（一）

思”“五更寒”等歌曲，配以管弦乐器助兴。尤其是在夜晚演出，龙舞祥云，灯火相映，更加精彩。其主要阵式有“串灶头”“串阵”“云灯戏水”。

“串灶头”是从农历正月初一开始，云龙起舞。首次出阵“龙”“云”“花篮”，锣鼓乐队齐上阵。“龙珠”在阵前引路，彩云、花篮、乐队在龙身的两侧，锣鼓在“云龙”后尾随。云龙开始串家入户，给各家各户拜年，叫串“灶头”。“龙”的嘴里吐出两根五指烛，放在灶王爷神像的门前。家主为了接纳“龙王”，祈求“吉祥如意”“人口平安”“五谷丰登”，须赠送龙王一些礼品，如糖果、银圆等，表示谢意。到了大户人家，“云龙”还要在堂屋中盘柱，表示“龙”入高堂居住，寓意升官发财、家成宫殿。主家则用厚礼报答。

“串阵”是从农历正月初二开始，由本村或外村邀请云龙玩耍。在较大的稻场上耍“云龙”串阵。玩“彩云”时，有若干名姑娘肩挑花篮，在“乐队”和两名丑角的配合下耍阵，一边舞蹈，一边说唱。“彩云”在龙身两侧，高低起伏，时而穿入“龙腹”，时而穿入“龙”身上下前后。舞珠者时而将珠抛向龙嘴，龙张口相接，然后吐出；时而抛向龙身左右，好似龙在彩云中流动；时

跑云灯旧影（二）

而摆出“长蛇阵”“星火阵”“十里埋伏阵”等，能合能分。

“云灯戏水”是农历正月十三日，“龙”腾“彩云”串村走巷到河堤池塘旁玩耍戏水。头扎彩带、身着彩衣、足穿绣鞋的姑娘们，双手擎着“彩云”，由领头带领表演八八六十四阵。云龙戏水多在夜晚，并配有香案。在篝火的衬托及明月的照映下，“云龙”好像在空中巡游，场景十分壮观，一般要出游两个小时左右。

历史传承

杨树湾的“云龙”，又称“财龙”“彩龙”，

跑云灯器具

1990 年 2 月淳化镇元宵节舞龙灯

是一种极具地方特色的民间舞蹈，相传已有 200 多年历史。其演出可以配合龙灯舞，也可以单独玩耍，后者称为“跑云灯”。在晚清、民国时期，杨树湾“云龙”已远近闻名。每逢春节或其他喜庆日子，“云龙”常常穿街走巷、登堂入室表演，增添了吉祥欢乐的气氛。在茅亭庙会期间，龙灯队需要先在禄口镇走街串巷，然后再到庙会现场表演。抗战胜利后，老艺人王廷生虽已 60 多岁，但仍组织村民玩“云龙”，使杨树湾的“云灯”再度活跃起来。

新中国成立初期，王孝严、蔡振贵等人继续组织玩“云龙”。改革开放以来，杨树湾的“云龙”迅速恢复，除进村入户表演外，还曾于 1982 年参加东山的全县民间队伍踩街活动。当地的老人至今还记得这样的顺口溜：“陈传正、小益舍（两人均为舞云龙的活跃分子，1980 年左右已故），罗前罗后办龙灯，十八架‘云’玩三村，一对花篮摆当中……”近年，杨树湾社区成立“跑云灯研究会”，对散落在民间的资料进行搜集整理。

当代影响与价值

杨树湾的跑云灯历史悠久，在当地很有名气。

它集音乐、绘画、剪纸、刻花、雕塑艺术和扎制编糊工艺为一体，融体育、杂技、舞蹈为一炉，真实反映了当地村民对生活美好的向往，具有丰富的文化内涵。如今，随着生活方式的改变、传统村落的拆迁及现代强势娱乐文化的冲击，跑云灯这一古老民间艺术活动早已风光不再，其发展面临重重危机，亟待在政府的引导下加强保护与传承。

2008 年 3 月，跑云灯被江宁区人民政府列入第一批江宁区非物质文化遗产名录。

小彭龙灯

基本概况

小彭龙灯，主要分布在禄口街道东南五圩地区。传承人王扬忠。

小彭位于禄口街道东南 9 千米处，现为小彭社区，又叫东岗头村，与曹村、埂方村、秦村、成功村等相邻。小彭的南面是铜山，东面是秦淮河，肥田沃土，开门喜迎。因为龙可以抑恶扬善，降瑞纳福，这里的村民自古就崇宠敬畏龙。

关于小彭龙灯的来历，当地有一个传说。相传小彭龙灯始于明代初年，当时在小彭东岗头村前、石山脚下有两个相连的池塘，名为大龙塘和小龙塘。为了增加池塘的蓄水量，村民计划将两个池塘挖深，由全村每户出劳动力。然而，开挖几天后却出现一个怪事，不管头一天将池塘挖多深，第二天早上村民会发现池塘里的土又全部涨满。不久，刘伯温来此地勘察，对村民说这是个龙地，你们这样挖土是不行的，需要在晚上收工后将所有铁锹都插在池塘中间，不要带回去。第二天清早，村民果然发现池塘中间浮起一片红血，说是龙走了，就可以正常取土了。为了能使远走的龙回来，村民在池塘旁建了一座回龙桥，同时玩起了龙灯。

据知情者介绍，小彭龙灯在起舞的时候，先由马灯（三匹马）开路，引灯到场地后，由领头人向观众打招呼，然后甩龙珠、喷火星，开演虎踞龙盘灯、倒盘灯、后压灯、四灯望月等。与江宁地区其他龙灯相近的是，小彭龙灯也要走村串巷，以吸引四乡八邻的村民。

小彭龙灯的制作是个耗时耗力的精细活，村里王氏村民曾花了两年才制成一具三角龙灯。三角龙长相奇特怪异，头上有三个角，两只眼睛装上两支手电筒制作，一打开，射出两道白光，煞有一番威风。龙身共有 18 节，全长约 25 米，全用竹篾编制。每节龙身外糊彩纸，内设蜡烛照明，下安一根舞棍。与龙灯相配套的，还有马灯、牛灯、花灯各 2 盏，及 2 盏引灯和 8 盏小灯笼，这些道具均由身穿统一彩衣的男童仪仗队手执。

与各式精美彩灯伴行的还有一前一后两套锣鼓队，以助阵壮威。如此规模的龙灯舞动起来不是一件简单的事，一般需要约 130 人。光是敲锣队、仪仗队就要 50—60 人。其中龙头最重，近 60 斤，要 8 个人不断轮换，而每节龙身也要 3—4 个人不断替换。一场龙灯舞下来，每个舞龙人体能消耗极大，无不大汗淋漓。

历史传承

据口碑资料，小彭龙灯始于明代初年。与其他地方龙灯不同的是，小彭龙灯是三角龙。众所

小彭龙灯头

周知，三角龙体型巨大，大约有10吨重，是角龙中的大个子。它们长着一个非常奇特可怕的头，头上有三只角，一只从鼻子的部位长出，较短；另两只从眼睛上方长出，很长，有1米多。

晚清民国时期，小彭村及周围诸村春节期间各类民俗活动众多，各村都有自己拿手的绝活，如舞龙灯、狮子灯、马灯、采茶灯、船灯等。小彭村即以三角龙著称，一般在元宵节玩耍。

新中国成立后，因特殊的时代背景，小彭龙灯一度中断。仅王氏村民家中收藏的唯一一条祖传的龙灯，也于20世纪60年代被人为毁掉。改革开放后，为了恢复小彭龙灯，王氏村民遍访村内外80岁以上的老人，终于制作完成三角龙灯，又恭请老艺人上门指导演出。在这一过程中，小彭社区及爱心企业给予传承人热心资助，共同为传承这一优秀“非遗”项目献策出力。

马灯表演

为了满足人们对精神文化生活的需要，21世纪初，禄口地区恢复了小彭龙灯的展演。2012年，江苏省电视台“零距离”栏目曾对小彭龙灯进行了专题报道。2019年12月27日，“首届江苏品牌农产品展示会暨乐活乡村年货集”在江宁区谷里乐生现代农业科技园开场，包括小彭龙灯、狮子龙灯在内的“非遗”项目尽情展现，把乡村年货大集渲染得热闹喜庆，年味十足。

当代影响与价值

舞龙不仅娱乐身心，而且可以强健筋骨。更重要的是，凡炎黄子孙皆自称是“龙的传人”。在喜庆的节日里，以舞龙的方式来表达良好祝愿、祈求人寿年丰，是全体华人最重要的民俗活动，乃至成为中华文化的重要标志。全国的龙灯有数百种之多，表现的形式更是多种多样。小彭龙灯之色彩、组合、制作技艺，特别是其三角龙的奇特造型，都充分展示了它在江宁、在南京龙灯家族的特殊地位，保护传承这一颇具地域特色的传统舞蹈，关乎江宁地域文明及特色民俗文化的弘扬，值得我们更加重视。

2018年12月，小彭龙灯被江宁区人民政府列入江宁区第二批非物质文化遗产名录。

谷里板凳龙

基本概况

谷里板凳龙，又名板龙灯、板龙灯舞，流布于谷里街道向阳社区的王村、肖家桥、徐塘及其周边地区。知情者李昌亮等。

板凳龙由龙头、龙段（身）、龙尾三部分组成，用木制灯架，头、身、尾各节均用木板连接，可以左右摆动，弯转灵便，但不能上下起伏。由于板凳龙体量庞大，至少要有数十人才能组成舞龙队，龙头要有六个人，一段龙身由一人托举，龙尾则由三人摆动。其表演一般从农历正月十四开始，至正月十七日结束。

板凳龙结构牢固，装拆简便，每年春节演出时不需再扎架换皮。其制作比较简单，一般用竹篾扎头、扎尾，用彩绸蒙贴，用五彩勾画龙头、龙尾。用木板制成龙身，一般为 11 节，用 11 块

谷里板凳龙演出（一）

木板制成。每节木板长约1米，一头面上装有木桩，长0.2米，另一头凿有圆孔，均为连接龙身之用。木板中间安装一根木棍，上面露出0.15米，作为插灯笼用的，下端留有0.8米，当作舞龙人的把柄。龙身分节制作，用彩布（绸缎）蒙贴，用五彩勾画龙身、龙爪。然后将11节木板连接成龙身，与龙头、龙尾连成一体，各节插上彩灯，一条灵气十足的板凳龙即大功告成

舞板凳龙时，首先由8名矫健的青年手握飞钗打场子、打旗伞引路，抛球珠者引龙戏球，龙嘴时张时合，龙头上右下左、上左下右不停地变换套路舞动，带动龙体全身左右摇舞。随着锣鼓有节奏地敲击，板凳龙时而蜿蜒游走，时而盘曲成圈，时而张牙舞爪，时而昂首翘尾，龙身熠熠生辉。加上演出场上扮演挑夜壶的、打野鸡的、推独轮车的、挑花担的插科打诨，说、唱、打、斗，伴以悦耳动听的器乐声，整个演出场面呈现出一派热烈祥和的气氛。

因板凳龙舞阵容庞大，演出场所多选在村庄的空旷之地举行。演出队伍走村串户，挨门逐户向村民报春，祝福风调雨顺、五谷丰登、吉祥平安。各农户放鞭炮，以示感谢。夜晚，演出队伍点燃各节龙身上的灯笼，沿着乡间田埂，载歌载舞，若长的队伍，灯光闪闪，若隐若现，龙身飞舞，人声沸腾，甚为壮观，村民们称之为“游龙戏春”。

在服饰方面，舞板凳龙表演者、执旗伞表演者和抛球珠表演者头扎红巾，身穿黄色衣裤，腰系绿色绸带。执钢钗的、打野鸡的、挑夜壶的及挑夫、车夫等按身份配备服饰；在道具方面，有板龙灯、球珠、口盏灯笼、钢钗、独轮车、花担、夜壶等；在音乐方面，舞板凳龙时，有锣鼓；说、唱、打、斗时，有二胡、笛子、唢呐伴奏；

板凳龙的玩法与滚龙灯截然不同，它不是用

谷里板龙灯演出旧影

手舞动，而是由多人将整条龙扛在肩上，所以又叫“扛”龙灯。若用“手舞”来表示滚龙灯，那么，“足蹈”便是板凳龙的真实写照。由于表演队伍长、人数多，龙头只要稍微转动一下，一节传一节，速度会变得越来越快，待到接近龙尾时，后面的人就是飞奔了，正所谓“龙头点三点，龙尾跑十圈”。在板凳灯游走前，各类板龙的排列已提前确定，由老龙带头，新龙随之，野蛟龙煞尾，亦可随便窜插。

历史传承

相传谷里板凳龙起源于明代，盛行于清代和民国时期。

旧时，王村、肖家桥一带村庄舞龙灯盛行，不仅要滚龙灯、财龙灯，还玩板龙灯，而且玩得精彩，很有名气，特别是丑角们插科打诨，动作夸张，言语诙谐，妙趣横生，引得观众捧腹大笑。至今在当地还留有“肖家桥玩灯——打杂技子”

谷里板凳龙演出（二）

的歇后语。新中国成立前夕，肖家桥板凳龙活动一度中断。

2007 年 7 月和 2009 年 5 月，江宁区谷里中学的陈永峰老师对板凳龙进行调查走访。知情者李昌亮，男，1949 年出生，谷里街道向阳社区吴村人，熟悉板凳龙的制作方法及表演过程。随后，谷里街道文体中心工作人员对板凳龙的扎制技艺、舞龙要领进行了认真挖掘整理，并扶持幼儿园、中小学生进行简易排演，搬上舞台。2017 年 3 月，又聘请江宁区文化馆的老师对旧的板龙灯进行编排，用儿童表演的形式排练舞蹈，登上了“江宁之春”专场舞台。一群儿童手持板凳龙，快乐地舞起来。他们时而举龙飞跃江海，时而坐在板凳龙上嬉戏玩耍，既表现出孩子们的童趣，也表现出舞龙者的雄心壮志，舞出了龙的气魄，以寓意降福，象征祥瑞。

当代影响与价值

谷里板凳龙的制作方法与材料与其他龙灯多有不同，其中考究的道具、丰富的民间舞蹈表演形式，不仅为当地民众喜闻乐见，也为诸多专家学者所关注。其表演极具观赏性，可玩出福、禄、寿、喜与“游龙戏水”“五谷丰登”等字样与图案，夜间掌灯舞耍，壮观多姿。演出中的说唱词曲大都是民间小调和地方民歌，可以表达美好的祝愿。通过传统舞蹈的力量和色彩，通过“扛”的方式，可以倡导人们积极向上、热爱生活的价值取向，可以让人感受中华民族传统节日博大精深的内涵和强烈的感染力，这对丰富当地居民文化生活，对构建和谐社会都将起到积极的作用。

2021 年 5 月，谷里板凳龙被江宁区人民政府列入第三批江宁区非物质文化遗产名录。

谷里旱船

基本概况

谷里旱船，流布于谷里街道谷里社区及周边地区。传承人汤成琪。

谷里旱船在江宁远近闻名，曾有“东有方山大鼓，西有谷里旱船”之说，可见影响之大。谷里旱船船式新颖，一般先用竹篾、铁丝编扎好框架，再用布料、彩色纸张等材料将龙头、龙身、龙尾以及龙船顶上的花篷装点得熠熠生辉。

谷里旱船表演队伍比较庞大，一般有 24-30 人，其中由一名少女扮为船娘子（民国时期则由男青年扮演），前后有扮撑篙、掌舵的艄公 2 人，有 8 名妙龄女郎挑着花篮伴随花船左右，周围还有扮猎人者 1 人、推独轮车者 1 人、货郎 1 人、高跷 2 人和挑夜壶的丑角数人，伴奏的民乐队有 8 人。一些大规模的活动，有时会

谷里旱船（一）

有 8 条旱船同场表演，声势浩大，场面壮观。

谷里旱船表演形式多样，多为边舞边唱，撑篙人与船娘子为对唱，其他角色为伴舞。演唱的曲调，从前多为“龙船调”及地方小曲或小戏等，可以是规定的唱词，也可以现场自编自唱。旧时无音乐伴奏，后发展为群船共舞时以二胡、笛子、锣鼓伴奏，且多用现代民歌曲调，如《幸福万年长》等。在表演中，众丑角插科打诨，动作夸张，言语诙谐，逗人捧腹大笑。

如今，这一古老的传统民间舞蹈，已不仅限于在春节期间表演。只要有空旷的场地，各街道、各社区一年四季都可以演出。每逢节日庆典或新兵入伍、慰问敬老院老人等活动，都可以见到旱船助兴的身影。目前谷里街道仍活跃着多支旱船表演团队。

谷里旱船（二）

历史传承

谷里旱船相传起源于明代，距今已有 600 多年的历史。旧时的谷里，主要在春节和庙会期间表演旱船，多与舞龙灯、采茶灯、莲湘舞等同时演出。每逢庙会社场，会逐村巡回表演旱船，盛况空前。人们通过观看演出，以祈求风调雨顺、五谷丰登。新中国成立后，谷里旱船演出一直没有停止。1980 年代，特别是全国民间舞蹈普查以后，谷里旱船的表演形式得到创新与发展，在保留原有乡土气息的同时，又不断融入新的时代要素。

传承人汤成琪，1946 年生，早年当过教师，参加过大队和公社的文艺宣传队，是出色的表演者和二胡等乐器的演奏者。1976—2002 年，汤成琪长期担任谷里乡（镇）文化站站长。其间，他带领文化站的同志自编、自导、自演了 30 多个节目，先后演出 60 多场次，有多个节目获奖。1982 年，由汤成琪组建、指导的谷里旱船舞蹈队参加江宁县城演出，获一等奖，轰动了东山地区。

自 2000 年开始，谷里旱船连续多年参加“江宁之春”群众文化节民间广场文艺展演。2004年获得江宁区第三届广场文艺汇演优秀表演奖。这一年，谷里船灯还以图片的形式参加了日本名古屋的民间灯会展览，这是江宁同类“非遗”较早参与的国际文化交流活动。2007年元宵节，谷里旱船在东山步行街表演的《花船闹春》获江宁区优秀组织奖。

当代影响与价值

谷里旱船在表演时轻歌曼舞，通过夸张的动作和热烈的舞蹈，表达了普通民众热爱新生活和建设新家园的自豪感和幸福感。谷里旱船的表演感染力强，善于调动观众情绪，让观众随着演出的节奏，不自觉地融入旱船表演的韵律之中，达到演员和观众互动的效果，故深受江宁民众欢迎。谷里旱船的表演涉及历史、人文、舞蹈、音乐、美术、服饰等多方面的知识，通过参与活动，可以开拓普通群众特别是青少年的文化艺术视野，加深对优秀传统文化的了解与热爱。

2008年3月，旱船被江宁区人民政府列入江宁区第一批非物质文化遗产名录。

张家花船

基本概况

张家花船，主要流布于禄口街道曹村社区的张家村及铜山社区等地。

花船，又名龙船、旱船，是一种集音乐和舞蹈为一体的综合性民间文艺形式，广泛分布于江宁区境。其形式多样，现仍活跃于传统节日、庙会和喜庆日子，深受老百姓的喜爱。一般用长竹条扎成船形，以木制框架固定，中间用细竹竿向上竖起四柱，有的是12根柱，上面覆有花轿形状的顶，外蒙彩布装饰花船，以呈现五颜六色、缤纷耀眼的效果。伴奏的乐器有琴、笛和锣鼓等。

张家花船一般在春节及庙会期间表演，有时也会受邀到周边村落去玩耍。表演时一般需要几十个人，其中船娘二人轮换，另有里篙一人、外篙一人、船尾小丑一人，及担花篮、锣鼓手若干人。表演者要根据不同角色来化妆，并穿上相应的服装。演出时，船娘居船舱中，用彩带将花船固定在腰间，两手提着两边船舷，当里外篙手作撑船动作时，花船向前行进，船尾小丑则手持芭蕉扇跟在船后扭动，并做出各种滑稽动作，以逗人发笑。表演者演唱前，首先要有锣鼓等打击乐器开场，演唱的乐曲一般为“杨柳青”“花鼓调”等民间小调，唱词有固定的，也有根据不同景物即兴发挥的。最有趣的是丑角的唱词、唱腔风趣幽默，妙趣横生。开场和结尾处一般有相对固定的套路。旧时张家花船到各村表演，需要事先受到对方邀请。每到一村，要有一长者领路，须走“神路”，进村出村都要燃放鞭炮。若要进入农户宅内，主家要给一些糕点、香烟，以表谢意。

花船

其表演极具运动特点，一般是“崴”“晃”“倾”等。“崴”即臀部左右崴动，艺术地再现撑篙用力状；“晃”就是人与竹篙均随船体晃动，以表现风急浪大，波涛起伏，船体的晃动则由瓤子筛腿操纵。“倾”则以腰为轴，前俯后仰，逼真地再现水浪的起伏，遇着障碍物时，船体或突然停止，或继续运动。在此基础上，再配以摇头、耸肩、屈膝、撅腚等辅助动作。整个舞蹈夸张而不失真实，形象生动，情趣活泼，充满了浓烈的生活气息，真可谓“三分看瓢，七分看丑”。

张家花船制作讲究，主要用竹、篾等材料扎成，船身长约2.5米，高、宽各约0.8米，船体两头略翘，船头扎成龙头，船尾扎成龙尾，船底呈弧形。船舱内用四根长约2米的竹竿直立固定在四角，中部空间约0．8平方米。船娘在船舱内有一定的摆动空间，四根竹竿上面超出船顶两层，上层略小，呈亭台状。花船扎好后用花布和蜡纸蒙贴，船帮上还画上彩色的龙鳞、龙爪等。船顶四边用彩色丝绒点缀，船内还装有蜡烛、电池和若干彩色小灯泡。通电后，在夜间灯光闪烁，十分美观。

江宁花船

花篮用篾扎成，每个花篮上插有若干塑料花或鲜花，再用竹子剖开制成小扁担，由4—6名年轻美貌、打扮时髦的姑娘担着，在花船前后左右随船摆动，以增强热闹气氛。

历史传承

玩花船在我国有着悠久的历史，起源于明末。经过清代及民国时期的改进，其形式及内容都逐渐完善。相传张家花船起源于清顺治年间，代代相传，延续至今。

张家村地处丘陵山区，易旱，据说玩花船可以祈求雨水而获丰收。据《张氏家谱》记载，张家村于明建文年间建村，清顺治年间由张、周、王、夏四姓出资在村头修建三郎庙，故旧时称张家村为“庙头张”。旧时三郎庙香火一直比较旺盛，进香之人络绎不绝，有时香客排队长达两三里。每次庙会，人们都载歌载舞，各家族擅长的娱乐方式还不一样，如周氏喜舞龙，王氏喜要狮，张氏则玩花船。

新中国成立后，农民翻身有了自己的土地，成立了互助组，生活有了保障。在新春佳节之际，张家村仍盛行玩花船，翻唱新歌，一来是给大家拜年贺喜，二来庆祝农村发生翻天覆地的变化。1955年，民兵营长张昌华（已故）发起花船表演改革。他自编自唱新的花船调，歌颂农村新面貌，歌颂党的好政策。后来，张昌华将相关资料传给本族的张玉龙（已故）。不久爆发“文化大革命”，张家花船表演一度中断。党的十一届三中全会以后，张家村花船表演再次恢复，仍由张玉龙领头。1996年，张家花船参加南京市首届“金陵春·小康乐”演出，受到文化部及省、市领导的好评。张家花船传承人今有何昌明、夏成荣、龙德华等14人。

当代影响与价值

张家花船起源较早，清顺治年间已有规模，具有较浓郁的地方气息和深厚的历史底蕴。在流传的过程中，它能够根据时代的变化及群众的呼声，不断推陈出新，对演出方式、内容及花船调进行适当的调整，以反映不同时期民众生活的千姿百态，这在江宁地区同类“非遗”资源中颇为特殊。就此而言，张家花船不仅可以强健体魄，丰富村民的文化生活，还具有广泛的和谐价值。

2008年3月，花船被江宁区人民政府列入第一批江宁区非物质文化遗产名录。

荡湖船

基本概况

荡湖船，主要流布于湖熟街道新跃社区范坝村一带。

湖熟是江宁区的文化古镇，街道内水网密布，沟河湖泊纵横。在范坝村边有两条小河，当地人称之为“太圩”“西圩”，与杨柳湖相邻。相传旧时，“太圩”“西圩”和杨柳湖内均种植有莲藕。夏季来临，荷花开遍圩内和湖内，景色迷人。南朝梁代昭明太子萧统酷爱读书，遂在“太圩”与“西圩”间修建了读书台。他在读书闲暇之时，登台观赏荷花与荷叶。莲子成熟之时，村民们便摇着小船去圩内和湖内采摘莲子。船上的男女老少在说笑和戏耍中采莲，热闹非凡。之后，人们便用竹篾和纸扎成采莲船，用绳子把纸船负在双肩上，模仿这一采莲时的场景，将水上采莲的劳动场景搬到岸上表演，演化为“荡湖船”。

荡湖船的船长约 2 米、宽 0.9 米、高 1.5 米，最初是用竹篾和纸扎制而成，后来将纸糊改为用彩绸布糊制，船帮为白色，船中央用彩绸扎制一小亭子。船帮和小亭子的边上装饰有彩绸，表演者站在船内表演。表演时可以是一条船，也可以多条船同时表演，一般是在宽阔的广场，也可在街道行进中表演。表演形式为载歌载舞，演唱的

1984 年的湖熟船舞

1985年1月江宁县民间文艺汇报表演在江宁县中学操场举行

曲目多为七言的唱词，旋律曲调为“杨柳青”，多在演出前排练好，其内容根据演出的需要进行调整，领唱者也可以现场即兴发挥。

荡湖船的表演，最初多为一船三人表演，由年轻的船娘、执扇的王妈妈（男扮）和划桨的老艄公组成。船娘为“旦角”，由女青年扮演，边

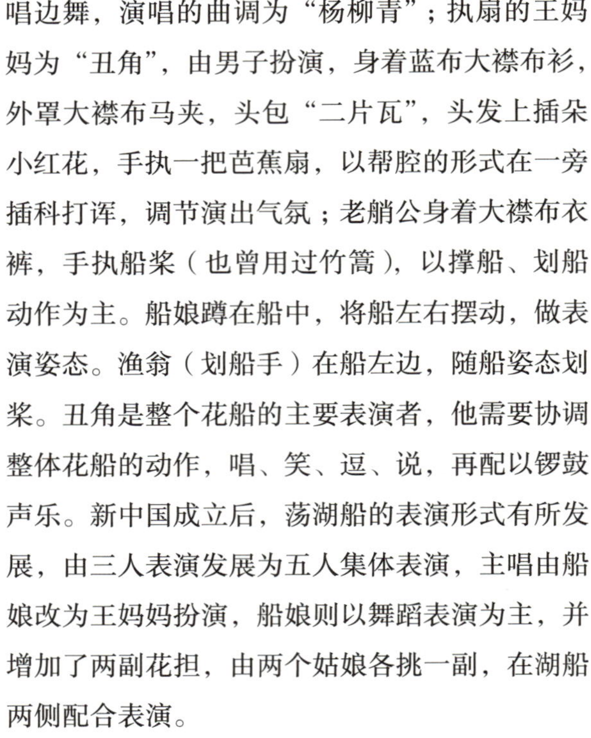

唱边舞，演唱的曲调为“杨柳青”；执扇的王妈妈为“丑角”，由男子扮演，身着蓝布大襟布衫，外罩大襟布马夹，头包“二片瓦”，头发上插朵小红花，手执一把芭蕉扇，以帮腔的形式在一旁插科打诨，调节演出气氛；老艄公身着大襟布衣裤，手执船桨（也曾用过竹篙），以撑船、划船动作为主。船娘蹲在船中，将船左右摆动，做表演姿态。渔翁（划船手）在船左边，随船姿态划桨。丑角是整个花船的主要表演者，他需要协调整体花船的动作，唱、笑、逗、说，再配以锣鼓声乐。新中国成立后，荡湖船的表演形式有所发展，由三人表演发展为五人集体表演，主唱由船娘改为王妈妈扮演，船娘则以舞蹈表演为主，并增加了两副花担，由两个姑娘各挑一副，在湖船两侧配合表演。

据民间艺人介绍，荡湖船最多时有四条船同

湖熟荡湖船旧影（一）

2009年湖熟荡湖船演出

湖熟荡湖船（一）

湖熟荡湖船（二）

时表演，场面宏大，颇为壮观。其表演动作分为“启船”“行船”“荡船”，舞步以“跑圆场”“秧歌步”为主。开场时由老艄公喊一声“开船啦！”然后做撑船动作，由渔翁领前，船娘站在花船亭子里，双手抓住船帮，肩负一根彩带吊住花船，两副花担紧随花船两侧，艄公在最后，于音乐声中“跑圆场”上场。“圆场”跑至指定位置，船娘、挑花担者在原地走“小秧歌步”，渔翁则夸张地迈着“大秧歌步”，手摇芭蕉扇边舞边唱。王妈妈表演活动范围较大，围着船的前后左右跑。老艄公在原地划桨掌舵。在表演过程中，花船始终在前后摇摆，恰似在水上荡漾。唱完一段后，由渔翁指挥“跑圆场”，进行舞台调度。整个表演过程动静结合，边唱边舞，表演者相互间进行感情交流，配合默契。

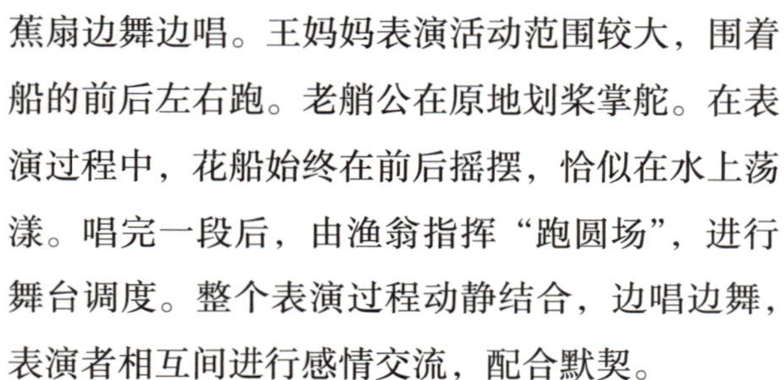

荡湖船的主要器具要选择韧性好的青竹，由篾工劈篾，精细挑选，用细铁丝捆扎支撑起船体，再用各种花绸布（替代了过去的纸扎），根据花船部位大小尺寸进行剪接。剪好的布料按工艺扎在花船上，再配以新鲜的花，点缀在重要部位。花船一般长 1.8 米、宽 0.5 米，色调鲜艳，光彩夺目，人行船动，船随人移。

历史传承

荡湖船，又名采莲船、旱船、花船、摇快船、摇大橹等，北方亦称之为“跑旱船”，作为民间舞蹈盛行于全国各地，据《太平广记》载，荡湖船早在唐代已流传，距今有一千三百多年历史。关于荡湖船的起源，民间传说是为了纪念大禹治水之功。禹教人疏泥造船。战胜洪水后，船筏搁浅在陆地上，孩子们推来拉去玩耍，后来逐渐形成荡湖船这一舞蹈表演形式。

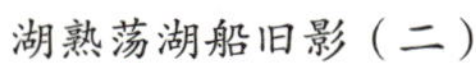
湖熟荡湖船旧影（二）

湖熟荡湖船传承人李明顺

湖熟船舞模型

相传明代的湖船为鲤鱼形旱船，以竹篾作框架，以纸裱面、剪贴、彩绘成鱼形船体，船体上面有四角华盖一顶，顶上安有葫芦。船体下面围有彩绸，下垂一尺左右。桨杆长 1.3 米左右，上涂红白相间的彩条，中间装饰一朵红花。整个湖船模仿的是秦淮河上的笙歌画舫。

据传承人李明顺介绍，清末民初时，荡湖船已在范坻村流行。当时，范坻村有位李姓私塾先生，在农闲之时组织村民排练“荡湖船”，并于春节期间到各地演出。村内表演荡湖船的艺人众多，较有影响的是其子李峰（1906—1992），又名李开钊，他是湖船队的领头。

荡湖船表演的时间，从正月初一开始，先在本村打谷场进行表演。之后，去邻近的村镇表演，至正月二十结束。每到一处，当地村民围在广场的周围观看表演，热闹非凡。新中国成立后，根据宣传工作的需要，荡湖船的表演常加入一些新时代的内容，表演形式更加活泼。据《中华舞蹈志 · 江苏卷》载：“荡湖船也有点像早期民间表演的‘小放牛’。过去每到农村收获时节或者重要节日，生于湖熟水乡的人们就会荡着湖船，载歌载舞，表达心中的喜悦和对来年的幸福的祈盼。”

荡湖船在范坻村代代相传。抗战时期，李峰在部队抓文工团工作，将这一传统项目传承下来。本村村民李明顺师从李峰，经过加工提炼，荡湖船演出队伍不断壮大。

传承人李明顺，1941 年生，湖熟街道新跃社区范坻村人。1955 年开始学习荡湖船，拜师于李峰。1958 年，开始巡村演出，后一度中断；1966—1968 年又复出，继续巡村演出。50 多年来，他一直参与荡湖船表演，精心培养徒弟，传授技艺。

荡湖船的传承人还有夏亚莉、杨娟、王际和、杨战伟等。

当代影响与价值

荡湖船表演以营造的和谐生活氛围，反映喜气盈门、国泰民安的景象，表达一种积极向上的人文精神，集艺术性、观赏性于一身，故深受广大群众的喜爱。近年，除了春节、元宵节等重大节日应邀演出外，还经常举办走进社区的各类活动，以扩大影响。在疫情下，其演出团队还与时俱进，开展线上直播，以吸引更多年轻观众群体的兴趣，积极探索“非遗”传承的新模式，取得了较好的效果。

2008 年 3 月，荡湖船被江宁区人民政府列为第一批江宁区非物质文化遗产。

莲湘舞

基本概况

莲湘舞，主要流布于谷里街道东善桥社区及周边地区。知情者张顺萍、吴正清等。

莲湘舞，俗称“打莲湘”“莲花乐”“金钱棍”，由一人手拍竹板，且拍且唱，三四人手摇莲湘和之。莲湘系一根约长3尺、比拇指粗的竹竿，两端镂成三个圆孔，每一孔中各串数个铜钱，涂以彩漆，两端饰花穗彩绸，亦称“竹签”“花棍”。演出时可由数人、数十人乃至上百人参加，以莲湘敲击肩、臂、胸、脚等部位，亦可双人对打，形成舞、打、跳、跃的连续动作。在行进时，可打出前进、停留、蹲下等多种步法。在广场上，则可组成十字、井字等队形，随着交错对击，一起一落，节奏鲜明，动作活泼。

东善桥地区的“莲湘舞”是由民间流传的“打莲湘”创新演变而发展起来的。原来的打莲湘动作简单，套路较少，一两个人用竹棍敲打身体的四肢、肩、背等部位，发生清脆的响声。经过历代艺人的传承，打莲湘逐渐有了一定的变化，从单打、双打，到跳打、多人互打，由易到难，快慢结合，节奏明快。

谷里莲湘舞（一）

谷里莲湘舞（二）

后来，东善桥地区创新的“莲湘舞”增加了新的套路，如“花点舞步”，即跑跳步、四方步、秧歌步、小旁步、踏步蹲、小射燕、鹞子翻身等，同时又融合了龙灯、马灯、云灯中的舞步，创编出“龙吐须”“龙摆尾”“串花”“剪子股”“花开瓣”等套路。每人持两根莲湘，随音乐打出各种套路，摆出各种造型，莲湘左右舞动，上下翻飞。因莲湘短，便于舞动起来动作的变化。其套路图形，可以根据编创人员的需要随时修改。旧时，每逢喜庆节日，或在广场，或在舞台，或在田间村舍，到处都能见到莲湘舞表演的场面。

关于莲湘舞的表演，其服饰色彩可以不断翻新，可以是布，也可以是绸缎；其道具可选择粗一厘米、长一米左右的光竹竿，上有数孔，各套上铁片、铜钱，两端饰花穗、彩绸；其伴奏乐器，有手板、碰铃、二胡、锣鼓、笛子、扬琴、钹子等，如果仅一两人表演多用手板、碰铃或小瓷碟、小铜锣，如果是多人表演则用二胡、琵琶、扬琴、中胡、笛子，及板鼓、小鼓、木鱼、小钹、碰铃等打击类乐器。经过改编后的莲湘舞，则多采用现代民歌伴奏，如《欢乐

谷里莲湘舞（三）

的莲湘》《步步高》《好日子》等。

历史传承

莲湘舞是流传已久的一种民间舞蹈，因其使用的道具“莲湘”而得名，其历史可上溯至宋代的“莲花落”，一般仅用竹板敲打节拍，其内容皆为宣传佛教文化。

莲湘之名不知起于何时，清康熙年间毛奇龄《西河词话》称：“所谓连厢词者则带唱带舞。”这里的“连厢”是一种清乐，以司唱一人及琵琶、笙笛各一人列坐而带唱带演，未见以花棍击舞的记载，应该与“莲湘”无关。一般认为，莲湘原是穷人借以谋生的一种方式，往往是一男（丑角）一女（旦角）为搭档，沿街打着花棍演唱故事或吉利唱词，取得行人及店家的施舍。换言之，打莲湘由最初的1—2人参演，逐渐发展到数人，在服饰、道具方面也有新变化，在喜庆之日也可以看到人们跳莲湘舞的欢快场面了，这大约已经是清乾隆嘉庆时期的事了。

晚清时代，战乱频繁，灾难重重，老百姓流离失所，“打莲湘”再次由表达喜悦的艺术形式沦落为乞讨谋生的手段，以一根竹竿（乞讨时用的打狗棍）充当器具，打出简单节拍，顺口编唱些吉祥祝语，讨得主人高兴，换点残茶剩羹，维持生活。

据老艺人介绍，民间亦称“打莲湘”为“莲花落”“莲花乐”，莲花本是吉祥花，莲花“落”，意味着衰败。因此，演唱“莲花落”小调的人大多是落难的人。“莲花落”原是北方乞丐乞讨时演唱的一种曲艺形式，经常是一人或两人打竹板演唱，因乞讨时常常会遇到犬欺，因此会手持竹竿驱犬，在表演时也可舞竿配合，并有扭腰、踩步等简单动作。

据说东善桥一带小张村、三合村的莲湘舞，就是受乞讨花棍的影响而发展起来的。后来几经

谷里莲湘舞（四）

汤山大头娃娃莲湘舞

变迁，到了清嘉庆后期，出现了“彩扮莲花乐”，增加了可观赏性，遂逐渐流行开来。就这样，其舞蹈形式代代相传，延续至今。

东善桥莲湘舞的真正创新发展，则始于1983年的全国民间舞蹈普查。当时在地方政府的支持下，县文化馆石建生老师、文化站吴正清站长深入东善桥小张村调查采访戴家老人等知情人，后经整理加工，编排创新，丰富了演出套路，演出队伍一度达40余人。其后，东善桥“莲湘舞”多次参加市、县及街道、社区的各种文艺会演，屡屡获奖。

东善桥莲湘舞第一代传承人为东善桥三合村刘玉兰，第二代传承人为东善桥小张村戴登美，第三代传承人是江宁区文化馆石建生、吴正清、张顺萍等。传承人吴正清，1957年生，谷里街道东善桥集镇人。1975年任东善桥文化站站长，多次组织踩高跷、游花船等文艺表演。1986年7月，他组建南陵歌舞团到江宁各乡镇和溧水等地巡回演出80多场次，观众计10万人次。1988年3月，他组建和指导的莲湘舞队，先后参加南京市“小康乐”民间文艺表演、“江宁之春”群众文化节，并多次获奖。张顺萍，谷里街道东善桥小学教师，兼任谷里街道莲湘舞表演队的指导教师。

当代影响与价值

莲湘舞将视听效果结合，集壮观与灵巧于一体，充分渲染出欢快祥和的气氛，以及表演者乐观、积极向上的精神风貌，对了解谷里街道及其周边地区的民俗风情，具有比较重要的研究价值。莲湘舞是一项群众自发的文化娱乐活动，在闲暇之余通过表演可以愉悦心情，缓解疲劳，增加生活趣味，因而对促进社会和谐有着积极的意义。其表演对场地要求不高，可以在舞台，也可以在广场演出，故近年其流传范围越来越广，逐渐成为当地群众喜闻乐见的一种艺术形式。

2008年3月，莲湘舞被江宁区人民政府列入江宁区第一批非物质文化遗产名录。

佘村锣鼓

基本概况

佘村锣鼓，主要流布于东山街道的佘村社区及其周边地区。

旧时，每年的小茅山庙会、玉皇观庙会及插花庙会期间，佘村的祖辈村民们都会敲锣打鼓，举着各种色彩和花纹的旌旗，锣鼓喧天、浩浩荡荡地赶往庙会，以显示佘村人的风格、气派和豪迈。这些庙会，还有很多其他地区的各路人马，真是旌旗飘扬，热闹非凡，人山人海，场面壮观。佘村锣鼓在诸多庙会中别具一格，引得很多观众围观和赞赏。

佘村锣鼓由 8—10 件敲打乐器组成，有大锣、大镲、冬鼓、弹锣、小镲、板鼓、手锣及木鱼等。按照曲谱和节奏，敲打出悦耳动听、节奏感强的各种曲牌。锣鼓上嵌有各种絮边和彩球，参与人员身穿彩色花纹演出服。演出时还配有古代旌旗、伞盖，有大幅插花太极旗、八卦旗，还有各种花边大大小小的三角旗、条形旗、长方旗，以及圆形花边龙凤伞、万民伞等。队伍的排列也很有讲究，行进时锣鼓队在前，旌旗队随后。演出时锣鼓队在中间，旌旗队分列两边。边敲锣打鼓，边表演出各种优美的舞姿。

以所属李家村锣鼓队参加的玉皇观庙会为例，最精彩最激动人心的表演，要算大幅龙凤旗的插花表演。四个人“扛哥哥”（叠罗汉），身强力壮、气势如牛者总是在底层，顶层是最关键的人物，人要灵活，善于掌握平衡，多半由身材苗条一点者担当。顶层表演人员要稳健地手握大幅龙凤旗，先摆出迎风招展的造型，然后高举大旗，越过头顶，从右肩插花到后背，再从左边迅速接过大旗。右插花表演完了，再表演左插花，动作正好相反，左插右接。要一连表演好几个回合。有很多身强力壮的小伙子，围在扛哥哥的周围，用肩或用手托着“扛哥哥”的人，这可以减轻下面人的负担，也使上面的人更稳定。每当顶层的人表演完一个插花动作时，周围的人就齐声鼓掌，高声呐喊“好！好！好！”也有人吹起了口哨喝彩。有时会有意外情况发生，如因狂风吹袭，顶层人失去平衡，从上面摔了下来。不过不要紧，下面的人早有准备，好多双手把掉下来的人牢牢接住，毫发无损，反而引起围观的人开心大笑，无形中增添了表演的趣味性。除了单独的表演外，西头佘家社的锣鼓旌旗队伍，也会赶到石林岗打谷场，和李家村同台竞技。

表演完毕后，大队人马奔向玉皇观庙会。这时的队伍行进也有讲究，插花旗要顺着旗杆卷起，由两位小伙子前高后低抬着走在前面，“扛哥哥”的人可以作为护旗手跟随，一边走一边吆喝：“吆！吆！吆！”锣鼓队伍紧随其后，旌旗

佘村全景

队伍跟在锣鼓队伍后面，最后是参加庙会的李家村男女老少。到玉皇观庙会的道路都是一些小田埂，只能一人通行，队伍前后相接，有 500 多米长。

到了玉皇观，所有的旌旗需要插在庙宇前面广场的两边。这时锣鼓队伍最卖劲，按照七音锣鼓曲谱敲打，锣鼓声抑扬顿挫，起伏跌宕，悦耳动听。年长者忙着烧香、点蜡烛，所有人轮流向玉皇大帝磕头，祈求平安健康、风调雨顺、五谷丰登。李家村的陆氏家族负责后勤保障。炊事人员半夜就要赶到玉皇观，以准备第二天大队人马的午餐。通常是两个菜——萝卜烧肉和芹菜炒肉丝，主食是蒸米饭，一个有大半人高的木蒸笼架在锅上，把米倒进木蒸笼里。大火蒸米饭，蒸出的米饭一颗颗的，香味扑鼻。祈拜完毕后，差不多 11 点钟了。到了开饭的时候，用脸盆一盆盆地装好菜，各人用碗去盛米饭，既无饭桌，也没板凳，大家围绕着菜盆就地用餐，吃得有滋有味。

历史传承

据口碑资料，相传元末明初，李、陈、陆、佘和孙氏等家族的祖辈们，陆续来到李家村定居，佘村锣鼓或即起源于此时。民国及新中国成立初期，有影响的李家村锣鼓队成员主要由陈氏家族担任，陈家荣敲大锣，陈恩林打大镲，陈恩全敲冬鼓，陈恩大敲弹锣，陈恩保打小镲，陈恩金敲板鼓，陈光银打手锣。除陈恩金尚健在外，其余的传承人均已过世。

其后的锣鼓队成员不再限于陈家，据一份佘村口述史资料介绍：“小时候，我对佘村锣鼓非常喜爱，时不时从前辈们手中接过锣鼓跟班敲打，前辈们看我比较机灵、肯学，一致同意把佘村锣鼓的技艺传承给我。在我七八岁的时候，便学会并掌握了佘村锣鼓的全套技艺。在上小学的时候，我曾组建了一个青年锣鼓队伍，都是李家村上小学的年龄相仿的小青年。我敲大锣，佘立法打大镲，吴金水敲冬鼓，李仁来打弹锣，陈恩春打手

佘村锣鼓在排练

1970 年代末江宁县化肥厂文艺演出小分队的演出

锣，陈恩传打小镲，佘立荣敲板鼓。来法、仁来早就走了，恩春也到了武汉。我们这个小字辈锣鼓队伍，主要是配合佘村春节期间的表演，锣鼓一响，老百姓纷纷前来看演出。”

据上坊中学退休教师潘维池介绍，旧时佘村社区的于利民善于用大花奏和小花奏两种方法演奏哒哒鼓，技巧娴熟，深受当地民众的喜爱。直到 1960 年代早期，佘村锣鼓在民间还有演奏，在随后不久的“文化大革命”破“四旧”中，庙会取消，庙宇拆除，相关演出被迫中断，至今仍然没有全面恢复。

当代影响与价值

佘村锣鼓是与民间风俗信仰联系紧密的艺术，其表演融乐器演奏、舞蹈于一体，演出风格热烈而富于激情，为人民所喜闻乐见，蕴含着丰富的艺术价值。佘村锣鼓演出中寄托了佘村人民对美好生活的期盼，是佘村及周边地区人民所共享的地域文化的载体。传承和发展佘村锣鼓，既有利于延续佘村的人文精神，也可维护江宁民间艺术的多样性，是提高地方文化传承意识的重要举措。

2018 年 12 月，佘村锣鼓作为传统舞蹈被江宁区人民政府列入第二批江宁区非物质文化遗产名录。

佘村百姓舞台

青龙花船

基本概况

青龙花船，主要流布于淳化街道青龙、索墅、青山、茶岗等社区。知情人熊仁家、吴健美。

青龙花船为鱼形，长约 2 米，宽 1 米。有鱼头、鱼尾，中间用四根竹竿竖起，搭起一个四方形的小亭子，亭子的四角向上翘起，四个角上挂着四个红灯。船身用黄绸子装饰，在黄绸子上粘贴用红布制成的鱼鳞。花船两边篙伕的撑杆一半用红绸子裹好，一半用绿绸子裹好，还有两个打花棍的，所持的花棍是一根竹竿做的，两头用刀挖空，再用铁丝将铜钱穿起来，发出“嚓”“嚓”的声音。

花船里面有一人是主角。花船的两边用一根红绸子系好，套在里面人的肩膀之上，用两只手拿着花船的两边，活动自如。后面紧跟一个人，头戴一顶破草帽，手里拿着鸡公箭，嘴里唱着各种小曲，十分逗人好笑。花船两旁各有两人，用一根竹竿模仿撑船的动作，一前一后，边走边唱。花船的后面还有锣鼓乐队，一般有七人组成，其中吹唢呐和拉二胡的各两人。

一般大年初一请花船，请花船时用“猪头三牲”供奉，场面隆重。从正月初二开始沿各个自然村玩花船，挨家逐户玩。所到的每户人家都得放鞭炮迎接，场面火爆，热闹非凡。本村玩过了，还有邻村上门来请，一直玩到正月十五后再送船，整个活动结束。

历史传承

据口碑资料，青龙花船源于湖北省大悟县双桥镇百合家湾村。1940 年左右，侵华日军占领湖北大悟县后，为逃避日军的屠刀，有大悟的老百姓辗转流浪到江宁青龙村（今青龙社区）落户。1945 年，日本投降后，为庆祝抗战胜利，这些逃难的村民玩起了他们家乡的艺术花船，并在青

青龙花船

龙村进行表演，得到了当地百姓的欢迎。随后，这种特殊的花船就在淳化地区流传下来，称为“青龙花船”。

民国时期的大悟县，地处山区，农业不发达，生产落后，长年雨水稀少，村民生活非常困苦。为了改变这种落后贫困生活，当地农民自发组织起来，用当地生产的竹子编扎起一种鱼形的船，有一个人在船里走动，前面有人引队，后面有人助威，旁边有两人撑杆。据说这一活动是为了向老天乞求降雨，有了雨，就能种庄稼，有了庄稼，人民生活就有了保障。

需要说明的是，一开始，在青龙村玩青龙花船的人，以熊姓村民为主，这些熊姓家族人员都是从湖北大悟县流浪而来的。后来也有其他家族的人参加进来。新中国成立后，社会安定，人民安居乐业，文化事业得到较大的发展。1957 年，以熊居林、熊居义为首的村民，发动组织花船队，重新开始玩花船。

传承人熊仁家，1947 年出生，淳化街道青龙社区东龙自然村人。1957 年开始跟其叔叔熊居林、熊居义学习玩花船，直到 20 世纪 80 年代。

传承人吴健美，女，1969 年出生，淳化街道青龙社区东龙自然村人。20 世纪 90 年代后，她跟师傅熊仁家学习玩花船。如今，常扮船娘的吴健美已能独当一面。

今日之青龙花船在当地很受欢迎，影响力越来越大。2019年，由江苏省摄影家协会、南京市摄影家协会、南京市江宁区文学艺术界联合会共同举办的江宁区“青龙杯”特色田园乡村大赛（展），与青龙花船相关的摄影作品《青龙民间花船表演》获奖。2020 年重阳节，淳化街道青龙社区在青龙广场举办欢度重阳节系列活动，社区数百位老人和村民欢聚一堂，共同庆祝重阳节。村民们自编自导自演的特色精彩花船表演《荡起花船赞青龙》，赢得现场观众的阵阵掌声。

当代影响与价值

在长江中下游地区，花船这一传统舞蹈类“非遗”，表演形式多样，在民间广泛流传，深受各地群众喜爱。青龙花船囊括了音乐、说唱、舞蹈等多种民间艺术，其舞蹈以鱼为载体，模仿船民、渔民水上行船的各种动作，并加以夸张、美化，与江宁地区流传的其他花船表演形式颇不相同。而其特殊的从湖北大悟县到江宁淳化街道的传播路径，见证了中华民族那一段苦难屈辱的历史，也见证了江宁地域文化的多样来源。有鉴于此，青龙花船的保护传承尤其值得我们重视，并加以发扬光大。

江宁花船表演

双基花船

基本概况

双基花船，主要流布于秣陵街道的双基村、严公渡村、大路街一带。传承人吕祥锦、李万银。

双基花船是一种广场文艺活动，表演场地要广阔，这样才能使得表演者的技艺得到充分的发挥。

双基花船的表演分为丑角表演、花船表演、花鼓秧歌表演、花棍表演等几个部分。

演出前一般先由锣鼓队演出约十多分钟。花船正式演出时，表演者边舞边唱各种流行小调，主要曲调有“谈媒”“虞美人”“大补缸”“二姑娘害相思”“八段锦”等20余首，伴奏乐器为二胡。

首先登场的是丑角，在开场时，丑角（二人扮演，轮流登场）先绕场一圈，说一些诙谐的语言，做出一些滑稽的动作，逗观众取乐。丑角表演结束后，轮到腰鼓秧歌队上场，整个腰鼓秧歌队有20人左右。演出时，要求鼓点整齐、队伍动作要一致，与常见的老年腰鼓队演出近似。接着是花棍表演。花棍队有10—20人，表演者为青少年，花棍采用稍粗的竹竿，两头挖空，放入铁圈。演出时，表演者用头、手、腰等部位与花棍接触，发出整齐的铃声。最精彩的是花船表演，表演者共4人，1人装扮船夫，1人装扮船娘，2人挑花篮。演出时，船夫手执船桨，不时尾随花船划动；船娘双手执花船，随着船桨的划动，作船在水中晃动状；挑花篮的2人挑着花篮，随花船游动，并不时穿插其间。

在服饰方面，双基花船的丑角一般反穿皮毛衣，脖子上挂数个铃铛，手执一把破芭蕉扇；而花船表演者身穿浅蓝色上衣，下穿黑色裤子，头扎各种颜色的彩带，胸前挂两朵红花；划桨人则颈围白色毛巾，全为女性装扮。

花船的制作，由表演者自己动手制作。先用竹篾编成长约2米、宽约1米的架子，用油彩纸糊成船形。船舱要糊成轿子式样，中间留一空间，供表演者站立操作。桨用长木条板制成，长约1.2米。木条板要缠上红、绿纸。花篮则用竹篾扎成，高约60厘米，上粗下细，并盛满各色纸花。此外，

江宁花船

还要制作软扁担，长约 1.5 米。

双基花船一般在每年正月表演。当然，若逢一些重大的节庆活动，双基花船也会应邀为之增添喜庆氛围。其演出时间大多在晚上，有时也会在白天演出。

历史传承

据口碑资料，双基花船的传承历史不长，是新中国成立初期才诞生的民间文化娱乐活动。1951 年下半年，为响应仁孝乡人民政府的号召，当地老百姓编创了双基花船，以文艺活动欢庆中华人民共和国成立两周年。由于节目新颖，参加人员众多，演出获得了巨大的成功。除在秣陵本地外，双基花船演出团队还应邀赴龙都的西北村、殷巷的渡桥等地演出。1958 年“大跃进”后，其演出逐渐停止。1984 年，双基花船在秣陵集镇恢复表演。

江宁腰鼓表演

据 2009 年的调查资料，当年双基花船的表演者仅存 3 人，且年龄都在 70 岁以上，他们是吕祥锦、李万银、李小军。其中吕祥锦，1938

花船表演

年出生，秣陵街道双金社区双基自然村人，民国时期曾组织过双基花船演出。李万银，1938 年出生，秣陵街道双金社区双基自然村人。18 岁开始在当时花船表演师傅指导下学习，自创花船节目，并成为主要表演者。1953 年成为双基花船的艺术指导兼主要表演者。1984 年，在为秣陵镇政府演出时，亦受邀为双基花船演出的艺术指导。

近年，在各级政府的关心支持下，双基花船的保护传承状况有所改观。2010 年，由李仁华牵头组织成立的“金园花船队”，继承了双基花船的表演传统，活跃在各社区广场、街头，深受群众欢迎。2012 年 3 月 3 日，秣陵街道“金园花船队”参加在江宁区高级中学体育馆举办的广场舞比赛演出，荣获三等奖。

当代影响与价值

双基花船诞生于新中国成立初期，其表现方式和内容都真实地记录着其时江宁乡村普通群众的文化娱乐生活。透过双基花船的“谈媒”“虞美人”“大补缸”“二姑娘害相思”“八段锦”等小调，我们可以切实感受在那个年代的朴素纯真之美，及其大受欢迎的演出场景。今日之双基花船在秣陵街道仍然有着广泛的群众基础，仍然为丰富当地群众的文化娱乐生活发挥着重要作用。作为一种融汇创新的传统舞蹈类“非遗”资源，关于双基花船产生发展历史的探究，对我们当下如何在继承传统的基础上创作更多为人民群众喜闻乐见的艺术作品，或许有所启发，值得借鉴。

谢村龙船

基本概况

谢村龙船，流布于禄口街道谢村社区。传承人周明生。

谢村龙船与花船相似。所谓龙船，就是用竹篾扎成小船，然后用纸、布围织成龙头、龙身、龙尾巴的样子。表演时，一个人把这个龙船套在身上。龙船两边的人，拿着花篮，敲着锣鼓，跟着龙船舞动的节奏一起跳舞。与其他龙灯、狮子灯一般在春节期间表演不同的是，谢村龙船的演出，可以在秋天，也可以在腊月或者正月。夜里、白天都可以跳，最好是夜里，因为晚上点了灯，龙船看上去更喜庆活泼。谢村龙船表演时，两旁跟着跳舞的人，其打扮多是丑角，可以是男人装扮成女人，也可以由女人扮成男人。通过这种方式，以博取哄堂大笑，烘托演出气氛。

谢村属于铜山丘陵地带，交通很不方便，老百姓不容易走出去。特别是到了年底或农闲时分，没有事情可做，于是就想办法娱乐，才有了龙船这种自娱自乐的舞蹈。辛苦一年的村民，跳起龙

杨柳湖赛龙舟

谢村龙船

船是对自己的奖励。冬天跳龙船，还可以暖和身体，也是百姓串街碰头的一个活动。毕竟到了年关，熟人亲戚之间空手串门不合适，带着东西上别人家拜访，在穷苦年代一般人也很难做到。于是，就通过跳龙船的形式串街串门。当然，谢村龙船，不仅仅局限于谢村，附近村庄也跳这样的舞蹈。规模大的时候,两个村庄之间还会开展比赛。

每当龙船队伍走进大户人家表演时，户主一般会给个小红包。如果没有红包，也会抓一把瓜子、花生、糖果、桂圆等物品酬谢。总之，谢村龙船是一项喜庆的活动，需要讨个彩头。

历史传承

自古以来，中国人对龙就有崇拜之心。谢村紧邻秦淮河，水灾频繁，旧俗认为，龙掌管天下江河湖海、溪涧井泉诸水，可保地方风调雨顺，故村民以龙船造型来表达一种信仰、一种祈求。

据《江宁区志》介绍，明代正统年间，谢氏始居此，称谢村。后沿用此名，亦称谢家村。谢村龙船属于多人舞蹈，整个龙船队伍要三十人以上，和东北的扭秧歌有点像，群众的参与度很强。

因资料所限，谢村龙船起源于何时，已不清楚了。到了清末,已经相当成熟。据知情人介绍，清末民国时期，山区出土匪，横山一带尤为猖獗。为此，横山还成立过大刀会，以对抗山匪。而位于铜山的谢村，龙船活动能够将百姓组织起来，起到凝聚人心、团结村民的作用，在一定程度上使得百姓安居乐业。这也是谢村所处的铜山地区基本没有匪患的原因之一。

谢村龙船在民国时期很流行。抗战爆发后，中断了一段时间。此后一直到“文化大革命”时期，

1981 年江宁农村收获情景

一直没有恢复起来。1978 年改革开放后，为了丰富村民的业余文化生活，在党和政府的支持下，谢村龙船表演才逐渐恢复起来。

当代影响与价值

谢村龙船虽然称为“龙船”，却与一般的舞龙有着本质区别，与旱船表演则有相似之处，寄托了谢村百姓向往美好生活、企盼五谷丰登的愿望。谢村龙船参演人数众多，表演起来热闹非凡，是百姓喜闻乐见的一种民俗娱乐活动。这一表演形式，不仅可以营造欢乐祥和的节日氛围，还能提高村民传承发展优秀传统文化的意识。此外，其表演者服饰既有传统性，也渗透着时代的气息，即兴自编的唱词，更能抒发表演者及观众对新生活的自豪感与幸福感。

玩凉船

基本概况

玩凉船，主要流布于湖熟街道周岗社区、尚桥社区以及周边的和平村、钱家村、石蜡村、徐木村、杀释村、高阳村、绿阳村一带。知情者朱为宝、嵇小双。

玩凉船通常由四只凉船出场，旧时的船娘多是男扮女装的，现在直接由女性扮演。除舱内船娘外，每只凉船还配一个摇桨的艄公和一个丑旦婆婆助演，并有二胡和笛子伴奏。一曲唱完，凉船在过门声中变换队形继续舞动表演。在舞动中，艄公向船娘媚眼传情示爱，老丑婆见状，醋性大发，用手帕或扇子打过去，惹得观众笑声不断。接着换以新词演唱。表演时，可以是单船，也可以四只彩船有序地穿插进行。船娘在船舱内演唱，艄公边摇桨、边帮腔、边传情，又一次激怒丑婆婆，全场欢声雷动。两遍唱完，表演在锣鼓声中急收，观众兴起，掌声不断，亦可返场即兴编词，再演一段。然后，脱帽致谢，从容下场。

玩凉船的队形一般采用有序地跑圆圈，再加穿插式进行。表演者演唱时，轻摇凉船，慢动划桨。此时的舞步采用进三步停一步的方式，精神饱满，面带笑容。所使用的音乐通常用民间欢快的小调，如秧歌调等，并以高胡、笛子、唢呐等

湖熟凉船（一）

乐器伴奏。在服饰方面，艄公穿白色的上衣、条纹的裤子，头戴大凉帽，丑婆穿红衣黑裤，拿着手帕或扇子，船娘要化鲜艳的装，漂亮动人。划船的桨，木条制作，小而巧，凉船则是用竹条扎成的船形，中间有彩亭供船娘表演用，外面蒙以彩纸或彩布装饰，船头呈鱼嘴状，船后呈鱼尾状。

湖熟凉船（二）

历史传承

关于周岗凉船的起源，在当地流传了两个传说。相传南朝梁武帝在建康（今南京）称帝，他好佛喜游。有一次，他到周岗游玩。由于周岗圩长干寺的寺前水面宽阔，当地官员便组织老百姓乘船列队迎接圣驾。寺前水面的船用鲜花装扮，船娘、艄公边划边唱。皇帝看了，十分开心，当场嘉奖，并动情说："凉船美也，使人醉也。"从此"凉船"的称谓便流传开来。

或传说唐朝的皇后武则天好佛，曾经南下巡游，来到了周岗长干寺。为迎接武后的到来，当地群众举行声势浩大的凉船演出。参演人数上千，船上百，锣鼓齐鸣，表演招式达 36 种之多。武后看后十分满意。从此，周岗的凉船逐渐流传到江宁、溧水、句容各地。

旧时，玩凉船一般都在正月新春拜年之时，民间艺人会自发地组织凉船队，挨村串户进行表演，以讨彩钱。1949 年，为庆祝渡江战役胜利和江宁解放，当地民间艺人曾玩起凉船，以示庆贺。新中国成立后的几次重要活动中，玩凉船也是其中的娱乐活动之一。现在，玩凉船一般在欢庆节日时有组织地进行。如参加"江宁之春"群众文化节广场演出，以及送文化下乡下村等。有时在白天，有时在晚上，均为业余表演。

其唱词，会随着时代的不同而变化。旧时的唱词有"南京到北京，哪一个不闻名，周岗圩玩凉船，自古就有名，唐宋元明清，一直玩到今，哎嗨哎嗨呦，一直玩到今。当年武则天，神游到仪城，周岗老百姓，顶香跪地迎。玩起凉船接至尊，圣上大开心，哎嗨哎嗨呦，圣上大开心。"新中国成立时的唱词变为："一九四九年，解放了南京城，周岗圩玩凉船，开心更起劲，庆祝农民翻了身，彻夜到天明，哎嗨哎嗨呦，彻夜到天明……" 2004 年，参加江宁文艺汇演的凉船唱词变为："江宁艺术节玩到赤山镇，玩到安徽小丹阳，广场显本领，群众喜爱又欢迎，建设精神文明，哎嗨哎嗨呦，建设精神文明……"

近年，玩凉船的传承与发展与周岗老年学校关系密切。2002 年，为充分挖掘民间传统文化，该校的民间艺人在原有的基础上重新组建一支 20 多人的玩凉船队伍，并就其表演形式进行了

湖熟水乡钱家渡

改进，使其既不失去传统风韵，又能与时代合拍。改进之后的凉船队多次参加江宁区民间文化广场演出及“江宁之春”群众文化节民间文艺团队巡游，深受群众喜爱。目前，周岗老年学校有一支四只彩船组成的20多人演出队伍，经过南京艺术学院老师的指导，有一套固定的舞蹈表演程式。他们还自创自编词曲，如与时代合拍的“水乡船韵”等。

知情者朱为宝，1939年生，湖熟街道尚桥社区人，15岁拜师学艺，如今是周岗老年学校文艺骨干。知情者嵇小双，1950年生，湖熟街道周岗社区人，任周岗老年学校舞蹈班艺术指导。

当代影响与价值

“玩凉船”的历史比较悠久，南朝时期即有相关记载。作为春节的传统喜庆活动，为适应不断变化的时代背景与特色，在参加各类演出中，玩凉船也适时更新唱词，在传承优秀传统文化的同时，也在传递着现代文明观念，扩大了此项“非遗”的受众，在当下的江宁社会经济发展中发挥了积极的作用。在众多的江宁“非遗”项目中，玩凉船的保护与传承工作做得相对有声有色，获得了相关部门的充分肯定。但其作为文化资源的价值，还远远没有充分利用，还没有为此搭建专门的“非遗”展示展演特色平台，其传承也没有建立保障性的制度。有学者建议，可以从为中小学编写特色“非遗”读本、开设特色“非遗”课程做起，全面推动包括玩凉船在内的各类“非遗”项目进校园，在具备条件的校园选择建设特色传承教育实践基地，并首先运用这些资源在中小学讲好江宁故事，讲好南京故事，这才是“非遗”的长效保护传承之道。

横溪庄头马灯

基本概况

横溪庄头马灯，流传于横溪街道庄头村一带。

庄头马灯阵容，由马灯、引灯和排灯组成。马灯以竹篾扎制，外表糊上布，再在布上用透明的彩纸进行裱糊，马眼用小铜铃制成。每盏马灯分为前、后两个部分，前部分有马头和马的胸腔，后部分为马的腹腔和马尾。在胸腔和腹腔内可点燃一支蜡烛。扎制的马，高一尺八寸，长三尺，宽一尺八寸，不扎马腿，马腹为空心。表演时，用彩布条或绳子，将马灯挂系在腰间。

马灯前有一个专门指引道路的引灯。该灯为圆形，似灯笼，高一尺八寸，直径一尺二寸，亦竹篾扎制，外糊白布，布上贴一些装饰性的纸花，用一根竹竿挑着。此外，还有长方形的排灯，灯长一尺八寸，宽一尺五寸，厚九寸，以竹篾扎架，外糊白布，布上贴花。排灯需要固定在竹竿上，可以挑扛，也可以竖立在地上。

庄头马灯队伍由12匹彩色纸马组成，由12名青年装扮成骑士，12名青年化妆成马夫。还有30盏小彩色灯笼，用纸扎成各种形状，里面点有蜡烛，夜晚演出时煞是好看。

每年的正月十五早晨，马灯队伍先在庄头村村头集合，举行起灯仪式。此时要放鞭炮、出冲(一种用火药自制的大鞭炮，用粗铁管燃放)、请马神。仪式结束后，在庄头村挨家挨户“拜门”表演，之后再出村。出村表演的路线，早在出演之前就已经安排妥当。耍马灯时，有个规矩，就是到哪个村庄去表演，接灯的村就会选派一人，用竹竿挑着引灯在前面带路。进入村头，会看见摆在那里的香案、糖水。马灯与马夫的表演者需要喝些糖水。随后，该村的一名长者会给头马挂红(用红布披在马身上)，接灯者跪拜马神，再给所

马灯制作

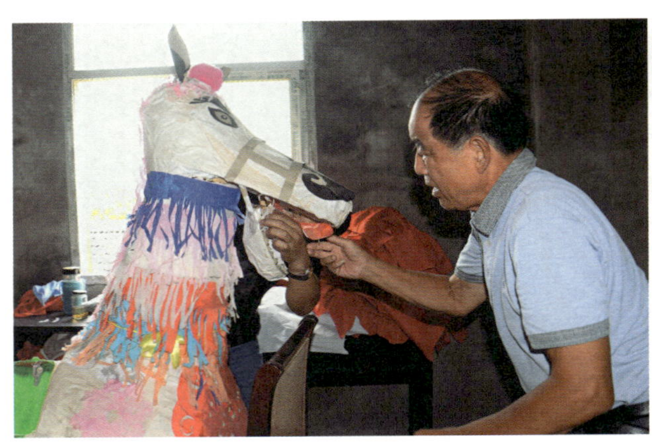

做马灯

有的马换上新的蜡烛。接着，马队鱼贯进村表演。在引灯的后面，紧跟着两面开道锣、两面神鼓（由两人抬，一人敲）、两组锣鼓队（每组七人）、四盏排灯，接着是马灯队，其后又是一组锣鼓队，最后压阵的是八名护灯者。护灯者的后面还有两人。一人挑着高箩，专门接受主家打赏的糕、团子等礼品。一人拎着竹篮，内装可以随时替换的蜡烛。

整个马灯表演，分两个阶段进行。第一阶段是到村内每户人家表演。每到一户人家，十二匹马要排队进屋。在屋内，三匹马一组，转一圈后出来。其余表演者，在外敲锣打鼓助威，但不进主人房屋。户主会设香案接马神，祈求马神给全家带来幸福吉祥；第二阶段表演在村头广场进行。由八名护灯者圈出一块场地，由锣鼓队在场边敲打，马与马夫在四盏排灯的指挥下表演。

马灯表演的基本舞步称之为“马步”，以布

横溪马灯

阵表演为主。马灯的表演者手执马缰，马夫手挥马鞭，在跳跃中转换阵式。其阵式多样，有“单八卦”“双龙起水”“元宝”“夹你”“水波浪”“五朵梅花”“单八节”“双八节”“结顶”“脱壳”等十多种。

值得注意的是，庄头马灯如何布阵，布什么阵，取决于四名手提排灯的表演者。如表演“双龙出水”阵，就由四盏排灯分成两组在前引路，十二匹马与马夫跟在其后，由后台往前台做双龙出水状；表演“夹你”阵，由四盏排灯站成一排，十二匹马站成两人一组，在马夫的驱赶下，由左至右绕着排灯相互穿梭前行；表演“水波浪”阵，由排灯站成一排，十二匹马与马夫站在排灯后，手拉手上下起伏做波浪状；最有难度的表演是“五朵梅花”阵，需要在演出场地中间燃起一堆火，手持排灯者要站在火堆的四角，与火堆一起形成五个点，代表五朵梅花，十二匹马与马夫绕着五朵花奔驰跳跃。其他阵式，如“元宝”阵排成元宝状，“结顶”阵转成螺蛳状，“脱壳”阵由螺蛳状转开。

在锣鼓的伴奏下，整个马灯表演动静结合，有张有弛，非常好看。若在夜晚表演，则所有马灯、引灯、排灯都要点上蜡烛，在场地中间燃上火堆，火光烛光，交相辉映，敲锣打鼓，热闹非凡，人欢马叫，场面壮观。

马灯表演还有一大特点，即马灯的表演者要扮成戏剧人物，而且每天都要换一出戏。根据表演的剧情，穿古装或者戏装，马夫的扮演者穿彩裤、对襟袄，扎腰带。敲锣鼓者、扛灯者穿彩裤、坎肩。如表演《桃园结义》，十二名表演者则须扮成刘备、关羽、张飞等人物，从化妆、服装到道具都要符合剧情。所以，庄头村有专门负责给表演者化妆、勾脸的艺人，还有多种古装戏的服装道具。

据知情者介绍，庄头马灯要先在本村表演，然后到附近的安民塘、神塘庙、桃花庙、横溪镇等地表演，表演的天数根据邀请演出村庄的多少而定，一般三五天。马灯在邻近村庄表演结束后，要留下一天时间返回庄头村进行谢幕表演。返回庄头村时，一般不走原来的行进路线，称之为“好马不吃回头草”。全部表演结束，要放鞭炮、出冲、收灯。锣鼓道具由表演者各自带回保管，等到来年演出时再用。

历史传承

关于庄头马灯的来源，据至今保存的《毕谱》记载，清康熙九年（1670），其村名“桩头”，这里是横溪地区玩马灯所在地，为使马灯艺术长久流传下来，需要把“马”拴在桩上，故名“桩头”，

马灯表演的乐器

则庄头马灯距今已有300多年的历史了。

这样的记载，与口碑资料是相吻合的。据庄头马灯艺人苏正喜（1927年出生）、姜书禄（1933年出生）介绍，"庄头"原名"桩头"，相传村里原有一根神马桩，曾经拴过天上的神马，因此得名"桩头"。当地百姓为敬马神，就用竹篾和纸扎成马灯，里面点上蜡烛，每年正月在村庄玩耍，后来逐渐演变为马灯舞。

经过几代艺人的不断创新，庄头马灯久演不衰，流传至今。新中国成立后不久，村庄更名为"庄头"，马灯遂命名为庄头马灯，其表演摒弃了原来摆香案、挂红等带有迷信色彩的成分。1950年代中期，是庄头马灯表演的鼎盛时期。除了春节期间表演外，还曾受邀参加江宁县、横溪乡举办的一些大型广场文艺演出活动。1979年春节后，因多种原因，庄头马灯没有恢复演出。直到2004年，横溪镇文化服务中心成立横溪女子马灯队，在演出形式、队伍构成上颇多创新，使庄头马灯的保护传承走上了健康发展的轨道。

传承人苏德义（1880—1957），横溪庄头村村民，马灯主要组织者和表演者。他的主要贡献是对马灯道具和服装进行了改进，对表演动作进行了规范，使得马灯表演更具魅力。

当代影响与价值

庄头马灯制作精美考究，表演阵容庞大，内涵丰富，具有独特的魅力，为《中华舞蹈志·江苏卷》《江苏特色文化》《南京文化志》《金陵特色文化》《南京文物大写真·精彩2006》等书收录，在江宁乃至南京都有较大的影响。在社会经济高速发展、生活节奏不断加快、文化娱乐丰富多彩的当下，庄头马灯的社会功能、时代价值及呈现方式都发生了不同程度的变化，我们今天强调对它的保护传承，是希望更多发挥它在展示特色村镇文化、传承乡土集体记忆、守护共同精神家园等方面的作用。

丹阳严村马灯

基本概况

丹阳严村马灯，流布于横溪街道丹阳社区严村一带。知情者陈本根。

严村马灯由竹篾扎制而成。制作马灯时，一般先扎马头，取竹丝一根，扎成酷似马面的椭圆形，上面再扎两根弧形的竹丝，中间部分扎竹丝一根，周围用多根竹丝扎紧。之后，用透明的彩纸贴于竹篾上，当作马的皮毛。再扎马身、马尾、马耳朵，并用糨糊把纸贴于马身和马尾。此外，还要剪裁数十条彩带，贴在马尾、马头和马颈部。为了使马匹逼真，还要画出马眼、鼻子及缰绳。至于马匹全身的颜色，则根据需要和表演者的喜好而定。上了色的马，表演起来形象、灵动，也容易引起观众的共鸣。

旧时丹阳严村马灯，在每一年农历正月十四起灯，二月初二休灯。出灯时，用高灯引路，4只排灯紧紧地跟在后面，并且有火铳手助威，有锣鼓乐队伴奏。

凡是参加马灯演出的人员，从腊月起就早早用新纸把马灯糊好，并开始紧张的排练，直到腊月底休息过年。严村马灯的表演队伍庞大，有数

马灯表演

小马灯表演

百人参与。其中提马架装马的表演者一人，用布带将马灯系于腰间，所饰角色多为历史人物或戏曲人物；有 10 至 12 匹红、黄、白、黑色的马，每匹马配马夫一人；引灯领阵一人。如果在夜晚玩马灯，则需在马头、马身内点燃蜡烛。

马灯表演要求队伍井然有序，阵法严谨，首尾呼应，环环相扣。其阵势有“遛马”“出村”“二龙抢珠”“摆十字”“咬马”“游四门”“剪子箍”“金蝉脱壳”“满天星”“螺丝结顶”“五马破槽”等。此外，还会表演诙谐风趣的“数马歌”，常常博得观众如潮的掌声。为增添喜乐气氛，严村马灯在表演结束后，还会有花篮表演，有几位年轻姑娘挑着花篮，一边舞动着婀娜的身姿，一边吟唱着动听的民歌，一旁的小丑则以各种搞笑动作和幽默语言营造轻松的氛围。

严村马灯表演时，多以二胡、笛子等为伴奏乐器。演员的服饰也颇讲究，一般雌马穿绿，雄马穿白，红马穿红；提花篮的演员，跟随雌马的穿黄色表演服，跟随雄马的要穿紫色演出服，且服装均为古装。

历史传承

马灯舞在我国分布广泛，其起源的历史背景有多种说法。作为江宁地区传统舞蹈之一的马灯颇具特色，不仅数量多，门类全，而且不乏精品佳作。除严村马灯外，还有水荆墅马灯、章山王马灯、横溪庄头马灯等。

关于严村马灯的起源，《丹阳镇志》认为它始于唐，兴于宋，不知何据。据口碑资料，至少在民国时期，严村马灯在当地已经非常流行，甚至同时有多支马灯队伍，他们每年正月聚在一起举行竞赛，以烘托节日气氛。新中国成立后，严村马灯基本停演，至今没有恢复。

当代影响与价值

丹阳严村马灯表演队伍场面壮观，参与的村民既是组织者，又是表演者。他们边演边走，说唱结合，载歌载舞，妙趣横生，在江宁地区众多的马灯舞中具有与众不同的特色。遗憾的是，严村马灯留存资料及知情者不多，已经濒临失传。这一类与民俗相关的需要依靠集体传承的"非遗"项目，如何起死回生、有效传承，这是一个在南京乃至全国都普遍面临的棘手问题。2022年2月，江苏省委办公厅、省政府办公厅联合印发《关于进一步加强非物质文化遗产保护工作的实施意见》，要求各级政府尽快建设一批非物质文化遗产特色村镇。在这一即将开展的"非遗"保护传承文化工程中，也许江宁可以贡献自己的可行方案。

上坊龙灯

基本概况

上坊龙灯，流布于东山街道上坊社区一带。知情者谢德宝、耿存清等。

在上坊地区，有两则关于上坊龙灯的美丽传说。

传说一：在很久很久以前，有一年上坊一带久旱无雨，时值六月，正值水稻栽插季节，农业生产急需用水，人们想起了祈泽女求雨的传说。于是，大家用稻草扎成一条草龙，在乡绅的带领下，来到青龙山脚下的祈泽寺舞龙求雨。不知是偶然巧合，还是老天显灵，其后果真连下了三天大雨。当地百姓即时栽插水稻，点种谷物，至秋天获得较好的收成。大家都认为这是舞龙求雨灵验了，以后每年都举办这种舞龙表演，并取名为“上坊青龙”。

传说二：上坊一带栽秧季节常常干旱无雨，大旱之年更是颗粒无收，老百姓被迫背井离乡。当时海龙王有一个女儿因违反龙规，被罚到祈泽山上。老百姓的疾苦感动了龙女，她天天哭泣，这哭声也感动了海龙王。于是龙王作法，果然雷雨交加。雨停，祈泽山南麓还流出一眼泉水。老百姓遂在泉口雕一龙头，泉水从龙嘴里源源流出，又在集水处砌了一个大池，称为龙女池。不知过了多少年，这泉水越来越小，不够农人使用。于是，人们就制作龙灯到祈泽山祈雨，并逐渐形成玩龙灯的习俗。

据知情者介绍，早期上坊龙灯的造型比较简单，经过多年改进，其制作越来越精巧。龙头较大，头上有两个一尺长的龙角，角上生三个叉；龙嘴张开，口中有一尺多长的红舌头，嘴下有三尺多长用麻做成的胡须；龙眼炯炯有神，各装三节手

上坊龙灯

电筒。龙身有十三节，每节六尺多长，直径有尺半，全长近十丈。龙身先用毛竹片扎成圆形，再用麻绳连成整体。龙衣用白布就圆形骨架缝制，龙背上彩绘以青色为主的龙鳞图案，龙背与龙肚分界处两侧缝上彩须。龙尾扁形，用麻制作。龙身内部亦装干电池灯，在夜晚整个龙体灯火通明。

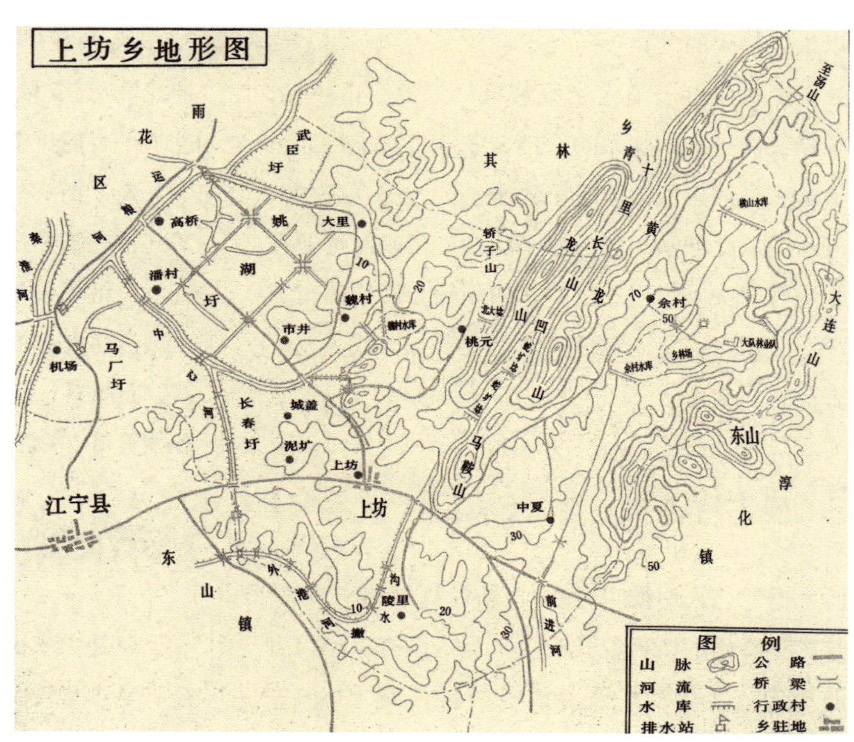

1990 年代《上坊乡地形图》

上坊龙灯起初仅在几个村庄玩耍，时间也不长，正月十三上灯，十八落灯。后来，由于影响扩大，有附近村庄上门邀请，逐渐发展到上坊地区的所有村庄，演出时间也一直延长到农历二月份。各村庄在邀请之前，要经过认真的组织与宣传，其观众往往多达上万人。为图吉利，一般人家会争相请龙灯到自家或门前走一趟，大户人家多请龙灯在大厅绕一圈，小户人家则请龙头在门前颠三颠，寓意青龙上门，带来吉利和幸福。

玩龙灯前，需要进行严格的组织和认真的训练。整个队伍由 50 多人组成，每节龙身要准备两人，龙头和龙尾要准备三人。队伍中有领头的，有鸣锣开道的，有维护秩序的，有吹唢呐的，有杂耍的。

上坊龙灯的表演动作主要有“翻滚”“窜花”“卷子裹”“螺蛳结顶”等。在表演时，领头的艺人手执一个直径约六寸的彩球，在龙头前指挥，龙头随着彩球的方向不停“翻滚”。在翻滚过程中，第二个人要随着第一个人的方向翻动，以此类推，直到龙尾，好像龙在游动。

接着是“窜花”。在翻滚的动作基础上，拿彩球的艺人把龙头引向一侧，龙头沿着彩球的方向流动，第二人踏着第一人的步伐前进，使龙身弯绕，形成曲线，看起来有窜行的感觉。

第三个动作是“卷子裹”。在“窜花”动作基础上，龙灯慢慢形成直线，艺人拿着彩球不停地在龙头前画圆，使龙灯沿着一个方向不停地由上而下卷滚。玩龙艺人不停地从龙身上跨越，形成完整的卷裹动作。

第四个动作是“螺蛳结顶”。指挥人员把彩球向天空抛起，示意龙要向上窜腾，这个动作尤为壮观。它要求以龙头为轴，使龙身沿着顺时针的方向，自上而下盘绕，直至把龙身全部绕完，龙尾着地。在盘绕的同时，玩龙头的艺人骑在玩龙身艺人的肩上，把龙头高高举起，使整个龙身盘绕成像螺蛳一样的造型，立在地上，然后再从龙尾倒时针舒展开来。在玩耍过程中，锣鼓要不停地敲击，根据不同的动作，打出不同的点子，以烘托热闹的气氛。

上坊龙灯表演人员服装统一，上穿白衬衫，下穿红裤子，双腿系响铃铛。龙灯每次出行经过上坊石马冲边的大塘时，都要停下，龙头颠三颠，表示龙从此起水，然后烧香叩头，回来时也要在此烧香叩头。不过，去时热热闹闹，回时鸦雀无声。到家后，各人喝糖开水，吃糕点，代表龙灯表演正式结束。

历史传承

据老艺人谢德宝介绍，上坊龙灯始创于清代，与求神降雨的祈祷仪式有关，至今已有百年以上的历史。上坊镇杨发春的爷爷杨仁良（1861—1937）曾加以改编，并系统传授其法。由于玩耍时多滚动，又名“滚龙”。

20 世纪 50 年代，上坊青龙曾参加南京解放和建国十周年庆典活动，成为上坊人的骄傲。“文化大革命”期间，上坊龙灯停演。改革开放之初，因活动经费等问题，也没有及时恢复。

2000 年，适逢龙年，根据谢德宝、谢仁怀、耿存清等老艺人的倡导，在上坊街道文化中心、上坊社区村委会的指导重视下，上坊龙灯的恢复工作得以启动。其募捐活动得到广大村民的热烈响应和地方企业的大力支持，短期内就募集了 7000 多元，购置了相关衣物设备，并招募了由 20 多名青壮年组成的舞龙队伍，更名为“上坊神龙”。这支队伍，在老艺人的悉心指导下，经过半个月的排练，终于在龙年春节，在锣鼓的引导下走上街头。他们身穿黄色上衣红色裤子、腰系红带、脚穿白鞋的形象给节日带来祥和喜庆的气氛，沉睡多年的上坊青龙终于苏醒。

上坊龙灯的传承人有谢德宝、耿存清、谢腊富、谢能喜、杨德全、杨发明、潘冬生、谢能有、孙德英等 20 余人。

当代影响与价值

龙是中华民族的图腾，龙舞是华夏精神的象征，是中华传统节日和喜庆活动中流行最广的民间舞蹈。在江宁众多的龙舞中，上坊龙灯以规模较大、表演壮观、传承有序著称。《中华舞蹈志·江苏卷》《金陵特色文化》《南京文化志》《江宁历史文化大观》《南京文物大写真 · 精彩 2006》诸书均有收录，可见影响之大。2000 年春节前，中央电视台专门拍摄了上坊青龙表演，并在“东西南北中”专题文艺节目中播出。同年，上坊青龙还参加了首届“江宁之春”民间广场文艺比赛，获得了优秀组织奖。此后，上坊青龙还受邀参加江宁区首届金箔艺术节、南京市“炎黄之光”海峡两岸长跑北京“申奥”系列活动等众多演出，广获赞誉。

江宁龙灯

基本概况

江宁龙灯，主要流布于江宁集镇及周边地区。传承人赵鹏里。

旧时，江宁集镇龙灯的制作与其他地方相同，都是用竹篾扎制。一般在头一年的腊月里，人们就开始忙碌起来，在会首的主持下，开会、集资，到篾匠铺定制各类花灯及玩龙灯时所需的材料。一切准备好了，到了正月十五，还要举行一个仪式。各会首先到牌位前参神，然后向各大小庙宇燃香参拜，之后才正式出灯。

过去，江宁集镇上有不少机关公署。玩龙灯

丹阳龙灯表演

时，这些地方都是要去的。但有个习俗，就是各机关公署须先具贴投递，只有收到灯帖后，才可以前去玩耍龙灯。至于玩耍的灯，有手提的，也有跳耍的。玩灯时还会唱上几段，为调节气氛，或有男扮女装者，俗称花姑娘。演唱过后，如果经费充足，还会请本地的戏班，演上几出戏剧。之后，才轮到龙灯隆重登场。龙灯长五六丈，有十三节、九节、七节不等，外面蒙上各种颜色的纱布，里面燃起蜡烛。在红珠的引导下，龙灯跟在后面，一路燃放爆竹。等到耍龙灯结束，凡是投递灯贴的机关公署，一般都会赠送礼品，如彩布、银圆、铜板等。

龙灯有日龙和夜龙之分，夜龙是夜里玩的。这种龙长十三节，龙身用三色或五色彩布裹缝而成。每一节龙骨里点上蜡烛，在夜晚时分，看上去就像一条火龙。玩龙灯最得力而又必须显摆手段的是耍龙珠与耍龙头的。龙珠用红洋绸蒙起来，在颈项间串上几个铁圈子，玩起来叮当作响，别有风趣。耍龙珠的靠的是手法熟练，因为龙头需要跟着龙珠舞，所以耍龙珠的是整个队伍的领导与指挥。耍龙头最吃力，因为龙头庞大，舞起来需要一股蛮力。夜龙玩到起劲处，鼓乐与爆竹齐鸣，掌声与呐喊俱起，所以是江宁龙灯最热闹、最吸引人的节目。

“二月二，龙抬头，夜耍龙灯挨村游。锣鼓家伙一齐响，时过夜半犹不休。接龙灯，须摆酒。十碗鱼肉款亲友。乡村行乐，本应当如此。旧历二月二日，乡间例有耍龙灯之举，锣鼓喧天，游行各村，农暇之时，以此为乐，自属常行。唯吾乡习俗，各村迎接龙灯时，须备酒菜一二十席至三四十席，以款演灯者，并及观众，则未免过于浪费，恐非财力所能及矣。”这是著名爱国将领冯玉祥居住在乡村时有感而发，撰写的《乡居纪事诗》中的片段。文中描述的耍龙灯情形，与江宁集镇龙灯差不多，从中可见舞龙灯时的盛况。

龙灯表演道具

历史传承

江宁地区龙灯历史悠久，至少在明清之际，就有耍龙灯的习俗。

潘宗鼎在《金陵岁时记》说，太平天国运动后，上新河徽州木商的灯会最为热闹，称为徽州灯。到了四月上旬的时候，赛都天会也会出龙灯。到了光绪中期，湘军也玩起了龙灯。到了光绪三十三年（1907）时，仅剩下水西门的木商灯会一支了。玩龙灯时，有纸扎戏台，上面还安置一些相关人物，这是最具特色的。

夏仁虎《岁华忆语》亦载："金陵之龙灯，自上灯后，即游街市。分二组，一军营，一木商也。长或十余丈，多至百节，盘拿飞舞，各有家法。司其首尾者，皆称健儿。中间搀以高跷跳舞，或蚌精及各种杂剧。灯所过市，人争燃爆竹以助兴。大（户）人家或具元宵、茶点，开门延之，曰接龙灯。爆竹愈多，舞者兴愈高，彩愈烈，或回旋院庭，或盘绕梁柱，复间以歌唱锣鼓，想见升平佳况。"

民国时期的南京城，每遇重大节日，也都会举行灯会，受人瞩目的龙灯，是必不可少的。1931年元旦，南京曾举行盛大的提灯会，首都卫戍司令部的龙灯参加了比赛，并获得第一名。1947年，为纪念农民节，白天在南京淮海路中央大舞台举行了盛大的庆祝活动，著名表演艺术家童芷苓、林宝坤等悉数登台表演。晚间，则有农会会员自行表演龙灯、狮子灯等，场面精彩纷呈。

除"文化大革命"时期一度停演外，新中国成立以来，江宁集镇龙灯一直没有中断，但其盛况则不比民国时期及1950年代。

当代影响与价值

江宁集镇龙灯是江宁地区龙灯的代表，其龙灯造型、舞动的方式以及灯会的组织，都是探究南京尤其是江宁地方民俗史的重要材料。它集民间工艺、民间舞蹈、民间音乐与绘画等于一身，反映了人们盼望风调雨顺、追求美好生活的愿望，为百姓喜闻乐见，在当地具有广泛的影响。如今，万人空巷的江宁集镇龙灯盛况，早已成为人们遥远的乡愁记忆。我们所怀念的似乎不是龙灯本身，而是它所依赖的传统生活方式，乃至我们血液中流淌的、永远无法抹掉的传统文化基因。

牌坊财龙灯

基本概况

财龙灯，又称“柴龙灯”，主要流布于江宁街道陆郎社区牌坊村一带。知情者赵鹏里。

与江宁区境各地的龙灯一样，牌坊财龙灯的龙体，全部用竹篾编扎而成，头尾共十一节，分节制作，长七八丈。龙头气宇轩昂，高丈余，长丈余，宽九尺，顶上有一个大龙珠，眼睛为蓝色。龙口含一红球，可以随风转动。每节龙身五尺有余，直径约三尺，用竹篾扎成圆筒骨架，类似茶叶篓子，圆筒上再蒙布或糊纸，其上彩绘龙形，钉在一个长木条上面，木条下面装有高四尺半的木柄，供人抬用。每节内装有铁丝、锡托做成的活动烛架。龙身节与节之间用木栓连接，可转动。白色的龙身，在脊背上插上一排红色的小旗作龙翅，配上铃铛，舞动起来发出清脆悦耳的铃声。

牌坊财龙灯在表演时，有两名打锣者，分别位于龙头前和龙尾的后面，起着鸣锣开道、压阵助威的作用。龙头需要四名壮汉把持，并由当地有威望者牵着龙须指引路线，其中一人扛着龙头把子。龙头两侧各有一持长铁叉者，分别叉着龙的两腮。龙头四人一班，三班轮换。龙身十一节，一人一节，十一人为一班，两班轮换。由于龙头庞大，龙身较长，其表演动作比较简单，仅有“龙点头”“龙摆尾”“龙打柱”“龙盘珠”等招式。

牌坊财龙灯的表演者，一般头扎布巾，身穿中式服装、中式长裤或灯笼裤，脚穿圆口布鞋，腰间扎一腰带。行进路线分走大边或小边，一般靠右行走。遇场地设有香案，就逆时针围香案转小圈；没有香案，则沿着路线绕村庄转大圈。到了晚上，每节龙身都点上四支蜡烛，成为巨大的红色火龙，凌空飞舞，场面壮观，给乡村节日的夜晚增添了奇光异彩。除在广场、街道玩耍外，亦可“登堂入室”，到宅内游戏以示吉祥。

孙墟舞龙队旧影

2016 年 8 月的谷里银杏湖

历史传承

陆郎旧为朱门乡境，民国时期建镇。陆郎一名的由来，据旧碑碣载，是因为三国孙吴郁林太守陆绩的缘故而得名。牌坊村东临朱门农家，北靠银杏湖高尔夫球场，南接 337 省道，西与花塘社区毗邻，有旅游廊线穿境而过，境内山清水秀，环境优美，资源丰富。据《江苏省江宁县地名录》介绍，牌坊村是因当地有清光绪六年（1880）所建的一座善门牌坊，其上记载了“河南八府巡按甘圣年家人事迹”。原先这里的财龙灯并无名称，后来此地以牌坊名村，故称“牌坊财龙灯”，并延续至今。

据口碑资料，牌坊财龙灯起源于晚清太平天国时期，距今有 160 多年历史。当时，村民们为庆祝太平天国定都天京（今南京），自发用竹篾扎起了财龙灯，并借助龙的吉祥化身，寄托他们祈盼风调雨顺、五谷丰登、国泰民安的美好愿望。此后，每逢春节，村里各家各户出几升米，请来手艺好的篾匠扎财龙。到了正月十三，各庄村民抬着各自的财龙来到空地上，进行舞龙表演和比赛，看谁的龙头大，扎得好，从中可看出各村的经济实力。而年轻人则争强好胜，在比赛时会出现既热闹又紧张的场面。

牌坊财龙灯在晚清产生的因素有很多，其中最根本的原因是当地百姓的需要和喜爱。旧时牌坊一带民众生活艰苦，为了寻求精神的解脱和满足，舞财龙灯可以“乐而忘忧”。老百姓是表演者，也是观众，他们且歌且舞，大家都得到了欢乐。牌坊财龙灯主要在春节期间玩耍，这是农耕时代最为闲暇的季节，通过表演活动可以增添节日喜庆的氛围。

财龙灯以巨大的龙头、庞大的身躯而别具一格，虽没有复杂的舞龙技巧，仍以独特的造型吸引众多的观众，给人留下难忘的印象。由于种种原因，牌坊财龙灯于 1953 年停止表演活动。

当代影响与价值

江宁地区龙灯种类繁多，舞法不尽相同。每到节日，各类龙灯争奇斗艳，热闹喜庆，为民众带来了极为丰富的视觉享受和艺术感染。相较于其他龙灯，牌坊财龙灯不太强调龙灯本身的装饰和表演龙灯时的技巧，而侧重突出其巨大龙头和庞大身躯的造型，在江宁区境众多龙灯中可算是引人注目的另类。如今，牌坊财龙灯在当地已经几乎不为人知了，这无论如何都是令人遗憾之事。今后如果条件具备，在挖掘整理相关资料的基础上恢复其传承，则于牌坊村于江宁都是一件幸事。

埂方龙灯

基本概况

埂方龙灯，主要流布于禄口街道铜山埂方社区方边村及其周边地区。知情者张昌生、张仁钱等。

埂方龙灯表演前，表演者由要龙灯头的长者，召集大家在场地上集中，先行烧香点烛，然后在其带领下，全体舞灯者口中念念有词，祈祷新年风调雨顺、五谷丰登、万事如意。场地上香烟缭绕，祷词回荡，气氛庄严而神秘。祈祷后，舞灯者在龙灯头的带领下，整齐列队，手举龙灯，整装待发。此时鞭炮齐鸣，锣鼓开道，龙灯即出村演出。

埂方龙灯到邻村演出，一般需由对方事先邀请，并由邻村中有威望者引路，需走“神路”。进村后，各家门口烧火，龙灯抢火，以祈吉兆。抢火，必须一户不少，同时各家给一定的酬钱，

2018 年龙狮舞

1986 年江宁县中学文化艺术节上的龙舞

以示答谢；若不抢火，则在该村的空场上进行表演。表演者在锣鼓等乐器的指点下，由引灯者带领，按套路进行。玩龙灯的主要套路有甩龙珠、串排灯、冲天门、潘龙头、潘龙尾等。

埂方龙灯首尾十三节，浑然一体，时而左右摆动，时而上下翻腾，宛如蛟龙。龙灯一般由竹篾扎成龙头、龙身（龙节子）、龙尾，然后用布蒙上，在布上画出龙形。表演者一般身着黑马甲、黄色或红色灯笼裤，脚蹬黑布鞋，腰系红腰带。使用的伴奏乐器有锣鼓、铜锣、铛、钹、唢呐等。

舞龙头是埂方龙灯的重头戏，需要一定的表演技巧。龙头一般有 80—100 斤，因此，舞龙头的人要身强力壮，才能将龙头前后左右舞动，并能跑几十里路不需换人。舞龙尾的人也要灵活，跑得快，随着舞龙头人的舞动而舞动。甩龙珠的人，则要把握火候，拉得快，甩得准。

历史传承

据口碑资料，埂方龙灯发源于埂方社区方边村，始于清同治年间。方边村原名夏家村，居民多为夏姓人氏，后来村民全部死于一场大瘟疫。清同治年间，张姓人相继从浣溪村和溧水石湫迁入该村。因该村三面环水，一面临山，地理先生称其为龙地，为保平安，需要玩龙灯。

1997 年江宁文化艺术节上的龙舞

2003 年江宁区社区文化活动擂台赛暨广场赛歌会

旧时，埂方龙灯一般在春节和庙会期间演出，且春节玩灯前，必须先去铜山寺庙进香朝拜。然后，在本村庄及附近村庄玩耍，以烘托节日吉祥热闹氛围。若逢大的庙会或大型会议，埂方龙灯也会应邀前去助兴演出。“文化大革命”期间，铜山寺庙拆除，此后就无人去进香朝拜了。1980 年代，埂边龙灯一度达到鼎盛。每年春节，铜山集镇都要玩埂方龙灯，出演的范围也越来越大，曾去过江宁的东山、溧水的柘塘等地，还参加过江宁县举办的戏曲大游行，获得了好评。

据 2009 年调查资料，当时能表演埂方龙灯者有张仁钱、张昌生、张明义等 20 余人。传承人张仁钱，1932 年生，禄口街道埂方社区方边村人，民国时期就玩龙灯，后来一直传教后辈舞龙灯，有部分龙灯骨架、服饰、器乐保存在其家中。传承人张昌生，1950 年生，禄口街道埂方社区人，年轻时跟着本村玩龙灯的前辈学习玩龙灯技艺，年复一年，技艺逐步提高，能熟练掌握玩龙灯的各式套路。

当代影响与价值

作为起源于风水习俗的传统舞蹈，埂方龙灯寄托了当地百姓对新的一年朴素的期待和愿望。在龙灯表演中，其传统服饰、传统音乐，是当地春节仪式必不可少的组成部分。对埂方龙灯的传承，意味着对传统节日精髓的弘扬，可以提升地区民众的归属感和凝聚力。近年，因感兴趣的年轻人越来越少，与其他不少传统舞蹈类“非遗”项目一样，埂方龙灯已经多年未见表演了。对此类濒危“非遗”资源的抢救保护和传承，在江宁，在南京，乃至在全国都是难度较大的复杂系统工程。就此而言，江宁非物质文化遗产的全面有效保护可谓任重而道远。

高伏村龙舞

基本概况

高伏村龙舞，流布于禄口街道高伏村。传承人高学义。

高伏村的舞龙形式为二龙戏珠，一条青龙，一条白龙。龙头、龙身和龙尾大多数以竹篾编制而成，然后再用纸或者布，将龙头、龙身和龙尾包裹起来，表面涂绘色彩，画出鳞片，一条栩栩如生的巨龙就大功告成。舞龙表演中，表演者身穿彩衫，头系毛巾，步法灵活，身姿矫健。在禄口一带，还有两句与高伏村龙舞相关的童谣："楝树开花你不做，蓼辣开花把脚跺。"意思是，楝树是芒种时节开花，正是农家耕种的好季节，倘若是懒汉，错过了播种时机，等到蓼辣开花，秋天到了，眼看着人家忙着收割，懒汉跺脚后悔不及。

高伏村的龙舞是当地民众的主要娱乐方式，以戏玩为主，大多在年底的腊月到正月期间举行。龙身平年十二节或二十四节，闰年十三节。舞动时，每节都要点上蜡烛。一条青龙和一条白龙有时候并行；有时会相向而行，两者在晒场相遇，就会展开一番抢夺"宝珠"的比赛。双方大显身手，摆出各自的看家本领，围绕着"宝珠"，不断上下翻飞，左突右摆。几十个回合战罢，青龙和白龙其中一方，如果抢到了"宝珠"，就算赢得比赛。赢的一方，得意洋洋，龙头高昂，一副舍我其谁的姿态。而输的一方，有一些小惩罚，要在地上打个滚认输，当然还会有其他一些惩罚措施。所有这些，其实是故意而为之，主要是为了让表演增些彩头，看起来更加热闹一些。

2011 年 10 月龙狮麒麟舞

2009 年江宁龙舞

历史传承

高伏村历史悠久，关于它的来历，有两种说法：一种说法认为明清时期即形成村落，名高福村，“福”有福泽的意思，后讹传成高伏村，以高姓、张姓为主；一种说法认为高伏村境内有高家、大伏泽两村。大伏泽村因地势低，多沼泽，远视村庄隐伏其间，故名伏泽村。又传“伏”，原为“洑”，水流回旋的样子。后来，以境内高家、大伏泽 2 个自然村各取一字组成村名，遂称高伏村。

高伏村地处钓鱼滩与小山丘之间，山水秀美。

1990 年 2 月淳化镇元宵节舞龙灯

据知情者介绍，禄口街道高伏村的青龙和白龙形象，与《白蛇传》中的青蛇和白蛇有关，应该具有一定的历史，民国时期已经比较流行。新中国成立初期，高伏村的舞龙活动被取消，龙头被藏了起来，直到改革开放后才恢复表演。

传承人高学义，年轻时曾参加过高伏村舞青龙白龙活动。2009 年，在江宁区非物质文化遗产资源普查线索过程中，相关人员对高学义进行了专门的调查采访，并形成了相关调查资料。

当代影响与价值

龙的形象源于中国古代的图腾，被视为中华民族的象征。龙是海中神物，是能够行云布雨、消灾降福的吉祥灵物。当地村民把秦淮河想象成龙，希望通过舞龙可以保佑年年风调雨顺，能为村庄消灾除害。高伏村龙舞中的青龙、白龙比较轻巧，有利于展示技巧。其造型活泼潇洒，灵巧矫健，色彩鲜艳，装饰性强。相传其“龙”的形象来源与《白蛇传》的传说有关，这是关于江宁民间龙舞形象起源研究的重要材料。此外，高伏村的龙舞强调青、白二龙的竞争和输赢，其本质是凝聚人心，活跃气氛，以增强民众的归属感。

新生财龙舞

基本概况

新生财龙舞，主要流布于禄口街道新生社区。传承人高学义。

新生社区，旧时称为杨树湾。其村庄的周围，水系比较发达，两边都是秦淮河，家家户户的大门大多都是东西朝向，因此当地流传一句童谣“杨树湾，杨树湾，吃起饭来把门关”。1956 年，成立新生高级社。1958 年公社化时期，又成立新生大队。后来，其地名一直称为“新生”，流行于此的财龙舞遂被称为“新生财龙舞”。

新生财龙系用竹篾扎架，以布蒙皮，从头至尾一节一节制作。每节龙身内装有铁丝、锡托做成的活动蜡烛架，大多在夜间玩耍，可以燃烛其中，夜晚出灯时闪闪发光。除在广场、街道玩耍外，也可登堂入室进入农家游戏，以示吉祥。

新生财龙是一条巨大的红龙，龙嘴张合自如，全长 12 米，分 24 节。与其他龙舞不同的是，新生财龙在表演游龙戏珠时，能在一丈之外，将抛来的珠子噙住，且百发百中。此外，在表演财龙时，在龙身的下方，还有穿托的 32 朵云灯，需要 16 人表演，其场面甚为壮观。

江宁龙舞

龙都杨柳村舞龙灯

新生财龙舞的表演，非常注重调动观众的情绪，追求互动的效果。为了让四周的观众都能看到细节，往往每套动作在四个方位都要做两遍。一旦财龙舞到兴头上，舞龙者还会高声吼叫以振威。此时，观众也会随声应和，或者燃放鞭炮以助兴称快。除了逢年过节外，村庄里若有较大的活动，财龙也会受邀登场祝贺。

新生财龙的舞蹈动作既有传统的套路，也因人而异，常中有变，各有千秋。其基本套路是“高举、低放、左右摆角”等。所谓高举，是擎龙头者挺臂将龙头高高举起，双手用力抖动龙头；低放，就是将龙头放低，双手擎住龙头把，舞者头顶龙头。财龙在腾空卷地、上下翻飞中，可以演出龙摆尾、财龙漫游等多种特技动作。

新生财龙舞在表演时，多以打击乐助兴，常用者主要有堂鼓、大锣、小锣和钹。为烘托演出高潮时的热烈气氛，有时还加进大鼓、大钹等。

历史传承

据口碑资料，新生财龙舞已有200多年的历史。由于历史文献资料的缺失，新生财龙舞起源的背景还不太清楚。清末及民国时期，在财龙舞表演时，有些地方乡绅主动前来观赏，虔诚礼拜，鸣炮助威，以求官运亨通、青云直上。新中国成立后，新生财龙舞一度停演。改革开放以来，新生财龙舞逐渐恢复表演，受到各界广泛关注，深受百姓喜爱。

财龙舞，寓意发财有道。与同样是禄口街道龙舞中的青龙和白龙相比，新生财龙舞有着与众不同的特点。从外形上看，新生财龙皆为红色。从表演形式上看，青龙、白龙舞注重的是表演者之间的互动和配合，以达到舞蹈场面热闹起来的效果，而财龙舞更注重舞者与观众的互动接触，以达到人人参与的效果。

当代影响与价值

新生财龙舞无论是财龙的制作、彩绘，还是表演形式，都和地方民俗密切相关，寄托了当地

舞龙人

1993 年 6 月 18 日江宁开发区一周年庆典上的龙舞

百姓的精神需求和向往，具有特定的文化内涵。热闹纷呈的财龙舞，带给人们愉悦的视听享受，烘托了节日气氛，通过演出期间串亲访友的方式，增强了社区居民之间的交流与互动，有利于强化文化认同与社会和谐。如今在新生社区，无论是逢年过节，还是其他庆祝活动，已经很久未见财龙舞的身影了。在当下如火如荼的江宁美丽乡村建设中，避免“千村一面”、彰显地域特色应该是工作重点。就此而言，财龙舞无疑是新生社区的一张特色名片，需要挖掘保护与传承。

张桥北庄滚龙舞

基本概况

张桥北庄滚龙舞，或称滚龙灯，流布于禄口街道张桥社区北庄村。传承人袁福顺。

张桥社区是 2001 年 3 月由张桥村和北庄村合并而成，北庄村地处秦淮河两条支流交汇处，地理位置特殊。北庄村民历来有舞龙祈福、佑护平安的习俗。

北庄滚龙灯，以竹篾扎制龙的头尾，并圈盘成龙身，再从头到尾披上整幅的龙衣（皮），用布蒙贴头、尾，以五彩勾画出龙形。滚龙一般以 7 节、9 节、11 节、13 节居多。最大的滚龙头、身、尾共 13 节，总长 36 米，有红、黄、青、白、金等颜色。表演的时候，玩龙头的一般 2 人轮换，玩二拱（头后第一节）的 3 人轮换，玩龙尾的 3 人轮换，玩中部龙身 10 节的均为 2 人轮换；玩珠的 2 人轮换。每条龙约需 30 人轮换舞动，有文武场伴奏，以火冲旗伞衬托。此外，还有伴奏的乐手、灯前灯后的服务人员等，声势浩大，喜气洋洋，热闹非凡。

每年正月初一开始出灯，出灯要举行一定的仪式。首项仪式是“参社”，参社结束，要绕村庄一周，谓之“赶龙”。此后，龙灯才可以在村里四处舞动，直到元宵后“送龙”，春节期间的舞龙才算结束。

舞龙时，在手持龙珠者（一般是一个漂亮的少年）的引导下，大家步伐一致，协调配合，运用仰、俯、扭、掉、跑、跳、跃等动作，把整条龙舞得上下翻滚，飞腾起伏，活灵活现，逗人喜爱。龙头时而由上至右再下到左，时而又从上至左再下到右，带动全身摆舞滚翻。其技巧高超者可表演数十种套路。

与其他龙舞相比，北庄滚龙灯的亮点在于“滚”。无论是舞者，还是“龙体”，表演的成败就在于是不是实实在在地“滚”。为了让龙“滚”

江宁龙舞

起来，舞者需要不断地奔跑、跳跃，甚至在地上翻滚，以摆出各种动作。技艺精湛、动作娴熟的舞龙队，会把龙的睿智、飘逸、力量，表演得淋漓尽致。其表演套路主要有“蛟龙出水”“龙戏珠”“龙咬珠”等。

北庄滚龙灯一般在春节或庙会期间表演，伴奏乐器有大锣、小锣、镲、铙、鼓等。

历史传承

传说龙能行云布雨、消灾降福，是祥瑞的象征，以舞龙的方式来祈求平安和丰收遂成为流行全国的一种习俗。张桥北庄滚龙舞，在当地有着广泛的群众基础，深受群众喜爱。因资料所限，北庄滚龙舞起源的年代已不可考，据知情者介绍，至少在民国时期已相当流行，可能与干旱时民间祈求龙王降雨的习俗有关。

丹阳社区孙墙村龙灯

除北庄滚龙舞外，今横溪街道孙墙村也有滚龙舞，是青龙、白龙两条，号称“日金龙”。每条龙伴有 8 朵彩云烘托，8 条镗（俗称飞钗）打场，并配有叠罗汉少儿表演。演出队伍往往 200 多人，几乎全村出动，浩浩荡荡，气势宏伟。据口碑资料，“日金龙”已有 500 余年的历史，相传明清及民

滚龙舞狮

国时期还有“龙谱”“龙田”,村社有“灯会”组织。新中国成立后，江宁县及原丹阳乡政府曾拨款加以恢复。在国庆十周年之际，还应邀参加了南京市国庆大游行。当时郊县有数十条龙灯在游行中各显身手，“日金龙”荣居群龙之首，名噪一时。南京市政府还为此给予奖励。

当代影响与价值

张桥北庄滚龙、新生财龙与杨树湾跑云灯是禄口街道颇具地域特色的三种龙舞艺术形式。张桥北庄滚龙制作程序繁复，工艺精巧，是当地能工巧匠多年积累的经验与巧思创意的成果。滚龙舞表演时锣鼓喧天，观者如云，是传统节庆文化与传统舞蹈文化的完美交融。滚龙舞的演员们技艺高强，通过多人协作，在翻转腾挪之间，赋予滚龙以生命的灵动，具有颇高的艺术欣赏价值。北庄滚龙舞是当地村民以传统文化为内涵、以舞蹈表演为形式的一种对龙文化的诠释活动，是对龙的神性和所蕴含的人文精神和文化价值的外在表达，值得我们挖掘传承与保护。